केरल के हिन्दी साहित्य का इतिहास

केरल के हिन्दी साहित्य का इतिहास

डॉ. पी. लता

लोकभारती प्रकाशन

लोकभारती प्रकाशन
पहली मंजिल, दरबारी बिल्डिंग, महात्मा गांधी मार्ग
इलाहाबाद-211 001

वेबसाइट : www.lokbhartiprakashan.com
ईमेल : info@lokbhartiprakashan.com

शाखाएँ : 1-बी, नेताजी सुभाष मार्ग, दरियागंज
नई दिल्ली-110 002

अशोक राजपथ, साइंस कॉलेज के सामने
पटना-800 006

36 ए, शेक्सपियर सरणी
कोलकाता-700 17

पहला संस्करण : 2016

मूल्य : ₹ 850

बी.के. ऑफसेट
नवीन शाहदरा
दिल्ली-110 032 द्वारा मुद्रित

KERAL KE HINDI SAHITYA KA ITIHAS
by Dr. P. Letha

ISBN : 978-93-5221-100-5

एक अपूर्व अनुपम इतिहास रचना

केरल में सृजित हिन्दी साहित्य के भूत और वर्तमान को समेटते हुए तथा भविष्य की दिशाओं का निर्देश करते हुए डॉ. पी.लता ने 'केरल के हिन्दी साहित्य का इतिहास' शीर्षक से एक नए ग्रंथ की रचना की है। यह उनके कई सालों की सतत साधना और शोध का सुपरिणाम है। इस इतिहास रचना में केरल की प्रारंभिक रचनाओं से लेकर अद्यतन रचनाओं तक का उल्लेख, विवेचन-विश्लेषण तथा मूल्यांकन हुआ है। उन्नीसवीं शती के केरल के महाराजा स्वातितिरुनाल के हिंदुस्तानी गीतों से शुरू होकर इक्कीसवीं शती के द्वितीय चरण के मध्य तक फैली लंबी साहित्य यात्रा का प्रौढ़, गंभीर और सम्यक् समाकलन इसमें हुआ है।

केरल में सृजित हिन्दी साहित्य का क्रमबद्ध इतिहास ही डॉ. पी.लता ने अपने इस ग्रंथ में प्रस्तुत किया है। पाँच खंडों में केरल में हिन्दी में विरचित साहित्य का समग्र विवरण दिया गया है। इस ग्रंथ में मौलिक साहित्य के साथ-साथ अनूदित साहित्य का विवरण भी समाहित है। अन्यान्य अध्यायों में व्याकरण, कोश जैसे साहित्येतर विषयों पर विरचित कृतियों का विवरण, केरल की हिन्दी पत्रकारिता का इतिहास, केरल में हिन्दी प्रचार के प्रारंभ और विकास का विवेचन, केरल के कॉलेजों-विश्वविद्यालयों में हिन्दी अध्ययन आदि के सम्यक् विवरण प्रस्तुत हुए हैं। अंत में केरल के हिन्दी लेखकों का सचित्र संक्षिप्त परिचय भी संलग्न है। कुल मिलाकर यह कृति केरल में सृजित हिन्दी साहित्य की विविध विधाओं की रचनाओं के सम्यक् परिचय के साथ-साथ केरल में हिन्दी से जुड़ी समस्त सामग्री एकत्रित करती है।

केरलीय हिन्दी लेखकों द्वारा साहित्य की विविध विधाओं में विरचित कृतियों के संकलन का कार्य सचमुच कष्टसाध्य है। पुस्तक रूप में प्रकाशित कृतियों के विवेचन, विश्लेषण तथा मूल्यांकन की ओर लेखिका की सजग दृष्टि रही है। केवल पुस्तक रूप में नहीं, पत्र-पत्रिकाओं में प्रकाशित सामग्री का भी संकलन प्रस्तुत कृति में हुआ है। डॉ. पी.लता की यह कृति केरल में हिन्दी भाषा और साहित्य विषयक समग्र जानकारी प्रदान करनेवाला इतिहास ग्रंथ है।

आजकल विश्वविद्यालयों के स्नातक एवं स्नातकोत्तर हिन्दी पाठ्यक्रमों में 'दक्षिण का हिन्दी लेखन' विषय बन चुका है। ऐसी स्थिति में यह कृति अवश्य ही

एक संदर्भ ग्रंथ की भूमिका निभा लेगी। केरल में हिन्दी भाषा और साहित्य विषयक शोध कार्य में जुड़े छात्रों के लिए भी यह उपयोगी ग्रंथ रहेगा। सर्वोपरि हिन्दी साहित्य के इतिहास निर्माताओं के लिए भी यह सहायक ग्रंथ के रूप में काम आएगा।

डॉ. पी. लता ने केरल में हिन्दी साहित्य की अद्यतन सामग्री प्रस्तुत करके अपने इतिहास ग्रंथ को यथासंभव समग्र, संपूर्ण और प्रामाणिक बनाया है। लताजी केरल की हिन्दी लेखिकाओं में अपना विशिष्ट स्थान रखती हैं तथा निरंतर साहित्य सेवा में निरत हैं। पारिवारिक तथा प्राध्यापकीय ज़िंदगी की व्यस्तताओं के बीच भी समय निकालकर अप्रतिम साहित्य-सर्जना करनेवाली लताजी की कितनी भी सराहना करें कम है। इसके पूर्व उनके द्वारा रचित 'केरल की हिन्दी पत्रकारिता का इतिहास', 'प्रयोजनमूलक हिन्दी', 'हिन्दी भाषा के विविध रूप', 'पत्रकारिता' जैसी कृतियाँ प्रकाशित होकर केरल में ही नहीं, केरल के बाहर विद्वज्जनों की बीच भी खूब चर्चित रही हैं। विविध विश्वविद्यालयों एवं हिन्दी संस्थाओं के पाठ्यक्रम में भी उनकी रचनाएँ संलग्न हैं। कुछ संस्थाओं द्वारा इनमें कतिपय कृतियाँ पुरस्कृत भी हुई हैं।

'केरल के हिन्दी साहित्य का इतिहास' शीर्षक यह नवीनतम कृति हिन्दी पाठकों की चर्चाओं के केंद्र में रहेगी, इसमें कोई संदेह नहीं। केरल के हिन्दी साहित्य के बारे में जानकारी प्राप्त करने के लिए जिज्ञासु अध्येताओं के लिए भी यह ग्रंथ अवश्य ही उपादेय सिद्ध होगा। ऐसे एक प्रामाणिक इतिहास ग्रंथ की रचना करनेवाली विदुषी लेखिका डॉ. पी. लता वाकई बधाइयों की पात्र हैं। इनकी साहित्य साधना निरंतर जारी रहे!

शुभ कामनाओं सहित,

—डॉ. प्रो. एस. तंकमणि अम्मा

पूर्व प्रोफेसर एवं अध्यक्ष,
हिन्दी विभाग एवं पूर्व डीन,
प्राच्य अध्ययन संकाय
केरल विश्वविद्यालय, तिरुवनंतपुरम

अपनी बात

अखिल भारतीय भाषा के रूप में तथा अखिल भारतीय जन–जीवन के स्पंदनों के संवाहक के रूप में हिन्दी भाषा और साहित्य को रूपायित करने में हिन्दीभाषी लेखकों के साथ–साथ हिन्दीतर भाषी लेखकों का भी अहम योगदान रहा है। भारत के दक्षिणी छोर में स्थित मलयालम भाषी क्षेत्र केरल राज्य ने बहुत पहले से ही राष्ट्रभारती हिन्दी को मुक्त मन से स्वीकार किया तथा यथासंभव उसकी साहित्य संपदा की संवृद्धि भी की। अब इस इक्कीसवीं शती के दूसरे दशक में खड़े होकर हम केरल में रचित हिन्दी साहित्य पर सरसरी दृष्टि डालें तो यह देखकर सुखद आश्चर्य का अहसास होगा कि केरल के हिन्दी लेखकों ने साहित्य की सभी विधाओं पर अपनी सफल लेखनी चलाई है।

साहित्य के इतिहास ग्रंथ की रचना करने के लिए सामग्री इकट्ठा करना कष्टसाध्य है। किसी भी भाषा के साहित्य का इतिहास ग्रंथ तैयार करते वक्त रचनाओं का प्रकाशन वर्ष प्रमुख है। केरल में कई हिन्दी लेखक ऐसे हैं, जिन्होंने एक ही साहित्य विधा में कई रचनाएँ की हैं। एक विधा में सभी लेखकों की प्रकाशित संपूर्ण रचनाओं के प्रकाशन वर्षों के आधार पर इतिहास ग्रंथ तैयार करने पर एक विधा में एक लेखक की संपूर्ण देन पाठकों की समझ में नहीं आएगी। अत: मैंने इस इतिहास ग्रंथ में एक विधा में एकाधिक रचनाएँ लिखे केरलीय हिन्दी लेखकों की पहली रचना के प्रकाशन वर्ष के आधार पर रचनाओं को वरीयता दी है और प्रत्येक विधा में प्रत्येक लेखक की प्रकाशित सभी रचनाओं का विवरण एक ही अनुच्छेद में एक साथ देने का प्रयास किया है। आशा है कि हिन्दी पाठक इस ग्रंथ को खुले दिल से स्वीकार करेंगे।

मैं अपना यह ग्रंथ अपनी स्वर्गीय माताजी श्रीमती पी. पंकजाक्षियम्मा, स्वर्गीय पिताजी श्री ई. भार्गवन पिल्लै तथा स्वर्गीय गुरुवर डॉ. एन.ई. विश्वनाथ अय्यर को श्रद्धांजलि स्वरूप समर्पित करती हूँ।

—डॉ. पी. लता

अनुक्रम

खंड (क)

केरल का हिन्दी साहित्य

(मौलिक और अनूदित)

अध्याय-1

कविता

कविता (मौलिक)

केरल में हिन्दी में कई स्तरीय मौलिक कविताएँ लिखी गई हैं। हिन्दीतर भाषा-भाषी (मलयालम भाषी) होते हुए भी केरल के हिन्दी कवि मन के भावों को बड़ी तीव्रता के साथ मुक्त रूप में प्रकट करने में सक्षम हैं।

केरल के प्रारंभिक हिन्दी कवियों पर लिखते वक्त मलयालम के विख्यात कवि कुंचन नंपियार (1700-1770) का नाम भी लेना चाहिए। कुंचन नंपियार (रामपाणि वादन) दसवीं शती के पूर्वार्द्ध में ज़िंदा रहे थे। वे आलप्पुषा के चेंपकशेरी राजा के प्रिय व्यक्ति थे। वे मलयालम साहित्य में 'ओट्टन तुल्लल' के प्रणेता हैं। 'ओट्टन तुल्लल' शब्द का मूल रूप है 'ओट्टम् तुल्लल'। प्राचीन मलयालम में 'ओट्टम्' का अर्थ है 'शीघ्र'। 'तुल्लल' का अर्थ है 'कूदना'। नर्तक 'ओट्टन तुल्लल' में शीघ्र नाचकर तथा अभिनय कर कोई कथा कहता है। इस धारा के प्रथम प्रवर्तक कुंचन नंपियार हैं, जो सामाजिक व्यंग्य कवि हैं। उल्लूर एस. परमेश्वरय्यर (मलयालम कवि) के मत में 'तुल्लल' का निर्माण काल सन् 929 के पहले है। कल्याण सौगंधिकं, किरातं, स्यमंतकं, कार्त्यवीरार्जुन विजयं आदि चेंपकशेरी राजा की स्तुति करते हुए शायद सन् 919 के पहले रचित तुल्लल कृतियाँ हैं। स्वभावोक्ति, दृष्टांत, अर्थांतरन्यास जैसे अलंकारों के प्रयोग से नंपियार अपने तुल्लल साहित्य में सहजता और केरलीयता लाने में सफल हुए। ओट्टन, परयन, शीतंकन आदि तुल्लल के तीन भेदों में 'स्यमंतकं' ओट्टन तुल्लल है। 'स्यमंतकं' की पक्तियाँ देखिए—

> 'एम्प्रानल्पं' कट्टु भुजिच्चा-
> लंपलवासिकलोक्के कक्कुं'

(अर्थात् पुजारी थोड़ा चुराकर खाता है तो मंदिर के सारे आश्रित चुराने लगेंगे।) अपनी 'स्यमंतकं' कृति में नंपियार ने ब्राह्मण भोज के वर्णन के संदर्भ में काशी से आए कुछ गोसाइयों का हिन्दी संवाद जोड़ा है। जैसे—

> "जय जय राम राम सीता राम राम
> जय जय राम राम कोदंड राम राम

तुम्हारा मुलक कौन मुलक
हमारा मुलक काशी मुलक
तुम्हारा ठिकाणी काह रे बाबा
हमारा ठिकाणी सीता राम राम
ब्राह्मदेवो दावत दारो
अच्छा पानी डालो डालो
पत्ता लाओ तरकारी लाओ
मेस्तू लाओ केला लाओ
सुपाड़ी लाओ सक्करी लाओ।''

इन-पंक्तियों के आधार पर कहा जा सकता है कि हिन्दी भाषा केरल में प्राचीन काल से प्रतिष्ठित हो गई थी। 18 वीं शती में केरल में कुंचन नंपियार के सिवा और किसी कवि का हिन्दी में रचना करने का प्रमाण नहीं मिलता। कुंचन नंपियार की उपर्युक्त पंक्तियाँ सुने शब्दों की नकल पर लिखी गई हैं। अत: प्रयुक्त कई शब्दों का अर्थ नहीं मिलता। केरल में अठारहवीं शती के उत्तरार्द्ध में हिन्दीभाषी गोसाइयों का आगमन होता था। उन दिनों कुंचन नंपियार तिरुवनंतपुरम में रहते थे। गोसाइयों से उनका संपर्क होता था। उन गोसाइयों से सुने शब्दों का प्रयोग उन्होंने उपर्युक्त पंक्तियों में किया होगा।

महाराजा स्वातितिरुनाल रामवर्मा

तिरुवितांकूर रियासत के महाराजा स्वातितिरुनाल द्वारा लिखे गए गीतों से केरल में हिन्दी कविता-रचना का आरंभ हुआ है।

स्वर्गीय मार्तांडवर्मा तिरुवितांकूर के एक साहसी राजा थे, जिन्होंने सन् 1729 में तिरुवितांकूर रियासत की स्थापना की। उन्होंने अपनी सारी भूमि कुलदेवता श्रीपद्मनाभ के चरणों पर अर्पित की और अपने को 'पद्मनाभदास' समझकर शासन सँभाला। उनके कुल के सारे उत्तराधिकारी 'पद्मनाभदास' माने जाते हैं। उन्हीं के राजावंश में सन् 1813 में केरल के प्रथम हिन्दी गीतकार महाराजा स्वातितिरुनाल रामवर्मा का जन्म हुआ। 'स्वाति' उनका जन्म नक्षत्र है, तिरुनाल का अर्थ है 'श्रीयुक्त नक्षत्र'। 'रामवर्मा' घरवालों का दिया हुआ नाम है। राज्य में शासनाधिकारवाला कोई पुरुष न होने के कारण अपनी गर्भावस्था में ही रामवर्मा राजा घोषित हुए थे। गर्भस्थ होते ही राज्य का अधिकारी घोषित होने के कारण वे 'गर्भ श्रीमान' की उपाधि से भी अभिहित हुए। तब उनकी माता राणी लक्ष्मीबाई शासन करती थीं। जब वे केवल दो साल के थे तब माता का स्वर्गवास हुआ। तो राजकुमार राज्याधिकारी हुए और उनकी माता की छोटी बहन राणी पार्वतीबाई रीजेंट (Regent) के तौर पर शासन सँभालती थीं।

बालक रामवर्मा को कई पंडितों ने केरलीय रीति की काव्यादि की शिक्षा दी। उनमें प्रमुख उनके पिता राजराजवर्मा कोयित्तंपुरान थे, जो संस्कृत साहित्य और शास्त्र में पांडित्य रखते थे। उनके अन्य गुरु थे सर्वश्री कोच्चुपिल्ला वारियर, रामवर्मन, शेषपंडित आदि। उन्हें अंग्रेज़ी, गणित, विज्ञान जैसे आधुनिक विषयों में अभ्यास देने के लिए रेसिडेंट साहब की सलाह से रानी पार्वतीबाई ने सुब्बराव नामक तंजौरवासी महाराष्ट्र ब्राह्मण को नियुक्त किया। सुब्बराव से राजकुमार को मराठी का व्यावहारिक ज्ञान भी प्राप्त हुआ। सुब्बराव संगीत तथा चित्रकला में भी निपुण थे।

तिरुवितांकूर के राजाओं का राजनीतिक संबंध उन दिनों आर्कोट, मैसूर, तंजौर और दिल्ली के बादशाहों से रहा। इसके लिए तिरुवितांकूर के राजाओं को फ़ारसी, हिंदुस्तानी आदि भाषाओं का ज्ञान आवश्यक था। राजकुमार को फ़रसी सिखाने के लिए मद्रास के सैयद मोहियुद्दीन साहब और मेहम्मद अली साहब तिरुवितांकूर राजमहल के उस्ताद बनाए गए। इन दोनों उस्तादों की भाषा दक्खिन की हिंदुस्तानी थी। ट्रावंकोर रियासत की घुड़सवार-सेना के कुछ सिपाही भी हिंदुस्तानी जानते थे। इन अनुकूल परिस्थितियों के कारण राजकुमार हिंदुस्तानी सीख सके। कई तेलगू भाषी व्यापारी राजमहल में आया करते थे। यही नहीं, त्यागराज स्वामी के कीर्तनों की भाषा का तेलगू होना भी संगीतप्रिय राजकुमार का तेलगू सीखने का कारण बना।

सन् 1830 में राजकुमार राजा के पद पर आसीन हुए। अंग्रेज़ों से मैत्री में रहकर उन्होंने होशियारी से शासन किया। अंग्रेज़ी भाषा एवं आधुनिक गतिविधियों से परिचय पाने के कारण उन्होंने अपनी प्रजा को नई शिक्षा-प्रणाली तथा अन्य नई बातों से परिचित कराने का निश्चय किया, जिससे मुंसिफ अदालत (1831), प्रथम सरकारी अंग्रेज़ी हाइस्कूल (1834), व्योम निरीक्षणालय (1836), चिड़ियाघर व संग्रहालय (1836), पब्लिक लाइब्रेरी (1836), सरकारी मुद्रणालय (1839) आदि की स्थापना की। वे प्रकांड पंडित थे। वे प्रतिदिन थोड़े समय पुराण पाठ-श्रवण और शास्त्रार्थ-श्रवण करते थे। उन्हें 'केरल का भोजराज' तथा उनकी विद्वत् सभा को 'आदर्श विद्वत् सभा' कहा जाता था। उनके दरबार में कई कवि और गायक रहते थे। महाराजा स्वातितिरुनाल रामवर्मा साहित्य के भी पोषक रहे थे। 34 वर्ष की आयु में सन् 1847 में उनका स्वर्गवास हुआ।

महाराजा रामवर्मा (स्वातितिरुनाल) हिंदुस्तानी संगीत में दिलचस्पी रखते थे तथा हिंदुस्तानी संगीत के गायकों को पुरस्कार देते थे। महाराजा केरल के प्रथम हिन्दी गीतकार हैं और पद्मनाभभक्त होने के कारण उनके गीतों (कम गीतों को छोड़कर) के अंतिम चरण में प्रायः 'श्रीपद्मनाभ' शब्द या उसका पर्यायवाची शब्द मिलता है। इस 'श्री पद्मनाभ मुद्रा' से उनके गीतों की पहचान हो सकती है।

उनके प्राप्त 37 गीतों का विभाजन विषयानुसार इस प्रकार हो सकता है—श्रीकृष्ण पर, श्रीरामचंद्र पर, श्रीपरमेश्वर पर, देवी पर, प्रेयसी-प्रिय वार्ता (उद्धव से गोपियों के संवाद) पर तथा सामान्य भक्ति पर आदि। देवी पर लिखे गीत के लिए उदाहरण देखिए—

"जय-जय देवी जय जय जननी जय जय सरस्वती माई।"

(राग यमन, कल्याणी अटताल)

उद्धव से गोपियों की शिकायत देखिए—

ऊधो! सुनिए मेरा संदेस
चले जब से प्रिय परदेस
गौवाँ तृण नीर त्याग कीन्हो। **(राग पूर्वी, चौताल)**

अर्थात् 'उद्धवजी! मेरा संदेश सुनिएगा। जब से प्रिय परदेश गए हैं तब से गायों ने घास-पानी छोड़ दिया है।'

स्वातितिरुनाल के हिंदुस्तानी गीत संकलित करके श्री एन. वेंकटेश्वरन (केरलीय हिन्दी लेखक तथा हिन्दी प्रचारक) ने नागरी प्रचारिणी पत्रिका (प्रकाशक : काशी नागरी प्रचारिणी सभा) में नागरी लिपि में सन् 1935 में प्रकाशित किया। फिर डॉ. एन.ई. विश्वनाथ अय्यर ने शोधपरक भूमिका के साथ 'केरल के प्रथम हिन्दी गीतकार स्वातितिरुनाल' पुस्तक गीतों के भावार्थ सहित तैयार की (1963, प्रकाशक : केरल हिन्दी प्रचार सभा)। सन् 2005 में 'केरल के प्रथम हिन्दी गीतकार महाराजा स्वातितिरुनाल के हिन्दी गीत' नाम से अय्यरजी के ग्रंथ का पुनः प्रकाशन हुआ (प्रकाशक : राष्ट्रभाषा संस्थान, पुत्तन स्ट्रीट, तिरुवनंतपुरम)। कुन्नुकुषिकृष्णन कुट्टी ने 'महाराजा स्वातितिरुनाल' पुस्तक तैयार की (1966; प्रकाशक : नेशनल पब्लिशिंग हाउस, दिल्ली)।

स्वतंत्रतापूर्व काल में केरल में जो मौलिक हिन्दी कविताएँ लिखी गई हैं, उनमें अधिकांश के विषय सामाजिक हैं। कुछ कविताएँ पौराणिक विषयों पर भी लिखी गई हैं। केरल में पहली हिन्दी पत्रिका 'हिन्दी मित्र' सन् 1941 में प्रकाशित हुई थी। उसके पहले केरल के हिन्दी कवियों की कविताएँ 'दक्षिण भारत हिन्दी प्रचार सभा, मद्रास' से प्रकाशित हिन्दी प्रचारक, हिन्दी प्रचार समाचार, दक्षिण भारत जैसी पत्रिकाओं में प्रकाशित होती थीं। स्वतंत्रतापूर्व काल के केरल के हिन्दी कवि हैं—टी.के. गोविंदन टेलिचरी, श्रीमती लक्ष्मिक्कुट्टी देवी, श्रीमती भारती देवी, विमल केरलीय, श्रीमती वी. अम्मिणी, टी.के. रामन मेनन आदि।

स्वातंत्र्योत्तरकाल के केरलीय हिन्दी कवि

स्वतंत्रता पूर्वकाल के हिन्दी कवि बाद में भी कविता लिखते रहे। स्वातंत्र्योत्तर काल में केरलीय हिन्दी कवियों की कविताओं के कई संकलन प्रकाशित हुए हैं, पत्रिकाओं

में फुटकल कविताएँ प्रकाशित हुई हैं। स्वातंत्र्योत्तर काल के केरलीय हिन्दी कवि और उनकी रचनाएँ निम्नलिखित हैं—

स्व. श्री के. वसुदेवन पिल्लै केरल के विख्यात हिन्दी प्रचारक थे। हिन्दी प्रचार संबंधी उलझनों के बीच भी वे कभी-कभी साहित्य-रचना भी करते थे। वे 'केरल सतसई' नामक एक काव्य की रचना कर रहे थे कि अकाल में उनका स्वर्गवास हुआ। उनकी प्रथम बरसी के अवसर पर उनका एक स्मृति ग्रंथ निकालने का कार्य 'केरल हिन्दी प्रचार सभा, तिरुवनंतपुरम' ने प्रारंभ किया तो पिल्लैजी की धर्मपत्नी श्रीमती के. सरोजिनी अम्मा ने पुराने काग़ज़ों का एक बंडल 'संपादक समिति' को दे दिया, जो 'केरल सतसई' की अपूर्ण पांडुलिपि थी। उसमें लगभग साढ़े तीन सौ दोहे लिखे गए थे। उनमें से संपादक समिति द्वारा चुने गए 100 दोहे 'सतसैया के दोहे' शीर्षक के अंतर्गत 'स्व. के. वासुदेवन पिल्लै स्मृति ग्रंथ' (1964) में छापे गए। शुरू के दोहे इस प्रकार हैं—

श्री द्विजराज पराक्रमी, खलनाशी गुणवान।
मुझ सेवक पर सर्वदा, करे दया भगवान॥ 1॥
जिसकी कृपा विशेष से उपजा केरल देश।
सो वीर जमदग्न्य का, मिले सदा निर्देश॥ 2॥
गोकर्ण स्थित राम ने सागर ओर निहार।
भू सिरजन के लक्ष्य से, फेंका निज हथियार॥ 3॥

इस प्रकार केरलोत्पत्ति के संकेत से काव्य शुरू होता है। अनंतर दोहे केरल के प्राकृतिक सौंदर्य, केरल का संस्कार आदि पर लिखे गए हैं। अंतिम दोहा है—

आत्मिक भौतिक सम्मिलन द्वैताद्वैत प्रवेश।
उत्तम शुद्ध संस्कृति यह देती शुभ संदेश॥ 100॥

पं. नारायण देव (देव केरलीय) के विविध विषयक चार काव्य संग्रह प्रकाशित हुए हैं—आरती (1965, प्रकाशक : हिन्दी पुस्तक मंदिर, कोट्टयम), गांधी सप्तक (1969, प्रकाशक : हिन्दी पुस्तक मंदिर, कोट्टयम), तरंगिणी (1977, प्रकाशक : विमला प्रकाशन, कोट्टयम), पाथेय और सोपान (प्रकाशक : स्वयं कवि)।

देवजी बड़े संवेदनशील कवि थे। उनकी 'दिल और दिल' कविता की पक्तियाँ देखिए—

दिल और दिल में कौन है वरिष्ठ
किसकी साख
यानी रौब बड़ी है?

'नेहरूजी' (1965, प्रकाशक : स्वयं लेखक) **श्री. पी.वी. वर्गीस** का खंडकाव्य है। जब भारत पर चीन का आक्रमण हुआ तब कवि ने 'भारत माता की चुनौती' नामक कविता लिखी और जवाहरलाल नेहरू को भेज दी। इस पर नेहरूजी

का अभिनंदन पाया तो कवि ने नेहरूजी के महान व्यक्तित्व को विषय बनाकर 'नेहरूजी' नाम से 358 छंदोंवाला एक खंडकाव्य लिखा, जो 15 प्रकरणों में विभाजित है। श्री पी.वी. वर्गीस की देशभक्ति विषयक नौ कविताओं का संकलन है 'कविता संग्रह' (1972, प्रकाशक : स्वयं कवि)।

श्री. आनंदशंकर माधवन के काव्य संकलनों का प्रकाशन 'अमरावती प्रकाशन' ने किया है। संकलन हैं—दीपाराधना (1964), वर्षा (1964), घास के फूल (1968), चित्रशाला (1968), पल्लवी (1969), जाह्नवी (1969), कवि (1973), संजीवनी (1974), वैतालिका (1976), श्रीजिता (1985), नांदी (1989), आदि भगीरथी (1990), उत्थान शतक (1993), ऐश्वर्य शतक (1994), श्वेतांबुजा (1994) आदि। 'दीपाराधना' पहला काव्य संग्रह है। इसमें प्रेम, सौंदर्य, सामाजिक यथार्थ आदि विविध विषयक 131 छोटी कविताएँ संकलित हैं। मानव पर कवि का व्यंग्य है—

जिसने सूरज को एक बार देख लिया
और समझ लिया
वह फिर लालटेन जलाने नहीं जाएगा
चींटियों ने सूरज को देख लिया
पर मानव लालटेन जलाने दौड़ता है
कितने व्यस्त, बुद्धिमान, संघटित
और महान ये चींटियाँ हैं। (पृ. 129)

'वर्षा' दो हज़ार छोटी मार्मिक गद्य कविताओं का संकलन है। इन्हें कवि ने छोटी-छोटी नावें कही हैं, जो समुद्र में बेसहारे लोगों के लिए भेजी जाती हैं। इन कविताओं में माधवन जी सामाजिक समस्याओं का सुधार तथा मनुष्य की भलाई चाहते हैं। 'चित्रशाला' 255 कविताओं का संकलन है। इसकी भूमिका में कवि ने लिखा है—'ये चित्र मेरे द्वारा बनाए हुए नहीं हैं, मेरे देखे हुए दृश्य हैं, अपने मानस में।' 'पल्लवी' 257 कविताओं का संकलन है। इस संकलन की प्रत्येक कविता में मानव हृदय की कोमल भावनाएँ झलकती हैं। 'जाह्नवी' 255 कविताओं का संकलन है। इन कविताओं में कवि के आशावादी दृष्टिकोण तथा दार्शनिक चिंतन प्रतिबिंबित होते हैं। 'संजीवनी' आध्यात्मिक-दार्शनिक कविताओं का संकलन है। 'वैतालिका' मधवन जी द्वारा लिखित आध्यात्मिक-उद्‌बोधनात्मक छोटी उक्तियों का संकलन है। जैसे—

समुद्र के साम्राज्य में
स्वराज्य माँगती हैं तरंगें
वे उसके लिए आंदोलन करती हैं।

'श्रीजिता' काव्य संकलन की भूमिका में कवि ने लिखा है—"जो स्वार्थ के लिए जी नहीं रहे हैं, वे दीर्घायु अवश्य होंगे। जो परोपकार में सदा प्रयत्नशील और

त्यागशील हैं, वे सदा सुखी और स्वस्थ भी रहेंगे।'' इस संकलन की कविताओं में माधुर्य गुण अधिक हैं। आशावादी दृष्टिकोण है। 'नांदी' 507 छोटी कविताओं का संकलन है। कवि के मत में ''जन चैतन्य को प्रबुद्ध और विकासशील रखने का कार्य अकेले साहित्यकार ही कर सकेगा। इसलिए लोकतांत्रिक राज्य-व्यवस्था में साहित्यकारों को प्रमुखता और सर्वोपरि प्रतिष्ठा रहनी चाहिए।'' इस संकलन की कविताओं में गांधी दर्शन का प्रभाव है, विश्वबंधुत्व की भावना है। 'कवि' गद्य कविताओं का संकलन है। यह 57 खंडों में विभाजित है। 'आदि भगीरथी' 118 कविताओं का संकलन है, जो विविध विषयक हैं। पाठकों में आत्म-चैतन्य भरनेवाली पंक्तियाँ देखिए—

मैं थकने मरने नहीं जन्मा हूँ
मूर्ख नहीं हूँ कि मरूँ पशु जैसा
जीने के लिए आया हूँ अनंतकाल तक
मेरी मृत संजीवनी सुधा
मेरी सतत विकासशील युद्धसन्नद्धता है
मेरा सुदर्शन चक्र
मेरा यह प्रज्वलित आत्मचैतन्य है। (पृ. 54)

'उत्थान शतक' 101 कविताओं का संकलन है। कवि ने भूमिका में अपना विचार इन शब्दों में प्रकट किया है—''हमें अपने आदतों और आचार-विचारों से धर्म की मर्यादा को स्थापित करना चाहिए।'' कवि जड़ता को छोड़ने, विकासशील बनने तथा सोद्देश्य रहने का उपदेश देता है। 'ऐश्वर्य शतक' 101 कविताओं का संकलन है। इसमें कवि ने ऐश्वर्य को योग-साधना कहा है। यह प्राप्त करने के लिए तीन मार्गों—ज्ञान, भक्ति, कर्म—का एक साथ आश्रय लेना है। 'श्वेतांबुजा' 1431 उद्‌बोधनात्मक तथा व्यंग्यमयी कविताओं का संकलन है। सामान्य मानव को कवि का उपदेश है—

यहाँ आराम से बैठे रहने की
कहीं भी गुंजाइश नहीं है
जो ऊपर की ओर उठने का प्रयास नहीं कर रहा है
वह नीचे की ओर गिर रहा है
इसलिए नीचे की ओर गिरना नहीं है तो
निरंतर ऊर्ध्व गति में रहिए। (पृ. 12)

डॉ. एन. चंद्रशेखरन नायर की प्रकाशित काव्य रचनाएँ हैं—(1) 'हिमालय गरज' रहा है (1965, प्रकाशक : केरल हिन्दी साहित्य अकादमी, तिरुवनंतपुरम) जो खंडकाव्य है, जिसमें कवि की राष्ट्रीय भावना प्रकट होती है। हिमालय पर्वत भारत के अतीत का साक्षी है, अतः कवि ने इसमें हिमालय से भारत माता की महान

परंपरा का यशोगान कराया है। इसमें कवि पूरे सम्मान के साथ भारत के महापुरुषों तथा उनकी वीरता की याद करता है—

मुझे ज्ञात है इक भारत ही
देश है, जिसने किसी पर भी
आक्रमण नहीं किया, हालाँकि
वीरों की न कमी थी कदापि।
मुझे याद है भारत ही इक
जनपद, जिसने सर न झुकाया
डरकर अन्यायी के आगे
सतत अहिंसा उसका नारा। (पृ. 83)

उदार मानवीय परंपराओं वाले भारत देश पर चीन का आक्रमण हिमालय को क्रुद्ध बना देता है। हिमालय गरजकर चुनौती देता है कि यह चंद्रगुप्त, भीष्म पितामह, गाँडीवधारी अर्जुन, राणा प्रताप, शिवाजी, वेलुतंपी जैसे वीरों का देश है। वाल्मीकि, व्यास, कालिदास, शंकराचार्य, तुलसी, कम्पर, रवींद्र आदि महापुरुषों के इस देश पर आक्रमण करनेवालों को लज्जित होना चाहिए।

डॉ. एन.चंद्रशेखरन नायर की विविध हिन्दी पत्रिकाओं में प्रकाशित कविताएँ बाद में दो संकलनों में संकलित करके प्रकाशित की गईं। वे संकलन हैं—'कविताएँ देशभक्ति की' और 'निषाद शंका'। (2) 'कविताएँ देशभक्ति की' (1994, प्रकाशक : केरल हिन्दी साहित्य अकादमी, तिरुवनंतपुरम) 35 देशभक्ति की कविताओं का संकलन है। इसमें कवि ने भारत की परंपरागत संस्कृति का यशोगान किया है। इस संकलन की 'गुरु चरणों में' नामक पहली कविता गद्य कविता है, जो टैगोर पर लिखी गई है। 'हुँकार भर दो नगपति' शीर्षकवाली कविता में कवि ने गर्वोन्नत हिमालय का गरिमामय चित्र खींचा है। इसमें कवि गरिमामय चिर तुषार वेष्टित नगपति अर्थात् हिमालय को प्रणाम करता है। कवि हिमालय को संसार का आश्चर्य मानता और उसे मनुष्य को महिमा का पाठ सिखाने योग्य महसूस करता। कवि हमेशा शांति चाहता है। उसके मत में युद्ध शांति का उपाय नहीं है—

हम चाहते हैं, कभी किसी से
युद्ध करने का अवसर न पाएँ
युद्ध शांति का सदुपाय नहीं है
युद्ध का परिणाम शांति के अनुकूल नहीं है। (पृ.)

'नेहरूजी को श्रद्धांजलियाँ' नामक कविता आदर्शवान नेता जवाहरलाल नेहरू की पुण्य स्मृति में लिखी गई है। उनके मत में नेहरूजी की अमर ज्योति के कारण इतिहास चरित्र बना है। 'प्रहरी' और 'माँ के सपूत' कविताओं में भारत भूमि में जन्म लेने पर कवि-मन का गौरव प्रकट होता है। 'हिन्दी के प्रति' कविता में राष्ट्रभाषा हिन्दी के प्रति कवि का ममत्व प्रकट होता है। (3) 'निषाद शंका' (1998, प्रकाशक :

केरल हिन्दी साहित्य अकादमी, तिरुवनंतपुरम) भावात्मक एवं सांस्कृतिक कविताओं का संकलन है। इस संकलन की पहली कविता का नाम 'निषाद शंका' है, जो सांस्कृतिक अस्मिता के संरक्षण के उद्देश्य से लिखी गई है। श्रीरामचंद्र के वनवास के समय भरत सेनासहित श्री रामचंद्र से मिलने वन की ओर जा रहा था कि निषाद राज को यह शंका हुई कि भरत अन्याय के विरोधी श्रीरामचंद्र के उदात्त कार्य में बाधा न बन जाएँ। संकलन की अन्य प्रमुख कविताएँ हैं—'एक त्याग और उसकी व्यथा', 'हम बने आज़ाद', 'नियोग-विनियोग' आदि। (4) चिरंजीव (2008, प्रकाशक : श्रीनिकेतन, लक्ष्मी नगर, पट्टम पालस पोस्ट, तिरुवनंतपुरम) महाकाव्य है। इसमें सात अमर पुरुषों की कथा कही गई है। इसके सभी पात्र—अश्वत्थामा, महाबलि, व्यास मुनि, हनुमान, विभीषण, आचार्य कृप तथा परशुराम—भारतीय संस्कृति के वे पात्र हैं, जिनका उल्लेख 'रामायण', 'महाभारत' जैसे पौराणिक काव्यों में हुआ है। ये पात्र महान हैं, चिरंजीवी हैं। इस महाकाव्य के केंद्र में श्रीकृष्ण हैं। कवि ने इस काव्य की 'पूर्व पीठिका' में लिखा है—"पुराणों-इतिहासों में प्रतिपादित अति प्रख्यात कथात्मक रचना चिरजीवों के मार्मिक जीवन-वर्णन युग-युग से सुनते हैं।" इसमें वर्णित चिरंजीवियों का परिचय कवि ने निम्नलिखित काव्य पंक्तियों में दिया है—

अश्वत्थामा बलिर्व्यासो,
हनुमांश्च विभीषणः
कृपः परशुरामश्च
सप्तैतै चिरंजीविनः।

इस काव्य में कुल 173 पौराणिक पात्र हैं। महाबलि सप्त चिरंजीवियों में एक हैं। केरल की जनता ओणम के त्योहार पर महाबलि का स्मरण कर अपने को आज भी धन्य करती है। महाबलि का उल्लेख इन शब्दों में नायर जी ने किया है—

महाबलि के शासन काल में
प्रजा रही थी सानंद सत्यनिष्ठ
नहीं रही थी कहीं अराजकता
नहीं रहा था अकाल अविचार (पृ. 31)

'चिरंजीव' (2009, प्रकाशक : कला प्रकाशन, न्यू साकेत कालोनी, वाराणसी-5) सन् 2008 में प्रकाशित 'चिरंजीव महाकाव्य' का लेखों सहित पुनःप्रकाशन है। 'चिरजीव' महाकाव्य पढ़कर देश के मूर्धन्य हिन्दी लेखकों ने उस पर आलोचनात्मक लेख तैयार करके नायरजी को भेजा। ऐसे 41 लेखों सहित फिर से प्रस्तुत महाकाव्य का प्रकाशन सन् 2009 में किया गया। इस बृहत् ग्रंथ में इस महाकाव्य पर विविध लेखकों द्वारा लिखे लेखोंवाला पहला भाग 220 पृष्ठों का है और काव्यवाला दूसरा भाग 207 पृष्ठों का है।

डॉ. दामोदर प्रसाद की भावदीप्तिवाली 15 छोटी कविताओं का संकलन है 'तीन मूर्ति' (1971, प्रकाशक : प्रसाद प्रकाशन, कोल्लम)।

डॉ. एल. सुनीता बाई का काव्य संकलन है 'नया युग' (1972, प्रकाशक : गीता प्रकाशन, कोच्ची)। कवयित्री अनुभव करती हैं कि आधुनिक युग में मनुष्य का दोहरा व्यक्तित्व है। उसकी करनी और कथनी में बड़ा अंतर है। आधुनिक युग कवयित्री को विचित्र मालूम होता है। अत: इस संकलन की कविताओं का मूल स्वर व्यंग्य का है। इसमें कुल 75 पृष्ठ हैं तथा 26 कविताएँ संकलित हैं। कविताएँ हैं—नया युग, कृष्ण और कन्हैया, कलियुग, क्या से क्या हो गया, जग में है कितना अँधियारा, निर्मोही, नीरवते!, संध्या के बाद, तितली से, गुलाब और कमल, चंद्रमा के आँसू, दीपक जलता है, मनहार, ईश्वर की लीला, तृक्काक्करा, प्रिय पंछी, पी-एच.डी, मेथडोलजी, लालमिर्च, माँ, द्रोणाचार्य, विराट, मंत्रणा, जीवन संगीत, आधार, शुक्रतारा आदि। 'नया युग' की पंक्तियाँ देखिए—

युग नवीन नारी अधीन
युव मन है अब सौंदर्य लीन
कहते हैं लोक विकासहीन
बनकर अपने को वृत्तिहीन। (पृ. 47)

डॉ. पी.वी. विजयन के तीन काव्य संकलन प्रकाशित हुए हैं—(1) कथ्य और तथ्य, (2) नदी को बहने दो और (3) शब्द आदमी है। समकालीन विषयों पर विजयन जी ने कविताएँ लिखी हैं। (1) 'कथ्य और तथ्य' (1973, प्रकाशक : केरल हिन्दी साहित्य मंडल, कोच्ची) 23 कविताओं का संकलन है। यह 1973 में केंद्रीय हिन्दी निदेशालय से पुरस्कृत है। इसके 'आत्मकथ्य' में कवि विजयन ने लिखा है—"मैंने अपने जीवन के भोगे हुए क्षणों को, जीवन-परिवेश में दृष्टिगत तथ्य, साक्षात्कृत सत्य को, यथासंभव वाणी देने का प्रयास किया है।" इस संकलन की कविताएँ व्यंग्यमयी हैं। कवि स्वयं अध्यापक रहा है तथा अपने परिचित परिवेश-शिक्षा-जगत को आधार बनाकर परीक्षक, क्रुद्ध छात्र, शोध-छात्र, विशेषज्ञ, विधाता, सर्वज्ञ, एकलव्य आदि कविताएँ लिखी हैं। विजयनजी की इन व्यंग्य कविताओं के बारे में डॉ. पद्मसिंह शर्मा कमलेश ने भूमिका में लिखा है—"यदि कवि का भारतीय संस्कृति पर अनुराग न होता तो प्रकृति और सांस्कृतिक प्रतीकों के माध्यम से, देखने में छोटे रहनेवाले व्यंग्य बाण नहीं छोड़ सकता था।" यह केंद्रीय हिन्दी निर्देशालय, नई दिल्ली से पुरस्कृत है। 'कुर्सी का जादू' कविता की व्यंगोक्ति देखिए—

जब छोटा आदमी,
बड़ी कुर्सी पर बैठता है तो
समझता है कि वह बड़ा हो गया है
और कुर्सी
उसके लिए
बनी है।

(2) 'नदी को बहने दो' (2001, प्रकाशक : जवहर पुस्तकालय, मथुरा) संकलन में सन् 1975 से 2000 तक पच्चीस वर्ष की लंबी अवधि में लिखी कविताएँ संकलित हैं, जो इस अवधि में आम जनता के जीवन की सच्चाइयों और अंतर्विरोधों का दिग्दर्शन करानेवाली हैं। यह 2003 में केंद्रीय हिन्दी निदेशालय से पुरस्कृत है। यह संग्रह चार खंडों में विभाजित है। प्रथम खंड में 17 कविताएँ हैं—कवि, कविता, शब्द आदमी हैं, वेणु रन्ध्र, आज की कविता, लहर, शील, तन और मन, एक पुराना प्रेम गीत, प्यार करना ही जीना है, तू कौन है, यक्ष, मौन को तोड़ो, बैसाखियाँ, शक मन, मौन आदि। दूसरे खंड में 14 कविताएँ हैं—कुर्सी का जादू, दीवारें, शहर में चीता, आदमी और जानवर, गिरगिट, ज़माने का नारा, द्रोण का अँगूठा, कथनी और करनी, नेता-अभिनेता, राजनीति और लाश, राजनेता का बेटा, तरक्की, नदी को बहने दो, शिवमयी शक्ति आदि। तीसरे खंड में छह कविताएँ हैं—केरल की वर्षा : एक परिदृश्य, वामन, संध्या, परीक्षक, सूर्य-ग्रहण, नया सूर्य आदि। चौथे खंड में 'एकलव्य' नामक लंबी कविता है। प्रथम खंड की 'एक पुराना प्रेमगीत' और 'प्यार करना ही जीना है' आदि छायावादी रूमानियत की कविताएँ हैं। इस खंड की 'एक पुराना प्रेमगीत' की पंक्तियाँ देखिए—

तुम्हारे रूप की मदिरा
सदा करती मुझे बेचैन री।
तुम्हारे अंग अंग तरंग
लहर रही श्रृंगार की। (पृ. 22)

समकालीन विसंगतियों के बीच की आस्था को न छोड़नेवाला कवि-दर्शन पहली कविता 'कवि' में मिलता है। इसमें कवि को शिव माना गया है—

अनास्था के शत-शत भूतों से घिरा कवि
आस्था का मृत्युंजय सदाशिव है। (पृ. 13)

निराशा के माहौल में भी आस्था का स्वर कवि की विशिष्टता है। 'कविता' में कहा गया है कि कवि की प्रतिबद्धता मानव के प्रति है। जैसे—

हर शब्द के पीछे न कोई देवता है न ब्राह्म
हर शब्द के पीछे आदमी है कोई न कोई
उसकी संवेदना है
हाँ शब्द आदमी है। (पृ. 15)

कवि के दृष्टिकोण में कविता का अस्तित्व द्रष्टा और दृष्टि में है। कविता को बातों की असलियत समझ सकनेवाले पाठक चाहिए। 'आज की कविता' की पंक्तियाँ देखिए—

क्योंकि कविता
सिर्फ चप्पल और पायल में नहीं है
वह तो दृष्टि में है, द्रष्टा में है। (पृ. 18)

मौन पर लिखी कविताएँ हैं—'वेणुरन्ध्र', 'मौन को तोड़ो' और 'मौन'। आधुनिक माहौल में कवि मौन को तोड़ने का उपदेश देता है—

समझने की बात है
जो चीखता है, वह पाता है।
जो चुप है वह खोता है। ('मौन' कविता, पृ. 31)

'नदी को बहने दो' के दूसरे खंड की अधिकांश कविताएँ लेखक की प्रतिबद्धता स्पष्ट करती हैं। 'कुर्सी का जादू' कविता में अपने अधिकार के बल पर मंत्री मरने और मारने को कमर कस लेते हैं—

इस कुर्सी के जादू से
वह बावला बनता है
मरने और मारने को
कमर कस लेता है। (पृ. 35)

'गिरगिट' कविता का व्यंग्य यह है कि जैसे रंग बदलनेवाला गिरगिट देखनेवाले का खून चूसता है वैसे आज के राजनीतिज्ञ इच्छानुसार रंग बदलते हैं और जनता का खून चूस लेते हैं। राजनीतिज्ञों पर करारा व्यंग्य करनेवाली कविताएँ हैं—'ज़माने का नारा', 'नेता-अभिनेता', 'राजनीति और लाश', 'राजनेता का बेटा' आदि। आज विकास के नाम पर पेड़ कटते जा रहे हैं, जंगल मिटते जा रहे हैं, धरती बंजर होती जा रही है और नदियाँ मरती जा रही हैं। जब मानव सघन जंगलों का विनाश करते हैं तब वहाँ बसनेवाले जानवर क्या करेंगे? 'शहर में चीता' कविता की पंक्तियाँ देखिए—

कटते पेड़ों
और जलते जंगलों को देखकर
चीते ने शहर की राह पकड़ी
अखबारों की खबरों में
यह बात नहीं थी। (पृ. 38)

'तरक्की' कविता में पर्यावरण को बचाने की कवि की इच्छा प्रकट होती है—

क्या यह धरती पहले जैसी
मरकत हरीतिमा नहीं बनेगी?
क्या यह हवा पहले जैसी
खुशबू नहीं बाँटेगी? (पृ. 49)

पर्यावरण को बचाने के उद्देश्य से लिखी अगली कविता है—'नदी को बहने दो'। मनुष्य की सभ्यता का उदय और विकास संसार में कहीं भी नदी-तटों पर हुआ है। आज बड़े-बड़े बाँधों ने नदियों का गला घोंट दिया है, जिससे नदियाँ मर

रही हैं। सरकार यह भूल जाती है कि बहना ही नदी का जीना है। अतः कवि के दुखी मन का सरकार से निवेदन देखिए—

हे सरकार
इस नदी को वहाँ बहने दो
जहाँ वह बहना चाहती है। (पृ. 51)

इस कविता में कवि यह चेतावनी भी देता है कि अगर मनुष्य पर्यावरण का नाश करता रहेगा तो घायल धरती की पुकार सुनकर धरती माता का रोष भूकंप के रूप में प्रकट होगा। 'शिवमयी शक्ति' कविता में कवि ने प्रकृति को शिवमयी कहा है। प्रकृति मंगलकारिणी है। अतः कवि का उपदेश है कि प्रकृति से लड़ो मत, उसके साथ चलो। 'नदी को बहने दो' के तीसरे खंड की कविताएँ प्राकृतिक दृश्यों-बिंबों के सहारे समकालीन वास्तविकताओं पर प्रकाश डालती हैं। 'केरल की वर्षा : एक परिदृश्य' कविता में बारिश में कोच्ची की सड़कों की स्थिति देखिए—

थल-जल भ्राँति से
घबराये कई पथिक
नालों में बदलो सड़कों पर
चलते हुए बहते हैं
बहते हुए चलते हैं। (पृ. 57)

'संध्या' कविता में संध्या-सुंदरी परी-सी आसमान से उतरने के बदले 'सुंदरी पश्चिमीवामा' जैसी उतरती है। उसके अधरों में लिपस्टिक है और वह सिगरेट की धूम बराबर छोड़ती है। धूम छोड़ने का कारण है कि कोच्ची की फैक्टरियों की चिमनियों से निकलता धुआँ सब कहीं छा जाता है। औद्योगिकीकरण के फलस्वरूप भारत में होनेवला पर्यावरण-प्रदूषण पश्चिमी देन है, इसलिए संध्या पश्चिमीवामा ही हो सकती है। 'परीक्षक' कविता में बादल की कॉपियाँ जाँचनेवाले किसी अज्ञात परीक्षक का चित्रण है। अज्ञात परीक्षक उन कॉपियों में बिजली की लाल लकीरें खींचकर उन्हें इधर-उधर फेंक देता है। आकाश में दीखते बादलों की ऐसी कल्पना करना डॉ. पी.वी.विजयन जैसे कवि के लिए सरल ही है। 'सूर्य ग्रहण' कविता में ग्रहणग्रस्त सूर्य का गायब होने और कुछ क्षणों के बाद दिखाई पड़ने का वर्णन है। 'नया सूर्य' कविता में सूर्य को प्रतीक मानकर एक नए प्रभात की प्रतीक्षा करनेवाली जनता का चित्रण है। जैसे—

फिर हम
अभिशप्त अँधियारे शासन के
अन्धकूप में पड़े रहेंगे
और हमें नए सूर्य को
उगाने के लिए

एक लंबी रात से
गुज़रना होगा। (पृ. 65)

'वामन' कविता में केरल के प्रादेशिक त्योहार ओणम की पृष्ठभूमि में आधुनिक राजनीति पर व्यंग्य किया गया है—

नेकी को छोड़ने पर
बड़ा बनेगा छोटा
आज की राजनीति
बनाती वामनों को। (पृ. 59)

'नदी को बहने दो' संकलन के चौथे खंड में 'एकलव्य' शीर्षकवाली लंबी कविता है (पृ. 69-79)। पौराणिक ग्रंथ 'महाभारत' के द्रोणाचार्य-एकलव्य प्रसंग पर यह कविता लिखी गई है। गुरु-दक्षिणा के नाम पर अंगूठा लिये द्रोणाचार्य पर पड़े कलंक का संकेत करके यह कविता समाप्त होती है, जैसे—

द्वापर से लेकर द्रोण
आज तक वही कलंक
ढोते आ रहे हैं, मानो
ढोते रहेंगे सदा। (पृ. 79)

पौराणिक प्रसंग में क्षति किए बिना आधुनिक गुरु की विवशता का चित्रण करने में कवि यहाँ सफल हुआ है—

मेरे जीवन का काँटा
दिल को अब निर्मम कर
निर्णय लेना है मुझे
गुरु-दक्षिणा की माँग
अभी करनी ही होगी
विज्ञ द्रोण का सदा
प्रबुद्ध शिक्षक मन
रक्षक सत्ता की ओर
झुक गया उसी क्षण। (पृ. 77)

आर्थिक तथा राजनीतिक दबावों से घिरे द्रोणाचार्य आधुनिक गुरु का प्रतीक बन जाते हैं, जिनका मन सत्ता के सामने चंचल होता है। (3) 'शब्द आदमी है' (2007, प्रकाशक : अलंकार प्रकाशन, नई दिल्ली) काव्य संकलन में 'कथ्य और तथ्य' की चार कविताओं और 'नदी को बहने दो' की चौंतीस कविताओं के साथ कुछ अन्य कविताएँ भी जोड़कर कुल 113 कविताएँ संकलित की गई हैं। पहली कविता है 'आस्था का मृत्युंजय है कवि'। इसमें कहा गया है कि कवि सचमुच शिव है जो जीवन के दुख का विषपान कर काव्यामृत प्रदान करता है। केरल की प्रकृति, सामाजिक-राजनीतिक विडंबनाएँ, भ्रष्टाचार, कवि-कर्म की सार्थकता जैसी विविध विषयक कविताएँ प्रस्तुत

संकलन में मिलती हैं। केरल की प्रकृति और संस्कृति संबंधी कविताएँ हैं—केरल की वर्षा : एक परिदृश्य, सूर्यग्रहण, वामन, बारिश में केरल, संध्या आदि। 'कन्याकुमारी की शाम' कविता में मनोहर प्रकृति-चित्रण मिलता है। 'हवा की तलाश' कविता में हवा के महत्त्व का चित्रण है। 'नदी को बहने दो', 'कावेरी रोती है', 'पंपा बह रही है', 'सूखा' आदि कविताओं में नदी पर होनेवाले मानवीय अत्याचार चित्रित हुए हैं। 'बूढ़ा पेड़' कविता में पेड़ का मानवीकरण किया गया है और सूखे पेड़ के मनोभावों को अभिव्यक्त किया गया है। 'आदमी और पेड़' कविता में मानव द्वारा पेड़ से किए जानेवाले अत्याचारों तथा पेड़ के सेवा-भाव पर प्रकाश डाला गया है। 'लहर', 'शील', 'एक पुराना प्रेम गीत', 'प्यार करना जीना है', 'यक्ष', 'मौन को तोड़ो', 'तुम कविता हो', 'नींद की छवि', 'कौन है यह' आदि भाव-प्रवण कविताएँ प्रेम-संबंधी हैं। 'कुछ दिन बाहर रहकर' कविता में कुछ दिनों के बाद परस्पर मिलने पर होनेवाले प्यार के सुंदर क्षणों का चित्रण किया गया है। 'कुर्सी का जादू', 'नेता-अभिनेता', 'गिरगिट', 'ज़माने का नारा है', 'कथनी और करनी', 'राजनीति और लाश', 'राजनेता का बेटा', 'देश की खुशहाली', 'न जाने क्यों', 'मौन का मातम मनाते लोग' आदि तत्कालीन राजनीति के खोखलेपन का चित्रण करनेवाली कविताएँ हैं। 'आदमी और जानवर', 'यह तो चुप रहने का वक्त नहीं', 'दीवारें', 'शहरी शोर', 'तरक्की', 'आवाज़ों के घेरे में बंद हूँ मैं', 'नाटक', 'आवाज़ आदमी की अपनी पहचान', 'शहर में चीता' आदि सामाजिक कविताएँ हैं, जिनमें सामाजिक गतिविधियाँ चित्रित हुई हैं। 'पुलिस और चोर' का मूल स्वर क्रांति का है। 'डाकू कहाँ है' कविता में मुखौटा पहनकर शरीफ़ जैसे चलनेवाले डाकू का चित्रण है। 'यह कैसी विडंबना है' कविता में कहा गया है कि समाज की सचाइयों को पहचाननेवाले व्यक्ति कम हैं। 'यह शहर नहीं जंगल है' कविता में वर्तमान समाज में होनेवाले मानव-मूल्यों के ह्रास पर प्रकाश डाला गया है। 'शराब का गणित' कविता में कार्यालय में होनेवाले भ्रष्टाचारों और 'शिवमयी शक्ति' कविता में मनुष्य की पाशविक प्रवृत्तियों पर प्रकाश डाला गया है। 'शब्द आदमी हैं' तथा 'शब्दों के पंछी' कविताओं में भावों की अभिव्यक्ति के लिए भाषा में शब्दों की सहायता, 'मौन की भाषा' कविता में मौन के विविध अर्थ तथा 'मौन को तोड़ो' कविता में मौन को छोड़ने की आवश्यकता आदि पर प्रकाश डाला गया है। 'विकलांग के हाथ', 'मृत्युंजय', 'साधना कविता है', 'आज की कविता' आदि कविताओं में कर्मोन्मुख होने की आवश्यकता कही गई है। 'परंपरा और आधुनिकता', 'राम-धाम' आदि कविताओं में धर्म और भक्ति के नाम पर होनेवाली पाखंडताओं पर प्रकाश डाला गया है। 'एकलव्य' में पौराणिक पात्र एकलव्य का चित्रण है। 'शब्द आदमी हैं', 'तन और मन', 'शक', 'मन' आदि भावात्मक कविताएँ हैं।

डॉ. जे. बालकृष्णन चेट्टियार के दो काव्य संकलन प्रकाशित हुए हैं—(1) 'उपहार' (1977); प्रकाशक : मनु प्रकाशन, चिरयिनकिल, केरल)

25 कविताओं का संकलन है। इसकी पहली कविता है 'माता के प्रति'। इस कविता के वर्ण्य विषय के आधार पर कवि ने इस संकलन को 'उपहार' नाम दिया है। इस कविता की कुछ पंक्तियाँ देखिए—

करो प्रदान शक्ति मुझे लिखने हे माता!
यह शक्ति अर्पित करूँ चरणों पर तेरे।
ज्ञात है तुझे अपूर्ण होगी मेरी दक्षिणा
माता सुख की अपूर्णता को पूर्ण करो तुम।

प्रकृति, रहस्यवाद, सामाजिक जीवन-दर्शन जैसे विविध विषयों की कविताएँ इस संकलन में मिलती हैं। (2) 'किरण' संकलन (1978, प्रकाशक : मनु प्रकाशन, चिरयिनकिल) की कविताएँ कवि के पहले संकलन 'उपहार' की कविताओं की अनुगामी हैं। 'उपहार' की अपेक्षा सामाजिक विषयों को इस संकलन की कविताओं में अधिक स्थान मिला है।

श्री सी. सुकुमारन नायर की 75 कविताओं का संकलन है 'एकांत यात्रा'। **श्री राघवन नायर** की मौलिक तथा अनूदित कविताओं का संकलन है 'शिथिल चिंताएँ' (1978)।

डॉ. एन.रामन नायर की प्रकाशित काव्य रचनाएँ हैं—(1) 'गुरु शिष्य' (1979, प्रकाशक : गीता प्रकाशन, कोच्ची), खंड काव्य है। इसका विषय पौराणिक है। इसमें पौराणिक विषय आधुनिक संदर्भ में चित्रित हुआ है। इसमें गुरु द्रोण, शिष्य अर्जुन और एकलव्य की पौराणिक कथा प्रस्तुत की गई है। (2) 'नोक झोंक' (प्रकाशक : गीता प्रकाशन, कोच्ची) शीर्षक के समान ही यह रामन नायरजी की व्यंग्य कविताओं का संकलन है। इसमें समसामयिक सामाजिक-राजनीतिक विसंगतियों पर व्यंग्य किया गया है। (3) 'इक्कीस कविताएँ बेहूदी' (1979, प्रकाशक : गीता प्रकाशन, कोच्ची) नायरजी की व्यंग्य कविताओं का संकलन है। इसमें राजनीतिक-सामाजिक विडंबनाओं पर व्यंग्य किया गया है। इसकी प्रथम कविता 'नारा' ही सूचित करती है कि इसकी कविताएँ किस प्रकार की हैं। जैसे—

खबरदार!
मेरी कलम में
सत्यं शिवं सुंदरं नहीं हैं,
असुंदर की बेडौल सूरतें हैं।
नग्न पादों की भीड़ भगदड़ है
भूखे भिखमंगों का क्रोड़ है।
अधभूखे किसानों का झुंड है
बेकार मज़दूरों की हाय-हाय है
समाज के कोढ़ों का सड़ा पाँव है।

(4) 'मैं शक्ति हूँ' (2001, प्रकाशक : गीता प्रकाशन, कोच्ची) संग्रह की कविताओं के बारे में स्वयं कवि डॉ. एन.रामन नायर ने इसके 'लेखकीय' शीर्षक में लिखा है—''उन्नीस सौ सत्तर से दो हज़ार तक के समयांतर में भिन्न-भिन्न जिन परिस्थितियों, परिवेशों और भाव जगतों से इस संग्रह का कवि गुज़रता रहा, उस लंबे समय की रचनाएँ इस संग्रह में हैं। इसमें कोई व्यक्ति या घटना या हेतु मुख्य नहीं, कवि का कथन केवल यह है—वह ऐसा ही है। कवि का मन असंपृक्त है, किसी के प्रति न्याय या अन्याय करना उसका उद्देश्य नहीं है। इन भावप्रेरित अचुंबित काव्य-खंडों को प्रकाशित करने का तीन दशकों के बाद ही अवसर प्राप्त हो रहा है। इसमें कविताएँ हैं, गीत हैं, छंदोबद्ध कविताएँ हैं, बाल कविताएँ हैं, वंदना है, व्यंग्य है, मुक्तक हैं, छंद हैं, लघु से लघु और लंबी से लंबी कविताएँ हैं तो कुछ कालसीमा को पार करती हैं; कुछ उत्तेजन के स्वर हैं तो कुछ समवेत; कुछ जल्पन-कल्पन है तो कुछ कटु सत्य का ज्ञापन; सभी को एक साथ विज्ञ पाठकों के सम्मुख प्रस्तुत करने का साहस मेरी पत्नी डॉ. वनजा दिला रही है, इसलिए उसीको यह समर्पित है'' (पृ. 4)। इस काव्य-संग्रह की भूमिकाएँ 'प्राक्कथन' शीर्षक देकर श्री जगदीश चतुर्वेदी ने तथा 'एक सुरभित संदेह' शीर्षक देकर इंद्रसेंगर ने लिखी हैं। 'मैं शक्ति हूँ' तीन काव्य-संग्रहों का संग्रह है, जैसे—(1) 'मैं शक्ति हूँ' (कुल 113 पृष्ठ), (2) 'एक बार बस और' (कुल 52 पृष्ठ) (3) 'सुन बच्चे, सुन' (कुल 40 पृष्ठ)। 'मैं शक्ति हूँ' में 72 कविताएँ, 'एक बार बस और' में 33 कविताएँ तथा 'सुन बच्चे, सुन' में 19 कविताएँ संकलित हैं। 'मैं शक्ति हूँ' भाग की पहली कविता का नाम भी यही है। इसमें शिवशक्ति का वर्णन किया गया है—

मैं शक्ति हूँ
अचेतन को चेतना देनेवाली शक्ति!
अगम्य को गम्य बनानेवाली शक्ति।
चैतन्य को विश्वव्यापी बनानेवाली शक्ति।
स्फोट से विस्फोट करनेवाली शक्ति! (पृ. 21)

इसी कविता में सरस्वती देवी के प्रति कवि का विश्वास प्रकट होता है—

संसृति की वह आदि दिव्या
शक्ति रूपी सरस्वती है (पृ. 21)

इस संकलन की 'वाणी वंदन' कविता में भी माँ सरस्वती से कवि वर माँगता है। कवि प्रकृति का भी उपासक है। प्रकृति उसे प्रायः काव्य-रचना का अवलंब रही है। 'रजनी' कविता में बिंबों के सहारे रात्रि का चित्रण किया गया है—

लाली में पीलीनुमा साड़ी पहने
तू नव संध्या-सी आई।
रजत तारिका के अलंकरणों से

घनाघन कबरी थी
लहलहाती लहरों-सी। (पृ. 45)

ये शब्द रात में अंधकार छा जाने के पहले आनेवाली सुंदरी संध्या का चित्र खींचते हैं।

'हम हैं जहाज़ के पंछी' कविता में 'हम' और 'पंछी' प्रतीक हैं। जैसे—

हम हैं जहाज़ के पंछी
उड़ते हैं, वापस आते हैं
डूबते हैं उतरते हैं।
बहते हैं प्रवाह में
आ जाते हैं किनारे में।
उड़ना अस्तित्व दुख है
वापस आना अस्तित्व बोध है
दो ही अस्तित्व हैं हम और जहाज़।
जहाज़ और हम। (पृ. 36)

मनुष्य निरंतर दुख से गुज़रते हैं तथा समस्याओं से जूझते हैं। शायद इसी की सूचना-स्वरूप कवि ने इस कविता में यों लिखा है—

चक्रव्यूह में हम बंदी हैं
उड़ते उसी व्यूह में, वापस
आते उसी व्यूह में। (पृ. 36)

नारी-संबधी कई कविताएँ इस संकलन में मिलती हैं। आज की नारी की दुर्दशा का चित्रण करनेवाली 'भारतीय नारी' कविता में 'मुरझाया पौधा' नारी का प्रतीक है। 'माता महीयसी' कविता में नारी की दशा का चित्रण है। भारतीय नारी में हमेशा चेतना चाहनेवाले कवि ने 'भारतीय नारी' कविता में एक प्रतिक्रियाशील नारी का चित्रण किया है। सिटी बस की भीड़भाड़ में एक कामासक्त पुरुष ने पीछे से नोचा तथा कुच-युग्मों को निचोड़ा। सहयात्री यह चुपचाप देखते रहे, तो उस स्त्री ने उसे अपने जूते से मारा, जिससे उसके दो दाँत उखड़े और मूँछों में रक्त की धारा बही। कवि ने इस कविता में उस सचेत भारतीय महिला का नमन किया है। व्यंग्योक्ति के माध्यम से आधुनिक जन-मानस का चित्रण करनेवाली कविता है—'ॐ भ्रष्टाचाराय नमः' ('मैं शक्ति हूँ' संकलन), 'लाली खूब निराली है' तथा 'गीत पंचक' ('एक बार बस और' संकलन की कविताएँ)। तुलसीदास पर लिखी कविता है 'तुलसी दशक'। मनुष्य के स्वार्थ का परिचय देनेवाली कविता है 'स्वार्थ पुराण'। 'जीवन' कविता में वर्षा की बूँदें क्षणभंगुर जीवन की प्रतीक हैं।

'सुन बच्चे, सुन' 'मैं शक्ति हूँ' काव्य संकलन का तीसरा भाग है। 'राष्ट्र भारती', 'मेरा प्यारा देश' आदि कविताओं में कवि का राष्ट्र-प्रेम व्यंजित होता है। स्वतंत्रता-

प्राप्ति के पचास साल के बाद भी भारत में गरीबों का हाल नहीं सुधरा है। इस पर कवि का मन दुखी है। 'स्वतंत्रता के पचास साल बाद' कविता की पंक्तियाँ देखिए—

स्वतंत्र हुए बीते पचास साल!
कहीं न सुधरा गरीबों का हाल!
तेरे आँसू देख हँसते
अमीर सारे, राजनीति के चेले। (पृ. 30)

'मैं शक्ति हूँ' के तीसरे भाग-'सुन बच्चे, सुन'—की अधिकांश कविताएँ बालकों के लिए लिखी गई हैं, जैसे—'बाप-बेटा', 'कहानी सुनी-अनसुनी', 'नन्ने-मुन्ने', 'पी-पी', 'शिशु महिमा', 'प्रिया', 'बच्चे सुन' आदि। इस भाग की विषु, ओणम्, दीपावली आदि त्योहारों पर लिखी सांस्कृतिक कविताएँ हैं जैसे 'विषु की यादें', 'ओणम आया', 'आओ मिलकर दीप जलाएँ' आदि।

'बात' (केरल की हिन्दी कविता विशेषांक; संपादक : डॉ. विश्रांत वरिष्ठ; वर्ष 1985; प्रकाशक : यमराज प्रकाशन, कोलकाता) में केरल के कई हिन्दी कवियों की कविताएँ प्रकाशित हुईं, जैसे—भूल हो गई एकलव्य से (पी. नारायण), गंगा पुराण नए युग में (वी.ए. केशवन नंपूतिरी), अमृता प्रीतम (टी.एस. पोन्नम्मा), स्मृति की अनुभूति (टी.के. सरलादेवी) आदि।

पी. नारायण (नरन) का प्रथम काव्य संकलन है—'जीने की ललकार' (1986, प्रकाशक : संन्यासी परम्पु, नीलिक्काटु, पालक्काटु)। इस संकलन की कविताएँ तीन शीर्षकों के अंतर्गत रखी गई हैं—जागरण, स्वप्नभंग तथा चिनगारियाँ। 'जागरण' इस संकलन का प्रथम भाग है। इस भाग में छह कविताएँ हैं—'राष्ट्रभाषा ज़िंदाबाद! मातृभाषा ज़िंदाबाद', 'जय-जय सुभाष', 'आगत बंधु स्वागत है', 'जय हिंदुस्तानी', 'जीने की ललकार', 'कौन जवाहर आज बनेगा' आदि। कवि ने राष्ट्रभाषा हिन्दी को महारानी तथा अंग्रेज़ी भाषा को विषकन्या कहा है—

दुहिताएँ हैं चौदह प्यारी दुलहिन हिन्दी रानी है।
विषकन्या थी अंग्रेज़ी तू अब तो नौकरानी है। (पृ. 1)

'जय-जय सुभाष', 'कौन जवाहर आज बनेगा' आदि कविताओं में भारत की स्वतंत्रता के लिए जीवन-दान किए वीरपुरुषों का गायन किया गया है। 'जय हिंदुस्तानी' कविता में कवि की राष्ट्रीय एकता स्थापित करने की चाह प्रकट होती है। 'जीने की ललकार' कविता में कवि ने नवचेतना के साथ जीने का उपदेश दिया है—

शंकित मूर्च्छित चेतन में हों
नूतन प्राण-प्रसार
मिट्टी की इन पुतलियों में
भर-भर बिजली धार। (पृ. 10)

'स्वप्नभंग' भाग में कवि को स्वतंत्र भारत की राष्ट्रीय समस्याएँ स्वराज्य का मुख विकृत करती प्रतीत होती हैं। ये समस्याएँ स्वराज्य के संबंध में कवि की संकल्पनाओं को मिट्टी में मिला देती हैं। 'स्वप्नभंग' भाग में अट्ठाईस कविताएँ हैं। महात्मा गांधी की हात्या, वर्णाश्रम व्यवस्था, अनैतिकता की समस्या, देश में फैली अशांति, जात-पाँत की समस्या, मूल्यों का विघटन आदि विभिन्न समस्याएँ इसमें उठाई गई हैं। 'अमर बापू' नामक कविता में बापूजी के निधन से तड़पते कवि-मन से पाठक परिचित होते हैं—

कौन कहता अमर बापू मर गए रे!
झाँक उर में कोटि बापू गड़ गए रे! (पृ. 12)

'भूल हो गई एकलव्य से' कविता में वर्णाश्रम-संबंधी कवि का विचार अभिव्यक्त होता है। कवि के मत में आधुनिक युग में संघर्षों के मूल में वर्ण-व्यवस्था है—

कुरुक्षेत्रों की रंग भूमि में
गाँडीव की टंकार पर
जाति-दंभ का पहरा था। (पृ. 24)

'मूल्यों का ह्रास' कविता में 'भारतीय मूल्यों के ह्रास' का चित्रण है। इसमें सत्य, धर्म, नीति, श्रद्धा, शील आदि के अवमूल्यन का संकेत मिलता है। 'न्याय यों तड़प' कविता में नष्ट-भ्रष्ट होनेवाले न्याय की स्थिति को देखकर कवि लज्जित होते हैं। 'चिनगारियाँ' एक लंबी कविता है, जो कवि के 'हिंदू पुराण' नामक चंपू काव्य का पद्य भाग है। इसमें कवि जातीय असमानताओं का विरोध करता है। हिंदू, मुसलमान तथा ईसाई धर्म के कठोर विचारों का तिरस्कार करता है—

देवालय के शिला-कोट में ईश्वर-अल्ला बंदी हैं
देव द्वार पर चेतन संतान भूखी, नंगी, भिखमंगी है
जड़ प्रतिमा के अंग-अंग पर, सोना-चाँदी की माया
धर्म-दंभी फणियों के भी, काले फण की काली छाया।
शोषण की ही जीवित काया। (पृ. 74)

इस कविता में नारी के विविध रूपों तथा गांधी तत्त्वों की विशिष्टता पर कवि का विचार प्रकट हुआ है। 'जीने की ललकार' संकलन के अंतिम भाग 'उद्‌बोधन' में कवि जाति, उपजाति, वर्ण, कुल, दंभ, बाइबल, पुराण आदि सबको मिथ्या बताकर इनसे मुक्ति पाने का तथा जग-जीवन को स्वर्ग बनाने का उपदेश देता है। 'जीने की ललकार' संकलन की कविताएँ जन-भाषा में लिखी गई हैं और इसकी कविताएँ आज भी प्रासंगिक हैं।

डॉ. जे. रामचंद्रन नायर के पाँच काव्य संग्रह प्रकाशित हुए हैं—(1) 'अगर मैं गौतम होता' (1986, प्रकाशक : साहित्य सांस्कृतिक संगठन, तिरुवनंतपुरम, केरल), बाईस कविताओं का संकलन है। इसमें तत्कालीन राजनीतिक स्थितियाँ,

नेताओं का स्वार्थ, भ्रष्टाचार जैसी समस्याएँ चित्रित हुई हैं। 'मंत्री और वादा' कविता की पंक्तियाँ देखिए—

मंत्री की हड्डी
कब से छोड़ी है
मंत्री बनकर
कुर्सी बनाए रखने के लिए
हड्डी छोड़ दो। (पृ. 118-119)

कवि के मत में हमारे नेता भ्रष्टाचारी, स्वार्थी, कायर तथा नपुंसक हैं। उनमें मानवता की खोज करना व्यर्थ है। 'राशन कार्ड' कविता में रिश्वतखोरी की समस्या चित्रित हुई है। इस व्यंग्य कविता में बताया गया है कि राशन कार्ड इसलिए अत्यंत आवश्यक है कि इसके ज़रिए हमें मिट्टी का तेल मिलता है, जिससे कम दहेज देनेवाली बहू को जला सकता है। इस संकलन में समाज की बुरी व्यवस्थाओं के चित्रण के साथ ही साथ 'इंतज़ार', 'दिलदार' जैसी प्रेम-कविताएँ भी दी गई हैं। 'दिलदार' की पंक्तियाँ देखिए—

आषाढ़ का यह महीना
प्यार का यह मौसम
अब हम उस प्यार का
धागा न तोड़ेंगे, खाएँ कसम। (पृ. 97)

(2) 'सिंहासन गीला था' (1994, प्रकाशक : साहित्य सांस्कृतिक संगठन, तिरुवनंतपुरम) 42 कविताओं का संकलन है। हमारी सामयिक गतिविधियों का चित्रण इस संकलन की कविताओं में किया गया है। राजनीतिक तथा धार्मिक क्षेत्रों के ढोंग, मानवीय मूल्यों का हनन आदि इन कविताओं के विषय रहे हैं। 'आस्तीन का साँप' कविता की पंक्तियाँ देखिए—

साँपों से भरा देश हमारा
इन्सान दिन-रात नींद हराम करते हैं।
जात-पाँत, धार्मिक, राजनीतिक
ज़हर वमित कालकूट से भयानक
साँपों को कौन मारेगा? (पृ. 39)

इस संकलन में व्यंग्य कविताएँ भी मिलती हैं। देश के भ्रष्टाचार तथा चापलूसी पर व्यंग्य करते हुए कवि ने 'हमारी कुरसी महान' कविता में लिखा है—

कुर्सी
मक्खी मारने का नतीजा है। (पृ. 16)

(3) 'वह शरीफ आदमी है' (1999, प्रकाशक : हिन्दी प्रचार केंद्र, कोटुङ्ङल्लूर) 37 कविताओं का संकलन है। इसमें आते-आते कवि के व्यंग्य और भी तीखे हो

गए। इसमें सत्ताधारियों का स्वार्थ, सामाजिक भ्रष्टाचार आदि का चित्रण है। सामाजिक-राजनीतिक विडंबनाओं, नारी की पीड़ा, समाज में गरीबी, नैतिकता का पतन आदि को विषय बनाकर लिखी गई कविताएँ इसमें मिलती हैं। गरीबी का चित्रण करनेवाली 'एक दिन की रानी' कविता की पंक्तियाँ देखिए—

काले-काले नयनों से
आँसू टपकाती
सुंदर अलकें बिखरा
हड्डी-पसली उभरा
मुट्ठी भर चारे के लिए
खून पसीना कर रही थी। (पृ. 99)

'अनाड़ी' कविता में दलितों की स्थिति पर कवि-मन का दुख प्रकट होता है—

हे अनाड़ी दलित, जागो
सो रहे हैं नेता
दूँगा मैं अमृत दान। (पृ. 44)

(4) 'मंत्री और वादा' (2002, प्रकाशक : हिन्दी प्रचार केंद्र, कोटुड्डल्लूर) 27 राजनीतिक-सामाजिक कविताओं का संकलन है। (5) 'इंद्रप्रस्थ में गिद्ध' (2013, प्रकाशक : साबियन बुक्स, मावेलिक्करा) 42 कविताओं का संकलन है। इसकी कविताओं में लेखक ने अत्यधिक साहस दिखाया है। 'शकुनि मामा' शीर्षक कविता की पंक्ति देखिए—'हवाला मामा, जनपथ में' बिस्तर बिछाया। 'इंद्रप्रस्थ में गिद्ध' कविता की पंक्ति है—'चक्रव्यूह में पड़ा अभिमन्यु-सा ज़ोर से हँस पड़ा'। ऐसी पंक्तियाँ हमारे समाज में निरंतर गिरते सामाजिक मूल्य, नैतिक पतन, खो रही गरिमा, आदमी के मन से विलुप्त होती मानवीयता आदि का बोध देती हैं।

श्री कुन्नुकुषि कृष्णनकुट्टी के तीन काव्य संकलन प्रकाशित हुए हैं। तीनों का प्रकाशन श्रीमती पी.राजेश्वरी, पेरूरक्कटा, तिरुवनंतपुरम ने किया है। जैसे—(1) 'रागमालिका' (1988, प्रकाशक : श्रीमती पी. राजेश्वरी, पेरूरक्कटा, तिरुवनंतपुरम) 29 कविताओं का संकलन है। यह 'केरल हिन्दी साहित्य अकादमी, तिरुवनंतपुरम' से पुरस्कृत कृति है। इसे 'माता कुसुमकुमारी पुरस्कार' (नज़ीदाबाद, 1991) भी प्राप्त हुआ। इस संकलन की कविताएँ काफ़ी संवेदनात्मक हैं। इसकी 'गुरुदक्षिणा' नामक कविता में महात्मा गांधी की समाधि में श्रीकृष्ण प्रत्यक्ष होकर अपने को राष्ट्रपिता का शिष्य घोषित करता है और मोरपंख गुरुदक्षिणा-समान अर्पित करता है। (2) 'सुर-असुर' (1994) 27 कविताओं का संकलन है। इस संकलन के 'सुर' भाग में छंदबद्ध गाने योग्य कविताएँ और 'असुर' भाग में छंदमुक्त कविताएँ संकलित हैं। सभी कविताओं में मानवता के भाव निर्भर हैं। इसमें सामान्य मनुष्य की आवाज़ गूँजती है, जो कभी नरम होती है, कभी गरम। नरम और गरम क्रमशः सुर

और असुर के प्रतीक बनकर आए हैं। कवि ने 'सुर' की गेय कविताओं का मलयालम में भी अनुवाद किया है। जैसे—'युग की पुकार', 'रास-विलास', 'व्रजमानस' आदि। 'ओणम' की कथा बतानेवाली कविता है 'बलिकथा'। बलि और वामन की संकल्पित कथा में अंतर्लीन तत्त्व पर प्रकाश डालकर कवि ने कहा है—

बलि-वामन की कथा पुरातन
तत्त्व उसी का है नित नूतन
सत्य धर्म ही जग में
जन हित, जन सुख, वही सनातन।

'ओणम का पावन दिन' कविता में ओणम त्योहार का महत्त्व गाया गया है। 'मन की दूरी कविता' में मानव-मनों के अनमेल पर प्रकाश डाला गया है। 'नारी के कितने रूप' कविता में नारी के विविध रूपों का वर्णन किया गया है। 'तंदूरी मानव' कविता में गरीबी का चित्रण किया गया है—

छप्पर ऊपर से जलता
नीचे पेट में आग अंदर से जलती।

'मन जला तो' कविता भी सामाजिक है। 'जननेता इक्कीसवीं सदी का' कविता में आधुनिक नेताओं की असलियत चित्रित हुई है। 'जगत के पितर' कविता में मिलन में अंतर्लीन आसक्ति का वर्णन किया गया है। 'भारत भूमि हमारी' कविता में राष्ट्र प्रेम की भावना है। 'नवप्रभात' कविता में प्रकृति-चित्रण है। (3) 'सोमयाग' (1998) कृष्णनकुट्टी जी की 18 कविताओं का संकलन है।

प्रो. टी.के. भास्कर वर्मा का खंडकाव्य है 'अंगबंधु' (1989, प्रकाशक : स्वयं कवि प्रो. टी.के. भास्कर वर्मा, उल्लूर लेन, तैक्काट पी.ओ., तिरुवनंतपुरम)। यह पहले 'संग्रथन' पत्रिका में खंडशः 25 जुलाई, 1987 से 25 आगस्त, 1988 तक के अंकों में प्रकाशित हुआ। बाद में स्वयं कवि ने पुस्तक रूप में प्रकाशित किया। इसका नायक मुनि ऋश्यशृंग है। प्रथम अंक की प्रारंभिक पंक्तियाँ देखिए—

बाल-भानु की उजली किरणें
जगा रही थीं कमल-कुंज को।
रवि-कर-लालन पाकर वह तो
बड़े मोद से मुसकाता था॥

यह खंडकाव्य पाँच सर्गों में लिखा गया है। पाँचवें सर्ग का 42 वाँ (अंतिम) अनुच्छेद इस प्रकार है—

भावावेश में स्तब्ध खड़े थे
राजा ही नहीं जनता सब भी।
देखते ही सब वहाँ खड़े थे
वृद्ध पिता का प्रयाण वन का॥

इसकी कथा इस प्रकार है—ऋष्यशृंग मुनि विभंडक का बेटा है। राजा लोमपाद के अंगराज्य में ब्राह्मण-कोप से दीर्घकाल वर्षा नहीं होती है और राज्य अकालग्रस्त होता है। आखिर मुनिकुमार ऋष्यशृंग के यज्ञ के फलस्वरूप वहाँ पानी बरसाया जाता है। लोमपाद की बेटी शांता से मुनिकुमार की शादी संपन्न होती है।

डॉ. ए. अरविंदाक्षन के छह काव्य संकलन प्रकाशित हुए हैं, जैसे—(1) 'बाँस का टुकड़ा' (प्रथम संस्करण :1992, पल्लवी प्रकाशन, नई दिल्ली; दूसरा संस्करण : 2004, लोक भारती प्रकाशन, इलाहाबाद) जो एक कथा-काव्य (फिक्शन पोयट्री) है। प्रस्तुत कथा-काव्य कृष्ण को केंद्र में रखकर लिखा गया है। इसकी पृष्ठभूमि में कुरुक्षेत्र युद्ध तथा युद्धोपरांत की स्थितियाँ सन्निहित हैं। युद्ध की अनैतिकता ही केंद्रीय वस्तु है। कृष्ण की युद्ध-विरोधी गतिविधियों को काव्यात्मक परिणति दी गई है। कृष्ण का आत्मसंघर्ष और जीवन-संघर्ष इस काव्य का प्रतिपाद्य है—

मैं जीवनदान माँगूँगा
सुयोधन के आगे हाथ पसारकर
मैं जीवनदान माँगूँगा
मैं इस प्रकृति को माँगूँगा
इन नदियों को
इस आकाश को
सफ़ेद बादलों की किलकारियों को
मैं जीवनदान माँगूँगा।

'तारसप्तक' के कवि प्रभाकार माचवे ने इस संकलन की भूमिका में लिखा है— "आज भी विश्व को युद्ध की विभीषिका सता रही है।" कृष्ण का मानवीय रूप और उसकी प्रेमासक्ति का जो वर्णन अरविंदाक्षन ने प्रस्तुत किया है, वह उस दूरागत भारत को निकट का सत्य बना देता है। अंत में कवि कहता है—

कुरुक्षेत्र ने अस्त्रों को जन्म दिया
कुरुक्षेत्र ने मेरी बाँसुरी छीनी
फिर भी कुरुक्षेत्र की इति नहीं हुई।

(2) 'घोड़ा' (1998, प्रकाशक : राधाकृष्ण प्रकाशन, नई दिल्ली) कविता-संकलन का रचना-काल 1972 से 1997 तक व्याप्त है। इसमें कुल पचास कविताएँ हैं। समय के सरोकारों से युक्त इस संकलन की कविताएँ आज के तनावों को हू-ब-हू व्यक्त करती हैं। 'घोड़ा' शीर्षक कविता अधिकारग्रस्त काल, स्थल और भाषा को प्रतीकवत् करती है—

घोड़ों का ज़माना आ गया है
आजकल सड़क भर में
अच्छी नसल के घोड़े नज़र आते हैं

उनके बदन की चिकनाहट
धूप में चमकती है
टापों की आवाज़
सब कहीं गूँजती है
घुड़सवारों का अंदाज़ भी बढ़िया है।

कवि का कहना है कि "अपने समय में जीते हुए जब मैं आस-पड़ोस को देखता हूँ तो मुझे लगता है कि धूमकेतु की भाँति कुछ आ रहा है। वह हमारी धरती से टकराएगा और उसके सौंदर्य को नष्ट कर देगा। कम-से-कम मुझे ज़ोर से कहना चाहिए—लो, देखो, धूमकेतु आ रहा है, सावधान रहना!"

(3) 'आसपास' (2003, प्रकाशक : जवाहर पुस्तकालय, मथुरा) संकलन की सभी कविताएँ छोटी हैं। कवि का मानना है—"जीवन के दैत्याकार पक्षों से बढ़कर आज मुझे जीवन की छोटी-छोटी समस्याएँ आकर्षित करती हैं। ये समस्याएँ मुझ जैसे मामूली लोगों की हैं। यह मेरा सच है। मुझ जैसे असंख्य लोगों का सच मेरे आसपास का सच है।"

जिसे हम आकाश कहते हैं
वह सिर्फ एक जादुई ढक्कन है।
जिसे हम धरती कहते हैं
वह सिर्फ एक जादुई टोकरी है।
दोनों को किसी भी वक्त
कोई न कोई उठा ले जा सकता है
हमारे देखते-देखते। (कविता : जादुई यथार्थ)

"मुझे खींच ले गई कौसानी
कई दिनों तक
पंत मेरे साथ रहे
मौन निमंत्रण देते रहे।
अब मैं अलमोड़ा होते हुए
कठगोदाम होते हुए
वापस आ रहा हूँ
कौसानी पीछे-पीछे
आ रही है। (कविता : कौसानी)

(4) 'सपने सच होते हैं' (2003, प्रकाशक : शबनम पुस्तक महल, कटक, ओडिशा) संकलन में विविध विषयक कविताएँ संकलित हैं। इस संकलन की कविताओं का आधार अत्यंत लघु है। 'प्रेम', 'कविता मेरे लिए', 'सपना', 'गाँव',

'राधा कहाँ है', 'कबीर से दस सवाल' आदि इसकी कविताएँ हैं। इसमें 'प्रेम' शीर्षक से पंद्रह कविताएँ हैं जिनमें से एक इस प्रकार है—

प्रेम
समुद्र है
अथाह।
प्रेम
रेगिस्तान है
अपरंपार।
प्रेम
चेहरा है
दुर्भेद्य।
प्रेम
धूप है
चिलचिलाती।
प्रेम बारिश है
रिम-झिम बरसती।
प्रेम
रात है
घना।

अनुभवों की अनेकानेक परतें इस संकलन की कविताओं में विमोचित होती हैं।

(5) 'राग लीलावती' (2004, प्रकाशक : शिल्पायन, दिल्ली) अरविंदाक्षन जी की विख्यात रचना है। हमारे सभ्य समाज में, हमारे ज्ञात समाज में, हमारे प्रौद्योगिकी संपन्न समाज में एक जंगली संस्कार भी पल रहा है। वह जंगली संस्कार प्रतिरोधी स्वरों और आस्था की आकांक्षाओं का हमेशा हनन करता है। लीलावती जीवन के लिए समर्पित एक महिला थी। उसी ने उसका अंत कर दिया है। हमारे समाज के अनगिनत अयाचित हादसों में से एक। अखबार की सुर्खियों में आया एक समाचार। पर वह हमारे सभ्य कहे जाने वाले समाज के सामने कितना बड़ा प्रश्न है? इस प्रश्न से प्रस्तुत संग्रह की कविताएँ शुरू हुई हैं। इसी प्रश्न ने और अनेक प्रश्नों से जोड़ने का कार्य किया जिससे समय की भयावहता के भीषण पदचिह्न प्राप्त हो गए। कुछ उदाहरण इस प्रकार हैं—

समय चाहे त्रेता हो या द्वापर
सच एक समर्थ जादू है
उसकी जादुई दुनिया में
मामूली सच के लिए कोई स्थान नहीं है
सच की जादुई दुनिया में

अनाम-सी एक शक्ति सब कुछ करती है
उसे पहचानना मुश्किल है
पर वह रहती है। (कविता : जंगल की कथा)

मैं श्रीराम न सही
मुझे सिर्फ यह दर्ज करना है
यह जो हमें चकमा देने आया है
यह मारीच है
हमें अपनी सीता को बचाना है। (कविता : मारीच)

समय और सच से रू-ब-रू होने वाली 'राग लीलावती' की कविताएँ कपटता के कवचों को तोड़ती हैं। साथ ही ये कविताएँ निष्कपटता की तरलता को सहेजती भी हैं।

(6) 'असंख्य ध्वनियों के बीच' (2011, प्रकाशक : विजय बुक्स, दिल्ली) संकलन का वर्ण्य विषय इस प्रकार है—भूमंडलीकरण ने देशों को नज़दीक लाने का कार्म किया है। लेकिन उसी ने हमारी संस्कृति को तहस-नहस किया है। आदमियत का कोई मूल्य नहीं रह गया है। सांस्कृतिक विघटन के अनेक सच हमारे जीवन के आवयविक घटक हो चुके हैं। इस स्थिति ने जो जड़ता पैदा की है, वह संवेदनशील मानस को अवश्य आहत करनेवाला है। संभवत: इस संकलन की अधिकतर कविताएँ इसी से संबंधित हैं। कवि-आलोचक गंगाप्रसाद विमल ने इसकी भूमिका में लिखा है—"उनकी कविताओं में असहमति का एक ऐसा व्यंजन है जो रह-रहकर आस्वाद को थोड़ा और तीव्र कर डालता है।"..."कविता की अर्थी व्यंजना के जितने प्रवेश सोचे गए होंगे उनसे एकदम भिन्न नया प्रदेश अरविंदाक्षन की कविताएँ प्रस्तावित करती हैं।"..."वे उस खोखलेपन को अनावृत करते चलते हैं जो वैशिष्ट्य की ओट में अपने को छिपाए जाते हैं।" इन मतों को पुष्ट करनेवाली कविताएँ इस प्रकार हैं—

ध्यान से देखो तो परी
वह तुम्हें मुस्कराता मिल सकता है हमेशा तुमारे साथ
उसका शालीन रूप, आकर्षक अदा और शराफत का असली रूप
देखा ही कहाँ तुमने
...ध्यान से देखो तो वह तुम पर पूरी तरह से हावी है
तुम्हें मिलेगा वह भद्रपुरुष जो तुमहारे सिर पर सवार है
उसने तुम्हारी जीभ पर स्वर्णाक्षरों में लिखा है कि वह भद्र पुरुष है।

(कविता भद्र पुरुष)

श्रीमती टी.एस. पोन्नम्मा का उपनाम है 'हेमा'। उनका काव्य संकलन है 'केरल प्रसून' (प्रकाशक : केरल हिन्दी साहित्य अकादमी, तिरुवनंतपुरम)। उनकी रचनाओं में राष्ट्रीयता का भाव परिलक्षित होता है और वे समाज में नारी का उद्धार चाहती हैं।

डॉ. षणमुखन् के प्रकाशित काव्य संकलन इस प्रकार हैं—(1) 'अधूरा मकान' (1993, प्रकाशक : स्वाति प्रकाशन, तिरुवनंतपुरम), जो 20 कविताओं का संकलन है। 'अधूरा मकान' कविता 'मैं' शैली में लिखी गई है। इसमें एक पुरुष एक अधूरा मकान उधार पर खरीदता है तो सब वाहवाही करते हैं। पत्नी मकान थोड़ा और विस्तार करना, मॉडर्न किचन बनाना और एक सुसज्जित शयनकक्ष तैयार करना चाहती है। बड़ा बच्चा तो टेरस के ऊपर एक बढ़िया तालाब बनाना चाहता है। छोटा बच्चा भी कुछ बुदबुदाता है। किंतु गृहस्वामी के मन में तो बढ़ते सूद की चिंता है, किंतु वह भविष्य के संबंध में प्रतीक्षारत है। (2) 'चारमूर्ति भावन' (2001, प्रकाशक : कमलेश प्रकाशन, नई सड़क, दिल्ली-6) 30 कविताओं का संकलन है, जो विविध विषयक हैं। (3) 'सपना देखना मना है' (2010, प्रकाशक : जवाहर पुस्तकालय, मथुरा) 44 कविताओं का संकलन है। इसकी कविताओं में कवि के अनुभूति की प्रामाणिकता महसूस होती है। 'बूढ़ी माँ बेचारी' इस संकलन की पहली कविता है। इसकी पंक्तियाँ देखिए—

सत्तर बरस की माँ मेरी
सोचती-फिरती बक-बक करती फिरती है।
पिताजी के गुज़रने के बाद
ज़िंदगी हो गई है उसकी बेकार। (पृ. 13)

'सपना देखना मना है' कविता व्यंग्यात्मक है। इसकी पंक्तियाँ देखिए—

अपनी मर्जी या विकल्प के
सपनों पर
सख्त मनाही है।
पर आप ज़रूर ऐसे
सपने देख सकते हैं—
जैसे कि
हमारे 'डिटरजेंट' के
इस्तेमाल से
आपके तन-मन की कालिख
धुल गई है। (पृ. 15)

'क्या भगवान इतना तरफदार बन सकते हैं?' कविता में झूठी मनौती करनेवालों पर व्यंग्य है। जीतनेवाले ईश्वर का आभार मानते हैं, किंतु विभिन्न प्रकार के दर्द सहनेवाले कई हैं और ईश्वर क्यों उनका साथ नहीं देते? भारत-पाक क्रिकेट की होड़ के वर्णन में कवि-मन की शंका देखिए—

क्या यह मुमकिन नहीं कि
उनकी पाक् मिट्टी में होते

क्रिकेट की होड़ में
हमारी जीत हो जाए
और यह साबित हो सके
खुदा वाकई ईश्वर से
कमज़ोर है।
पर मेरे दिल में
बराबर यह सवाल
उठता रहता है
क्या ईश्वर और 'अल्लाह'
इस हद तक
तरफ़दार हो सकते हैं
कभी... ? (पृ. 19)

'ऊर्मिला' कविता उत्तराधुनिक साइबर संस्कृति का चित्र खींचती है—

बनारस विश्वविद्यालय की स्नातक
उर्मिला जो फिलहाल
चेन्नै की एक बहुराष्ट्रीय कंपनी में
कार्यरत है
अपने को पूरा-पूरा ग्लोबल
बनाना चाहती है
'ओरक्यूट' के ढेर सारे लड़कों से
वह चैटिंग करती थी
लेकिन शादी का खयाल आया तो
'शादी डॉट कॉम' में सर्च करने लगी।
उसका दिल तो चाहता है
विदेश के किसी प्रोफेसर से
शादी करके 'एम्स्टरडम' में 'सेटिल' होना
बच्चे को अंतरराष्ट्रीय शहर
दुबई में पढ़ाना
और न जाने अनंत सपनों का
ताना-बाना वह बुनती रहती है।
ऊर्मिला सचमुच साइबरयुगीन औरत की
रॉल मॉडल बनना चाहती है। (पृ. 20)

डॉ. एन. रवींद्रनाथ की 25 कविताओं का संकलन है 'रंग और गंध' (1994, प्रकाशक : स्वयं कवि; मुद्रण: सेंट जोसफ प्रेस, तिरुवनंतपुरम)। इसमें पौराणिक

विषयों को लेकर आधुनिक जीवन संदर्भों में चित्रित किया गया है। उन्नति के साथ मनुष्य के अहंग्रस्त होने की बात पर प्रकाश डालनेवाली 'रंग और गंध' की पंक्तियाँ देखिए—

ऊपर-ऊपर हो जाने से
क्या होता है?
मिट्टी का रंग छूट जाता है।
मिट्टी की गंध छूट जाती है।
ऊपर-ऊपर हो जाने से
क्या होता है?
तारों से मिल सकता है
ताला हाथ से निकल जाता है
मन का ताला हाथ से निकल जाता है
अहं का भाव बस जाता है।

'नकाब' कविता में कवि ने दिखाया है कि बाहर से सुंदर प्रतीत होने पर भी हिमवान का असली रूप दूसरा है। कवि के मत में बाहरी सौंदर्य यथार्थ नहीं है।

श्रीमती कौसल्या अम्माल के तीन काव्य-संकलन प्रकाशित हैं—(1) 'सोचो फिर एक बार' (1997, प्रकाशक : 'राष्ट्रीय हिन्दी साहित्य सम्मेलन, तिरुवनंतपुरम) 52 कविताओं का संकलन है। (2) 'आज की सुबह' (2007, प्रकाशक : 'राष्ट्रीय हिन्दी साहित्य सम्मेलन, तिरुवनंतपुरम) 27 कविताओं का संकलन है। (3) 'कौसल्या अम्माल की कविताएँ' (2011, प्रकाशक : केरल हिन्दी साहित्य अकादमी, तिरुवनंतपुरम) 90 भावप्रवण कविताओं का संकलन है। तीसरे संकलन की पहली कविता है, 'सरस्वती वंदना', जिसकी प्रारंभिक पंक्तियाँ इस प्रकार हैं—

देवी सरस्वती! वर दे
वीणा पाणिनी! वर दे
ज्ञानामृत वार्षिणी! वर दे
तेरे कर-कमलों से झंकृत
जागृति का निगूढ मंत्र। (पृ. 15)

कवयित्री मानवतावादी है। अत: 'मानवता' कविता में मानवता को सब कहीं खोजती है—

हे मानवते! कहाँ खोजूँ मैं, तुझे खोजूँ कहाँ
निज अंत:करण में या सृष्टि की अनंतता में?

आखिर कवयित्री मानवता को ढूँढ़ निकालती भी हैं—

मैं हूँ इधर जहाँ जन-जन के मुँह-मुँह से फूटते हैं शांति गीत
मैं हूँ उधर जहाँ प्रीति का पर्याय है। (पृ. 17)

'नारी' कविता में नारी को 'आशा की पहली किरण, क्षमा की निर्झरिणी, निष्काम कर्म की वाहिका, समाज का श्री रूप, स्वतंत्रता का पूरक, अंत:प्रेरणा का स्रोत, शुद्ध हृदयवाली, आत्मसमर्पण का पतंग, शिव-शक्ति का मंगल-स्वरूप' जैसे विविध भावों में चित्रित किया गया है (पृ. 29-30)। 'भिखारिन' कविता निराला की 'भिक्षुक' कविता की याद दिलाती है—

आती है भिखारिन अर्द्धनग्न
चिथड़े में ठिठुरती घनघोर वर्षा में
हाड़-मांस की वह सुंदरी
ढोती हुई तारुण्य साथ। (पृ. 31)

'शिक्षक' तथा 'शिक्षा' कविताओं में शिक्षक के महत्त्व पर प्रकाश डाला गया है—

शिक्षक शिक्षक-सा ही महान
है नहीं कोई उनके समान।
सकल चराचर करेगा नमन
चरणों पर सदा रहेगा रमन। ('शिक्षक', पृ. 87)

'नेता' कविता में सच्चे नेता के गुणों पर प्रकाश डाला गया है। इस कविता की समाप्ति इस पंक्ति से होती है—'नेता वही जो रक्षक बने सदा।' (पृ. 38)

राष्ट्रपिता महात्मा गांधी पर लिखित कविताएँ हैं—'बापू', 'बापू, तुम आ जाते!' आदि। इंदिरा गांधी पर रची कविता है—'जगमाता इंदिरा के प्रति'। अमर क्रांतिकारी भगतसिंह पर लिखी कविता है 'भगतसिंह'। देश-प्रेम, हम भारत की सन्तान, भारती, प्यारा देश, भारत छोड़ो आदि कविताओं में भारत देश के प्रति कवयित्री का प्रेम प्रकट होता है। केरल राज्य की प्रकृति तथा उसके महत्त्व पर रची कविता है—'केरल'। स्नेह, प्रेम, क्रोध, अम्मा, नमस्ते, दुख, मोह, मानव! तेरा रूप, मन आदि भावात्मक कविताएँ हैं। निशा गंधा, भौंरा, इंद्रधनुष, एक सुबह आदि प्रकृति पर लिखी कविताएँ हैं। सामाजिक विडंबनाओं पर लिखी कविताएँ हैं—'वह भी न छूटेगी', 'दुनिया' आदि। मानव जीवन को अप्रत्याशित रूप से स्थगित करनेवाले हड़ताल पर लिखी कविता है—'बंद'। जैसे—

शांतिपूर्ण यदि न रहे वह,
बंद अवश्य बंद ही रहे। (पृ. 55)

आध्यात्मिक तथा दार्शनिक कविताएँ हैं—'उस परम पूज्य से', 'नमस्ते', 'बुलबुल', 'गुरु स्तुति', 'स्पंदन', 'माँ भूदेवी' आदि। श्रीमती कौसल्या अम्माल के पहले दो काव्य-संकलनों की कविताओं के साथ 'शैशव विवाह' नामक कविता भी मिलाकर 'कौसल्या अम्माल की कविताएँ' संकलन 'केरल हिन्दी साहित्य अकादमी' ने प्रकाशित किया।

डॉ. जी. कमलम्मा की दो काव्य रचनाएँ प्रकाशित हुई हैं। समय-समय पर लिखी 47 कविताओं का संकलन है—'बेड़ा पार करना है'(1999; प्रकाशक : स्वयं कवयित्री डॉ. जी.कमलम्मा; मुद्रण : राष्ट्रवाणी मुद्रणालय, तिरुवनंतपुरम)। इसे केरल हिन्दी साहित्य अकादमी का एस.बी.टी. पुरस्कार-प्राप्त हुआ। डॉ. एन. रवींद्रनाथ ने इस संकलन की कविताओं की विशेषताएँ 'प्रस्तुति' शीर्षक में इन शब्दों में प्रकट किया है। ''कवयित्री अत्यंत दीप्त अनुभवों को उदात्त काव्य बिंबों के माध्यम से हमारे सामने प्रस्तुत करती हैं। यही कारण कि है कि इस संकलन की कुछ कविताओं में संघर्ष-शक्ति को पहचानने की तीव्र कामना है तो कुछ कविताओं में ममतामयी माता के हृदय के उद्‌गार।'' 'महात्मा', 'गांधी हँसते हैं' जैसी गांधी विषयक कविताओं में कवयित्री का देश-प्रेम प्रतिबिंबित होता है। महात्मा गांधी के महान आदर्शों से दूर रहनेवाली नई पीढ़ी को देखकर कवयित्री का दुख देखिए—

खादी की पोशाकों पर
अन्यायशील न्याय महलों पर
मदिरालय की दीवारों पर
भद्‌दे वेश के युवकों पर
खोई भारत नीति पर
कवि का कंठ अब रुद्ध गया
आवाज़ यहीं पर रुकी तभी
बोले कवि—हाय, किधर रहे ?
गांधी महात्मा गए किधर ?
प्यारा भारत गया कहाँ ?

'झाँसीवाली रानी' एक उद्‌बोधक कविता है। 'चंदा मामा', 'राह के फूल', 'अहम् प्रकृति', 'बरगद बूढ़ा', 'प्रकृति रूठी तो' आदि प्रकृति को विषय बनाकर लिखी गई कविताएँ हैं। 'असीम', 'कौन' आदि कविताएँ रहस्यमयी भावों की हैं। 'अंत' दार्शनिक कविता है। इसमें बिंबों के सहारे जीवन-रूपी नौके के अंत का वर्णन किया गया है। 'भगवान के रक्षक' और 'भगवान पुलिस स्टेशन में' व्यंग्य कविताएँ हैं। 'भगवान के रक्षक' कविता का व्यंग्य है कि भक्तों के रक्षक भगवान के रक्षकों के रूप में द्वारपालक भी हैं। प्रारंभिक पंक्तियाँ ही व्यंग्यात्मक हैं, जैसे—

रक्षक भगवान का, पुलिस ?
वलय पुलिस का काट
कौन आएँ मंदिर में ? (पृ. 79)

'भगवान पुलिस स्टेशन में' कविता में व्यंग्य यह है कि मंदिर तोड़कर चोरी करनेवाले चोर सिक्के, गहने, अमूल्य रत्न-मुकुट सब छीनकर भगवान की प्रतिमा को कहीं फेंक देते हैं। 'कमल मंदिर' कविता में 'श्वेतकमल मंदिर' के आचारों पर

व्यंग्य किया गया है। पारिस्थितिक संकट पर प्रकाश डालनेवाली कविता है 'चंपल के जंगल'। इसमें कवयित्री ने डाकू बसे चंपल के घने जंगल का वर्णन करने के बाद रेलगाड़ी से यात्रा करनेवाले यात्रियों के वार्तालाप के संदर्भ के द्वारा चंपल की वर्तमान स्थिति का चित्रण यों किया है—

आया चंपल' कहा किसी ने
नेत्र फैलाये, बाहर मैंने।
'कहाँ चंपल ?'
'दीखता न ?'
'यही तो है न चंपल ?'
'कौन-सा चंपल ?
जंगल तो न दीखता। (पृ. 76)

फिर फिलहाल के चंपल के जंगल का चित्रण कवयित्री ने इन शब्दों में किया है—

महावृक्ष ? लताकुंज ?
झाड़ी भी तो है नहीं।
सूखी घास तो थी
शायद कँटीली थी। (पृ. 76)

(2) 'अग्नि में शांत' (2005, प्रकाशक : स्वयं कवयित्री डॉ. जी.कमलम्मा, अक्षरवीथि, पेट्टा, तिरुवनंतपुरम) खंडकाव्य है। इसके आठ सर्ग इस प्रकार हैं— आत्मरोदन, अज्ञता, अभिशाप, अहम्, अंधकार, महाभारत की अशांति, आत्मज, अग्नि में शांत आदि। इस खंडकाव्य में महाभारत की कुंती तथा ज्येष्ठ पुत्र कर्ण का हृदयस्पर्शी चित्रण मिलता है। कुंती का आत्मसंघर्ष कविता का केंद्रबिंदु है। इसे सन् 2007 का 'केरल हिन्दी साहित्य अकादमी पुरस्कार' प्राप्त हुआ। कुरुक्षेत्र युद्ध के बाद कुंती वानप्रस्थ के लिए धृतराष्ट्र, गांधारी, विदुर, संजय आदि के साथ चली जाती है। कुंती के लिए कर्म मुख्य है। युधिष्ठिर से उसके ज्येष्ठ पुत्र कर्ण के बारे में बताने के बाद कुंती कहती है—

हाँ मैं जानती हूँ पुत्र
अगर बताती मैं पहले
यह कुरुक्षेत्र कभी न होता
यह हत्याकांड कभी न होता। (पृ. 6)

वानप्रस्थ के समय वह बचपन से लेकर बीती घटनाएँ सोचती है। अरण्यवास के लिए जब उसके प्रिय पुत्र गए थे तब उसका मातृहृदय दुखी हुआ।

चीख उठा वह मातृत्व
इन सब बदकिस्मती का
दायित्व किसका, सिर्फ मेरा। (पृ. 64)

कुंती का जीवन सदा संघर्षरत रहा—पति के साथ रहते वक्त तथा पति-वियोग के बाद भी। द्रौपदी-वस्त्राक्षेप के समय निस्सहाय कुंती का मन दुखी होता है, पांडवों के अज्ञातवास के समय भी। वह अपने को अपने ज्येष्ठपुत्र कर्ण को हुए अपमान का उत्तरदायी मानती है। वह अपने पुत्र अर्जुन की जान की भीख माँगने कर्ण के पास आती है और कर्ण की जन्म-कथा बता देती है। तब कर्ण के इस सवाल के सामने वह निरुत्तर होती है—

सूत-पुत्र कह मेरा अपमान जब किया पांडव ने
सूर्य-पुत्र कहनेवाली यह माता कहाँ गई थी? (पृ. 104)

कुंती का मन सदा अशांत रहता है, जो अंत में धृतराष्ट्र और गांधारी के साथ धधकती ज्वाला में जलकर भस्म हो जाती है। चाहती तो माता कुंती पुत्र युधिष्ठिर आदि के साथ राजसी जीवन बिता सकती थी, किंतु वह इसके लिए तैयार नहीं होती।

स्व. डॉ. एम. प्रेमकुमारी की सामाजिक कविताओं का संकलन है—'नकली दुनिया' (2001, प्रकाशक : वी. शिवकुमार)। यह केरल हिन्दी साहित्य अकादमी से पुरस्कृत है।

डॉ. जे. बाबू के तीन काव्य संकलन प्रकाशित हुए हैं। (1) 'मुक्त धारा' (2002, प्रकाशक : शैवाल प्रकाशन, गोरखपुर) प्रकृति तथा सामयिक विषयों पर लिखी गई 54 कविताओं का संकलन है। (2) 'उलाहना' (2009, प्रकाशक : जवाहर पुस्तकालय, सदर बाज़ार, मथुरा) कवि की आँखों-देखी बातों तथा अनुभूत सत्य पर लिखी 59 कविताओं का संकलन है। (3) 'अभिव्यक्तियाँ' (2009, प्रकाशक : जवाहर पुस्तकालय, मथुरा) 52 कविताओं का संकलन है। 'अभिव्यक्तियाँ' संकलन की 'बीहड़ पथ का डर', 'घुटन की बेड़ियाँ', 'गृहस्थी का चक्कर' आदि कविताएँ दाम्पत्य जीवन का चित्रण करती हैं।

शादी के कुछ साल बाद
प्रणय की अकाल मृत्यु होती।
प्यार की मौत होने पर
प्यार की लाश ढोते-ढोते
गृहस्थी की जंजीर गाड़ी
आगे बढ़ती हाँफते-हाँफते। (बीहड़ पथ का डर, पृ. 35)

आधुनिक पति-पत्नी का अहं चित्रित करनेवाली पंक्तियाँ देखिए—

हम दोनों ऐसी लड़ाई एक
लड़ते रहे जहाँ एक दूसरे का
शत्रु न होने की विडंबना है;
फिर भी मौका मिलते हम
एक-दूसरे पर वार करते बढ़ते। (घुटन की बेड़ियाँ, पृ. 81)

'तुम बिनु जीवन अधूरा मेरा' भी उक्त कोटि की कविता है। 'वर्षा के नवरस', 'भोर', 'शहरी प्रभात' आदि प्रकृति पर लिखी कविताएँ हैं। 'शहरी प्रभात' कविता में प्रभात का मानवीकरण हुआ है—

शहर आधी रात में
एक साफ़-सुधरी
वेश्या का रूप लेता
अंग-भर ओस के
आभूषण का बोझ (पृ. 55)

पराधीनता की पीड़ा का चित्रण करनेवाली कविता है—'प्रताड़ित मानवता'। 'मेरा भारत महान' कविता में वर्तमान सामाजिक नीति पर करारा व्यंग्य किया गया है। 'संस्कृति बैसाखी पर' प्रगतिवादी कविता है। 'निर्दोष हूँ' आधुनिक मानव की असलियत का चित्रण करनेवाली छोटी कविता है—

दो चेहरा रखता
एक मेरा असली
चेहरा है तो
दूसरा महज़ मुखौटा
रहता है, तो
आप मुझे दोषी क्यों बताते ?
दोहरे चेहरे के बल
ही मैं जी सकता। (पृ. 28)

'मानवता की रक्षा कब हो जाएगी ?' कविता में कवि का मानवतावादी दृष्टिकोण झलकता है। इस कविता में कवि ने नए-नए बिंबों का प्रयोग किया है। 'मेरी आदत' कविता में नौकरी के नियुक्ति-पत्र की प्रतीक्षा करते-करते निराश होनेवाले युवक की दशा का चित्रण है। इस कविता में 'लिफ़ाफ़े की डोली' प्रयोग महत्त्वपूर्ण है। 'चिड़ियामार' कविता में 'प्यार का चोगा', 'दर्द का चोगा' जैसे प्रयोग मिलते हैं। 'प्रोमित्यूस', 'सिसिफस' जैसे पाश्चात्य मिथकों का प्रयोग भी कवि ने इस संकलन में किया है। जैसे—

प्रोमित्यूस
स्वर्ग का पहला विद्रोही। ('विद्रोही' पृ. 19)

प्रगति की गति में सब
कहीं आज ज़िंदा लाशों की
सिसकियाँ भरी हुई हैं;
फिर भी सिसिफस की आँखों की
चमक बाकी है मेरी आँखों में। ('सामत', पृ. 15)

'पश्चिम से निकला सूरज' कविता में बहुराष्ट्र कंपनियों के बाज़ारवाद का संकेत है। डॉ. जे. बाबू के तीनों काव्य-संकलनों की अधिकांश कविताएँ समकालीन विषयों पर लिखी गई हैं। कविताएँ व्यंग्यात्मक हैं, उपदेशात्मक हैं तथा कवि के प्रगतिशील दृष्टिकोण का परिचय देनेवाली हैं।

डॉ. के.जी. उण्णिकृष्णन के तीन काव्य-संकलन प्रकाशित हुए हैं— (1) 'अलविदा वृंदावन' (2002, प्रकाशक : स्वयं कवि के.जे.उण्णिकृष्णन, अंजलि, 14-विद्यानगर, कोच्ची-22) 40 कविताओं का संकलन है। इस संकलन में ऐतिहासिक और पौराणिक विषय हृदयहारी ढंग से प्रस्तुत किए गए हैं। ऐतिहासिक-पौराणिक विषयों में विशेष रुचि होने का कारण कवि ने इस संकलन के 'दो शब्द' शीर्षक में इस प्रकार बताया है कि 'बचपन में नानी और माँ ऐतिहासिक-पौराणिक कहानियाँ बता देती थीं। पिता तो गांधीजी, नेहरूजी तथा विवेकानंदजी के बड़े आराधक थे।' 'अलविदा वृंदावन' की पहली पाँच कविताएँ—'मेरा कसूर' (इस काव्य का विषय है 'श्रीकृष्ण), 'धर्मस्थल' (विषय है 'मंजुनाथ' यानी 'परमेश्वर'), 'बानी रानी' (विषय है 'वाक् देवता सरस्वती'), 'तेरी प्यारी मीरा' (विषय है 'मीराबाई की कृष्ण भक्ति'), 'अभय' (विषय है 'स्वातितिरुनाल रामवर्मा महाराजा की पद्मनाभ स्वामी दासता'), 'जमुना तट पे' (विषय है 'राधा की मुरलीधर से प्रेम भक्ति'), 'कुरुक्षेत्र में गांधारी' (विषय है 'गांधारी का व्यथाग्रस्त हृदय'), 'अलविदा वृंदावन' (विषय है 'वृंदावन में प्रेमिका राधा से अलविदा कहकर मथुरा जानेवाला कृष्ण'), 'ताज महल' (विषय है 'शाहजहाँ तथा मुंमताज का अनुश्वर प्रेम'), 'सरहद में संगम' (विषय है 'भारत का बँटवारा'), 'सरहद की पुकार' (विषय है 'कारगिल युद्ध में वीरगति प्राप्त—जवान'। यह लंबी कविता है), 'पुष्पांजलि' (विषय है 'राष्ट्रपिता महात्मा गांधी की जीवन-गाथा'—यह लंबी कविता है), 'यादें' (विषय है 'राष्ट्रपिता की हत्या की खबर पाकर नेहरू के गतकाल की स्मृतियाँ'—यह लंबी कविता है) आदि। राजीव गांधी, भीमराव अम्बेडकर, इंदिरा गांधी आदि नेताओं का चित्रण करनेवाली कविताएँ ऐतिहासिक हैं और इन कविताओं में कवि का राष्ट्र-प्रेम प्रतिबिंबित होता है। 'अनोखा मिलन' नामक कविता का विषय है 'दक्षिणेश्वर में स्वामी विवेकानंद तथा संपूज्य रामकृष्ण परमहंस का मिलन'। 'खुद में खुदा', 'मैं रहूँ या न रहूँ', 'प्रकृति का पाठ' जैसी कविताओं में कवि का सुधारात्मक दृष्टिकोण झलकता है। 'अलविदा वृंदावन' में संकलित श्री के.जी. उण्णिकृष्ण की कविताएँ गेय हैं और उनमें कवि का दर्शन स्पष्ट प्रतिबिंबित होता है। (2) 'नया बनाव पुराना' (2008, प्रकाशक : स्वयं कवि के.जे. उण्णिकृष्णन, अंजलि, 14-विद्यानगर, कोच्ची-22) संकलन में 17 सुंदर कविताएँ हैं। 'भारत रहेगा रौशन' कविता में श्रीराम का आदर्श-स्वरूप देखिए—

पितृभक्ति के नाते गद्दी छोड़े राम
जनहित वास्ते पत्नी छोड़े राम

सिंहासन पर पादुक रख राज किए भरत
भाई के साथ कानन गए लक्ष्मण। (पृ. 13)

'पांचाली की लाज', 'घटोत्कच-दानववीर', 'अतीत की गरिमा', 'भारत जगद्-गुरु' आदि कविताएँ भारत के अतीत का गौरव-गान करती हैं। 'पांचाली की लाज' में द्रौपदी का स्वयंवर, उसका पांचाली बनना, द्यूत-क्रीड़ा में पांडवों की हार हो जाने पर द्रौपदी का वस्त्राक्षेप होना तथा श्रीकृष्ण का उसका रक्षक बनना, श्रीकृष्ण का स्वर्गारोहण आदि वर्णित हैं। श्रीकृष्ण के बारे में पांचाली की श्रद्धा-भरी वाणी देखिए—

सुना है बहुत तेरे चमत्कार हे कान्हा!
न भूलेगा हर कोई राजसभा में चमत्कार तेरा
तूने की मेरी लाज की रक्षा, भारत नारी की रक्षा
हे कान्ह! बरसते रह सदा हम पर दया। (पृ. 29)

'घटोत्कच-दानववीर' में भीमपुत्र घटोत्कच की वीरता तथा पितृभक्ति का वर्णन है। निर्मोही दुर्योधन के छल से संकट में पड़कर पांडव अज्ञातवास करते वक्त वन में ध्यानस्थ अपने बेटे घटोत्काच से भीमसेन की मुलाकात होती है। 'अतीत की गरिमा' कविता में सिकंदर, चंद्रगुप्त, अशोक, औरंगज़ेब जैसे भारतीय इतिहास-पुरुषों का वर्णन किया गया है। 'भारत जगद्गुरु' कविता नवयुग के असली चित्रण से शुरू होती है। इस कविता में किसी भी रास्ते से धन-दौलत कमानेवाली, स्वाभिमान बचाने का प्रयास करनेवाली, अपनी शान कायम रखने का प्रयास करनेवाली नारी भी चित्रित है। बढ़ती नर-हत्या, भ्रूण-हत्या, मानव की बढ़ती बुराइयाँ, शादी के बाद माँ-बाप को भूलनेवाले युवक आदि का भी चित्रण किया गया है। भारत देश कबीर, मीरां, सुंदरदास, गुरु नानक, तुलसीदास जैसे महापुरुषों की पुण्यभूमि है; श्री श्री रविशंकर, माता अमृतानंदमयी जैसे व्यक्तियों की जन्मभूमि है। केरल चट्टम्पी स्वामी, नारायण गुरु जैसे दार्शनिक महापुरुषों की जन्मभूमि है। भारत देश के गुण-गान की पंक्तियों के साथ कविता समाप्त होती है। (3) कविताओं की सरिता (2012, प्रकाशक : राष्ट्रीय हिन्दी साहित्य सम्मेलन, तिरुवनंतपुरम-38) समय-समय पर लिखित 33 कविताओं का संग्रह है। इसकी कविताएँ देशप्रेम और मानवता से भरी हुई हैं। 'पषशिराजा केरल सिंह' नामक इस संकलन की पहली कविता देशभक्ति की अनुभूति के साथ लिखी गई है। दूसरी कविता 'स्पार्टक्क्स' भी इस कोटि की है। विषय-वैविध्य इस संकलन की विशेषता है। 'श्रीरामकृष्ण और विवेकानंद', 'ईसा मसीह की याद में', 'मुहम्मद नबी' आदि पौराणिक विषयों पर लिखी कविताएँ हैं। 'ऐ.टी. सुंदरी' वर्तमान संस्कृति पर प्रकाश डालती है। 'हे मीरा!', 'हे देवी सरस्वती!' आदि भक्ति कविताएँ हैं। 'तीन मशहूर महिलाएँ', 'नारी! तुम नर हो' जैसी कविताएँ स्त्री-सशक्तीकरण की दृष्टि से लिखी गई हैं। 'नेताजी पर

नाज़', 'देशप्रेमियों और शहीदों की याद' जैसी कविताएँ कवि-मन का देशप्रेम स्पष्ट करती हैं।

डॉ. एम.सी. सुवर्णलता के तीन काव्य संकलन प्रकाशित हुए हैं—(1) यादों में (यह 46 कविताओं का संकलन है। 2005, प्रकाशक : कैरली बुक्स, कण्णूर, (2) मौन बोल रहा है (यह 88 कविताओं का संकलन है। 2010, प्रकाशक : जवाहर पुस्तकालय, मथुरा, और (3) आँखिन में काजल (यह 80 कविताओं का संकलन है। 2013, प्रकाशक : जवाहर पुस्तकालय)।

टी. शिवनकुट्टी का काव्य संकलन है—'चिदंबर के चित्र' (2005, प्रकाशक : हिन्दी साहित्य सेवा मंडल)।

डॉ. एच. परमेश्वरन (बादरायण) के 120 पृष्ठोंवाला काव्य-संकलन है—'कुछ उथले कुछ गहरे' (2007, प्रकाशक : राष्ट्रभाषा संस्थान, 40/192, फर्स्ट पुतन स्ट्रीट, तिरुवनंतपुरम)। इसमें कुल 17 कविताएँ हैं। पहली कविता 'नामकरण' में श्रीरामचंद्र के नामकरण के प्रसंग से लेकर 'राम' शब्द के व्यापक एवं गहरे अर्थों पर विचार करके 'राम' शब्द में अंतर्लीन अनंत मंगल-भावना पर कवि ने प्रकाश डाला है। 'दूरदर्शन', 'प्रसिद्धि के पीछे', 'मुर्गी मावेली की सेवा में', 'मच्छर, तुम फूलो फलो', 'परमात्मा जाने', 'मिस इंडिया' आदि हास्य-व्यंग्य की कविताएँ हैं।

> घर में टीवी है
> वी.सी.आर. है
> केवल टीवी है
> पर घर?
> घर अब घर नहीं रह गया
> सिनेमा घर बन गया। ('दूरदर्शन कविता', पृ. 25-26)

दूरदर्शन के सामने बैठते-बैठते हमारा संस्कार क्या से क्या हो गया है, इसका चित्र इस कविता में मिलता है।

> चाहे घड़ा फोड़ो
> चाहे कपड़ा फाड़ो
> चाहे अम्मा को भी पीटो
> पर यह ज़रूरी है
> कि तुम प्रसिद्ध बन जाओ। ('प्रसिद्धि के पीछे', पृ. 29)

'प्रसिद्धि के पीछे' कविता में व्यंग्य यह है कि नेता अपनी स्वार्थ-पूर्ति के लिए बंद, हड़ताल आदि का आयोजन करते हैं और इससे जनसाधारण को होनेवाली मुसीबतें भूल जाते हैं। 'मुर्गी मावेली की सेवा में' कविता में व्यंग्य यह है कि ओणम के त्योहार के दिन भी केरल की जनता मुर्गी का मांस खाना चाहती है, जिसके बिना

ओणम का भोज पूरा नहीं माना जाएगा। पशु–पक्षियों को मारना नियमानुसार अपराध है। किंतु जनतंत्र शासन है, सारा निर्णय जनता के हाथ में है। अतः मुर्गी को शाकभाजी मान सकता है। 'मच्छर, तुम फूलो फलो' कविता में व्यक्ति की नींद हराम करनेवाले मच्छर ही आखिर उसका रक्षक बनते हैं। मच्छरों के कारण व्यक्ति न जाने रात को कब सो गया! किंतु सवेरे समाचार-पत्र छाती पर आ गिरा को नींद खुल गई। दैनिक पत्र का विज्ञापन देखकर इंटरव्यू के लिए चला है और नौकरी मिली। अब मच्छरों का फूलना-फलना उसे ज़रूरी है, क्योंकि वह अब 'मस्किटो रिपेल्लेन्ट कंपनी' का एरिया मैनेजर है—

मच्छरजी
धन्य धन्य हो
तुम्हारे कारण
सोया नहीं जाए
रात को।
नींद हराम करते रहो तुम
सब की! (पृ. 42)

'परमात्मा जाने' कविता में कवि का व्यंग्य है कि इतिहास में हमने पाषाण युग, लौह युग, ताम्र युग, धातु युग जैसे क्या-क्या युग देखे, सुने। आखिर हम प्लास्टिक युग में पहुँचे हैं। बाल्टी, घड़े, बर्तन, फर्नीचर, चाय पीने के गिलास, चम्मच आदि प्लास्टिक से ही बनते हैं। दुकानों में हर चीज़ प्लास्टिक से पैक होती है। किंतु प्लास्टिक का दोष है कि वह तंदुरुस्ती के लिए हानिकारक है।

मिट्टी में घुलता नहीं
पानी में सड़ता नहीं
आग में क्षार भी नहीं बनता
हवा भी इसका
कुछ बिगाड़ नहीं सकती। (पृ. 49)

'मिस इंडिया' कविता में आजकल चलनेवाली सौंदर्य-प्रतियोगिता पर व्यंग्य है। 'बंधन और मुक्ति' कविता में दार्शनिक विचार प्रकट हुआ है—

वचन रस्सी का नहीं होता
मन का होता है
दुनिया में सब लोग
इसी बंधन में हैं। (पृ. 65)

'मंथरा पिटे क्यों?' कविता में कुबड़ी मंथरा शत्रुघ्न के हाथों पिट रही है, क्योंकि राम-वन-गमन, दशरथ-मरण आदि अमंगल कार्य मंथरा का भरत की माता कैकेयी ह्यको दिये उपदेश के कारण होते हैं। भरत सोचता है कि मंथरा पिटे क्यों है?

इसका दोषी कौन है—स्वयं मंथरा, कैकेयी या दशरथ? आखिर भरत अपने को ही दोषी मानता है—

अगर
जनम नहीं होता मेरा
तो यह मोह न होता
मंथरा भी न पिटती। (पृ. 76-77)

'स्त्री शक्ति' कविता में कहा गया है कि रामराज्य में स्त्री को कोई दुख नहीं होने देता था। कवि के मत में श्रीराम धर्म पुरुष थे और सीता दयामय नारी थीं। 'विषस्य विषमौषधम' का विषय पौराणिक है। इसमें कृष्ण का जन्म, कृष्ण का नंद ग्राम में पहुँचना, देवी-देवताओं का वहाँ आ जाना, सर्पमाला पहने शिव का आगमन होने पर सब का भयग्रस्त होना, शिव का कृष्ण को स्पर्श-सौभाग्य प्रदान करना और पीछे विषपूर्ण कुंभस्तनी पूतना का आना आदि वर्णित हैं। 'देवता का वरदान' कविता में कहा गया है कि देवता के वरदान का अंतिम फल अहितकर नहीं होगा। रावण, विभीषण तथा कुंभकर्ण आदि राक्षसों ने देवता से वर प्राप्त किया। 'संभ्रांत परिवार' कविता में आधुनिक जीवन की कृत्रिमता पर व्यंग्य किया गया है। इसमें नए फैशनवाले मकान को चारों ओर मालिक साहब गमले में प्लास्टिक के रंग-बिरंगे फूलों-पौधों को लगाकर बिना छेदवाली नली से पौधों को सींचने का बहाना करता है। इस कविता की अंतिम पंक्तियाँ इस प्रकार हैं—

संभ्रांत परिवार के लोग
रोज़ शाम को
फूलों के गमलों पर
नली से
पाँच-पाँच मिनट
पानी छिड़का करते हैं। (पृ. 103)

'अहिंसा परमो धर्मः' कविता में भगवान बुद्ध से मोक्ष-मार्ग पूछनेवाले साँप को बुद्ध अहिंसा का उपदेश देते हैं। प्रस्तुत संकलन की अंतिम तीन कविताएँ 'मुन्नी की दुनिया' शीर्षक के अंतर्गत संकलित हैं, जैसे—'गोकुल बोले-1', 'गोकुल बोले-2' और 'हइता की दुनिया'। ये तीनों बाल कविताएँ हैं। भूमिका में डॉ. एन. रवींद्रनाथ के ये शब्द ही इन कविताओं को समझने में काफी हैं—'बच्चों को चूमने, पुचकारने, दुलारनेवाले माता-पिता, नाना-नानी, दादा-दादी आदि यह तो नहीं जानते कि असल में बच्चों के मन में कौन-सा विचार या भाव है। बच्चों के मन को बिना समझे व्यवहार करने वाले वयस्क लोगों का चित्रण बड़ी रोचकता से कवि ने जो किया है, वह बेजोड़ है।'

कवियूर शिवरामय्यर की मौलिक कविताओं का संकलन है—'वनमाला' (2007, प्रकाशक : हिन्दी विद्यापीठ, केरल)। इसके 'प्रस्तावना' शीर्षक में

डॉ. वी.वी. विश्वम् ने लिखा है—'श्री कवियूर शिवरामय्यर की कविता की सबसे बड़ी खूबी यथार्थ जीवन से उसका नाता है जो उसे एक अलग स्फूर्ति और पहचान पैदा करती है। 'चूड़ी या छुरी', 'नर्मदा बचाओ' आदि कविताएँ समकालीन समस्याओं को उजागर करती हैं। 'चूड़ी या छुरी' कविता श्रीमती सुगतकुमारी के उस भाषण से प्रभावित होकर लिखी गई है कि स्त्रियों को आत्मरक्षार्थ चाकू हाथ में लेना चाहिए, न कि चूड़ी। पंक्तियाँ इस प्रकार हैं—

सुनो बेटियो!
सुनो, बहनो!
नारी के हाथ का भूषण
चूड़ी नहीं, छुरी है।
हाथ से उतार लो चूड़ी
हाथ में उठा लो छुरी। (पृ. 53)

जन्म से केरलीय, किंतु बिहार में रहकर साहित्य-सेवा करनेवाले श्री आनंदशंकर माधवन की सप्तति पर लिखित कविता है—'प्रणाम'। 'तमसो मा' कविता में अंधकार को दूर कर परम ज्योति के बारे में बता देनेवाले गुरु का महत्त्व गाया गया है। 'नया ईश्वर नया मंदिर' कविता में कवि लुटेरे शासकों तथा जनता की समस्याओं का चित्रण करके भगवान कल्की को सतर्क रहने की चेतावनी देता है कि ज़माना बदल गया है और उनकी जान खतरे में है। प्रस्तुत संकलन में 'भ्रष्टस्य का अन्या गतिः' नाम से तीन कविताएँ तथा 'मूकं करोति वाचालं' नाम से चार कविताएँ संकलित हैं, जिनके विषय अलग-अलग हैं। विविध संदर्भों में दिमाग और दिल के संघर्षों पर प्रकाश डालने वाली कविता है 'दिमाग जानता है, दिल नहीं मानता'। 'नर्मदा बचाओ' आंदोलन पर लिखी कविता है—'नर्मदा बचाओ'। इस आंदोलन में भाग लेनेवाले व्यक्तियों का डर था कि बाँध की ऊँचाई बढ़ाने पर हज़ारों लोगों का अपना आवास स्थान नष्ट होगा। प्रस्तुत आंदोलन को नेतृत्व देने के सिलसिले में श्रीमती मेधा पटकर की गिरफ़्तारी हुई थी। इसके वर्णन के साथ कविता शुरू होती है—

दादी माँ, दादी माँ
सुनो एक बुरी खबर
मेधा पाटकरजी को
गिरफ़्तार कर लिया पुलिस ने
क्यों? वो तो एक जानी-मानी
भले मानस महिला-रत्न हैं।
गिरफ्तार होने को
क्या अपराध किया उसने? (पृ. 57)

इस कविता में तत्कालीन परिस्थिति-संकट से कवि-मन का दुख प्रकट होता है। हनुमान मंदिर में मूर्ति के सामने खड़े होकर स्वामी से अपने हाल पर गुस्सा उतारनेवाले तथा स्वामी से सखाभाव रखनेवाले सुंदरन पिल्लै की कथा 'किस्सा गुस्से का' कविता में मिलती है। 'दोष किसका' नामक कविता में रेलगाड़ी में बच्चे सहित भीख माँगनेवाली भिखारिन को कुछ भी दिये बिना रोष प्रकट करके स्वयं भात खानेवाले यात्री के अनुभव का वर्णन किया गया है। भिखारिन यात्री की पोटली से मुट्ठी-भर अन्न लेकर अपने मुँह में डालती है और यात्री के मुँह पर थूक देती है। कवि पाठकों को यह सोचने के लिए बाध्य करते हैं कि इसका दोषी कौन है? 'वनमाला' संकलन की कविताएँ सचमुच जीवन-गंधी हैं।

डॉ. सुचित एन. तंपी की 24 कविताओं का संकलन है—'लहरें और चट्टान' (2007, प्रकाशक : हिन्दी साहित्य सेवा मंडल, मलप्पुरम)। विषय सामाजिक हैं। कुछ कविताएँ दार्शनिक भी हैं। 'लहरें और चट्टान' नामक कविता की पंक्तियाँ इस प्रकार शुरू होती हैं—

लहरें
सफेद लहरें
सागर की आत्मा से
चट्टानों पर
गिरती
टूटती
टुकड़े-टुकड़े होती रहती हैं।

कविता की बीच की पंक्तियाँ हैं—

सफेद लहरें
आती ही रहती हैं
सागर की आत्मा से
मानिषादा हुँकार से
गरजती हुई
बार बार बार।

प्रस्तुत कविता इन पंक्तियों से समाप्त होती है—

चट्टान
काले काले चट्टान
पिघलते से रहते हैं
बार-बार।

इस कविता में कवि कहना चाहता है कि हम मन से जितने भी कठोर हों, अंत में पिघलना ही पड़ता है।

श्री महेश कर्मा का खंडकाव्य है—'श्रीधर्मशास्ता' (2009, प्रकाशक : स्वयं कवि, महेश कर्मा, पय्यन्नूर)। श्री सी.एच. सुरेंद्रन नंपियार (पूर्व संस्कृत अध्यापक, मात्तिल हाईस्कूल, कण्णूर) ने इसकी भूमिका लिखी है। 124 पृष्ठों के इस काव्य में कवि ने स्वामी शबरिमला श्रीधर्मशास्ता (अय्यप्पन) का चरित प्रस्तुत किया है। श्री अय्यप्पन के जन्म से लेकर उनके जीवन की सारी घटनाएँ सात अध्यायों में दी गई हैं, किंतु अध्यायों को अलग-अलग शीर्षक नहीं दिये गए हैं। काव्य ईश्वर-वंदना से प्रारंभ होता है, जैसे—

श्री गणनायक महेश सुन
मन मंदिर में राज करे
शंकाओं को दूर करा ले
शक्ति स्वरूपिणी माताजी।

शबरिमाला में जाने के पहले भक्त जो व्रत लेते हैं, उस व्रतानुष्ठान की शैली इस काव्य में बहुत सुंदर ढंग से प्रस्तुत की गई है।

जी. रवींद्रन पिल्लै के 'भाव खुले, फूल खिले' (2009, प्रकाशक : भारती प्रकाशन, तिरुवनंतपुरम-13) संकलन में 51 कविताएँ संकलित हैं। इन कविताओं के बारे में 'अवतरणिका' में डॉ. एस. तंकमणि अम्मा ने लिखा है—'इन कविताओं के कथ्य में वैविध्य हैं तथा शिल्प भी सुरुचिपूर्ण है। इस संकलन की कविताओं से गुज़रते हुए समाज के प्रति, मानव के प्रति तथा मानव-मूल्यों के प्रति सजग कवि व्यक्तित्व यत्र-तत्र-सर्वत्र उभरकर आता है।' प्रस्तुत संकलन की पहली कविता 'मानव है मूल्यों का पोषक' में मानव-मूल्यों पर कवि की आस्था प्रकट होती है—

मूल्यों की बुनियाद पर खड़ी है
यह सृष्टि सुदृढ़ अविचल। (पृ. 1)

प्रस्तुत संकलन की 'स्वतंत्र भारत', 'छब्बीस जनवरी', 'भारत का स्वतंत्रता आंदोलन', 'सैनिक' आदि कविताएँ देशप्रम से ओतप्रोत हैं—

अमर रहे भारत जन के त्याग बलिदान
अमर रहे देश की स्वतंत्रता अखंड!
यह स्वतंत्रता का पावन मंदिर
यह भारत देश महान, यह हिंदुस्तान महान।

('भारत का स्वतंत्रता आंदोलन', पृ. 83)

भारत देश में हिन्दी भाषा का महत्त्व व्यंजित करनेवाली कविता है—'धन्य-धन्य हिन्दी भाषा'। स्वयं शिक्षक होने के कारण कवि शिक्षा का महत्त्व जानता है और शिक्षा की गतिविधियों से परिचित है। 'पाँच सितंबर का पावन दिन', 'शिक्षक', 'साक्षरता' आदि कविताओं का विषय शिक्षा-जगत् है। 'पाँच सितंबर का पावन

दिन' में डॉ. राधाकृष्णन के महत्त्व का गायन किया गया है तथा पौराणिक पात्र एकलव्य के आदर्श, कृष्ण-सुदामा का गुरुकुल आदि का भी स्मरण किया गया है। शिक्षक के गुणों पर प्रकाश डालनेवाली कविता है—'शिक्षक'। 'मच्छरों की बारात', 'अनपढ़ नेता से' आदि व्यंग्य कविताएँ हैं। 'मच्छरों की बारात' की पंक्तियाँ देखिए—

मच्छरों के सदृश होनी चाहिए
इन जनशोषकों की तबाही इस देश में
तभी होगा यहाँ समत्व सुंदर
एक नए समाज का श्रीगणेश। (पृ. 6)

'अनपढ़ नेता से' कविता संवाद-शैली में लिखी गई है। अनपढ़ नेता पढ़ते तो शिक्षा मंत्री होते, साक्षरता-अभियान शुरू कर देते तथा वर्तमान शिक्षकों को निकाल देते। वर्तमान जीवन की विडंबनाओं पर लिखी हुई कविता है 'कैसी विडंबना है जीवन की'। इस कविता में कई नमूनों द्वारा कहा गया है कि वर्तमान समाज में कथनी कुछ है और करनी कुछ। अंतिम कविता 'रिश्ते' में रिश्ते का महत्त्व बताकर आपसी संबंधों को बनाए रखने का उपदेश मिलता है। 'चिंतन' कविता में कहा गया है कि प्रगति-पथ पर अग्रसर होने के लिए चिंतन आवश्यक है। प्रस्तुत संकलन की 'बारिश', 'उषाबाला', 'सागर और तट', 'केरल की प्रकृति मुस्काती है', 'चाँदनी मेरी सहेली' आदि प्रकृति पर लिखी कविताएँ हैं; 'पेट के चूहे', 'भ्रष्टाचार', 'महंगाई एक बड़ी बला', 'ये मछुए हैं', 'सागर पुत्र', 'हम भिखमंगे हैं', 'शरणार्थी' आदि सामाजिक कविताएँ हैं; 'मन', 'मैं तेरा बंदा', 'मेरा मन इक टी.वी है', 'भ्रमण' आदि मन को विषय बनाकर लिखी कविताएँ हैं; 'भगवान के प्रसाद को ही बाँटकर क्यों खाए?', 'मेरे गान विश्व शांति का फूल', 'चंद दिनों का मानव जीवन', 'यह मिट्टी है सबकी मम्मी', 'मानवता', 'अस्पताल' आदि प्रगतिशील कविताएँ हैं; 'महाबली', 'ओणम' आदि सांस्कृतिक कविताएँ है; 'सपने', 'नौसिखिया चालाक' आदि सपने पर लिखी कविताएँ हैं।

श्रीमती राजपुष्पम् पीटर के 50 देशभक्ति गीतों का संकलन है, 'देशराग' (2009, प्रकाशक : स्वयं कवयित्री)। भारत देश के प्रहरी के रूप में विराजमान हिमालय पर लिखी गई कविताएँ हैं—'हिमालय', 'प्रहरी' आदि। भारत के राष्ट्रीय झंडे के महत्त्व के बारे में 'तिरंगा झंडा' शीर्षक कविता लिखी है। 'जय-जय जननी' संकलन की पहली कविता है और अंतिम कविता है—'भारत का दिल'। संकलन की सभी कविताएँ पाठकों में, खासकर बालकों में राष्ट्र-प्रेम जगाती हैं।

'देशराग बजनेवाली स्नेह विपंचिका' शीर्षकवाली अवतरणिका में कार्यवट्टम श्रीकंठन नायर ने लिखा है—''देशराग' की सभी कविताएँ समूह गान के लिए

तालयुक्त हैं। काव्य-भाषा भी सुंदर और हृदयस्पर्शी है।' पहली कविता 'जय-जय जननी' की प्रारंभिक पंक्तियाँ देखिए—

जय-जय जननी हे भारत!
तव चरणों पर अर्पित हमारा जीवन
जय-जय जननी हे भारत! (पृ. 16)

गांधीजी के आदर्शों पर लिखी कविता है—'गांधी दर्शन'। जैसे—

गांधी दर्शन पुण्य दर्शन
सारी दुनिया में प्रभापूर्ण दर्शन
मानव-मन को स्नेह-सूत्र में
बाँधनेवाला तार है। (पृ. 24)

गांधीजी के दर्शन पर लिखित अन्य कविताएँ हैं—'गांधीवाद', 'अहिंसा' आदि। 'सपूत', 'हमारे बापू' आदि कविताएँ भी गांधीजी पर लिखी गई हैं। 'पंडितजी' कविता जवाहरलाल नेहरू पर लिखी गई है। भारत के संदर्भ में गाँवों का महत्त्व बतानेवाली कविता है—'भारत की आत्मा'।

श्री मोहम्मद सलीम खान की 32 बाल कविताओं का संकलन है—'खेलें, गाएँ, सीखें' (2010, प्रकाशक : एच एंड सी पब्लिशिंग हाउस, तृशूर)। इस संकलन की 'पानी बरसा', 'हमारा परिवार', 'मोर गर्मी', 'चंदा मामा', 'चमकते तारे' आदि कविताएँ बच्चों के लिए बड़ी मनोरंजक हैं; 'ओणम', 'विषपेड़', 'ईद', 'क्रिसमस', 'केरल राज्य हमारा है' आदि कविताएँ संस्कृतिक हैं; 'मेरा भारत महान', 'दो अक्टूबर' आदि राष्ट्रीय कविताएँ हैं। 'पंछी', 'लड़की', 'प्यासे बापू', 'मेला', 'जवान-किसान', 'सूरज, खेती', 'मददगार', 'मानवता', 'पेड़', 'आदर', 'पढ़ना-लिखना फर्ज हमारा', 'गिनती' आदि कविताएँ बच्चों के लिए मनोरंजक हैं, ज्ञानवर्द्धक हैं तथा उपदेशात्मक भी। 'केरल राज्य हमारा है' कविता में केरल राज्य का कैसा चित्रण किया गया है, देखिए—

हरियाली से भरा हुआ है
मोती जैसे नारियल दिखते
काली मिर्च, काजू-सुपारी,
सोने जैसे लहराते धान
मंदिर, मसजिद, गिरजाघर
एकता के हैं प्रतीक
केरल राज्य हमारा है
हाँ केरल राज्य हमारा है।

इस संकलन की भूमिका में खान ने 'प्यारे बच्चो' शीर्षक के अंतर्गत लिखा है—'प्यारे दोस्तो'! अब आपके सामने 'खेलें, गाएँ, सीखें' बालगीतों की पुस्तक

है। इसमें विविध विषयों के सत्ताईस बालगीत हैं। मुझे उम्मीद है कि इन बालगीतों द्वारा आप सबको खेलने का, गाने का और सीखने का अच्छा मौका मिलेगा।' इसमें संकलित गीत इस प्रकार हैं—पंछी (इसमें पक्षी का वर्णन है) पानी बरसा (इसमें बारिश में बच्चों के उल्लास का वर्णन है), हमारा परिवार, मोर (सुंदर तथा नाचनेवाले मोर पक्षी का वर्णन है), अक्टूबर (इसमें गांधी के जयंती महत्त्व का वर्णन है), गर्मी (गर्मी की तीव्रता का वर्णन है), लड़की (इसमें एक लड़की का वर्णन है, जो पढ़ना-लिखना और रक्षा पाना चाहती है), चंदा मामा, प्यासे बापू (प्यासे बापू को एक लड़की सपने में देखती है), मेला (मेले में एकता के साथ खुशी मनानेवाले बच्चों का वर्णन है), जवान किसान (इसमें दायित्व निभानेवाले किसान और जवान का वर्णन है), क्रिसमस, सूरज (इसमें जग के रक्षक सूरज का वर्णन है), धरती माँ (इसमें भारत माँ की प्रति सम्मान भाव है), खेती (इसमें खेती करने की आदत डालने का उपदेश है), चमकते तारे, मददगार (इसमें सबका सहायक बनने का उपदेश है), मानवता (भाईचारे से रहने का उपदेश है), विषु, पेड़ (पेड़ का महत्त्व समझकर पेड़ न काटने का उपदेश है), आदर (बच्चों को सबका आदर करने का उपदेश है), ईद, पढ़ना-लिखना फर्ज हमारा (इसमें सुस्ती छोड़कर पढ़ने का उपदेश है), ओणम, केरल राज्य हमारा है (इसमें केरल की उत्पत्ति और रमणीयता का वर्णन है), मेरा भारत महान (इसमें भारत देश के महत्त्व का वर्णन है), गिनती (यह कविता एक से दस तक की गिनती बच्चों को पढ़ाने में सहायक है)। 'गिनती' कविता की पंक्तियाँ देखिए—

एक है चाँद एक है सूरज
दो हैं आँखें दो हैं कान
तीन हैं दुनिया-पाताल, धरती, आस्मान
चार हैं दिशाएँ उत्तर-दक्षिण, पूरब-पश्चिम
पाँच हैं उँगली हर हाथ पर
छह हैं षटऋतु आते-जाते
सात हैं स्वर, सात हैं रंग
आठ हैं मकड़ी के पैर
नौ हैं रस, नौ हैं रत्न
दस हैं सिर दशानन के। (पृ. 32)

डॉ. मनु के दो काव्य-संकलन निकले हैं—(1) **'हम इंतज़ार में हैं'** (2010, प्रकाशक : झरना हिन्दी पब्लिकेशन, माही, पोंडिचेरी) उनकी बीस कविताओं का संकलन है। इसके विषय समकलीन समाज तथा प्रकृति संबंधी हैं। इसकी भाषा में उर्दू शब्दों की अधिकता है। तुकांत पद-प्रयोग भाषा की विशेषता है। कविताएँ सचित्र दी गई हैं। 'उम्मीद के साथ' इस संकलन की पहली कविता है। इस कविता में कहा

गया है कि प्रति वर्ष 31 दिसंबर को हम बड़ी उम्मीद के साथ नववर्ष का स्वागत करते हैं। किंतु आगत नए साल में तो समस्याएँ और भी तीव्र होकर हमारे सामने आती हैं। यह 31 दिसंबर, 2009 को लिखी हुई कविता है। 'बावला है वह जो' कविता में कहा गया है कि मनुष्य बावला जैसा कुछ न कुछ तलाशता रहता है। 'ठंडी हवा तू आ जा' कविता में सांझ के समय ठंडी हवा चलते वक्त विभिन्न जीवों की प्रतिक्रियाएँ कही गई हैं, जैसे—पत्तों का उड़ना, मेमनों का कूदना, पेड़ से सूखी डाली का गिरना, कुत्तों का भूँकना, खुशी से बच्चों का नाचना, आदि। 'पानी नहीं पनघट में' कविता में पानी के महत्त्व का वर्णन है। जैसे—

पानी सब की जान है
पानी नहीं कुछ भी नहीं। (पृ. 32)

'मौसम की रानी' कविता में वर्षा के महत्त्व का वर्णन है। 'बेबस है पिंजड़े का पंछी' कविता में कवि कहता है कि आसमान का पक्षी स्वतंत्र है, जबकि पिंजड़े का पक्षी बेबस है। इस कविता में मनुष्य को चिड़िया जैसा जीने का उपदेश मिलता है। 'बिना दस्ता छतरा' कविता में समयानुसार मनुष्य के परिवर्तन पर प्रकाश डाला गया है। जानवरों को छायादार पेड़-पौधे छतरे जैसे बरसात में आसरा बनते हैं। 'मांझी नहीं है नाव में' कविता में बारिश में काग़ज़ की नाव बनाने की बात कही गई है। 'आनेवाला वक्त' कविता जीवन की नश्वरता का बोध देती है। 'ज़िंदगी और मौत' कविता में कवि खुशबू तथा सुंदर रंगवाले फूल के माध्यम से यह समझाता है कि मिट्टी में मिलने को ही हम जन्म लेते हैं। जैसे—

हे फूल, मिट्टी में मिलने
को क्या आया है तू इधर? (पृ. 50)

'पानी तू ही भगवान' कविता में पानी की अनिवार्यता पर प्रकाश डाला गया है। 'पुराना प्यारा है या नया' कविता में विज्ञान के इस युग में मानव-जीवन कितना बुरा हुआ है, इस पर प्रकाश डाला गया है। पुराने ज़माने में किसान सुबह फावड़े लेकर झोंपड़ी से निकलते थे। सब कहीं साफ़ पानी की खिलखिलाहट, चिड़ियों की चहचहाहट तथा बतखों का शोरगुल होते थे। बगुलों की उड़ान तथा आम तले खेलनेवाले बच्चे दीखते थे। किंतु आज सुबह गाड़ीवान हवेली से गाड़ी लेकर निकलते हैं। गंदे पानी की चिल्लाहट, मशीनों की गड़गड़ाहट तथा धूप की चिलचिलाहट सुनाई पड़ती हैं। बगुलों की उड़ान के बदले मिट्टी की उड़ान है। बच्चे बंद कमरे में कंप्यूटर से खेलते हैं। 'मेरा देश हिंदुस्तान' कविता में देश-प्रेम की भावना है। इसमें एकता का संदेश मिलता है। 'हम इंतज़ार में हैं' कविता में एक दार्शनिक की भाँति कवि कहता है—

ज़िंदगी रिश्तों का जाल है
ताना बाना बुनना आसान नहीं है।

वर्तमान मनुष्य की असली स्थिति कवि के शब्दों में देखिए—

हम इंतज़ार में हैं
जाने-अनजाने आनेवाले
इम्तहानों के। (पृ. 60)

'बरबादी से बचाएँ' कविता में पहाड़ों के गुण बताकर उन्हें बरबाद होने से बचाने का उपदेश मिलता है। 'गश्ती घर' प्रस्तुत संकलन की अंतिम कविता है। इसमें रेलगाड़ी का वर्णन है—

आती है गाड़ी
धुआँ धुआँ उड़ाती
जाती है गाड़ी। (पृ. 68)

रेलगाड़ी में घर जैसे बिजली, पानी, दरवाज़े, खिड़कियाँ आदि हैं। इसमें बैठने, लेटने, नहाने तथा पकाने के लिए जगहें हैं। अत: कवि ने इसे 'गश्ती घर' संज्ञा दी है। (2) 'हम बेघर हैं' डॉ. मनु का दूसरा काव्य संकलन है। यह 30 कविताओं का संकलन है (2014, उर्दू बुक सेंटर, नई दिल्ली)।

टी.के. हेमलता का काव्य संकलन है 'समय' (2011, कोच्चिन पोर्ट ट्रस्ट)।

पोलनाथ के.पी. के 'सप्त सरिताएँ' काव्य संकलन (2011, प्रकाशक : ईना प्रिंटर्स, कालिकट-12) के 'दो शब्द' नामक भूमिका में कवि ने लिखा है—'लगभग 1980 से लेकर दक्षिण भारत के केरल राज्य में एक हिन्दी प्रचारक के नाते हिन्दी भाषा का प्रचार-कार्य करके आ रहा हूँ। केरल के सरकारी विद्यालयों में उच्च माध्यमिक स्तर पर हिन्दी अध्यापन-कार्य करने का सौभाग्य मिला है। केंद्रीय हिन्दी निदेशालय, मानव संसाधन विकास मंत्रालय की ओर से हिन्दीतर भाषी हिन्दी नवलेखक शिविर में भाग लेने का सुवर्णावसर भी प्राप्त हुआ है। अपने आदरणीय गुरुजनों का सविनय नमन करके हिन्दी साहित्य-रूपी महासागर में एक हिन्दी प्रचारक के नाते ये 'सप्त सरिताएँ' नामक कुछ बूँदें सहर्ष एवं सविनय समर्पित करता हूँ।' इसमें संकलित कविताएँ हैं—(1) गुरुदक्षिणा, (2) मृत्यु की जीत, (3) माफ़ी दे माँ!! हम हैं बड़े पापी, (4) आवाज़, (5) प्यास, (6) गंगा मय्या, (7) आज, कल और परसों, आदि।

'गुरुदक्षिणा' कविता में गुरु से कवि की प्रार्थना है—

एकलव्य से तुमने उंगली माँगी।
मुझसे तुम ने कुछ नहीं माँगा।
मैं खड़ा हूँ अपनी छाती देने को
'मम' दक्षिणा स्वीकार लो प्रभो। (पृ. 1)

'आज, कल और परसों' नामक अंतिम कविता में कवि अपने भविष्य की चिंता में कहता है—

आज मैं
अपने घर पर हूँ

मेरा कल और परसों
कहाँ होगा ? (पृ. 20)

दिया नायर नंपियार की कविताओं का संकलन 'ऐसा क्यों ?' जून, 2012 में प्रकाशित हुआ। प्रकाशक है—राष्ट्रीय हिन्दी साहित्य सम्मेलन, तिरुवनंतपुरम।

द्रौपदी जी. नायर के प्रकाशित कविता संग्रह हैं—'सपनों का महल' और 'पूजा की आँखें'।

के.जी. बालकृष्ण पिल्लै की हिन्दी कविताएँ उत्तर भारत की पत्रिकाओं में प्रकाशित हुई हैं। उनमें से कुछ हैं—कविता से (पत्रिका : तलाशी, अंक : अगस्त, 1994), कुसंग (पत्रिका : महावाणी, अंक : सितंबर, 1998), जान को आज जगा देना है (पत्रिका : वीर मुलाका, अंक : दिसंबर, 1998), जनतंत्र का तंत्र (पत्रिका : समाज प्रवाह, अंक : जुलाई, 2006) आदि। 'कविता से' में प्रयुक्त बिंब देखिए—

प्रिय कविते !
तू सजधज के
अपने सुकुमार अंगों की
तरुण झाँकी मात्र दिखाके
क्षणप्रभा-सी
क्षण भर में
कहाँ गायब हो गई ?
तब से मैं तुझे ढूँढ़ रहा हूँ।

डॉ. जे. उमाकुमारी केरल की हिन्दी कवयित्री हैं। उनकी 34 कविताओं का संकलन है 'जिसकी लाठी उसकी भैंस' (2013, राष्ट्रीय हिन्दी साहित्य सम्मेलन, तिरुवनंतपुरम)। इस संकलन की 'जिसकी लाठी उसकी भैंस' कविता में दिखाया गया है कि दुर्घटना में पड़नेवाले व्यक्तियों को सरकार तथा अन्य स्रोतों से दी जानेवाली आर्थिक सहायता स्वार्थी व्यक्तियों द्वारा हड़प ली जाती है। तत्कालीन समस्याओं का संकेत करनेवाली 'नियति' कविता की प्रारंभिक पंक्तियाँ देखिए—

कई दिनों से सोचती हूँ बात
एक कविता लिखने की
चिंता आई
विषय चुनूँ कौन-सा
विषय की तो कमी नहीं।

इसी कविता में पारिस्थितिक संकट पर यों प्रकाश डाला गया है—

मिटा दिया है खेतों-खलिहानों को
हटा दिया है छोटे-छोटे नाले-नहरों को
बना लिये हैं यहीं बड़े-बड़े कारखाने,

बड़े-बड़े मकान।
यों संवार लिया है इस छोटे सुंदर केरल को
हाय! बड़े श्रम का फल ही है यह सर्वनाश।

डॉ. रंजित रवि शैलं की 51 कविताओं का संकलन है—'देहरी पर कर्ण' (2013, प्रकाशक : राष्ट्रीय हिन्दी साहित्य सम्मेलन, तिरुवनंतपुरम)। इसकी 'देहरी पर कर्ण' कविता में स्वर्ग की देहरी पर खड़े रहनेवाले दान वीर कर्ण का चित्रण है, जब कि युधिष्ठिर को अंदर कुर्सी प्राप्त हुआ और बाकी चार पांडव बाहर देहरी पर खड़े रहते हैं।

कविताएँ पत्रिकाओं में

श्री एस. सुकुमारन नायर का खंडकाव्य है—'वंशीरव', जो खंडशः 'संग्रथन' पत्रिका (प्रकाशक : हिन्दी विद्यापीठ, केरल) में 1988 में प्रकाशित हुआ। इसका विषय श्रीकृष्णचरित है। केरल के गुरुवायूर मंदिर में भगवान श्रीकृष्ण की मूर्ति के सामने प्रार्थना करते वक्त कवि के मन में श्रीकृष्ण की समस्त लीलाओं के चित्र एक-एक करके घूमने लगते हैं। श्रीकृष्ण का असली लीला-स्थल व्रजभूमि है, किंतु कवि को लगता है कि गुरुवायूर ही श्रीकृष्ण का असली लीला-स्थल है। कवि के भक्त हृदय से काव्यामृत बहता है। भाषा-शैली की दृष्टि से इस काव्य में मिश्रित शैली मिलती है, क्योंकि इसमें ब्रज भाषा, अवधी तथा संस्कृत के शब्दों का प्रचुर मात्रा में प्रयोग हुआ है। इन पंक्तियों से काव्य शुरू होता है—

शंख-चक्र-गदा-पद्म विभूषित
नागरत्न मुकुट, कुंडल सुशोभित
अखिल ब्राह्मण्ड नायक प्रभु हरि-
नारायण चरणांबुजे प्रणति। (पृ. 33)

'संग्रथन' में खंडश : प्रकाशित इसके खंड इस प्रकार हैं—दक्षिण ब्रजभूमि (अंक : सितंबर, 1988 और अक्टूबर, 1988), गोकुल का नन्हैया (नवंबर, 1988), उलूखल बंधन (दिसंबर, 1988), विश्व दर्शन (जनवरी, 1989), व्रजवन में व्रजेश (फ़रवरी, 1989) आदि।

केरल के वरिष्ठ हिन्दी प्रचारक **श्री के. वासुदेवन पिल्लै** (दक्षिणी) की राष्ट्रवाणी पत्रिका में प्रकाशित कविता है—'सुन लो', 'सुन लो कथा कहानी' (अंक 9, वर्ष 1953)। राष्ट्रवाणी में प्रकाशित अन्य कविताएँ हैं—विद्वान **के. रामकृष्ण पिल्लै** की 'कविता कामिनी से' (अंक 9, वर्ष 1953); **के. शिवदास** की 'मज़दूर' (अंक 9, वर्ष 1953)। **डॉ. जे. उमाकुमारी** की कविताएँ विविध हिन्दी पत्रिकाओं में प्रकाशित हुई हैं—'संग्रथन' पत्रिका में प्रकाशित कविताएँ हैं—'नई पीढ़ी नई सीख', 'जिसकी लाठी उसकी भैंस', 'नियति', 'शब्दकोश' (अंक : सितंबर, 2007), 'गुरुवंदना' (जुलाई, 2008), 'मेरा गाँव' (जनवरी, 2009)। आकाशवाणी में प्रसारित उनकी

कविताएँ हैं—'मनुष्य बदल गया', 'वापसी', 'सपना', 'सावधान' आदि। कानायी कुञ्ञुरामन की कविता 'विज्ञान को धन्यवाद' भारत पत्रिका में प्रकाशित हुई (अंक: फरवरी–अप्रैल, 2013)। **डॉ. जी. कमलम्मा** की 'केरल ज्योति पत्रिका' में प्रकाशित कविताएँ हैं अपरिचित, किनारा आदि (अंक : अक्टूबर, 2007)। **डॉ. पी. लता** की केरल ज्योति में प्रकाशित कविताएँ हैं—सच्चा कौन (अंक : अक्टूबर, 2007), चिंता (अंक : दिसंबर, 2007) और संग्रथन पत्रिका में प्रकाशित कविता है 'हमारा भारत' (अंक : दिसंबर, 2005)। डॉ. नीलंपेरूर सुकुमारन, डॉ. जयरामन पी.एन., वी.वी. अच्चुण्णी, प्रभाकरन टी., मान्नार गोपीनाथ, डॉ. जे. जयकृष्णन, डॉ. आर. सेतुनाथ, प्रो. के. वामदेवन, अब्दुल खादर, प्रो. हिल्डा जोसफ, सनल कुमार, डॉ. वी.वी. विश्वम, डॉ. तिरुमल चंद्रन, पी. अनिलकुमार, सुनीलकुमार के.एन., के. अजिता, गोपीनाथन पिल्लै एन., डॉ. आर. गिरिजा कुमारी, कावेरीपिल्लै आदि कई कवियों की कविताएँ विविध हिन्दी पत्रिकाओं में प्रकाशित हुई हैं।

कविता अनूदित

कविता (अनुवाद : मलयालम-हिन्दी)

केरल में हिन्दी प्रचार व्यापक हुआ और यहाँ के हिन्दी की स्थिति पर हिन्दी क्षेत्र से व्यक्ति ध्यान देने लगे तो मलयालम से हिन्दी में अनूदित रचनाएँ कुछ हिन्दी पत्रिकाओं (उत्तर भारत से प्रकाशित) में प्रकाशित होने लगीं। ऐसी पत्रिकाएँ हैं—विशाल भारत (कोलकाता), देवनागर (दिल्ली), राष्ट्रभारती (वर्धा), प्रतिभा (नागरपुर), रसवंती (लखनऊ), जोत्सना (पटना), संदर्भ भारती (कोलकता) आदि।

केरल के हिन्दी लेखकों द्वारा मलयालम से हिन्दी में अनूदित कविताएँ पुस्तक रूप में भी प्रकाशित हुई हैं। पत्रिकाओं तथा पुस्तकाकार में प्रकाशित अनुवाद इस प्रकार हैं—'मलयाल राज्यं' नामक मलयालम साप्ताहिक के संपादक श्री सी. माधवन पिल्लै के 'पद्मरागम्' राष्ट्रीय खंडकाव्य का 'पद्मराग' नाम से **श्री वी.के. मूत्ततु** ने हिन्दी में अनुवाद किया (राष्ट्रवाणी पत्रिका के अंक : 40 से 53 तक, प्रकाशक : तिरुवितांकूर हिन्दी प्रचार सभा; 1954)। महात्मा गांधी पर वल्लतोळ से लिखी गई मलयालम कविताओं का अनुवाद (अनुवादक—**श्री वी.के. मूत्ततु**) 'बापू के प्रति' स्तंभ में राष्ट्रवाणी के विविध अंकों में प्रकाशित हुआ। उळ्ळूर एस.परमेश्वर अय्यर के 'प्रेम संगीतं' का अनुवाद 'प्रेम संगीत' नाम से **अभयदेव** ने किया (1956, केरल भारती में धारावाहिक)। वल्लत्तोल नारायण मेनन की कविताओं का अनुवाद **श्रीमती रत्नमयी दीक्षित** ने 'वल्लत्तोल की कविताएँ' नाम से किया (प्रकाशक : साहित्य अकादमी, दिल्ली; वर्ष 1959)। वल्लत्तोल की 'कविश्रीमाला' का अनुवाद उसी नाम से **एम. श्रीधर मेनन** ने किया (प्रकाशक : राष्ट्रभाषा प्रचार समिति, वर्धा; वर्ष 1962)। जी. शंकर कुरुप की 'कविश्रीमाला' का अनुवाद एम. श्रीधर मेनन ने किया (1962,

प्रकाशक : राष्ट्रभाषा प्रचार समिति, वर्धा)। जी. शंकर कुरुप की 'ओटक्कुषल्' कविता का अनुवाद 'बाँसुरी' नाम से दो व्यक्तियों—**जी. नारायण पिल्लै** और **लक्ष्मीचंद्र जैन**—ने मिलकर किया (1966, प्रकाशक : भारतीय ज्ञानपीठ, नई दिल्ली)। विश्वशिल्पी (मूल—पाला नारायण नायर) कविता का अनुवाद कुन्नुकुषि कृष्णन कुट्टी ने किया ('केरल ज्योति' में धारावाहिक प्रकाशन, 1966)। श्रीमती बालामणि अम्मा की '56 कविताओं' का अनुवाद 'छप्पन कविताएँ' नाम से जी.एन. पिल्लै ने किया (प्रकाशक : भारतीय ज्ञानपीठ, वाराणसी; 1971)। आशान के 'चिंताविष्टयाय सीता' का अनुवाद सुधांशु चतुर्वेदी ने 'त्यक्ता के आँसू' नाम से किया (1971, सुधा पब्लिकेशंस, त्रिशूर)। तुंचत्तु एषुत्तच्छन के 'महाभारतं' काव्य का श्री सुब्रह्मण्य अय्यर ने अनुवाद 'महाभारत' नाम से किया (1971, भुवनवाणी ट्रस्ट, लखनऊ)। कुमारनाशान की 'सीता', 'चंडाल भिक्षुकी', 'करुणा' आदि का अनुवाद 'तीन कविताएँ' नाम से एम. श्रीधर मेनन ने किया (प्रकाशक : साहित्य अकादमी, दिल्ली; 1973)। के. चात्तुक्कुट्टी मास्टर ने कुंचन नंपियार के 'कल्याण सौगंधिकं' का अनुवाद 'कल्याण सौगंधिक' नाम से किया (1973, प्रकाशक : केरल चंद्रिका प्रेस, कण्णूर)। उन्होंने 'वीणपूवु' (अनुवाद—मुरझाया फूल) और 'चिंताविष्टयाय सीता' का भी अनुवाद किया। मलयालम की प्राचीन कविताओं का अनुवाद 'मलयालम काव्यधारा : प्राचीन खंड' नाम से डॉ. एन.ई. विश्वनाथ अय्यर और एल. सुनीता बाई ने मिलकर किया (प्रकाशक : कोच्चिन विश्विविद्यालय; 1973)। प्रो.ए. चंद्रहासन ने 'वीणपूवु' का अनुवाद—'गिरा हुआ फूल' नाम से किया। तुंचत्तु एषुत्तच्छन के 'अध्यात्म रामायणम्' काव्य का 'अध्यात्म रामायण' नाम से डॉ. एन.पी. कुट्टन पिल्लै ने अनुवाद किया (प्रकाशक : भुवन वाणी ट्रस्ट, लखनऊ; 1974)। कुमारनाशान की 'करुणा' का अनुवाद 'करुणा' नाम से कवियूर शिवराम अय्यर ने किया (प्रकाशक : हिन्दी पुस्तक भंडार, तिरुवनंतपुरम; 1974)। मलयालम के आठ प्रतिनिधि कवियों—एन.वी. कृष्णवारियर, अय्यप्पपणिक्कर, सुगतकुमारी, एन.एन. कक्काट, एम.एन. पालूर, आट्टूर रविवर्मा, सच्चिदानंदन, कुञ्ञुण्णी—की 15 कविताओं का अनुवाद 'मलयालम की नई कविताएँ' नाम से डॉ. जी. गोपीनाथन ने किया (प्रकाशक : रंजन, आगरा; 1974)। कुमारनाशान की 'चिंताविष्टयाय सीता' का अनुवाद 'चिंताविष्टा सीता' नाम से मुत्तूर राघवन नायर ने किया (प्रकाशक : हिन्दी पुस्तक भंडार, तिरुवनंतपुरम; 1974)। उळ्ळूर एस. परमेश्वर अय्यर के 'भक्ति दीपिका' काव्य का अनुवाद कवियूर शिवराम अय्यर ने उसी नाम से किया (1974, हिन्दी पुस्तक भंडार, तिरुवनंतपुरम)। उल्लूर के प्रेमसंगीतम्' काव्य का 'प्रेम संगीत' नाम से कवियूर शिवराम अय्यर ने अनुवाद किया (प्रकाशक : हिन्दी पुस्तक भंडार, तिरुवनंतपुरम; 1976)। एन. सदाशिवन नायर ने कुंचन नंपियार के 'तुळ्ळल कथकळ' का अनुवाद 'नंपियार की तुळ्ळल गाथाएँ' नाम से किया (1977, प्रकाशक : सर्वोदय हिन्दी महाविद्यालय, नागर कोविल)। पी.आर.

भास्करन नायर ने भी इसका अनुवाद 'तुळ्ळल गाथाएँ' नाम से किया (भुवनवाणी ट्रस्ट, लखनऊ)। 'हरिनामकीर्त्तनं' का अनुवाद के.एन. मेनन ने 'हरिनामकीर्त्तन' नाम से किया (1977, केरल हिन्दी साहित्य मंडल, कोच्ची)। आशान के 'चिंताविष्टयाय सीता' काव्य का अनुवाद के हरिहरन उण्णित्तान ने 'सीता' नाम से किया (1977, केरल हिन्दी साहित्य मंडल, कोच्ची)। मलयालम के आधुनिक कवियों की कविताओं का अनुवाद 'मलयालम काव्यधारा : आधुनिक खंड' नाम से डॉ. एन.ई. विश्वनाथ अय्यर और डॉ. एल. सुनीता बाई ने मिलकर किया (प्रकाशक : हिन्दी विभाग, कोच्चिन विश्वविद्यालय; 1978)। उल्लूर के 'उमाकेरलं' महाकाव्य का 'उमाकेरल' नाम से पं. नारायण देव ने गद्य अनुवाद किया (केरल भारती में धारावाहिक प्रकाशन, प्रकाशक : दक्षिण भारत हिन्दी प्रचार सभा, कोच्ची; 1978)। कुमारनाशान के 'चिंताविष्टयाय सीता' काव्य का एन. गोपाल पिल्लै ने 'सीता विचार-लहरी' नाम से अनुवाद किया (प्रकाशक : डी. दामोदरन पिषारडी, मावेलिक्करा; 1978)। वल्लतोळ के 'शिष्यनुं मकनुं' का अनुवाद डॉ. टी.एन. विश्वंभरन ने 'पिता और पुत्र' नाम से किया (1978, प्रकाशक : केरल हिन्दी साहित्य मंडल)। आशान, उल्लूर और वल्लत्तोल नारायण मेनन की कविताएँ का अनुवाद है 'कवित्रय वाणी' (1979, प्रकशक : उल्लूर मेमोरियल लाइब्रारी, तिरुवनंतपुरम। मलयालम के 17 आधुनिक कवियों की कविताओं' का अनुवाद 'आधुनिक मलयालम कविता' नाम से डॉ. ए. अरविंदाक्षन ने किया (प्रकाशक : केरल हिन्दी साहित्य मंडल, कोच्चिन; 1980)। एम.पी. अप्पन के 'गैरीशंकरम्' काव्य का अनुवाद 'गैरीशंकर' नाम से डॉ. एन. चंद्रशेखरन नायर ने किया (प्रकाशक : केरल हिन्दी साहित्य परिषद, तिरुवनंतपुरम; 1981)। रामपुरत्तु वारियर के 'कुचेलवृत्तं वंचिपाट्टु' का अनुवाद वी. करुणाकरन नायर ने किया (1981 में केरल भारती पत्रिका में धारावाहिक प्रकाशन)। 'कृष्णगाथा' (चेरुश्शेरी) का अनुवाद वी.करुणाकरन नायर ने उसी नाम से किया, जो केरल भारती (1982) में प्रकाशित हुआ। एम.ओ. अवरा की 'महात्यागी' कविता का अनुवाद पी. नारायणदेव ने किया (1984, प्रकाशक : स्वयं कवि)। श्री अभयदेव ने कुमारनाशान के 'नलिनी' काव्य का अनुवाद उसी नाम से किया (1988, प्रकाशक : गायत्री बुक्स, कोट्टयम)। उल्लूर के 'कर्णभूषणं' काव्य का 'कर्णभूषण' नाम से कवियूर शिवराम अय्यर ने अनुवाद किया (प्रकाशक : केरल हिन्दी साहित्य अकादमी, तिरुवनंतपुरम; 1990)। डॉ. एन.पी. कुट्टन पिल्लै ने ओ.एन.वी. कुरुप की 25 कविताओं का अनुवाद 'दर्शन' नाम से किया (1991, प्रकाशक : भारतीय ज्ञानपीठ)। आशान, उल्लूर और वल्लत्तोळ की कविताओं का अनुवाद 'त्रिवेणी' नाम से कवियूर शिवराम अय्यर ने किया (1992, केरल हिन्दी साहित्य अकादमी, तिरुवनंतपुरम)। इलंतूर राघवन नायर ने चंद्रोत्सवं काव्य (मूल के.सी. केशव पिल्लै) का अनुवाद 'चद्रोत्सव' नाम से 1992 में किया (प्रकाशक स्वयं अनुवादक)। के.सी. केशव पिल्लै के 'केशवीयं' काव्य का अनुवाद जे.आर. बालकृष्णन नायर ने

'केशवीय' नाम से किया (प्रकाशक : भारतीय बुक्स सेंटर, कचहरी दुर्ग, मध्यप्रदेश; 1992)। अय्यप्प पणिक्कर के 'गोत्रयानं' महाकाव्य का 'गोत्रयान' नाम से डॉ. एस. तंकमणि अम्मा ने अनुवाद किया (प्रकाशक : प्रवीण प्रकाशन, नई दिल्ली; 1995)। पं. नारायण देव ने 'चिंताविष्टयाय सीता' का अनुवाद 'चिंतामग्न सीता' नाम से अनूदित किया (1996, केरल भारती, दक्षिण भारत हिन्दी प्रचार सभा)। जी. शंकर कुरुप की 'नचिकेतस्सुं मट्टु कवितकलुं' का अनुवाद 'एक और नचिकेता तथा अन्य कविताएँ' नाम से जी.एन.पिल्लै ने मिलकर किया (भारतीय ज्ञानपीठ वाराणसी; वर्ष 1996)। ओ.एन.वी कुरुप की 20 कविताओं का अनुवाद डॉ. एन.ई. विश्वनाथ अय्यर ने 'ओ.एन.वी. कुरुप की मलयालम कविताएँ' नाम से किया (प्रकाशक : मध्यप्रदेश प्रगतिशील लेखक संघ, अंबिकापुर; 1997)। ओ.एन.वी. कुरुप के 'स्वयंवरं' काव्य का 'स्वयंवर' नाम से डॉ. एस. तंकमणि अम्मा ने अनुवाद किया (प्रकाशक : वाणी प्रकाशन, नई दिल्ली; 1997)। ओ.एन.वी. कुरुप के 'उज्जयिनी' काव्य का उसी नाम से डॉ. एन.ई. विश्वनाथ अय्यर ने अनुवाद किया (प्रकाशक : साहित्य भंडार, हैदराबाद; 1998)। कुमारनाशान के 'नलिनी' काव्य का उसी नाम से अभयदेव ने अनुवाद किया (प्रकाशक : गायत्री बुक्स, कोट्टयम; 1998)। अषकत्तु पद्मनाभ कुरुप के 'रामचंद्रविलासं' काव्य का अनुवाद उसी नाम से जे.आर. बालकृष्ण नायर ने किया (प्रकाशक : केरल हिन्दी प्रचार सभा, तिरुवनंतपुरम; 1999)। श्रीनारायण गुरु की चुनी हुई कविताओं का अनुवाद 'क्रांतिकारी संत श्री नारायण गुरु की चुनी हुई कविताएँ' नाम से डॉ. जी. गोपीनाथन ने किया (प्रकाशक : वाणी प्रकाशन, नई दिल्ली; 2000)। अय्यप्प पणिक्कर के 'कुरुक्षेत्रं' काव्य का अनुवाद 'कुरुक्षेत्र' नाम से डॉ. रति सक्सेना ने किया (प्रकाशक : मूल कवि अय्यप्प पणिक्कर; 2006)। कुमारनाशान के 'चिंताविष्टयाय सीता' काव्य का 'सीता' नाम से डॉ. वी.के. हरिहरन उण्णित्तान ने अनुवाद किया (प्रकाशक : केरल हिन्दी साहित्य मंडल, कोच्ची; 2010)। 'चिंताविष्टयाय सीता' का 'सीता विचार सरिता' नाम से श्रीमती एम.आर. राजेश्वरी, 'त्यक्ता के आसू' नाम से श्री सुधांशु चतुर्वेदी तथा 'चिंतामग्न सीता' नाम से पंडित नारायणदेव ने अनुवाद किए। ओ.एन.वी. कुरुप की कविताओं का अनुवाद डॉ. एस. तंकमणि अम्मा ने 'एक धरती एक आसमान एक सूरज' नाम से किया (प्रकाशक : भारतीय ज्ञानपीठ, नई दिल्ली; 2010)। अक्कित्तं की कविता 'इरुपताँ नूट्टांटिंटे चरित्रं' और अन्य 32 कविताओं का अनुवाद डॉ. वी.के. हरिहरन उण्णित्तान ने 'बीसवीं सदी का इतिहास और अन्य कविताएँ' नाम से किया (प्रकाशक : महात्मा गांधी अंतरराष्ट्रीय हिन्दी विश्वविद्यालय, वर्धा; 2012)। वल्लत्तोळ के 'अच्छनुं मकनुं' का अनुवाद 'पिता और पुत्र' नाम से डॉ. टी.एन. विश्वंभरन ने किया।

आदि शंकराचार्य के बाद भारत के आध्यत्मिक जगत् में प्रज्वलित आध्यात्मिक गुरु श्रीनारायण गुरु (1854-1928) के आध्यात्मिक काव्य 'आत्मोपदेश शतकम्'

(मलयालम) का **डॉ. जी. कमलम्मा** ने हिन्दी में अनुवाद किया। इस ग्रंथ में कुल 100 पद्य छंद हैं। हिन्दी अनुवाद का नाम है 'आत्मोपदेश शतक', जो सन् 1990 में 'डी.के. प्रिंटवेर्ल्ड प्रा.लि., नई दिल्ली' द्वारा प्रकाशित हुआ। कमलम्मा जी ने क्रम-संख्या देकर बाएँ पृष्ठ में मलयालम पद्य देवनागरी लिपि में तथा दाएँ पृष्ठ में उनके हिन्दी अनुवाद दिये हैं (पृ. 10 से 35 तक)। पृ. 37 से 156 तक इन 100 हिन्दी अनुवादों को क्रमगत रूप से देकर श्रीनारायण प्रसाद की विस्तृत मलयालम व्याख्या और प्रस्तुत मलयालम व्याख्या का डॉ. कमलम्मा का हिन्दी अनुवाद भी दिया गया है। कमलम्मा जी के शब्दों में "इस ग्रंथ में अद्वैत के संपूर्ण चिंतन को सिर्फ दर्शन क्षेत्र की सीमा में न रखकर जीवन के सभी क्षेत्रों में व्याप्त कराने का उत्तम प्रयास किया गया है। इस प्रकार धर्म-तत्त्व, सामाजिक सिद्धांत, उपासना, कर्म, भक्ति—सब कुछ इसकी सीमा में समाहित है।" (भूमिका)

डॉ. एस. तंकमणि अम्मा द्वारा मलयालम से हिन्दी में अनूदित कविताएँ इस प्रकार हैं—'भारतीय कविताएँ, 1985' (प्रकाशक : भारतीय ज्ञानपीठ प्रकाशन : वर्ष 1988) में प्रकाशित 'देशीय चरित्रं' (मूल कवि : चेम्मनं चाक्को) कविता का अनुवाद 'राष्ट्रीय चरित्र'; 'शार्ङ्गक पक्षिकल' (मूल कवि : ओ.एन.वी. कुरुप) का अनुवाद 'शार्ङ्गक पक्षी'; 'कृष्ण मुगं' (मूल कवि : वैलोप्पिल्ली श्रीधरमेनोन) का अनुवाद 'कृष्ण हिरण' आदि। 'भारतीय कविताएँ, 1986' (प्रकाशक : भारतीय ज्ञानपीठ प्रकाशन : वर्ष 1990) में प्रकाशित 'अमूल्यं' (मूल कवयित्री : बालामणि अम्मा) का अनुवाद 'अनमोल'; 'आनवाल' (एन.वी. कृष्णवार्यर) का अनुवाद 'हाथी की पूँछ' आदि। 'भारतीय कविताएँ 1987' (प्रकाशक : भारतीय ज्ञानपीठ प्रकाशन : वर्ष 1992) में प्रकाशित 'जनाला' (मूल कवयित्री : के.पी. उषा) का अनुवाद 'खिड़की'; 'वेटियुण्टा' (चेम्मनं चाक्को) का अनुवाद 'गोली'; 'सती' (मूल कवि : डी. विनयचंद्रन) का अनुवाद 'सती' आदि।

'भारतीय काव्य में विद्रोही स्वर—प्रथम खंड' (प्रकाशक : भारती भवन, कानपुर : वर्ष 1990) में प्रकाशित 'करुत्त वंची' (मूल कवि : केटामंगलं पाप्पुकुट्टी) का अनुवाद 'घाट की नाव'; 'मेय वन्नु' (ओ.एन.वी. कुरुप) का अनुवाद 'मेई का दिन' आदि। कावेरी बुक्स द्वारा सन् 2003 में प्रकाशित 'पुतुशेरी की कविता' में मलयालम कवि पुतुशेरी रामचंद्रन की दो कविताओं का डॉ. एस. तंकमणि अम्मा द्वारा किया गया अनुवाद संकलित है, जैसे—'अग्नेय स्वाहा' तथा 'पौधा आगे फूलेगा नहीं' (मूल कविता : ई. चेटीयिनी पूक्किल्ला)।

प्रो.वी. मधुसूदन नायर की 'गंगा' कविता का उसी नाम से **डॉ. एस. सुरेंद्रन नायर** ने अनुवाद करके 'संग्रथन' पत्रिका में प्रकाशित किया (अंक : अप्रैल, 2005)।

श्रीमती एम.आर. राजेश्वरी ने 'चिंताविष्टयाय सीता' का अनुवाद 'सीता विचार सरिता' नाम से किया (2006, पद्मं पब्लिकेशंस, भिलाई)।

कलाकौमुदी के संपादक डॉ. पी.रविकुमार का मलयालम काव्य है 'नचिकेतस' (2009, प्रकाशक : डी.सी. बुक्स)। उसका हिन्दी में **प्रो. डी. तंकप्पन नायर** ने 'नचिकेता' नाम से अनुवाद किया। (2012, प्रकाशक : जवाहर पुस्तकालय)। नचिकेतस नामक पौराणिक पात्र का यमराज से प्रश्न पूछना ही इस काव्य का आधार है। डॉ. पी. रविकुमार की लंबी कविता 'रामनाथन' का प्रो. डी. तंकप्पन नायर तथा श्री के.जी. बालकृष्ण पिल्लै ने मिलकर अनुवाद किया। अनुवाद का नाम है 'रामनाथ श्रुति'। यह रामनाथ नामक संगीतज्ञ तथा उनके गुरु के संबंधों पर लिखा गया काव्य है।

श्रीमती आनंदवल्ली वी. के काव्य संकलन 'बाष्पांजलि' का उसी नाम से अनुवाद कवयित्री ने ही किया (2013 यवनिका प्रकाशन, तिरुवनंतपुरम)।

प्रो.डी. तंकप्पन नायर और **के.जी. बालकृष्ण पिल्लै** ने मिलकर श्री थॉमस जॉर्ज की कविताओं का अनुवाद 'हृदय की वाणी' (2014, प्रकाशक : जवाहर पुस्तकालय) नाम से किया। यह 50 कविताओं का अनुवाद है। इन दोनों अनुवादकों ने मिलकर तुंचत्तु रामानुजन एषुत्तच्छन की रचना 'हरिनामकीर्तनं' का हिन्दी अनुवाद व्याख्या सहित 'हरिनामकीर्तन' नाम से किया है, जो 'केरल ज्योति पत्रिका' में 2013-2014 अंकों में धारावाहिक प्रकाशित हुआ है।

डॉ. पी. लता द्वारा अनूदित श्रीकुमारन तंपी की चुनी हुई कविताओं का संकलन है श्रीकुमारन तंपी की कविताएँ, (2014, अभय प्रकाशन, कानपुर)। डॉ. पी. लता द्वारा अनूदित ओ.एन.वी. कुरुप की कविताओं का अनुवाद है 'ओ.एन.वी. कुरुप की प्रतिनिधि कविताएँ' (यंत्रस्थ, साहित्य अकादमी, दिल्ली)। उन्हीं से अनूदित 'गुरु पौर्णमी' (मूल कवि—एस. रमेशन नायर) प्रकाशनाधीन है।

संगीत के प्रेमियों के हृदयों में विराजमान, मानवता के पुजारी और शांति के संदेशवाहक गान-गंधर्व पद्मभूषण डॉ. के.जे. येशुदास द्वारा मलयालम में रचित प्रथम कविता का हिन्दी अनुवाद **प्रो. डी. तंकप्पन नायर** ने 'तलाश' नाम से किया। अनुवाद की पहली पंक्तियाँ हैं—

अस्ति और नास्ति की सोच मेंक्यों माथापच्ची करता तू मानव?

पत्रिकाओं में प्रकाशित हिन्दी में अनूदित कविताएँ— 'माध्यम' पत्रिका के केरल विशेषांक में सन् 1966 में डॉ. जी. गोपीनाथन द्वारा अनूदित 10 मलयालम कवियों की कविताओं का अनुवाद प्रकाशित हुआ, जैसे—जी. शंकर कुरुप (काल), वेण्णिकुलम (एक प्रश्न), पाला नारायणन नायर (उत्सव), एम.पी. अप्पन (छोटे फूल), सुगतकुमारी (धन्यवाद), वेळ्ळायणी अर्जुनन (ध्वनि), अय्यप्प पणिक्कर (दिव्यगर्भ) आदि। 'ज्ञानप्पाना' (मूल—पून्तानम) का अनुवाद के.एस.वारियर ने किया जो केरल भारती में धारावाहिक प्रकाशित हुआ। 'नारायणियम' (मूल—मेलपत्तूर नारायण भट्टतिरी) का किसी अज्ञात कवि ने अनुवाद किया, जो केरल भारती में धारावाहिक प्रकाशित हुआ।

'कोच्चुसीता' (मूल—वल्लत्तोळ) का अनुवाद 'छोटी सीता' नाम से के.एम. पणिक्कर ने अनुवाद किया। 'कालं' (मूल—जी.शंकर कुरुप) का अनुवाद 'काल' नाम से सी.जी. राजगोपाल ने अनुवाद किया।'केरल ज्योति' में प्रकाशित अनुवाद हैं—'चंडाला भिक्षुकी' (मूल—कुमारनाशान; अनुवादक टी.के. भास्कर वर्मा; वर्ष 8, अंक 4), 'शिष्यनुं मकनुं' (मूल—वल्लत्तोल; अनुवाद के.जी. बालकृष्ण पिल्लै-'शिष्य और पुत्र'; वर्ष 14, अंक 9), 'कर्णभूषणं' (मूल-उल्लूर; अनुवाद कवियूर शिवराम अय्यर; वर्ष 14, अंक 9), 'एन्टे मुखं' (मूल—एम.पी. अप्पन; अनुवाद के.जी. बालकृष्ण पिल्लै—'मेरा मुख'; वर्ष 18, अंक 2), 'पूच्चयाणे एन्टे दुखं' (मूल—कटम्मनिट्ट रामकृष्णन; अनुवाद डॉ. एन.जी. देवकी—'बिल्ली'; वर्ष 18, अंक 1), 'प्रेमसंगीतं' (मूल—उल्लूर; अनुवाद वासुदेवन भट्टतिरी—'प्रेमसंगीत'; वर्ष 14, अंक 7 और 9) आदि। डॉ. प्रमोद कोवप्रत्त ने मलयालम के प्रमुख कवियों की कविताओं का हिन्दी में अनुवाद किया है, जैसे—कमज़ोरियाँ (मूल कवि : के. सच्चिदानंदन); शाप, धीरे-धीरे (सुगतकुमारी); पुरावृत्त (रोसमेरी), ' प्रवृत्ति के सबक (टी.पी. राजीवन); जननी जन्मभूमिश्च (मेलत्तु चंद्रशेखरन); मोर पंख (सिविक चंद्रन); तू और मैं (कुञ्ञुण्णी) आदि। गांधी के प्रति (मूल कवि—कुञ्ञुण्णी, अनुवादक-डॉ. आरसु, पत्रिका-गवाह, अंक जनवरी, 1979); मित्र के नाम पर एक पत्र (सच्चिदानंदन, डॉ. पी.के. वेणु, मधुमती पत्रिका, सितंबर, 1977); टी.एस. इलियट के नाम पत्र (एन.एन. कक्काट, डॉ. पी.के. वेणु, मधुमती, जनवरी, 1977); अग्नि गायत्री (अच्चुतनुण्णी, डॉ. पी.के. वेणु, आजकल, सितंबर, 1974); सूरज की मृत्यु (एन.वी. कृष्णवार्यर, डॉ. पी.के. वेणु, समकालीन भारतीय साहित्य, 1989); अकता (वेण्णिक्कुलम, डॉ. आरसु, पूर्णकुंभ, मई 1981); निद्रागीत (एन.एन. कक्काट, डॉ. पी.के. वेणु, समकालीन भारतीय साहित्य, 1984); गंगा (जी. शंकर पिल्लै, डॉ. के.जी. प्रभाकरन, साहित्यमंडल पत्रिका 1984); शिष्य और पुत्र (वल्लत्तोळ, कवियूर शिवराम अय्यर, केरल ज्योति, अप्रैल-जून, 1981); संकीर्तन (बी. संध्या आई.पी.एस., कौसल्या अम्माल, भारत पत्रिका, मई 2010); देह (सावित्री राजिवन, कौसल्या अम्माल, भारत पत्रिका, 2010); रात वर्षा (सुगत कुमारी की रात्रीमषा का अनुवाद, डॉ. पी. लता केरल ज्योति दिसंबर, 2013) आदि। श्री जे.आर. बालकृष्णन नायर की कई अनूदित कविताएँ 'राष्ट्रवीणा' पत्रिका में प्रकाशित हुई हैं, जैसे—के.सी. केशव पिल्लै की 'नीतिशतकं' का अनुवाद नीति वाक्य शीर्षक से, उल्लूर के 'उमाकेरलं' प्रथम सर्ग का अनुवाद उसी शीर्षक से, अषकत्तु पद्मनाभकुरुप के 'रामचंद्र विलासं' का अनुवाद उसी नाम से, उळप्पमण्णा सुब्राह्मण्यन नंपूतिरिप्पाटु के 'नङ्ङेम्मकुट्टी' का अनुवाद उसी नाम से, कुञ्चन नंपियार के 'श्रीकृष्णचरितं' का अनुवाद उसी नाम से, नालप्पाट्टुबालामणि अम्मा की चुनी हुई कविताओं का अनुवाद 'नालप्पाट्टु बालामणि अम्मा की कविताएँ' नाम से। जे.आर. बालकृष्णन नायर के 'यह है भारत' (मूल-इताणु भारतं, ओच्चिर सुधाकरन) छत्तीसगढ़ टुडे में तथा 'निवेद्यं' (मूल—निवेद्यं, बालामणि

अम्मा) अञ्चल भारती में, 'कवि' (मूल—कवि, एम.पी. अप्पन) 'केरल ज्योति' में प्रकाशित हुए। 'अनुवाद' पत्रिका (अंक : जुलाई-दिसंबर, 1993; भारतीय साहित्य विशेषांक, प्रकाशक : भारतीय अनुवाद परिषद) में विविध अनुवादकों द्वारा मलयालम से अनूदित कविताएँ प्रकाशित हुईं, जैसे—डॉ. एम. षणमुखन द्वारा अनूदित श्री बालकृष्णन चुळ्ळिक्काटु की कविताएँ पवित्र संध्या, संतप्त, अजन्मे पुत्र के प्रति, एक कुली की हँसी, शव परीक्षा आदि; डॉ. एस. तंकमणि अम्मा द्वारा अनूदित अय्यप्प पणिक्कर की कविता 'इक्कीसवीं शती'; डॉ. पी.के. वेणु द्वारा अनूदित श्रीमती सावित्री राजीवन की कविता 'खिड़की'; डॉ. जी. गोपीनाथन द्वारा अनूदित वैलोप्पिळ्ळी श्रीधर मेनन की कविता 'मशाल' आदि। इनमें कई काव्यानुवाद केरल भारती (1958) 'केरल ज्योति' (1966) आदि पत्रिकाओं में पहले धारावाहिक प्रकाशित होने के बाद ही पुस्तकाकार में निकले।

कविता (अनुवाद : अंग्रेज़ी-हिन्दी)

श्रीमती कमलादास की अंग्रेज़ी कविताओं का **डॉ. बाबू जोसफ** और **स्टीव विंसेंट** ने मिलकर हिन्दी में अनुवाद करके 'कमलादास की कविताएँ' नाम से 2012 में प्रकाशित किया (अमन प्रकाशन, कानपुर)।

कविता (अनुवाद : हिन्दी-मलयालम)

डॉ. वी.के. हरिहरन उण्णित्तान ने हिन्दी के प्रतिनिधि कवियों की विख्यात कविताओं का मलयालम में अनुवाद किया है, जैसे—(1) जयशंकर प्रसाद के 'कामायनी' महाकाव्य (1935) का उसी नाम से हिन्दी अनुवाद। (प्रकाशक : डी.सी. बुक्स, प्रथम संस्करण : 1995; वल्लत्तोल विद्यापीठ, एटप्पाल, दूसरा संस्करण : 2011)। इस अनुवाद को केंद्र साहित्य अकादमी का अनुवाद पुरस्कार (1998) प्राप्त हुआ। (2) जयशंकर प्रसाद के 'आँसू' महाकाव्य का 'कण्णुनीर' नाम से अनुवाद (प्रकाशक : हिन्दी साहित्य मंडल, कोच्ची, प्रथम संस्करण 1989; वल्लत्तोल विद्यापीठं, दूसरा संस्करण : 2009)। आँसू काव्य का प्रथम संस्करण 1923 में निकला। किंतु उण्णित्तान जी के अनुवाद का आधार 1933 में प्रकाशित संस्करण है। (3) सूर्यकांत त्रिपाठी निराला की लंबी कविताओं—'तुलसीदास', 'राम की शक्ति पूजा' और 'सरोज स्मृति' को मिलाकर 33 कविताओं का अनुवाद 'रागवुं विरागवुं' नाम से (प्रकाशक : हिन्दी साहित्य मंडल, 1997)। (4) हिन्दी के विख्यात कवि सूरदास के 'भ्रमरगीत' के चुने हुए 101 गीतों का अनुवाद 'भ्रमरगीतं' नाम से (प्रकाशक : वल्लत्तोल विद्यापीठं—वर्ष 2009)। (5) मैथिली शरण गुप्त के 'पंचवटी' काव्य का उसी नाम से अनुवाद (प्रकाशक : पुस्तक सदन, वल्लत्तोल विद्यापीठं, मलप्पुरम-वर्ष 2009)। (6) कबीरदास के 234 दोहों और 71 पदों का 'कबीर मौक्तिकं' नाम से अनुवाद। इसके दो भाग हैं—(1) साखी सुधा और (2) पदामृतं। (प्रकाशक :

वल्लत्तोल विद्यापीठं)। (7) निराला की 'सरोजस्मृति' कविता का उसी नाम से अनुवाद (प्रकाशक : केरल हिन्दी साहित्य मंडल; वर्ष 1995)।

प्रसाद के 'पंचवटी' काव्य का एक अनुवादक **डॉ. वी.के. हरिहरन उण्णित्तान** है तो दूसरा अनुवादक है **श्रीमती एम. भार्गवी अम्मा**। भार्गवी अम्मा का अनुवाद 'राष्ट्रवाणी साप्ताहिक हिन्दी पत्रिका' के पहले अंक (15 अगस्त, 1953) से लेकर 14वें अंक तक धारावाहिक प्रकाशित हुआ।

सुमित्रानंदन पंत के 1969 में ज्ञानपीठ से पुरस्कृत 'चिदंबरा' काव्य संकलन (196 कविताओं का संकलन) का उसी नाम से मलयालम में अनुवाद **श्री जी.नारायण पिल्लै** और **श्री. पी. नारायण कुरुप** ने मिलकर किया (प्रकाशक : भारतीय ज्ञानपीठ)। इन अनुवादकों ने हिन्दी अनुवाद में पंतजी से ही चुने गए 50 अनुच्छेद लिये हैं। 'चिदंबरा' का डॉ. वी. राधम्मा ने भी 1985 में मलयालम में अनुवाद किया।

भक्तिकाल के कृष्णभक्त कवि सूरदास ने 'भागवतं दशमस्कन्धं' के आधार पर 'सूर सागर' की रचना की। 'सूरसागर' के चुने हुए 108 गीतों का 'अष्टोत्तरं' नाम से सफल अनुवाद **कुन्नुकुषि कृष्णनकुट्टी** ने किया। (प्रकाशक : नेशनल बुक स्टाल, कोट्टयम, वर्ष 1995)। आदिकाल के हिन्दी कवि विद्यापति के 100 गीतों का अनुवाद कुन्नुकुषि कृष्णनकुट्टी ने 'ओरु नूरु विद्यापति गीतङ्ङल' नाम से किया।

जयशंकर प्रसाद के 'आँसू' काव्य का मंगलम् प्रभाकरन नायर ने सन् 1995 में 'वाष्पोदकं' नाम से अनुवाद किया।

डॉ. के.एस. मणि ने 'कामायनी' का अनुवाद उसी नाम से किया (1997, प्रभात बुक हाउस)। **श्री एम. श्रीधर मेनन** ने भी 'कामायनी' का अनुवाद किया (प्रकाशक : केरल साहित्य अकादमी)।

तारसप्तक के प्रमुख कवि सर्वेश्वरदयाल सक्सेना की चुनी हुई कविताओं का अनुवाद 'सर्वेश्वरदयालसक्सेनयुटे कवितकळ' नाम से **डॉ. ए. अरविंदाक्षन** ने किया (1998, भारतीय साहित्य प्रतिष्ठान)।

डॉ. बाबू जोसफ ने मनोहर बाथम की 'सरहद से' (प्रकाशक : शिल्पायन, नई दिल्ली) का अनुवाद 'अतिर्त्ति' (2007, प्रकाशक : प्रणता बुक्स, कोच्ची) नाम से किया।

डॉ. एन. चंद्रशेखरन नायर के 'चिरजीव' महाकाव्य का उन्होंने स्वयं 'चिरंजीवी महाकाव्यं' नाम से मलयालम में अनुवाद किया (प्रकाशक : केरल हिन्दी साहित्य अकादमी, वर्ष 2008)।

डॉ. ए. रामचंद्र देव ने कबीरदास के कुछ दोहों का मलयालम में अनुवाद किया। प्रस्तुत अनुवाद को 'प्रभात बुक हाउस' ने 'कबीरिंटे कवितकल' नाम से प्रकाशित किया। कुट्टत्तुङ्ङल मेरी जॉण ने कबीर के पदों का अनुवाद किया। कबीर के दोहों का अनुवाद 'कबीरिंटे ज्ञानप्पाना' नाम से श्री भरतन एरनेल्लूर ने किया। किंतु ये तीनों अनुवाद आजकल उपलब्ध नहीं हैं।

डॉ. प्रमीला के.पी. ने समकालीन हिन्दी कवि पवन करण की हिन्दी कविताओं का अनुवाद 'स्त्री एंटे उल्लिल' नाम से किया (2009, प्रकाशक : रेइनबो पब्लिशर्स, कोट्टयम)। प्रमीला जी ने निर्मला पुतुल की कुछ कविताएँ 'ऊरुं पेरुं इल्लात्तवल' नाम से अनूदित किया। उन्होंने कात्यायनी की कविताएँ 'ई पौरुष पूर्ण समयत्तु' नाम से अनूदित किया।

कबीर के दोहों और पदों का संकलन है 'बीजक'। 'कबीर ग्रंथावली' संकलन में संकलित कबीर के दोहे चुनकर मलयालम में अनुवाद करके श्री जी.महेश कर्मा ने 'कबीर वचनामृतं' नाम से प्रकाशित किया (प्रकाशक : स्वयं कवि; मुद्रण : के. प्रवीण कुमार, राजेंद्र प्रिंटर्स, पय्यन्नूर; वर्ष 2010)। अनूदित संकलन की कुल पृष्ठ संख्या 272 है। अनूदित दोहों की संख्या 1040 है। इस अनुवाद की भूमिका प्रो.के.एम. गोविंदन नम्बीशन ने लिखी है।

रामचरितमानस का मलयालम अनुवाद

तुलसीदास की अनश्वर काव्य-रचना 'रामचरितमानस' (सं 1603) केरल में बड़ी लोकप्रिय है। सामान्य जनता के बीच यह महाकाव्य 'रामायण' नाम से विख्यात है। इसकी भाषा पूर्वी हिन्दी की बोली अवधी है। केरल के कई हिन्दी लेखकों ने इसका अनुवाद मलयालम में किया है, जैसे—सर्वप्रथम अनुवाद श्री पेट्टयिल रामनपिल्लै आशान ने किया। उन्होंने केवल 'बालकांड' का पद्यानुवाद किया, जो सन् 1928 में 'तुलसीदास रामायणं—बालकांडं' नाम से प्रकाशित हुआ। रामन पिल्लै ने इस अनुवाद में उस किलिप्पाट्टु शैली (शुकगीत शैली) का प्रयोग किया, जिस शैली में एषुत्तच्छन ने मलयालम भाषा में 'अध्यात्म रामायण' की रचना की थी। श्री कावुंकल नीलकंठ पिल्लै ने सन् 1930 में तुलसी के 'मानस' का गद्यानुवाद प्रकाशित किया। श्री के. वासुदेवन पिल्लै का रामचरितमानस के बालकांड का अनुवाद (हिन्दी, मलयालम और तमिल भाषाओं में व्याख्या सहित) राष्ट्रवाणी पत्रिका (प्रकाशक : तिरुवितांकूर हिन्दी प्रचार सभा) में प्रकाशित हुआ—वर्ष 1953; अंक—10,11 और 13 में। डॉ. एन. चंद्रशेखरन नायर ने 'मानस' के बालकांड का गद्यानुवाद किया, जो 'मलयाली' दैनिक के प्रतिसप्ताह के रविवासरीय अंकों में सन् 1954 से 1955 तक एक साल खंडशः प्रकाशित हुआ। 'देवस्वम् बोर्ड' की पत्रिका 'सन्निधानम' में भी यह प्रकाशित हुआ। मलयाली में प्रकाशित उक्त अनुवाद से प्रभावित होकर प्रो.एस.गुप्त नायर ने उन्हें 'केरल का तुळसीदास' कहा। सन् 1950 में विद्वान ए. वासु मेनन ने मानस (मूल) का स्वच्छंद गद्यानुवाद किया। शायद स्वच्छंद अनुवाद होने के कारण उन्होंने मानस के कतिपय अंश छोड़ दिये। श्रीमती के.पी. पार्वती अम्माल ने संपूर्ण 'मानस' का सुंदर गद्यानुवाद किया, किंतु प्रकाशित नहीं हुआ। श्री टी.के. रामन मेनन ने सन् 1967 में मानस का सटीक अनुवाद प्रकाशित किया। उन्होंने अनुवाद में 'मानस' की मूल पंक्तियों का

लिप्यंतरण करके लिखा, फिर शब्दार्थ और टीका सहित अनुवाद प्रस्तुत किया। 'संपूर्ण रामचरित मानस' का 'रामचरित मानसं' शीर्षक से काव्यानुवाद करने का श्रेय श्री.टी.के. भट्टतिरी को है (प्रकाशक : स्वयं अनुवादक; वितरण : एन.बी.एस)। सन् 1968 में मातृभूमि प्रिंटिंग एंड पब्लिशिंग कंपनी (कालिकट) ने इसका प्रकाशन किया। 16 मात्राओंवाली चौपाई शैली इस अनुवाद में प्रयुक्त है। मलयालम के महाकवि वेण्णिक्कुलम गोपाल कुरुप (1902–1980) ने रामचरित मानस का अत्यंत सुंदर काव्यानुवाद करके सन् 1968 में 'तुलसीदास रामायणं' प्रकाशित किया (प्रकाशक : साहित्य प्रवर्तक सहकरण संघ, कोट्टयम), जो पुरस्कृत भी हुआ। इस अनुवाद के लिए प्रेरणा उन्हें महात्मा गांधी द्वारा 'यंग इंडिया' में तुलसी के 'मानस' पर लिखे लेख से प्राप्त हुई। 'मानस' के प्रथम अनुवादक श्री पेट्टयिल रामन पिल्लै आशान जैसे वेण्णिक्कुलम् ने भी अनुवाद में 'शुकगीत शैली' (मलयालम में किळिप्पाट्टु शैली) का प्रयोग किया। विविध द्राविड़ छंदों का प्रयोग करने के कारण यह अनुवाद अधिक प्रभावी हुआ। मूल कृति के अंत्यानुप्रास की जगह वेण्णिक्कुलम ने 'द्वितीयाक्षर प्रास' का प्रयोग किया। इस प्रकार देखें तो कथ्य और शिल्प की दृष्टि से वेण्णिक्कुलम का काव्यानुवाद अधिक उत्कृष्ट बन पड़ा है। तुलसीदास के 'रामचरितमानस' का 'तुलसीदासरामायणं' नाम से डॉ. जी.कमलम्मा ने गद्यानुवाद किया। 448 पृष्ठों के इस अनुवाद को पुस्तक रूप में 'ऑतेंटिक बुक्स, टी.सी. 4/1890, पंडिट कॉलनी, काउडियार, तिरुवनंतपुरम' ने जुलाई, 2011 में प्रकाशित किया है। पहले यह 'आर्ष ज्योति' पत्रिका में खंडश: प्रकाशित हुआ था। श्री हरिहरन उण्णित्तान ने कई कविताओं का अनुवाद किया है और उनका रामचरितमानस का अनुवाद भी सफल निकला है (प्रकाशन : 12 अगस्त, 1914, केरल साहित्य अकादमी)। रामचरितमानस का तुकांत अनुवाद प्रो. सी.जी. राजगोपाल ने किया है, जो प्रकाशनाधीन है।

पत्रिकाओं में (अनुवाद : हिन्दी-मलयालम)

पुस्तकाकार में प्रकाशित अनुवादों के सिवा हिन्दी से मलयालम में अनूदित कविताएँ पत्रिकाओं में प्रकाशित हुई हैं, जैसे—

डॉ. वी. कुमारन ने विजयदेव नारायण साही की कविता 'लकीर की समाप्ति पर एक आदमी' का मलयालम में 'रेखा अवसानिक्कुंनिटत्ते मनुष्यन' नाम से अनुवाद किया, जो कांपस पत्रिका (प्रकाशक : अतुल्या बुक्स, कुत्तूर प्रिंटर्स, फोर्ट रोड, कण्णूर) में प्रकाशित हुआ। 'संघशब्दं' पत्रिका (प्रकाशक : ए.के.जी.सी.टी, केरल; पृ. 16, अंक : मार्च, 2008) में प्रकाशित डॉ. वी. कुमारन की अनूदित कविता है 'नदियिले द्वीप' (मूल: नदी के द्वीप)। उनका नागार्जुन की कविता 'उसने कहा था' का अनुवाद 'अयाल परञ्ञिरिंनु' नाम से 'भारत पत्रिका' (अंक जुलाई–अगस्त, 2010, प्रकाशक : राष्ट्रीय हिन्दी साहित्य सम्मेलन) में प्रकाशित हुआ।

डॉ. एम.एस. विनयचंद्रन द्वारा अनूदित तथा 'संघ शब्दं' पत्रिका (प्रकाशक : ए.के.जी.सी.टी.) में प्रकाशित कविताएँ इस प्रकार हैं—सर्वेश्वर दयाल सक्सेना की कविता का अनुवाद 'नी एप्पोल परञ्ञु' (मूल कविता—तुम ने कब कहा ? पत्रिका-संघ शब्दं, प्रकाशक : ए.के.जी.सी.टी.); नरेश मेहता की कविता का अनुवाद 'नी उत्सवमाणु' (मूल कविता—तुम पर्व हो); भारत भूषण अग्रवाल की कविता का अनुवाद 'स्वप्नं' (मूल कविता-स्वप्न); नरेश मेहता की कविता का अनुवाद 'जनाधिपत्यं (मूल कविता—प्रजातंत्र) आदि।

'महागुफा में प्रवेश' (मूल कवि—विनोबा भावे) का मलयालम अनुवाद 'अंबा प्रसाद' पत्रिका (प्रकाशक : आट्टुकाल मंदिर ट्रस्ट, तिरुवनंतपुरम) के कई अंकों में सन् 2010 से खंडशः प्रकाशित हुआ है। अनुवादक हैं श्री के.जी. बालकृष्ण पिल्लै। पहले प्रस्तुत अनुवाद 'किलिप्पाट्टु' मासिक पत्रिका (संपादक : प्रबोध चंद्रन नायर; प्रकाशक : तुंचन स्मारकं, तिरुवनंतपुरम) के चार अंकों में खंडशः प्रकाशित हुआ। उसका बादवाला भाग 'अंबा प्रसाद' पत्रिका (सं. एषुवट्टूर राजराज वर्मा) में सन् 2010 से खंडशः प्रकाशित हुआ। मलयालम अनुवाद का नाम है 'ध्यानत्तेप्पट्टी विनोबा'। यह सन् 2014 में 'ध्यानं' नाम से पुस्तकाकार में प्रकाशित हुआ (प्रकाशक : हैल्थ एंड लाइफ बुक्स, कालिकट)

'भारत पत्रिका' में डॉ. प्रसूना एस नायर द्वारा अनूदित कविताएँ हैं—संधि (मूल कविता: संधि; मूल कवि : मधुरिमा); भिक्षक्कारन (मूल कविता : भिखारी; मूल कवि : कपिलदेव पाण्डे) आदि। 'भारत पत्रिका' में श्रीमती पौर्णमी विजयन द्वारा अनूदित कविताएँ भी प्रकाशित होती हैं।

मंगलेश डबराल की दो कविताओं का अनुवाद यू.धन्या ने 'पुरत्तु', 'अम्मयुटे चित्रं' आदि नामों से किया (भारत पत्रिका, फरवरी-अप्रैल, 2013)। डॉ. एन.आर. चित्रा ने रश्मी रमानी की कविता 'कहानी की तलाश' का अनुवाद 'कथा अन्वेषिच्चु' नाम से तथा शोभा जोशी की 'माँ को चाहिए लड़की' का अनुवाद 'अम्मय्क्कुवेणं पेण्कुट्टिये' नाम से किया (भारत पत्रिका, नवंबर, 2011)। सौम्या नायर ने अवध किशोर प्रसाद की कविता 'नदी' का अनुवाद उसी नाम से किया (भारत पत्रिका, फरवरी, 2010)। वल्लत्तोळ की लंबी कविता का अनुवाद—बापू के प्रति—सन् 1953 में राष्ट्रवाणी पत्रिका के विविध अंकों में धारावाहिक प्रकाशित हुआ। अनुवादक हैं वी.के. मूत्तत।

पत्रिका (अनुवाद : संस्कृत-हिन्दी)

पंडित नारायणदेव द्वारा तैयार की गई 'नारायणीयम्' काव्य की व्याख्या 'केरल भारती पत्रिका' में 1977 से 1985 तक के विविध अंकों में प्रकाशित है। इसमें संस्कृत की मूल पंक्तियाँ नागरी लिपि में पहले, फिर द्राविड़ लिपि में दी गई हैं। फिर हिन्दी तथा मलयालम में व्याख्याएँ दी गई हैं।

अध्याय-2

कहानी

कहानी (मौलिक)

शुरू में केरल में हिन्दी पत्रिकाओं के अभाव से केरल के अधिकांश हिन्दी कहानीकार 'दक्षिण भारत हिन्दी प्रचार सभा, मद्रास' की पत्रिका 'हिन्दी प्रचारक' में लिखते थे। सन् 1941 में केरल में श्री.जी. नीलकंठन नायर ने 'हिन्दी मित्र' नामक पत्रिका का प्रकाशन किया। केरल की हिन्दी पत्रकारिता के इतिहास पर दृष्टि डालें तो देखा जाता है कि 'हिन्दी मित्र' के प्रकाशन के बाद केरल में व्यक्तियों तथा संस्थाओं ने कई हिन्दी पत्रिकाएँ निकालीं, तो केरल के हिन्दी कहानीकारों को केरल से निकलनेवाली हिन्दी पत्रिकाओं में ही लिखने का मौका प्राप्त हुआ। केरल के अच्छे हिन्दी कहानीकारों की कहानियाँ उत्तर भारत की पत्रिकाओं में भी प्रकाशित होने लगीं। विविध पत्रिकाओं में कहानियाँ प्रकाशित करने के बाद केरल के हिन्दी कहानीकारों ने पुस्तक-रूप में अपनी हिन्दी कहानियों का संकलन निकालना शुरू किया। केरल के हिन्दी कहानीकार तथा उनकी रचनाएँ निम्नलिखित हैं—

सन् 1942 में **ई.के. दिवाकरन पोट्टी** की कहानी 'रेशमी रूमाल' हिन्दी मित्र (केरल की पहली हिन्दी पत्रिका) में प्रकाशित हुई।

डॉ. एन.ई. विश्वनाथ अय्यर का 'होनहार बालक और अन्य कहानियाँ' (1948) केरल में प्रकाशित प्रथम हिन्दी कहानी संकलन है। इसमें छात्रों के लिए शिक्षाप्रद लोकप्रचलित कहनियाँ संकलित हैं। 'होनहार बालक' कहानी में तिरुविनांकोर रियासत के दीवान राजा केशवदास के बचपन की घटना का वर्णन है।

डॉ. एन. चंद्रशेखरन नायर के तीन कहानी संकलन प्रकाशित हुए हैं—(1) 'हार की जीत' (1964, प्रकाशक : राजपाल एंड संस, दिल्ली) आठ कहानियों का संकलन है, जैसे—भवोति अम्मे, हार की जीत, काठ के कफ़न, चमार की बेटी, अजंता का कलाकार, कान्ह गायब हो गया है, बापू का संकेत, बाप का बेटा आदि। 'बाप का बेटा' कहानी पिता-पुत्र संबंध की एक मार्मिक कहानी है। पिता के जीवन में सफलता तथा परम आनंद का अनुभव तब होता है जब बेटा स्वयं पढ़कर बड़ा

चित्रकार बनता है। 'हार की जीत' में ऐसा पुरुष चित्रित हुआ है, जो कि स्त्री-हृदय की सचाई और प्रेम-भावना को सही अर्थ में नहीं समझ सकता। इसमें कर्णाल के महाराज तथा उनकी पत्नी मायादेवी के चित्रण के ज़रिए स्त्री-पुरुष संबंध की शिथिलता का चित्रण हुआ है। 'भवोति अम्मे' की मां गरीब है, जो अपनी बेटियों के साथ रहती है। किंतु गरीबी के बीच भी वह अन्य अबलाओं की भी सहायता करती है। उसमें ज़िंदगी की चुनौतियों का सामना करने की ताकत है। वह गरीबी के बीच भी किसी के सामने हाथ नहीं फैलाती तथा अपनी बेटियों के चरित्र में कलंक भी आने नहीं देती। वह किसी भी कीमत पर अपनी इज़्ज़त बचाने में ध्यान देती है। परिवार और समाज के प्रति अपना दायित्व निभाती भी है। इसमें कहानीकार नायरजी ने अपनी एक पड़ोसिन का वास्तविक चित्रण ही किया है। इसमें सामाजिक अनाचारों तथा राजनीतिक कपटताओं पर प्रहार किया गया है। 'चमार की बेटी' नायरजी की सर्वप्रथम लिखित कहानी है। उन्होंने पहले यह कहानी 'चेरुप्पुकुत्तियुटे मकल' नाम से मलयालम में लिखी थी। 'चमार की बेटी' में समाज में नारी की जो पराधीनता है, इस पर प्रकाश डाला गया है। इसमें चौदह वर्ष की लड़की कुंती शिक्षित है, किंतु गरीब है। वह दहेज न दे सकने के कारण एक बूढ़े के साथ शादी करने को विवश होती है। इस कहानी में कई समस्याएँ प्रकट हुई हैं, जैसे—दहेज की समस्या, चमार पर शिक्षितों की निष्ठुरता, जात-पाँत आदि। 'काठ के कफ़न' कहानी में एक पीड़ित व्यक्ति के प्रति कहानीकार की सहानुभूति प्रकट हुई है। 'अजंता का कलाकार' कहानी में एक कलाकार की सौंदर्य-निष्ठा तथा आत्माभिमान की भावना प्रकट होती है। कलाकार वास्तविक सौंदर्य जानता है। वह उस पुराने सामंत संस्कार को नहीं चाहता, जो सोने के सिक्के के समान ही कला के मूल्य को भी मानता है। 'कान्ह गायब हो गया है' में भक्त कहलानेवाले धार्मिक पाखंडी व्यक्ति, अकाल के वक्त चीज़ों का मूल्य बढ़ाकर लाभ पानेवाले व्यापारी आदि चित्रित हुए हैं। 'बापू का संकेत' कहानी में पाप की निंदा करने तथा पापी से घृणा न करने को गांधीजी के सिद्धांत का समर्थन किया गया है। (2) 'प्रोफेसर और रसोइया' (1967, प्रकाशक : वाणी प्रकाशन, नई दिल्ली) नौ कहानियों का संकलन है, जैसे—प्रोफेसर और रसोइया, कलाकार रामू, यह खेल, बेचारा नक्सल, अब कलियुग है, प्रेम बनाम प्रेम, आप का नारायणीयम्, अब आप मकान बदलिए, मकान आदि। नए कहानीकार कमलेश्वर ने इसकी भूमिका लिखी है। 'प्रोफेसर और रसोइया' कहानी समाज के दो वर्गों का परिचय देती है। यह कहानी पाठकों को समाज के बारे में सोचने के लिए बाध्य करती है। इसका रामू अपने मास्टर बाबू से कहता है, 'आप को तो दुनिया की कोई भी अच्छी चीज़ अच्छी नहीं लगती। दुनिया में कितनी अच्छी-अच्छी चीज़े हैं, पर उन करोड़ों अच्छी चीज़ों से आपका क्या वास्ता! आप पूजा के तीर्थोदक की दो बूँदें गले के नीचे नहीं उतार सकते। हाँ, बाबूजी, आप तो ज़रा मुझे देखिए...! जो भी चीज़ मिले खा लूँगा। साँप को भी खा जाऊँगा, अगर

उल्टे वह हमें काटने न दौड़े। चार दिन कुछ न खाया, बस, तो कुछ न बिगड़ा। देखिए, मैं तीर की तरह दौड़ सकता हूँ। ज़रूरत पड़े तो किसी से भी लड़ सकता हूँ। हमें मांसाहार या फलाहार से क्या मतलब? हमें तो जीना है...और जब मरना है तब मर ही जाना है' (पृ. 13)। कहानीकार ने दिखाया है कि आज़ादी के बाद भी गरीबों की स्थिति नहीं सुधरी है। 'यह खेल' कहानी में कहा गया है कि गरीबों का कोई खास राजनीतिक दल नहीं है। इसमें ऐसे गरीब चित्रित हैं, जो हर दिन किसी न किसी जुलूस में भाग लेते हैं—'कहने को तो वे सब पैर थे, मगर अक्सर वे अपना रूप बदलते थे।...उन्हें सरकार से ममता थी। हर दल से ममता थी। जुलूस से प्यार था। जुलूस ही उनके जीवन का आसरा भी था' (पृ. 25)। व्यक्तियों को किराये पर लेकर जुलूस चलाया जाता है। अपनी पत्नी को दवा खरीदने को पैसे के लिए जुलूस का भागीदार बननेवाला व्यक्ति भी इसमें चित्रित है। 'बेचारा नक्सल' कहानी में इस सत्य पर प्रकाश डाला गया है कि राजनीतिक नेता तथा शासक नक्सलवादियों से घृणा करते हैं, किंतु यह नहीं पहचानते हैं कि वे क्यों ऐसे हो गए हैं और उनके मन में भी मनुष्यत्व है। 'अब आप मकान बदलिए' कहानी में यह संदेश मिलता है कि कथनी और बाहरी सौंदर्य के पीछे छिपी वास्तविकता को पहचानना है। 'मकान' कहानी में आधुनिक जीवन का यह सत्य उद्घाटित हुआ है कि बढ़ती जनसंख्या तथा मकान के निर्माण के लिए भूमि के दुर्लभ होने से मनुष्य बहुमंजिल के फ्लैटों का निर्माण करते हैं। 'कलाकार रामू' में बेकारी की समस्या तथा मनुष्य की अमानवीय प्रवृत्तियों को चित्रित किया गया है। (3) 'बहुचर्चित कहानियाँ' (1998, प्रकाशक : श्रीनिकेतन प्रकाशन, लक्ष्मी नगर, तिरुवनंतपुरम) नायरजी की 16 बहुचर्चित कहानियों का संकलन है। जैसे—बाप का बेटा, हार की जीत, भवोति अम्मे! चमार की बेटी, काठ के कफ़न, अजंता का कलाकार, कान्ह गायब हो गया है, बापू का संकेत, प्रोफेसर और रसोइया, कलाकार रामू, यह खेल, बेचारा नक्सल, अब कलियुग है, प्रेम बनाम प्रेम, नारायणीयम, अब आप मकान बदलिए, आदि।

श्री आनंदशंकर माधवन की इकतीस कहानियों का संकलन है—'प्रसून पंथ' (1965, प्रकाशक : अमरावती प्रकाशन, भगलपुर)। संकलित सभी कहानियाँ 'प्राच्य भारती' पत्रिका (प्रकाशन : मंदार विद्यापीठ) में 'अश्मा' तूलिका नाम से माधवनजी ने पहले लिखी थीं। ये कहानियाँ आदर्शनिष्ठ हैं और इनका कथानक सामाजिक समस्याएँ हैं, जो माधवनजी के प्रगतिशील दृष्टिकोण की परिचायक हैं। समाज में नारी की करुणाजनक स्थिति पर वे दुखी हैं। उन्होंने लिखा है—'प्रसूनवाद भी एक महत् सिद्धांत और आचार-विचार संहिता है। प्रसूनवाद का भी अपना दर्शन और साहित्य है। उसके आधार पर भी राजनीतिक दल, साहित्यिक ग्रन्थ और शिक्षण संस्थाएँ खड़ी की जा सकती हैं। सभी जानते हैं, प्रसून का जीवन क्या है, उसका अवसान कैसा है, और उसके आविर्भाव के लिए श्रम और तप किसने किया है, क्यों किया

है। संसार के सभी महान पुरुष प्रसूनवादी रहे हैं, सभी संत साहित्य प्रसूनपंथी रचनाएँ रही हैं' (भूमिका)। माधवनजी के शब्दों में : "जैसे नानक पंथ है, कबीर पंथ है वैसे ही प्रसूनपंथ भी एक प्रकार का पंथ है" (भूमिका)। 'प्रसून पंथ' संकलन की कहानियाँ निम्नलिखित हैं—महासमर, सुगम उपाय, जादूगरनी, उसका वही धर्म था, सब सड़े नहीं हैं, हृदय परिवर्तन, कायाकल्प, प्यार का रोग, प्रोफेसर की पत्नी, इन्टरव्यू, मुंशीपुरी, मास्टर साहब की पत्नी ने घड़ी सुखाई, चारित्र्य, स्वयंवर, डायन, ऐसे ही आँसू पोंछे जाते, अकर्मण्यों का शांति पर्व, चरित्रहीन कम्यूनिस्ट, काई कैसे घुल गई, सती, प्रेम हो गया, दादी माँ, चार पत्र, जन साफल्य, आधुनिक तुलसीदास, जोश, डकैत, गांधीवाद, अनंत की ओर, प्रसून पंथ आदि। 'प्रसून पंथ' संकलन की पहली कहानी 'महासमर' में दो विभाग की पिपीलिकाओं का संघर्ष चित्रित है। दोनों ने एक मृत कीड़ा के लिए संघर्ष किया। किंतु उस कीड़े को मैना पंछी ने छीन लिया। इस कहानी में पिपीलिका मानव का प्रतीक है। इस संकलन की अंतिम कहानी 'प्रसून पंथ' में स्त्री अपने पति को देवता तुल्य मानती है। किंतु पति से बदले में अवहेलना ही मिलती है। इसलिए पत्नी पति के साथ जीना नहीं चाहती। अंत में दोनों में समझौता होता है और अपनी बातों पर पछताता है।

डॉ. वी.वी. विश्वम के दो कहानी संकलन निकले हैं—(1) 'एक चरखा और लकड़ी के दो डंडे' (1965, प्रकाशक : आमिना प्रकाशन, वेलियनाड, चेंगनाशेरी)—चार कहानियों का संकलन है, जैसे—पुष्पहार, रोगी और डॉक्टर, एक चरखा और लकड़ी के दो डंडे, पिता और पुत्र। इस संकलन में विश्वमजी ने सामान्य विषयों को मनोवैज्ञानिक ढंग से प्रस्तुत किया है। 'पुष्पहार' में उस पिता की कथा है, जो अपने एकमात्र बेटे 'गणेश' के समुद्र में डूब मरने पर पागल हो गया। गणेश की लाश तक नहीं मिली। गणेश की माता तो गणेश के समुद्र की लहरों में गायब होने की खबर पाते ही बेहोश हो गई और कुछ दिनों के अंदर चल बसी। पिता तो दो महीने के बाद भी बेटे की प्रतीक्षा में समुद्र तट में घूमा-फिरा और बेटे के लिए पुष्पहार खरीदकर सँभालकर रखा। गणेश एक मशहूर कंपनी में काम करता था और डूब मरने के दिन अपने दोस्तों के साथ मौज मनाने समुद्र तट पर आया था। पत्नी तथा बेटे के नष्ट होने पर गणेश के पिता के मन का बुरा हाल होना सहज ही था। 'डॉक्टर और रोगी' कहानी में दो दोस्तों की कथा है, जो दसवें दर्जे तक एक साथ पढ़ते हैं। उनमें एक धनी है और दूसरा निर्धन। धनी पढ़कर डॉक्टर बनता है। निर्धन दसवें दर्जे के बाद काम की खोज में घूमता-फिरता है, किंतु कोई काम नहीं मिलता। घूमते-फिरते आखिर पूरे अर्थ में भिखारी बन जाता है। वह एक दिन बस स्टैंड पर लोगों की भीड़ देखकर उनसे भीख माँगने सड़क के उस ओर जाता है कि गाड़ी से टकराकर अस्पताल पहुँच जाता है। अस्पताल में उसकी जाँच करने जो डॉक्टर आता है, वह उसके स्कूली जीवन का प्रिय दोस्त 'किशोर' ही है। किंतु डॉ. किशोर अपने बचपन के दोस्त को नहीं

पहचानता है। स्कूल की पढ़ाई के बाद बिछुड़ते वक्त किशोर ने उससे कहा था—'तुमको मैं कभी नहीं भूलूँगा।' 'एक चरखा और लकड़ी के दो डंडे' पूर्वदीप्त शैली की कहानी है। एक दिन शाम को जमीला अपने पति का हाथ थामे एक गली से चल रही है कि एक झोंपड़ी के सामने एक क्षीणकाय व्यक्ति चरखे में सूत कातते दिखाई पड़ता है। उसके एक पैर नहीं है और दो डंडे पास पड़े हैं, जिनके सहारे वह चलता है। वह और कोई नहीं था, उसका पूर्व प्रेमी मनोहर था, जो अपने परिवार की परवरिश के लिए सेना में भरती हुआ था और एक पैर नष्ट होकर वापस आया था। उस समय मनोहर के पास जो पैसा था, उससे अपनी बहन की शादी करा दी तथा बचा पैसा माँ की चिकित्सा में खर्च किया। माँ का स्वर्गवास हुआ तो मनोहर बिल्कुल अकेला हो गया। अब दुनिया में उसकी अपनी चीज़ें हैं—एक चरखा और लकड़ी के दो डंडे मात्र। 'पिता और पुत्र' उस पिता की कहानी है, जो अपने युवक बेटे से ब्याह करने के लिए भयंकर बीमारी का बहाना करता है और पुत्र अपने पिता की अंतिम अभिलाषा की पूर्ति के लिए ब्याह करने की सहमति देता है। (2) 'परछाइयाँ' (1985, प्रकाशक : डॉ. वी.वी.विश्वम, विनीत प्रकाशन, तिरुवनंतपुरम-14) कहानी संकलन में कहानीकार डॉ. वी.वी.विश्वम ने अपने पहले कहानी संकलन—'एक चरखा और लकड़ी के दो डंडे' की चार कहानियाँ थोड़े संशोधन के साथ प्रस्तुत की हैं और 'परछाइयाँ' नामक एक अतिरिक्त कहानो भी रखी है। 'परछाइयाँ' कहानी का नायक है राकेश। राकेश एक शाम को समुद्र तट पर बैठते वक्त उसके पास एक अधेड़ पुरुष और सुंदर स्त्री आ जाते हैं। स्त्री का नाम सुधा है। सुधा को राकेश के पास बिठाकर पुरुष शराबखाने में जाता है। बाद में राकेश को पता चलता है कि वह पुरुष सुधा का असली पति नहीं है और सुधा एक राँड़ है। वह स्त्री राकेश को गले लगाती है और उससे बचकर राकेश लोड्ज में आता है और नहाकर उसी रात अपनी पत्नी सीमा के पास जाता है।

डॉ. एन.ई. विश्वनाथ अय्यर के कहानी संकलन निम्नलिखित हैं—(1) 'केरल की लोक कथाएँ' (1978, प्रकाशक : राजपाल एंड संस, नई दिल्ली)—में केरल में प्रचलित कई लोककथाएँ संकलित हैं। (2) 'काव्यकथाएँ' (1984, प्रकाशक : चिंता प्रकाशन, भिलानी) में हिन्दी की विख्यात ग्यारह काव्य-रचनाओं के वर्ण्य विषयों को कथा-रूप में प्रस्तुत किया गया है, जैसे—'भ्रमरगीत' (सूरदास) 'प्रेम और ज्ञान' नाम से; 'रामचरितमानस' (तुलसीदास) 'नारदजी का मोह' नाम से; 'पद्मावत' (मलिक मोहम्मद जायसी) 'गोरा और बादल' नाम से; कामायनी (जयशंकर प्रसाद) 'आदर्श पत्नी' नाम से; 'रंग में भंग', 'जयद्रथ-वध' तथा 'किसान' (मैथिली शरण गुप्त) क्रमशः 'कवि का दुरंत', 'साहसी अभिमन्यु' तथा 'एक प्रवासी' नामों से; 'पथिक' (रामनरेश त्रिपाठी) 'पथिक का बलिदान' नाम से; 'नूरजहाँ' (गुरु भक्ति सिंह) 'अधखिली कली' नाम से; 'झाँसी की रानी' (सुभद्रा कुमारी चौहान) 'वीर क्षत्राणी' नाम से। काव्य को कथा के रूप में अंतरित करने का लेखक का प्रयास

बिल्कुल सराहनीय है। (3) 'अभयकुमार की आत्मकहानी' (1986, प्रकाशक : हिंदुस्तानी अकादमी, प्रयाग) में अभयकुमार नामक एक टूरिस्ट बस की कहानी मिलती है, जो केरल के विविध भागों में यात्रियों को ले जाती है। केरल की सांस्कृतिक परिक्रमा करनेवाली इस कहानी में केरल का सांस्कृतिक परिचय मिलता है। पहले 'केरल ज्योति' पत्रिका में धारावाहिक इसका प्रकाशन हुआ, फिर पुस्तकाकार में। इस कहानी को 'गुलाबराय पुरस्कार' (आगरा) प्राप्त हुआ। यह रचना आत्मकथा के क्षेत्र में अय्यर जी का नया प्रयोग है। अभयकुमार नामक टूरिस्ट बस की आत्म कहानी के द्वारा अय्यरजी ने अपने घुमक्कड़ जीवन के विभिन्न संदर्भों को जीवंत बनाया है।

डॉ. एन. रामन नायर के दो कहानी संकलन प्रकाशित हुए हैं—(1) 'द्वादशी' (1984, प्रकाशक : वाणी प्रकाशन, नई दिल्ली)—12 कहानियों का संकलन है। इस संकलन की 'भ्रूण-हत्या', 'बड़ी बेटी', 'कसाई की बेटी' आदि कहानियाँ स्त्री-जीवन का यथार्थ प्रस्तुत करती हैं। घर की चार दीवरों के भीतर घुटने के लिए अभिशप्त आयशा (कहानी—कसाई की बेटी) तथा श्यामा (कहानी—बड़ी बेटी) जैसी लड़कियाँ समाज में विषम परिस्थितियों से जूझती हैं। दहेज देने में असमर्थ लड़कियों की ज़िंदगी की सचाई 'बड़ी बेटी' कहानी में मिलती है। इस कहानी की श्यामा विजातीय शेखर के साथ भाग जाती है। 'कसाई की बेटी' की आयशा अंत में अपने पिता की ही छुरी का शिकार बनती है। 'भ्रूण-हत्या' कहानी गर्भपात को सरकार द्वारा वैध करार किये जाने पर पाप-पुण्य जैसे सामंत विचार को लेकर लिखी गई है। इस कहानी की डॉ. कमला का चित्रण-स्थिति मनोवैज्ञानिक है। उसको गर्भपात कराते-कराते ऐसा लगता है कि सारे भ्रूण आज अपने आकार में आ गए हैं और अपनी हत्या का कारण पूछ रहे हैं। वह निरुत्तर होती है, भयभीत भी।

(2) 'क्या माफ़ी नहीं दोगे' (1995, प्रकाशक : सूर्य भारती प्रकाशन, नई सड़क, नई दिल्ली-110006) डॉ. एन. रामन नायर की 10 कहानियों का संकलन है। संकलित कहानियाँ निम्नलिखित हैं—'क्या माफ़ी नहीं दोगे'? 'तलाक', 'कुमारी', 'शिथिल संबंध', 'नुकसान के सिलसिले', 'वेतन का दिन', 'क्या हम शख्स को शादी करना ज़रूरी है'? 'मुक्ति का बोध', 'सुहागरात', 'यह दिल्ली है' आदि। इस संकलन की कई कहानियाँ पहले पत्रिकाओं में प्रकाशित हुई थीं। 'क्या माफ़ी नहीं दोगे' तथा 'तलाक' कादंबिनी में (सितंबर, 1990 तथा जनवरी, 1990 अंकों में) प्रकाशित हुईं। अपने कथ्य पक्ष पर डॉ. एन. रामननायर ने लिखा है—'मेरी कथाओं में केरल का जनजीवन, जातीयता की अस्मिता, रीति-रिवाज़, जन-जीवन की इच्छाएँ, कुंठाएँ, विडंबनाएँ, आधुनिक जीवन की तंगियाँ, आधुनिकता से त्रस्त युवा-पीढ़ी के चिंतन यथावत् रूप में प्रस्तुत हैं। दाम्पत्य जीवन की शिथिलता एक ओर है तो दूसरी ओर परंपरा के टूटने का परिचय है। एक ओर आय-व्यय के दुर्गम टीलों पर सिर टकरानेवाले लोगों की आप-बीती है तो दूसरी ओर बुढ़ापे की तरल आकांक्षाएँ उभर आई हैं।

केरल की प्रकृति अपनी साज-सज्जा के साथ इन सभी कहानियों के परिवेश में जीती-जागती रहती है' (दो शब्द, पृ. 5)। इस संकलन की पहली कहानी है 'क्या माफ़ी नहीं दोगे ?'। इसमें नवविवाहित पति-पत्नी कोट्टयम जिले के प्रकृति रमणीय स्थान 'कुमरकम्' देखने आते हैं। पत्नी तो वहाँ पहले भी आ चुकी है। पति पहली बार आया है। परिचित जगह होने के कारण पति को पत्नी विविध जगहें दिखा देती है और एक स्थान पर दोनों बैठते हैं। तब पत्नी दो साल पहले के अपने प्रेम के बारे में कहती है। आखिर पति आपे से बाहर होता है और पूछता है—'क्या तुम उसके साथ जाना चाहती हो ? मुझे दोनों के बीच की बर्लिन की सख्त दीवार मानती हो ?...अब तुम दोनों के शारीरिक और मानसिक संबंधों का किस्सा कह-कहकर तुम मुझे अधमरा छोड़ना चाहती हो ?' तो पत्नी सफ़ाई देती है—'हमारा केवल मानसिक आकर्षण था, कभी भी शरीरिक संबंध नहीं हुआ। आखिरकार मालूम हुआ कि वह हिजड़ा था, सुंदर काया से आकर्षण करनेवाला नपुंसक।...मैंने जीवन में पहली बार अपने को धोखे में पाया। लेकिन मैंने अपना नारीत्व खोया नहीं था।...मुझे माफ नहीं करोगे ?' पत्नी के बार-बार माफी माँगने पर आखिर पति के मुँह से अनजाने 'हाँ' शब्द निकलता है। स्वयं पति को मालूम नहीं है कि 'हाँ' पूर्ण तृप्ति से कहा है या नहीं। इस कहानी में पत्नी वह भारतीय स्त्री है, जो अपने बीते जीवन की सारी बातें पति से कहकर अपने को शुद्ध करके अपने आत्मीय (पति) के योग्य बनना चाहती है।

मुंबई हिन्दी विद्यापीठ के स्वर्ण महोत्सव वर्ष समारोह के अवसर (सितंबर, 1988) पर चलाई गई हिन्दी कहानी प्रतियोगिता में **डॉ. जी. कमलाधरन** की कहानी 'अकेली' पुरस्कृत हुई।

तत्तोत्त बालकृष्णन की 25 मौलिक कहानियों का संकलन है—'सरस्वती जब सामने आई' (1997, प्रकाशक : सार्थक प्रकाशन, दिल्ली)। इसकी 'लैटर पैड', 'विरूप रानी का मुकुट', 'बिल्ली', 'सुहाग रात', 'पियक्कड़', 'जादू' जैसी कहानियों में सामयिक विषयों पर प्रकाश डाला गया है।

डॉ. जे. बाबू के प्रकाशित कहानी संकलन हैं—(1) 'आज और आज के बाद' (2002, प्रकाशक : शैवाल प्रकाशन, गोरखपुर) 14 कहानियों का संकलन है। (2) 'तहबील' (2009, प्रकाशक : जवाहर पुस्तकालय, मथुरा)—15 कहानियों का संकलन है, जो इस प्रकार हैं—'आज और आज के बाद', 'घुर से घुर तक', 'तमस का शिकार', 'स्मृतिशेष', 'घर बनाने को माया', 'रमता जोगी', 'भूख काहे को ?', 'अंकावतार', 'जूपी', 'मेरी भव-बाधा', 'बरसों पहले नहीं', 'अक्ल पर ताला पड़ता कभी कभी', 'अघुना', न तीन में न तेरह में', 'तहबील' आदि। इन कहानियों के विषय सामयिक हैं। (3) 'बरसात में आग' (2009, प्रकाशक : जवाहर पुस्तकालय, मथुरा)—14 कहानियों का संकलन है। संकलित कहानियाँ इस प्रकार हैं—'छिपकली', 'अपदान', 'अहसान', www.bekari.com.zindagi, 'यंत्र और शासन तंत्र', 'आदाब',

'निरपत्य और निरबंसी के बीच', 'मरिया', 'पगाह', 'बज्रमारा', 'ग्रसन', 'मसलहत', 'बरसात में आग' आदि। (4) 'कसाकसी' (2014, प्रकाशक : अभय प्रकाशन, कानपुर) संकलन में 16 कहानियाँ संकलित हैं। डॉ. जे. बाबू की 'मगलोमानिया' कहानी 'विपाशा' (शिमला से प्रकाशित त्रैमासिक पत्रिका) द्वारा सन् 2008 में आयोजित 'अखिल भारतीय कहानी प्रतियोगियता' में पुरस्कृत है। डॉ. बाबूजी की कहानियाँ 'केरल ज्योति', 'संग्रथन' आदि पत्रिकाओं में प्राय: प्रकाशित होती हैं। केरल के बाहर की पत्रिकाओं में प्रकाशित हुई कहानियाँ इस प्रकार हैं—'कसाकसी' ('समकालीन भारतीय साहित्य' पत्रिका, प्रकाशक : केंद्र साहित्य अकादमी, वर्ष-2009), हादसों का दौर ('आजकल', 2008), समथा ('हिन्दी मिलाप', 2010), परभाग ('हिन्दी मिलाप', 2011), दस्तगीर ('लोक गंगा', नैनिताल से प्रकाशित, 2011), शामत का मारा ('लमही', लखनऊ से प्रकाशित, 2010) आदि। 'छिपकली' कहानी ('बरसात में आग' संकलन) में इस सत्य पर प्रकाश डाला गया है कि दाम्पत्य जीवन में पति-पत्नी दोनों को परस्पर समझौता करना चाहिए, नहीं तो पारिवारिक संबंध ढीला होता है। www.bekari.com.zindagi कहानी में सूचना प्रौद्योगिकी के इस युग में मल्टी नेशनल कंपनी में काम करनेवाले युवकों की परेशानियाँ अभिव्यक्त हुई हैं। सूचना प्रौद्योगिकी की दुनिया में 'यूज़ एंड थ्रो' या 'हायर एंड फायर' का नारा प्रचलित है। कंपनी में बुद्धिमान युवकों की क्षमता का खूब इस्तेमाल किया जाता है। कंपनी का आउट पुट बढ़ाने के लिए खूब परिश्रम करनेवाले अरुण नामक पात्र का विचार देखिए—'आज तक जान-बूझकर मैंने एक क्षण भी गंवाया नहीं। शाम के छह बजे से दूसरे दिन सवेरे सात तक का समय काम करने का है। कभी-कभी शिफ्ट चेंज भी होती है। काम के बीच रात के वक्त आँख मींचने का मौका तक नहीं रहता। कंपनी में आने-जाने के लिए कंपनी की गाड़ियाँ हैं। गाड़ी में बैठते वक्त ही मित्रों से बातें करने का मौका रहता। कभी-कभी ठंडा पानी पीने के लिए वाटर कूलर के पास जाने पर दूसरों से मिलने का अवसर हाथ आता। ऐसी मुलाकातों को 'वाटर कूलर चाट' कह देते थे हम। लेकिन आजकल हर कमरे में वाटर कूलर रखकर नए सी.डी.ओ. ने यह सुविधा भी हमेशा के लिए हमसे छीन ली है' (पृ. 42)। 'यंत्र और शासन तंत्र' कहानी में यह संकेत किया गया है कि वर्तमान न्यायाधीश तक रिश्वतखोरी और पैसे की लालच से बचते नहीं। 'तहबील' संकलन की कहानियों के बारे में 'अपनी ओर से' शीर्षक के अंतर्गत कहानीकार ने लिखा है 'तहबील की कहानियों में ज्यादातर कहानियाँ व्यक्ति-केंद्रित कहानियाँ हैं। जीवन में व्यक्ति को कई समस्याओं का सामना करना पड़ता है और कई स्थितियों से गुज़रना पड़ता है। मैंने समस्याओं की अपेक्षा स्थितियों के चित्रण को मुख्यता दी है। स्थितियाँ हमेशा व्यक्ति को ज़िंदगी से जूझने में सक्षम बनाती हैं, व्यक्ति के सोच-विचार को और उसके व्यवहार को निखारती हैं।' 'तहबील' कहानी का विषय है सुनामी। इसमें सुनामी के आक्रमण के शिकार

हुए व्यक्तियों की दर्दनाक ज़िंदगी चित्रित है। सागर मछुआरों का अहित नहीं करेगा, इस विश्वास को सुनामी की लहरों ने गलत सिद्ध किया। तमिलानाडु के कन्याकुमारी जिले के मणक्कुडी इलाके के मछुआरों की ज़िंदगी में सुनामी की लहरों ने जो महाविनाश बोया था, उसका चित्रण 'तहबील' कहानी में किया गया है। फिलोमिना सुनामी की लहरों से अपनी बच्ची तथा सास को बचाने की भरसक कोशिश करती है, किंतु भीषण लहरें उन दोनों को उसके हाथों से छीन लेती हैं। इस हादसे में उसकी झोंपड़ी भी नष्ट होती है। वह इस बात पर भी दुखी होती है कि अपने पति की संपत्ति की रक्षा वह न कर सकी। वह यह नहीं जानती है कि पति भी कन्याकुमारी में सुनामी की लहरों का शिकार हो चुका है। 'अहसान' कहानी ('बरसात में आग' संकलन) का विषय भी सुनामी है। इसमें सुनामी की लहरों का शिकार हुए अपने पिताजी की लाश तक शंकर नामक सात-आठ साल के बालक को नहीं मलती। उसका विश्वास है कि अपने पिताजी का तर्पण न करने का पाप उस पर ज़रूर रहता है—'सुनामी की लहरों ने मेरे बाप और मेरे घर को निगल लिया। बाप की लाश आज तक न मिली है। इसलिए तर्पण आदि कर्म भी नहीं कर पाया। इस कारण से मुझ पर इसका जन्म-पाप ज़रूर रहता है। इसके फलस्वरूप मेरे जीवन में कई प्रकार की भीषण स्थितियाँ आ गई हैं। एक दुर्घटना में मामाजी की मृत्यु हुई। जीविका चलाना कठिन बन गया तो मुझे होटल में काम करने के लिए आना पड़ा' (पृ. 35)।

डॉ. सुगंधवल्ली की 16 कहानियों का संकलन है—'लेकिन' (2004, प्रकाशक : फोकुलोर प्रकाशन)। इसमें नारी जीवन की त्रासदी चित्रित है। यह केरल हिन्दी साहित्य अकादमी से पुरस्कृत है। यह सामाजिक कहानियों का संकलन है।

डॉ. जोर्जकुट्टी वट्टोत्त का कहानी संकलन है—'वैज्ञानिक पहेलियाँ' (2007, प्रकाशक : सिंसियर पब्लिकेशंस, पाला-686575)। यह 50 वैज्ञानिक तथ्यों का कथात्मक आविष्कार है।

प्रो. पी. कृष्णन के दो मौलिक कहानी संकलन प्रकाशित हुए हैं—(1) 'दूसरा पहलू तथा अन्य कहानियाँ' (2008, प्रकाशक : नेशनल पब्लिशिंग हाउस, एम.ए.बाज़ार, बैंक रोड, कालिकट) जो दस मौलिक कहानियों का संकलन है। संकलित कहानियाँ हैं—'दुविधा', 'दूसरा पहलू', 'दहलते रिश्ते', 'बारिश की धुंध', 'रहस्य', 'तनहाई', 'अलबिदा', 'प्रसंगवश', 'मुखौटा', 'मुझे कहने दो कहानी' आदि। 'दुविधा', 'अलबिदा', 'प्रसंगवश' आदि कहानियाँ कैदियों के जेल-जीवन तथा उनकी मानसिकताओं को विषय बनाकर लिखी गई हैं। कहानीकार यह बताना चाहते हैं कि कैदियों में भी कहीं न कहीं सच्चे मानव का अंश रहता है। उदाहरणार्थ 'अलविदा' की माधवी, 'प्रसंगवश' का सुकुमार आदि पात्र। 'दहलते रिश्ते' बिगड़ते संबंधों की कहानी है। इसमें नौकरी की खोज में गाँव से मुंबई महानगर में अपने भाई के पास पहुँचनेवाले युवक को महसूस होता है कि अपने परिवार के स्वार्थी

सदस्यों के मन में संबंधों का मूल्य नष्ट हुआ है। नौकरी पाने की इच्छा में आया युवक असमंजस में पड़ता है कि आगे क्या करे! 'मुखौटा' कहानी में प्राकृतिक प्रकोपों से बचने हेतु अपना सबकुछ त्यजकर सुदूर पहाड़ी इलाके में आ बसनेवाले मज़दूरों की ज़िंदगी और उनपर ज़मींदारों द्वारा किए जानेवाले जुल्मों का जीवंत चित्रण किया गया है। 'मुझे कहने दो कहानी' नामक कहानी में प्रेम कैसे ईर्ष्या-भाव में बदल जाता है और कैसे प्रतिशोध भाव उत्पन्न होता है—इन बातों पर प्रकाश डाला गया है। बोलचाल के शब्दों तथा मुहावरों का प्रयोग इन कहानियों को यथार्थवादी बनाने में सहायक तत्त्व है। (2) 'सतरंगी कहानियाँ' (2011, प्रकाशक : नेशनल पब्लिशिंग हऊस, कालिकट)—बीस कहानियों का संकलन है। नाम जैसे इस संकलन की कहानियाँ जीवनगंधी हैं, सात रंगों की हैं। कहानियाँ इस प्रकार हैं—'कैसर', 'अजनबी', 'पदचाप', 'कथा एक शोधछात्रा की', 'तलाश', 'बदला', 'लिसेन शक्काली (Listen Shakkali)', 'अपूर्ण प्रतिमा', 'पुनर्मिलन', 'नक़ाब', 'मातृहृदय', 'सेतु', 'शिनाख्त', 'टीस भरी यादे', 'प्रायश्चित्त', 'आशीर्वाद', 'सज़ा', 'धोखा', 'अंदर फोटने वाली','एक ज्वालामुखी', 'एक यात्रा का अंत' आदि।

कहानी (पत्रिकाओं में)

श्री के. वासुदेवन पिल्लै (दक्षिणी) द्वारा लिखित मार्मिक कहानी है—'कौन जाने!' जो राष्ट्रवाणी पत्रिका, (अंक 3, 28 अगस्त, 1953) में प्रकाशित हुई। इसमें भामा नामक युवती तथा उसके तीन संतानों की गरीबी ओणम के दिन भी कोई नहीं जान पाता। भामा एक व्यक्ति से दान में मिले एक रुपए से बच्चों को ओणम के दिन भी कंजी देती है। 'स्वप्न' कहानी (राष्ट्रवाणी पत्रिका, अंक : 18 सितंबर, 1953) एक निर्दयी कंजूस स्त्री की कहानी है, जो भिखारियों को भीख देकर भी स्वयं नष्ट होना नहीं चाहती है। उनकी और एक कहानी है—'सुन लो सुन लो कथा कहानी' (राष्ट्रवाणी पत्रिका अंक 9, वर्ष 1953)। राष्ट्रवाणि पत्रिका में प्रकाशित अन्य कहानीकारों की कहानियाँ हैं—विद्वान के. नारायण की 'पहली मिठाई' (अंक 6, वर्ष 1953), रामकृष्ण शर्मा की 'सच्चा प्रेम' (अंक 41, वर्ष 1954), ए.जी. करुणाकरन की 'खत की प्रतीक्षा में' (अंक 53, वर्ष 1954)।

डॉ. जी. गोपीनाथन की मौलिक कहानियाँ पत्रिकाओं में प्रकाशित हुई हैं, जैसे—कुट्टिच्चत्तन (पत्रिका : सद्भावना दर्पण, अंक : अक्टूबर-दिसंबर, 1998); निधि का बरतन, पांचालियाँ, बुरी नज़र, भैरव का ताड़ (पत्रिका : साहित्य अमृत, अंक : मार्च, 2011); सावो किला महल (कादंबिनी कहानी विशेषांक, अंक : फ़रवरी, 2001); रूसी जादू (कादंबिनी, जुलाई, 2001); नारियल ('हंस', फरवरी, 2008) आदि। इन कहानियों में कुट्टिच्चात्तन, निधि का बरतन, भैरव का ताड़ आदि लघु कथाएँ हैं, जिनमें लोक-तत्त्व तथा लोक-विश्वासों को समकालीन संदर्भ में परखा

गया है। 'रूसी जादू' व्यंग्य कहानी है, जिसमें कहा गया है कि रूस जैसे समाजवादी देश में जादू-टोना, हस्तरेखा शास्त्र में विश्वास आदि की कमी नहीं है।

डॉ. जे. उमाकुमारी की कहानी है—'बेवकूफ़' (साहित्य मंडल पत्रिका, मार्च, 1976)। प्रो. एस. पद्मकुमारी की कहानी है—'सहारा' (संग्रथन, अंक : 25 जुलाई, 1987)। प्रो. पी. कृष्णन की 'पदचाप', 'कैसर' आदि कहानियाँ 'नवनिकष' (ज्ञानोदय प्रकाशन, कानपुर) में क्रमशः अगस्त, 2009, नवंबर, 2009 अंकों में प्रकाशित हुईं। डॉ. पी. लता की 'केरल ज्योति' में प्रकाशित कहानियाँ हैं—'नियति का निष्ठुर खेल' (अंक : अप्रैल-जून, 1981), 'विधि की विडंबना' (अंक: जुलाई-सितंबर, 1981)। विद्वान के नारायण की 'राष्ट्रवाणी' पत्रिका में प्रकाशत कहानी है 'पहली मिठाई' (अंक : 7, वर्ष 1953)। डॉ. स. रामचंद्रदेव की 'राष्ट्रवाणी' पत्रिका (अंक 14, वर्ष 1953) में प्रकाशित कहानी है। 'व्यथित की कराह'। विद्वान के. रामन पिल्लै की 'कविता कामिनी से' कहानी राष्ट्रवाणी के अंक 9 में प्रकाशित हुईं। इसी अंक में विद्वान के. शिवदास की 'मज़दूर' की कहानी भी प्रकाशित हुई।

कहानी अनूदित

कहानी अनुवाद (अनुवाद : मलयालम-हिन्दी)

कारूर निलकंठ पिल्लै के 'कथकल' संकलन की कहानियों का 'मलयालम कहानियाँ' नाम से श्रीमती भारती विद्यार्थी ने अनुवाद किया (प्रकाशक : राजपाल एंड संस, दिल्ली; 1953)। विविध कहानीकारों की चुनी हुई कहानियों का अनुवाद 'मलयालम की श्रेष्ठ कहानियाँ' नाम से श्री सुधांशु चतुर्वेदी ने अनुवाद किया (प्रभात प्रकाशन, दिल्ली; 1970)। विविध लेखकों की कहानियों का अनुवाद 'कथा भारती' नाम से श्री सुधांशु चतुर्वेदी ने अनुवाद किया (नेशनल बुक ट्रस्ट, दिल्ली; 1972)। मलयालम की चुनी हुई आधुनिक कहानियों का अनुवाद श्रीमती लक्ष्मीकुट्टिअम्मा पी. ने 'समकालीन मलयालम कहानियाँ' नाम से किया (नेशनल बुक ट्रस्ट, दिल्ली; 1976)। मुट्टत्तुवर्की के 'ओरु कुटयुं कुञ्ञुपेङ्डलुं' का अनुवाद मंडूर सुकुमारन ने 'एक छतरी और छोटी बहन' नाम से किया (1979, प्रकाशक : अनुवादक)। 1980 में केंद्रीय हिन्दी निर्देशालय से पुरस्कृत हुआ। तकषि शिवशंकर पिल्लै की कहानियों का अनुवाद 'तकषि की कहानियाँ' नाम से सर्वश्री डी. कृष्णन नायर, डॉ. एन.ई. विश्वनाथ अय्यर और हरिहरन उण्णित्तान ने मिलकर किया (भारतीय ज्ञानपीठ, नई दिल्ली; 1985)।

केरल के मौलिक हिन्दी लेखक तथा अनुवादक प्रो.पी.कृष्णन के प्रिय मलयालम कथाकार हैं एस.के पोट्टेक्काट्। कृष्णनजी ने पोट्टक्काट् की कई कहानियों का हिन्दी में अनुवाद किया है। अनुवाद के दो संकलन ही निकले हैं—(1) पोट्टक्काट् की श्रेष्ठ कहानियाँ (1981, प्रकाशक : नेशनल पब्लिशिंग हाउस, नई दिल्ली)

में एस.के. पोट्टक्काट् की 10 मलयालम कहानियों का हिन्दी अनुवाद संकलित है। (2) 'स्त्री तथा अन्य कहानियाँ' (1981, प्रकाशक : लोकभारती प्रकाशन, इलाहाबाद) एस.के. पोट्टेक्काट् की 10 मलयालम कहानियों के हिन्दी अनुवादों का संकलन है। प्रो. पी. कृष्णन तथा डॉ. पी. बालकृष्णन (कण्णूर जिला) दोनों से अनूदित कहानियाँ इसमें संकलित हैं।

'तकषि की कहानियाँ' (1984, प्रकाशक : ज्ञानपीठ प्रकाशन, नई दिल्ली) तकषि शिवशंकर पिल्लै की पाँच कहानियों के अनुवादों का संकलन है। 'मंगलसूत्र' संकलन की पाँच कहानियाँ वी.के. हरिहरन उण्णित्तान ने अनुवाद के लिए चुनी हैं।

प्रो. वी.डी. कृष्णन नंपियार द्वारा अनूदित कहानियों के संकलन निम्नलिखित हैं— (1) 'तकषि की कहानियाँ' (1985, प्रकाशक : भारतीय ज्ञानपीठ, नई दिल्ली)— यह मलयालम के विख्यात कथाकार तथा ज्ञानपीठ पुरस्कार विजेता स्वर्गीय तकषि शिवशंकर पिल्लै की 21 कहानियों का अनुवाद है। (2) 'मलयालम की श्रेष्ठ कहानियाँ' (1987, प्रकाशक : राजपाल एंड संस, नई दिल्ली) तकषि शिवशंकर पिल्लै, एस.के. पोट्टेक्काट्, केशव देव जैसे मलयालम के विख्यात कहानीकारों की 15 मलयालम कहानियों के अनुवादों का संकलन है। (3) 'मंगल सूत्र' (1991, प्रकाशक : भारतीय ज्ञानपीठ, नई दिल्ली) तकषि की कहानियों के अनुवादों का संकलन है। अनुवादक ने तकषि की कहानियों को संपादित करके अनुवाद किया और अनुवाद को 'मंगल सूत्र' नाम दिया। (4) 'वानप्रस्थ' (1996, प्रकाशक : भारतीय ज्ञानपीठ, नई दिल्ली) एम.टी. वासुदेवन नायर की 11 कहानियों का अनुवाद है। अनुवाद का शीर्षक स्वयं अनुवादक द्वारा दिया गया है। इसमें संकलित कहानियाँ हैं—'तेरी याद में', 'कुट्टी दीदी', 'प्यार के चेहरे', 'बीज', 'बंधन', 'मृत्यु', 'हाथी', 'बंध, 'काली चांदनी', 'दुश्मन', 'अभय खोजकर फिर से', 'वानप्रस्थ'। (5) अंधेरे की आत्मा (2004, प्रकाशक : भारतीय ज्ञानपीठ, नई दिल्ली-यह श्री एम.टी. वासुदेवन नायर की 10 कहानियों के अनुवादों का संकलन है। नाम अनुवादक का दिया हुआ है।

'वैक्कम मुहम्मद बशीर की प्रतिनिधि कहानियाँ' (1993, प्रकाशक : लोकभारती प्रकाशन, इलाहाबाद) वैक्कम मुहम्मद बशीर की 15 कहानियों का मलयालम अनुवाद है। अनुवादक हैं प्रो. वी.के. रवींद्रनाथ। अनुवाद के लिए चुनी हुई कहानियाँ हैं— आनवारियुं पोनकुरिशुं, मुच्चीट्टुकलिक्कारन्टे मकळ, एट्टुकाली मम्मूञ्ञु, लोकप्रसिद्धमाय मूक्कु, पोलिसुकारंटे मकळ आदि।

'मलयालम कहानियाँ' (1996, प्रकाशक : राष्ट्रीय हिन्दी साहित्य सम्मेलन, तिरुवनंतपुरम-38) में छह विख्यात मलयालम कहानी लेखिकाओं की कहानियों का हिन्दी अनुवाद संकलित है। अनुवादक हैं पी.वी. प्यारी। मूल कहानीकार और अनूदित कहानियाँ निम्नलिखित हैं—(1) ललिताम्बिका अंतर्जनम्—आँधी से, (2) माधविक्कुट्टी—चिड़िया की गंध, (3) राजलक्ष्मी—माफी, (4) पी.आर.

श्यामला—मुसाफ़िर, (5) सारा जोसफ—काडा पक्षी, (6) अषिता—घर आदि। इस पुस्तक में डॉ. आर.एस. रामचंद्रन नायर (तिरुमला चंद्रन) ने 'मलयालम कहानी साहित्य की विकास यात्रा' पर प्रकाश डालनेवाली भूमिका लिखी है। अनुवादक पी.वी. प्यारी ने प्रत्येक अनूदित कहानी के पहले मूल कहानी लेखिका का संक्षिप्त परिचय भी दिया है।

डॉ. एन.पी. कुट्टन पिल्लै द्वारा अनूदित कहानियों के तीन संकलन निकले हैं। हैदराबाद में रहनेवाले एक मलयालम-भाषी आई.पी.एस. अफसर हैं श्री वी.पी.बी. नायर। उनकी मलयालम में लिखित कहानियों का परिवेश आंध्र का है और उनमें मुख्यतया आंध्र-जीवन, आचार-विचार, सभ्यता-संस्कृति का प्रतिबिंब है। उनकी कहानियों की मानवीय संवेदनाएँ, तीव्र अनुभूतियाँ और हास्य-व्यंग्यमयी अभिव्यंजना शैली अवश्य ही प्रभावशाली हैं। उनकी कई कहानियों का संबंध पुलिस जीवन से भी है। स्वयं पुलिस विभाग में विभिन्न पदों पर कार्यरत नायरजी ने अनुभूत सत्यों को कहानी का जामा पहनाया है। अतः उनकी कहानियाँ यथार्थवादी हैं। उनके दो मलयालम कहानी संग्रह प्रकाशित हैं—'आरतित्तालम्' और 'अमृतवर्षिणी'। 'आरतित्तालम्' में नौ कहानियाँ तथा 'अमृतवर्षिणी' में पंद्रह कहानियाँ संगृहित हैं। इन दोनों का अनुवाद डॉ. एन.पी. कुट्टन पिल्लै ने क्रमशः 'धूपदान' तथा 'अमृतवर्षा' शीर्षक से प्रस्तुत किया है। (1) धूपदान (1997, प्रकाशक : श्रीमती रमा बी. नायर, 3, अमर ज्योति कॉलोनी, बोयनपल्ली, सिकंदराबाद) 'आरतितालम' का हिन्दी अनुवाद है। मूल लेखक द्वारा 'आरतित्तालम' लिखने की प्रेरणा के बारे में अनुवादक डॉ. एन.पी. कुट्टन पिल्लै ने लिखा है—'श्री श्री के नाम से आंध्रप्रदेश के प्रख्यात कवि श्रीरंगम श्रीनिवास राव द्वारा सन् 1934 में रचित एक कविता से प्रेरणा पाकर श्री राजकोंडा विश्वनाथ शास्त्री ने 'ऋतुक्कळू' शीर्षक से नौ तेलगू कहानियों का एक संग्रह प्रस्तुत किया था, जिसका डॉ. नायर ने मलयालम में अनुवाद किया था। मलयालम में अनुवाद करते समय उन्हीं कथाबीजों को आधार बनाकर अपनी ओर से नई कहानियाँ लिखने की आकांक्षा उत्पन्न हुई, जिसके फलस्वरूप 'धूपदान' में संगृहीत कथाओं ने अपना रूप प्राप्त किया।' 'धूपदान' में संकलित नौ कहानियाँ इस प्रकार हैं—कुत्ते का बच्चा, दियासालाई की काठी, साबुन का टुकड़ा, रोटी के टुकड़े, केले का छिलका, मेज़ का तखता, साँकल, धूपदान, लगाम आदि। (2) 'अमृतवर्षा' (2011, प्रकाशक : श्रीमती रमा बी. नायर, सिकंदराबाद) की 15 कहानियाँ निम्नलिखित हैं—मानव की क्षमता, अजबाधा, माथ्यु मास्टर की मुस्कान, एड्स विक्टिम, एक विभागीय जाँच-पड़ताल, गुदगुदी, डेंटिस्ट, अमृत वर्षा, श्री धनार्जुन राय, स्कूटर प्रेम, सेंस ऑफ सैटिसफैक्शन, हेड कांस्टबिल, वेंकटय्या का प्रेम, हैदराबाद का स्वर्ग, अब मुझे एस.बी. चाहिए, नौकरानी-1, नौकरानी-2 आदि। इन कहानियों में दैनिक जीवन की बातें सरल भाषा में प्रस्तुत की गई हैं। जैसे—'मनुष्य की क्षमता' नामक पहली कहानी में एक भारी भूकंप से बचने

की खुशी में एक मनुष्य मुर्गी का मांस खाने के लिए एक क्षण में उसका गला मचोड़कर मारता है। 'अजबाधा' कहानी में देवी को अजबलि देकर जन्म लिये लड़के के गले से अज (बकरी) की-सी आवाज़ निकलती है। आखिर मनोवैज्ञानिक (डॉक्टर) यह कहकर लड़के को डराता है कि बकरी की आवाज़ सुनकर बाघ आकर उसे खा डालेगा। एक दिन लड़का सोते वक्त बाघ वेषधारी पिता को बाघ समझकर डरता है और उसका रोग दूर होता है। बच्चे को ऐसा डराकर चिकित्सा करनेवाले डॉक्टर को दूसरा डॉक्टर पागल कहता है। कहानीकार के मत में 'इस दुनिया में ऐसे कुछ पागलों के अभाव में सारे संसार के पागल होने की संभावना है' (पृ. 17)। 'अमृतवर्षा' में स्वयं शराब तथा सिगरेट पीनेवाला पिता अपने पुत्र की शराब तथा सिगरेट पीने की आदत समझकर पुत्र को उपदेश देता है कि स्वयं कमाने के बाद पीना है, छात्र-जीवन में नहीं। पीने में भी नियंत्रण रखना है—'मैं कितना पीता हूँ, इस ओर तुमने ध्यान नहीं दिया होगा। एक बार पीने की आदत डालने पर उसे रोकना कठिन है। मरते समय तक पीने की मेरी भी इच्छा है। उसी प्रकार तुम्हें भी लंबे समय तक पीने की इच्छा हो तो सँभलकर पीओ। कलेजे को जल जाने का अवसर न दो' (पृ. 64) लड़के पर पिता के वचन वास्तव में अमृतवर्षा ही कर रहे थे। (3) 'मलयालम की प्रतिनिधि कहानियाँ' (2005, प्रकाशक : राष्ट्रीय साहित्य संस्थान, बीकानेर)—यह मलयालम के प्रतिनिधि कहानीकारों की प्रतिनिधि कहानियों का हिन्दी अनुवाद है। इस अनुवाद के दो भाग हैं। पहले भाग में 22 कहानियाँ और दूसरे भाग में 10 कहानियाँ संकलित हैं।

मलयालम में सुविख्यात कथाकार तथा ज्ञानपीठ पुरस्कार विजेता श्री एम.टी. वासुदेवन नायर की पाँच कहानियों के अनुवादों का संकलन है—'तेरी याद में' (1997, प्रकाशक : राष्ट्रीय हिन्दी साहित्य सम्मेलन, पी.टी.पी. नगर, तिरुवनंतपुरम-38)। डॉ. प्रतिभा के.पी ने अनुवाद किया है। कहानियाँ निम्नलिखित हैं—(1) तेरी याद में (मूल : निन्टे ओर्मक्कु), (2) एक जन्म दिवस की याद (मूल : ओरु पिरन्नालिंटे ओर्मक्कु), (3) भीरु (मूल : भीरु), (4) छोटे-छोटे भूकंप (मूल : चेरिय चेरिय भुकपंङ्ङळ), (5) शत्रु (मूल : शत्रु) आदि।

'कमलादास की श्रेष्ठ कहानियाँ' (2011, प्रकाशक : जवाहर पुस्तकालय, मथुरा)—यह श्रीमती माधविकुट्टी की 21 मलयालम कहानियों का हिन्दी अनुवाद है। अनुवादक हैं डॉ. सुधा बी.।

श्री के.एल. पॉल की मलयालम कहानियों का हिन्दी में अनुवाद केरल के कुछ हिन्दी लेखकों ने किया है। ऐसे अनुवादों के दो संकलन प्रकाशित हुए हैं—(1) 'के.एल. पॉल की कहानियाँ' (अकाउंडंड, रेइंज पुलिस इंस्पेक्टर जनरल ऑफिस, तैक्काटु)—यह 'श्री के.एल पॉल' की 12 मलयालम कहानियों का हिन्दी अनुवाद है। संपादक हैं प्रो. डी. तंकप्पन नायर और प्रकाशक हैं जवाहर पुस्तकालय, मथुरा; वर्ष 2011। कहानियाँ इस प्रकार हैं—तनाव में खिले प्रणय सुमन (मूल : सम्मर्द कालत्ते

प्रणयं, अनुवादक : जी. रवींद्रन पिल्लै), आत्माराम (मूल : आत्मारामन; अनुवादक : प्रो. डी. तंकप्पन नायर), चमगादड़ (मूलतः नरिच्चीरुकल, अनुवादक : प्रो. डी. तंकप्पन नायर), चिंडक्कि (मूल : चिंडक्कि अनुवादक : जी. रवींद्रन पिल्लै), चिदम्बर रहस्य (मूल : चिदम्बर रहस्यं, अनुवादक : प्रो.डी.तंकप्पन नायर), चींटियाँ यात्रा नहीं करतीं (मूल : उरुम्पुकल यात्र चेय्यारिल्ला, अनुवादक : डॉ. टी. शांतकुमारी), कैंसर हाउस (मूल : अर्बुदवीटु, अनुवादक : जी. रवींद्रन पिल्लै), हस्तिनापुर का नाणु वंश (मूल : हस्तिनपुरियिल नाणुवंशं, अनुवाद : एनक्कुलेट फर्णांडिस), पोस्टुमार्टम् (मूल : तणुप्पिन्टे निरं, अनुवादक : जी. रवींद्रन पिल्लै), उत्तराधुनिक (मूल : उत्तराधुनिक निरूपकन्टे जननं, अनुवादक : डॉ. टी. शांत कुमारी), एलबम (मूल : प्रलयजलत्तिल ओराल्बम्), रुदाली (मूल : ओप्पारी, अनुवादक : एनक्कुलेट फर्णांडिस) आदि। इन कहानियों के बारे में मूल कहानीकार ने 'मेरी कहानियों के संबंध में' शीर्षक में लिखा है—'चमगादड़ कहानी की दादी-माँ मेरी अपनी दादी-माँ ही हैं। राम-कथा में नमक-मिर्च लगाकर कुतूहलता को बनाए रखते हुए मेरी दादी मां कहानियाँ सुनाया करती थीं। मेरी माँ ने ईश्वर से आस्था एवं भक्ति से संबद्ध कथाएँ सुनाई थीं। वामपंथी प्रगतिवादी मेरे पिताजी से समाज के अन्यायों एवं अत्याचारों के खिलाफ संघर्ष करने की प्रेरणा मुझे मिली थी। इन व्यक्तियों का समग्र प्रभाव मेरी कहानियों पर पड़ा है। 'चमगादड़' कहानी मूल्यों के विघटन की कहानी है। इसमें लड़का दसवीं कक्षा में पढ़ते वक्त दादी ओल्ड एज होम में भेजी जाती हैं। लड़के ने इसका विरोध किया तो पिताजी ने कहा—'चुप रह। वे यहीं रहीं तो तेरी पढ़ाई में बाधा होगी। तू दसवीं में पढ़ता है, याद रखना। जब देखो, उनकी कहानी सुनना और तेरे मुँह से 'हूँ-हूँ' निकलना। वैसे भी उनके यहाँ रहने से किसको फायदा है' (पृ. 25)? दादी लड़के को कहानी सुनाती थी कि 'पिशाच दिन में सोते थे और रात में जागते रहते थे जो देखने में चमगादड़ों की तरह लगते थे' (पृ. 25)। अब लड़का कॉलेज में पढ़ता है। एक दिन ओल्ड एज होम से फोन कॉल आया कि दादी-माँ की तबीयत खराब है। लड़का मिलने गया और लड़के ने दादी को घर चलने को कहा, लेकिन दादी ने घर वापस आने से इनकार कर दिया—'मैं यहाँ से कहीं नहीं जाऊँगी। जब उस घर से निकाली गई थी, तभी मैंने ठान लिया था' (पृ. 26)। दादी के मत में 'पहले पिशाचों को घूमने-फिरने के लिए काफ़ी जगह इस पृथ्वी में मिली थी। मनुष्य की आबादी बढ़ती रही। सभी जगह उनके घर बस गए हैं। सारे पिशाच मुश्किल में पड़ गए। अपने लिए जगह ढूँढ़ते भागते फिरे और आखिर मनुष्यों के हृदयों में घुसकर छिप गए। तेरी माँ और बाप के हृदय में पिशाच ही पिशाच है' (पृ. 27)। लड़का के घर वापस पहुँचने के पहले ही ओल्ड एज होम से दादी का निधन संबंधी फोन कॉल आया। (2) 'के.एल. पॉल की प्रतिनिधि कहानियाँ (2012, प्रकाशक : जवाहर पुस्तकालय, मथुरा)—यह के.एल. पॉल की 16 मलयालम कहानियों के हिन्दी अनुवादों का संकलन है। कहानियों का संपादन किया है डॉ. आरसु

ने। मुख्य अनुवादक हैं प्रो. डी. तंकप्पन नायर। अनूदित कहानियाँ और अनुवादक इस प्रकार हैं—बैबिल के बहाने (अनुवादक : आरसु), विवेकानंद का चमगादड़ (अनुवादक : प्रो.डी. तंकप्पन नायर), बिल्ली की हत्या करने का तरीका (डॉ. महेश), आत्माराम (प्रो.डी. तंकप्पन नायर), तीर्थाटन (डॉ. महेश एस.), चिदंबर रहस्य (प्रो. डी. तंकप्पन नायर), रूदाली (एनक्कुलेट फर्णांडिस), मनपसंद गाना (प्रो. डी. तंकप्पन नायर), हस्तिनापुर का नाणु वंश (एनक्कुलेट फर्णांडिस), फसल (श्रीमती टी. रत्नकुमारी), भूख (प्रो. डी. तंकप्पन नायर), म्यूसियम (रत्नकुमारी), किस्सा लाठी का (प्रो. डी. तंकप्पन नायर), स्मारिका (डॉ. जी. कमलम्मा), लिंग शरीर (प्रो. डी. तंकप्पन नायर) आदि। 'बिल्ली की हत्या करने का तरीका' बाहर से एक बिल्ली की कहानी है, किंतु भीतर से मनुष्य की। 'किस्सा लाठी का' कहानी में क्रूरता का फल क्रूरता है, यह उपदेश मिलता है। नारियल के पेड़ पर चढ़कर जीवन-यापन करनेवाले पाक्करन के अनुभवों की कहानी है—'फसल'।

'प्रतिनिधि मलयालम कहानियाँ' (2012, प्रकाशक : सस्ता साहित्य मंडल प्रकाशन, नई दिल्ली) मलयालम से हिन्दी में अनूदित इकतीस कहानियों का डॉ. पी.के. राधामणि द्वारा संपादित संकलन है। चार केरलीय हिन्दी लेखकों ने इसमें संकलित कहानियों का अनुवाद किया है—डॉ. षण्मुखन (कोच्चिन विश्वविद्यालय), डॉ. एस. तंकमणि अम्मा (तिरुवनंतपुरम), डॉ. मोहनन पिल्लै (कोतमंगलम), डॉ. पी.के. राधामणि (कोषिक्कोड) आदि। श्री के.पी. रामनुण्णि ने अनुवाद के लिए इस संकलन की कहानियाँ चुनीं। मलयालम कहानी के आरंभ काल से लेकर समकालीन समय तक की प्रतिनिधि कहानियाँ उन्होंने चुनी हैं।

कहानी (अनुवाद : मलयालम-हिन्दी) पत्रिकाओं में

टी. पद्मनाभन की 'प्रकाशं परत्तुन्न पेण्कुट्टी' का अनुवाद **आर.सुकुमारन नायर** ने 'रोशनी फैलानेवाली लड़की' नाम से किया (1966, केरल ज्योति पत्रिका, अंक 1, वर्ष 9)। **प्रो. पी. कृष्णन** द्वारा हिन्दी में अनूदित कहानियाँ विविध हिन्दी पत्रिकाओं में प्रकाशित हुई हैं। जैसे—ललितांबिका अंतर्जनम् की कहानी 'पुषु' का अनुवाद 'कीड़ा' नाम से (पत्रिका आजकल, अंक : 1974), एस.के. पोट्टेक्काट् की 'धर्मशालयिल' का अनुवाद 'धर्मशाला' नाम से (समकालीन भारतीय साहित्य, 1 अक्टूबर, 1981), के.टी. मुहम्मद की 'कण्णुकल' का अनुवाद 'आँखें' नाम से (समकालीन भारतीय साहित्य, दिसंबर, 1981), उण्णिकृष्णन पुत्तूर की 'ननञ्ञवस्त्रांचलवुं ईरनणिञ्ञ कण्णुकळुं' का अनुवाद 'भीगा आँचल और गीली आँखें' नाम से (भाषा पत्रिका), टी. पद्मनाभन की 'अपूर्ण प्रतिमा' नाम से (हिमप्रस्थ, शिमला; अगस्त, 1981), एस.के. पोट्टेक्काट् की 'सेतु' उसी नाम से (समकालीन भारतीय साहित्य; जून-अगस्त, 1982), एस.के. पोट्टेक्काट् की 'पषयकटं' का अनुवाद 'पुराना कर्ज' नाम

से (भाषा, दिसंबर, 1980), एस.के. पोट्टेक्काट् की 'कुलद्रोही' का अनुवाद उसी नाम से (हिप्रस्थ, अगस्त, 1981), वैक्कम मुहम्मद बशीर की 'ऐशुक्कुट्टि' उसी नाम से (समकालीन भारतीय साहित्य, जनवरी-मार्च, 1981), एस.के. पोट्टेक्काट् की 'शास्त्रज्ञंटे पत्नी' 'वैज्ञानिक की पत्नी' नाम से (कादंबिनी, हिंदुस्तान टाइम्स, नई दिल्ली; फरवरी, 1982), वेट्टूर रामन नायर की 'बंधु गृहत्तिल' 'बंधुगृह में' नाम से (भाषा, जून, 1981), एस.के. पोट्टेक्काट् की 'पारीसिले ओरु सायाह्नं' 'पारिस की वह शाम' नाम से (आनंद बाज़ार, कलकत्ता; 21 मार्च, 1982), टी. पद्मनाभन की 'प्रकाशं परत्तुन्न पेण्कुट्टी' 'रोशनी बिखरनेवाली लड़की' नाम से (हिमप्रस्थ, अप्रैल, 1982), एस.के. पोट्टेक्काट् की 'मेल रेण्णर' 'मेल रेत्तर' नाम से (संदर्भ भारती, कलकत्ता; अंक : जनवरी-मार्च, 1982), एस.के. पोट्टेक्काट् की 'गर्जिका' उसी नाम से (समकालीन भारतीय साहित्य, मार्च, 1983), पुनत्तिल कुञ्ञब्दुल्ला की 'कालाळ पटयुटे वरवु' 'पैदल दस्ते का आगमन' नाम से (संदर्भ भारती, कोलकाता; अक्तूबर, 1972), एस.के. पोट्टेक्काट् की 'ओरु गंधर्व विवाहं' 'एक गंधर्व विवाह' नाम से (अमृत प्रभात, इलाहाबाद; 20 जनवरी, 1983), एस.के. पोट्टेक्काट् की 'ज्वालामुखी' उसी नाम से (अक्षरा, हिन्दी भवन, भोपाल, अंक : मई ,1983), पुनत्तिल कुञ्ञब्दुल्ला की 'कत्ती' 'चाकू' नाम से (समकालीन भारतीय साहित्य, जून, 1983), वैक्कम मुहम्मद बशीर की 'पावप्पेट्टवरुटे वेश्या' 'गरीबी की वेश्या' नाम से (संदर्भ भारती, जून, 1983), टाट्टापुरम सुकुमारन की 'पांपु' 'सांप' नाम से (भाषा, सितंबर, 1983), एस.के. पोट्टेक्काट् की 'उपहारं' 'उपहार' नाम से (भाषा, जून, 1983), सी. राधाकृष्णन की 'बाबू मोन्टे कोषि' 'बाबू मुन्ने की मुर्गी' नाम से (वार्षिकी, केंद्रीय हिन्दी निर्देशालय, नई दिल्ली; वर्ष 1981), एम. मुकुंदन की 'राधा राधा मात्रं' 'राधा सिर्फ राधा ही' नाम से (वार्षिकी वर्ष 1981), पुनत्तिल कुञ्ञबुल्ला की 'तोक्कु' 'बंदूक' नाम से (वार्षिकी, वर्ष 1981), सेतु की दूर काष्च्कळ' 'दूर के दृश्य' नाम से (वार्षिकी, वर्ष 1982), माधवीकुट्टी की 'कल्लं' 'झूठ' नाम से (समकालीन भारतीय साहित्य, जनवरी, 1984), टी. पद्मनाभन की 'ओरु एलिय जीवितवुं ओरु वलिय मरणवुं' 'एक अदना ज़िंदगी और बड़ी मृत्यु' नाम से (समकालीन भारतीय साहित्य, जनवरी, 1984), एस.के. पोट्टेक्काट् की 'ओट्टकं' 'ऊंट' नाम से (सारिका, टाइम्स ऑफ इंडिया प्रकाशन, दिल्ली; जनवरी, 1984), टी.पद्मनाभन की 'शंकरन नायर' उसी नाम से (वार्षिकी, 1984), एम.टी. वासुदेवन नायर की 'बंधनं' 'बंधन' नाम से (भाषा, सितंबर, 1985), माधवीकुट्टी की 'पक्षियुटे मणं' 'पक्षी की गंध' नाम से (समकालीन भारतीय साहित्य, मार्च, 1986), टी.पद्मनाभन की 'मक्खनसिंहिन्टे मरणं' 'मक्खनसिंह की मृत्यु' नाम से (भाषा, मार्च, 1986), तकषि की 'ट्रान्सफर' 'तबादला' नाम से (सारिका, अंक : 412), एस.के. पोट्टेक्काट् की 'ओरु डॉक्टरुटे कथा' 'कथा एक डॉक्टर की' नाम से (भाषा, दिसंबर, 1987), काक्कनाटन की

'एट्टुकालिकळुटे जाग्रतै' 'मकड़ियाँ, सावधान' नाम से (वार्षिकी, 1987), पुनत्तिल कुञ्ञब्दुल्ला की 'कालाळ पटयुटे वरवु' 'पैदल दस्ते का आगमन' नाम से (समकालीन भारतीय साहित्य, फ़रवरी, 1987), शत्रुघ्नन की 'एन्टे उद्यानत्तिले पुष्पङ्ङळ' 'मेरे उद्यान के सुमन' नाम से (भाषा, मई-जून, 1996) आदि।

'अनुवाद' पत्रिका के जुलाई-दिसंबर, 1996 के मलयालम साहित्य विशेषांक में प्रकाशित विविध अनुवादकों द्वारा हिन्दी में अनूदित कहानियाँ हैं—माधविक्कुट्टी की कहानी का अनुवाद 'एक धुँधली शाम' (अनुवादक डॉ. पी. बालकृष्णन नायर), एम. मुकुंदन की कहानी का अनुवाद 'देवदारु' (अनुवादक डॉ. के.एम. मालती), के.वी. श्रीदेवी की कहानी का अनुवाद 'शिलारूपा' (अनुवादक विनय शर्म), केशव देव की लघु कथा का अनुवाद 'पर्दे के पीछे' (अनुवादक डॉ. मुहम्मद कुञ्ञु मेत्तर) आदि।

हिन्दी पत्रिकाओं में प्रकाशित अन्य अनूदित कहानियाँ हैं,—माधविकुट्टी की 'पाल पायसं' का प्रो. डी. तंकप्पन नायर का अनुवाद 'खीर' (पत्रिका : केरल ज्योति, अंक: सितंबर, 2009), एम. राजीव कुमार की 'विरेचनं' का डॉ. टी. शांतकुमारी का अनुवाद 'विरेचन' (केरल ज्योति, सितंबर, 2009), सेतु की कहानी 'दूरक्काषचकळ' का डॉ. एम.एस. राधाकृष्ण पिल्लै का अनुवाद 'दूर के नज़रिए' (केरल ज्योति, दिसंबर, 2008), नागवल्ली आर.एस. कुरुप्प की 'इंटर्व्यू' का उसी नाम से करमना मणिकण्ठन नायर का अनुवाद (केरल ज्योति, दिसंबर, 2009), माधविकुट्टि की 'पक्षियुटे गंधं' का डॉ. टी.के. प्रभाकरन का अनुवाद 'चिड़िया की महक' (संग्रथन 1987), एस.वी. वेणुगोपालन नायर की 'मातृ देवो भव:' का उसी नाम से पी. नारायण का अनुवाद (संग्रथन, जून, 1988), पोनकुन्नम वर्की की 'रिक्षावाला' का पी.जी. वासुदेव का अनुवाद 'रिक्षावाला' (संग्रथन, जुलाई, 1988), के.एल. मोहन वर्मा की 'अतिथि' का डॉ. पवूर शशींद्रन का उसी नाम से अनुवाद (सद्भावना दर्पण, रायपुर; दिसंबर, 1997), टी.पद्मनाभन की 'देशं ओरु हिंदुस्तानी रागं' का डॉ. पवूर शशिंद्रन का अनुवाद 'देश एक हिंदुस्तानी राग' (वर्तमान जनगाथा, दिसंबर, 1995), श्री के.पी. रामनुण्णि की 'पोखरान' का उसी नाम से पवूर शशिंद्रन का अनुवाद (अंतरंग, दिसंबर, 2002), एस. उण्णित्तान की 'इरुपत्तोन्नां नूट्टांटिलेक्कु' का डॉ. एम.एस. विश्वंभरन का 'इक्कीसवीं सदी की ओर' नाम से अनुवाद (गंगा, नवंबर, 1987), एम. मुकुंदन की 'भोलारामन' का डॉ. एम.एस. विश्वंभरन का अनुवाद 'भोलाराम' (भाषा, जून,1988), एम. मुकुंदन की 'कुट्टवाली' का डॉ. एम.एस. विश्वंभरन का अनुवाद 'अभियुक्त' (साहित्य मंडल पत्रिका, फरवरी और अप्रैल, 1990), श्रीमती अषिता की 'शिवेन सहनर्तनं' का डॉ. अंबिका देवी जे. का अनुवाद 'शिवेन सहनर्तन' (अनुवाद, अप्रैल-जून, 2009), प्रो. आनंद कुट्टन की 'स्मरणकळ' का डॉ. अंबिका देवी जे. का अनुवाद 'स्मृतियाँ' (सद्भावना दर्पण, 1997), पी. केशव देव की कहानी 'यमुना शांतमायोषुकुन्नु' का डॉ. एम.एस. विनयचंद्रन का अनुवाद 'यमुना खामोश बहती है'

(संग्रथन, 2001), सी.पी. कृष्ण कुमार की 'अनारकली' का उसी नाम से डॉ. एम.एस. विनयचंद्रन का अनुवाद (संग्रथन, मई, 2003), के.पी. केशव देव की 'कूळ ड्रिंक' कहानी का उसी नाम से डॉ. ई.एम. योहन्नान का अनुवाद (नया ज्ञानोदय, भारतीय ज्ञानपीठ, नई दिल्ली; अप्रैल, 2012), श्री. के.एल. पॉल की 'पूच्चये कोल्लुन्न विधं' का डॉ. महेश एस. का अनुवाद 'बिल्ली मारने का तरीका' (केरल ज्योति, जुलाई, 2010), श्री के.एल. पॉल की 'अगस्त्य मुखमुल्ला रामय्यन' का डॉ. महेश एस. का अनुवाद 'अगस्त्य कूट' (केरल ज्योति, नवंबर, 2010) आदि।

डॉ. के.एम. मालती ने मलयालम की कई प्रतिनिधि कहानियों का हिन्दी में अनुवाद किया है, जैसे—श्रीमती सारा जोसफ की कहानी का अनुवाद 'प्रकाशिनी की संतान' ('नया ज्ञानोदय', भारतीय ज्ञानपीठ, नई दिल्ली; अंक : अगस्त, 2006); माधविकुट्टी की कहानी 'पक्षियुटे गंधं' का अनुवाद 'पंछी की गंध' (वागर्थ, भारतीय भाषा परिषद, कोलकता; जुलाई, 2005), पी.वत्सला की 'विद्याधरन' का अनुवाद उसी नाम से ('साहित्य अमृत', प्रभात प्रकाशन, नई दिल्ली; फरवरी, 2005), एम. मुकुंदन की 'प्लास्टिक' का अनुवाद उसी नाम से ('अंतरंग', दिसंबर, 2002), एम. मुकुंदन की 'देवदारु' का अनुवाद उसी नाम से ('अनुवाद' भारतीय अनुवाद परिषद, नई दिल्ली; जुलाई-दिसंबर, 1993), वैक्कम मुहम्मद बशीर की 'विश्वविख्यातमाय मूक्कु' का अनुवाद 'विश्वविख्यात नाक' ('साप्ताहिक हिंदुस्तान', 1-7 अप्रैल, 1990), पी. वत्सला की 'चक्रं' का अनुवाद 'चक्र' ('संदर्भ भारती', भारतीय अनुवाद परिक्षत, कोलकाता, 1984) आदि।

डॉ. प्रमोद कोवप्रत्त ने कई कहानियों का अनुवाद किया है, जैसे—एक अगला जन्म (मूल: एन. प्रभाकरन), अज्ञात रहस्य; स्वतंत्रता (एम.आर. मनोहर वर्मा), काग़ज़ की नाव; बुलबुले (एम.टी. वासुदेवन नायर), वर्षा; चीन (पी.के. पारकडवु), अनाम चिट्ठी; कुछ भी तो मैंने नहीं माँगा; देवता की तितली (एन. प्रभाकरन), किराया (एस.भासुरचंद्र), माँ (नित्य चैतन्ययती), एक छोटी कथा; बारिश आखिरी बारिश; मैथिली, तू मेरी है; यात्रा का अंत (टी. पद्मनाभन); सिर्फ अहसास (यू.के. कुमारन); परतंत्रता (कमलादास); स्वतंत्रता (के.के. रमेश); सांत्वना (पी.एल. विजयन); डी.एन.ए. (वत्सलन वातुशेरी); काँच की चूड़ियाँ (प्रिया ए.एस.); आखिरी स्वतंत्रता सेनानी (चेम्मनम चाक्को); वाचन (डॉ. एन.आर. चित्रा, मूल-एन.एस. माधवन); राज की मृत्यु (जी. रवींद्रन पिल्लै, मूल—कावालम गोविंदनकुट्टि नायर) आदि। डॉ. पी. लता ने माधविकुट्टी की 'नुणकळ' कहानी का अनुवाद 'झूठ' नाम से तथा 'चेम्मरियाटु' कहानी का अनुवाद 'भेड़' नाम से किया (संग्रथन पत्रिका में यथाक्रम, मार्च, 2006 और नंवबर, 2005)। डॉ. पी. लता ने उरूब की 'रिज़र्वचेय्यात्त बर्थ' का अनुवाद 'बर्थ जो रिज़र्व नहीं किया गया' नाम से किया (धारावाहिक, साहित्य मंडल पत्रिका, जुलाई-अगस्त, 1985)।

एम.टी. वासुदेवन नायर की 'करियिलमूटिय वषित्तारकळ' का अनुवाद **डॉ. एन.ई. विश्वनाथ अय्यर** ने 'सूखे पत्ते से ढकी पगडंडी' नाम से किया, जो 'भारतीय श्रेष्ठ कहानियाँ, खंड 2 (प्रकाशक : भारतीय भाषा परिषद, कोलकाता) में संकलित है। प्रो. वामदेवन ने भी कई अनुवाद किए हैं।

कहानी (अनुवाद : हिन्दी-मलयालम)

केरल के कई हिन्दी लेखकों ने हिन्दी की प्रसिद्ध कहानियों का अनुवाद मलयालम में किया है, जो पुस्तकाकार में तथा पत्रिकाओं में प्रकाशित हुआ है। जैसे—

प्रो. वी.डी. कृष्णन नंपियार के प्रकाशित अनूदित कहानी संकलन हैं—(1) 'इष्टदेवनेत्तेटी' (1969, प्रकाशक : नेशनल बुक स्टाल, कोट्टयम) हिन्दी के व्यंग्य कहानीकार श्री हरिशंकर परसाई के विविध कहानी संकलनों से चुनी हुई कहानियों के मलयालम अनुवादों का संकलन है। परसाईजी की 'अपने-अपने इष्ट देवता' नामक कहानी को 'इष्टदेवनेत्तेटी' नाम से अनूदित किया है। वही नाम संकलन को भी दिया गया है। (2) 'कथा भारती' (1971, प्रकाशक : नेशनल बुक स्टाल, कोट्टयम) में हिन्दी तथा विविध भारतीय भाषाओं की 14 चुनी हुई कहानियों का प्रो. वी.डी. कृष्णन नंपियार का मलयालम अनुवाद संकलित है। (3) 'जोर्ज अंचामन्टे मूक्कु' (1972, प्रकाशक : पूर्णा पब्लिकेशंस, कालिक्कट) कमलेश्वर, रास जोशी, फिक्र तौंसवी, हरिशंकर परसाई, अन्नपूर्णानंद वर्मा, भीष्म साहनी, फणीश्वरनाथ रेणु, डॉ. शिवप्रसाद सिंह, कामतानाथ आदि प्रतिनिधि कहानीकारों की बारह कहानियों का मलयालम अनुवाद है। (4) 'अवसरवादी' (1978, प्रकाशक : साहित्य प्रवर्त्तक सहकरण संघं, कोट्टयम) भीष्म साहनी की ग्यारह चुनी हुई कहानियों का मलयालम अनुवाद है। एक अनूदित कहानी का नाम भी अवसरवादी (मूल : 'मौकापरस्त) है। संकलन की अन्य कहानियाँ हैं—उम्मरप्पटी (मूल: दहलीज़), तस्वीर (फोटो), समाधि भाई रामसिंह की (भाई रामसिंहिन्टे समाधि), गीता सहस्र नाम (गीता सहस्र नामं), शुपार्शक्कत्तु (सिफारिशी चिट्ठी), कालटयालं (पैरों का निशान), प्रोफेसर, अलयुन्न आत्मावु (भटकती राख), अम्मयुं वलर्त्तम्मयुं (माता विमाता), सल्क्कारं (चीफ की दावत), आदि। (5) 'दिल्लियिलोरु मरणं' (1979, प्रकाशक : नेशनल बुक स्टाल, कोट्टयम) कमलेश्वर की चुनी हुई 15 कहानियों का मलयालम अनुवाद है, जैसे—लोकं वलरे वलुताणु (मूल : यह दुनिया बहुत बड़ी है), मांसं (मांस), आसक्ति (आसक्ति), आपत्तु (जोखिम), आद्यरात्रि (रातें), एकांतता (एकांत), मोषि (बयान), सद्या (दावत), शवं (लाश), पाम्पु (सांप), नष्टचक्रवालङ्ङल (खोई हुई दिशाएँ), कामुकी (प्रेमिका), मान्यन (शरीफ आदमी), इत्रयुं नल्लोरु कालं (इतने अच्छे दिन), दिल्लियिलोरु मरणं (दिल्ली में एक मौत), आदि। (6) 'ओरु निमिषत्तिनुवेण्टी' (1982, प्रकाशक : नेशनल बुक स्टाल, कोट्टयम)

ईश्वरचंदर द्वारा लिखित 'ईश्वरचंद की चुनी हुई कहानियाँ' संकलन का मलयालम अनुवाद है। इसमें 'इसी एक क्षण के लिए' शीर्षकवाली कहानी का 'ओरु निमिषत्तिनुवेण्टी' नाम से नंपियार जी ने अनुवाद किया है। वही नाम उन्होंने संकलन (अनुवाद) को भी दिया है।

पी.एन. भट्टतिरी ने तेईस कहानियों का मलयालम में अनुवाद किया है और अनुवाद के संकलन का नाम है 'इरुपत्तिमून्नु हिन्दी कथकळ'। साहित्य अकादमी के लिए जैनेंद्रकुमार द्वारा संपादित तेईस हिन्दी कहानियों से हिन्दी कहानी साहित्य की रूपरेखा सामने आती है। इसमें वृंदावनलाल वर्मा, जयशंकर प्रसाद, प्रेमचंद, बेचन शर्मा उग्र, राधिकारमन प्रसाद, अज्ञेय जैसे प्रतिनिधि कहानीकारों की कहानियाँ संकलित हैं। श्री पी.एन. भट्टतिरी ने हिन्दी संकलन का मलयालम में अनुवाद किया और अनूदित ग्रंथ का नाम है 'इरुपत्तिमूनु हिन्दी कथकळ'। सन् 1969 में साहित्य अकादमी, दिल्ली ने इसका प्रकाशन किया। इसमें पहली कहानी कथा सम्राट प्रेमचंद की 'कफन' कहानी का अनुवाद 'शवक्कोटी' है। संकलित अन्य कहानी है चंद्रधरशर्मा गुलेरी की कहानी 'उसने कहा था' का अनुवाद 'अवळ परञ्ञिरुन्नु'। सरस्वती पत्रिका में 'उसने कहा था' 1915 में छपी थी। एक ही कहानी से इतनी अधिक ख्याति हिन्दी कहानीकार गुलेरी के अलावा और किसी को नहीं मिली है। जयशंकर प्रसाद की 'गुण्डा' कहानी उसी नाम से मलयालम में अनूदित हुई है। सियारामशरण गुप्त की 'काकी' कहानी का अनुवाद है 'चेरियम्मा'। 'इंदु' में प्रकाशित सियारामशरण गुप्त की 'कानों में कंगना' कहानी का अनुवाद है 'कातुकळिल वळा'। भगवतीप्रसाद वाजपेयी की मनोवैज्ञानिक कहानी 'मिठाईवाला' का अनुवाद है 'मिठायिक्कारन'। आचार्य चतुरसेन शास्त्री की कहानी 'दुखवा मैं कैसे कहूँ मेरी सजनी' का अनुवाद है 'दुखं ञानेङ्ङने परयुं तोषी'। ऐतिहासिक कहानीकार वृंदावनलाल वर्मा की सामाजिक कहानी 'शरणागत' का अनुवाद है 'शरणागतन'। प्रेमचंद परंपरा के कहानीकार विश्वंभरनाथ शर्मा कौशिक की 'ताई' कहानी का अनुवाद है 'वलियम्मा'। सुदर्शन की कहानी 'सच का सौदा', जो प्रेमचंद परंपरा की आदर्शवादी कहानी है, का अनुवाद है 'नेरियुटे विला'। विद्रोही कथाकार बेचन शर्मा उग्र की कहानी है 'सुदाराम' (अनुवाद–सुदाराम)। मनोवैज्ञानिक कहानीकार इलाचंद्र जोशी की कहानी 'रेल की रात' का अनुवाद है 'तीवंटियिले ओरु रात्रि'। तत्कालीन समाज के खोखलेपन का चित्रण करनेवाली कहानी 'इनस्टालमेन्ट' (भगवतीचरण वर्मा) का अनुवाद है 'तवणप्पणं'। मनोवैज्ञानिक कहानीकार जैनेंद्रकुमार की कहानी 'तत्सत' के अनुवाद का नाम भी वही रखा है। समस्यामूलक कहानीकार अश्क की कहानी है 'डाची'। अनुवाद का नाम भी 'डाची' है। हिन्दी साहित्य में आधुनिकता और नए प्रयोगों के प्रवर्तक अज्ञेय की 'विपथगा' कहानी का अनुवाद है 'वषितेट्टियवळ'। नए बनने के प्रयास में पुराने संस्कारों को न छोड़नेवाले कहानीकार विष्णु प्रभाकर की कहानी 'रहमान का बेटा' का अनुवाद है 'रहमान्टे मकन'।

श्री राधाकृष्णन की 'लैला की शादी' का अनुवाद है 'लैलयुटे कल्याणं'। द्विजेंद्रनाथ मिश्र निर्गुण की कहानी 'साबुन' का अनुवाद है 'सोप्पु'। चंद्रकिरण सक्सेना की 'हिरनी' कहानी का अनुवाद है 'मानपेटा'। चंद्रगुप्त विद्यालंकार की 'हूक' कहानी का अनुवाद है 'हृदय वेदना'।

श्री राहुल सांकृत्यायन के कहानी संकलन 'वोल्गा से गंगा तक' (1942, राजकमल प्रकाशन, नई दिल्ली) का मलयालम अनुवाद है 'वोल्गमुतल गंगवरे' (1975, प्रकाशक : चिंता पब्लिशर्स, तिरुवनंतपुरम)। पहली कहानी 'निशा' प्रागैतिहासिक काल का परिचय देती है। पहली चार कहानियाँ हैं—'निशा', 'दिवा', 'अमृताश्व' और 'पुराहूत' जिनके कथानक 6000 ई. पू. से 2500 ई.पू. तक की अवधि पर आधारित हैं। अगली चार कहानियाँ 'पुरुधान', 'अंगिरा', 'सुदास', 'प्रवाहण' आदि के कथानक पौराणिक ग्रंथों (वेद, महाभारत, बौद्ध ग्रंथ आदि) पर आधारित हैं। 'प्रभा' बुद्धचरित पर और 'सौंदरानंद' संस्कृत नाटकों पर आधारित कहानियाँ हैं। संकलन की अन्य कहानियाँ हैं 'सुपर्ण यौधेय', 'दुर्मुख', 'चक्रपाणि', 'बाबा नूरदीन', 'रेखाभगत', 'मंगलसिंह', 'सफदर', 'सुमेर' आदि। कई भाषाओं में इस संकलन की कहानियों का अनुवाद हुआ है। मलयालम में **श्री ई.के. दिवाकरन पोट्टी** ने अनुवाद किया है।

डॉ. आरसु ने हिन्दी के प्रथम आंचलिक उपन्यासकार फणीश्वरनाथ रेणु की 21 हिन्दी कहानियों का मलयालम में अनुवाद किया। इन अनुवादों का संकलन है 'रेणुविंटे कथकळ' (1991, प्रकाशक : नेशनल बुक ट्रस्ट, दिल्ली)। प्रस्तुत संकलन में रेणु की 'रसप्रिया', 'आत्मसाक्षी', 'रेखाएँ वृत्त चित्र' (अनुवाद : रेखकळ), 'भित्तिचित्र की मयूरी' (अनुवादः चुमर चित्रत्तिले मयूरी) जैसी विख्यात कहानियों का अनुवाद भी संकलित है।

डॉ. एस. सुधाकरन ने हिन्दी की दस प्रतिनिधि कहानियों का मलयालम में अनुवाद किया। इन अनुवादों का संकलन है 'विरुन्नु' (1997, प्रकाशक : नेशनल स्कूल ऑफ हिन्दी, तिरुवनंतपुरम)। इस संकलन की कहानियाँ निम्नलिखित हैं—शवक्कच्चा (मूल : कफन, प्रेमचंद), प्रायश्चित्तं (मूल : प्रायश्चित्त, प्रेमचंद), भोलारामिन्टे आत्मावु (मूलः भोलाराम का जीव, हरिशंकर परसाई), मटक्कयात्रा (मूलः वापसी, उषा प्रियंवदा), एकाकिनी (मूल : अकेली, उषा प्रियंवदा), विरुन्नु (मूल : चीफ की दावत, राजेंद्र यादव), उच्चभक्षणं (मूल : दोपहर का भोजन, अमरकांत), जीनियस (मूल : मोहन राकेश), यात्रक्किटयिले सौह्मदं (मूल : यात्रा के दौरान दोस्ती), हास्य रसं (मूल : हास्य रस, अमरकांत) आदि।

प्रो. पी. माधवन पिल्लै ने यशपाल की चुनी हुई कहानियों का अनुवाद 'यशपालिन्टे तेरञ्ञेटुत्त कथकळ' नाम से किया (1998, नेशनल बुक ट्रस्ट ऑफ इंडिया)। संकलित कहानियाँ हैं—'दासधर्मं' (मूल—दासधर्म), शंबुकन (शंबुक), दुखं (दुख),

कोळ्ळक्कारी कोकला (कोकला डकैत), एन्तु ञान सुंदरियो ? (मैं सुंदर हूँ ?), ओरु कैयिले विरलुकळ (एक हाथ की उँगलियाँ), आत्मज्ञानं (आत्मज्ञान), मक्रील (मक्रील), प्रेमत्तिन्टे पोरुळ (प्रेम का सार), होली आघोषिक्कुंनिल्ला (होली नहीं खेलता), भाषा (भाषा), कर्टन (पर्दा), मोषणवुं मोषणवुं (चोरी और चोरी) आदि। इनमें 'मक्री' यशपाल की प्रथम कहानी है। माधवन पिल्लै जी ने जैनेंद्रकुमार की कहानियों का अनुवाद 'जैनेंद्रकुमारिंटे कथकळ' नाम से किया (2005, नेशनल बुक ट्रस्ट ऑफ इंडिया)। जैनेंद्रकुमार हिन्दी के मनोवैज्ञानिक कहानीकार हैं। अनुवाद के लिए चुनी कहानियाँ बहु चर्चित हैं—फोटोग्राफी (जैनेंद्रकुमार की पहली कहानी—1927), खेल, अपना अपना भाग्य, पाजेब, जाह्नवी, पत्नी आदि। प्रेमचंद की चुनी हुई 21 कहानियों का अनुवाद प्रो. माधवन पिल्लै ने 'प्रेमचंदिन्टे तेरञ्ञेटुत्त कथकळ' नाम से किया (2013, प्रकाशक : बालसाहित्य इंस्टिट्यूट)।

हिन्दी के प्रख्यात कहानीकार श्री निर्मल वर्मा की दो लंबी कहानियों—'परिंदे' और 'पहाड़'—का अनुवाद **प्रो. वेणु मरुतायि** (पूर्व अध्यक्ष, हिन्दी विभाग, देवगिरि कॉलेज, कलिकट) ने क्रमशः 'परवकळ' और 'नीलमला' नामों से करके दोनों का एक संकलन 'परवकळ' (2000, प्रकाशक : डी.सी. बुक्स कोट्टयम) नाम से प्रकाशित किया। 'परिंदे' एक अत्यंत संवेदनशील युवती की करुण कथा है तो 'पहाड़' में दांपत्य की रूमानी सुखद अनुभूति है। निर्मल वर्मा को हिन्दी साहित्य में अमरत्व प्रदान करनेवाली कहानी है 'परिंदे'।

हिन्दी के बहुचर्चित कहानीकार श्री निर्मल वर्मा (ज्ञानपीठ पुरस्कार विजेता, 1999 तथा 2002 में भारत सरकार द्वारा पद्मभूषण से सम्मानित) की लंबी कहानियों का मलयालम अनुवाद है निर्मलवर्मयुटे नीण्टकथकळ (2000, प्रकाशक : हरितं बुक्स, कालिक्कट)। अनुवादक हैं **डॉ. जी. गोपीनाथन** और **डॉ. के.एम. मालती**। परिंदे, अंधेरे में, लवर्स, मायादर्पण आदि कहानियों का यथाक्रम परवकळ, इरुट्टिल, प्रणय जोटि, मायक्कण्णाटि आदि नामों में अनुवाद किया है।

हिन्दी के बहुचर्चित व्यंग्य कथाकार श्री हरिशंकर परसाई की कहानियों—सदाचार का तावीज़, भोलाराम का जीव, एकलव्य ने गुरु को अंगूठा दिखाया आदि—का अनुवाद **डॉ. वेल्लिमेण नेल्सन** ने किया। संकलन का नाम है 'राम राज्यं' (2001, प्रकाशक : करन्ट बुक्स)।

प्रो. वी.के. रवींद्रनाथ ने हिन्दी की दस प्रतिनिधि कहानियों को चुनकर उनका अनुवाद तेरञ्ञेटुत्त कथकळ (2004, प्रकाशक : स्वयं अनुवादक, पूर्णा पब्लिकेशन, कोषिकोटु) नाम से प्रकाशित किया। अनूदित कहानियाँ निम्नलिखित हैं—अमरकांत की 'मनोबल' कहानी 'धीरता' नाम से, श्रवणकुमार की 'भाप' कहानी 'आवी' नाम से, हृदयेश की 'सेफ्टी वॉल्व' कहानी उसी नाम से, असगर वजाहत्त की 'रौगन टिकिया और परोटा' कहानी 'कट्लट्टुं पोरोट्टयुं' नाम से, हृषिकेश सुलभ की 'अष्टभुजलाल

की भुजाएँ' कहानी 'अष्टभुजलालिन्टे भुजङ्ङळ' नाम से, विनोद भारद्वाज की 'अभिनेत्री' कहानी उसी नाम से, जीतन ठाकुर की 'किरदार' कहानी 'कथापात्रं' नाम से, कुबेरदत्त की 'बिन्नी' कहानी उसी नाम से, वसन्तकुमार राय की 'अक्तर मिस्सा की मौत' कहानी 'अक्तर मिस्सायुटे मरणं' नाम से, हरि भटनागर की 'सामूहिक नर-संहार' कहानी 'कूट्टक्कोला' नाम से आदि।

डॉ. आशा एस. नायर ने डॉ. जे. बाबू की 14 हिन्दी कहानियों (संकलन—तहबील) का मलयालम में अनुवाद 'नाळे नीयुं' नाम से किया। (2013, प्रकाशक : भाषा संगम, तिरुवनंतपुरम)।

कहानी अनुवाद (हिन्दी-मलयालम)—पत्रिकाओं में

श्री वियोगी की 'पाँच मिनट' कहानी का अनुवाद है 'अञ्चु मिनट'। विद्वान आर.सी. कुरुप का यह अनुवाद राष्ट्रवाणी पत्रिका (अंक 11, वर्ष 1953) में प्रकाशित है।

श्री जे.आर. बालकृष्णन नायर ने जयशंकर प्रसाद की 'बिसाती' कहानी का 'चिंती व्यापारी' नाम से किया, जो 'राष्ट्रवाणी' पत्रिका के अंक 24 (वर्ष 1953) में प्रकाशित हुआ।

डॉ. जे.जयकृष्णन ने कुछ विख्यात हिन्दी कहानियों का मलयालम में अनुवाद किया है। अनूदित सभी कहानियाँ 'विद्यारंगम्' पत्रिका (प्रकाशक : केरल एडुकेशन डॉक्टरेट, तिरुवनंतपुरम-14) में प्रकाशित हुई हैं। अनूदित कहानियाँ निम्नलिखत हैं—पेण्कुट्टी (मूल : लड़की, रामदरश मिश्र), चीफिनु नल्किय विरुन्नु (मूल : चीफ़ की दावत, भीष्म साहनी), आकाशत्तिन्टे तणलिल (मूल : आकाश की छाया में, विष्णु प्रभाकर) भूमि इप्पोषुं करङ्ङिक्कोण्टिरिक्कुन्नु (मूल : धरती अब भी घूम रही है, विष्णु प्रभाकर), पुतिय जोली (मूल : नई नौकरी, मन्नू भंडारी), मञ्ञु पेय्युन्न रात्रियिल (मूल : पूस की रात, प्रेमचंद) आदि। डॉ. ई.एम. योहन्नान ने श्री सुशीलकुमार फुल्ल की कहानी 'होरी की वापसी' का मलयालम में 'इरा' नाम से अनुवाद किया। प्रस्तुत अनुवाद 'केरल कौमुदी' पत्रिका में मार्च, 2008 में प्रकाशित हुआ। डॉ. के.एम. मालती द्वारा अनूदित कहानियाँ हैं—त्रिशंकु (पत्रिका : नागपति हड्ज, समस्ति, भिलाई; अंक : 10 मार्च, 2008) कणक्कु (पत्रिका : नागपति हड्ज, समस्ति, भिलाई; अंक : 10 जून, 2008), ओर्मवरुं इरुपत्तोन्नां नूट्टाण्टु (पत्रिका : साहित्य लोकं; जुलाई-अगस्त, 2005, मूल : मृदुला गर्ग), पेण्णिल्लात्त कूरा (संकलन : गुरुदयाल सिंगिन्टे तेरञ्ञेडुत्त कथकल; प्रकाशक : करण्ट बुक्स, कोट्टयम), क्षणिक्काते वन्नवन (गुजराती कहानी के हिन्दी अनुवाद का मलयालम अनुवाद, मातृभूमि रिपब्लिक अंक, जनवरी, 2003), अक्करपच्चा (मूल : सुषमा मुनिद्रा, मातृभूमि रिपब्लिक अंक : जनवरी, 2002), काक्ककलुटे लोकं (कन्नट कहानी के हिन्दी अनुवाद का मलयालम अनुवाद, मूल कहानीकार: मस्तिवेंकटेश अय्यंकार; जनयुगं : जुलाई, 2001), देवकी (मूल

लेखिका : प्रतिभा रॉय, जनयुगं; जनवरी, 2001 नव वर्षांक), राजाविंटे तीवंटी (मूल लेखक : कमलेश्वर, जनयुगं, जनवरी, 2000), ओरु पेरुपोलुमिल्लाते (मूल : सुनील गंगोपाध्याय, बांग्ला कहानी के हिन्दी अनुवाद का मलयालम अनुवाद; प्रदीपं, दिसंबर, 1999), शबना (मूल लेखक : अरविंद गोखले, मराठी कहानी के हिन्दी अनुवाद का मलयालम अनुवाद, मातृभूमि साप्ताहिक, सितंबर, 1989), नष्टपरिहारं (मूल लेखक : चित्रा मुद्गल, माध्यमं रिपाब्लिक अंक : जनवरी, 1987), मार्गदर्शकन (मूल लेखिका : ममता कालिया, मातृभूमि साप्ताहिक, रिपब्लिक अंक, जनवरी, 1987), इरुपत्तोन्नां नूट्टाण्टु (मूल लेखिका : ममता कालिया, अंक: मातृभूमि साप्ताहिक, रिपब्लिक अंक जनवरी, 1987), पट्टि नटक्कुन्नु (मूल : के.एन.वै. पतांचली, मातृभूमि साप्ताहिक, जनवरी, 1987), स्वप्नत्तिले नगरं (मूल : अस्मतमली, उर्दू कहानी के हिन्दी अनुवाद का मलयालम अनुवाद, मातृभूमि साप्ताहिक, जनवरी, 1976), अनुशोचनयोगं (मूल लेखिका : उषा परंदे, मराठी कहानी के हिन्दी अनुवाद का मलयालम अनुवाद, मातृभूमि साप्ताहिक), व्यामोहं (मूल लेखिका : निरुपमा सेवती, मातृभूमि साप्ताहिक, 23 जून, 1974), गृहप्रवेशं (मूल : प्रफुल्ल देव, गुजराती कहानी के हिन्दी अनुवाद का मलयालम अनुवाद, मातृभूमि रिपब्लिक अंक, 1973) आदि। डॉ. बाबू जोसफ ने सुमन मल्होत्रा की 'मधुमती' पत्रिका में 2007 में प्रकाशित 'यह किसका कसूर है' कहानी का मलयालम में अनुवाद किया, जो 'टीचर्स वॉयस' पत्रिका में प्रकाशित हुआ।

लघु कथा (मौलिक)

डॉ. वी. गोविंद शेणाय केरल के हिन्दी 'लघुकथाकार' हैं। उनकी लघु कथाओं के बारे में डॉ. एन.ई. विश्वनाथ अय्यर के शब्द देखिए—'गोविंद शेणायजी ने अपनी व्यंग्यात्मक लघुकथाओं की अलग परंपरा स्थापित की है। हिन्दी में हरिशंकर परसाई, शरद जोशी आदि व्यंग्यकारों की पंक्ति में ये स्थान पा चुके हैं।' (पृ. 29, संग्रथन, अंक : अप्रैल, 2009)। उनकी लघु कथाएँ राष्ट्र भर से निकलनेवाली हिन्दी पत्रिकाओं में प्रकाशित होती हैं। उनकी लघुकथाओं का विषय रहता है 'समाज'। पहले संकलन को छोड़कर बाकी संकलनों का प्रकाशन 'केरल हिन्दी साहित्य मंडल, कोच्ची' ने किया। संकलन इस प्रकार हैं—(1) 'मिस्टिक साहब का कुरता' सन् 1961 में प्रकाशित हुआ। यह 72 लघु कथाओं का संकलन है। प्रकाशक है—वी.एस. राऊ, 562, पनविला, तिरुवनंतपुरम। जब शेणायजी यूनिवर्सिटी कॉलेज, तिरुवनंतपुरम में प्राध्यापक थे, तब इसका प्रकाशन हुआ था। पहली कुछ कथाओं के शीर्षक इस प्रकार हैं—सरकारी ठूँठ, कम्युनिस्ट किसनू, चवन्नी, लाल डंडे, कामरेड साहब, विकलांग, विज्ञापन बोर्ड, परब्रह्म राउ, चंदनपुर, शिवनाथ शंभु, दारोगा दीनबंधु, काश! मैं शंकरराज होता, वेणी संहार, तेरे पैसे नहीं चाहिए, मनमोहन मिस्टिक और मुँहफलिया, बिल्कुल टेम्परारी,

धोबी ने मिस्टिक साहब को बताया था, अप्रेंटिस, रहस्यवाद, प्रोफेसर कामाक्षी रमणन, अहं ब्राह्मस्मि, रागात्मक आकर्षण, अध्यापक आनंद, सच्चन शर्मा, मिस्टिक साहब का कुरता, इनकलाब ज़िंदाबाद आदि। इस संकलन की कहानियों में शेणायीजी ने अपने इर्द-गिर्द की सामाजिक विडंबनाओं पर प्रकाश डाला है। जैसे—'चवन्नी' कहानी में आर्थिक समस्याओं से उत्पन्न तनाव का चित्रण किया गया है। कम्युनिस्ट किसनु अपने व्यक्तिगत मामले में भी स्वयं निर्णय नहीं लेता, बल्कि कॉमरेडों से सलाह माँगता है। जैसे—किसनु ने अपनी प्रेमिका लछ्मी के भारी बदन, पीले और निस्तेज चेहरे की ओर उदासीन दृष्टि से देखा और तनिक गंभीर होकर कहा—'उसके प्रति अपने दायित्व के संबंध में वह सेक्रेटरी कामरेड जगन्नाथ से परामर्श करेगा और सूचना देगा।' नेता किसनु जैसे बुद्धिहीन सदस्यों का शोषण भी किया जाता है, जैसे—'जगन्नाथ के मन में किसनु के प्रति विशेष ममता थी और उसकी कृपा से किसनु की अविवाहित बहन को संतान-लाभ हुआ था।' 'मिस्टिक साहब का कुरता' कहानी में मनमोहन मिस्टिक के माध्यम से वर्तमान साहित्यकारों की पुस्तक के प्रकाशन के पहले ही नाम पाने की इच्छा पर प्रकाश डाला गया है। अपनी एक पुस्तक के बारे में मनमोहन मिस्टिक का कहना है, 'मुझे सिर्फ इतना ही कहना है कि पुस्तक आप जल्दी प्रकाशित करें। 'मस्ती' के संपादक से मेरी घनिष्ठता है। मैं आज ही उन्हें लिखता हूँ कि वे एक सुंदर समीक्षा तैयार करें' (पृ. 50)। 'सरकारी ठूँठ' कहानी में सड़क के दाईं ओर खड़ा ठूँठ प्रकृति तथा मानव के अत्याचारों का एक समाधिस्थ साधु-सा तटस्थ है। इसमें प्रकृति की सुरक्षा के प्रति सरकार की उपेक्षा पर व्यंग्य करके कहानीकार ने ठूँठ को जीवित प्रतीक बनाया है। वर्तमान समाज की अमानवीय दृष्टि पर व्यंग्य करके कहानीकार ने दिखाया है कि वह ठूँठ अंतिम क्षण तक सेवा करता रहता है। ठूँठ के नीचे मरे पंडितजी की भी अंतिम सेवा करके वह स्वयं पंचतत्त्व में विलीन हो जाता है। (2) 'आगे कौन हवाल' (1971) कहानी संकलन 'केरल हिन्दी साहित्य मंडल, कोच्ची' का प्रथम प्रकाशन है। यह 23 कहानियों का संकलन है। इस संग्रह की 'काठ' कहानी में सरकार की आर्थिक नीति, परिवार नियोजन विभाग के कामकाज आदि पर व्यंग्य किया गया है। अपव्यय रोकने के नाम पर सरकार दर्शनशास्त्र का अध्यापन बंद करके दर्शनशास्त्र के अध्यापक शास्त्रीजी को 'परिवार नियोजन विभाग' में तबादला करती है। किंतु शास्त्रीजी यह सोचकर इस्तीफ़ा देता है कि वह नए काम में अनाड़ी है और उसके परिवार का नियोजन भगवान ने किया है। इस कहानी में सरकारी सेवा में मनमाने ढंग से होनेवाले स्थानांतरणों की विडंबनाओं पर प्रकाश डाला गया है। इस संकलन की सभी कहानियों के विषय सामाजिक विडंबनाएँ हैं। इस संकलन का लेकार्पण मूर्धन्य हिन्दी समीक्षक डॉ. नगेंद्र ने किया था। (3) 'आमस्टरडामी चोगा' (1988)—यह 72 लघु कथाओं का संकलन है। इस संकलन की 'पागल', 'भूत', 'पशुकल्याण केंद्र', 'झूठ' जैसी कहानियाँ चर्चित

हैं। 'आमस्टरडामी चोगा' कहानी में वर्तमान युग में विज्ञापन के प्रभाव पर व्यंग्य किया गया है। इसमें फैशनप्रिय एक व्यक्ति से कहा जाता है कि आमस्टरडाम का फैशनदार कुरता उसे देगा। किंतु नन (ईसाई भिक्षुणी) का वस्त्र जैसा सिलाईवाला चोगा उसे देता है और कहता है कि आमस्टरडाम से मंगाया गया चोगा है। उसे आयात किया हुआ कुरता समझकर ग्राहक ज़्यादा मूल्य देकर खरीदता है। (4) 'शेणाय की कहानियाँ' (2004) 214 लघु कथाओं का संकलन है। इस संकलन की कथाएँ अन्य दोनों संकलनों की अपेक्षा सबसे लघु हैं। (5) 'मालिश महल' (2012), डॉ. पी.वी. विजयन ने इसकी भूमिका लिखी है। इसमें डॉ. टी.एन. विश्वंभरन ने शुरू में डॉ. शेणाय की लघु कथाओं का परिचय दिया है। केरल साहित्य अकादमी हॉल, तृशूर में इसका लोकार्पण हुआ। शेणायजी की लघु कथाओं के बारे में डॉ. एन.ई. विश्वनाथ अय्यर के शब्दों में, 'शेणायजी कम से कम शब्दों का प्रयोग करते हैं। प्रत्येक शब्द ठोस होता है। बीच-बीच में व्यंग्य भरा होता है। वह व्यंग्य पैना होता है, सस्ता या उथला नहीं रहता। उस व्यंग्य से समाज के कई ढकोसले फोड़ते हैं। हास्य रस के चुटकुले भी सुनाते हैं। शेणायजी अपने पात्रों का नामकरण भी व्यंग्यमय ढंग से करते हैं। मनोविज्ञान की गुत्थियाँ सुलझाने में वे बेजोड़ हैं।' (संग्रथन, पृ. संख्य 29, अंक : अप्रैल, 2009)।

लघु कथाएँ पत्रिकाओं में

ऐसे भी कुछ हिन्दी लघु कथाकार केरल में हैं, जिनकी लघु कथाएँ मात्र पत्रिकाओं में निकली हैं, जैसे—**श्री के.जी. बालकृष्ण पिल्लै** की लघु कथाओं का विषय सामाजिक है। उनकी लघु कथाओं से पाठकों को कोई न कोई संदेश अवश्य मिलता है। उनकी लघु कथाएँ भारत की कई हिन्दी पत्र-पत्रिकाओं में प्रकाशित हुई हैं। उनमें से कुछ हैं—सास बहू संबंध (बिजनौर टाइम्स हिन्दी दैनिक, अंक : रविवार, 30 सितंबर, 2007), 'भ्रूण-हत्या का भीषण दण्ड' (भारद्वाज परिवार, अंक : अप्रैल-जून, 2002), सत्याग्रह (अंजुरि, अंक : जुलाई-सितंबर, 1999), यूनियनवाले (अंचल भारती, अप्रैल-जून, 1998), ब्लैक बेल्ट (पनघट, जनवरी, 2000), साहित्यकार की आत्महत्या (कात्यायनी, अंक : नवंबर, 1971), चुनाव (जैमिनी अकादमी, जनवरी, 1997) आदि। पिल्लैजी की लघुकथाओं के विषय सामयिक हैं। केरल के अन्य लघु कथाकार हैं—**प्रो.के. वामदेवन** (लघु कथा—'बदला'; संग्रथन, अंक : 25 जुलाई, 1987; **सुचित्त एन. तंपी** (लघु कथा—'उसका अर्थ'; संग्रथन, मई, 2008) आदि।

अध्याय-3

उपन्यास

उपन्यास (मौलिक)

साहित्य की अन्य मुख्य विधाओं की अपेक्षा केरल में मौलिक हिन्दी उपन्यास कम लिखे गए हैं। उपन्यासकार और प्रकाशित उपन्यास इस प्रकार हैं—

स्व. आनंदशंकर माधवन के दो उपन्यास प्रकाशित हुए हैं—(1) **अनामंत्रित मेहमान** (1961) और (2) प्रसव-वेदना (1967)। इन दोनों का प्रकाशन किया है मंदार विद्यापीठ, बांका, भागलपुर ने (वर्तमान में 'अनामंत्रित मेहमान' राजकमल प्रकाशन, नई दिल्ली-110 002 द्वारा प्रकाशित)। रचनाकाल की दृष्टि से 'अनामंत्रित मेहमान' केरल में रचित सर्वप्रथम मौलिक हिन्दी उपन्यास है। इस उपन्यास का कथानक मध्यवर्गीय जीवन पर आधारित है। यह कुल 854 पृष्ठों का बृहदाकार सामाजिक उपन्यास है। महाराष्ट्र के बड़गाँव में एक साधु के आध्यात्मिक भाषण से लोग प्रभावित होते हैं। गाँव का एक युवक रामचंद्र तो गृहस्थी छोड़कर साधु के साथ चला जाता है। रामचंद्र की पत्नी उषा का दुख देखकर उसका पड़ोसी दत्तात्रेय नामक साम्यवादी युवक रामचंद्र को घर वापस बुला लाता है। उषा गर्भवती होती है और एक शिशु—यशवंत (अनामंत्रित मेहमान)—को जन्म देता है। रामचंद्र फिर साधु के पास जाता है। दत्तात्रेय नागपुर यूनिवर्सिटी में साम्यवाद का प्रचार कर रहा था कि उसकी गिरफ़्तारी होती है। चीफ जस्टिस वापट साहब की बेटी तथा मातृविहीन लड़की सरला पी-एच.डी. के शोध-कार्य के बाद गोवान्स नामक एक युवक के साथ अमेरिका से लौट आती है। पिता द्वारा समझाये जाने पर वह गोवन्स को वापस अमेरिका में भेजती है। उसकी शादी दत्तू (दत्तात्रेय) के साथ संपन्न होती है। किंतु आई.जी. मिश्र के कहने पर शादी के दिन ही दत्तू को जेल जाना पड़ता है। सरला पिताजी के साथ वृंदावन जाती है। गाँव में हैजा फैल जाने पर उषा और दोनों बड़ी बेटियाँ मर जाती हैं, तो बालक यशवंत की देखभाल का भार डाक्टर द्वारा ज़मींदार को सौंप दिया जाता है। यशवंत की असाधारण बुद्धि देखकर ज़मींदार उसकी पढ़ाई की व्यवस्था करता है। एक राष्ट्रीय पर्व के दिन दत्तू की रिहाई होती है तो दत्तू यशवंत के साथ नौकरी की खोज में बम्बई जाता है। वहाँ उसकी गिरफ़्तारी होती है और

नागपुर जेल में भेज दिया जाता है। यशवंत को पुलिस वृंदावन की गाड़ी में बिठा देता है। दत्तू उसके हाथ में एक चिट्ठी और सरला का पता भी देता है। किंतु रास्ते में जेब कट जाने के कारण उसकी चिट्ठी, टिकट सब कुछ नष्ट हो जाते हैं। दिल्ली में पहुँचनेवाले यशवंत को मणिका नामक भिखारिन मथुरा का टिकट लेकर गाड़ी में बिठा देती है। जेबकटों को मिला पत्र वे डाक से सरला को भेज देते हैं। पत्र से सरला को पता चलता है कि अपना पति दत्तू जेल में है। वह बंबई आती है और मुख्यमंत्री से मिलकर दत्तू की रिहाई करवाती है। सरला और दत्तात्रेय वृंदावन आते हैं, किंतु यशवंत वहाँ नहीं पहुँचा था। यह 854 पृष्ठों का उपन्यास है। इसमें लेखक का साम्यवादी दृष्टिकोण झलकता है।

आनंदशंकर माधवन का **'प्रसव-वेदना'** दो भागोंवाला एक बृहद उपन्यास है। कुल 1353 पृष्ठ हैं। इसका विषय है भारतीय स्वतंत्रता आंदोलन के संदर्भ में भारत का हिंदू-मुसलमान दंगा। इसमें नारी-जीवन की समस्या उठाई गई है। इसकी नायिका सुजाता है, जो प्रो. सतीश चक्रवर्ती (ढाका विश्वविद्यालय के प्रोफेसर) की इकलौती बेटी है और पच्चीस साल की है। उसने दर्शनशास्त्र में एम.ए. तथा पी-एच.डी. की उपाधियाँ प्राप्त की हैं। उसके आदर्शवान पिताजी उसे सम्राट अशोक की पुत्री संघमित्रा जैसी आदर्शनिष्ठ बनाना चाहते हैं। पठानों के हमले के फलस्वरूप ढाका पठानों के अधीन होता है तथा हिंदुओं के घर लूटे जाते हैं। पठान सुजाता की आँखों के सामने उसके माता-पिता को मारते हैं और सुजाता को पकड़कर लाहौर ले जाते हैं। लाहौर में एक पठान उससे शादी करता है। उस संबंध में एक बच्चा पैदा होता है। किंतु सुजाता मानसिक नियंत्रण खोकर उस बच्चे को मार डालती है। पठान उसे वापस भेज देता है। भारत में पहुँचकर भी उसका पिशाचों द्वारा शारीरिक शोषण होता है। अपने को नर-पिशाचों से बचाने के लिए वह भिखारिन तथा कोढ़ी का वेश धारण करती है। आखिर एक साधु बाबा उसे बचाते हैं। उसका स्वास्थ्य सुधर जाता है। वह 'मणिका' नाम स्वीकार करती है। मणिका (सुजाता) दिल्ली रेलवे स्टेशन पर एक बच्चे को देख लेती है। तब उसका मन यशवंत को देखने के लिए लालायित होता है। यशवंत उससे मिलने आता है। अस्वस्थ मणिका के लिए दवा खरीदने एक मित्र के साथ यशवंत अस्पताल पहुँचता है। डॉक्टर दयाल दवा देने से इनकार करता है तो दोनों लड़के वहाँ की दवा की शीशियाँ तोड़ डालते हैं। लड़के गिरफ़्तार किए जाते हैं तो मणिका कुपित होकर अस्पताल आती है। डॉक्टर डंडे से उसे मारता है। सिर से खून बह जाने से वह बेहोश हो जाती है। अस्पताल में डॉक्टर चाटर्जी और नर्स गीता के उपचार में उसकी स्थिति सुधर जाती है।

श्री के.पी. परमेश्वरन पिल्लै का 'दीवान वेलुतंपी' (1967) केरल में रचित दूसरा मौलिक हिन्दी उपन्यास है। यह ऐतिहासिक पात्र वेलुतंपी—तिरुवितांकूर के महाराजा रामवर्मा के दीवान—के जीवन पर आधारित उपन्यास है। यह पुस्तकाकार

में प्रकाशित नहीं हुआ, किंतु 'युग प्रभात' पत्रिका (पाक्षिक पत्रिका, प्रकाशक : मातृभूमि प्रकाशन, कालिकट) में अक्टूबर, 1967 से फ़रवरी, 1968 तक धारावाहिक प्रकाशित हुआ।

डॉ. वी. गोविंद शेणाय के दो उपन्यास सन् 2014 तक प्रकाशित हुए हैं—(1) 'किंचित शेषम्' (1985, प्रकाशक : केरल हिन्दी साहित्य मंडल, एरणाकुलम) और (2) 'बावरिया' (2004, प्रकाशक : केरल हिन्दी साहित्य मंडल, एरणाकुलम)। **'किंचित शेषम्'** व्यंग्य कथाकार डॉ. गोविंद शेणाय का लघु उपन्यास है। इसमें एक गौड़ सारस्वत परिवार के पिता और पुत्र का करुण चित्र खींचा गया है। गाँव के लोगों का दावा रहता है कि पिता (नारायण शास्त्री) और पुत्र (सुब्राया शर्मा) परम धार्मिक हैं। मगर ज्योतिष तथा धार्मिक कार्यों में इनके पांडित्य का लाभ उठानेवाले लोग गरीब परिवार के इन पुरोहितों को दक्षिणा देने, कुछ सहायता करने या उनके कष्ट का ध्यान रखने की ज़रा भी परवाह नहीं करते। किसीसे शिकायत किए बना नारायण शास्त्री अपनी पत्नी कमलादेवी के साथ देशाटन के नाम पर घर छोड़कर चले जाते हैं। आखिर सुब्राया भी देशाटन के लिए चले जाते हैं। सुब्राया के देशाटन में जाने का वर्णन उपन्यास के अंतिम अनुच्छेद में दिया है। उन्होंने अपनी पत्नी से कहा—'तुमने ठीक ही कहा था, हम बेकार हैं। सुबह ही चल देंगे। पिताजी भी ऐसी ही स्थिति में तीर्थयात्रा के लिए निकल पड़े होंगे। धोती, अंगोछा, लोटा, लाठी—इन्हीं की मुझे ज़रूरत है। अपने लिए गट्ठा अलग बना लो। मिट्टी का घड़ा साथ ले लेना। वह वैद्यराज की पत्नी से उधार लिया था।' **'बावरिया'** उपन्यास 'किंचित शेषम्' का विकसित रूप है। इसमें घर छोड़कर इधर-उधर घूम-फिरकर परिस्थितिवश जेल जानेवाला सुब्राय्या शर्मा जेल के अनुभवों से यह महसूस करता है कि जेल के अंदर सब पागल हैं। वह यह निश्चित नहीं कर पाता कि जेल के अंदर के लोग अच्छे हैं या बाहर के।

डॉ. एन. रामन नायर द्वारा लिखित **'सागर की गलियाँ'** उपन्यास (1986; प्रकाशक : राजपाल एंड संस, नई दिल्ली) हिन्दीतर क्षेत्र केरल में रचित एकमात्र 'आंचलिक उपन्यास' है। इस उपन्यास के बारे में लेखक के ही शब्द देखिए—'केरल के मेरे चिर-परिचित एक अंचल की कथा वास्तविकता के निकट है। इसलिए इसमें आए पात्र, स्थान और वातावरण केरल के जीवन का यथार्थ परिचय देने में समर्थ रहेंगे, ऐसा मेरा विश्वास है। मेरी मौलिक हिन्दी कहानियों का संग्रह 'द्वादशी' (प्रकाशक : वाणी प्रकाशन, दिल्ली) भी केरल के जनजीवन, आस्थाएँ, संस्कृति, विश्वास, जीवन के तौर-तरीके आदि का परिचय देने में सहायक हुआ है। इसी तरह मेरा विश्वास है कि यह उपन्यास भी उस ओर और ठोस काम करेगा।' अंचल का यथातथ्य चित्रण करने के लिए प्रकृति-वर्णन सहायक बनता है। 'सागर की गलियाँ' उपन्यास का प्रकृति-वर्णन देखिए—'सागर की अनंत नीलिमा से उदय किरणों की लालिमा दिखाई दी। किरणें शांत, शीतल, आकाश की नीलिमा में संतरे के

छिलके का रंग दिलानेवाली। उस दिन पूर्व दिशा में बादल नहीं थे, इसलिए किरणें साफ थीं। स्वर्ण-रेखा के ऊपर रजत वर्तुल बाल रवि का सिर दिखाई दिया। चंद ही मिनटों में वह ऊपर आ गया। हँसता-सा चेहरा, शीतल प्रकाश, वह विस्मित रेखा आकाश की सीमा को तोड़कर सागर की कल्लोलिनियों में छा गई, धरती पर अभिषेक करने लगी' (पृ. 9)। इसमें अंचल विशेष के जन जीवन से संबंधित शब्दों—(लोक शब्दों)—का हिन्दी में अनुवाद किए बिना लिप्यंतरण करके लिखा है, जैसे—'मूप्पन' (बिरादरी का नेता, पृ. 11), 'चाला' (मछुओं की झोंपड़ी, पृ. 11), 'चालत्तटियाँ' (मछली पकड़ने के लिए उपयुक्त लकड़ियाँ, पृ. 11) आदि। इस उपन्यास में मछुआरों का जीवन-चित्रण किया गया है। मछुआरों की जीवन-रीति चित्रित करनेवाले वाक्य हैं—'एक मछुए को एक जाल, नाव और चालत्तटियाँ हाथ आए तो उससे बढ़कर क्या संपत्ति हो सकती है! हज़ारों रुपयों से बढ़कर, गहने-सोने से बढ़कर उसकी यही श्रेष्ठ संपत्ति है। इससे बिरादरी में उसकी मान्यता दुगुनी-तिगुनी हो जाती है। वह मूप्पन हो जाता है' (पृ. 11)। अंचल के कच्चे मनुष्यों का चित्रण इस उपन्यास में किया गया है। लोगों के शंकालु मन का परिचय देनेवाला वाक्य है—'काले हैं पिता, काली हैं माता। उनकी गोरी बेटी कैसी? सारी बिरादरी में उसकी चर्चा हुई थी' (पृ. 11)। मछुए अंधविश्वासी हैं। समुद्र में गए मछुओं के लौट आने में विलंब होने पर बूढ़े वेलु मूप्पन का संदेह है—'आज समुद्र शांत है, फिर क्या कारण है?' (पृ. 14)। अपने पति करुप्पन की मृत्यु का कारण वेलुत्तम्मा अपनी बच्ची का जन्म-दोष समझती है—'मेरी बेटी बुरे नक्षत्र में जन्मी थी। इसी का यह नतीजा हुआ' (पृ. 203)। इस उपन्यास में मछुआरों के आचारों का भी परिचय मिलता है, जैसे—लड़की को शवदाह कर्म में घड़ा फोड़ने का अधिकार नहीं है। मृत करुप्पन के तो कोई बच्चा नहीं था। उसके एक बच्ची थी। अतः एक बंधु ही कच्चे घड़े में पानी लेकर आता है। अंचल के मछुओं की आर्थिक समस्या अभिव्यक्त होनेवाला वाक्य है—'मछुओं के जीवन में अकाल एवं खुशहाल की आँख-मिचौनी होती है। कभी-कभी समुद्र माता उनके प्रति उदार नहीं रहती है' (पृ. 15)। अंचल में नारियों को अनैतिक व्यवहार सहना पड़ता है—'पुलिस सेना ने ऐसा अहित किया था कि मछुआरिनों की इज्ज़त तक नहीं बची' (पृ. 25)। प्राकृतिक समस्या का परिचय देनेवाले वाक्य हैं—'एक-एक क्षण में यही डर था कि तुरुत्त समुद्र में डूब जाएगा। सारे तुरुत्त निवासी पानी में डूब मरेंगे।...मृत्यु निकट है। वेलन प्रलाप कर रहा था, मरने को तैयार रहो। यही मछुआरों का जीवन है, कोई ठिकाना नहीं। समुद्र ही जीने देता है, मरने देता है' (पृ. 202)। उपन्यास को यथार्थवादी बनाने के लिए लेखक ने मुहावरेदार भाषा का प्रयोग किया है। उदाहरणार्थ—मृत्यु का तांडव होना (पृ. 202), अपने भाग्य पर रोना (203) आदि। इस प्रकार इस आंचलिक उपन्यास में प्रकृति-चित्रण, लोकभाषा का प्रयोग, लोगों के अन्धविश्वासों तथा आचार-विचारों का

परिचय, समस्याग्रस्त जीवन-चित्रण आदि के ज़रिए तिरुवनंतपुरम जिले के अंचुतेङ्ङु नामक तुरुत्तु (टापू) के मछुआरों का जीवन-चित्रण किया गया है।

हिन्दी में **श्री के.सी. अजयकुमार** के दो उपन्यास प्रकाशित हैं—(1) **'सूर्य गायत्री'** (2010, प्रकाशक : हिंद पॉकेट बुक्स प्राइवेट लिमिटेड, जे-10, ज़ोरबाग लेन, नई दिल्ली)। पहले मलयालम उपन्यास 'मृत्युंजयम्' (प्रकाशक : करन्ट बुक्स, 2004) लिखा, फिर उन्होंने उसका सरल हिन्दी रूपांतरण 'सूर्यगायत्री' नाम से तैयार किया। इसे लेखक अपनी मौलिक रचना ही मानते हैं। यह उपन्यास सत्यवान-सावित्री की पौराणिक कथा पर आधारित एक रोचक उपन्यास है। इसमें पौराणिक कथा को विज्ञान की कसौटी पर कसने का प्रयास किया गया है। विज्ञान में नए-नए अनुसंधान हो रहे हैं और वैज्ञानिक तो मृत्यु पर विजय पाने की भरपूर कोशिश कर रहे हैं। यह विचार भी है कि क्या अकाल मृत्यु को रोका नहीं जा सकता? प्रस्तुत उपन्यास में कुछ सवाल दिये गए हैं—क्या मृत व्यक्ति फिर जीवित हो सकता है? जीवन और फिर मृत्यु प्रकृति का नियम है? एक आवश्यकता है? लेकिन मृत व्यक्ति का पुन:जीवित हो उठना असंभव है। बचपन, यौवन, वृद्धावस्था आदि सबको पार करके मृत्यु की ओर बढ़ना प्रकृति की स्वाभाविकता है। लेकिन अकाल में होनेवाली मृत्यु हमें चकित कर देती है, दुखी बना देती है। इस उपन्यास का विषय अकाल मृत्यु है और इससे बचने के लिए उपाय की खोज है। सत्यवान की मृत्यु निश्चित थी, किंतु उससे विवाह करके सावित्री ने अकाल मृत्यु को चुँनौती दी। अत: यह पौराणिक कथा साहस के साथ जीने और संकटों से संघर्ष करने की प्रेरणा देती है। इस उपन्यास में प्रस्तुत कथावस्तु चुनने का कारण लेखक के ही शब्दों में देखिए—'केरल के पालक्काटु जिले में ओट्टप्पालम के स्वामीजी श्री निर्मलानंद गिरि महाराज ने कभी मृत्यु के संबंध में और मृत व्यक्ति के पुनर्जीवित होने की संभावना के संबंध में बताया था। महाभारत में वर्णित सत्यवान और सावित्री की कथा की ओर उन्होंने ध्यान आकर्षित किया। इस उपन्यास की कथावस्तु की ओर ध्यान देने का कारण यह था' (पुरोवाक्, 'मृत्युंजयं' मलयालम उपन्यास)। प्रस्तुत उपन्यास की कथा इस प्रकार है—बाईस वर्ष की आयु में सत्यवान की अकाल मृत्यु होती है। उसकी आत्मा को लेकर जानेवाले यम के साथ सावित्री भी जाती है। सावित्री की बातचीत से यम को उसका पातिव्रत्य स्पष्ट होता है। बार-बार यम के कहने पर भी वह लौट जाने को तैयार नहीं होती। वह कहती है—'हम तो एक आत्मा और दो शरीर के साथ जी रहे थे। अकेले उनकी और अकेले मेरी कोई आत्मा ही नहीं है' (पृ. 22)। यम सावित्री की तर्कबुद्धि का अभिनंदन करता है और वर देने को तैयार होता है। सत्यवान के अंधे पिता द्युमसेन महाराज की आँखों को ज्योति मिलने, द्युमसेन को शीघ्र ही राज्य पर अधिकार प्राप्त होने तथा सत्यवती को अपने पिताजी अश्वपति के कुल की परंपरा बनाए रखने के लिए पुत्रों की प्राप्ति होने आदि का वर यम देता है। सचमुच यम से

प्राप्त अंतिम वर से सत्यवती ने असफल को सफल कर दिया। उपन्यास का प्रस्तुत भाग देखिए—'माना जाता है कि कालचक्र कभी भी पीछे की ओर नहीं चलता लेकिन आज सत्यवान की आत्मा को शरीर से ले लेने के बाद उसे वापस भेजना पड़ रहा है। कालचक्र के कोटि-कोटि चक्रों में से एक आज पीछे की ओर घूम रहा है' (पृ. 225)। दिये गए वर के अनुसार कुल की परंपरा बनाए रखने के लिए यम सत्यवान की आत्मा को मुक्त करता है और आशीर्वाद देता है—'सावित्री-सत्यवान एक पुरुषायु तक स्वस्थ, सानंद होकर शाल्व का शासन करेगा। तुम दोनों के आदर्श संबंध की कथाएँ जब तक यह संसार रहेगा तब तक जन-जन में कीर्तिगाथा बनकर प्रचलित रहेगा। तुम्हारी परंपरा सावित्र जानी जाएगी'' (पृ. 226)। सत्यवान के प्राण बचाने के लिए गौतमाश्रम में ऋषि विश्वामित्र और ऋषि गौतम मृत्युंजय यज्ञकुंड में अंतिम आहुति डालकर उठे कि मृत्यु से बचकर सत्यवान सावित्री सहित आश्रम में आए। गुरु अग्निशर्मा से द्युमसेन का कथन है, 'हाँ, गुरुवर, हमारी पुत्रवधू सावित्री सत्यवान को मृत्यु के हाथों से खींच लाई है। जिस पति को अकाल मृत्यु के हाथों में देने को पतिव्रता पत्नी तैयार नहीं है, उसकी आत्मा का भार काल भी सहन नहीं कर पाएगा। जिस व्यक्ति की आत्मा को मृत्युंजय मंत्र का सुरक्षा-कवच प्राप्त है, उसका भार सहन करने की शक्ति काल महीप को भी नहीं है' (पृ. 233-234)। शाल्व में वीरसेन का कुशासन अंत होता है और वह कालपुरी जाता है। (2) **कविकुल गुरु कालिदास** (2012, प्रकाशक : हिंद पॉकेट बुक्स, नई दिल्ली) डॉ. के.सी अजयकुमार द्वारा मलयालम में लिखित उपन्यास 'कालिदासन' (प्रकाशक : डी.सी. बुक्स, 2011) का उन्हीं से किया गया हिन्दी अनुवाद है। इसे अजयकुमार जी अपनी मौलिक रचना ही मानते हैं। इसमें उज्जैन के कविकुल गुरु कालिदास की कथा है।

उपन्यास अनूदित

उपन्यास (अनुवाद : मलयालम-हिन्दी)

केरल में हिन्दी में मौलिक उपन्यास कम लिखे हैं, किंतु मलयालम से हिन्दी में कई उपन्यास अनूदित हुए हैं, जैसे—तकषि शिवशंकर पिल्लै के 'तोट्टियुटे मकन' का 'चुनौती' नाम से श्रीमती भारती विद्यार्थी ने अनुवाद किया (1952; आत्माराम एंड संस, दिल्ली)। के.एम. पणिक्कर के 'केरलसिंहं' का अनुवाद के. कृष्ण मेनन ने 'संघर्ष' नाम से किया (1956; राजपाल एंड संस, नई दिल्ली)। सरदार के.एम. पणिक्कर के 'कल्याणमल' का अनुवाद उसी नाम से श्रीमती रत्नमयी दीक्षित तथा सीताचरण दीक्षित ने मिलकर किया (1956; राजकमल प्रकाशन, नई दिल्ली)। तकषि शिवशंकर पिल्लै के 'रण्टिटङ्ङ्षी' का अनुवाद 'दो सेर धान' नाम से श्रीमती भारती विद्यार्थी ने किया (1957; राजपाल एंड संस, दिल्ली)। मलयाट्टूर रामकृष्णन के 'वेरुकळ' का अनुवाद

'जड़ें' नाम से डॉ. एन.ई. विश्वनाथ अय्यर ने किया (राजपाल एंड संस, नई दिल्ली)। वेट्टूर रामन नायर के 'जीविक्कान मरन्नु पोय स्त्री' का अनुवाद 'जो जीना भूल गई' नाम से अभयदेव ने किया (1958; केरल हिन्दी सहकारी संघ, कोट्टयम)। उरूब के 'मण्णुं पेण्णुं' का अनुवाद अभय देव ने 'मिट्टी और नारी' नाम से किया (1958; केरल हिन्दी सहकारी संघ, कोट्टयम)। सरदार के.एम. पणिक्कर के 'केरल सिंह' का अनुवाद श्रीमती रत्नमयी दीक्षित तथा सीताचरण दीक्षित ने मिलकर 'केरल सिंह' नाम से किया (1959; साहित्य अकादमी, दिल्ली)। तकषि शिवशंकर पिल्लै के 'चेम्मीन' का अनुवाद श्रीमती भारती विद्यार्थी ने 'मछुवारे' नाम से किया (1959; साहित्य अकादमी, दिल्ली)। के. दामोदरन के 'नरकत्तिल निन्नु' का लक्ष्मण शास्त्री ने 'पद्मवती' नाम से अनुवाद किया (1960; अशोक प्रकाशन, दिल्ली)। बशिर के 'एन्टुप्पाप्पनोरानेटारुन्नु' का अनुवाद 'दादा का हाथी' नाम से के. रविवर्मा ने किया (1960, साहित्य अकादमी, दिल्ली)। पी. केशवदेव के 'ओटयिल निन्नु' का अनुवाद सुधांशु चतुर्वेदी ने 'नाली से' नाम से किया (1964; नेशनल पब्लिशिंग हाउस, दिल्ली)। टी.एन. गोपीनाथन नायर के 'सुधा' उपन्यास का उसी नाम से सुधांशु चतुर्वेदी ने अनुवाद किया (1966; सुधा प्रकाशन, तृश्शूर)। एम.टी. वासुदेवन नायर के 'नालुकेट्टु' का अनुवाद 'हवेली' नाम से के. कृष्ण मेनन ने किया। वैक्कम मुहम्मद बशीर के 'बाल्यकाल सखी' का अनुवाद सुधांशु चतुर्वेदी ने उसी नाम से किया (1966, हिन्दी साहित्य भंडार, लखनऊ)। पारप्पुरत्त के 'अरनाषिक नेरं' का अनुवाद 'आधी घड़ी' नाम से डॉ. एन.ई. विश्वनाथ अय्यर ने किया (नेशनल बुक ट्रस्ट, नई दिल्ली)। श्री जोसफ़ मुण्डश्शेरी के 'प्रोफेसर' का उसी नाम से सुधांशु चतुर्वेदी ने अनुवाद किया (1967; साहित्य अकादमी, दिल्ली)। वैक्कम मुहम्मद बशीर के 'पात्तुम्मयुटे आटु' का श्रीमती रत्नमयी देवी दीक्षित ने 'पात्तुम्मा की बकरी' नाम से अनुवाद किया (1971; नेशनल बुक ट्रस्ट, नई दिल्ली)। एम.टी. वासुदेवन नायर के 'नालुकेट्टु' का अनुवाद 'चार दीवारों में' नाम से श्रीमती पद्मिनी मेनन ने किया (1972; नेशनल बुक ट्रस्ट, नई दिल्ली)। पी. केशव देव के 'कण्णाटि' का अनुवाद 'आइना' नाम से केशवन नंपूतिरी ने किया (1973; नेशनल बुक ट्रस्ट, नई दिल्ली)। काराट्टु अच्चुतन मेनन के 'विरुतन शंकु' का उसी नाम से के.पी.सी. मेनन ने अनुवाद किया (1974; सेतु प्रकाशन, झाँसी)। वैक्कम मुहम्मद बशीर के 'बाल्यकाल सखी' का 'साहबजादी' नाम से पी.एन. भट्टतिरी ने अनुवाद किया (1974; आत्माराम एंड संस)। पी.केशव देव के 'अयलक्कार' का अनुवाद श्री सुधांशु चतुर्वेदी ने 'पड़ोसी' नाम से किया (1976; साहित्य अकादमी, दिल्ली)। मलयाट्टूर रामकृष्णन के 'वेरुकळ' का 'जड़ें' नाम से डॉ. एन.ई. विश्वनाथ अय्यर ने अनुवाद किया (1976; राजपाल एंड संस, दिल्ली)। तकषि के 'एणिप्पटिकळ' का अनुवाद सुधांशु चतुर्वेदी ने 'सीढी के डंडे' नाम से अनुवाद किया (1977, नेशनल बुक ट्रस्ट, नई दिल्ली)। ओ. चन्तुमेनोन के

'इंदुलेखा' का उसी नाम से केशवन नंपूतिरी ने अनुवाद किया (1978; दक्षिण भारत हिन्दी प्रचार सभा, मद्रास)। एस.के. पोट्टेक्काट् के 'ओरु देशत्तिन्टे कथा' का 'कथा एक प्रांतर की' नाम से पी. कृष्णन ने अनुवाद किया (1981, भारतीय ज्ञानपीठ, नई दिल्ली)। एम.टी. वासुदेवन नायर के 'मञ्जु' का अनुवाद 'तुषार' नाम से श्रीमती हफ़सत सिद्दीकी ने किया (1982; केरल हिन्दी साहित्य परिषद, तिरुवनंतपुरम)। एस.के. पोट्टेक्काट् के 'करयाँपु' का 'लौंग' नाम से पी. कृष्णन ने अनुवाद किया (1982; नेशनल पब्लिशिंग हाउस, दिल्ली)। उरूब के 'सुंदरीकळुं सुंदरन्मारुं' का अनुवाद सुधांशु चतुर्वेदी ने 'सुंदर और सुंदरियाँ' नाम से किया (1982; साहित्य अकादमी, दिल्ली)। सच्चिदानंदन के 'मरण सर्टिफिकेट' का अनुवाद डॉ. एन.ई. विश्वनाथ अय्यर ने उसी नाम से किया (1994, प्रकाशक : राजकमल प्रकाशन, दिल्ली)। प्रो. वी.के. रवींद्र नाथ ने मलयाट्टूर रामकृष्णन के 'यक्षी' उपन्यास का उसी नाम से अनुवाद किया (प्रकाशक : नीलाभ प्रकाशन, इलाहाबाद, 1988)। उन्होंने वैक्कम मुहम्मद बशीर के 'शब्दङ्ङल', 'मतिलुकळ' आदि उपन्यासों का यथाक्रम 'आवाज़ें', 'दीवारें' नामों से अनुवाद करके संकलन को 'आवाज़ें और दीवारें' नाम दिया (प्रकाशक : लोकभारती प्रकाशन, 1989)। भारतीय ज्ञानपीठ पुरस्कार विजेता तकषि शिवशंकर पिल्लै के 'कयरु' का अनुवाद सुधांशु चतुर्वेदी ने 'रस्सी' नाम से किया (1992; साहित्य अकादमी, नई दिल्ली)। तकषि के दो मलयालम उपन्यासों का आरसु द्वारा किए गए हिन्दी अनुवादों का संकलन है 'बेचारा शरीफ आदमी' (प्रकाशक : मनु प्रकाशन, दिल्ली)। इसमें तकषि के 'ओरु मनुष्यन्टे मुखं' उपन्यास 'एक शरीफ़ इनसान' नाम से तथा 'जीवितं सुंदरमाणु पक्षे' उपन्यास का 'ज़िंदगी सुंदर है किंतु' नाम से अनूदित हुए हैं। सुधांशु चतुर्वेदी ने चन्तुमेनोन के 'इंदुलेखा' का अनुवाद उसी नाम से किया (1993, नेशनल बुक ट्रस्ट, नई दिल्ली)। डॉ. एन.ई. विश्वनाथ अय्यर ने सी.वी. रामन पिल्लै के 'रामराज बहदूर' का उसी नाम से अनुवाद किया (1993, नेशनल बुक ट्रस्ट, नई दिल्ली)। डॉ. एन.पी. कुट्टुन पिल्लै ने 'कालम्' उपन्यास का सन् 1998 में हिन्दी में अनुवाद किया। 'कालम्' के मूल लेखक भारतीय ज्ञानपीठ पुरस्कार विजेता (1995) श्री एम.टी. वासुदेवन नायर हैं। (प्रकाशक : भारतीय ज्ञानपीठ, नई दिल्ली)। 'कालम्' उपन्यास बालक सेतु के अनुभवों से आरंभ होता है। सेतु के टकसाली गाँव में नई सभ्यता के कई निशान दिखाई पड़ते हैं। किसानों की अवस्था बदलती है। परंपरागत भूव्यवस्था बदलती है। मातृसत्ता और संयुक्त परिवार की स्थिति बदलकर पितृसत्ता और एकल परिवार की स्थिति आती है। देश आज़ाद होता है, किंतु मनुष्य की प्रकृति नहीं बदलती है। इस परिवर्तन की साक्षी बनकर निला नदी बहती है, जिसमें जलधारा कम हो गई है। खेत, खेतों के बीच से रेलगाड़ी के लिए लोहे का पुल और लोहे के पुल पर चलती रेलगाड़ी आदि इस उपन्यास के जीवन के प्रतीक हैं। इस उपन्यास के रचनाकार श्री एम.टी. वासुदेवन नायर का जन्मस्थान

कूटल्लूर गाँव है। 'कालम्' उपन्यास के नायक सेतु में मूल रचनाकार एम.टी. का ही आत्मांश दीखता है। 'कालम्' के नायक सेतु के माध्यम से केरल की पुरानी सामाजिक व्यवस्था से पाठक परिचित होते हैं, जहाँ धार्मिकता है, छुआछूत है, पुरुषों का अधिकार है। 'कालम' के पात्र—मौसी, माधवी, मामा, सुमित्रा, नंपूतिरि, सरोजिनी, माँ आदि—यथार्थवादी पात्र हैं। ग्राम सेवा केंद्र और व्यापारी सेठ का घर आदि भ्रष्टाचार के केंद्रों के प्रतीक हैं। श्रीमती माधविक्कुट्टी के आत्मकथात्मक उपन्यास 'बाल्यकाल स्मरणकळ' का **डॉ. अरविंदाक्षन एम.** ने 'बचपन की यादें' नाम से अनुवाद किया (प्रकाशक : नेशनल बुक ट्रस्ट ऑफ इंडिया, नई दिल्ली : वर्ष 1999)। एस.के. पोट्टेक्काट् का पहला उपन्यास है 'नाटन प्रेमं'। इसका हिन्दी में अनुवाद 'नादान प्रेम' (2004; प्रकाशक : लोक भारती प्रकाशन, इलाहाबाद) नाम से **डॉ. आरसु** ने किया है।

डॉ. पी.के. राधामणि ने मलयालम के विख्यात कथाकार श्री के.पी. रामनुण्णि के 'केरल साहित्य अकादमी पुरस्कार' प्राप्त उपन्यास 'सूफी परञ्ञ कथा' का हिन्दी में 'कहानी सूफी की ज़बानी' नाम से हिन्दी में सफल एवं प्रभावी अनुवाद किया (प्रकाशक : साहित्य अकादमी, नई दिल्ली; वर्ष 2005)। डॉ. पी.के. राधामणि ने ज्ञानपीठ पुरस्कार विजेता (मलयालम) श्री एम.टी. वासुदेवन नायर के प्रसिद्ध मलयालम उपन्यास 'असुरवित्तु' का 'शैतान की औलाद' नाम से हिन्दी में अनुवाद किया (प्रकाशक : वाणी प्रकाशन, नई दिल्ली; वर्ष 2009)। डॉ. पी.के. राधामणि ने श्री के.पी. रामनुण्णि के 'भारतीय भाषा परिषद अवार्ड' तथा 'वयलार अवार्ड' प्राप्त मलयालम उपन्यास 'जीवितत्तिन्टे पुस्तकं' का 'ज़िंदगी की किताब' नाम से हिन्दी में अनुवाद किया (प्रकाशक : सस्ता साहित्य मंडल, दिल्ली; वर्ष 2010)।

प्रभाकर हेब्बार इल्लत्त ने श्रीमती के.पी. सुधीरा के 'गंगा' उपन्यास का उसी नाम से अनुवाद किया (प्रकाशक : अभिषेक प्रकाशन, नई दिल्ली; वर्ष 2006)। श्रीमती के.पी. सुधीरा मलयालम उपन्यास लेखिका हैं। बनारस में काम करनेवाले उनके एक मित्र ने काशी के इतिहास पर एक उपन्यास लिखने की प्रेरणा दी, तो लेखिका दो बार काशी गईं और वहाँ की आँखों-देखी बातों के आधार पर 'गंगा' (मलयालम) उपन्यास रचा। वहाँ गरीब नाववाले से लेकर साड़ी मिल के अमीर मालिक तक से मिलकर खबरें प्राप्त कीं। वहाँ के ऐतिहासिक खंडहरों का दर्शन किया। संन्यासाश्रम के बारे में वहाँ के संतों से सही सूचना नहीं मिली तो लेखिका ने आध्यात्मिक ग्रंथों का आश्रय लिया। आध्यात्मिक गुरु नित्य चैतन्य यति के प्रति लेखिका के मन में विशेष श्रद्धाभाव है, अत: उन्हें भी इसके एक प्रमुख पात्र का स्थान दिया। उपन्यास पहले मातृभूमि साप्ताहिक में खंडश: प्रकाशित हुआ। फिर 'डी.सी. बुक्स' ने पुस्तकाकार में प्रकाशित किया। इस सचित्र उपन्यास में चित्रकार मदनन ने चित्र खींचे हैं। इस उपन्यास का परिवेश है काशी। इसकी नायिका है 'शिवकामी' और नायक है 'हिरण्य'। काशी के आध्यात्मिक परिवेश में नायिका

शिवकामी की दशा का चित्रण करने में तथा उसे अपने विचारों के वक्ता के रूप में प्रस्तुत करने में लेखिका सफल हुई हैं। शिवकामी तीस वर्ष की युवती है, जो 10 वर्ष पहले माता-पिता के साथ गाँव से बनारस आई थी। महारोग से पीड़ित पिताजी की अंतिम इच्छा काशी में मरना मात्र थी। घर बेचकर, इलाज के लिए लिये गए कर्ज चुकाकर बाकी रुपये लेकर अपनी प्रिय अनेक वस्तुओं को छोड़कर शिवकामी काशी आई तो बनारस में साड़ी व्यापार करनेवाले ताऊजी ही एकमात्र आश्रय थे। पिताजी के निधन के बाद एक छोटी नौकरी मिली। साड़ी व्यापार में धोखा खाना पड़ा तो ताऊजी गाँव लौट गए और बिना विलंब के उनका भी निधन हुआ। काशी में हनुमान घाट के ऊपर स्थित बड़े भवन का एक कमरा ही शिवकामी का घर है। 10 वर्ष के बाद उसका प्रेमी हिरण्य गाँव से उससे मिलने आता है। वहाँ शिवकामी के साथ चैतन्य गुरु के आश्रम में जानेवाला हिरण्य गुरु से बहुत अधिक प्रभावित होता है। गुरु का उसे उपदेश है—'यह धरती ही तुम्हारी माँ है, उसकी ओर ही तुम वापस जाओगे। तुम अभी तक माँ कहकर पुकारनेवाली और देखभाल करनेवाली माँ को छोड़कर घने नीहारों को सम्हालते हुए आगे चलो। तुम्हारी आत्मबुद्धि और कायशक्ति जाग्रत हो उठे' (पृ. 145)। पेरुंपटवं श्रीधरन के 'ओरु संकीर्तनं पोले' का अनुवाद 'वक्ष पर ईश्वर का आद्यक्षर' नाम से **प्रो. वी.डी. कृष्णन नंपियार** ने किया (प्रकाशक : साहित्य अकादमी, नई दिल्ली; वर्ष 2002)। के.एल. मोहन व्रमा के 'ओहरी' उपन्यास का प्रो. वी.डी. कृष्णन नंपियार तथा डॉ. वी.के. रवींद्रनाथ ने मिलकर 'मृगतृष्णा' नाम से अनुवाद किया (प्रकाशक : साहित्य अकादमी, नई दिल्ली; वर्ष 2003)। एम.टी. वासुदेवन नायर के 'वाराणसी' उपन्यास का प्रो. वी.डी. कृष्णन नंपियार ने 'वाराणसी' नाम से अनुवाद किया (प्रकाशक : सहित्य अकादमी, मैसूर; वर्ष 2010)। मणि के. चेंताप्पूर के 'कोच्चुण्णि' बाल उपन्यास का डॉ. आर. गिरिजा कुमारी ने उसी नाम से अनुवाद किया (प्रकाशक : हिन्दी-मलयालम प्रिंटिंग एंड पब्लिशिंग सोसाइटी, हिन्दी विद्यापीठ, तिरुवनंतपुरम; वर्ष 2006)। **डॉ. आर. गिरिजा कुमारी** ने श्री संतोष प्रियन (पालक्काटु) के 'श्रावणा' बाल उपन्यास का उसी नाम से हिन्दी में अनुवाद किया। (2014, प्रकाशक : हिन्दी विद्यापीठ, तिरुवनंतपुरम)। इस उपन्यास के बारे में प्रकाशक डॉ. वी.वी. विश्वम ने लिखा है—'श्रावणा' मूल सात छोटे-छोटे अध्यायों में विभाजित चालीस पृष्ठोंवाला उपन्यास है। एकदम काल्पनिक घटनाओं को पिरोकर बच्चों के लिए बनाई गई एक कथा। रात की हल्की चाँदनी में निकले दो लड़के नदी के किनारे खड़े दिखते हैं उपन्यास के प्रारंभ में। प्राकृतिक दृश्यों के सौंदर्य लूटने को निकले उन लड़कों की संघर्षमय यात्रा का रोचक वर्णन ही प्रस्तुत लघु उपन्यास का विषय है। पी.केशवदेव के 'ओटयिल निन्नु' का 'पप्पु' नाम से **श्रीमती भारती विद्यार्थी** ने अनुवाद किया (प्रकाशक : सद्ग्रंथ प्रकाशन, दिल्ली)। श्री एम. मुकुंदन के 'दैवत्तिन्टे विकृतिकळ' का अनुवाद 'ईश्वर की शरारतें' नाम से

डॉ. वी.टी.वी. मोहनन ने अनुवाद किया (प्रकाशक : केंद्र साहित्य अकादमी, 2008)। श्री एन. गोविंदन कुट्टी के 'गूरखा' उपन्यास का उसी नाम से **डॉ. हेलन के.जे.** ने अनुवाद किया, जो 'केरल भारती' पत्रिका में 2009, 2010 वर्षों में धारावाहिक प्रकाशित हुआ। ओच्चिर सुधाकरन के 'सध्या, रावु पिन्ने पुलरी' उपन्यास का **श्री जे.आर. बालकृष्णन नायर** ने 'सध्या, रात फिर सवेरा' नाम से अनुवाद किया, जो 'संग्रथन' पत्रिका के वर्ष 2010 के अंकों में धारावाहिक प्रकाशित हुआ। के.एल. मोहनवर्मा के 'क्रिकेट' का हिन्दी अनुवाद **डॉ. के. भास्कर वर्मा** ने उसी नाम से किया। भारतीय ज्ञानपीठ ने इस अनुवाद का प्रकाशन किया।

उपन्यास (अनुवाद : हिन्दी-मलयालम)

डॉ. एन. चंद्रशेखरन नायर द्वारा लिखित हिन्दी उपन्यास 'सीतम्मा' का मलयालम में श्री कवियूर शिवरामय्यर ने 1993 में उसी नाम से अनुवाद किया (प्रकाशक : श्रीनिकेतन प्रकाशन, तिरुवनंतपुरम)। 'सीतम्मा' (मलयालम) को टी.पी. रामकृष्ण पिल्लै अवार्ड (2003) प्राप्त हुआ। इसकी नायिका सीतम्मा में आत्मसम्मान की भावना है और अपने आदर्श भी हैं। वह अपने प्रयत्न से पढ़कर स्कूल की अध्यापिका बनती है। वह मनोहरन से प्रेम करती है। 'रामायण' की देवी सीता के जो अनुभव हैं, इसी तरह के समान अनुभव इस उपन्यास की सीतम्मा को भी होते हैं। जैसे रामायण की सीता को रावण के कारण अपने पति श्रीराम से बिछुड़ना पड़ता है, वैसे कुपंथी केशव पिल्लै के अवास्तविक कुप्रचार के कारण सीतम्मा नौकरी से इस्तीफ़ा दे देती है और मनोहरन तथा उसकी माता से दूर रहना चाहती है। केशव पिल्लै सीता के स्कूल में तथा मनोहरन की माता गौरिअम्मा से भी कहता है कि सीतम्मा का दुश्चरित्र है और उसके एक सन्तान भी है। सचमुच सीतम्मा कामी केशव पिल्लै के वश में नहीं आती, इसलिए उसके मन में प्रतिकार भावना है। मनोहर की माँ गौरिअम्मा अनाथों के लिए आश्रम का संचालन करती हैं। उनके मन में सीतम्मा को अपनी बहू बनाने की उत्कट वांछा है। गौरिअम्मा सीता के संबंध में केशव पिल्लै के प्रचारों को विश्वास नहीं करतीं, किंतु मानसिक आघात से वह माँ बीमार हो जाती हैं। मनोहर तो संन्यासी बनता है। गौरिअम्मा अपनी मृत्यु के पिछले दिन आश्रम के संचालन का अधिकार सीतम्मा के नाम लिखती हैं। इस उपन्यास की मिस मेरीना एक रूसी वनिता है, जिसकी एक दिन मनोहरन ने जान बचाई थी। मेरीना अस्पताल से आश्रम में आती है तो आश्रम का वातावरण उसे इतना आकर्षित करता है कि वह अपने देश में लौटना नहीं चाहती। गौरिअम्मा की मृत्यु के कई दिनों बाद मेरीना के अनुरोध के फलस्वरूप सीतम्मा आश्रम में आती है। केशव पिल्लै की काम-वासनाओं का शिकार बननेवाली स्त्रियाँ हैं—भवानी, हरिजन स्त्री सावित्री आदि। केशव पिल्लै के बारे में उपन्यासकार डॉ. नायर ने लिखा है—'केशव पिल्लै को सबसे पहले मैंने गाँव में

देखा। फिर शहर तथा अन्य कई जगहों में देखा। वह एक सर्वव्यापी है।' स्पष्ट है कि 'सीतम्मा' एक सामाजिक उपन्यास है।

श्री शिवराम कारंत के एक कन्नड़ उपन्यास 'मृत्यु के बाद' शीर्षकवाले हिन्दी अनुवाद का **डॉ. जी. गोपीनाथन** ने 'मरणत्तिनुशेषं' (1977, प्रकाशक : नेशनल बुक ट्रस्ट, नई दिल्ली) नाम से मलयालम में अनुवाद किया है।

प्रो. वी.डी. कृष्णन नंपियार ने कई अनुवाद किए हैं—'कड़ियाँ' (1970; राजकमल प्रकाशन, नई दिल्ली) भीष्म साहनी का उपन्यास है। यह पारिवारिक विघटन की कथा कहता है। इस उपन्यास के महेंद्र के जीवन में एक परायी स्त्री 'सुषमा' के आगमन से महेंद्र की पत्नी प्रमीला घर में परायी हो जाती है और बेटा बोर्डिंग स्कूल में भरती होता है। जब प्रमीला अपने तनाव से उत्पन्न अस्वास्थ्य से बच जाती है तब अपने ही पैरों पर खड़े होने का निर्णय लेती है। इस उपन्यास का 'कण्णिकल' (1977, प्रकाशक : साहित्य प्रवर्तक सहकरण संगं, कोट्टयम) नाम से प्रो. वी.डी. कृष्णन नंपियार ने मलयालम में अनुवाद किया। भीष्म साहिनी के 'बसन्ती' उपन्यास का उसी नाम से प्रो. वी.डी. कृष्णन नंपियार ने अनुवाद किया (प्रकाशक : राजकमल प्रकाशन, नई दिल्ली; वर्ष 1980)। नंपियार जी ने भीष्म साहनी के 'उस चिड़िया का नाम' उपन्यास का 'आ पक्षियुटे पेरु' नाम से अनुवाद किया (नेशनल बुक ड्रस्ट, वर्ष 2000)। उन्होंने कमलेश्वर के 'काली आँधी' उपन्यास का 'कोटुंकाट्टु' नाम से अनुवाद किया (साहित्य प्रवर्तक सहकरण संघं, कोट्टयम; वर्ष 1978) तथा कमलेश्वर के 'आगामी अतीत' का 'ऋतुभेदङ्ङळ' नाम से अनुवाद किया। उन्होंने सतीश जमाली के 'तीसरी दुनिया' का 'अधोलोकं' नाम से अनुवाद किया (एन.बी.एस. कोट्टयम; वर्ष 1980)। नंपियार जी ने इलाचंद्र जोशी के 'ज़हाज़ का पंछी' का 'जालक पक्षी' नाम से अनुवाद किया (प्रकाशक : डी.सी. बुक्स, कोट्टयम; वर्ष 2004)। नंपियार जी ने निर्मल वर्मा के 'अंतिम अरण्य' उपन्यास का 'अंतिम तावलं' नाम से अनुवाद किया (मातृभूमि प्रकाशन, कालिकट; वर्ष 2008)। **श्री कम्मत पी.जी.** ने फणीश्वर नाथ रेणु के 'मैला आंचल' उपन्यास (आंचलिक) का उसी नाम से मलयालम में अनुवाद किया (1980)।

हिन्दी के कथा-सम्राट प्रेमचंद के उपन्यासों का अनुवाद **श्री ई.के. दिवाकरन पोट्टी** ने मलयालम में किया। उनके द्वारा अनूदित प्रेमचंद के उपन्यास निम्नलिखित हैं—सेवासदन (अनुवाद : सेवासदनं, प्रकाशक : पूर्णा पब्लिकेशंस, कोषिक्कोटु), निर्मला (निर्मला, पूर्णा पब्लिकेशंस, कोषिक्कोटु; वर्ष 2000), गबन (अनुवाद : 'वंचना', प्रकाशक : करन्ट बुक्स तृशूर, वर्ष 1949), कर्मभूमि (अनुवाद : कर्मभूमि, करन्ट बुक्स, तृशूर), रंगभूमि (अनुवाद : रंगभूमि, केरल साहित्य अकादमी, तृशूर; वर्ष 1976), प्रेमाश्रम (प्रेमाश्रमं, केरल साहित्य अकादमी, तृशूर; वर्ष 1956), गोदान (गोदानं, नेशनल बुक स्टाल, कोट्टयम) आदि।

यशपाल के कई उपन्यासों का मलयालम में अनुवाद हुआ है। **पी. अच्युत वारियर** ने 'देशद्रोही' का 'राज्यद्रोही' नाम से (प्रकाशक : साहित्य प्रवर्तक सहकरण संघम, कोट्टयं; वर्ष 1953) तथा 'झूठा सच' का 'निरंपिटिच्च नुणकल' नाम से (प्रकाशक : डी.सी. बुक्स, कोट्टयम्; वर्ष 1987) अनुवाद किया। 'दादा कॉमरेड' का अनुवाद **श्री के. कृष्णनकुट्टी** ने उसी नाम से (प्रकाशक : सी.आई.सी.सी. बुक हाउस, कोच्ची; वर्ष 1999) तथा 'क्यों फँसें' का अनुवाद 'चिलंतिवला' नाम से (प्रकाशक : ग्रीन बुक्स; वर्ष 2006) किया। **श्री सुधांशु चतुर्वेदी** ने यशपाल के 'क्यों फँसें', 'बारह घंटे' आदि उपन्यासों का क्रमशः 'ओषुकुन्न जीवितं', 'अर दिवसं' नामों से अनुवाद करके संकलन को 'यशपालिन्टे रण्टु नोवलुकळ' नाम देकर सन् 2003 में प्रकाशित किया। इसका प्रकाशक है—'गीता प्राइवेट लिमिटेड, तृशूर।

प्रो. वी.के. रवींद्रनाथ ने दो उपन्यासों का अनुवाद किया-(1) धर्मवीर भारती के 'गुनाहों का देवता' का अनुवाद 'अपराधियाय देवन' नाम से। सन् 1974 में इसका प्रकाशन एस.बी.सी.एस. ने किया तथा सन् 2005 में मातृभूमि ने इसका प्रकाशन किया। (2) ज्ञानपीठ पुरस्कार विजेता अमरकांत के 'सूखा पत्ता' उपन्यास का अनुवाद 'करियिला' नाम से। पहले सन् 2003 में एन.बी.एस ने इसका प्रकाशन किया। फिर 2011 में डी.सी. बुक्स, कोट्टयम ने इसका प्रकाशन किया।

डॉ. एस. तंकमणि अम्मा ने के.एल. कमल के 'कर्मयोगी' उपन्यास का मलयालम में अनुवाद किया (2004; प्रकाशक : केरला यूनिवर्सिटी पब्लिकेशन, तिरुवनंतपुरम)। प्रो. के.एल. कमल (कामख्याल लाल कमल) महापंडित, शिक्षाशास्त्री, हिन्दी तथा अंग्रेज़ी के साहित्यकार हैं। उनका जन्म राजस्थान के सीकर जिले के खाचरियावास गाँव में हुआ। राजस्थान विश्वविद्याल में कुलपति, राजस्थान के बैंकिंग रिक्रूटमेंट बोर्ड के सदस्य, राजस्थान लोकसेवा आयोग के सदस्य, नेशनल असेसमेंट एंड अक्रडिटेशन काउंसिल के सदस्य आदि कई पद उन्होंने अलंकृत किए। पोलिटिक्स इन इंडिया, पाकिस्तान डेमोक्रसी अट दि क्रोस रोड्स, समाजवादी चिंतन, गांधी चिंतन, भारत में कितने भारत, इक्कीसवीं सदी और अन्य कहानियाँ, द ग्रेट विट्रेयल, काम्पस, कर्मयोगी आदि उनकी प्रमुख कृतियाँ हैं। विदेशी राष्ट्रों के विश्वविद्यालयों में विषय-विशेषज्ञ के रूप में वक्तव्य देते हैं। उन्हें उच्च शिक्षा केंद्र में विशिष्ट सेवा तथा देन के लिए 'नेशनल अवार्ड, इंदिरा गांधी सद्भावना अवार्ड, भारत बंधु अवार्ड आदि प्राप्त हुए। अपने 'कर्मयोगी' उपन्यास (प्रकाशक : कल्याणी, शिक्षा परिषद; वर्ष 2005) के संबंध में कमलजी का मत है कि भारत में स्वतंत्रता-आंदोलन के साथ ही साथ और एक आंदोलन भी शुरू हुआ। वह शोषित, निरालंब, दमित, तिरस्कृत तथा असंगठित करोड़ों लोगों की अत्यंत दीनावस्था बदलने के उद्देश्य से चलाया गया आंदोलन है। यह स्वतंत्रता-आंदोलन का भाग था, उससे एक हद तक अलग भी था। अस्पृश्यता स्वतंत्रता-आंदोलन का अभिन्न अंग है। इस चिंता तथा उससे संबंधित प्रवृत्तियों को मोहनदास करमचंद

गांधी ने नेतृत्व दिया। डॉ. भीमराव अंबेडकर की चिंता थी कि दलितों का नेतृत्व दलितों को करना चाहिए, दलितों की उन्नति को प्राथमिकता देनी चाहिए। इसके लिए सवर्णों की गुलामी से दलितों की मुक्ति अनिवार्य बात है। गांधी और अंबेडकर मन, वचन और कर्म से दलितों की उन्नति के लिए काम करते रहे। सवर्णों की पीड़ा सहकर, अत्यंत निराशा और हीनता की भावना से भरे परिवेश से जूझकर निंदा और अपमान का कटु नीर पीकर, अपने कठिन परिश्रम तथा क्षमता से भारत के राष्ट्रीय भाग्याकाश के उन्नत स्थान में पहुँचे डॉ. अंबेडकर के व्यक्तित्व और कर्मचेतना को आधार बनाकर लिखा गया उपन्यास है, 'कर्मयोगी'। परिस्थितियों को बदलने वाले व्यक्ति ही संसार में आधारणीय बनते हैं। ऐसे व्यक्ति हैं भारतरत्न डॉ. भीमराव अंबेडकर। उनकी ज़िंदगी और प्रवृत्तियों का समग्रता से प्रतिपादन करनेवाला उपन्यास है 'कर्मयोगी'। इसकी घटनाएँ और पात्र ऐतिहासिक हैं, काल्पनिक भी। काल्पनिकता नहीं होती तो यह रचना केवल इतिहास या जीवनी बन जाती। अंबेडकर अधिसूचित वर्ग के विमोचक, शिक्षाशास्त्री तथा भारतीय संविधान के शिल्पी हैं। अंबेडकर पर लिखे इस उपन्यास का मलयालम में अनुवाद करके डॉ. एस. तंकमणि अम्मा ने स्तुत्य कार्य किया है।

श्री सुधांशु चतुर्वेदी ने अमृतलाल नागर के 'अमृत और विष' उपन्यास का 'अमृतवुं विषवुं' नाम से सन् 1998 में अनुवाद किया। इसका प्रकाशक है : साहित्य अकादमी, दिल्ली। श्रीमती मृदुला गर्ग के 'कठगुलाब' उपन्यास का उसी नाम से **डॉ. एस. तंकमणि अम्मा** और **श्री के.जी. बालकृष्ण पिल्लै** ने मिलकर अनुवाद किया (प्रकाशक : प्रियता / ज्ञानेश्वरी पब्लिकेशन, कालिकट; वर्ष 2008)। **श्री पी. माधवन पिल्लै** ने जैनेंद्र कुमार के 'त्यागपत्र' उपन्यास का 'राजिक्कत्तु' नाम से अनुवाद किया (प्रकाशक : डी.सी. बुक्स, कोट्टयम; वर्ष 1994)। **प्रो. डी. तंकप्पन नायर** ने हिमांशु जोशी के 'अरण्य' अपन्यास का 'अरण्यकं' नाम से अनुवाद किया (परिधि प्रकाशन, तिरुवनंतपुरम; वर्ष 2010)। इस अनुवाद में **डॉ. एम.एस. राधाकृष्ण पिल्लै** ने **प्रो. डी. तंकप्पन नायर** का सहयोग किया। रामकुमार वर्मा के 'दूसरा सूरज' का 'अस्तमिक्कात्त सूर्यन' नाम से **प्रो. डी. तंकप्पन नायर** ने **डॉ. टी. शांतकुमारी** के सहयोग से अनुवाद किया (प्रकाशक : चिंता पब्लिकेशंस तिरुवनंतपुरम; वर्ष 2009)। भीष्म साहनी के 'तमस' उपन्यास का उसी नाम से **प्रो. पी. माधवन पिल्लै** ने अनुवाद किया (करन्ट बुक्स, तृशूर; वर्ष 1988)। भीष्म साहनी के 'मय्यादास की माड़ी' का 'मय्यादासिन्टे मालिका' नाम से प्रो. पी. माधवन पिल्लै ने अनुवाद किया (पूर्णा पब्लिकेशंस, कालिकट; वर्ष 1991)। प्रो. पी. माधवन पिल्लै ने श्री मनोहर श्याम जोशी के 'कुरु-कुरु स्वाहा' का उसी नाम से अनुवाद किया (1980, राजकमल प्रकाशन, नई दिल्ली)। **डॉ. जे. रामचंद्रन नायर** ने डॉ. धरमवीर (आई.ए.एस) के 'पहला खत' का 'आद्यत्ते कत्तु' नाम से अनुवाद किया (एन.बी.एस. कोट्टयम)। **डॉ. ए. रामचंद्र देव** ने गंगाप्रसाद विमल के 'मृगांतक' उपन्यास का

'व्याघ्रं' नाम से अनुवाद किया (प्रकाशक : डी.सी. बुक्स, कोट्टयम; वर्ष 1995)। **डॉ. ए.के. सुधर्मा** ने श्रीमती अलका सरावगी के दो हिन्दी उपन्यासों का मलयालम में अनुवाद किया : जैसे—(1) 'कलिकथा वाया बाईपास' का अनुवाद 'बाईपासु वषी कलकत्तयिलेक्कु' (वर्ष 2008; प्रकाशक; डी.सी. बुक्स, कोट्टयम) और (2) 'एक ब्रेक के बाद' का अनुवाद 'इटवेलक्कुशेषं' (वर्ष 2011; प्रकाशक : ड़ी.सी. बुक्स, कोट्टयम) आदि। **डॉ. सुधा बी.** ने चित्रा मुद्गल के 'गिलगिट' उपन्यास का अनुवाद 'नोम्परड्ङळ' नाम से किया (वर्ष 2011, प्रकाशक : चिंता प्रकाशन, तिरुवनंतपुरम)। प्रो. पी. माधवन पिल्लै ने टैगोर के 'योगायोग' का उसी नाम से अनुवाद किया (2011, प्रकाशक : करन्ट बुक्स)।

नरेंद्र कोहली के रामकथा पर आधारित उपन्यास 'अभ्युदय' (1975) का **डॉ. के.सी. सिन्धु** तथा उनके पति **डॉ. के.सी. अजयकुमार** द्वारा किया गया अनुवाद है 'अभ्युदयं' (प्रकाशक : करन्ट बुक्स, कोट्टयम)। उपर्युक्त दोनों अनुवादकों ने मिलकर नरेंद्र कोहली के 'अभिज्ञान' उपन्यास (1981) का अनुवाद 'कर्मयोगं' नाम से किया (1999, प्रकाशक : शबरी गिरि पब्लिकेशंस, पत्तनमतिट्टा)। यह उपन्यास कृष्ण-सुदामा की कथा पर आधारित है। नरेंद्र कोहली के 'महासमर' उपन्यास (आठ भाग) का पहला भाग है 'बंधन' (1988)। इसका अनुवाद 'बंधनं' नाम से श्री एम.के. शशि कुमार ने किया (वर्ष 2004, प्रकाशक : संस्कृति विभाग, केरल सरकार)। सत्यवती के हस्तिनापुर में आगमन से इस भाग की कथा शुरू होती है और वेदव्यास के आश्रम में उसकी वापसी से कथा का अंत होता है। 'महासमर' के दूसरे भाग का अनुवाद डॉ. अजय कुमार और डॉ. सिन्धु ने मिलकर 'अधिकार' नाम से किया, जिसे सन् 2012 का 'राष्ट्रीय हिन्दी साहित्य सम्मेलन पुरस्कार' प्राप्त हुआ। जुलाई, 2010 में पूर्ण पब्लिकेशन, कालिकट ने इसका प्रकाशन किया। 'महासमर' के तीसरे भाग का अनुवाद स्वयं अजयकुमार ने 'कर्मम्' नाम से किया (वर्ष 2010, प्रकाशक : टी.बी.एस., कालिकट)।

एन. मोहनन के 'कल की बारिश' का 'इन्नलत्ते मषा' नाम से **डॉ. अशोक बी.** ने अनुवाद किया (2000, प्रकाशक : राष्ट्रीय हिन्दी साहित्य सम्मेलन)।

मध्यप्रदेश के सीतापुर के एक पिछड़े गाँव शाहदोर में जन्म लिये श्री उदय प्रकाश ने दलितों-पीड़ित की कथा लिखी है। उनकी रचनाओं का मलयालम में अनुवाद **डॉ. एन.एम. सण्णी** (संप्रति प्राध्यापक, मलबार क्रिस्टयन कॉलेज, कालिकट) ने किया है। उनकी 'पीली छतरीवाली लड़की' (2001) नोवेल्ला या उनकी सबसे बड़ी लंबी कहानी है, जो अंग्रेज़ी, उर्दू आदि भाषाओं में अनूदित हुई है। डॉ. एन.एम. सण्णी ने 'मञ्ञक्कुटा चूटिय पेण्कुट्टी' नाम से इसका अनुवाद किया। प्रस्तुत अनुवाद पहले मलयालम की प्रसिद्ध पत्रिका 'देशाभिमानी' में नवंबर, 2009 से मार्च, 2010 तक धारावाहिक प्रकाशित हुआ और बाद में 'चिंता प्रकाशन, कालिकट' ने सन् 2011 में

पुस्तक रूप में उसे प्रकाशित किया। श्री उदय प्रकाश की सन् 2006 में प्रकाशित लंबी कहानी 'मोहनदास' (नोवेल्ला) अंग्रेज़ी तथा सात भारतीय भाषाओं में अनूदित हुई है। फीचर फिल्म के रूप में 'मोहनदास' का रिलीज सन् 2009 में हुआ था, जिसे अंतरराष्ट्रीय पुरस्कार भी मिला। दलित मोहनदास की व्यथा-कथा प्रस्तुत करनेवाले इस उपन्यास को सन् 2010 का साहित्य अकादमी पुरस्कार भी प्राप्त हुआ। मलयालम में इसका अनुवाद डॉ. एन.एम. सण्णी ने उसी नाम से किया (प्रकाशक : प्रोग्रेस प्रकाशन, कालिकट; वर्ष 2011)। उदय प्रकाश की 'दिल्ली की दीवारें' का अनुवाद 'दिल्लियिले चुमरुकळ' नाम से डॉ. एन.एम. सण्णी ने अनुवाद किया (2014, मातृभूमि पब्लिकेशंस)।

अध्याय-4

नाटक

नाटक (मौलिक)

केरल में हिन्दी में नाटक, एकांकी, रेडियो रूपक, बाल रूपक—सब कुछ लिखे गए हैं। तिरुवनंतपुरम में सन् 1941 में एक नाटक प्रतियोगियता में 4 नाटक खेले गए—प्रेम स्मारक, क्षितिज की ओर, हम भाई-भाई हैं, वीरकेरल आदि। ये नाटक पुस्तक रूप में प्रकाशित नहीं हुए। विद्वान **के. नारायण** का नाटक 'प्रत्यक्ष पद्धति' राष्ट्रवाणी पत्रिका (प्रकाशक : तिरुवितांकूर हिन्दी प्रचार सभा) के अंक 43 (वर्ष 1954) में प्रकाशित हुआ।

केरलीय हिन्दी साहित्य को 'नाटक' विधा में पुस्तक रूप में प्रथम देन **डॉ. एन. चंद्रशेखरन नायर** की है। राष्ट्र-प्रेम की भावना, गांधीवाद का प्रभाव तथा प्राचीन भारतीय संस्कृति के प्रति लगाव आदि उनके नाटकों की विशेषताएँ हैं। नायरजी का पहला नाटक 'कुरुक्षेत्र जागता है' सन् 1962 में प्रकाशित हुआ। केरलीय हिन्दी नाटककारों द्वारा शुरू में लिखे गए अन्य नाटक निम्नलिखित हैं—

प्रो. पी. लक्ष्मिक्कुट्टि अम्मा का एकांकी संकलन है 'तीन एकांकी' (वर्ष 1967; प्रकाशक : राजपाल एंड संस, दिल्ली)। इसमें संकलित एकांकी हैं—'वेलुत्तंपी की वीर आहुति', 'पषशिराजा का आत्मार्पण', 'भारतीय नारी तेरी महिमा' आदि। 'वेलुत्तंपी की वीर आहुति' में तिरुवितांकूर रियासत के दळवा वेलुत्तंपी ने अंग्रेज़ों के हाथों मरने के पहले अपना प्राण त्याग किया। 'पषशिराजा का आत्मार्पण' में पषशिराजा केरळ वर्मा तंपुरान ने अंग्रेज़ों से देश की रक्षा करने के लिए लड़कर वीर मृत्यु ग्रहण की। 'भारतीय नारी तेरी महिमा' में एक भारतीय नारी पर अपने स्वामी हुमायूँ का अकर्षण समझ घर सेनापति उसमान ने उसे राजमहल में पहुँचाया। किंतु हुमायूँ ने उसे पतिव्रता समझकर सुरक्षित रूप से घर वापस भेज दिया। **डॉ. एन. रामन नायर** का 'वीरदलवा वेलुतंपी' (वर्ष 1972; प्रकाशक—गीता प्रकाशन, कोच्ची) एक ऐतिहासिक नाटक है, जो तिरुवितांकूर रियासत के वीर दलवा वेलुतंपी के जीवन पर आधारित है।)

वी.एम. गोविंदन नंपीशन का 'वीरकेरल' (हिन्दी विद्यापीठ, पय्यन्नूर की नाटक प्रतियोगिता में 1958 में खेला गया। यह पषशिराजा के जीवन-चरित पर आधारित नाटक है); नंपीशन जी का सामाजिक नाटक है—'रामराज्य' (वर्ष 1986; प्रकाशक : हिन्दी विद्यापीठ, पय्यन्नूरग; इसमें लेखक पर गांधीवाद का प्रभाव परिलक्षित होता है। **वेल्लिमण नेल्सन** के तीन सामाजिक नाटक प्रकाशित हुए—(1) 'नर्स' (1974, प्रकाशक : युव साहित्यवेदी, कोल्लम), (2) 'नीतिपर्व' (1978, प्रकाशक : वीनस बुक, कोन्नी) और (3) 'कर्मशाला' (1979, प्रकाशक : प्रीति बुक्स, तृश्शूर)। **डॉ. के.एस. मणि** के एकांकी संकलन 'युग प्रभात' (वर्ष 1979; प्रकाशक : स्वयं लेखक) में संकलित एकांकी हैं—'युग प्रभात', 'पेट की पुकार', 'एक ही तूफ़ान' आदि। तीनों एकांकी सामयिक सामाजिक विषयों पर हैं।);

कुन्नुकुषि कृष्णनकुट्टी की बालोपयोगी नाटक रचनाएँ हैं—(1) 'भारत देश हमारा' यह एकांकी संकलन है। इसमें चार एकांकी संकलित हैं—कर्तव्यपालन, विद्याधनम्, बिदाई, भारतदेश हमारा (जो क्रमशः ऐतिहासिक, सामाजिक, पौराणिक तथा राष्ट्रीय एकांकी हैं)।(2) 'लघु रूपक' (वर्ष 1974)—इस एकांकी संकलन में संकलित एकांकी हैं—वीर बालक, एकता में बल है, सीता स्वयंवर, दो मित्र।(3) 'शकुंतला'—यह कालिदास के 'अभिज्ञान शाकुंतलम' का बाल-नाटक के रूप में पुनराख्यान है। कृष्णनकुट्टिजी की इन सभी नाटक रचनाओं का प्रकाशन उनकी धर्म-पत्नी श्रीमती राजेश्वरी ने किया है। प्रकाशक का नाम रखा है—केरल हिन्दी प्रचार सभा।

पत्रिकाओं में प्रकाशित एकांकी रचनाएँ हैं—प्रो. एम. जनार्दनन पिल्लै का 'त्यागी', जो राजकुमार सिद्धार्थ के गृहत्याग को विषय बनाकर लिखा गया है—(फ़रवरी, 1961, केरल भारती)। **विद्वान के. नारायण** का 'आखिरी सवाल' नामक हास्य एकांकी, जिसमें विद्या नामक युवती चित्रित है, जो किसी भी प्रश्न से अपने को निरुत्तर करनेवाले युवक से शादी करने का निर्णय लेती है। कई युवक इस परीक्षा में हार जाते हैं, आखिर विद्या के पिता का भतीजा कुमार विजय पाता है—(1962, ग्रन्थालोकं)। **श्रीरंगम विक्रमन नायर** का 'एक ही सहारा' (दिसंबर, 1962, केरल भारती), **एरूर वासुदेवन** का 'एक बकरी और पाँच हकदार' (फ़रवरी, 1963, केरल भारती), **के.ए.के. नंपूतिरी** का 'अश्वत्थामा' (मई-जून, जुलाई 1980, केरल भारती); 'सौ रुपये का नोट' (1964, ग्रंथालोकम्); **पी. नारायण** के अछूत गुरुदक्षिणा', 'एक देश एक भाषा', 'हिंदू पुराण'; **डॉ. एन.ई. विश्वनाथ अय्यर** का 'केरल भारती' में प्रकाशित लघु रूपक 'अली बहादुर' आदि पत्रिकाओं में प्रकाशित हैं। 'एक ही सहारा' में अपनी बुआ की बेटी रमा को बहन-जैसी मानकर उसकी शादी के लिए राजू द्वारा कमाए गए पैसे की चोरी रमा का सगा भाई राघव करता है और आखिर एक ही सहारा बच जाता है कि स्वयं राजू ही रमा से शादी कर ले। 'एक बकरी और पाँच हकदार' में अर्थाभाव से होनेवाली विवशता चित्रित हैं। दहेज न मिलने पर जानकी को ससुराल

में अपमान सहना पड़ता है। माँ की मृत्यु होने पर मायके में अनेवाली जानकी ससुराल में लौट जाते वक्त मायके की बकरी को साथ ले जाना चाहती है, किंतु उसका भाई गोविंदन तथा गोविंदन की पत्नी अम्मिणी उस बकरी का दूध बेचकर जीविका चलाना चाहती है। जब बकरी के लिए संघर्ष बढ़ता है तब केलू उस गर्भवती बकरी को मारकर टुकड़ा-टुकड़ा कर देता है और सबसे कहता है कि अपना-अपना हक ले ले। 'अश्वत्थामा' में पांडव गुरु द्रोणाचार्य से बेटे अश्वत्थामा की मृत्यु की झूठी खबर कहकर उन्हें निरायुद्ध बनाकर मारने का उपाय सोचते हैं। 'सौ रुपये का नोट' में वसुमति अपनी बहन की पुत्री को अपने पति से छिपाकर सौ रुपये का नोट देना चाहती है, किंतु अपने पति के पुत्र को ज़रूरत पड़ने पर भी वह रुपया नहीं देती, क्योंकि वसुमति विमाता है।

डॉ. एन. चंद्रशेखरन नायर केरल के विख्यात हिन्दी नाटककार हैं। उनके द्वारा लिखित नाटक/एकांकी इस प्रकार हैं—'कुरुक्षेत्र जागता है' (तीन लघु नाटकों का संकलन, 1962), 'युग संगम' (लघु नाटक, 1964), 'सेवाश्रम' (एक पूर्ण नाटक, 1968), 'देवयानी' (एक श्रेष्ठ मिथकीय नाटक, 1970), 'धर्म और अधर्म' (तीन लघु नाटकों का संकलन, 1982) आदि। **(1) 'कुरुक्षेत्र जागता है'** (1962, प्रकाशक : श्रीनिकेतन प्रकाशन, तिरुवनंतपुरम-4) तीन लघु नाटकों का संकलन है—'द्विवेणी', 'बदला' और 'कुरुक्षेत्र जागता है' आदि। यह 'दक्षिण भारत हिन्दी प्रतिष्ठान, हैदराबाद' से सन् 1979 में पुरस्कृत कृति है। 'द्विवेणी' भावात्मक-प्रतीकात्मक नाटक है। इसका कथानक युद्ध-विरोधी और जनकल्याण का समर्थक है। इसके पात्र प्रतीकात्मक हैं; जैसे—युग पुरुष 'ऋषि' अहिंसामूलक आध्यात्मिकता का प्रतीक है। 'शास्त्र-पुरुष' आधुनिक वैज्ञानिक चेतना का प्रतीक है। 'धर्मकन्या' धर्म की पुत्री है। विवेक (शास्त्र-पुरुष का भाई), अनुकम्पा, उदारता, सहिष्णुता, भक्ति (धर्मकन्या की माता) आदि पात्र मानवी प्रवृत्तियों के प्रतीक हैं। 'पिशाच' मनुष्य की दानवी प्रवृत्ति का प्रतीक है। इसमें विरोधी प्रवृत्तियों—सत्य और असत्य, युद्ध और शांति तथा अहिंसा और हिंसा-के संघर्ष चित्रित हैं। 'मन' नामक पात्र शास्त्र-पुरुष का भाई है। अनुकम्पा, उदारता और सहिष्णुता धर्मकन्या की सहेलियाँ हैं। शास्त्र-पुरुष और धर्म-कन्या का विवाह वैज्ञानिक बुद्धि तथा भावात्मक हृदय की मानवीय चेतना का मिलन है। इसके सभी पात्र अपने नामों के अर्थों का यथावत् अभिव्यंजन करते हैं। इस प्रकार 'द्विवेणी' नाटक का पूरा कथानक एक रूपक है। 'बदला' नाटक में इस मनोवैज्ञानिक सत्य का उद्घाटन हुआ है कि मनुष्य के भीतर देवता का निवास होता है, दानव का भी। नाटक का एक वाक्य देखिए—'मनुष्य कभी-कभी जानवर बन जाता है बाबा! तब वह न जाने क्या नहीं कर सकता?' (पृ. 49)। इसका पुरुष पात्र देवकीनाथ अपनी गर्भवती पत्नी नीरा देवी के मुँह में कपड़े ठूँसकर उसे चलती रेलगाड़ी से इसलिए नीचे धकेल देता है कि वह दायित्व से मुक्त हो जाना चाहता है और नया जीवन शुरू करना चाहता है। उस घटना के पंद्रह वर्ष बाद नीरादेवी भयंकर ज्वर से पीड़ित देवकीनाथ को मूर्च्छित

अवस्था में सड़क से उठा ले जाती है और उसका उपचार करती है। रोग–विमुक्त होने पर देवकीनाथ समझ लेता है कि उसकी पहली पत्नी नीरादेवी ने उसका उपचार किया है, जिसे रेलगाड़ी से पंद्रह वर्ष पहले उसने धकेल दिया था। संयोग से नरेंद्रनाथ नामक एक व्यक्ति ने उस दिन नीरा को बचाया था। अब नीरा और उसका पुत्र नरेंद्रनाथ के संरक्षण में हैं। देवकीनाथ नीरा के प्रति अपने नृशंस व्यवहार पर दुखी होता है; किंतु आत्मभिमानी नारी नीरादेवी उसको पति के रूप में स्वीकार करने को तैयार नहीं होती। 'कुरुक्षेत्र जागता है' नामक लघु नाटक की कथा एक कल्पित देश 'करनाल' के महाराज राजसिंह के दाम्पात्य–जीवन और सामाजिक–राजनीतिक जीवन से संबद्ध है। राजसिंह अपनी धर्म–पत्नी मायादेवी के चरित्र को संदेह की दृष्टि से देखता है। स्वतंत्रता–प्राप्ति के साथ देशी रियासतों का विलय हुआ तो करनाल के राजा इस पर क्षुब्ध होते हैं। अतः तत्कालीन शासन–व्यवस्था से असंतुष्ट होकर अपने मित्र तथा कुछ राजभक्तों के सहयोग से नई राजनीतिक पार्टी बनाने की योजना बनाते हैं। उनके चरित्र की इस विकृति के मूल में उनकी व्यक्तिगत मानसिक बेचैनी है। किंतु अपनी पत्नी के चरित्र की शुद्धि समझ लेने पर राजा स्वस्थ–चित हो होते हैं। राष्ट्र–प्रेमिका राजमाता उन्हें नई दशा प्रदान करती हैं, जिससे राजा में देश–प्रेम की भावना जाग उठती है, मानो कुरुक्षेत्र उनके मन में बड़े गौरव के साथ साकार हो उठा हो! मायादेवी की मृत्यु से उनके हृदय में बड़ा आघात होता है और वे अधिकार–मोह छोड़कर सच्चे देशभक्त और जन–सेवक बन जाते हैं। **(2) 'युग संगम'** (1964, श्रीनिकेतन प्रकाशन) नामक लघु सांस्कृतिक नाटक में नाटककार का दृष्टिकोण यह है कि गांधीजी ने जिस अहिंसा तत्त्व को आधुनिक युग में स्थान दिया है, उसकी जड़ें पिछले युगों में गड़ी हुई थीं। नाटककार गांधीजी को भी अवतारी पुरुष मानते हैं, क्योंकि गांधीजी ने अपनी प्रतिभा तथा कर्म से अपने युग के भाग्य–विधाता बने हैं। इसमें वामन–बलि, राम–लक्ष्मण, कृष्ण–अर्जुन, महात्मा गांधी आदि की कथाओं के द्वारा चार युगों—क्रमशः सत्, त्रेता, द्वापर और कलि–को प्रतिपाद्य बनाया गया है। इसमें नाटककार की कल्पना है कि महात्मा गांधी ने आधुनिक युग में जिस अहिंसा तत्त्व को महत्त्वपूर्ण माना है, उसकी जड़ें पूर्ववर्ती युगों में परिलक्षित होती हैं। **(3) 'सेवाश्रम'** नाटक (1968) नायरजी के पहले संकलन के 'कुरुक्षेत्र जागता है' नाटक का पूर्ण रूप है। यह तीन अंकों और चौदह दृश्योंवाला नाटक है। इसमें एक सामंत चित्रित है, जो विदेशी सत्ता के साथ षड्यंत्र करके अपनी लुप्त सत्ता को पुनः प्राप्त करना चाहता है और भारत के स्वतंत्रता–संग्राम के सुखद परिणाम को ध्वस्त करना चाहता है। किंतु रानी का देश–प्रेम उसे देश–हित के मार्ग पर अग्रसर होने में प्रेरित करता है। **(4) 'देवयानी'** (1970) पौराणिक नाटक है। यह केंद्र सरकार से सन् 1971 में पुरस्कृत है। इसकी नायिका देवयानी है। शुक्राचार्य (देवयानी के पिता और राजा ययाति के पुरोहित), ययाति (देवयानी के पति), राजकुमार पुरु (देवयानी का पति–पुत्र), देवकुमार कच (देवयानी

का प्रेमी तथा शुक्राचार्य का शिष्य) आदि पात्र अपने-अपने व्यक्तित्व लिये हुए हैं। देवयानी अपने प्रेम के प्रति कच की उपेक्षा से दुखी होकर उसे पठित विद्या के विस्मरण का शाप देती है। कच देवलोक में लौट जाता है। देवयानी की शादी ययाति के साथ संपन्न होती है। किंतु सुरा के नशे में शुक्राचार्य के शाप के परिणामस्वरूप ययाति अकाल में वृद्ध होता है। ययाति तो शर्मिष्ठा से उत्पन्न अपने पुत्र पुरु से यौवन कुछ दिनों के लिए दान में लेता है, फिर यौवन वापस कर पुरु को राज्य का उत्तराधिकारी भी घोषित करता है। किंतु शुक्राचार्य की इच्छा है कि देवयानी से उत्पन्न पुत्र यदु राज्य का उत्तराधिकारी बने। शुक्राचार्य अपनी बेटी देवयानी को पूर्व प्रेमी कच का वरण करने को प्रेरित करते हैं; किंतु देवयानी तो अपने वृद्ध पति ययाति के साथ निष्ठापूर्वक रहना चाहती है। एक दिन शुक्राचार्य के आश्रम में कच और देवयानी की एकांत में भेंट होती है। उनके संवाद से देवयानी की पतिनिष्ठा समझकर कच उसके गले में डालने के लिए लाये अपने हाथ का पुष्पहार उसके चरणों में अर्पित कर अपने प्रेम को सात्त्विक रूप देता है। उस समय वहाँ आए ययाति अपने प्रति देवयानी की पति-निष्ठा समझकर उसका आलिंगन करते हैं। **(5) 'धर्म और अधर्म'** (1982, प्रकाशक : श्रीनिकेतन प्रकाशन, तिरुवनंतपुरम) तीन लघु नाटकों—'सृष्टि का रहस्य', 'महाभारत का वीर पुरुष', 'धर्म और अधर्म'—का संकलन है। जैसे—सृष्टि का रहस्य नाटक (प्रकाशक : श्रीनिकेतन प्रकाशन, तिरुवनंतपुरम) का विषय पौराणिक है। महर्षि विभंडक का पुत्र था ऋश्यशृंग। ऋश्यशृंग ने बड़ा होने तक किसी स्त्री को नहीं देखा था। ऋश्यशृंग की जन्म-कथा है कि महर्षि विभंडक ने उर्वशी को नग्नावस्था में नदी में नहाते हुए देखा, तो उनका ब्रह्मचर्य खंडित हुआ। नदी में बहता उनका वीर्य एक मृगी ने पी लिया तथा उसके गर्भ से ऋश्यशृंग पैदा हुआ। विभंडक ने अपने पुत्र को स्त्री जाति से बचाकर पाला-पोसा। अंग देश के राजा लोमपाद के दुर्व्यवहार से बिगड़कर सारे ब्राह्मण अंग-देश छोड़कर चले गए। इस घटना के बाद अंग-राज्य में पानी नहीं बरसा है। स्त्री के संपर्क से अलग रहे ऋश्यशृंग जैसे मुनिकुमार से यदि यज्ञ चलाया जाए तो पानी बरसेगा, यह निर्णय करने के बाद आश्रम में विभंडक की अनुपस्थिति में एक स्त्री की सहायता से ऋश्यशृंग अंगदेश लाया जाता है, यज्ञ चलाया जाता है और फिर पानी बरसता है। 'धर्म और अधर्म' संकलन का 'महाभारत का वीर पुरुष' नाटक (प्रकाशक : श्रीनिकेतन प्रकाशन, तिरुवनंतपुरम) व्यास रचित 'महाभारत' को आधार बनाकर लिखा हुआ है। इसमें दो दृश्य हैं। इसके पात्र हैं—कर्ण, भीष्म पितामह, कृष्ण, युधिष्ठिर, अर्जुन, भीम, कुंती, द्रौपदी आदि। कर्ण यद्यपि कुंती-पुत्र है तो भी परिस्थितिवश निम्न जाति में पाला जाता है। इससे भीष्म पितामह कौरव पक्ष के कर्ण पर व्यंग्य-प्रहार करते थे। महाभारत युद्ध में कर्ण कौरव पक्षधारी बनकर युद्ध करता है। जब भीष्म पितामह शरशय्या पर पड़ा होता है तब कर्ण उनको नमस्कार करता है। उस संदर्भ में दिल खोलकर दोनों बातें करते हैं। भीष्म पितामह द्वारा कर्ण की प्रशंसा किए जाने पर कर्ण गद्गद

हो जाता है। युद्ध के बाद श्रीकृष्ण के कहने पर ही पांडवों को कर्ण की जन्म-कथा मालूम होती है। तब पांडव जान लेते हैं कि कर्ण उनमें ज्येष्ठ हैं। श्रीकृष्ण भी कर्ण की भूरि-भूरि प्रशंसा करता है। 'धर्म और अधर्म' इस संकलन का सबसे बड़ा नाटक है। पहले दृश्य में द्वैतवन में द्रौपदी युधिष्ठिर के मन में कौरवों से बदला लेने का भाव पैदा करने का प्रयास करती है। भीम युधिष्ठिर को युद्ध के धर्म मार्ग में लाने का प्रयास करता है तथा व्यास अर्जुन को शक्ति का रहस्य बतलाने का प्रयास करते हैं। अर्जुन दिव्यास्त्र को प्राप्त करने तपस्या के लिए चला जाता है। दूसरे दृश्य में अर्जुन तपस्या के परिणामस्वरूप प्राप्त दिव्यास्त्रों के साथ लौट आते हैं। अर्जुन धर्म और अधर्म का अंतर युधिष्ठिर को बता देता है—'अपने कर्तव्य-पालन के लिए जो भी मार्ग अपनाया जाता है, वही धर्म बन जाता है, चाहे वह दूसरे की दृष्टि में अधर्म ही क्यों न हो।' तीसरे दृश्य में युधिष्ठिर युद्ध किए बिना अपना अंशाधिकार प्राप्त करना चाहता है; किंतु परिस्थिति ऐसी होती है कि उन्हें युद्ध करना अनिवार्य मालूम होता है। संजय धृतराष्ट्र के संदेशवाहक के रूप में युधिष्ठिर से मिलता है और युद्ध से विचलित होने की सलाह देता है। युधिष्ठिर तो बदले में इंद्रप्रस्थ का हिस्सा माँगता है तो संजय युद्ध के भीषण परिणामों का उल्लेख करता है। किंतु युधिष्ठिर को लगता है कि धर्मयुद्ध करना ही श्रेयस्कर है। श्रीकृष्ण शांतिवार्ता करने को कौरवों के पास जाता है। चौथा दृश्य यह स्पष्ट करता है कि शांतिवार्ता पराजित हुई और युद्ध संपन्न हुआ। इस नाटक में श्रीकृष्ण तो धर्म के रक्षार्थ अधर्म का आश्रय लेने का समर्थन करता है।

प्रो. सोमनाथन नायर के.एस. केरल के विख्यात हिन्दी नाटककार हैं। उनके कुल तीन एकांकी संग्रह और तीन नाटक प्रकाशित हुए हैं। उनकी रचनाओं में आधुनिक जीवन की विसंगतियाँ चित्रित हैं। रचनाएँ निम्नलिखित है—(1) **'अभिशप्त माताएँ'** पाँच एकांकियों का संकलन है—कुल 124 पृष्ठों का है। पहले इसका प्रकाशन सन् 1982 में स्वयं लेखक ने किया (पूर्णिमा प्रकाशन), फिर सन् 1993 में लोकभारती प्रकाशन, इलाहाबाद ने इसका प्रकाशन किया। यह 1984 में केंद्रीय हिन्दी निदेशालय और 1991 में केरल हिन्दी साहित्य मंडल द्वारा पुरस्कृत हुआ। इसमें पाँच एकांकी संकलित हैं। शीर्षक यथाक्रम इस प्रकार हैं—**कुंती, तारा, कैकेयी, सीता और रेणुका।** नाटककार ने उन पुराण-प्रसिद्ध स्त्री पात्रों की कथाएँ इस संकलन में प्रस्तुत की हैं जिन्हें अपने-अपने जीवन-संदर्भों में अभिशप्त माताएँ बननी पड़ीं। जैसे—'कुंती' एकांकी में महाभारत की स्त्री पात्र कुंती देवी की कथा कही गई है। महर्षि दुर्वासा के वर के प्रभाव से अविवाहित कुंती एक पुत्र को जन्म देती है जो सूर्यपुत्र होने के कारण जन्म से ही कवच-कुंडलधारी रहता है। लोकमर्यादा के भय से कुंती अपने पुत्र कर्ण को नदी में बहा देती है। फिर सूत वंशज अधिरत द्वारा पाले जाने के कारण कर्ण सूत-पुत्र कहा जाता है। अपने बच्चे को स्तनपान करके पालन-पोषन नहीं कर सकी, इसका दुख तथा अपना पुत्र सूत-पुत्र कहलाने का दुख हमेशा माता कुंती के मन में

है। महाभारत युद्ध में अपने पुत्र अर्जुन की प्राण-रक्षा के लिए कौरव-पक्ष के अपने पुत्र कर्ण से माता कुंती को विनती करनी पड़ती है। इस प्रकार इस एकांकी में अभिशप्त माता कुंती के जीवन के मार्मिक संदर्भों का मनोवैज्ञानिक चित्रण किया गया है। 'तारा' एकांकी में 'रामायण' के सुग्रीव की पत्नी तारा की कथा मिलती है। श्रीरामचंद्र लंका नरेश रावण द्वारा अपहृत अपनी धर्मपत्नी सीता को वापस लाने के प्रयास में थे कि सुग्रीव के नेतृत्व में वानर सेना उनकी मदद करती है। सुग्रीव और राम के बीच जो संधि हुई, उसके अनुसार श्रीरामचंद्र ने सुग्रीव के बड़े भाई बालि का वध किया। उसके अगले दिन ही तारा सुग्रीव की पत्नी हो गई। किंतु बालि का पुत्र अंगद अपनी माता तारा को चरित्रहीन मानकर शंका करता है। तारा तो अपने बेटे अंगद की शंका अपने जीवन-संदर्भ समझाकर दूर करती है। 'कैकेयी' एकांकी में 'रामायण' के दशरथ की पहली पत्नी कौसल्या और दूसरी पत्नी कैकेयी की कथा मिलती है। कैकेयी अपनी दासी मंथरा का उपदेश मानकर राजा दशरथ से भरत के राज्याभिषेक और श्रीराम के वनवास के वर माँगन के कारण कौसल्या-पुत्र श्रीरामचंद्र का राज्याभिषेक संपन्न नहीं होता और श्रीरामचंद्र को वनवास भी करना पड़ता है। यह बात जानकर भरत के मन में अपनी माता कैकेयी के प्रति क्रोध होता है। किंतु कौसल्या के उपदेश के परिणामस्वरूप अपनी माता कैकेयी के प्रति भरत का क्रोध शांत होता है। भरत को कौसल्या समझा देती है कि दशरथ की मृत्यु मूर्च्छित होकर गिरने के कारण हुई है, इसमें कैकेयी का कसूर नहीं है। पुत्र--व्यथा में दशरथ की मृत्यु पूर्व निश्चित थी। 'सीता' एकांकी में 'रामायण' की पतिव्रता नारी तथा श्रीरामचंद्र की पत्नी सीता की कथा मिलती है। सीता केवल अपने पति श्रीरामचंद्रजी को स्मरण में रखकर एक वर्ष का लंकावास करती है। किंतु उसी सीता को लंका-युद्ध के बाद अग्नि-परीक्षा में सफल होकर अपना सतीत्व प्रमाणित करना पड़ता है। फिर भी अपनी प्रजा को प्रसन्न करने के लिए श्रीरामचंद्र अपनी पतिव्रता पत्नी को जंगल में छोड़ देते हैं। वाल्मीकि के आश्रम में सीता दो पुत्रों—लव और कुश—की माता बनती हैं। बाद में वे पुत्र अपनी माता की चरित्रहीनता का सवाल उठाते हैं। तब सीता को स्वयं अभिशप्त माता होने का एहसास होता है। किंतु महर्षि वाल्मीकि उन बच्चों को सीता की चरित्र-शुद्धि का आधिकारिक प्रमाण देते हैं। 'रेणुका' एकांकी में 'महाभारत' की रेणुका की कथा मिलती है, जो महर्षि जमदाग्नि की पत्नी हैं। रेणुका तथा जमदाग्नि का पुत्र है भगवान विष्णु का अवतार 'परशुराम'। जमदाग्नि अपनी पत्नी के प्रति क्रुद्ध होते हैं जबकि गंधर्व चित्ररथ के साथ गंगातट में उे देख लेते हैं। पिता की आज्ञा का पालन कर परशुराम अपनी माता का वध करते हैं। पिता संतुष्ट होकर परशुराम को वर देना चाहते हैं तो परशुराम माता को पुनर्जीवित करने का वर माँगता है। नाटककार के ही शब्दों में, 'अभिशप्त माताएँ' में मैंने ऐसी पाँच माताओं की रुदन कथा का अंकन किया, जिनको अपने प्राणों से प्रिय बेटों की तिरस्कारपूर्ण वाणी सुननी पड़ी।' **(2) 'आहुति'** नाटक का प्रकाशन पहले

नाटककार सोमनाथन नायरजी ने सन् 1984 में स्वयं किया था (पूर्णिमा प्रकाशन, पेरुन्ना पी.ओ., चेंगनाशेरी)। बाद में सन् 1987 में लोकभारती प्रकाशन, इलाहाबाद-1, उत्तरप्रदेश ने इसका प्रकाशन किया। इसमें एक कॉलेज के प्रिंसिपल प्रो. रवींद्रनाथ के परिवार की कथा है। कॉलेज की भ्रष्ट राजनीति में पड़कर छात्र क्या से क्या हो जाता है और उसका परिणाम क्या होता है, इसका वास्तविक चित्रण इस नाटक में हुआ है। पौराणिक सामग्री पर आधारित 'अभिशप्त माताएँ' श्री सोमनाथन नायर के एकांकियों का संकलन है, जबकि संपूर्ण नाटक विधा के अंतर्गत रचा गया उनका पहला नाटक है 'आहुति'। 'आहुति' का तथ्य सामाजिक है। कॉलेजों में होनेवाली अनुशासन-संबंधी समस्या के साथ ही साथ पारिवारिक समस्या भी चित्रित हुई है। छात्र राजनीतिक दलों के सदस्य हैं और वे संघर्षों में लीन होने के कारण कॉलेज में अध्ययन का वातावरण नहीं है। इसके पात्र हैं कॉलेज प्रिंसिपल रवींद्रनाथ, रवींद्रनाथ की पत्नी रेणुकादेवी, रवींद्रनाथ का बड़ा बेटा तथा उन्हीं के कॉलेज के प्रोफेसर जयदेव, जयदेव की पत्नी हेमा, हेमा की बेटी रश्मि, रवींद्रनाथ का छोटा बेटा और कॉलेज का छात्र राजीव, राजीव का सहपाठी राकेश आदि। आदर्शवान तथा चरित्रवान रवींद्रनाथ को अपना छोटा बेटा राजीव के कॉलेज में छात्रों के राजनीतिक संगठन का सक्रिय कार्यकर्ता होने से परेशानी होती है। राजीव चरित्रहीन लड़का है। कॉलेज में छात्रों का संघर्ष होने पर मध्यस्थ बननेवाले एक प्राध्यापक को राजीव के चाकू से गहरी चोट लगती है। राजीव कॉलेज की एक भोली-भाली छात्रा हेमा से अवैध संबंध जोड़ता है, जिससे हेमा गर्भवती होती है। इस समस्या के समाधान-स्वरूप रवींद्रनाथ अपने आज्ञापालक बड़े बेटे जयदेव के साथ हेमा का विवाह करा देते हैं। हेमा एक बेटी को जन्म देती है, और वह है रश्मि। जयदेव के साथ हेमा का विवाह नाममात्र था और हेमा राजीव की धमकी से पीड़ित रहती है। राजीव अपने बड़े भाई को मारा डालता है। गर्भिणी युवती हेमा के मान बचानेवाले जयदेव को आत्मबलिदान भी करना पड़ता है। इस प्रकार आज के शैक्षिक परिदृश्य के साथ ही साथ एक बेटे के चरित्रहीन होने से घर का माहौल कैसे अशांत होता है, इसका चित्रण 'आहुति' नाटक में है। यह 80 पृष्ठों का नाटक है। **(3) 'इतिश्री'** नाटक (1993, प्रकाशक : लोकभारती प्रकाशन, इलाहाबाद) के पात्र हैं—डॉ. राजगोपाल, (प्रौढ़ आयु, लंबे, गोरे, रूपवान), श्याम (डॉ. राजगोपाल का युवा ड्राइवर), जेकब (डॉ. राजगोपाल का दोस्त, आकर्षक व्यक्तित्व), श्रीमती ग्रेसी जेकब, मादक आँखोंवाली नीरजा (राजगोपाल की पुत्री, रूपवती, जो 18 साल की है), जयश्री (डॉ. राजगोपाल की पत्नी तथा नीरजा की माँ, आयु 35 वर्ष, रूपवती), सुप्रभा (राजगोपाल की पहली प्रेमिका 35 वर्ष की विधवा, सुंदर, शालीन) प्रो. प्रकाश आदि। जयश्री के चरित्र में डॉक्टर की पत्नी तथा धनी होने का अहं है। उसके स्नेहहीन व्यवहार से डॉक्टर का मन अशांत होता है और वह फ्रिजिड क्लब का मेम्बर बनता है। डॉक्टर सेक्स का भूखा है और परस्त्रियों से संबंध जोड़ता है और अपनी पत्नी पर झूठी

फ्रिजिडिटी का आरोप लगाता है। आखिर बेटी नीरजा के प्रयास से माता जयश्री का चरित्र सुधर जाता है। आखिर घर के विषाक्त वातावरण की इतिश्री होती है। नाटककार के ही शब्दों में, 'अपनी पत्नी की फ्रिजिडिटी के बहाने दूसरी नारियों से भोग-विलास करनेवाले एक प्रसिद्ध सर्जन की कथा का वर्णन इतिश्री में किया गया है।' अपनी माता की स्थिति समझकर नीरजा पिता से कहती है कि माता पर फ्रिजिडिटी का आरोप लगाकर पिता परस्त्री संबंध जोड़कर मज़ा उड़ा रहा है। माता ने पिता के दोस्त जेकब के साथ संबंध करके सिद्ध किया है कि वह फ्रिजिडिटी की शिकार नहीं है। इस नाटक में आधुनिक जीवन में अहं तथा स्वार्थ से उत्पन्न पारिवारिक अनमेल का चित्रण है। सरल, सहज भाषा में कथानक प्रस्तुत हुआ है। यह 101 पृष्ठों का नाटक है। यह 1994 में 'केंद्रीय हिन्दी निदेशालय' तथा 'कुसुमकुमारी कुंभ, नज़ीबाबाद' द्वारा पुरस्कृत नाटक है। **(4) 'ईहामृग'** (2003, प्रकाशक : अलंकार प्रकाशन, दरियागंज, नई दिल्ली) नायर जी का प्रसिद्ध नाटक है। हमारे समाज में ऐसे सत्ताधारी हैं, जो अपनी पत्नी तथा बाल-बच्चों को भूलकर परस्त्री का शारीरिक शोषण करने का कोई भी मौका नष्ट नहीं करते। इसके पात्र इस प्रकार हैं—रोहित जोसफ़ (डी.आई.जी, उम्र 45 वर्ष, लंबे, गोरे, रूपवान); श्वेता आई.ए.एस. (रोहित जोसफ की पत्नी, गवर्नमेंट सेक्रेटरी, उम्र चालीस वर्ष, शालीन, स्वस्थ, रूपवती); शोणिमा (श्वेता की बेटी); डॉ. विश्वनाथ (प्रौढ़ उम्र का, व्यक्तित्व-संपन्न); अरुणा आई.ए.एस. (संयुक्त सचिव डॉ. विश्वनाथ की पत्नी); नीलिमा (मंत्री की पत्नी, उम्र चालीस वर्ष, शालीन); शैलजा (मंत्री की सुंदर बेटी, बाईस वर्ष की); सूर्यजा (नीलिमा की भांजी, बीस वर्ष की) आदि। 'ईहामृग' नाटक में एक ऐसा मंत्री चित्रित है, जो एक लेडी आई.ए.एस. अफ़सर(गवर्नमेंट सेक्रेटरी) से बुरा व्यवहार करता है। श्वेता, अरुणा और सूर्यजा मंत्री की वासनापूर्ति की शिकार बनती हैं। मंत्री की प्रेरणा से इतवार को ऑफिस जानेवाली श्वेता से, दिल्ली की बैठक में मंत्री के साथ जानेवाली अरुणा से तथा मंत्री के घर में रहकर कॉलेज में पढ़नेवाली सूर्यजा से मंत्री बुरा व्यवहार करता है। वह अफ़सर तो मंत्री के विरुद्ध मुकदमा दायर करती है। मंत्री की बेचारी पत्नी तो अपनी बेटी की शादी कराना चाहती है। किंतु स्त्री विषयक मामले में पड़े पिता की बेटी से कोई भी लड़केवाले संबंध के लिए तैयार नहीं होते। अत: मंत्री की पत्नी उक्त लेडी अफ़सर से मिलती है तथा अदालत में अपने पति के विरुद्ध मामला वापस लेने का निवेदन करती है। अपने पति की असलियत को मंत्री की पत्नी तभी जानती है, जब भौजी के प्रति उनके वासनापूर्ण व्यवहार का पता चलता है। तब वह क्षुब्ध होकर कहती है—'उन्हें इलाज की नहीं, जेल की ज़रूरत है।' इस नाटक में बाहर से अच्छे, किंतु अंदर से बुरे पुरुषों की असलियत का पर्दाफाश करने की प्रेरणा दी गई है। यह 64 पृष्ठों का नाटक है। **(5) 'उफान के बाद'** (2004, प्रकाशक : ईशान प्रकाशन, नई दिल्ली) तीन एकांकियों का संकलन है। संकलित एकांकी निम्नलिखित हैं—(1) उफान के बाद, (2) उज्ज्वला

और (3) उत्तरायण। (6) **'ऊधौ! मन नहीं दस-बीस'** (2005, प्रकाशक : अलंकार प्रकाशन, नई दिल्ली) चार एकांकियों का संकलन है। संकलित एकांकी निम्नलिखित हैं—(1) ऊँघती दीवारें, (2) ऊसर में गुलाब, (3) ऊँचे लोग, (4) ऊधो मन नहीं दस बीस आदि। 'ऊँघती दीवारें' धन-लोभ और स्वार्थ के कारण पारिवारिक संबंधों में होनेवाले विघटन की कथा कहता है। संपन्न परिवार का श्यामलाल नए सरकारी नियम के अनुसार जायदाद नष्ट होने पर विदेश चला जाता है। किंतु कमाया पैसा दोस्ती में नष्ट करता है। उसकी पत्नी शीलावती और दो संतानों—श्रीदेवी और श्रीपरम—की देखभाल का दायित्व शीलावती के भाई उमेश पर पड़ता है। बीमार उमेश को शीलावती अपनी किडनी देने को तैयार होती है तो स्वार्थी तथा कामचोर श्यामलाल अपने बच्चों तथा दामाद के मन में इसके विरुद्ध चिंता जगा देता है। 'ऊसर में गुलाब' एकांकी में सीतादेवी अपने पति द्वारा धोखा खाकर एक लोड्ज से गाँजे के साथ पकड़ी जाती है। उसे दंड़ देनेवाला न्यायाधीश सुधाकर उसका निरपराधित्व भाँपने पर भी मजिस्ट्रेट का कर्तव्य निभाने हेतु उसे जेल का दंड देते हैं। सुधाकर विधुर हैं और उनकी विवाहित बेटी रेणु की दृष्टि केवल पिता की संपत्ति पर है। पिता की बीमारी की खबर पाकर भी वह दिल्ली से नहीं आती है, किंतु अपने दोस्त की बहन की शादी में भाग लेने के लिए आती है। (बाकी परिशिष्ट में पृष्ठ संख्या 322, 323)

ए. सदानंद पै का केवल एक नाटक प्रकाशित हुआ है—'किष्किंधेश्वरी' (2006, प्रकाशक : ए. सदानंद पै; वितरक : साहित्य गंगा, केशव शिल्पा, कंपगौडा नगर, बंगलूर)। इस नाटक के बारे में 'दो बातें' शीर्षक के अंतर्गत लेखक ने लिखा है—''महर्षि वाल्मीकि जब अपने सुंदर आदिकाव्य 'रामायण' की रचना में मग्न थे, उसी में तल्लीन होकर स्वयं आनंदानुभूति पाकर आगे चलते रहते थे, तब बीचो-बीच थोड़े लोप या रिक्त स्थान आ गए, तो यह सहज बात है। ऐसे लोपों में से एक है, चौदह वर्षों तक अयोध्या में विरह दुख सहनेवाली ऊर्मिला की कहनी। आगे चलकर उस लोप को सुधारने के लिए दिवंगत कविवर रवींद्रनाथ ठाकुर और मैथिलीशरण गुप्त आगे आए॥ दूसरा लोप है, लंका में युद्ध करने गए हुए सुग्रीव की अनुपस्थिति में असुरक्षित किष्किंधा। सुग्रीव के वापस आने तक की अवधि में किष्किंधा में क्या गुज़रा? इस रियासत की सत्ता किसने और कैसे सँभाली? इसकी सुरक्षा का क्या प्रबंध था? प्रजा को कैसा न्याय मिलता था? लंका के युद्ध-क्षेत्र से गुप्त रूप से समाचार लाने की कैसी व्यवस्था की गई थी? रावण का किष्किंधा पर आक्रमण कैसे रोका गया? ऐसे गंभीर प्रश्नों को सुलझाने का प्रयास इस नाटक में किया गया है।'' संस्तुति शीर्षक में डॉ. पी.आर. गोपालकृष्ण पै ने लिखा है—''किष्किंधेश्वरी' की रचना रामायण की आधारशिला पर हुई है। स्थान, घटना-क्रम और पात्रों के चयन में मूल कृति से कोई अंतर न आ पाया है। लेकिन, आदिकवि द्वारा उपेक्षित तारा, रूमा, जाम्बवी, सुषेणा जैसी स्त्री पात्रों को सर्वप्रमुखता देकर नारी जगत् के प्रति प्रतिष्ठा एवं सम्मान

की भावना जगाना और उन पात्रों के ज़रिए आज के संदर्भ में अधुनातन और समीचीन लगनेवाले तथ्यों को प्रस्तुत करना नाटककार का ध्येय रहा है, ऐसा मैं मानता हूँ।'

डॉ. वी.वी. विश्व का विख्यात व्यंग्य एकांकी है **'दशमूलारिष्ट'**। प्रस्तुत एकांकी 'संग्रथन' (अंक : मई, 1988) में प्रकाशित है (पृ. 18-25)। इसके पात्र हैं प्रभुराम, प्रभुराम की पत्नी मल्लिका, बेटा डिंकू और प्रभुराम के मित्र बिहारी और गणेश आदि। प्रस्तुत एकांकी व्यंग्यात्मक है। इसमें प्रभुराम घर में टीवी इसलिए नहीं खरीदता कि घर में टीवी न होने के कारण हर शनिवार को सिनेमा देखने अपनी पत्नी को मायके भेज देता है और घर पर उसकी अनुपस्थिति में अपने मित्रों के साथ शराब पीकर मौज मनाता है। वह शनिवार के लिए अपनी अलमारी में दशमूलारिष्ट की बोतल में शराब सँभाल के रखता है। एक शनिवार के दिन गाड़ी के न आने पर सिनेमा देखने टैक्सी से मायके जाने के लिए अपनी पत्नी मल्लिका को प्रभुराम सौ रुपये देकर बाहर जाता है। जब लौटकर अलमारी खोलता है, तो देखता है कि शराब की बोतल खाली पड़ी है। डिंकू से पता चलता है कि पेट में दर्द होने पर शराब को दशमूलारिष्ट समझकर मल्लिका और डिंकू ने पी लिया है। नशे में मल्लिका रसोई में खर्राटे लेकर सो रही है। डिंकू लड़खड़ाते पिताजी से अरिष्ट पीने की बात कहता है और बेडरूम में जाकर सो जाता है। जब प्रभुराम के दोस्त शराब पीने आते हैं तो उन्हें पता चलता है कि घर में शराब पीने का क्या हाल हो गया है। वे निर्णय लेते हैं कि प्रभुराम ने अपनी पत्नी को टैक्सी से मायके जाने के लिए उस दिन जो सौ रुपये दिये थे, उससे शराब खरीदें और अगले दिन शाम को दफ़्तर की बगलवाले बार होटल में जाकर पिएँ। थोड़ी देर बाद डिंकू की नींद खुल जाती है। यह जानकर कि मल्लिका भी अब जाग उठेगी, प्रभुराम के मित्र चले जाते हैं। डिंकू बाहर आता है और सिनेमा देखने को थिएटर जाने की माँग करता है। मल्लिका बड़े अफ़सर की बीवी होकर टीवी देखने पड़ोस में दर-दर घूमना नहीं चाहती है। वह कहती है कि सिनेमा शुरू हो गया होगा, इसलिए ऑटो पकड़ के थिएटर जाएँ। इसके लिए उसके पास एक सौ रुपये हैं। मल्लिका चुस्त होकर कहती है कि अरिष्ट-सेवन से सारे शरीर में उमंग और स्फूर्ति की लहरें दौड़ने लगी हैं। डिंकू को तो अरिष्ट-सेवन से सब कुछ धुला हुआ-सा महसूस हो रहा है। मल्लिका व्यंग्य में कहती है 'अगर पैसा बचेगा तो लौटते वक्त एक बोतल दशमूलारिष्ट भी खरीद लेंगे' (पृ. 25)। **'मानवों के अधिकार'** डॉ. वी.वी. विश्वम द्वारा लिखा हुआ रेडियो में प्रसारित रूपक है। इस सामाजिक रूपक में केवल दो पात्र हैं—पिता और बेटी। इसका परिवेश ऐसा है कि समुद्र तट पर हवा खाते हुए एक शिक्षित परिवार के बेटी-पिता बातें कर रहे हैं। तट से टकरानेवाली लहरों की आवाज़ भी सुनाई पड़ रही है। इसका कथानक समुद्र तट में पिता और बेटी के संवाद के ज़रिए आगे बढ़ता है। पिता हमेशा दफ़्तरी कार्यों से व्यस्त है, जिससे ज़रा भी विश्राम करने का मौक़ा नहीं मिलता। इस सामाजिक रूपक में पिता और

बेटी के संवाद के ज़रिए कई समस्याएँ उठाई गई हैं, जैसे—'सरकारी कर्मचारियों को मिलनेवाला वेतन इतना तुच्छ है कि उससे रोटी की समस्या भी हल नहीं होती। ऐसी अवस्था में कपड़े और मकान का प्रश्न कहाँ उठता है?'—इन वाक्यों में वर्तमान आर्थिक समस्या स्पष्ट होती है। इस संवाद के ज़रिए कि 'दहेज न देने से मौसी का क्या हाल हुआ है,' दहेज की समस्या उठाई गई है। 'आज जो सत्ताधारी या शासक कुर्सी पर बैठते हैं, वे एकदम यह भूल जाते हैं कि वे जनता के नौकर हैं।'...'न्याय के पहरेदार ही अपराधी बनते हैं तो सजा देनेवाला कौन है?'—इन वाक्यों में वर्तमान प्रशासकों की असलियत स्पष्ट होती है। 'मानव के अधिकारों का पूरा-पूरा पालन यथार्थ गणतंत्र शासन में ही संभव हो जाएगा। अन्यथा यह भ्रष्टाचारियों के लिए स्वार्थ-पूर्ति का साधन मात्र बन जाएगा।'—इन वाक्यों से संविधान में लिखित मानवाधिकार का लाभ उठानेवाला कौन है, यह सोचने के लिए पाठक बाध्य होते हैं। डॉ. वी.वी. विश्वम का लिखा '**टूटे सपने**' (रूपक) संग्रथन पत्रिका के सन् 1998 के फ़रवरी, मार्च और अप्रैल अंकों में धारावाहिक प्रकाशित रूपक है। इसमें कथानक तीन दृश्यों में विभाजित है—पहला दृश्य 'संग्रथन' के फ़रवरी अंक में छह पृष्ठों में (पृ. 29-34); दूसरा दृश्य मार्च अंक में पाँच पृष्ठों में (पृ. 20-24) तथा अप्रैल अंक में तीन पृष्ठों में (पृ. 41-43); तीसरा दृश्य अप्रैल अंक में साढ़े तीन पृष्ठों में (पृ. 44-47)। इसके कथा पात्र हैं निशा (पैंतीस वर्ष की सुशिक्षित, सुसंस्कृत नारी), निशा का पति दिवाकर (चालीस साल का स्वतंत्र पत्र संवाददाता, साहित्य में रुचि रखनेवाला तथा अच्छा भाषणदाता), निशा का बेटा 'लालू' (बारह-तेरह साल का लड़का, जो स्कूल में पढ़ता है), निशा की पड़ोसिन 'नीली दीदी' (मिलनसार प्रकृतिवाली तथा करीब पचास साल की स्त्री), निशा के कॉलेज की तीन सहेलियाँ, अजनबी व्यक्ति (चालीस-पैंतालीस साल का मानसिक रोगी) आदि। कॉलेज में सुरीली आवाज़ में गीत गानेवाली निशा तथा जोशीला भाषण देनेवाला दिवाकर परस्पर आकर्षित होते हैं। उनका यह आकर्षण विवाह में परिणत होता है। नारी-शिक्षा, नारी-उन्नति, नारी का अधिकार आदि विषयों पर कॉलेज में दिवाकर जो भाषण देते थे, उससे निशा प्रभावित हुई थी। दिवाकर के साथ शादी करनेवाली निशा ने सचमुच बड़ा त्याग किया था। माँ-बाप, भाई-बहन, धन-संपत्ति सबकुछ छोड़कर गरीब दिवाकर के साथ आई तो उसे वह प्यार नहीं मिलता, जिसकी उसे प्रतीक्षा थी। दिवाकर स्वयं कोई नौकरी नहीं करता है। यही नहीं, एक दिन विलंब से आने का अपरोप लगाकर निशा को नौकरी पर जाने से मना भी कर देता है। दिवाकर शराब पीने का आदी है तथा विधवा-विवाह का पक्षधर बनकर विधवा देवकी के साथ उसके घर में रात में रहता है। जब वह घर पर आता है तब निशा को खूब मार-पीट सहनी पड़ती है। वह रोती है तो कहता है—'पागल ही रोता है।' घर की गरीबी के कारण तेरह साल का लड़का लालू पतंग बनाकर बेचता है। निशा को दिवाकर पागल कहते-कहते आखिर

उसे सचमुच में पागलखाने में जाना पड़ता है। लल्लू अपनी माँ से मिलने पागलखाने में आता है, किंतु दिवाकर उसे माता के नज़दीक जाने नहीं देता और उल्टे बेटे से पूछता है—'यह क्या, पागलपन तुझ पर भी सवार हो गया?' (पृ. 46)। अपनी माँ के लिए रोनेवाले बेटे से स्वार्थी दिवाकर का जवाब है—'मैं तुझे दूसरी माँ ला दूँगा। इस पगली माँ से तेरा क्या बनेगा? आ मेरे साथ...यहाँ से बाहर हो जाएँ' (पृ. 46)। दिवाकर बेटे को खींचकर ले जाता है तो निशा रोती है। तब भी निष्ठुर दिवाकर का कहना है कि 'रोना सब पागलपन के लक्षण हैं।' इस रूपक में आधुनिक स्वार्थी पुरुष का प्रतिरूप है दिवाकर और आधुनिक पीड़ित नारी का प्रतिरूप है निशा।

प्रो. टी. रत्नकुमारी अम्मा का 'महासेना नायक की कथा' नामक नाटक 'संग्रथन' पत्रिका में दिसंबर, 1995 से जुलाई, 1996 तक धारावाहिक प्रकाशित हुआ। प्रो. टी. रत्नकुमारी अम्मा के चार एकांकी आकाशवाणी, तिरुवनंतपुरम द्वारा प्रसारित हुए हैं। वे हैं—'भारत का भाग्य', 'राष्ट्र की बलिवेदी पर', 'मनु', 'बिदाई' आदि।

अनूदित नाटक

नाटक (अनुवाद : हिन्दी-मलयालम)

रामकुमार वर्मा के 'दस मिनट' एकांकी का अनुवाद **ई.एस. भासी** ने 'पत्तु मिनट' नाम से किया जो राष्ट्रवाणी पत्रिका (अंक 16, वर्ष 1953) में प्रकाशित हुआ।

प्रो. वी. रवींद्रन के दो अनुवाद निकले हैं—(1) हिन्दी एकांकी, (2) हल्लाबोल। ए.डी. चंद्रगुप्त विद्यालंकार द्वारा संपादित तथा 'नेशनल बुक ट्रस्ट, दिल्ली' द्वारा प्रकाशित 'हिन्दी एकांकी' नामक संकलन में संकलित दस एकांकियों का प्रो. वी. रवींद्रन ने मलयालम में अनुवाद किया है। अनूदित संकलन का नाम है **'हिन्दी एकांकी'** (1976, प्रकाशक : नेशनल बुक ट्रस्ट, दिल्ली)। संकलन के एकांकी निम्नलिखित हैं—दस हज़ार (उदयशंकर भट्ट), कौमुदी महोत्सव (रामकुमार वर्मा), शाप और वर (सेठ गोविंददास), तौलिए (उपेंद्रनाथ अश्क), स्ट्राइक (भुवनेश्वर), टूटते परिवेश (विष्णु प्रभाकर), बंदी (जगदीशचंद्र माथुर), कॉफी हाउस में इंतज़ार (लक्ष्मी नारायण लाल), सृष्टि का आखिरी आदमी (धर्मवीर भारती), भारत में जाकर कहना (चंद्रगुप्त विद्यालंकार) आदि। इन हिन्दी एकांकियों के मलयालम अनुवाद के शीर्षक क्रमश: इस प्रकार हैं—पतिनायिरं, कौमुदी महोत्सवं, शापवुं वरवुं, तोर्तुकल, स्ट्राइक, तकरुन्न चुट्टुपाटुकल, तटवुकार, कॉफी हाउसिले कात्तिरिप्पु, सृष्टियिले अवसानत्ते मनुष्यन, भारतत्तिल चेन्नु परायणं आदि। (2) मार्क्सवादी नाटककार सफ़दर हाशमी के पाँच हिन्दी नाटकों—नुक्कड़ नाटकों—का मलयालम में अनुवाद प्रो. वी. रवींद्रन ने किया है और इन अनुवादों के संकलन का नाम है—**'हल्लाबोल'** (2009, प्रकाशक : कैरली बुक्स, कण्णूर)। संकलित नाटक निम्नलिखित हैं—'हल्लाबोल', 'ग्रामं मुतल नगरं

वरे' (मूल : 'गाँव से शहर तक'), 'राजाविंटे पेरुम्परा' (मूल; 'राजा का बाजा'), 'यंत्रं' (मूल : 'मशीन'), 'स्त्री' (मूल : 'औरत') आदि। इस अनुवाद को 'राष्ट्रीय हिन्दी साहित्य सम्मेलन पुरस्कार' (2011) प्राप्त हुआ। सफ़दर हाशमी का जन्म 12 अप्रैल, 1951 को दिल्ली में हुआ। उनके नाटकों को श्री अर्जुन घोष ने 'Plays for the People' कहा है। श्री अर्जुन घोष ने राष्ट्रीय नाटकों, खासकर लोक-नाटकों पर शोध किया है। अपने पैंतीस वर्ष तक सफ़दर हाशमी द्वारा लिखित तथा अभिनीत लोक-नाटक उनके राष्ट्रीय बोध के पक्के नमूने हैं। उन्होंने छात्र-जीवन में ही राजनीति में भाग लिया तथा अपने अंतिम दम तक ज़ारी रखा। सन् 1979 में सी.पी.ए. (एम्) के सदस्य हो गए तो 'नाटक तथा राजनीति, दोनों को समानांतर ले जा सके। 1 जनवरी, 1989 को दिल्ली के पास जन्धापुर (साहिबाबाद) में गाज़ियाबाद म्यूनिसिपल चुनाव में प्रचारार्थ 'हल्लाबोल' नाटक खेल रहे थे कि हमले में उनका आकस्मिक अंत हुआ। दो दिनों के बाद उनकी धर्मपत्नी श्रीमती मालेयश्री हाशमी ने उसी स्थान पर पूरा नाटक खेला।

मोहन राकेश के 'आषाढ़ का एक दिन' का अनुवाद है—'आपाढ़त्तिले ओरु दिवसं'। **पी.एन. दामोदरन पिल्लै** के इस अनुवाद का प्रकाशन सन् 1984 में एन.बी.एस. ने किया।

संगीत नाटक अकादमी पुरस्कार विजेता स्वदेश दीपक (जन्म 1942, रावलपिंडी, पाकिस्तान) के कोर्ट मार्शल' नाटक का मलयालम में अनुवाद **श्रीमती लता के.वी.** ने किया है। इसका नायक रामचंद्र निम्न जाति का है, जिसे अफसर का खूनी बताकर कोर्ट मार्शल किया जाता है। मलयालम अनुवाद का प्रकाशन सन् 2009 में 'सैन बुक्स, तिरुवनंतपुरम' ने किया।

डॉ. के.एम. मालती ने श्री नंदकिशोर आचार्य (तारसप्तक के कवि; जन्मस्थान-बीकानीर, राजस्थान) के 'हस्तिनापुर', 'देहांतर' आदि पौराणिक नाटकों का मलयालम में अनुवाद यथाक्रम 'हास्निापुरं', 'देहांतरं' नामों से किया। 'वल्लत्तोल विद्यापीठ' ने सन् 2009 में इसका प्रकाशन किया। 'हास्तिनापुर' नाटक में 'महाभारत' के पौराणिक पात्रों को नए आयामों में प्रस्तुत किया गया है। सत्यवती, कुंती, अंबिका, दासी, शुभा आदि पात्रों द्वारा नारी-मन के अंतर्संघर्षों का चित्रण किया गया है। 'देहांतर' नाटक में शर्मिष्ठा, ययाति, देवयानी, बिंदुमती, पुरु आदि पात्रों का मानसिक संघर्ष चित्रित हुआ है। मलयालम अनुवाद में इन दोनों अनुवादों को संकलित करके नाम दिया गया है—'हस्तिनापुरं देहांतरं'।

'कोमल गांधार' (शंकर शेष, 1979) नाटक का मलयालम अनुवाद है 'गांधार स्मृतिकाल'। अनुवादक हैं **डॉ. ए. अरविंदाक्षन**। प्रकाशक है 'टी.डी. बुक स्टाल, कालिकट'। महाभारत की स्त्री पात्र गांधारी के चरित्र की असामान्य दृढ़ता से आकर्षित होकर ही शंकर शेषजी ने 'कोमल गांधार' नाटक की रचना की थी। नाटक के अंत में धृतराष्ट्र और गांधारी की मृत्यु की ओर बढ़ने की प्रवृत्ति में भी गांधारी की असामान्यता प्रकट होती है। यह नाटक दो भागों में विभाजित है—पूर्वार्द्ध और उत्तरार्द्ध।

गांधारी की हस्तिनापुर यात्रा से नाटक शुरू होता है। इसमें गांधारी और धृतराष्ट्र का जीवन-संघर्ष चित्रित हुआ है।

'चंद्रगुप्त' (जयशंकर प्रसाद) नाटक का अनुवाद **श्री एन.ए. नारायण** ने किया। हरिकृष्ण प्रेमी के 'रक्षा बंधन', 'ममता' आदि नाटकों का भी मलयालम में अनुवाद हुआ है। किंतु इन अनुवादों की प्रतियाँ उपलब्ध नहीं हैं।

प्रो. वी.डी. कृष्णन नंपियार द्वारा अनूदित नाटक हैं—(1) आद्यत्ते राजावु (1981, प्रकाशक : नेशनल बुक ट्रस्ट, नई दिल्ली); हिन्दी के विख्यात रचनाकार गिरिजा कुमार माथुर के 'पहला राजा' नाटक (1980; प्रकाशक : राजकमल प्रकाशन) का मलयालम अनुवाद है 'आद्यत्ते राजावु'। इसके अनुवादक हैं प्रो. वी.डी. कृष्णन नंपियार। इस नाटक में कथासूत्रों को वेद, महाभारत, भागवत, विष्णुपुराण, हड़प्पा-मोहनजोदड़ो के मिथकों और ऐतिहासिक वृत्तांतों से ग्रहण किया गया है। यह पृथु की कथा है। पृथु भातीय परंपरा में पहला राजा माना जाता है। इसमें पृथु की समस्याओं को स्वतंत्र भारत के प्रथम प्रधान मंत्री जवाहरलाल नेहरू की समस्याओं से जोड़ा गया है। नेहरू के सामने स्वतंत्र भारत के पुनर्निर्माण तथा आधुनिकीकरण की समस्या थी। (2) अर्द्धं अपूर्णं (1981, प्रकाशक : नेशनल बुक ट्रस्ट, नई दिल्ली) मोहन राकेश के विख्यात नाटक 'आधे अधूरे' का मलयालम अनुवाद है। 'आधे अधूरे' एक सामाजिक नाटक है, जिसमें सामाजिक विसंगतियों का चित्रण हुआ है। इसमें चित्रित विडंबनाग्रस्त मध्यवर्गीय परिवार का प्रत्येक पात्र अपने को आधा-अधूरा महसूस करता है। कथ्य और शिल्प दोनों दृष्टियों से यह नाटक बहुचर्चित है। आधुनिक मनुष्य आधा-अधूरा रहने के लिए अभिशप्त है। इसकी नायिका सावित्री किसी पूर्ण पुरुष को पाकर अपने अधूरेपन को पूरा करना चाहती है।

'चक्करदार कुरसी' एकांकी का **प्रो.पी. कृष्णन** ने 'करङ्ङुम् कसाला' नाम से अनुवाद किया।

नाटक (अनुवाद : मलयालम-हिन्दी)

केरल के प्रमुख हिन्दी अनुवादक हैं **आचार्य पी.जी. वासुदेव**। 'अवन वीण्टुम वरुन्नु' मलयालम के प्रख्यात नाटककार सी.जे. थॉमस का पहला नाटक है। सी.जे. थॉमस ने यह नाटक 1942 में लिखा था। हिन्दी पाठकों के लिए इसका अनुवाद 'वह फिर आ रहा है' नाम से आचार्य पी.जी. वासुदेव ने किया (1958, हिन्दी सहकारी संघ, कोट्टयम)। दूसरे विश्वमहायुद्ध के फलस्वरूप जो अनास्था और अव्यवस्था फैली थी और उस समय केरल की जो स्थिति थी, उसी पृष्ठभूमि पर एक गरीब ईसाई परिवार की कथा इस नाटक का केंद्र-आधार है। मातुक्कुट्टी इस नाटक का मुख्य कथापात्र है। तोप्पिल भासी के 'निङ्ङलेन्ने कम्यूनिस्टाक्की' नाटक का **लक्ष्मण शास्त्री** ने 'उत्थान' नाम से अनुवाद किया (1960; अशोक प्रकाशन, नई दिल्ली)। तोप्पिल भासी के 'मूलधनं' का लक्ष्मण शास्त्री ने 'पूँजी' नाम से अनुवाद किया (1960;

अशोक प्रकाशन, नई दिल्ली)। परमेश्वरन पिल्लै के 'गीतानंदं' का अनुवाद 'गीतानंद' नाम से **पी.जी. वासुदेव** ने किया (1962; रामनारायण लाल बेनी प्रसाद, इलाहाबाद)। सी.एन. श्रीकंठन नायर के 'कांचन सीता' का उसी नाम से **सुधांशु चतुर्वेदी** ने अनुवाद किया (1966; हिन्दी साहित्य भंडार, लखनऊ)। टी.एन. गोपीनाथन नायर के 'प्रतिध्वनि' का उसी नाम से सुधांशु चतुर्वेदी ने अनुवाद किया (1966; हिन्दी साहित्य भंडार, लखनाऊ)। कैनिक्करा पद्मनाभ पिल्लै के 'वेलुत्तंबी दळवा' का उसी नाम से सुधांशु चतुर्वेदी ने अनुवाद किया (1966; इंडिया पब्लिशिंग हाउस, दिल्ली)। टी.एन. गोपीनाथन नायर के 'परीक्षा' नाटक का अनुवाद सुधांशु चतुर्वेदी ने उसी नाम से किया (1966; हिन्दी साहित्य भंडार, लखनऊ)। तोप्पिल भासी के 'सर्वेक्कल्लु' का अनुवाद लक्ष्मण शास्त्री ने किया (अशोक प्रकाशन, नई दिल्ली)। तोप्पिल भासी के 'विशप्पिन्टे विळी' का अनुवाद 'भूख, हड़ताल, तोड़क' नाम से सुधांशु चतुर्वेदी ने किया (अशोक प्रकाशन, नई दिल्ली)। कुछ प्रतिनिधि एकांकियों का 'मलयालम के श्रेष्ठ एकांकी' नाम से सुधांशु चतुर्वेदी ने अनुवाद किया (1970; प्रभात प्रकाशन, दिल्ली)। इटश्शेरी गोविंद मेनन के 'कूट्टुकृषि' का 'सहकारी खेती' नाम से **श्री के. रवि वर्मा** ने अनुवाद किया (1970; साहित्य अकादमी, दिल्ली)। प्रो. एन. कृष्ण पिल्लै के 'कन्यका' का अनुवाद श्री सुधांशु चतुर्वेदी ने उसी नाम से किया (1972; सुधा प्रकाशन, तृश्शूर)। मलयालम के कुछ एकांकियों का अनुवाद सुधांशु चतुर्वेदी ने 'मलयालम एकांकी' नाम से किया (1977; नेशनल बुक ट्रस्ट, दिल्लो)। कैनिक्कर पद्मनाभ पिल्लै के 'विवाहक्कार्यं' का अनुवाद 'विवाह की बात' नाम से सुधांशु चतुर्वेदी ने किया (1977; नेशनल बुक ट्रस्ट, दिल्ली)।

डॉ. एम.एस. विश्वंभरन (कालिकट, केरल) नाटक साहित्य में विशेष रुचि रखते हैं। उन्होंने मलयालम से हिन्दी में नाटकों का अनुवाद किया है, जो पत्रिकाओं में प्रकाशित हुआ है। अनूदित नाटक निम्नलिखित हैं—

1. अग्निवर्ण महाराज के पैर (मूल : अग्निवर्ण महाराजाविंटे कालुकळ, मूल लेखक : कावालम् नारायण पणिक्कर; पत्रिका : छायानट, अंक : जुलाई, 1982, प्रकाशक : उत्तर प्रदेश साहित्य अकादमी)
2. अरणि (मूल : अरणि, लेखक, मूल लेखक: कावालम् नारायण पणिक्कर; पत्रिका : समकालीन भारतीय साहित्य, अंक : जनवरी, 1989; प्रकाशक : केंद्र साहित्य अकादमी)
3. आज़ादी की आधी रात (मूल : स्वातंत्र्यत्तिन्टे अर्द्धरात्रि, मूल लेखक : रामचंद्रन मोकेरी; पत्रिका : रचना कर्म, 2005, गुजरात)
4. चींटियाँ (मूल : एरुम्पुकल, मूल लेखक : जी. शंकर पिल्लै, निदेशक–स्कूल ऑफ ड्रामा; पत्रिका : अनुवाद, अंक : जुलाई–दिसंबर, 1993; प्रकाशक : भारतीय अनुवाद परिषद)

डॉ. टी.एन. विश्वंभरन ने मलयालम नाटककार जी शंकरपिल्लै, टी.आर. एब्राहम, वयला वसुदेवन पिल्लै, नरेंद्र प्रदास आदि के नाटकों का हिन्दी में अनुवाद किया। इनके पाँच नाटकों के अनुवाद का संकलन हैं 'मलयालम के रंगनाटक' (1985, केरल हिन्दी साहित्य मंडल)।

डॉ. एस. राजप्पन नायर स्वाति तिरुनाल हिन्दी अनुवादक हैं (2006, प्रकाशक : जयभारती प्रकाशन, 267 वी, माया प्रेस रोड, इलाहाबाद-211003)। 'स्वाति तिरुनाल' (मलयालम) के मूल नाटककर हैं श्री पिरप्पनकोट मुरली। सन् 1988 में 'केरल राज्य सरकार' तथा 1989 में 'केरल साहित्य अकादमी' के पुरस्कारों से सम्मानित मलयालम नाटक 'स्वाति तिरुनाल' का हिन्दी में अनुवाद करके अनुवादक ने स्तुत्य-कार्य ही किया है। यह एक ऐतिहासिक नाटक है। इसका कथानक तिरुवितांकूर के राजा स्वाति तिरुनाल (1913-1846) की जीवनी पर आधारित है। इसका कथानक 1829 से 1847 तक की अवधि का है। स्वाति तिरुनाल 1829 से 1846 तक तिरुवितांकूर के राजा रहे। प्रस्तुत नाटक 15 दृश्यों का है। प्रत्येक दृश्य के मलयालम गीतों का हिन्दी अनुवाद तथा प्रत्येक अनुवाद के बाद मूल मलयालम गीत नागरी लिपि में दिये गए हैं। दृश्य 15 का एक गीत देखिए—

यह चाँद का टुकड़ा हो
या सुंदर कमल हो
या फूल में भरे मधु
या पूर्णचंद्र की चाँदनी

'ओमन तिंकल किटाओ
नल्ल कोमल तामराप्पूवो
पूविल निरञ्ञ मधुवो
परिपूर्णेंदु तन्टे निलावो। **(मूल, पृ. 128)**

अपनी प्रजा की भलाई के लिए मुकुट धारण किए महाराज स्वाति तिरुनाल के स्वर्गवास से नाटक समाप्त होता है। नाटक के अंत में श्रीपद्मनाभ स्वामी मंदिर के पुजारी रानी माँ से आकर कहते हैं—'हमारे महाराज...मंदिर में भगवान के मूर्ति के सामने अकेले अंजलिबद्ध खड़े हैं' (पृ. 118)। 'सोतितिरुनाल नाटक' के मूल लेखक श्री पिरप्पनकोट मुरली का जन्म तिरुवनंतपुरम जिले के पिरप्पनकोट गाँव में हुआ। उनके 12 नाटक प्रकाशित हुए हैं। वे गीतकार भी हैं। केरल विश्वविद्यालय के सेनेट, केरल विश्विद्यालय ग्रंथालय शिक्षा समिति, केरल राज्य प्रौढ़ शिक्षा परिषद, राजा राममोहन राय स्मृति समिति आदि के सदस्य रहे हैं। केरल राज्य ग्रंथालय परिषद की पत्रिका 'ग्रंथालोकम्' के मुख्य संपादक रहे हैं।

डॉ. वी.वी. विश्वम ने श्री एन.एम. बाबू की मलयालम रचना 'हेल्लो...इतु ञानाणु' का हिन्दी अनुवाद 'हेल्लो...यह मैं हूँ' नाम से किया। यह संग्रथन पत्रिका

के जून, 2007 अंक में प्रकाशित हुआ। रेडियो रूपक के रूप में पहले इसका प्रसारण हुआ था। इसका कथानक रोचक है—रेडियो के संबंध में 'हेल्लो...यह मैं हूँ' एक 'लाइव फोन इन' कार्यक्रम है। रेडियो के प्रस्तोता को मलयालम, हिन्दी, अंग्रेज़ी, तमिल आदि चार भाषाओं में फोन से कॉल आते हैं। कॉल करनेवाले अपने जीवन के सुख-दुखों और आशा-आकांक्षाओं को रेडियो के प्रस्तुतकर्ता से बाँटते हैं। गरीब तथा धनी दोनों प्रकार के व्यक्तियों को एक समान स्वीकार्य 'रेडियो कार्यक्रम' के सामने भाषा और संस्कृति बाधा नहीं बनती। 'लाइव फोन इन कार्यक्रम' में कई कॉलों के बाद प्रस्तोता को अंतिम कॉल दुविधा में डाल देता है। क्योंकि कार्यक्रम के शुरू में जिस स्त्री ने कॉल किया था, वही आवाज़। वह स्त्री यह सत्य कहती है कि विभिन्न भाषाओं में अब तक उसीने संवाद किया है। कार्यक्रम के प्रस्तोता के बारे में जानने की इच्छा भी वह प्रकट करती है तो वह अपना परिचय यों देता है—'मैं बताऊँगा श्रव्या...मैं अरूपी हूँ...अशरीरी हूँ...सिर्फ एक आवाज़...किसी भी नाम से तुम मुझे पुकार सकती हो...चाहो तो अब मुझे आकाश पुकार लो...' (पृ. 16)। इस 'आकाश' नाम में रेडियो तरंग आकाश से होकर (On Air) संचार करने की सूचना है।

डॉ. एस. तंकमणि अम्मा ने श्री वयला वासुदेवन पिल्लै के तीन मलयालम नाटकों का हिन्दी में अनुवाद किया है, जो इस प्रकार है—(1) 'अंदर कोई' (2011, प्रकाशक : युक्ति प्रकाशन, नई दिल्ली) पिल्लैजी के 'अकत्तारो' नाटक का हिन्दी अनुवाद है। इसका अनुवाद डॉ. एस. तंकमणि अम्मा ने श्री. के.जी. बालकृष्ण पिल्लै के सहयोग से किया है। 'अकत्तारो' के नाटककार और रचनाधर्मी, दोनों वासुदेवन पिल्लै जी ही हैं। उत्तराधुनिक दौर में व्यक्ति और समाज को चुनौती दे रही जटिल समस्याओं का परदाफ़ाश इस नाटक का कथ्य है। बाज़ारवाद और अधिनिवेश के वैश्विक रास में देशीय भाषा और संस्कृति का विनाश तथा उनकी जगह पर विदेशी तत्त्वों की प्रतिष्ठा जिस भाँति होती है, इन सबके ज्वलंत चित्र इस नाटक में प्रस्तुत हुए हैं। (2) 'बरसी' (2011, प्रकाशक : वाणी प्रकाशन, नई दिल्ली) महाभारत की कथा के आधार पर तथा समकालीन संदर्भ को दृष्टि में रहकर वयला वसुदेवन पिल्लै द्वारा रचित 'आण्टुबली' नाटक का हिन्दी अनुवाद है। कुरुक्षेत्र युद्ध में मारे गए योद्धाओं की याद में होनेवाले 'वार्षिक श्राद्ध' यानी 'बरसी' को आधार बनाकर इसका अवतरण हुआ है। इसमें नारी उत्पीड़न की समस्या, युद्ध की समस्या तथा अन्य कई सामाजिक समस्याएँ नए मान के रूप में प्रस्तुत की गई हैं। (3) 'करारनामा' वयला वासुदेवन पिल्लै के अंतिम नाटक 'उटंपटी' का अनुवाद है (2013, प्रकाशक : लोकभारती प्रकाशन, इलाहाबाद)। डॉ. एस. तंकमणि अम्मा और के.जी.बालकृष्ण पिल्लै ने मिलकर यह अनुवाद किया।

डॉ. प्रमोद कोवप्रत ने टी.एम. एब्राहम के नाटक का अनुवाद 'आइना' नाम से किया।

अध्याय-5

निबंध

निबंध (मौलिक)

निबंध साहित्य में किसी विषय का पांडित्यपूर्ण विवेचन होता है। केरल में हिन्दी निबंधकार के रूप में दो लेखिकाओं की देन सदा याद रहेगी—**श्रीमती पद्मिनी मेनन** और **प्रो. पी. लक्ष्मिकुट्टि अम्मा**। दोनों ने संस्मरणात्मक निबंध लिखे हैं। शैली विवरणात्मक है। पद्मिनी मेनन की 'यादें' (1969, प्रकाशक : इंडिया बुक कंपनी, दिल्ली) बारह निबंधों का संकलन है। जैसे—केरल की गोद में, कॉलेज का जीवन, कन्या गुरुकुल में सेवा, गंगटोक की यात्रा, तृशूरपूरम, आज़ादी की लड़ाई की देन, नौ साल, कन्याकुमारी, राजस्थान में भ्रमण, दक्षिणेश्वर और बेलूर मठ, काश्मीर स्वर्ग की एक झाँकी, जय बदरी विशाल आदि। प्रो. पी. लक्ष्मिकुट्टी अम्मा ने अपनी रचना 'केरल का स्वर्गिक स्थान गुरुवायूर' (1973, गीता प्रकाशन) में गुरुवायूर मंदिर के संबंध में प्रचलित कथाओं के आधार पर लिखा है। केरल में निबंध-लेखन के क्षेत्र में प्रसिद्ध अन्य व्यक्ति और उनकी रचनाएँ निम्नलिखित हैं—

डॉ. एन.ई. विश्वनाथ अय्यर ललित निबंधकार हैं। वर्तमान युग में सृजनात्मक साहित्य के रूप में 'ललित निबंध' को प्रमुख स्थान मिला है। केरल के हिन्दी ललित निबंधकार डॉ. एन.ई. विश्वनाथ अय्यर के शब्दों में, 'द्विवेदी-युग में टैगोर की गीतांजलि' के प्रभाव से सभी भारतीय भाषाओं में गद्यकाव्य लिखने की प्रवृत्ति चल पड़ी थी। वर्तमान युग में रामवृक्ष बेनीपुरी, आचार्य हज़ारीप्रसाद द्विवेदी, विद्यानिवास मिश्र आदि के ललित निबंध हिन्दी साहित्य में अत्यंत लोकप्रिय हो गए हैं। इस माहौल में अन्य राज्यों के हिन्दी लेखक भी इसी शैली में कुछ लिखें तो आश्चर्य की बात नहीं है।' भावों की अभिव्यक्ति, काव्यात्मक भाषा अय्यरजी के निबंधों में मिलती है। उनके ललित निबंधों के संग्रह हैं—शहर सो रहा है (1975), उठता चाँद डूबता सूरज (1984), फूल और काँटे (1991), सीढ़ी और सांप (1996), घने केर तरु तले (2002) आदि। इनमें पहले चार संकलनों का प्रकाशन लेखक ने 'स्वाति प्रकाशन, तिरुवनंतपुरम' नाम से स्वयं किया। डॉ. अय्यर ने अपनी यायावरी को निबंधों का

रूप दिया है। उनके निबंध देश के स्वच्छंद और सांस्कृतिक मूल्यों से जुड़े हैं। उनके निबंध निम्नांकित हैं—(1) '**शहर सो रहा है**' 18 ललित निबंधों का संकलन है। इन निबंधों के शीर्षक सुंदर हैं, जैसे—शहर सो रहा है, कल्पतरु की छाया में, सागर और लहर, सावन आया रे, दिन-दिन में दिवाली, कनेर फिर से खिले, चांवर डोले बादल बाजे, तमसो मा ज्योतिर्गमय: आदि। इस संग्रह के निबंधों में केरलीय छवि परिलक्षित होती है। 'शहर सो रहा है' निबंध ओणम त्योहार पर लिखा गया है। केरल में ओणम त्योहार की स्थिति देखिए—"केरल सरकार ने ओणम त्योहार का राष्ट्रीयकरण-सा कर दिया है। अब यह उत्सव जनता का ही नहीं, सरकार का भी है। इसे सरकारी पर्यटक विभाग ने अपना उत्सव मान लिया है।...और ओणम व्यापार-विज्ञान का उत्सव बनता जा रहा है' (पृ. 26)। 'सावन आया रे', 'कनेर फिर से खिले', 'वह आनेवाला है' आदि निबंध भी त्योहार की रस-गंध से डूबे हुए हैं। त्योहारों के वर्णन में प्रकट होनेवाली तन्मयता तथा भाव-तीव्रता इस निबंध संकलन में कलाओं के वर्णन में भी मिलती है। 'चांवर डोले बादल बाजे' में केरल के मंदिरों के संगीत, वादन, पूजा-अर्चना आदि का वर्णन है। 'डगमगाई धरती धरे पैया' में प्रसिद्ध कथक नर्तक जितेंद्र महाराज का नृत्य चित्र प्रस्तुत है, तो 'मोरि भवबाधा हरो' में गुरुवायूर के मंदिर का चित्रण प्रस्तुत है। 'कल्पतरु की छाया में' निबंध आचार्य हज़ारीप्रसाद द्विवेदी के 'कुटज' निबंध की याद दिलाता है। 'तमसो मा ज्योतिर्गमय:' में ऐतिहासिक नगर कालिकट का भावात्मक और ऐतिहासिक अंकन किया गया है। 'दूध बहे सोना फल' कोच्चिन से 40 मील उत्तर-पूर्व स्थित रबड के बगीचे में लेखक का यात्रावृत्तांत है। इसमें रबड़ के बगीचे, मज़दूर आदि से संबंधित चर्चाएँ हैं। 'प्रेम समाधि की चाँदनी में' निबंध में ताजमहल से आगरा तक का भावपूर्ण वर्णन किया गया है। (2) '**उठता चाँद डूबता सूरज**' 15 निबंधों का संकलन है, जैसे—उठता चाँद डूबता सूरज, झपकियों के बीच, सागर के नीलकंठ, मानव मच्छर संवाद, लीजिए आपकी चाय, होली और ओणम, आज लहरों में निमंत्रण, सादर मज्जहिं सकल त्रिवेनी, आधी अधूरी स्मृतियाँ, बारिश के देश में नए-नए सेतुबंध, बहने दो, आ: यह धरती भी कितनी देती है, गुलबर्ग का शेरखाँ, मेरा मन अनंत कहाँ सुख पावे आदि। इस संकलन के बारे में लेखक का मत है 'इसमें यात्राओं के संस्मरण हैं, कुछ भारत की उत्सवप्रिय प्रकृति का विवेचन है और कुछ गहरी सांस्कृतिक अस्मिता के संकल्प हैं। यह अंतिम गुण उन निबंधों को गौरव प्रदान करता है।' डॉ. रणवीर रांग्रा ने इस संकलन की भूमिका लिखी है। संकलन के अधिकांश निबंध अय्यरजी के यात्रा-संस्मरणों पर आधारित है। 'आ: यह धरती भी कितनी देती है' निबंध में कर्नाटक के डाबों का वर्णन देखिए—"केरलवासी कर्नाटक की यात्रा करते हैं तो उनका दंभ चूर हो जाता है। केरलीय अपने कल्पवृक्ष नारियल के पेड़ की प्रशंसा करते-करते कभी नहीं अघाते। लेकिन वे कर्नाटक की सड़क-सड़क पर डाबों का अंबार देख शरम से ज़मीन में गड़ जाते हैं।

कर्नाटक के ये डाब यात्रियों के मुंह को मीठा करते हैं और दिल को ठंडा भी।' (पृ. 103-104)। डॉ. अय्यर ने कुछ औद्योगिक प्रतिष्ठानों की यात्रा की है और उन पर निबंध लिखे हैं। ऐसा एक निबंध है—'लीजिए आपकी चाय'। इसमें यह दिखाया गया है कि भारतीयों का प्रिय पेय पदार्थ है चाय। इस निबंध के प्रारंभिक वाक्य देखिए—'असम की राजनीतिक समस्याओं पर मतभेद हो सकता है, मगर असम की चाय की मिठास पर मतभेद नहीं हो सकता।'' (पृ. 39) आचार्य नंददुलारे वाजपेयी पर लिखा गया निबंध है—'सागर के नीलकंठ'। 'उठता चाँद डूबता सूरज' निबंध में एरणाकुलम जिले के तृपूणित्तुरा में स्थित राजमहल 'हिल पालस' के वैभवशाली अतीत और तत्कालीन स्थिति का वर्णन है। 'मानव मच्छर संवाद' मज़ेदार निबंध है। इसमें कीटनाशक दवाओं से मच्छर को नष्ट करने के मनुष्य के प्रयास के बारे में मच्छर का मत देखिए—'मूर्ख मानव के प्रयास को देखकर हमें हँसी आती है। संसार की बढ़ती अन्न-समस्या देख करुणार्द्र मैं अनंत-रूपी होकर कुछ नालायक लोगों को परपुरुष के पास पहुँचाता हूँ। सृष्टि-स्थिति के साथ संहार की भी थोड़ी शक्ति दिखाता हूँ। लोग मेरे उपकार के बदले अपकार करते हैं।'' (पृ. 38) **(3) 'फूल और काँटे'** 15 ललित निबंधों का संग्रह है। सीधे-सहज ढंग से संस्मरणात्मक बातें सुनाते हुए पाठकों से आत्मीयता स्थापित करना, तत्पश्चात् गहरे विषयों को सरस भाषा में प्रस्तुत करना डॉ. नायर की अनूठी शैली है। 'शहर सो रहा है' निबंध संग्रह मुख्य रूप से केरलीय जीवन पर लिखा गया है और 'उठता चाँद डूबता सूरज' राष्ट्रीय स्तर पर लिखा गया है तो तीसरा निबंध संकलन मुख्य रूप से लेखक की यात्राओं पर ही आधारित है। तीसरे संकलन के निबंध वस्तुनिष्ठ से अधिक विचारनिष्ठ हो गए हैं। इस संकलन में डॉ. अय्यर के औद्योगिक प्रतिष्ठानों की यात्रा पर आधारित दो निबंध हैं—'यंत्र देवो भव' और 'या पाये बौराय'। 'यंत्र देवो भव' निबंध प्रेमचंद की चर्चा से शुरू होता है, दोणिमले की यात्रा पर उतरता है और लौह अयस्क खनन से जुड़ जाता है। जैसे—'प्रेमचंदजी उपन्यास सम्राट ही नहीं, सूक्ति सम्राट भी हैं। उन्होंने अपनी रचनाओं में कितनी ही अनमोल सूक्तियाँ सुनाई हैं। उनमें से एक बड़ी प्यारी है—मन का मैल धोने के लिए नैन जल से बढ़कर कोई चीज़ नहीं है।' राष्ट्रीय खनिज विकास निगम, हैदराबाद के अधीन कर्नाटक प्रांत के एक गाँव में दोणिमलै की खान का कार्यालय बसा है। खान के काम तथा वहाँ के मज़दूरों को देखने के बाद डॉ. अय्यर सहानुभूतिपूर्वक सोचते हैं—'बोलने की ताकत रखनेवाले जीवित मानव विदेश में दो-चार बरस भर जीने के बाद देश लौटने पर अपने गाँववासी पुराने भाइयों को पहचानने में भी संकोच-झिझक करते हैं। उनसे ये बेजान अयस्क पिंडक कितने अच्छे हैं।' खान में मज़दूरों की भीड़ की प्रतीक्षा थी लेखक को। किंतु वहाँ मज़दूरों के काम यंत्र करते थे। यह देखकर लेखक का क्या हाल हुआ, इसका परिचय उन्होंने इन शब्दों में दिया है—'मेरा अनुभव नल-दमयंती की कथा में ॠतुपर्ण का-सा रहा है। ॠतुपर्ण

दमयंती के दूसरे स्वयंवर का निमंत्रण पाकर बड़ी आशा से कूंडिनपुर पहुँचे तो वहाँ कोलाहल कुछ भी नहीं नज़र आया' (पृ. 50)। 'या पाये बौराय' विश्वप्रसिद्ध कोलार स्वर्ण-खान का यात्रावृत्त और सोने के उत्पादन से संबंधित प्रामाणिक विवरण देनेवाला निबंध है, जो लेखक के भाषा-स्पर्श से मज़ेदार बना है। औद्योगिक प्रतिष्ठानों पर लिखे गए डॉ. अय्यर के निबंधों को विशेष प्रकार की सोच तथा साहित्यिक भंगिमाएँ नीरसता से बचाती हैं। जवाहरलाल नेहरू के एक कथन तथा बिहारी के एक मशहूर दोहे (कनक कनक ने सौ गुनी...) से शुरू होनेवाला प्रस्तुत निबंध बीच-बीच में सूरदास, तुलसीदास, सुब्राह्मण्य भारती आदि के उद्धरणों से समृद्ध है। 'लीजिए आपकी चाय' (उठता चाँद डूबता सूरज) निबंध की कोटि में आनेवाला है। चाय विषयक और एक निबंध है 'केरल का चाय पुराण' (फूल और काँटे)। 'फूल और काँटे' संकलन की भूमिका में इन दोनों निबंधों के संबंध में श्री विवेकी राय के शब्द ध्यान देने योग्य हैं— 'दोनों में सामान्य चाय को 'साहित्यिक चाय' की मुद्रा में प्रस्तुत किया गया है। दोनों रचनाओं की पृष्ठभूमि, विषयवस्तु और विचार-संवेदनाएँ पृथक्-पृथक् हैं। दोनों में कुछ भी दुहराया नहीं गया है और दोनों की बुनावट पृथक्-पृथक् तथा अपने-आपमें पूर्ण हैं। ये बातें लेखकीय क्षमतागत असाधारणता की सूचक है।'' 'केरल का चाय पुराण' केरलवासी चाय कितना पसंद करते हैं, इसका परिचय देनेवाला निबंध है। इसका हल्का-हल्का विनोद इस निबंध को सरस भी बनाता है। मैथिलीशरण गुप्त जैसे महाकवि का संकेत इस निबंध को और भी श्रेष्ठ बनाता है—'मैथिलीशरण गुप्त की पंक्तियाँ स्मरण आईं—'राम! तुम्हारा चरित स्वयं ही काव्य है।' यहाँ 'राम' की जगह 'चाय' कर दें तो बात पूरी हो जाएगी।' (पृ. 39) 'आ जा रे परदेसी' निबंध में भारत में विदेशियों के आगमन और पूरे भारत में होनेवाले परिवर्तनों पर डॉ. अय्यर ने तूलिका चलाई है। इस संदर्भ में कुछ विख्यात हिन्दी कवियों का स्मरण करके उनके मत इन शब्दों में लिखे गए हैं—'प्रसादजी कहते होंगे—मैंने 'कामायनी' में जो लिखा था, 'प्रकृति रही दुर्जेय, सब परिवर्तन के पुतले', वह नीचे संसार में सत्य प्रमाणित हो रहा है। पंतजी अपनी कोमल भावपूर्ण वाणी में बोल उठेंगे—अहे निष्ठुर परिवर्तन। दिनकरजी कहेंगे—मैंने कुरुक्षेत्र में भविष्यवाणी-सी दी कि जब प्रभंजन आता है तब उसके रास्ते में न पड़ना ही बुद्धिमानी है।' (पृ. 70) **(4) 'सीढ़ी और साँप'** भारत की भावात्मक एकता को आत्मसात् करा देनेवाले 16 निबंधों का संकलन है। इसमें संस्मरण, रेखाचित्र और विचारात्मक निबंध संकलित हैं। पहला निबंध 'कवि के साथ कवि नगरी को', 'कालिदास की नगरी में' आदि दो उपशीर्षकों में विभाजित है। भोपाल के भारत-भवन द्वारा आयोजित कवि-संध्या में भाग लेने के लिए डॉ. अय्यर ने श्री ओ.एन.वी.कुरुप (मलयालम कवि) के साथ जो यात्रा की, उसका रोचक वर्णन इस निबंध में हुआ है। उज्जयिनी नगर के पौराणिक-सांस्कृतिक वैभव से मुग्ध लेखक का कवि-हृदय इसमें मुखर हो उठा है। 'राग अमृत वर्षिणी' निबंध का विषय

आध्यात्मिक है। इसमें माता अमृतानंदमयी के प्रति लेखक का भक्ति-भाव प्रकट हुआ है। 'संत समागम तीरथराजू' में 'हिन्दी दिवस' में 'केंद्रीय हिन्दी संस्थान' से लेखक को 'राहुल सांकृत्यायन पुरस्कार' की प्राप्ति का विवरण है। 'किस्सा कुर्सियों का' व्यंग्यात्मक शैली में लिखा गया है, जिसमें पद की गरिमा से लेकर लोलुपता तक का, कुर्सी के आधुनिक विभिन्न अर्थ एवं आशय उल्लिखित हैं। कोच्चिन विश्वविद्यालय के हिन्दी विभाग में अपना सहकर्मी रहे डॉ. पी.वी. विजयन की षष्टिपूर्ति के अवसर पर शुभ कामना देकर लेखक द्वारा लिखा गया निबंध है 'मधुर मधुर मेरे दीपक जल'। 'सीढ़ी और साँप' निबंध दैनिक व्यावहारिक जीवन में अप्रत्याशित हानि और लाभ की सामान्य चर्चा से पूर्ण है। 'पद्मनाभ प्रभु फाणि पर शायी' श्री पद्मनाभ स्वामी मंदिर के इतिहास, कला एवं संस्कृति का परिचय देनेवाला निबंध है। 'घने केर तस तले' निबंध में कला और स्थापत्य के लिए प्रसिद्ध केरल के महल और मंदिर-निर्माण की प्राचीन शैली का विवरण है। 'अथ दूर भाष कथा' में प्रतिदिन टेलीफोन के सदुपयोग और दुरुपयोग की कथा कही गई है। इसमें प्रेम-संवाद में टेलीफोन की भूमिका की भी सांकेतिक चर्चा की गई है। 'नैया और दरिया' लेखक के बचपन की स्मृतियों पर आधारित है। 'घंटी बज रही है' निबंध में सामान्य दैनिक जीवन में घंटी बजने, बजाने और बजवाने के अनेक संदर्भ दिखाये गए हैं। 'शहर और सपना' निबंध में श्री.ओ.एन.वी कुरुप के साथ डॉ. अय्यर की भोपाल-यात्रा का विवरण है। इसमें भोपाल की जनता का परिचय देकर कहा गया है कि धन और कला-वैभव कुछ मुट्टी-भर लोगों के लिए मिले हैं तथा अधिकांश जनता को असीम निर्धनता और विवशता मिली हैं। डॉ. अय्यर को अभूतपूर्व गैसकांड की विभीषिका झेलनेवाले हज़ारों-लाखों नागरिकों से भरे भोपाल की सांस्कृतिक गरिमा अमानवीय और क्रूर लगती है। **(5) 'घने केर तरु तले'** उपर्युक्त चार निबंध संकलनों के चुने हुए निबंधों का संकलन है। किताब प्रकाशन, नई दिल्ली ने इसका प्रकाशन किया। सहज तथा सरल भाषा का प्रयोग, उच्च स्तरीय प्रादेशिक, राष्ट्रीय तथा मानवीय चिंतन, विषय-वैविध्य, शुद्ध भावात्मकता, मनोविज्ञान, मनोविनोद, साहित्यिक और सांस्कृतिक छाप आदि डॉ. एन.ई. विश्वनाथ अय्यर के निबंधों की विशेषताएँ हैं। निबंधों में मुख्य शीषक के अंतर्गत विषय को उपशीर्षकों में रखने की अय्यरजी की शैली शुष्क तथा नीरस विषय को सरस बनाने में सहायक सिद्ध हुई है। श्री विवेकी राय निम्नांकित निबंधों को डॉ. अय्यर के स्वोत्कृष्ट ललित निबंध मानते हैं—'कल्प तरु की छाया में', 'तमसो मा ज्योतिर्गमय', 'डगमगाई धरणी धरे पैया', 'प्रथम पृष्ठ अंतिम पृष्ठ भी' (शहर सो रहा है' संकलन); 'सादर मज्जाहिं सकल त्रिवेनी', 'बहने दो', आः यह धरती कितना देती है (उठता चाँद डूबता सूरज); 'आप क्यों हँसते हैं', 'अपना-अपना भाग्य' (फूल और काँटे संकलन) आदि। ललित निबंधकार पं. विद्यानिवास मिश्र का निधन (24-2-2005) हुआ तो डॉ. अय्यर ने 'साहित्य अमृत' पत्रिका

(अंक : मार्च–अप्रैल, 2005) में लिखा, ''वैसे तो ललित निबंध की विधा में सर्वप्रथम उल्लेख आचार्य–हज़ारी प्रसाद द्विवेदी का होता है तो भी जैसे 'उत्तरे रामचरिते भवभूतिर्विशिष्यते' कहते हैं वैसे विद्यानिवासजी के ललित निबंधों की मिठास व मोहकता कुछ और है'' (पृ. 33)।

श्री आनंदशंकर माधवन के निबंध संकलन हैं (1) 'अनल शलाका', (2) 'आरती', (3) 'उषा', (4) 'हिन्दी आंदोलन' आदि। इन सभी संकलनों का प्रकाशन अमरावती प्रकाशन, बांका, भागलपुर ने किया है। इन संकलनों के अधिकांश निबंध समय–समय पर 'प्राच्य भारती' पत्रिका (प्रकाशक : अमरावती प्रकाशन) में प्रकाशित हुए हैं, जो सामाजिक, सांस्कृतिक, आध्यात्मिक, साहित्यिक तथा राजनीतिक विषयों पर लिखे गए हैं। शैली की दृष्टि से उनके निबंध विचारात्मक हैं। कुछ निबंध भावतीव्रता तथा लालित्य के कारण 'ललित निबंध' की कोटि में आते हैं। सरल, सहज और कहीं–कहीं व्यंग्यात्मक भाषा में लिखे गए आनंदशंकर माधवन के निबंधों के विषय वैविध्यपूर्ण हैं। प्रकाशित निबंध इस प्रकार हैं—**(1) 'अनल शलाका'** (1962) इकतीस निबंधों का संग्रह है। 'अध्यापक' शीर्षकवाले निबंध में कहा गया है कि छात्रों की अनुशासनहीनता, चरित्रहीनता जैसी शिक्षा जगत् की समस्याओं के मूल में अध्यापक ही हैं। राष्ट्र की उन्नति के लिए जनसंख्या–नियंत्रण की आवश्यकता पर 'संतान नियंत्रण' शीर्षकवाले निबंध में प्रकाश डाला गया है। कलाकार को देश का गौरव माननेवाले लेखक ने 'संगीत का तत्त्वदर्शन' निबंध में शुद्ध संगीत कला के शास्त्रीय पक्ष संबंधी जानकारी दी है। 'अरब समुद्र में बहुत पानी है' व्यंग्यात्मक निबंध है—'राष्ट्र–निर्माण कारखाना निर्माण या सड़क साफ़ करना या स्कूल खोलना नहीं है। जनमानस में राष्ट्रीय भावना का स्वस्थ–निर्माण करना ही राष्ट्र–निर्माण है'' (पृ. 55)। इस संकलन के अन्य प्रमुख निबंध हैं—'मूर्ख जनता ही गुलामी को निमंत्रण देती है', 'कलात्मकता', 'अनल शलाका', 'राजनीतिक दल', 'अश्रुदान' आदि। 'अनल शलाका' संकलन के निबंध ज्ञानवर्धक, भावात्मक तथा चिंतोद्दीपक हैं। देश की राजनीतिक गतिविधियों का चित्रण करनेवाला निबंध है 'राजनीतिक दल' **(2) 'आरती'** (1967) 'प्राच्य भारती' पत्रिका में समय–समय पर प्रकाशित माधवनजी के इकतीस संपादकीय लेखों का संग्रह है 'आरती'। इस संग्रह की भूमिका में उन्होंने लिखा है—'इस संग्रह में मैं आरती उतारना चाहता हूँ भारत के समस्त पढ़े–लिखे भ्रष्टाचारियं की, धूर्त राजनीतिज्ञों की, पैसेपंथी साहित्यकारों की, बेईमान व्यापारियों की और सभी प्रकार के, सभी क्षेत्र के, सभी धन्धों के स्वार्थियों, लोभियों, कामियों और ढोंगियों की।' 'इन्सान ज़िंदाबाद, मुहब्बत ज़िंदाबाद', 'पंजवाद', 'हिन्दी विश्वभाषा', 'हिसाब', 'शांति के पथ' जैसे इस संग्रह के सभी निबंध तत्कालीन समस्याओं पर लिखे गए हैं। 'युद्ध यज्ञ' शीर्षकवाले निबंध में युद्ध के बारे में लेखक का दृष्टिकोण देखिए—'युद्ध से तात्पर्य दुश्मनी या संहार से नहीं है। संहार वस्तुतः

संसार में किसी का होता नहीं, अशेष नाश एक घास का भी इस दुनिया में नहीं हुआ। वस्तुत:शत्रु शब्द एक गलत प्रयोग है' (पृ. 336)। **(3) 'उषा'** (1968) 16 निबंधों का संकलन है। 'गांधी धर्म से मैंने क्या सीखा' शीर्षक निबंध में कहा गया है कि 'गांधीजी का जीवन एक अखंड युद्ध-यज्ञ रहा तथा युद्ध के हथियार रहे सत्य, अहिंसा, प्रेम, सेवा, त्याग आदि। प्रेम ही सर्वोच्च धर्म है और प्रत्येक व्यक्ति को अपने परिश्रम से कमाना चाहिए। 'साहित्य-साधना' निबंध में कहा गया है कि सबसे बड़ी साधना साहित्य है, सबसे बड़ा ग्रंथ है 'वेद' और सबसे बड़े साहित्यकार हैं ईश्वर। संसार को आगे बढ़ाने का दायित्व साहित्यकार का है और अन्य व्यक्ति साहित्यकार से ही प्रेरणा पाते हैं। 'साहित्यकार की कुछ समस्याएँ' शीर्षक निबंध में साहित्यकार के कर्तव्य पर प्रकाश डाला गया है और भ्रष्ट साहित्य को समाज के पतन का कारण माना गया है। 'क्या जाने भाई मेरा भी अखिर क्या हाल होगा' शीर्षक निबंध में शिक्षा के उद्देश्य पर प्रकाश डाला गया है। 'क्योंकि वह व्यस्त था, उसे समय था' निबंध में कहा गया है कि कवित्व जीवन की उदात्त गति है और संगीत भाव-प्रदर्शन और रस-व्यंजना है। 'महादेवी के अति रहस्यमय व्यक्तित्व का विश्लेषण' में महादेवी के कवित्व के बारे में कहा गया है कि 'महादेवी की कवित्व-साधना समस्त भारतीय जन-जीवन की जड़ता और विपरीत गति तत्त्व के विरुद्ध उस आजन्म पुजारिन की विद्रोह-भावना है। अपमानित, शोषित और पीड़ित पड़ी नारी-प्रतिभा की वह एक खुली ललकार है' (पृ. 150)। 'भारतीय संस्कृति की सीमा-रेखाएँ' शीर्षकवाले निबंध में भारतीय संस्कृति का महत्त्व बताया गया है कि उसमें सभी धर्म और समुदायवाले सम्मिलित हैं। भारत में प्रत्येक व्यक्ति अपने भीतर स्वयं एक राष्ट्र है। 'शिक्षा की भारतीय मान्यताएँ' शीर्षकवाले निबंध में शिक्षा के महत्त्व, शिक्षितों के कर्तव्य आदि पर लेखक का मौलिक दृष्टिकोण प्रकट हुआ है। महान साहित्यकार खलिल जिब्रान के जीवन-दर्शन का परिचय देनेवाला निबंध है 'खलिल जिब्रान'। 'सूफी संतों की तरह खलिल भी रहस्यवादी कवि और दार्शनिक थे' (पृ. 257)। 'कथा साहित्य' शीर्षकवाले निबंध में कथा साहित्य को अधिक प्रभावी विधा कही गई है। 'एक और पत्र' में जात-पांत तथा सामाजिक भेद-भाव का विरोध करते हुए लेखक ने कहा है—'चलें हम खुले मैदान में उस विस्तृत नभोमण्डल के नीचे, एक दूसरे को अच्छी तरह से समझने और गले से लगाने' (पृ. 349)। 'ग्रामदान गंगा' भावात्मक ललित निबंध है। उसका लालित्य देखिए—'पुष्प क्या चीज़ है, उसके भीतर स्थित कीड़े नहीं समझ पाते; गंगा क्या चीज़ है, उसके भीतर रहनेवाली मछलियाँ नहीं समझती होंगी—ऐसा कोई सोच लेता है तो उसे लोग मूर्ख ही कहेंगे' (पृ. 168)। **(4) हिन्दी आंदोळन** (1970) में राष्ट्रभाषा हिन्दी और भारत के राष्ट्रीय जीवन के पारस्परिक संबंध पर विचार प्रकट किया गया है। इसके निबंधों में लेखक की देशभक्ति परिलक्षित होती है।

डॉ. एन.पी. कुट्टन पिल्लै के निम्नलिखित निबंध संग्रह प्रकाशित हुए हैं— **(1) 'प्रबंध प्रदीप'** (1963, प्रकाशक : हिन्दी प्रचारक पुस्तकालय, वाराणसी)— यह काव्यशास्त्र, मुहावरे, लोकोक्तियाँ, व्याकरण, अनुवाद, सारलेखन, पत्र-लेखन, सामान्य निबंध, साहित्यिक निबंध आदि से संबंधित निबंधों का संकलन है। व्याकरण के कुछ ऐसे प्रयोग इसमें दिये गए हैं, जिनसे छात्र वाक्य-शुद्धीकरण के प्रश्न सुगमता से हल कर सकते हैं। इसमें इक्कीस निबंध संकलित हैं, जिनमें 'भारत की वैदेशिक नीति', 'विश्वशांति', 'नारी धर्म', 'सहशिक्षा', 'अनिवार्य सैनिक शिक्षा', 'अन्नोत्पादन की समस्या', 'विद्यार्थी और अनुशासन' आदि ग्यारह सामान्य निबंध हैं और 'हिन्दी काव्य में नारी भावना', 'सूफी मत और जायसी', 'मीराबाई की काव्य-साधना', 'प्रयोगवाद' जैसे दस साहित्यिक निबंध हैं। निबंधों की शैली सुंदर और मुहावेरादार है। यह कॉलेज के छात्रों के लिए उपयोगी पुस्तक है। **(2) 'विद्यार्थी हिन्दी निबंध'** (1973, प्रकाशक : विद्यार्थी पब्लिकेशंस, हैदराबाद)—यह छात्रोपयोगी 27 निबंधों का संकलन है, जैसे—'भारत में भावात्मक एकता', 'बंगलादेश', 'भारतीय संस्कृति की विशेषताएँ', भारत की सांस्कृतिक संस्थाएँ', 'भूमि परिसीमन', 'नागरिक के अधिकार और कर्तव्य', 'प्रजातंत्र', 'गांधीवाद', 'भारत में खाद्य समस्याएँ', 'बेकारी का अभिशाप', 'समय का सदुपयोग', 'भाषावद् प्रांतों का विभाजन', 'विश्व शांति', 'संयुक्त राष्ट्र साहित्य', 'विज्ञान : अभिशाप या वरदान', 'राष्ट्रभाषा हिन्दी', 'विद्यार्थी और अनुशासन', 'वर्तमान शिक्षा-प्रणाली', 'वर्तमान परीक्षा-प्रणाली', 'बुनियादि शिक्षा', 'शिक्षा का माध्यम', 'साहित्य और समाज', 'किसी का यात्रा वर्णन', 'देशाटन से लाभ', 'समाचार-पत्र', 'पुस्तकालय', 'अंग्रेज़ी शासनकाल को भारत की देन' आदि। **(3) पौराणिक आख्यान** (1997, प्रकाशन : स्वयं लेखक—रोहित प्रकाशन, हैदराबाद)—यह पौराणिक कथाओं में डॉ. एन.पी.कुट्टन पिल्लै की पकड़ व्यंजित करनेवाले निबंधों का संकलन है। ये निबंध चालीस पौराणिक पात्रों की संक्षेप में, किंतु स्पष्ट भाषा में चारित्रिक विशेषताओं पर लिखे गए हैं। त्रिमूर्तियों से लेकर चंद्रवंशीय परीक्षित तक के पात्रों से संबंधित पौराणिक आख्यान इसमें मिलते हैं, जैसे—ब्रह्म, विष्णु, महादेव, दक्ष, इंद्र, अग्निदेव, यमराज, वरुण, अश्विनीकुमार, सूर्य, चंद्र, विश्वकर्मा, गणपति, गरुड़, अदिति, लक्ष्मी, पार्वती, दुर्गा, नारद, वसिष्ठ, विश्वामित्र, बृहस्पति, व्यास, अगस्त्य, उर्वशी, परशुराम, श्रीराम, हनुमान, रावण, ध्रुव, पृथु, भीष्म, द्रोण, विदुर, कृष्ण, कर्ण, युधिष्ठिर, अर्जुन, द्रौपदी, परीक्षित आदि। **(4) 'विचार और विवृति'** (2001, प्रकाशक : स्वयं लेखक (रोहित प्रकाशन, हैदराबाद)—यह डॉ. एन.पी. कुट्टन पिल्लै के इकतीस निबंधों का संकलन है, जो बहुआयामी हैं। यह छह खंडों या मुख्य शीर्षकों में विभाजित है। प्रथम खंड है 'पुरावृत्त' और इसमें परंपरा और संस्कृति से संबंधित तीन निबंध हैं, जैसे—'भारतीय वाङ्मय में गंधर्व और अप्सराएँ', 'यक्ष-यक्षिणियाँ', 'पुराणों के शाप और वरदान'। इस खंड

के बारे में 'उपोद्घात' में लेखक का मत है—'पौराणिक संदर्भ', 'पौराणिक आख्यान' तथा 'हमारे तीर्थ' ग्रन्थों की रचना हेतु प्रचीन वाङ्मय का विशद एवं व्यापक अध्ययन करते समय वहाँ वर्णित 'गंधर्व और अपसराएँ', 'यक्ष-यक्षिणियाँ' तथा 'शाप और वरदान' के कई प्रसंगों ने मुझे पर्याप्त प्रभावित किया था, जिसके फलस्वरूप ये तीन आलेख तैयार हुए।' दूसरा खंड 'लोक कथा साहित्य' पर है। इसमें तीन निबंध हैं, जो इस प्रकार हैं—(1) मलयालम में लोक-कथा साहित्य, (2) मलयालम लोकगीतों में सामाजिक जीवन और (3) मलयालम में श्रमिक लोक गीत। तीसरे खंड में 'हिन्दी-मलयालम साहित्य' पर दस निबंध हैं। चौथे खंड में 'संस्था-परिचय' मुख्य शीर्षक के अंतर्गत 'भारतीय संस्कृति परिषद, कोलकाता' पर लेख लिखा गया है। पाँचवाँ खंड 'भाषा और लिपि' पर है। इसमें आठ निबंध संकलित हैं। छठे खंड 'द्रष्टा और स्रष्टा-में संस्मरणात्मक निबंध हैं। जीवन-द्रष्टा और साहित्य-स्रष्टा छह विद्वानों का संक्षिप्त परिचय इसमें दिया गया है, जिन्होंने लेखक के जीवन को अवश्य प्रभावित किया है। ऐसे विद्वान हैं—श्री. एन.वी.कृष्णवारियर (मलयालम के कवि, समीक्षक, पत्रकार तथा अध्यापक), डॉ. श्रीराम शर्मा (दक्षिणांचल के साहित्यकार, हिन्दी पत्रकार, अध्यापक, स्वतंत्रता सेनानी तथा हैदराबाद हिन्दी प्रचार सभा के कर्मठ सूत्रधार), डॉ. आनंदप्रकाश दीक्षित (हिन्दी साहित्यकार और प्रौढ़ चिंतक) पं. रामकृष्ण नावडा (स्वतंत्रता सेनानी, गांधीवादी, हिन्दी प्रेमी, केंद्रीय हिन्दी संस्थान के आदिशिल्पी), मुनींद्र ('कल्पना' मासिक पत्रिका के संपादक, 'दक्षिण समाचार के संपादक' और प्रकाशक), आचार्य पी.जी.वासुदेव (केरल के हिन्दी प्रचारक तथा लेखक) आदि। **(5) 'हमारे तीर्थ : पुराणों के झरोखे से'** (2002, प्रकाशक : मिलिंद प्रकाशन, हैदराबाद)—'पौराणिक आख्यान' की कोटि की ही डॉ. एन.पी. कुट्टन पिल्लै की अगली पुस्तक है। इसमें कुल 25 तीर्थों का वर्णन है। इनमें दक्षिण के 7 तीर्थ भी आए हैं, जैसे—केरल के श्री पद्मनाभ मंदिर, गुरुवायूर मंदिर, शबरिमला, वटक्कुन्नाथन मंदिर (तृशूर); तमिलनाडु के कांचीपुरम, रामेश्वरम; आंध्रप्रदेश का तिरुपति मंदिर आदि। बाकी अखिल भारतीय तीर्थ हैं। तीर्थों का परिचय वर्णमाला-क्रम में दिया गया है—'अमर कंटक' से लेकर 'हरिद्वार' तक। जैसे—अमर कंटक, अयोध्या, अवंती (उज्जयिनी), कांची, काशी, कुरुक्षेत्र, कैलास, गया तीर्थ, गुरुवायूर, चित्रकूट, जगनाथपुरी, तिरुपति, द्वारकापुरी, नैमिषारण्य, पुष्कर तीर्थ, प्रयाग, बदरिकाश्रम, रामेश्वरम्, वटक्कुनाथन मंदिर, ब्रजमंडल शबरिमला, श्री पद्मनाभस्वामी मंदिर, हरिद्वार, शक्तिपीठ, द्वादश ज्योतिर्लिंग आदि। इस ग्रंथ के प्रणयन में पौराणिक ग्रंथों का आश्रय लिया गया है और प्रामाणिक बनाने के लिए पौराणिक ग्रंथों से उचित उद्धरण भी दिये गए हैं। लेखक ने अपनी ओर से टिप्पणी भी जोड़ी है, जैसे—प्रयाग के संदर्भ में महादेवी, ब्रज के संदर्भ में हरिऔध और बिहारी, अयोध्या के संदर्भ में केशवदास और मैथिलीशरण गुप्त आदि कवियों का उल्लेख। इस ग्रंथ की भाषा

और शैली संस्कृतनिष्ठ है। यह 'तिरुमला, तिरुपति देवस्थानं' की आर्थिक सहायता से प्रकाशित ग्रंथ हैं।

डॉ. एन. चंद्रशेखरन नायर के प्रकाशित निबंध संकलन हैं—(1) 'निबंध मंजुषा' (1966)। यह डॉ. एन. चंद्रशेखरन नायर द्वारा सामयिक विषयों पर तैयार किया गया निबंध संग्रह है। यह 'कर्नाटक महिला विद्यापीठ' की पाठ्य-पुस्तक रही। (2) 'डॉ. नायर की साहित्य रचनाएँ' (1993)—यह डॉ. नायर के विविध प्रकार के निबंधों—शैक्षिक, शोधात्मक तथा सांस्कृतिक—का संकलन है। डॉ. श्याम सुंदर शुक्ल (भूतपूर्व प्रोफेसर, हिन्दी विभाग, काशी विश्वविद्यालय) ने इसकी भूमिका लिखी। (3) 'गांधीजी भारत के प्रतीक' (1998)—यह गांधीजी से संबंधित विविध लेखों का संकलन है।

डॉ. एस. तंकमणि अम्मा का पुरस्कृत ग्रंथ है—'संस्कृति के स्वर' (1988, प्रकाशक : स्वयं लेखिका। मुद्रक : चम्बका प्रिंटर्स, तिरुवनंतपुरम)। इस निबंध संकलन की भूमिका डॉ. रामनाथ त्रिपाठी (हिन्दी विभाग, दिल्ली विश्वविद्यालय के पूर्व अध्यक्ष) ने लिखी है। यह 14 सांस्कृतिक निबंधों का संकलन है, जो इस प्रकार हैं—(1) संस्कृति के स्वर, (2) केरल : भाषा तथा साहित्य, (3) मलयालम का प्राचीन साहित्य, (4) मलयालम में भक्ति साहित्य, (5) केरल की वन्य जातियों में रामकथा, (6) केरल के लोकगीतों में रामकथा, (7) केरलीय जनमानस में चिर प्रितिष्ठित रामायण, (8) केरल के कृष्णभक्ति आंदोलन को गुरुवायूर के श्रीकृष्ण मंदिर का योगदान, (9) केरल के लोकनाट्य , (10) कथकली तथा उसका साहित्य, (11) कुंचन नंपियार तथा तुल्लल, (12) आधुनिक युग तथा साहित्यिक वातावरण, (13) मलयालम की आधुनिक काव्यधारा : विकास के विविध आयाम, (14) मलयालम कथाकार तकषि शिवशंकर पिल्लै।

डॉ. जे. रामचंद्रन नायर के 16 साहित्य संबंधी निबंधों का संकलन है—'हिन्दी साहित्य निबंध' (1992)। 'हिन्दी प्रचार केंद्र, कोडुङ्ङल्लूर' ने इसका प्रकाशन किया।

प्रो. पी. कृष्णन के विविध विषयक 15 निबंधों का संकलन है—'व्यावहारिक हिन्दी निबंधावली' (2002)। नेशनल पब्लिशिंग हाउस, कालिकट ने इसका प्रकाशन किया है। यह छात्रोपयागी ग्रंथ है।

श्रीमती जे. सुगंधवल्ली (हिन्दी विभाग, कोच्चिन विश्वविद्यालय की पूर्व अध्यापिका) का ललित निबंध 'पहली तारीख' 'केरल ज्योति' पत्रिका (अंक : अक्टूबर, 2009) में प्रकाशित हुआ। प्रस्तुत निबंध इस विश्वास पर आधारित है कि हर मलयालम महीने की पहली तारीख में घर में सबसे पहले पदार्पण करनेवाला व्यक्ति अच्छा हो तो महीना-भर घरवालों का अच्छा रहेगा। इस विश्वास के कारण ऐसे व्यक्ति का विशेष सत्कार किया जाता है, ताकि महीना-भर घरवालों को खुशी

व सुख अवश्य हाथ आने की संभावना है। प्रस्तुत निबंध इन पंक्तियों से शुरू होता है—'हर मलयालम महीने की पहली तारीख केरलीय जनमानस में शुभ चिंताओं से संपन्न ही दिखाई पड़ती है। हाँ, उस विशेष शुभ दिन का स्वागत करने के लिए सुलक्षण लोगों को सुबह की वेला में घर के बरामदे की कुर्सी में बैठने का आमंत्रण कल ही दिया जाता है' (पृ. 26)।

केरल में प्रकाशित अन्य निबंध संकलन हैं—निबंधोपहार (डॉ. एन.ई. विश्वनाथ अय्यर, 1958, स्वाति प्रकाशन); निबंध मंजुषा (डॉ. एन. चंद्रशेखरन नायर, 1967, श्रीनिकेतन प्रकाशन); हिन्दी निबंधमालिका (डॉ. पी. कृष्णन नायर, 1971, श्रीप्रकाशन, तिरुवनंतपुरम) आदि।

निबंध अनूदित (अनुवाद : हिन्दी-मलयालम)

डॉ. सरोजिनी महिषी द्वारा हिन्दी में लिखित 'अतिथि सत्कार' नामक निबंध समाहार का 'अतिथि सत्कारं' नाम से डॉ. एन. चंद्रशेखरन नायर ने मलयालम में अनुवाद किया। प्रकाशक है—नेशनल बुक स्टाल।

अध्याय-6

आलोचना

आलोचना (मौलिक)

केरल के हिन्दी लेखकों में आलोचकों की संख्या अन्य साहित्य विधाओं की अपेक्षा अधिक है। अनेक प्रकार के आलोचक हैं, जैसे—ग्रंथों के समीक्षक, साहित्य-विधाओं के समीक्षक, शोध-ग्रंथों के लेखक, इतिहास लेखक आदि। शुरू में केरल के हिन्दी लेखकों ने लेख तथा कहानियाँ अधिक लिखीं। अत: आलोचना का क्षेत्र उतना समृद्ध नहीं था। बाद में कॉलेजों में हिन्दी माध्यम से पढ़नेवाले छात्रों की संख्या बढ़ी तथा केरल में हिन्दी में स्नातकोत्तर उपाधिधारी हिन्दी माध्यम से पी-एच.डी. का शोध-कार्य करने लगे। उनके शोध-प्रबंध पुस्तकाकार में प्रकाशित होने लगे। उनके पी-एच.डी. के शोध-कार्य का विषय प्राय: हिन्दी साहित्य रहा। कुछ शोधार्थी ऐसे भी हैं, जो साहित्यिक तुलना करते हैं। पुस्तकाकार में प्रकाशित कई शोध-ग्रंथ ऐसे हैं, जिनमें शोधात्मक दृष्टिकोण से समीक्षा की गई है। अत: 'आलोचना' की दृष्टि से देखें तो केरल का हिन्दी साहित्य समृद्ध है। केवल पी-एच.डी. उपाधि-प्राप्त ग्रंथ ही नहीं, अन्य कई हिन्दी आलोचनाएँ केरल में प्रकाशित हुई हैं। केरल के हिन्दी आलोचक और उनकी आलोचनाएँ निम्नलिखित हैं—

श्रीमती रत्नमयी दीक्षित का आलोचना ग्रंथ है—'केरलीय साहित्य दर्शन' (1950, प्रकाशक : साहित्य प्रकाशन, दिल्ली)। यह 15 अध्यायों में विभाजित है। इसमें मलयालम साहित्य की आलोचना की गई है।

डॉ. एन.पी. कुट्टन पिल्लै के आलोचना ग्रंथ अपेक्षाकृत अधिक हैं, जो निम्नलिखित हैं—**(1) 'प्रसाद और कामायनी'** (1959, प्रकाशक : बुक लॉन्स, हैदराबाद) डॉ. एन.पी. कुट्टन पिल्लै की पहली आलोचनात्मक कृति है। कुल 136 पृष्ठ हैं। यह पाँच अध्यायों में विभाजित है। पहले अध्याय में प्रसाद के काव्यों में 'कामायनी' का महत्त्व निर्धारित किया गया है। दूसरे अध्याय में 'कामायनी' की कथावस्तु का परिचय दिया गया है। तीसरे अध्याय में 'कामायनी' के भाव-पक्ष का विश्लेषण किया गया है। चौथे अध्याय में 'कामायनी' के शिल्प पक्ष-भाषा, चित्रात्मक

शैली, प्रतीक योजना, अलंकार, छंद योजना आदि–पर समीक्षात्मक अनुशीलन हैं। पाँचवें अध्याय में छायावाद के परिप्रेक्ष्य में 'कामायनी' का मूल्यांकन किया गया है। **(2) 'पंत : छायावादी व्यक्तित्व और कृतित्व'** (1970, प्रकाशक : जय प्रकाशन, लिंगमपल्ली, हैदराबाद)—यह डॉ. एन.पी.कुट्टनपिल्लै के एम.ओ.एल की परीक्षा के एक प्रश्न पत्र के स्थान पर तैयार किया गया शोध–प्रबंध है। कुल 275 पृष्ठ हैं। पंत–काव्य के मर्मज्ञ डॉ. द्वारिका प्रसाद सक्सेना (पूर्व प्रोफेसर, एन.आर.ई.सी. कॉलेज, खुर्जा, उत्तर प्रदेश) ने इसकी भूमिका लिखी। प्रस्तुत ग्रंथ सात अध्यायों में विभाजित है। प्रथम अध्याय पंत के व्यक्तिगत जीवन पर है। दूसरा अध्याय छायावादी युगीन परिस्थितियों तथा छायावाद के उद्भव और विकास पर है। तीसरे अध्याय में पंतजी की छायावादी रचनाओं तथा उनकी मौलिक विशेषताओं का परिचय दिया गया है। चौथा अध्याय पंतजी के काव्य के भावपक्ष (मानवतावाद, सौंदर्यबोध, प्रेम–भावना, वेदनानुभूति, प्रकृति–चित्रण आदि) पर है और पाँचवाँ अध्याय कलापक्ष (शैली, भाषा, छंद, अलंकार आदि) पर है। छठे अध्याय में छायावादी कवियों में पंत का स्थान–निर्धारण करने के लिए तुलनात्मक दृष्टि अपनाई गई है। उपसंहार में छायावाद को पंत की देन पर प्रकाश डाला गया है। **(3) 'पंत–काव्य में बिंब–योजना'** (1974, प्रकाशक : दक्षिणांचलीय साहित्य समिति, हैदराबाद)—कुल 478 पृष्ठों के प्रस्तुत ग्रंथ में आठ अध्याय हैं। पहले अध्याय में काव्य बिंब का सैद्धांतिक विवेचन है। दूसरा अध्याय पंत के व्यक्तित्व और कृतित्व पर है। लेखक ने ऐसा भी कहा है, 'काव्य–बिंब कवि के व्यक्तित्व का द्योतक तत्त्व है' (पृ. 19)। पंत–काव्य के ऐंदिय बिंब तीसरे अध्याय में, मानव बिंब चौथे में, प्रकृति बिंब पाँचवें में, भाव बिंब छठे में तथा दार्शनिक बिंब सातवें में प्रस्तुत किए गए हैं। बिंब–विधान के संदर्भ में पंत–काव्य के वैशिष्ट्य का अध्ययन आठवें अध्याय में हुआ है। पंत–काव्य से विविध बिंब प्रकारों के उदाहरणों का चयन और उनका विश्लेषण इस ग्रंथ की विशेषता है। **(4) 'दक्षिण में राम–कथा'** (1974, दक्षिणांचलीय साहित्य समिति, हैदराबाद)—यह पिल्लैजी ने पी.आर. भास्करन नायर से मिलकर तैयार किया। इसमें एषुत्तच्छन के आध्यात्मिक रामायण का विस्तृत अध्ययन किया गया है। **(5) 'संत कबीर'** (1975, प्रकाशक : साहित्य प्रकाशन, हैदराबाद)—कुल 196 पृष्ठों की यह पुस्तक दो भागों—'मूल कविता भाग' और 'आलोचना' भाग—में विभाजित है। 'मूल कविता भाग' में ज़रूरी पाद–टिप्पणियों के साथ डॉ. कुट्टन पिल्लै से संपादित कबीर के दोहे तथा पद दिये गए हैं। 'आलोचना भाग' में कबीरकालीन परिस्थितियों तथा कबीर की काव्यगत विशेषताओं का विवेचन किया गया है। लेखक के मत में कबीर के दार्शनिक विचार स्वयं उनकी ही अनुभूति की उपज है। **(6) 'अध्ययन और अनुसंधान'** (1975, प्रकाशक : प्रगति प्रकाशन, आगरा)—यह बीस साहित्यिक समीक्षात्मक निबधों का संकलन है, जैसे—संत और उस पर बाहरी प्रभाव, कबीर काव्य की दार्शनिक पृष्ठभूमि,

मानस में अयोध्या कांड, तुलसी के राम, शुद्धाद्वैतवाद और सूर, आधुनिक महाकाव्य, पंत–काव्य में बिंब–विधान, पंत–काव्य में मानवतावाद का स्वरूप, पंत–काव्य और वैदिक दर्शन, पंत–काव्य और अरविंद दर्शन, प्रेम और सौंदर्य के कवि दिनकर, दिनकर : व्यक्तित्व और कृतित्व, वर्माजी : एक कवि, रश्मिरथी में कर्ण, कामायनी और उर्वशी, हिन्दी में गीतिकाव्य की परंपरा, हिन्दी में रहस्यवाद का स्वरूप, हिन्दी काव्य में नारी, हिन्दी कविता में प्रतीक–योजना और मीरा आदि। 'कामायनी और उर्वशी' शीर्षक निबंध में दोनों काव्यों की प्रतीकात्मकता की चर्चा की गई है। 'कामायनी' में काव्य के धर्म–अविरुद्ध स्वरूप को प्रकाश में लाया गया है। 'उर्वशी' काव्य का अध्यात्म वासना से पंकिल है। पुरूरवा के साथ उर्वशी का प्रेम परकीया प्रेम है, वासनापूर्ण है। 'मानस में अयोध्याकांड' में कहा गया है कि 'अयोध्याकांड' रामचरित मानस का सबसे महत्त्वपूर्ण कांड है तथा खंडकाव्य की समस्त गरिमाओं से युक्त है। 'तुलसी के राम' में तुलसीदास के राम के दोनों रूपों—नर और नारायण—की चर्चा की गई है। पंत पर चार निबंध हैं, जिनमें पंत के दार्शनिक पक्ष पर विशेष रूप से विचार किया गया है। पंत और अरविंद की तुलना करके बताया गया है कि अरविंद की तो वैयक्तिक साधना है, किंतु विश्वमानवता का ऊर्ध्वमुखी विकास पंतजी की साधना का लक्ष्य है। 'वर्माजी : एक कवि में' भागवतीचरण वर्मा को कवियों में विशिष्ट स्थान का अधिकारी बताया गया है। कुल 156 पृष्ठ हैं। **(7) 'कैरली वैभव'** (1975, प्रकाशक : दक्षिणांचलीय साहित्य समिति, गांधीनगर, हैदराबाद)—यह पिल्लैजी द्वारा केरल साहित्य तथा संस्कृति पर लिखे गए 12 आलोचनात्मक निबंधों का संकलन है। यह केरलीय साहित्य, महाकवि कुमार नाशान, महाकवि वल्लत्तोल की साहित्य–साधना, गानगंधर्व चङ्डम्पुषा कृष्ण पिल्लै, जी.शंकर कुरुप की कविता, पुरस्कृत साहित्य : अक्षरं, गर्भश्रीमान महाराजा स्वातितिरुनाल, हिन्दी–सेवी मलयालम लेखक आदि आलोचनात्मक लेखों का संकलन है। प्रथम निबंध 'केरलीय साहित्य' में कहा गया है कि मलयालम का आदिम साहित्य 'पाट्टु' (गान) शैली में मिलता है। कालांतर में मलयालम पर तमिल तथा संस्कृत का प्रभाव बढ़ता रहा, जिससे परवर्ती काल में मणिप्रवाल शैली को निखार मिला तथा संदेश काव्य रचे गए। 'मेघदूत' (कालिदास) के अनुकरण पर 'चंपू काव्य' रचे गए। अंतिम लेख 'हिन्दी–सेवी मलयालम लेखक' में हिन्दी साहित्य के क्षेत्र में मलयालम–भाषी लेखकों के विशिष्ट योगदान का परिचय दिया गया है। कुल 130 पृष्ठ हैं। **(8) 'हमारे कलाकार'** (1976, प्रकाशक : साहित्य प्रकाशन, हैदराबाद)—यह हिन्दी साहित्य के दस विशिष्ट कवियों पर लिखा गया ग्रंथ है। इसमें उल्लिखित कवि हैं—कबीरदास, सूरदास, मलिक मुहम्मद जायसी, मीरा, बिहारी, मैथिलीशरण गुप्त, अयोध्यासिंह उपाध्याय हरिऔध, जयशंकर प्रसाद, सुमित्रा नंदन पंत, महादेवी वर्मा आदि। **(9) 'केरल की संस्कृति'** (1978, प्रकाशक : दक्षिणांचलीय साहित्य समिति, हैदराबाद)—यह डॉ. एन.पी. कुट्टन पिल्लै

की केरल से संबंधित पुस्तकाकार में प्रकाशित चौथी रचना है। पहली रचनाएँ हैं— तुंचत्तु एषुत्तच्छन की रचना 'अध्यात्म रामायण' का अनुवाद (1978), केरलीय वैभव (1976), केरलीय सुषमा (1977) आदि। प्रस्तुत ग्रंथ की भूमिका में श्रीराम शर्मा (हैदराबाद) ने लिखा है, "कन्याकुमारी के चरणों में प्रणत केरल की भौगोलिक तथा ऐतिहासिक स्थिति का संक्षिप्त परिचय देने के पश्चात लेखक ने कहा कि सामाजिक व्यवस्था, पर्व-त्योहार, पुण्य स्थल, कला आदि के संबंध में अधिकृत जानकारी दी है।" **(10) 'केरल : साहित्य और संस्कृति'** (1979, प्रकाशक : दक्षिणांचलीय साहित्य समिति, हैदराबाद)— 'केरल की संस्कृति' ग्रंथ में प्रकाशित सामग्री के साथ केरल के साहित्य से संबंधित सामग्री को मिलाकर इस ग्रंथ का प्रकाशन हुआ। **(11) 'काव्य बिंब'** (1982, प्रकाशक : किरण प्रकाशन, हैदराबाद)—यह विविध काव्य बिंबों पर लिखा गया स्वतंत्र ग्रंथ है। **(12) 'छायावादी बिंब-विधान और प्रसाद'** (1983, प्रकाशक : किरण प्रकाशन, हैदराबाद)। 'पंत के काव्य में बिंब विधान' विषय पर शोध करके डॉ. एन.पी. कुट्टन पिल्लै ने सन् 1974 में उस्मानिया विश्वविद्यालय से पी-एच.डी. की उपाधि प्राप्त की। फिर छायावादी कवि जयशंकर प्रसाद के काव्य के बिंब-विधान की समीक्षा के रूप में यह पुस्तक प्रकाशित हुई। कुल 360 पृष्ठों का प्रस्तुत ग्रंथ आठ अध्यायों में विभक्त है। पहला अध्यय काव्य-बिंब पर है, जिसमें बिंबवाद के स्वरूप, गुण, निर्माण-प्रक्रिया की परंपरागत मान्यताओं आदि का विश्लेषण करते हुए पिल्लैजी ने अपना मौलिक चित्रण भी प्रस्तुत किया है। दूसरे अध्याय में लेखक ने छायावाद के जन्म को आकस्मिक घटना न मानकर द्विवेदीयुगीन काव्य-प्रवृत्तियों के सहज विकास को छायावाद माना है। तृतीय अध्याय से लेकर सप्तम अध्याय तक प्रसाद काव्य के बिंबों—ऐंद्रिय, मानव, प्रकृति, भाव तथा दार्शनिक—की व्याख्या प्रस्तुत की है। अष्टम अध्याय में लेखक ने प्रसाद, पंत, निराला और महादेवी वर्मा को पूर्णतया अपने निजी व्यक्तित्व से संपन्न माना है। प्रसाद काव्य के बिंबों के बारे में लेखक का मत है कि वे अधिकतर सांस्कृतिक और ऐतिहासिक परिवेश से गृहीत हैं। **(13) 'अध्ययन और अनुशीलन'** (2000, प्रकाशक : रोहित प्रकाशन, 190, स्टेट बैंक ऑफ इंडिया कॉलोनी, गांधी नगर, हैदराबाद)—236 पृष्ठों की इस पुस्तक की भूमिका में प्रो. सिद्धेश्वर प्रसाद (पूर्व राज्यपाल, त्रिपुरा) ने लिखा है कि 'प्रस्तुत निबंध संग्रह कुट्टन पिल्लै जी के अध्ययन की व्यापकता और अनुशीलन की गंभीरता का प्रमाण है।' यह 25 आलोचनात्मक निबंधों का संकलन है। पहला निबंध है—'साहित्य में भारतीयता की खोज : विविध पहलू'। अन्य निबंध इस प्रकार हैं—मलयालम लोक-साहित्य में सांस्कृतिक परिवेश, तुलनात्मक अध्ययन की समस्याएँ : हिन्दी और मलयालम साहित्यों के संदर्भ में, रामकाव्य : एक तुलनात्मक अध्ययन, हिन्दी-मलयालम कथा-साहित्य : भावात्मक एवं सांस्कृतिक समन्वय, मैथिलीशरण गुप्त के काव्य में अभिव्यक्त राष्ट्रीयता का

स्वरूप, गुप्तजी के काव्य में नारी की परिकल्पना, तुलसी की समन्वय भावना, सूरसागर और कृष्णगाथा, प्रसाद साहित्य में राष्ट्रीयता के विभिन्न आयाम, प्रसाद-काव्य में बिम्ब-योजना, कामायनी में प्रतीक विधान, कामायनी में महावट, पंत और उनका काव्य, निराला काव्य में राष्ट्रीय चेतना, निराला काव्य में दार्शनिक उद्भावनाएँ, निराला के काव्य में बिम्ब-योजना, दक्षिण के प्रथम हिन्दी गीतकार, गांधीवाद और हिन्दी कविता, छायावादी काव्य का कला-सौष्ठव, नवीन : व्यक्तित्व और कृतित्व, भारतीय भाषाओं का दक्खिनी पर प्रभाव, हिन्दी को मलयालम साहित्य की देन आदि। (14) '**हमारे ऋषि-मुनि : तीन भाग**' (प्रकाशक : मिलिंद प्रकाशन, हैदराबाद)—डॉ. पिल्लै जी ने तीन भागों में प्रकाशित इस ग्रंथ में क्रमश: 128, 128 तथा 112 पृष्ठों अर्थात् कुल 368 पृष्ठों में पुराणों, उपनिषदों, वाल्मीकि रामायण, भरत का नाट्यशास्त्र आदि की सामग्री को आधार बनाकर चौरानबे ऋषि-मुनियों का विस्तृत तथा प्रामाणिक परिचय दिया है। इस ग्रंथ से आर्षभारत के संबंध में पिल्लै जी की अपूर्व जानकारी स्पष्ट होती है। 'अवतरणिका' में लेखक ने ऋषि और मुनि में जो बारीक भेद है उस पर प्रकाश डाला है कि मोटे तौर पर ऋषि मंत्र- द्रष्टा थे, किंतु मुनि मंत्र-द्रष्टा या मंत्रकृत नहीं थे। यह भी कहा गया है कि 'इन दोनों के बीच की भेदक रेखा इतनी धूमिल होती गई कि दोनों को किसी भी नाम से पुकारा जाने लगा। वे एक-दूसरे के पर्याय बन गए'। इस ग्रंथ की कुल पृष्ठ-संख्या 368 है। इसमें कुल संदर्भों में लेखक ने लौकिक साहित्यिक कृतियों के संदर्भ भी सम्मिलित कर लिये हैं, जिससे सामग्री की दृष्टि से ग्रंथ में पूर्णता आई है। (15) '**विचार वीथिका**' (2005, प्रकाशक : अप्पू पब्लिशिंग हाउस, जयपुर)—यह छब्बीस समीक्षात्मक लेखों का संकलन है। हिन्दी-मलयालम साहित्य के तुलनात्मक अध्ययन संबंधी कई लेख इसमें मिलते हैं। (16) '**समीक्षा लोक**' (2005, प्रकाशक : चोपड़ा बुक कॉर्नर, जयपुर)—यह अट्ठाईस आलोचनात्मक निबंधों का संकलन है। इसके अधिकतर निबंध राष्ट्रीय स्तर पर पुरस्कृत रचनाओं पर लिखे गए हैं। इसमें डॉ. एस.तंकमणि अम्मा (केरल की हिन्दी लेखिका) के ग्रंथ—संस्कृति के स्वर—की भी आलोचना की गई है। (17) '**भारतीय संस्कृति और अध्यात्म**' (2008, प्रकाशक : राष्ट्रीय साहित्य संस्थान, बीकानेर)—यह भारतीय संस्कृति तथा पौराणिक ग्रंथों के अध्येता डॉ. एन.पी. कुट्टन पिल्लै द्वारा सांस्कृतिक तथा आध्यात्मिक विषयों पर लिखा गया ग्रंथ है। (18) '**छायावादी कवियों का प्रदेय**' (2011, प्रकाशक : कविता प्रकाशन, जयपुर)—इस ग्रंथ में हिन्दी साहित्य के छायावादी कवियों की देन पर प्रकाश डाला गया है। (19) '**डॉ. एन.पी. कुट्टन पिल्लै की उपन्यास-समीक्षाएँ**' (प्रकाशक : विद्यार्थी पब्लिकेशंस, हैदराबाद)—डॉ. एन.पी. कुट्टन पिल्लै ने कुछ नामी उपन्यासों का समीक्षात्मक अध्ययन किया है। 'विद्यार्थी पब्लिकेशंस' द्वारा प्रकाशित ये समीक्षाएँ हैं—निर्मला : एक अध्ययन (1963), वरदान : एक अध्ययन (1963), प्रतिज्ञा :

एक अध्ययन (1964), चेतन : एक अध्ययन (1964), अधिकार का प्रश्न : अनुशीलन (1966) आदि। इनमें 'निर्मला', 'वरदान' और 'प्रतिज्ञा' प्रेमचंद के उपन्यास हैं। 'चेतन' और 'अधिकार का प्रश्न' उपेंद्रनाथ अश्क के उपन्यास हैं।

डॉ. के. भास्करन नायर का लिखा तुलनात्मक ग्रंथ है—'हिन्दी तथा मलयालम में कृष्ण-भक्तिकाव्य (1960, प्रकाशक : राजपाल एंड संस, दिल्ली।) यह केरल में प्रथम प्रकाशित शोध-ग्रंथ है। लखनऊ विश्वविद्यालय में नायर जी ने सन् 1959 में पी.एच-डी. का शोधकार्य किया। नायरजी का अगला ग्रंथ है—'मलयालम साहित्य का इतिहास' (1963, हिन्दी समिति, लखनऊ)।

डॉ. एस.एन. गणेशन का शोध-ग्रंथ है—'हिन्दी उपन्यास साहित्य का अध्ययन' (1965, राजपाल एंड संस, नई दिल्ली)।

डॉ. के.एस. मणि का पहला ग्रंथ है—'वल्लत्तोल और मैथिलीशरण गुप्त' (1966, प्रकाशक : नेशनल पब्लिशिंग हाउस, नई दिल्ली)। दूसरा ग्रंथ है—'महाकवि वल्लत्तोल' (1979) जो स्वयं लेखक ने प्रकाशित किया। इस ग्रंथ में पाँच अध्याय हैं।

कुन्नुकुषि कृष्णनकुट्टी का स्वाति तिरुनाल पर लिखा ग्रंथ है—'स्वाति तिरुनाल' (1966, प्रकाशक : नेशनल पब्लिशिंग हाउस, दिल्ली)।

डॉ. जेकब पी.जोर्ज का शोध-ग्रंथ है—'आधुनिक हिन्दी गद्य और गद्यकार' (1966, प्रकाशक : ग्रंथम्, कानपुर)।

डॉ. एन. चंद्रशेखरन नायर का आलोचना ग्रंथ—(1) 'भारतीय साहित्य' सन् 1967 में प्रकाशित हुआ। अगली आलोचना है—(2) 'भारतीय साहित्य और कलाएँ', जो सन् 1967 में प्रकाशित हुई। (3) 'प्रतीकी कवि सुमित्रानंदन पंत' (1979) शोध-प्रबंध है। (4) पंत और जी. शंकर कुरुप डॉ. नायर का सन् 1979 में प्रकाशित शोध-प्रबंध है। (5) 'श्रेष्ठ सिम्बोलिक कवि जी. शंकर कुरुप' (1980) शोध-प्रबंध है। यह मलयालम में प्रो. सिद्दिकी द्वारा अनूदित होकर प्रकाशित हुआ। (6) 'हिन्दी और मलयालम के दो सिम्बोलिक कवि' बिहार विश्वविद्यालय में डॉ. नायर के पी-एच.डी. का शोध-प्रबंध है, जो 1980 में प्रकाशित हुआ। (7) 'प्रतीक : पूर्वी और पश्चिमी' (1980) सैद्धांतिक आलोचना है। नायरजी के इन सभी ग्रंथों के प्रकाशक का पता है—श्रीनिकेतन प्रकाशन, तिरुवनंतपुरम। (8) 'मलयालम काव्य में गंगा और हरिद्वार का प्रतिपादन' (2011, प्रकाशक : यवनिका पब्लिकेशन ट्रस्ट, तिरुवनंतपुरम) नामक ग्रंथ में भारत के सांस्कृतिक वैभव का चितेरा डॉ. एन. चंद्रशेखरन नायर का लघु ग्रंथ है, जो गंगा और हरिद्वार का प्रतिपादन करनेवाले मलयालम के काव्य-साहित्य का परिचय देता है। भारत के दक्षिणी कोने में स्थित केरल के कवियों ने भी पवित्र गंगा नदी और हरिद्वार पर अनुपम रचनाएँ की हैं, इसका पता हिन्दी-जगत् को देनेवाला प्रस्तुत ग्रंथ सचमुच ऋषि-मुनियों के देश भारत की सांस्कृतिक अखंडता का परिचय देता है। प्रस्तुत ग्रंथ के शुरू के अध्याय 'मलयालम पुराण निघण्टु',

'भागवतं पंचम स्कंधं', 'श्रीमत् देवी महाभागवतं नवम स्कंधं' आदि में गंगा का वर्णन होने का उल्लेख किया गया है। फिर आध्यात्मिक कवि तुंचत्तु रामानुजन एषुत्तच्छन के 'महाभारतं किलिप्पाटु' में गंगा और गंगा-पुत्र 'भीष्म' का वर्णन करनेवाले भाग का उल्लेख किया गया है। गंगा का प्रतिपादन करनेवाली पी. कुञ्ञिरामन नायर की 'हरिद्वार गंगयिल' (हरिद्वार गंगा में), 'आकाश गंगा', 'गंगयलकल' (गंगा की लहरें); वल्लत्तोल नारायण मेनन की 'एन्टे गुरुनाथन' (मेरे गुरुवर), वैलोप्पल्ली श्रीधर मेनन की 'हिमालयं' (हिमालय), 'हिमवान्टे पुत्रिकल' (हिमवान की बेटियाँ); श्रीमती सुगतकुमारी की 'इतु महाभारतं' (यह महाभारत), मेघ संदेशं (मेघ संदेश); श्री.पी. भास्करन के 'देशभक्ति गानं' (देशभक्ति गान) नामक गीत; श्री. के.जी. मेनन की कविता 'गंगा', विष्णुनारायण नंपूतिरी की 'उत्तरायणं', 'श्रीमती बालामणिअम्मा की 'प्रतद्दनन', 'गंगयिल' (गंगा में), श्रीकाशियिल (श्रीकाशी में) आदि कविताओं का भी उल्लेख किया गया है। श्रीमती ललितांबिका अंतर्जनम् के 'अग्निसाक्षी', श्री. एम. मुकुंदन के 'हरिद्वारिल मणिमुषङ्ङुन्नु' (हरिद्वार में घंटी बजती है) आदि उपन्यासों का भी संकेत मिलता है। डॉ. एन. चंद्रशेखरन नायर के 'चिरंजीव' महाकाव्य, श्री. एम.पी. वीरेंद्रकुमार के 'हैमवत भूविल' (यात्रावृत्त) आदि का भी उल्लेख मिलता है। प्रस्तुत ग्रंथ का प्रतिपाद्य 'उत्तराखंड विकास परिषद्' द्वारा महाकुंभ मेला के संदर्भ में प्रकाशित 'गंगा के द्वार पर' नामक डॉ. एन. चंद्रशेखरन नायर का लेख है। भारत के सभी भाषा-काव्यों में आए गंगा और हरिद्वार का प्रतिपादन 'गंगा के द्वार पर' नामक ग्रंथ में समाहित हुआ है।

एन. वेंकटेश्वरन के समय-समय पर लिखे तथा 'हिन्दी प्रचार समाचार' पत्रिका (दक्षिण भारत हिन्दी प्रचार सभा) में प्रकाशित लेखों का संकलन है—'केरल वैभव' (1967, वेणी माधव, इलाहाबाद)। उनकी अन्य रचनाएँ हैं—'केरल संस्कृति', 'गर्भ श्रीमान', 'चिंतामणि की आत्मा' आदि।

डॉ. जोर्ज एम. के प्रकाशित आलोचना ग्रंथ हैं—केरल की भक्ति साधना (1968, प्रकाशक : हिमालय प्रकाशन, आगरा), भक्ति आंदोलन और साहित्य (1982, प्रकाशक : प्रगति प्रकाशन, आगरा), भक्ति कथाओं का नवमूल्यांकन (1984) आदि।

के.जे. जोसफ़ का आलोचनात्मक ग्रंथ है—'केरलीय साहित्य और भारतीय उपन्यास' (1968, बीना प्रकाशन)। यह बारह लेखों का संकलन है।

डॉ. टी.एन. विश्वंभरन के कई ग्रंथ आलोचना विधा के अंतर्गत प्रकाशित हुए हैं, जैसे—(1) 'केरल की भक्ति साधना' (1968; प्रकाशक : हिमालय प्रकाशन, आग्र), (2) 'भक्ति आंदोलन' (1971; सौमय्या पब्लिकेशन, बंबई), (3) 'भक्ति आंदोलन और साहित्य' (1972; प्रगति प्रकाशन, आगरा), (4) 'कहानी : स्वर और स्वरूप' (1974; प्रकाशक : केरल हिन्दी साहित्य मंडल)। इसमें कहानी का विश्लेषणात्मक अध्ययन किया गया है। (5) 'भक्ति-कथाओं का नवमूल्यांकन'

(1980; प्रगति प्रकाशन, आगरा)। (6) 'प्रसादोत्तर नाटकों का शिल्पपरक अध्ययन' (1980, आर्या बुक डिपो, दिल्ली)।

डॉ. क्लमेंट मेरी (सिस्टर) के पी.एच-डी का शोध-ग्रंथ है 'हिन्दी का स्वातंत्र्योत्तर विचारात्मक गद्य (1968, स्मृति प्रकाशन, इलाहाबाद)।

डॉ. एन.ई. विश्वनाथ अय्यर के ग्रंथ हैं—(1) 'केरल के प्रथम गीतकार महाराजा स्वाति तिरुनाल' (1963, केरल हिन्दी प्रचार सभा), (2) 'प्राचीन कवि केशवदास' (1969; लोकभारती प्रकाशन, इलाहाबाद), (3) 'केरल की वीरगाथाएँ' (1972; प्रकाशक : एस. चाँद एंड कंपनी, नई दिल्ली), यह उत्तर केरल के लोकगीतों में उल्लिखित वीर नायकों पर लिखा गया है), (4) 'आधुनिक हिन्दी तथा मलयालम काव्य का तुलनात्मक अध्ययन' (1970; नेशनल पब्लिशिंग हाउस, नई दिल्ली)। (5) 'राष्ट्रभारती को केरल का योगदान' (1970, विश्वविद्यालय प्रकाशन, वाराणसी), (6) 'तुलनात्मक साहित्य' (2004, प्रकाशक : विद्या विहार, 1660, कूचा दखनीराय, दरियागंज, नई दिल्ली) आदि। डॉ. एन.ई.विश्वनाथ अय्यर हिन्दी और मलयालम साहित्य के परस्पर अनुवाद और तुलनात्मक अध्ययन में विशेष रुचि रखते हैं। उन्होंने उक्त छठा ग्रंथ बिड़ला फाउंडेशन से प्राप्त शोधवृत्ति से तैयार किया। इस ग्रंथ के बारे में लेखक ने 'भूमिका में लिखा है, ''मैंने दो दृष्टियों से ग्रंथ की योजना तैयार की। प्रथम दृष्टि एक उपयोगी पाठ्य-पुस्तक की है। दूसरी दृष्टि तुलनात्मक साहित्य के अंगों के विस्तृत विश्लेषण की है। इसी ध्येय से ग्रंथ का विस्तार दो खंडों में किया है—सिद्धांत खंड और दृष्टांत खंड। सिद्धांत खंड में यथासंभव प्रामाणिक आचार्यों के ग्रंथ व आलेख पढ़कर उनका सार दिया है। विश्व के अनेक देशों में उनकी देखा-देखी भारत में भी तुलनात्मक साहित्य में अपने देश की भाषा की रचना की तुलना विदेशी भाषाओं की रचना से करने का क्रम ही स्वीकृत हुआ है।' सिद्धांत खंड में 12 और दृष्टांत खंड में 18 आलेख हैं। परिशिष्ट में दो आलेख हैं। कुल 248 पृष्ठ हैं।

डॉ. ए. रामचंद्र देव के तीन आलोचना ग्रंथ प्रकाशित हुए—(1) 'मलयालम साहित्य : एक सर्वेक्षण' (1970, प्रकाशक : अशोक प्रकाशन, दिल्ली)—प्रस्तुत ग्रंथ में मलयालम साहित्य पर समग्र, किंतु संक्षिप्त एक सर्वेक्षण किया गया है। यह लघु ग्रंथ मलयालम साहित्य की समीक्षा प्रस्तुत करता है। (2) 'तुलसी और तुंचन' (1972, प्रकाशक : शब्दलोक प्रकाशन, नई दिल्ली)—प्रस्तुत ग्रंथ में डॉ. ए. रामचंद्रदेव ने हिन्दी के रामभक्त कवि तुलसीदास और मलयालम के रामभक्त कवि तुंचत्तु रामानुजन एषुत्तच्छन के व्यक्तित्व और कृतित्व का तुलनात्मक अध्ययन किया है। लेखक के पी-एच.डी. के शोध-कार्य का विषय रहा—'वैष्णव भक्ति की बौद्धिक दार्शनिक पृष्ठभूमि'। प्रस्तुत विषय से संबंधित एक स्वतंत्र आलोचना है—'तुलसी और तुंचन'। पी-एच.डी. में देवजी के शोध-निर्देशक रहे थे डॉ. एन.ई. विश्वनाथ अय्यर। (3) 'कथकलि' (1990, प्रकाशक : कोणार्क, नई दिल्ली)—डॉ. ए. रामचंद्र देव

के प्रस्तुत ग्रंथ को सैद्धांतिक आलोचना के अंतर्गत माना जा सकता है। देवजी के ही शब्दों में, 'मात्र नाटक से रसानुभूति प्राप्त होती है', भरतमुनि के इस मत का समर्थन करना इस ग्रंथ में मेरा लक्ष्य रहा।' प्रस्तुत ग्रंथ स्वर्गीय हज़ारीप्रसाद द्विवेदी के लिए समर्पित किया गया है। डॉ. नामवर सिंह ने भूमिका लिखी है। केंद्र सरकार के अनुदान से प्रकाशित हुआ।

स्व. डॉ. टी.के. सरलादेवी की आलोचना पुस्तक है—'हिन्दी साहित्य में नारी की भूमिका' (1971; प्रकाशक; केरल हिन्दी साहित्य मंडल)। प्राचीन काल से आधुनिक काल तक की हिन्दी रचनाओं में प्रतिबिंबित नारी के विविध प्रश्नों पर इसमें प्रकाश डाला गया है।

डॉ. एल. सुनीता बाई की निम्नलिखित आलोचनाएँ प्रकाशित हुई हैं—(1) 'द्वापर : एक विश्लेषण' (1972; गीता प्रकाशन, कोच्ची-35), (2) 'मैथिलीशरण गुप्त का काव्य : संस्कृत स्रोत के संदर्भ में' (1984; हिन्दी विभाग कोच्चीन विश्वविद्यालय), (3) 'हिन्दी और कोंकिणी लोक-साहित्य का तुलनात्मक अध्ययन : सांस्कृतिक पृष्ठभूमि के संदर्भ में' (2010; प्रकाशक : स्वयं लेखिका)। इस तीसरे ग्रंथ के 'उपक्रम' शीर्षक में अपनी तुलना के बारे में लेखिका ने लिखा है—'प्रत्येक देश की प्राचीन संस्कृति, सामाजिक व्यवस्था, रीति-रिवाज, धार्मिक अनुष्ठान, कला, साहित्य आदि में कुछ बातें अवश्य मिलती हैं, जो समान रहती हैं। थोड़े-बहुत अंतर के बावजूद भारत के प्रत्येक प्रदेश की संस्कृति एक दूसरे से जुड़ी हुई रही है। इसका कारण मूलतः दो प्रकार से हो सकता है—(1) विभिन्न प्रदेश के लोगों के विचारों में स्वतंत्र रीति से एक ही प्रकार के विचारों का आना, (2) दोनों प्रदेशों के लोगों का आपसी मेल-जोल आदि। हिन्दी और कोंकिणी लोक-साहित्य का तुलनात्मक अध्ययन करने पर दूसरी बात ही अधिक संगत दिखाई देती है।' प्रस्तुत ग्रंथ पाँच अध्यायों में विभाजित है—(1) हिन्दी और कोंकिणी लोक-साहित्य की पृष्ठ भीमि, (2) हिन्दी और कोंकिणी लोक-साहित्य (लोकगीत एवं लोकथाएँ), (3) हिन्दी और कोंकिणी लोक-साहित्य (लोकनाट्य, कहावतें एवं पहेलियाँ), (4) हिन्दी और कोंकिणी लोक-साहित्य में समाज का स्वरूप और (5) हिन्दी और कोंकणी लोक-साहित्य में धर्म एवं नीति।

डॉ. जी. गोपीनाथन की रचना है—'केरळीयों की हिन्दी को देन' (1973, राजकमल प्रकाशन, नई दिल्ली)। इसमें हिन्दी के विकास में केरल के राष्ट्रप्रेमी व्यक्तियों के योगदान पर प्रकाश डाला गया है।

डॉ. ए. अरविंदाक्षन केरल के विख्यात हिन्दी आलोचक हैं। उनकी कई आलोचनाएँ प्रकाशित हुई हैं, जैसे—(1) 'महादेवी वर्मा के रेखाचित्र (1974, प्रकाशक : गीता प्रकाशन, कोच्चिन)। महादेवी वर्मा के चार रेखाचित्र संकलनों पर केंद्रित यह अध्ययन लेखिका की रचना-दृष्टि को विश्लेषित करने का प्रयास है।

कविता की तुलना में महादेवी की गद्य-रचनाएँ उनकी सामाजिक, सांस्कृतिक सक्रियता की सकारात्मक परिणतियाँ हैं। कुल छह अध्यायों में विभाजित यह आलोचनात्मक ग्रंथ महादेवी पर लिखे आरंभिक ग्रंथों में गिने जाते हैं।

(2) 'अज्ञेय की उपन्यास-यात्रा' (1992, प्रकाशक : लोक भारती प्रकाशन, इलाहाबाद)—अज्ञेय के उपन्यासों पर आधारित यह अध्ययन उनकी औपन्यासिक संश्लिष्टता को अपने संदर्भ में देखने का एक साधारण उपक्रम मात्र है। इस आलोचनात्मक ग्रंथ के कुल छह अध्याय हैं, यथा—अज्ञेय :ज्ञेयता के कुछ पहलू, शेखर: एक जीवनी—एक सार्थक यात्रा, नदी के द्वीप : लघु समाज के व्यक्ति का संकट, अपने-अपने अजनबी : एक दार्शनिक उपन्यास, शिल्प-विधि की दिशाएँ, कुछ निष्कर्ष। इस ग्रंथ में आलोचक का मत है कि-हिन्दी उपन्यास के इतिहास को नया मोड़ प्रदान करने में अज्ञेय की उपन्यास-यात्रा की अपनी भूमिका है। उस भूमिका के बहुआयामी पक्षों को यह ग्रंथ निर्विवाद ढंग से प्रस्तुत करता है। अज्ञेय की रचनाएँ कहीं हमारा स्पर्श करती हैं। उनके उपन्यासों के पात्र हमारे बीच में उपस्थित हैं।

(3) 'समकालीन हिन्दी कविता' (1998, प्रकाशक : राधाकृष्ण प्रकाशन, नई दिल्ली)—"जो कुछ लिखा जा रहा है, वह सब समकालीन नहीं है। समकालीनता एक जीवन-दृष्टि है। जहाँ कविता अपने समय का आकलन करती है—तर्क और संवेदना की सम्मिलित भूमि पर, वहाँ वस्तुओं के प्रचलित नाम, अर्थ बदल जाते हैं। जीवन को एक नया विन्यास मिलता है कविता में'। ये विचार प्रेमशंकर के हैं जो उन्होंने इस ग्रंथ के बारे में व्यक्त किया है। इस आलोचना में अरविंदाक्षन जी ने समकालीन हिन्दी कविता की सत्ता-मीमांसा का विवेचन करते हुए, एक प्रकार से एक चुनौती को स्वीकार किया है कि समकालीनता की पहचान आसान नहीं, इससे बचना चाहिए। 133 पृष्ठों के प्रस्तुत ग्रंथ के सात अध्याय हैं—समकालीन कविता की कला मीमांसा, समकालीन कविता का रचना-सापेक्ष वृत्त, समकालीन कविता का स्थापत्य, समकालीन कविता—कविता कालयात्री है, समकालीन कविता—कविता जीवन चाहती है, समकालीन कविता—कविता प्रत्यक्षधर्मी है,समकालीन कविता में स्त्री का स्वत्व विघटन आदि।

(4) 'कविता का थल और काल' (2001, प्रकाशक : किताब घर प्रकाशन, नई दिल्ली)—कविता में वस्तुत: कवि अपने भूगोल का ही सृजन करता है, लेकिन वह इतना सीमित नहीं है कि वह भावपक्ष की अभिव्यक्ति भर हो। कविता में जीवन की सामान्य परिधियाँ मिट जाती हैं। कविता के प्रमुख थल और कविता द्वारा सृजित काल यह आस्वादन के अवसर पर प्रमुख हो जाते हैं और ये ही कविता को निर्दिष्ट भी करते हैं। ये दोनों आसपास के आधारभूत प्रतिमान भी हैं। मुख्य रूप से इस आलोचनात्मक ग्रंथ में आलोक धन्वा, अरुण कमल और कात्यायनी की कविताओं का अध्ययन है। इसके अलावा कविता के स्थान और काल पर एक सैद्धांतिक विवेचन भी है।

(5) 'आधारशिला' (2001, प्रकाशक : जवाहर पुस्तकालय, मथुरा)—इस आलोचनात्मक ग्रंथ के चार खंड हैं। प्रथम खंड में मैथिलीशरण गुप्त से लेकर समकालीन कविता तक को समेटा गया है। दूसरे खंड में 'कफ़न' कहानी से लेकर 'उत्तरशती की कहानी' तक के विभिन्न आलेख शामिल हैं। खंड तीन में उपन्यास और आलोचना संबंधी विवेचन है। खंड चार में भाषा-केंद्रित लेख हैं। रचना, रचनाकार और समय को देखने, समझने और परखने के आधारभूत तथ्यों की खोज इन आलेखों में हुई है।

(6) 'रचना के विकल्प' (2006, प्रकाशक : शिल्पायन, दिल्ली)—रचना-कर्म अपने-आपमें विकल्प है। रचना-कर्म में रचनाकार को अपना 'स्पेस' सृजित करना पड़ता है। उक्त 'स्पेस' के साथ उसका आत्मैक्य तो रहता है तथा रचना भर में वह व्यंजित भी होता है। रचना में विकल्पों को ढूँढ़ना और उन्हें चिह्नित करना आलोचना का विकल्प है। आलोचना उसी प्रकरण में रचना बन जाती है। 'रचना के विकल्प' में कुल इक्कीस लेख हैं जो कविता, कहानी, उपन्यास और आलोचना पर आधारित हैं। आलोचना से कुछ रचनाकारों का केरल के साथ के संबंध पर भी विश्लेषण शामिल है।

(7) 'कविता सबसे सुंदर सपना है' (2007, प्रकाशक : नेशनल पब्लिशिंग हाउस, नई दिल्ली)—विश्वनाथ प्रसाद तिवारी हिन्दी के चर्चित कवि हैं। मनुष्यधर्मी चेतना उनकी कविता की मुख्य विषयवस्तु है। मानवीयता को आहत करनेवाली स्थिति को उन्होंने अपने शब्दों से प्रतिरोधित किया है। उनकी उन्नीस कविताओं का आस्वादनपरक अध्ययन इस ग्रंथ में है, जो इस तरह हैं—(1) मरुथल में आवाज़ देनेवाले देवदूतों की तरह, (2) संपूर्ण दुश्चक्र में जीवन सूख जाता है, (3) प्रोमिथ्युस को आत्मरुष्ट करते हुए, (4) बौनी संस्कृति के खिलाफ़, (5) संघर्ष का नैरंतर्य, (6) रुग्ण संस्कृति की तरफ़ उठी हुई तर्जनी, (7) आत्मकेंद्रित संस्कृति के विपक्ष में, (8) छद्म की विराटता की पहचान, (9) मानवीय संस्कृति का प्रतीक चिह्न, (10) विकासहीनता के खतरे, (11) कविता में मनुष्य के सौंदर्य की पक्षधरता, (12) शब्द और सत्य, (13) कविता सबसे सुंदर सपना है, (14) करनी पड़ती है कितनी लाखों यात्रा स्त्री होने के लिए, (15) आस्था का बाप ही तो जीवन है, (16) अंतरिक्ष के अनंत विस्तार में, (17) स्त्री : इतिहास की पंक्तियों के बीच, (18) कौन है जो इतिहास बनाता है, (19) गाँव से शुरू होती है कविता आदि। आस्वादन केंद्रित ये समीक्षाएँ विश्वनाथ प्रसाद तिवारी की सबसे अधिक चर्चित कविताओं पर केंद्रित है। स्पष्ट है कि यह आलोचना कविता तथा कवि की संस्कृति-समीक्षा है।

(8) 'साहित्य, संस्कृति और भारतीयता' (2008, प्रकाशक : जवाहर पुस्तकालय, मथुरा)—साहित्य और संस्कृति से जुड़े बहुविध सवालों को भारत के

व्यापक परिप्रेक्ष्य में देखें तो भारतीयता एक सशक्त मूल्य बन जाती है। भारतीयता के इस मूल्य को न साहित्य से अलग किया जा सकता है न, संस्कृति से। इस ग्रंथ के चौदह आलेखों में 'कविता की भारतीयता', 'भाषा और संस्कृति', 'परंपरा, समकालीनता और भारतीयता' आदि प्रमुख हैं।

(9) 'भारतीय कथाकार प्रेमचंद' (2009, प्रकाशक : आनंद प्रकाशन, कोलकाता)—प्रेमचंद हिन्दी के बहुचर्चित, बहुपठित कथाकार हैं। साथ ही वे भारतीय कथाकार भी हैं। अपनी भाषा को अतिक्रमित करके भारत के व्यापक परिप्रेक्ष्य को आत्मसात् करने तथा अपनी साहित्यिक विचारात्मकता में भारतीयता को पहचाननेवाले प्रेमचंद को भारतीय कथाकार के रूप में ही इस ग्रंथ में पहचाना गया है। प्रफुल्ल कोलख्यान के विचार में इस ग्रंथ का महत्त्व है—'भारतीय कथाकार प्रेमचंद की आलोचना-दृष्टि प्रेमचंद साहित्य के सौंदर्यबोध के पुनर्पाठ की संभावनाओं का प्रस्ताव करती है। नए संदर्भ में प्रेमचंद साहित्य के सौंदर्यबोध का पुनर्पाठ तैयार करने की दृष्टि से इस पुस्तक का अतिरिक्त महत्त्व है।...प्रेमचंद साहित्य के अंतरसूत्रों की सरलता और जटिलता की पड़ताल करते हुए प्रेमचंद साहित्य के अंतरंग और बहिरंग को समकालीनता के आलोक में डी-कोड करना 'भारतीय कथाकार प्रेमचंद' का वैशिष्ट्य है।' इस ग्रंथ में भूमिका के अतिरिक्त प्रेमचंद पर कुल ग्यारह आलेख हैं, जो इस प्रकार हैं—(1) प्रेमचंद भारतीय कथाकार, (2) प्रेमचंद का सौंदर्य-बोध, (3) प्रेमचंद के उपन्यास, (4) गोदान और प्रेमचंद का भारत, (5) प्रेमचंद की कहानियों का अंतर्जगत् (परीक्षा, नशा, बूढ़ी काकी, मनोवृत्ति, कुसुम, कफ़न), (6) अग्निपक्षी की उड़ान ('पूस की रात' कहानी पर), (7) दलित का दर्द ('ठाकुर का कुआँ' कहानी पर), (8) राजनीति का असली तंत्र ('शतरंज के खिलाड़ी' कहानी पर), (9) स्त्री शरीर का प्रमुख होना ('मनोवृत्ति' कहानी पर), (10) सदानीरा करुणा की ('ईदगाह' कहानी पर) और (11) प्रेमचंद क्यों ? आदि। 'प्रेमचंद क्यों ?' आलेख के अंतिम वाक्य में 'प्रेमचंद क्यों ?' का उत्तर इन शब्दों में मिलता है—'हमारी परंपरा क्या है—क्यों है ? हमारी विरासत क्या है—क्यों है ? परंपरा और विरासत्त की अनिवार्यता का उत्तर अगर हमें मिल जाए तो 'प्रेमचंद क्यों ?' की अनिवार्यता का उत्तर भी हमें मिल जाएगा।'

(10) समकालीन कविता की भारतीयता (2010, प्रकाशक : आनंद प्रकाशन, कोलकाता)—भारतीयता का प्रसंग समकालीन हिन्दी कविता के प्रकरण में विशेष अर्थ संकेतों को द्योतित करता है। वास्तव में इस ग्रंथ के माध्यम से समकालीन हिन्दी कविता का पुनर्पाठ ही अभीष्ट है। तमाम प्रकार की अपनी लोकोक्तियों के बावजूद हिन्दी कविता अपनी भारतीय संपृक्ति को ही व्यंजित करती है। इस ग्रंथ के बारह लेखों में समकालीन कवि और समकालीन कविता-प्रवृत्तियाँ विश्लेषित हुई हैं, जैसे—आज कविता सिर्फ कविता नहीं है, कविता की धरती, कविता की समकालीनता के यक्षप्रश्न,

कविता की भारतीयता, पारिस्थितिकी कविता, अरुण कमल की कविता का देश, कविता में सच की ताकत का भरोसा, कविता में धरती और मनुष्य की महक, हमारी शताब्दी के घने जंगल से निकला बाघ, जादू नहीं है कविता, पुराण कथा बनाम समकालीन व्यथा, परिधि में स्त्री आदि।

डॉ. एस. तंकणि अम्मा ने मौलिक साहित्य-सृजन और अनुवाद दोनों क्षेत्रों में अमिट छाप छोड़ी है। उनके दो आलोचनात्मक ग्रंथ निकले हैं—(1) **'मलयालम के खंडकाव्य'** (1974, प्रकाशक : गीता प्रकाशन, कोच्चिन) हिन्दी में मलयालम के खंडकाव्यों की आलोचना करनेवाला ग्रंथ है। इसकी भूमिका 'प्रस्ताविका' नाम से डॉ. राममूर्ति त्रिपाठी (पूर्व प्रोफेसर, विक्रम विश्वविद्यालय, उज्जैन) ने लिखी। यह निष्कर्ष के अलावा छह अध्यायों में विभक्त है। इसमें खंडकाव्य के स्वरूप से लेकर मलयालम के प्रारंभिक खंडकाव्य, आधुनिक खंडकाव्य आदि का विश्लेषणात्मक अध्ययन किया गया है। इसके अध्याय इस प्रकार हैं—(1) खंडकाव्य, (2) मलयालम साहित्य, (3) प्रारंभिक काव्य-रूप, (4) नवीन काल के काव्य-रूप, (5) नए खंडकाव्य का उदय, (6) विकास, (7) निष्कर्ष आदि। यह ग्रंथ उत्तरप्रदेश हिन्दी संस्थान, लखनऊ द्वारा सन् 1976 में पुरस्कृत हुआ।

(2) 'आधुनिक हिन्दी खंडकाव्य' (1987, प्रकाशक : सूर्य प्रकाशन, नई दिल्ली) डॉ. एस.तंकमणि अम्मा की पी-एच.डी. का शोध-प्रबंध है। डॉ. एन.रामनायर के मार्ग-दर्शन में यह प्रबंध 1977 में पूरा हुआ। पुस्तकाकार में प्रकाशित हुआ तो डॉ. एन.रामन नायर ने इसकी भूमिका लिखी। हिन्दी के खंडकाव्यों के स्वरूप और विकास का विश्लेषणात्मक अध्ययन प्रस्तुत करनेवाले इस ग्रंथ में निष्कर्ष के अलावा छह अध्यायों में सामग्री रखी गई है, जो इस प्रकार हैं—(1) खंड काव्य : स्वरूप एवं वर्गीकरण, (2) साहित्यिक वातावरण एवं आधुनिक खंडकाव्य, (3) खंडकाव्य परंपरा—(अ) छायावादी युग के पूर्व के खंडकाव्य, (आ) छायावादी युग के खंडकाव्य, (इ) छायावादोत्तर युग के खंडकाव्य, (4) खंडकाव्य : अंतरंग अवलोकन, (5) खंडकाव्य : बहिरंग अवलोकन, (6) आधुनिक खंडकाव्य परंपरा : वर्गीकरण, (7) निष्कर्ष।

डॉ. वी.एन. फिलिप का ग्रंथ है—'मध्ययुगीन हिन्दी भक्ति साहित्य में विरह-भावना' (1975, प्रकाशक : संगम प्रकाशन, इलाहाबाद)। यह पी.एच-डी. का शोध-प्रबंध है। मार्गदर्शक थे स्व. डॉ. मलिक मुहम्मद।

डॉ. जे. रामचंद्र नायर कवि, आलोचक, कोशकार और अनुवादक हैं। उनकी दो आलोचनाएँ निकली हैं, जो इस तरह हैं—(1) छायावादी काव्य दर्शन (1976; इंद्रप्रस्थ प्रकाशन, नई दिल्ली), (2) आधुनिक हिन्दी काव्य में व्यंग्य (1988; स्मृति प्रकाशन, इलाहाबाद)।

दोनों आलोचनाएँ कविता पर हैं।

डॉ. एन. रवींद्रनाथ का ग्रंथ है—'मार्क्सवाद और हिन्दी उपन्यास' (1979, प्रकाशक : वाणी प्रकाशन, नई दिल्ली)। यह शोध-प्रबंध है। कुल 12 अध्याय हैं।

डॉ. के.एस. मणि ने 'महाकवि वळ्ळत्तोल' (1979, प्रकाशक : स्वयं लेखक) नामक ग्रंथ में वळ्ळत्तोल के व्यक्तित्व और कृतित्व पर प्रकाश डाला है।

डॉ. पी.के. कुञ्ञुरामन का शोध-ग्रंथ है—'हिन्दी और मलयालम के आधुनिक खंडकाव्यों का तुलनात्मक अध्ययन (1979, प्रकाशक : दक्षिण भारत हिन्दी प्रचार सभा)। ये शोध-ग्रंथ आगरा विश्वविद्यालय में तैयार हुआ। इसमें नौ अध्याय हैं।

प्रो. के. केशवन नंपूतिरि का ग्रंथ है—'काव्यत्रयी' (1980, प्रकाशक : प्रताप प्रकाशन, तिरुवनंतपुरम-12)। इसमें खड़ीबोली हिन्दी के आरंभिक तीन चरणों की प्रतिनिधि रचनाओं के रूप में विद्यमान 'प्रियप्रवास', 'साकेत' एवं 'कामायनी' महाकाव्यों के एक-एक भाग को अवतरित करके उनमें अभिव्यक्त विकासोन्मुख काव्य-शैली और भावधारा का परिचय देते हुए उनकी विषय-वस्तु, प्रमुख पात्र और आत्मभूत जीवन-दृष्टि पर प्रकाश डाला गया है।

डॉ. एन. मोहनन की प्रकाशित आलोचनाएँ हैं—**(1) 'अधूरेपन का एहसास'** (1984, प्रकाशक : केरल हिन्दी साहित्य मंडल, कोच्चिन)—यह ग्रंथ डॉ. एन. मोहनन के एम.फिल के लघु शोध-प्रबंध 'मोहन राकेश के नाटक' का परिवर्तित एवं परिवर्धित रूप है। इसमें मोहन राकेश के नाटकों की प्रमुख प्रवृत्तियों का मौलिक विवेचन है। राकेश के नाटकों की सामान्य प्रवृत्ति जीवन के अधूरेपन और अजनबीपन की तीव्र अनुभूति ही है। डॉ मोहनन की पहचान है कि राकेश के नाटक आधुनिक हैं। 'आषाढ़ का एक दिन' में सत्ताधारी शक्ति के साये में पलनेवाली लेखकीय सता की कशमकश, 'लहरों का राजहंस' में शंकाग्रस्त मानसिकता की विषमता, 'आधे अधूरे' में आधुनिक दाम्पत्य जीवन की विडंबनाएँ तथा 'पैरों तले की ज़मीन' में मृत्यु की विशेष परिस्थिति में अपनी-अपनी स्वार्थता के पीछे भागनेवाले व्यक्तियों का चित्रण है। यह ज़रूर है कि राकेश के नाटक समकालीन हैं। इस प्रस्तक का अनुक्रम इस प्रकार है—मोहन राकेश : कृति-व्यक्तित्व, आषाढ़ का एक दिन, लहरों का राजहंस, आधे अधूरे, पौरों तले की ज़मीन, राकेश के नाटक : आधुनिक परिदृश्य आदि। **(2) 'आत्मनिर्वासन और मोहन राकेश का साहित्य'** (2008, प्रकाशक : जवाहर पुस्तकालय, मथुरा) नामक ग्रंथ मोहन राकेश के नाटकों, उपन्यासों और कहानियों की आलोचना है, जो पाँच शीर्षकों में विभाजित है, जैसे—आत्मनिर्वासन : दार्शनिक पक्ष, असंगति का एहसास और राकेश साहित्य, अस्मिता की खोज और राकेश साहित्य, आत्मनिर्वासन : राकेश साहित्य में, आत्मनिर्वासित व्यक्तित्व : मोहन राकेश आदि। 'अलग करना' अर्थवाले अंग्रेज़ी शब्द 'एलियनेशन' (Alienation) के समानांतर शब्द के रूप में डॉ. एन. मोहनन ने 'आत्मनिर्वासन' शब्द को स्वीकार किया है। उनके मत में मोहन राकेश की रचनाओं में जीवन की सूक्ष्मतम विसंगतियाँ

प्रमुख हैं, जहाँ आत्मनिर्वासन एक अनिवार्य परिणति है। मूल्य-विघटन का एक पहलू भी आत्मनिर्वासन के साथ जुड़ा हुआ है। राकेश के पात्र विघटित मूल्यों के शिकार होने के कारण अपने भीतर वे रिक्तता का अनुभव कर रहे हैं। विघटित मूल्यों की स्थिति ने राकेश की रचनाओं में एक घोर संकट की स्थिति उत्पन्न कर दी है। **(3) 'आलोचना के आयाम'** (2008, प्रकाशक : हिन्दी विभाग, कोच्चिन विश्वविद्यालय) नामक ग्रंथ यू.जी.सी. के डी.आर.एस. कार्यक्रम की आर्थिक सहायता से प्रकाशित है। लेखक द्वारा समय-समय पर लिखे बीस आलोचनात्मक लेखों का संकलन है प्रस्तुत पुस्तक। इसमें विविध साहित्य-विधाओं की पुस्तकों की आलोचना है। जैसे—(1) साहित्यकार आम आदमी (औद्योगिक क्रांति के उपरांत पश्चिमी साहित्य में जिस प्रकार आम आदमी साहित्य का बुनियाद बन गया, वैसे ही भारत में नवजागरण के उपरांत साहित्य के केंद्र में आम आदमी प्रतिष्ठित हो गया। इस लेख के अध्ययन के विषय बने हैं—हिन्दी, मलयालम, कन्नड़ तथा बंगला भाषा की रचनाएँ), (2) निराला बनाम बिल्लेसुर (इसमें निराला के 'बिल्लेसुर बकरिहा' उपन्यास का अध्ययन है), (3) प्रतिभामंजक उपन्यासकार नागार्जुन, (4) सत्ता से जुड़ने की त्रासदी : जुगलबंदी (इसमें गिरिराज किशोर के 'जुगलबंदी' उपन्यास का अध्ययन है)। (5) जीवन संघर्ष का महाभारत : 'मुखड़ा क्या देखें' (इसमें अब्दुल बिस्मिल्लाह के 'मुखड़ा क्या देखे' उपन्यास का अध्ययन है), (6) नरककुंड में वास : एक दलित पाठ (इसमें जगदीश चंद्र के सन् 1994 में प्रकाशित 'नरककुंड में वास' दलित उपन्यास का अध्ययन है), (7) विश्वमंडलीकरण बनाम औपन्यासिक प्रतिशोध (समकालीन हिन्दी उपन्यास ने वैश्वीकरण के फलस्वरूप उत्पन्न सामाजिक विसंगतियों का खुलकर विरोध किया है। ऐसे उपन्यास हैं विनोदकुमार शुक्ल का 'नौकर की कमीज़', प्रियंवद का 'परछाईं नाच', उदयप्रकाश का 'पीली छतरीवाली लड़की' आदि), (8) पूस की रात : एक पुनर्पाठ, (9) साहित्य में स्वतंत्रता बनाम प्रेमचंद की कहानियाँ, (10) चीफ़ की दावत : सांस्कृतिक संकट की त्रासदी, (11) समकालीन दलित कहानी, (12) आधुनिकता की खोज और हिन्दी नाटक (इसमें भुवनेश्वर प्रसाद के 'ऊसर', 'ताम्बे के कीड़े; धर्मवीर भारती का 'अंधायुग', लक्ष्मीनारायण लाल के 'सूर्यमुख', 'मिस्टर अभिमन्यु', 'एक सत्य हरिश्चंद्र', 'कलंकी' आदि का अध्ययन है), (13) आत्मनिर्वासन के धरातल पर : आषाढ़ का एक दिन, (14) अस्तित्व की तड़प : लहरों का राजहंस, (15) मौत के साये में : पैरों तले की ज़मीन, (16) जन-कवि : प्रभाकर माचवे, (17) जिन्होंने कविता को अस्त्र बनाया (नागार्जुन की 'प्रेत का बयान', और 'भस्मांकुर' का अध्ययन है), (18) सामाजिक विसंगति बनाम कविता की विद्रूप दृष्टि (निराला, मुक्तिबोध, अज्ञेय, कुँवर नारायण, धूमिल, लीलाधर जगूड़ी, श्रीकांत, रमेश कौशिक आदि की कविताओं का अध्ययन है), (19) मलयालम उपन्यास में स्थल-काल परिकल्पना

(वैक्कम मुहम्मद बशीर, एम.टी.वासुदेवन नायर, आनंद, मुकुंदन, ओ.वी. विजयन, वी. कोच्चुवावा आदि के उपन्यासों का अध्ययन है), (20) मलयालम साहित्यलोचना का शलाका पुरुष : केरल वर्मा वलियकोयित्तम्पुरान (केरल वर्मा वलियकोयि-त्तम्पुरान—सन् 1890 से 1911 तक—ने मलयालम गद्य एवं आलोचना को रूपायित करने में ही नहीं, उसको प्रवर्द्धित करने में भी महत्त्वपूर्ण भूमिका निभाई थी।) आदि।

डॉ. एम.ए. करीम का शोध-ग्रंथ है—'प्रेमचंद और तकषि के उपन्यासों का तुलनात्मक अध्ययन' (1985, प्रकाशक : स्वयं लेखक)।

डॉ. वी.पी. मोहम्मद कुञ्ञुमेत्तर का ग्रंथ है—'आधुनिक हिन्दी का स्रोत : नया चिंतन' (1986)। प्रकाशक स्वयं लेखक हैं। इस ग्रंथ का आधार है फखरुद्दीन निज़ामी का ग्रंथ—'मसनबी कदमराव पद्मराव'। इसमें खड़ीबोली के आदि-रूप का परिचय मिलता है।

डॉ. वी.वी. विश्वम की पुस्तक-रूप में दो आलोचनाएँ निकली हैं—**(1) लक्ष्मीनारायण मिश्र और एन. कृष्ण पिल्लै** (1988, प्रकाशक : डॉ. वी.वी. विश्वम, विनीत प्रकाशन, तिरुवनंतपुरम)। प्रस्तुत आलोचना चार अध्यायों में विभाजित है। अध्याय एक 'अ' और 'आ' में विभाजित है। 'अ' में 'नाटक' शीर्षक में नाटक के तत्त्वों का तथा 'आ' में 'समस्या नाटक' शीर्षक में समस्या नाटक की प्रवृत्तियों का विश्लेषणात्मक अध्ययन किया गया है। अध्याय दो, तीन और चार क्रमशः इस प्रकार हैं—लक्ष्मी नारायण मिश्र की नाट्यसाधना, एन.कृष्ण पिल्लै की नाट्यसाधना, लक्ष्मी नारायण मिश्र और एन.कृष्ण पिल्लै के समस्या नाटक। इस ग्रंथ में विश्वमजी ने सिद्ध किया है कि लक्ष्मी नारायण मिश्र (हिन्दी) और एन. कृष्ण पिल्लै (मलयालम) समस्या नाटककार हैं और इन दोनों ने इब्सन की शैली को अपनाया है। यद्यपि हिन्दी नाट्यजगत् में प्रसादजी सबसे श्रेष्ठ नाटककार हैं तो भी हिन्दी नाटकों में नवीन प्रवृत्तियों के प्रवर्तक श्री लक्ष्मी नारायण मिश्र जयशंकर प्रसाद से कम दर्जे के नहीं हैं। श्री.एन. कृष्ण पिल्लै आधुनिक मलयालम नाटक के निर्माता हैं, जिनकी प्रतिभा ने मलयालम नाटककारों का मार्ग-दर्शन किया और उनके परिश्रम से मलयालम के नाटक साहित्य को एक नवीन स्फूर्ति दी। हिन्दी और मलयालम में कई नाटककार हैं, जो क्रमशः मिश्रजी और पिल्लैजी की समस्या नाटक परंपरा को आगे ले जाने में सफल हुए हैं। **(2) 'बदलते रंग उभरते रूप'** (2008, प्रकाशक : जवाहर पुस्तकालय, मथुरा)—यह 12 लेखों का संकलन है। पहला लेख है—'आधुनिक हिन्दी में समालोचना का विकास', जो 'आलोचना' पर लिखा गया है। बाकी ग्यारह लेख हिन्दी काव्य साहित्य पर हैं, जैसे—हिन्दी की आधुनिक कविता, कामायनी : महाकाव्य के रूप में, निराला की कविता : छायावाद के विशेष संदर्भ में, प्रयोगशील कवि निराला, मुक्त पुरुष निराला, अस्तित्ववाद और अज्ञेय, अज्ञेय की असाध्य वीणा, नई कविता और मुक्तिबोध, 'कनुप्रिया' की प्रणय-भावना, साठोत्तरी हिन्दी कविता, धूमिल आदि।

डॉ. एन.जी. देवकी की दो आलोचनाएँ प्रकाशित हुई हैं—(1) '**हिन्दी कृष्णकाव्य का आलोचनात्मक इतिहास**' (1989, प्रकाशक : सूर्य प्रकाशन, नई सड़क, दिल्ली। हिन्दी कृष्णकाव्य की दुर्लभ, अल्पज्ञात और अल्प चर्चित सामग्री के अध्ययन और अनुसंधान की प्रेरणा यह कृति प्रदान करती है। सात अध्यायों में विभक्त प्रस्तुत कृति के प्रथम अध्याय में हिन्दी साहित्य के प्रमुख एवं प्रख्यात इतिहास-ग्रंथों में उपलब्ध कृष्णकाव्य सम्बन्धी सामग्री का निरूपण किया गया है। द्वितीय अध्याय में हिन्दी कृष्ण काव्य की पृष्ठभूमि निर्दिष्ट की गई है। वैदिक संहिता, ब्राह्मण आरण्यक ग्रंथ, उपनिषद् ग्रंथ, महाभारत, पुराण एवं संस्कृत काव्य, बौद्ध, जैन, प्राकृत तथा अपभ्रंश की कृष्णलीला विषयक सामग्री का दिग्दर्शन कराया गया है, जो परवर्ती हिन्दी कृष्णकाव्य की साहित्यिक प्रवृत्तियों एवं कृष्णलीला गान की पृष्ठभूमि प्रस्तुत करता है। काव्य के अतिरिक्त संगीतकला, चित्रकला, मूर्तिकला आदि अन्य ललित कलाओं में भी कृष्ण का अंकन हुआ है, उनकी भी आनुषंगिक चर्चा यहाँ की गई है। तृतीय अध्याय कृष्णभक्ति के विभिन्न संप्रदायों के ऐतिहासिक विश्लेषण पर केंद्रित है। निम्बार्क, माध्व, रुद्र, वल्लभ, सखी, चैतन्य, राधावल्लभ जैसे सात कृष्ण-भक्ति सम्प्रदायों के प्रवर्तकों का ऐतिह्‌-सम्बन्धी साहित्य, सम्प्रदायों के दार्शनिक सिद्धांत एवं उपासना-पद्धति का विवेचन किया गया है। चतुर्थ अध्याय में हिन्दी की आदिकालीन कृष्णपरक रचनाओं का विवेचन है। इसमें भाषा कृष्णकाव्य की पूर्ववर्ती भाषाओं—प्राकृत अपभ्रंश एवं मैथिली—की कृष्णपरक रचनाओं का समीक्षात्मक अध्ययन किया गया है। पंचम अध्याय में कृष्णभक्ति के विभिन्न सम्प्रदायों में दीक्षित कवियों के ऐतिह्‌ एवं व्रजभाषा कृष्णकाव्य की समीक्षा की गई है। षष्ठ अध्याय में संप्रदाय निरपेक्ष हिन्दी कवियों एवं उनके कृतित्व का निरूपण किया गया है। अन्यत्र अल्प चर्चित विष्णुदास, लालचदास, नरोत्तमदास जैसे कवियों की कृष्णपरक रचनाओं का इस अध्याय में निरूपण किया गया है। सप्तम अध्याय में हिन्दीतर प्रदेशों का भक्त कवियों और उनके कृष्णकाव्य का दिग्दर्शन कराया गया है। असम, गुजरात और महाराष्ट्र के कवियों की रचनाओं का परिचय भारतीय भक्ति वाङ्मय की मूलभूत एकता और राष्ट्रभाषा हिन्दी की लोकप्रियता के अभिज्ञान के लिए आवश्यक है। हिन्दी तथा हिन्दीतर प्रांतों की हिन्दी रचनाओं को एक इकाई मानकर कृष्णकाव्य का समग्र इतिहास प्रस्तुत करनेवाली यह कृति हिन्दी साहित्य के इतिहास की महत्त्वपूर्ण कड़ी है। (2) '**आधुनिक हिन्दी साहित्य के कुछ हस्ताक्षर**' (1995, प्रकाशक : केरल हिन्दी प्रचारसभा, तिरुवनंतपुरम) नामक ग्रंथ में भारतीय अस्मिता को पहचानने और उसे वाणी द्वारा शाश्वत अभिव्यक्ति प्रदान किए मनीषियों से संबद्ध आलोचनात्मक निबंध संकलित हैं। इस संकलन में मैथिलीशरण गुप्त, जयशंकर प्रसाद, रामकुमार वर्मा और नरेश मेहता की काव्य-कृतियों के विशेष पहलुओं का अध्ययन; हज़ारीप्रसाद द्विवेदी, विद्यानिवास मिश्र, कुबेरनाथ राय जैसे ललित निबंधकारों के ललित निबंधों

का विश्लेषणात्मक अध्ययन तथा नंददुलारे वाजपेयी की समीक्षा-पद्धति पर विचार किए गए हैं। भारत की धार्मिक एकता तथा सांस्कृतिक समन्वय की दृष्टि से मैथिलीशरण गुप्त के काव्य का विशेष महत्त्व है। प्राचीन भारतीय संस्कृति में रूढ़मूल अहिंसा, त्याग, करुणा, विश्व प्रेम जैसे बौद्ध तत्त्व आधुनिक मानवतावाद के विधेयक हैं। इस संग्रह का प्रथम निबंध 'मानवतावाद के विधायक बौद्ध तत्त्व' इसका प्रतिनिधित्व करता है। भारतीय पुनरुत्थानवादी काव्य-चेतना को आत्मसात् कर मैथिलीशरण गुप्त ने जिन तीन काव्यों—अनघ (1982), यशोधरा (1989) तथा कुणाल (1999)—की रचना की वह प्रस्तुत संग्रह के दूसरे निबंध 'भारतीय जनता के उद्बोधनार्थ गुप्त काव्य' का वर्ण्य विषय है। 'रघुवंश', 'अभिज्ञान शाकुंतलम्' जैसे संस्कृत स्रोतों को आधार मानकर व्रजभाषा में रचित जयशंकर प्रसाद की दो काव्य-कृतियों—'अयोध्या का उद्धार' तथा 'वन मिलन'—का विश्लेषण तीसरे निबंध 'प्रसादजी के व्रजभाषा काव्य में भारत की गरीयसी संस्कृति' में है। एकांकी नाटक के प्रवर्तक के रूप में विख्यात डॉ. रामकुमार वर्मा ने तीन महाकाव्यों, पाँच खंडकाव्यों तथा सात गीति काव्यों से उन्होंने हिन्दी काव्य जगत् की श्रीवृद्धि की। कविता में भावात्मक और रूपात्मक दोनों प्रकार के सौंदर्य के समर्थक डॉ. रामकुमार वर्मा के कवि-व्यक्तित्व का मूल्यांकन चौथे निबंध 'उत्तर छायावादी युग के कवि मनीषी, में किया गया है। अचार्य नंददुलारे वाजपेयी की समीक्षा संबंधी मान्यता पाँचवें निबंध 'समीक्षा राष्ट्रीय संस्कृति का उपादान है' में स्पष्ट होता है। छठे और सातवें निबंधों के क्रमश: शीर्षक हैं—'सांस्कृतिक नवोत्थान, मानवतावादी जीवन-दर्शन' तथा 'इतिहासबोध निबंधों की कसौटी है' और 'साहित्य मनुष्य का उन्नायक है'। ये दोनों निबंध हज़ारीप्रसाद द्विवेदी से संबंधित हैं। अष्टम निबंध है 'कलास्वादान-प्रक्रिया में बहुस्थायित्व सिद्धांत तथा महाप्रस्थान'। 'व्यक्तिव्यंजक निबंधों में भारतीय संस्कृति की अस्मिता' नामक नवम निबंध में प्राचीन भारतीय सांस्कृतिक तत्त्वों के प्रति गहरी आस्थावाले डॉ. विद्यानिवास मिश्र के व्यक्तिव्यंजक निबंधों का विश्लेषण किया गया है। 'ललित निबंधों में संस्कृति बोल उठती है' नामक दसवें निबंध में लोक-संस्कृति तथा भारतीय संस्कृति का चित्रण करनेवाले कुबेरनाथ राय के ललित निबंधों का विश्लेषण किया गया है। इन संकलन में पृष्ठसंख्या 100 तक 10 निबंध संकलित हैं, फिर उपर्युक्त निबंधों में उल्लिखित लेखकों का परिचय 'परिशिष्ट' में पृष्ठ संख्या 116 तक 'लेखकों के संक्षिप्त जीवनवृत्त तथा रचना-संसार' शीर्षक में दिया गया है। डॉ. एन.जी. देवकी का यह संकलन 'केंद्रीय हिन्दी निदेशालय' से पुरस्कृत हैं।

डॉ. तिरुमला चंद्रन की दो रचनाएँ प्रकाशित हुई हैं। दोनों रचनाएँ तुलनात्मक साहित्य को विशिष्ट देन हैं, जैसे—(1) 'मार्क्स और लेनिन का सौंदर्यशास्त्र' (1990; प्रकाशक : डॉ. तिरुमला चंद्रन, पी.टी.पी. नगर, तिरुवनंतपुरम), (2) 'आचार्य रामचंद्र शुक्ल और प्रो. जोसफ मुण्टश्शेरी के समीक्षा सिद्धांत' (1994; प्रकाशक : शोध

संस्थान, वाराणसी)—इसमें हिन्दी और मलयालम के मूर्द्धन्य आलोचकों के सिद्धांत तुलना के लिए चुने गए हैं।

डॉ. एम. षणमुखन की आलोचनाएँ निम्नलिखित हैं—**(1) 'मूल्यबोध की नई दिशाएँ'** (1991, प्रकाशक : नवोदया प्रकाशन)—यह केंद्रीय हिन्दी निदेशालय द्वारा पुरस्कृत कृति है। अनुक्रम इस प्रकार है—(i) मोहन राकेश के उपन्यास—एब्सर्ड चेतना, अंधेरे बंद कमरे, न आनेवाला कल, अंतराल आदि के संदर्भ में। (ii) मोहन राकेश के उपन्यास—अहं के विस्तर की कोशिश, (iii) कांच के कठघरे का व्यर्थ संवाद (यह राकेश के उपन्यास का अध्ययन है), (iv) निःसंगति-बोध की रंगमंचीय कविता (यह राकेश के नाटक 'आषाढ़ का एक दिन' का अध्ययन है), (v) व्यवस्था के यथार्थ का हलफ़नामा—(इसमें गरीबी हटाओ (रवींद्र कालिया), अनुराग, इश शहर में (आशीष सिंहा), कितना पानी (सुदीप), हवा (दामोदर सतदन), आपरेशन सोना की (संजीव) आदि कहानियों का अध्ययन है, (vi) आज की हिन्दी कविता और बदलते मूल्य—(यह सौमित्र मोहन से लेकर वेणुगोपाल तक की कविताओं का मूल्यों के संदर्भ में संक्षिप्त अध्ययन है), (vii) समकालीन मलयालम कविता (यह आठवें दशक के प्रतिबद्ध कवियों—सच्चिदानंदन, के.जी. शंकर पिल्लै, बालचंद्रन चुल्लिक्काड़ की कविताओं का मूल्यांकन है), (viii) हिन्दी व मलयालम की नव क्रांति कविता (यह नक्सलवादी आंदोलन से प्रभावित हिन्दी व मलयालम कविताओं का तुलनात्मक अध्ययन है), (ix) बालचंद्रन की कविता (यह मलयालम के प्रतिबद्ध कवि बालचंद्रन चुल्लिक्काट की कविताओं का अध्ययन है), (x) डॉ. रामविलास शर्मा की आलोचना। (xi) नैतिकता की गिरती दीवारें (यह राजकमल चौधरी के 'एक अनार एक बीमार' उपन्यास का अध्ययन है), (xii) सार्त्र और स्वतंत्रता बोध (xiii) मूल्यबोध की नई दिशाएँ—(यह हज़ारी प्रसाद द्विवेदी के निबंधों का अध्ययन है) आदि। **(2) 'अंधेरे में सितारे की तलाश'** (2004, प्रकाशक : जवाहर पुस्तकालय, मथुरा)—यह 15 आलेखों का संकलन है, जो हंदी और मलयालम समकालीन साहित्य पर केंद्रित है। अनुक्रम इस प्रकार है—(i) समकालीन महिला कविता और स्त्री-पुरुष संबंध—इसमें सभी प्रमुख भारतीय भाषाओं की कविता के संदर्भ में स्त्री-पुरुष संबंधों के चित्रण का मूल्यांकन किया गया है, (ii) अस्मिता की तलाश में पागलनुमा हरकतें (इसमें मलयालम महिला कहानीकार ग्रेसी की कहानियों का मूल्यांकन किया गया है), (iii) अविराम क्रंदन की गूँज (इसमें महिला कहानीकार चंद्रमती की नारीवादी भावुकता से लैस कहानियों का अध्ययन किया गया है), (iv) मलयालम की आधुनिकोत्तर कहानी, (v) समकालीन मलयालम कविता, (vi) नारी-सापेक्ष रचनाओं की सीमाएँ (मलयालम व हिन्दी की समकालीन कहानी व कविता की नारी सापेक्ष रचनाओं का अध्ययन किया

गया है), (vii) डॉ. एम. लीलावती की समीक्षा (इसमें मलयालम की महिला समीक्षक डॉ. एम. लीलावती की समीक्षा-पद्धति का मूल्यांकन किया गया है), (viii) हिन्दी और मलयालम की आपात्कालीन कविता, (ix) बजने में जीना (यह केरल के हिन्दी कवि डॉ. पी.वी. विजयन की कविताओं का अध्ययन है), (x) पूँजीवादी समाज व अर्थतंत्र का पर्दाफाश (इसमें विनोदकुमार शुक्ल के उपन्यास 'नौकर की कमीज़' का मूल्यांकन है), (xi) राम की शक्तिपूजा—नारीवाद के परिप्रेक्ष्य में, (xii) भूमंडलीकरण और आज की कविता (यह सिर्फ हिन्दी कविता पर केंद्रित आलेख है), (xiii) समकालीन नाटकों में सामाजिक चेतना—यह सक्सेना का बकरी; हबीब तनवीर का 'चरण दास चोर',असगर वजाहत का 'इन्ना की आवाज़' आदि नाटकों का अध्ययन है), (xiv) महादेवी वर्मा का पुनर्मूल्यांकन (यह महादेवी वर्मा की सामाजिक प्रतिबद्धता को जाहिर करनेवाला आलेख है), (xv) अंधेरे में सितारे की तलाश (यह केरल के हिन्दी कवि डॉ. ए.अरविंदाक्षन के खंडकाव्य 'बाँस का टुकड़ा' का मूल्यांकन है)।

डॉ. पी. रवि की विख्यात आलोचना है—'विभाजन और भारतीय कहानियाँ' (1995; प्रकाशक : गीता बुक्स, करुनागप्पल्ली, मण्डूर, कण्णूर-501, केरल)—इस ग्रंथ में हिन्दी के अलावा उर्दू, सिंधी, मराठी, बंगला, पंजाबी, डोगरी तथा मलयालम की सांप्रदायिकता संबंधी कहानियों का अध्ययन किया गया है। भूमिका-स्वरूप सांप्रदायिकता का ऐतिहासिक परिप्रेक्ष्य भी दिया गया है। इस ग्रंथ में अनुक्रम 34 शीर्षकों में विभाजित हुआ है; जैसे—एक सांस्कृतिक ध्वंस का एहसास (मोतीलाल जोतवाणी की सिंधी कहानी 'धरती से नाता' की आलोचना), अवसरवादिता पर व्यंग्य (उपेंद्रनाथ अश्क की 'चारा काटने की मशीन', 'ज्ञानी' आदि कहानियों की आलोचना), परिवेश के दबाव में पिसते मानव की यात्रा-गाथा' (अश्क की 'टैबल लैण्ड' नामक लंबी कहानी की आलोचना), एक शरणार्थी की करुण गाथा (जयंती दलाल की गुजराती कहानी 'लुटा हुआ' की आलोचना), सांप्रदायिकता की आग में झुलसती मानवीयता (कृष्णा सोबती की 'सिक्का बदल गया', 'डरो मत, मैं तुम्हारी रक्षा करूँगा', 'मेरी माँ कहाँ' आदि कहानियों की आलोचना), अपने देश में परदेशी बनने की त्रासदी (बदी उज्जमाँ की 'परदेसी' कहानी की आलोचना), पत्नी के छलांग मारी मछली की तड़प (बदी उज़्ज़माँ की 'अंतिम इच्छा' कहानी की आलोचना) मिट्टी का ईहा (टी. पद्मनाभन की मलयालम कहानी की आलोचना), इनसानियत का आदर्शीकरण (अज्ञेय की 'बदला' कहानी की आलोचना तथा चंद शब्दों में 'नारंगियाँ', 'रमते तत्र देवता' की आलोचना), आश्रयदाता की लाचारी (अज्ञेय की 'शरणदाता' तथा 'लेटर बॉक्स' की आलोचना), धर्म बनाम वर्ग (अज्ञेय की 'मुस्लिम मुस्लिम भाई भाई' की आलोचना), मानव को दानव बनानेवाला माहौल (ना.ग. गोरे की मराठी कहानी 'चुल्लू भर पानी, चुल्लू भर खून' की आलोचना), जिजीविषा

कभी खत्म नहीं होती (कुलवंतसिंह विर्क की पंजाबी कहानी 'घास' की आलोचना), धर्मयुद्ध का प्रसाद (यशपाल की 'खुदा और खुदा की लड़ाई' कहानी की आलोचना), मानवता की कूक (अमरकांत की 'मौत का नगर' की आलोचना), इज़्ज़त और इज़्ज़त लूटने के सर्ग (अमृतराय की 'व्यथा का सरगम', 'कीचड़' आदि की आलोचना), मानवता का मास्टर (चंद्रगुप्त विद्यालंकार की 'मास्टर साहब' कहानी की आलोचना), टूटे सपनों की हवेली (शिवानी की 'लाल हवेली' कहानी की आलोचना), शरणार्थी होने की त्रासदी (सी.वी. श्रीराम की मलयालम कहानी 'वास्तुहारा' की आलोचना), मानवता का अटूट संबंध आदि। यह केंद्रीय हिन्दी निदेशालय से पुरस्कृत ग्रंथ है। कुल पृ. 125 है।

डॉ. के. वनजा के प्रकाशित आलोचना ग्रंथ हैं—**(1) 'माखनलाल चतुर्वेदी की रचनाओं में मानव-मूल्यों की अवधारणा'** (1995, प्रकाशक : सूर्यभारती प्रकाशन, नई सड़क)—यह डॉ. के. वनजा का शोध-ग्रंथ है, जो डी.लिट् उपाधि के लिए डॉ. एन. रामननायर के निर्देशन में तैयार किया गया। दूसरे विश्वमहायुद्ध के उपरांत द्रुतगामी भौतिक विकास और सांस्कृतिक आध्यात्मिक उन्नति में जड़ता की स्थिति आ गई। इससे मनुष्य के सूक्ष्म भौतिक और भावनात्मक वैचारिक क्षेत्रों में तनाव की स्थिति महसूस हुई तथा संपूर्ण दुनिया में मूल्य-संकट की समस्या उद्‌भूत हुई। मूल्य-संकट की स्थिति साहित्य में चित्रित होने लगी। डॉ. के. वनजा ने इस ग्रंथ की 'प्रस्तावना' में लिखा है—'माखनलाल चतुर्वेदीजी के साहित्य में उनके समय के विघटित मानवीय मूल्य तथा उसमें परिवर्तन लाने की उनकी उत्कट अभिलाषा सर्वत्र अभिव्यक्त है। प्रस्तुत शोध-प्रबंध के सात अध्याय हैं—माखनलाल चतुर्वेदी की जीवन यात्रा, माखनलाल चतुर्वेदी की कृतियों का आलोचनात्मक परिचय, मानव मूल्य : इतिहास और परंपरा, माखनलाल चतुर्वेदी के काव्य में मानव-मूल्य, माखनलाल चतुर्वेदी के काव्येतर साहित्य में मानव मूल्य, माखनलाल चतुर्वेदी के साहित्य में मानव मूल्यों का क्रमिक विकास, माखनलाल चतुर्वेदी के साहित्य को मानव-मूल्यों की देन' आदि। **(2) 'हिन्दी उपन्यास आज'** (2007, प्रकाशक : हिन्दी विभाग, कोच्चिन विश्वविद्यालय)—इस ग्रंथ की 'उपन्यास-विधा का तलस्पर्शी विवेचन' शीर्षकवाली भूमिका में डॉ. सुधीश (पूर्व प्रोफेसर, जवाहरलाल नेहरू विश्वविद्यालय, नई दिल्ली) ने इस ग्रंथ का संक्षिप्त परिचय ही दिया है। 15 शीर्षकों के अंतर्गत आधुनिक प्रतिनिधि उपन्यासों का विश्लेषण करके लेखिका ने आज की औपन्यासिक स्थिति का परिचय दिया है। इसके अध्याय इस प्रकार हैं—समकालीन हिन्दी उपन्यास में यथार्थ, पीली छतरीवाली लड़की : उत्तर संस्कृति की ताज़ी तस्वीर, रंगभूमि का पारिस्थितिकी संदर्भ, प्रकृति की ओर वापसी, वह जो पत्रकार है, वरुण के बेटे—मछुओं की जीवन-गाथा, ए.बी.सी.डी. प्रवासी भारतीयों की सांस्कृतिक टकराहट, कठगुलाब : स्त्री-शक्ति का दस्तावेज़, अगनपाखी : जलते शुद्ध होनेवाला स्त्री बिंब, समकालीन उपन्यास की

बदलती आवाज़—शेष कादंबरी, इन्सानी दस्तावेज़—छिन्नमस्ता आदि। **(3) 'तुलना और तुलना'** (2008, प्रकाशक : जवाहर पुस्तकालय, दिल्ली)—प्रस्तुत ग्रंथ की भूमिका में लेखिका लिखा है—'इस ग्रंथ में संकलित अधिकांश लेख हिन्दी और मलयालम के विभिन्न साहित्यकार, कालखंड, विधा आदि पर आधारित मेरे तुलनात्मक विचार हैं।' विषय-सूची इस प्रकार है—तुलनात्मक साहित्य की समस्याएँ, भारतीय भक्ति साहित्य में राष्ट्रीय भावनात्मक एकता का चेतनाबोध—मलयालम और हिन्दी साहित्य के विशेष संदर्भ में, रामकाव्य की अन्य विभूतियाँ : तुलसी और एषुत्तच्छन सूर और चेरुशेरी, केरल के मध्ययुगीन संत-काव्य में राष्ट्रीय एकता एवं मानवतावादी पक्ष, भारतेंदुयुगीन मलयालम साहित्य, राष्ट्र की एकता के परिप्रेक्ष्य में हिन्दी और मलयालम साहित्य, राष्ट्रीय चेतना के परिप्रेक्ष्य में हिन्दी और मलयालम साहित्य, आचार्य रामचंद्र शुक्ल और कुट्टिकृष्ण मारार, स्वातंत्र्योत्तर मलयालम कविता में सामाजिक चेतना, हिन्दी और मलयालम की समकालीन कविता—प्रवृत्तिमूलक विवेचन, हिन्दी और मलयालम की समकालीन कविता के मूल्यांकन की समस्याएँ, अस्तित्ववादी दर्शन के धरातल पर श्री रमेश बक्षी और श्री आनंद के उपन्यास, मलयालम रंगमंच का विकास, हिन्दी साहित्य में केरल का योगदान, भारतीय भाषाएँ और अंग्रेज़ी का वर्चस्व, गोदान और रण्टिटङ्ङषि आदि। डॉ. वनजा के मत में 'आधुनिक युग से आज तक के भारतीय साहित्य के विकास में पश्चिम की देन गणनीय है। आधुनिकता पश्चिम की देन है। इसके बाद स्वच्छंदतावाद, प्रगतिवाद, प्रयोगवाद, नई कविता, मिथक, उत्तराधुनिकता, एक्को एइस्थेटिक्स, फेमिनिज़म, एक्को फेमिनिज़म जैसे कितने वाद एवं विचार भारतीय साहित्य में उदित हुए, सभी में पश्चिमी साहित्य का प्रभाव है; अर्थात् तुलनात्मक साहित्य सार्वभौमिकता पर आधारित है।'
(4) 'समीक्षा का साक्ष्य' (2008, प्रकाशक : जवाहर पुस्तकालय मथुरा)—यह पुस्तक यू.जी.सी. के डी.आर.एस. कार्यक्रम की आर्थिक सहायता के तहत प्रकाशित हुई। 'अपनी तरफ से' शीर्षक में लेखिका ने अपनी इस पुस्तक का सार इन शब्दों में प्रकट किया है—'साहित्य मनुष्य के वैचारिक एवं रागात्मक संबंधों की कलात्मक अभिव्यक्ति है। आलोचना उसके सौंदर्य और निहितार्थ को तलाशने की प्रक्रिया है। मैंने भिन्न-भिन्न संदर्भों में भिन्न-भिन्न भाषा साहित्य के अध्ययन एवं अध्यवसाय के सिलसिले में मेरी अपनी जो राय रूपयित करने की कोशिश की है, उन्हीं की दस्तावेज़ है यह पुस्तक। हिन्दी के भक्त कवि तुलसीदास से लेकर अधुनातन कथाकार उदयप्रकाश तक के साहित्यिक हास्तियों की सृजनात्मकता के विभिन्न पहलुओं को अपनी अलग सौंदर्य चेतना के तहत अनावृत करने का विनम्र प्रयास इस पुस्तक में किया गया है।' इसमें 17 लेख संकलित हैं, जो इस प्रकार हैं—समकालीन कहानी : वर्तमान का चुनौतीपूर्ण यथार्थ, सुंदरी-व्यावहारिकता और भावुकता का समझौता, अनुगूँज की गूँज, हिन्दी और मलयालम की नवीनतम कहानियों का तुलनात्मक

विवेचन, निर्मल वर्मा और एम.टी.के.कथा साहित्य में स्थल-काल परिकल्पना, भूमंडलीकरण और स्त्री—प्रभा खेतान के नज़रिए में, प्रेमचंद की समकालीन प्रासंगिकता, मीरा आज प्रासंगिक है? तुलसी के स्त्री पात्र, तुलसी की रचनाओं में मातृभावना के अनूठे दृश्य, रामचरितमानस में पर्यावरण, सांस्कृतिक समन्वय में भाषा का योगदान, कोच्ची में हिन्दी का परिदृश्य, स्वातंत्र्योत्तर मलयालम स्त्री कविता, मलयालम आंचलिक उपन्यास, मलयालम कथा में परिस्थितिवाद, मलयालम साहित्य में दर्शन आदि।(5) **'चित्रा मुद्गल : एक मूल्यांकन'** (2011, प्रकाशक : सामयिक प्रकाशन, दिल्ली)—इसमें हिन्दी की चर्चित कथा-लेखिका श्रीमती चित्रा मुद्गल के संपूर्ण साहित्य का मूल्यांकन किया गया है। (6) **'साहित्यिक का पारिस्थितिक दर्शन'** (2011, प्रकाशक : वाणी प्रकाशन, दिल्ली)—यह पारिस्थितिक सौंदर्यशास्त्र पर लिखी गई पहली हिन्दी पुस्तक है। इसमें पारिस्थितिकी संबंधी भारतीय और पाश्चात्य विचार प्रस्तुत किए गए हैं। गहन परिस्थितिवाद, सामाजिक परिस्थितिवाद, पारिस्थितिक मार्क्सवाद, पारिस्थितिक स्त्रीवाद आदि आयामों पर प्रकाश डाला गया है। पारिस्थितिक संकट प्रस्तुत करने के सिलसिले में हिन्दी और मलयालम की कुछ रचनाएँ अंकित की गई हैं।(7) **'एक्को फेमिनिज़्म'** (2012, प्रकाशक : वाणी प्रकाशन, दिल्ली)। यह पारिस्थितिक स्त्रीवाद पर लिखी गई पुस्तक है।

डॉ. विजयकुमारन सी.पी.वी. के आलोचना ग्रंथ हैं—(1) 'हिन्दी में अनूदित मलयालम कविताओं का सौंदर्यशास्त्रीय तुलनात्मक अध्ययन' (1997, प्रकाशक : सार्थक प्रकाशन, नई दिल्ली)—सौंदर्यशास्त्रीय दृष्टि से हिन्दी में अनूदित मलयालम कविताओं का तुलनात्मक अध्ययन प्रस्तुत करनेवाला यह ग्रंथ हिन्दी और मलयालम काव्य साहित्य के बीच एक सेतु का काम करता है। (2) 'केरल : दशा और दिशाएँ' (1999, प्रकाशक : सार्थक प्रकाशन, नई दिल्ली)—केरल की सामाजिक-सांस्कृतिक स्थितियों पर लिखे गए इस ग्रंथ को केंद्रीय हिन्दी निदेशालय से दिया जानेवाला साहित्येतर राष्ट्रीय पुरस्कार (2001) मिला।

डॉ. एम. अरविंदाक्षन का आलोचना ग्रंथ है—'हिन्दी उपन्यास के विकास में कवियों की देन' (1997, प्रकाशक : सार्थक प्रकाशन, नई दिल्ली)—यह डॉ. एम. अरविंदाक्षन का शोध-प्रबंध है। इसमें जयशंकर प्रसाद, अज्ञेय, नागार्जुन, निराला, देवराज, धर्मवीर भारती, नरेश मेहता, भगवतीचरण वर्मा, प्रभाकर माचवे, रामदरश मिश्र, लक्ष्मीकांत वर्मा, सर्वेश्वरदयाल सक्सेना, गंगाप्रसाद विमल, दुष्यंत कुमार, भारत भूषण अग्रवाल आदि हिन्दी कवियों के हिन्दी उपन्यासों की आलोचना प्रस्तुत की गई है।

डॉ. सुधा बी. की प्रकाशित आलोचना पुस्तकें हैं—(1) **'हिन्दी लेखिकाओं की कहानियों में नारी के बदलते स्वरूप'** (1997, प्रकाशक : संचय प्रकाशन, वाराणसी)।(2) **'हिन्दी कथा-साहित्य में रूढ़िमुक्त स्त्री : उषा प्रियंवदा, कृष्णा सोबती और मृदुला गर्ग के विशेष संदर्भ में'** (2010, प्रकाशक : जवाहर

पुस्तकालय, मथुरा)—इस पुस्तक के बारे में लेखिका ने भूमिका में लिखा है—'स्वातंत्र्योत्तर लेखिकाओं ने रूढ़िमुक्त स्त्रियों के बहुविध पक्षों पर अपनी सूक्ष्म अंतर्दृष्टि डाली है। लेखिकाओं में मैंने उषा प्रियंवदा, कृष्णा सोबती और मृदुला गर्ग के रूढ़िमुक्त पात्रों के मौन प्रतिरोध और बुलंद प्रतिवाद को उकेरने की कोशिश की है। वैसे मुझे इन तीनों की रचना-दृष्टि एक-सी लगती है, विशेषकर मृदुला गर्ग और कृष्णा सोबती की। स्त्री के साध्य और दुर्बलताओं को चित्रित करते हुए इन लेखिकाओं ने वास्तविक धरातल के विविध रूप प्रस्तुत किए हैं। अनास्था और असंतोष से उत्पन्न प्रतिरोध के नए स्वर तीनों लेखिकाओं की रचनात्मक पहचान है। अत: लेखिकाओं के बेबाकीपन को देखकर मायूस होने की आवश्यकता नहीं है। स्थिति का जायजा लेकर मनुवादियों को चिंतित होने की आवश्यकता भी नहीं है, क्योंकि जो ये चित्रित कर रहे हैं, वह हमारे समाज का सत्य है और सत्य हमेशा कुरूप, बेरंग होता है।' प्रस्तुत ग्रंथ की विषय-सूची इस प्रकार है—(i) भारतीय स्त्री : कल, आज और कल, (ii) हिन्दी कथा साहित्य का स्त्री पर्व, (iii) उषा प्रियंवदा के कथा-साहित्य में रूढ़िमुक्त स्त्री, (iv) कृष्णा सोबती की स्वच्छंद स्त्री पात्र, (v) ऐ लड़की! स्त्री के स्वत्वबोध और आत्मन्वेषण की कथा, (vi) रूढ़िमुक्त स्त्री का अनोखा सरगम : समय सरगम, (vii) रूढ़िमुक्त स्त्री का यथार्थ : मृदुला गर्ग की कहानियों में, (viii) उसके हिस्से की धूप : स्त्री-मन का कशमश, (ix) रूढ़िमुक्त स्त्री के बदलते तेवर : चितकोबरा, (x) सार्वभौम भगिनीवाद की चुनौती : कठगुलाब, (xi) रूढ़िमुक्त भाषा-शिल्प : लेखिकाओं की रचना के संदर्भ में, (xii) स्वच्छंद भाषा और भाषा के नए प्रयोग : कृष्णा सोबती के कथा साहित्य में, (xiii) रूढ़िमुक्त भाषा और भाषा के सौंदर्य : मृदुला गर्ग के कथा साहित्य में, (xiv) रूढ़िमुक्त स्त्री की स्थिति और गति। लेखिका ने उषा प्रियंवदा, कृष्णा सोबती और मृदुला गर्ग की रचनाओं की स्त्री-पात्रों के द्वारा यह समझाने का प्रयास किया है कि अस्तित्व संपन्न रूढ़िमुक्त स्त्रियाँ समाज के लिए एक मिसाल हैं। **(3) 'साहित्य की संसक्तियाँ'** (2011, प्रकाशक : नेशनल पब्लिशिंग हाउस)—यह साहित्य की विविध विधाओं पर केंद्रित ग्रंथ है। समकालीन साहित्यिक विषयों तथा भाषा की चर्चा की गई है। **(4) 'स्वातंत्र्योत्तर हिन्दी कथा साहित्यि में स्त्री'** (2012, प्रकाशक : वाणी प्रकाशन, नई दिल्ली)। **(5) 'स्त्री बोणसाई का पौधा नहीं है'** (2013, सामयिक प्रकाशन, दिल्ली)—इसमें चित्रा मुद्गल के कथा-साहित्य में स्त्री-विमर्श पर प्रकाश डाला है।

डॉ. के. श्रीलता के आलोचना ग्रंथ इस प्रकार हैं—**(1) 'कबीर : कवि और युग'** (1997, प्रकाशक : जवाहर पुस्तकालय, मथुरा)—कबीरदास कालजयी व्यक्तित्व एवं कृतित्व के धनी हैं। कबीर के प्रेरणाप्रद व्यक्तित्व के साथ रहस्य का एक धुंधला परिवेश लगा हुआ है। एक ओर उनमें क्रांतिकारिता थी और दूसरी ओर

आध्यात्मिकता की चेतना थी। एक ओर उनमें विपक्ष के प्रति तिरस्कार था और दूसरी तरफ था संत सहज वैराग्य। उनमें अद्वैत, योग-साधना के तत्त्व और प्रेम-भक्ति का एक साथ सम्मिलन हुआ था। इतने द्वन्द्वात्मक तत्त्व कबीर में कैसे और कहाँ से प्रविष्ट हो सके थे ? इस पुस्तक में कबीर के वचनों में परिलक्षित विचार वैविध्य की व्याख्या और उनके वैशिष्ट्य की परीक्षा कबीर के युग की सापेक्षता में की गई है। कबीर जैसे जागरूक कवि के निर्माण में परम्परा, वैयक्तिक जीवन इत्यादि की तुलना में युगीन परिस्थितियों का योगदान अधिक रहता है। प्रस्तुत रचना में कबीर के समय की परिस्थितियों और उनके द्वारा प्रसारित विविध विचारधाराओं पर पुनर्विचार करते हुए उनकी पृष्ठभूमि पर कबीर के जीवनकाल एवं प्रमुख धारणाओं की व्याख्या की गई है और इसका अन्वेषण किया गया है कि कबीर के कवि-व्यक्तित्व के निर्माण में तत्कालीन परिस्थितियों की क्या भूमिका रही है ? किंवदंतियों और उनके आधार पर निर्मित साक्ष्यों का सहारा लेना कबीर-सत्य के अन्वेषण में बाधक ही हो सकता है। अतः कबीर की परिवेशगत समग्र स्थितियों का चित्रण करके यह दर्शाया गया है कि कबीर का कवि अपनी परिस्थितियों की ही उपज था। **(2) 'चिंतन के कुछ पड़ाव'** (2002, प्रकाशक : जवाहर पुस्तकालय, मथुरा)—प्रस्तुत पुस्तक ऐसे निबंधों का संकलन है जो हमारी भारतीय संस्कृति और अस्मिता के पड़ाव बिंदु हैं। वह काल जब इस्लाम भारत में जड़ें जमाने के प्रयास में था तब जैन धर्म और बौद्ध धर्म हिंदू धर्म की सभी आस्थाओं को यथार्थ की कसौटी पर कस रहे थे। इस पुस्तक का अंतिम पड़ाव है राष्ट्रभाषा हिन्दी की वर्तमान स्थिति का सांगोपांग विवेचन। 'चिंतन के कुछ पड़ाव' अपनी विषम सामग्री को नई विचार-भूमि प्रदान करने में सक्षम हैं। **(3) 'कबीर : नए तथ्य और नए निष्कर्ष'** (2002, प्रकाशक : फोइनिक्स सिस्टम्स, मंगलम, श्रीकार्यम, तिरुवनंतपुरम)—यह पुस्तक कबीर विषयक विविध आलोचनात्मक निबंधों का संकलन है। कुल छह अध्याय हैं। कबीरकालीन राजनीतिक एवं सामाजिक स्थितियों का दिग्दर्शन कराके उन पारिपार्श्विक अवस्थाओं को कबीर ने किस प्रकार देखा-परखा है, इस बात को इस पुस्तक में दिखाया गया है। इसमें अन्य बातों के साथ कबीर की क्रांतिकारिता के पहलू पर प्रकाश डालते हुए उन्हें समाज-सुधारक के रूप में देखने का अनौचित्य सूचित किया गया है। पहले तीन निबंध इस प्रकार हैं—'कबीर का जीवन काल और पुनश्चिंतन', 'कबीर का समाज-दर्शन', 'कबीर पर पड़े बौद्ध प्रभावों का स्रोत' आदि। 'कबीर के गुरु कौन थे' शीर्षकवाले चौथे अध्याय में रामानंद और कबीर की विचारधाराओं में प्रकट मौलिक अंतर का निर्देश करते हुए दोनों के तथाकथित गुरु-शिष्य संबंध को स्वीकार करने की अयुक्तता भी दर्शाई गई है। चौथे अध्याय के दूसरे भाग का शीर्षक है—'कबीर-भक्ति का परिप्रेक्ष्य'। पाँचवें अध्याय के दो शीर्षक हैं—'रहस्यवाद की भारतीय परंपरा और कबीर' और 'इस्लाम धर्म और कबीर का एकेश्वरवाद'। 'कबीर की युगादिवर्ती

प्रासंगिकता' छठे अध्याय का उपशीर्षक है। परिशिष्ट में कबीर-कृतियों की पाठ-समस्या का विवेचन भी प्रस्तुत किया गया है। (4) **'हिन्दी साहित्य और राष्ट्रीय समन्वय'** (2010, प्रकाशक : जवाहर पुस्तकालय, मथुरा)—यह हिन्दी और मलयालम साहित्य के बारे में रचित अठारह निबंधों का समाहार है। इस प्रस्तक के दो पाद हैं। प्रथम पाद में नौ लेख हैं। हिन्दी साहित्य के अंतर्दृष्टि संपन्न साहित्यकारों की रचनाओं की परख, श्रेष्ठ रचनाओं के अंतरंग विश्लेषण और भारत के राष्ट्रीय समन्वय के लिए हिन्दी साहित्य के माध्यम से की गई उनकी साधना, हिन्दी की एकाध मिथकीय रचनाओं का विश्लेषण और हिन्दी का अधुनातन आलोचना की गतिविधियाँ आदि प्रथम भाग में संगृहीत हैं। दूसरे पाद में नौ लेख हैं। इसमें मलयालम के कुछ अग्रणी साहित्यिकों के कृतित्व-विश्लेषण के साथ उनकी हिन्दी सेवा, हिन्दी रचनाकारों से उनकी साहित्य-सर्जना की तुलना और हिन्दी साहित्य की मिथकीय रचनाओं का मूल्यांकन आदि प्रस्तुत हैं। हिन्दी साहित्य के निकट रखकर मलयालम साहित्य को परखने में यह रचना सहायक सिद्ध होगी। राष्ट्रभाषा हिन्दी के माध्यम से हमारे राष्ट्रीय समन्वय को अखिल भारतीय स्तर पर विकसित और साक्षात्कृत करने का लघु उद्यम है प्रस्तुत पुस्तक।

डॉ. शमीम अलियार के लिखित आलोचना ग्रंथ हैं—(1) **'इन्सानियत की नसीहत'** (1998, प्रकाशक : सूर्य भारती प्रकाशन, नई सड़क, दिल्ली-110006)—इस ग्रंथ को सन् 1999 में केंद्रीय हिन्दी निदेशालय का 'अहिन्दीभाषी हिन्दी लेखक पुरस्कार' प्राप्त हुआ। यह विविध नाटककारों के नाटकों पर लेखिका द्वारा लिखित 13 लेखों का संकलन है। पहला लेख 'अंधेर नगरी' (भारतेंदु) नाटक पर है। लेखिका के शब्दों में, ''युगपुरुष भारतेंदु हरिश्चंद्र न केवल नाटककार थे, बल्कि सशक्त रंगकर्मी थे, अभिनेता भी थे।...'नाटक' शीर्षक निबंध लिखकर एक विधा के रूप में नाटक के स्वरूप का परिचय सर्वप्रथम उन्होंने लोकों को दिया' (पृ. 9)। दूसरा लेख हरिकृष्ण प्रेमी (ऐतिहासिक नाटककार) पर है, जिन्होंने 'रक्षा बंधन' से लेकर 'भाई भाई' तक के पच्चीस ऐतिहासिक नाटकों के माध्यम से राष्ट्रीय एकता की मशाल जलाने की भरसक कोशिश की। तीसरे लेख में कवि मैथिलीशरण गुप्त के नाटककार रूप का परिचय दिया है। चौथा लेख हज़ारीप्रसाद द्विवेदी के अंतिम उपन्यास 'अनामदास का पोथा' पर है। पाँचवें लेख में सक्सेना के नाटकों का; सातवें लेख में आधुनिक मिथकीय नाटकों, विशेषकर दूधनाथ सिंह के 'यमगाथा नाटक' का; आठवें लेख में मलयालम नाटकों का अध्ययन है। नवाँ लेख हिन्दी-मलयालम नाटकों के विशेष संदर्भ में है। दसवाँ लेख नाट्यभाषा पर है। ग्यारहवाँ लेख स्वातंत्र्योत्तर हिन्दी नाटकों की उपलब्धियों पर है। बारहवाँ लेख है''कला-सृजन में दो नज़रियों की टकराहट : कोणार्क', तेरहवाँ लेख स्वातंत्र्योत्तर हिन्दी नाटकों की चरित्र-सृष्टि की विविध दिशाओं पर है। (2) **'समकालीन हिन्दी नाटक : नई संवेदना'** (2008, प्रकाशक : हिन्दी विभाग,

कोच्चिन विश्वविद्यालय)। यह समय-समय पर लिखे गए 9 समीक्षात्मक लेखों का संकलन है। यह पुस्तक यू.जी.सी. के डी.आर.एस. कार्यक्रम की आर्थिक सहायता के तहत प्रकाशित हुई। इसमें नाटक, उपन्यास, कहानी जैसी विविध विधाओं के आलेख संबद्ध हैं, फिर भी बल हिन्दी नाटकों पर रहा है। इसका 'लफ़्ज़ उर्फ मुक्तिफौज' शीर्षकवाला लेख 21 पृष्ठों का है। इसमें दुश्मनों से मानवता की रक्षा करने को अपनी वाणी से लड़नेवाले विविध राष्ट्रों के लेखकों का स्मरण किया गया है। दूसरा लेख है 'मानवीय संसक्ति की छाँह ढूँढ़ती नाट्यरचनाएँ'। इसमें मानवता की रक्षा के लिए तथा जन-जागरण के लिए नाटकों ने जो अहम् भूमिका निभाई है, इस पर लेखिका ने विचार किया है। अन्य लेख हैं—भूमंडलीकरण के दौर में नुक्कड़ नाटकों का प्रतिरोधात्मक तेवर, समकालीन हिन्दी नाटक : नई संवेदना, मलयालम नाटक : विकास के विभिन्न पड़ाव, आधुनिक हिन्दी-मलयालम नाटक की प्रवृत्तियाँ : एक तुलनात्मक अध्ययन, एक देहात की फज़ीहत और फज़ीलत : 'मैला आंचल', औरत का मुख्तलिफ हुलिया : ठीकरे की मंगनी (ठीकरे की मंगनी श्रीमती नासिरा शर्मा का उपन्यास है। इसमें पुरुष-वर्चस्व समाज और नारी की आपसी टकराहट से उत्पन्न द्वन्द्व की स्थिति चित्रित है), बेबस नारी की गुहार : जहाँ लक्ष्मी कैद है आदि।

डॉ. एम. सुधाकरन ने 'हिन्दी भाषा एवं साहित्य का सामान्य परिचय' (1998, प्रकाशक : नेशनल स्कूल ऑफ हिन्दी, तिरुवनंतपुरम) नामक ग्रंथ में हिन्दी भाषा और हिन्दी साहित्य के विकास का परिचय दिया है।

डॉ. पी.जे. शिवकुमार का शोध-प्रबंध है—'उपंद्रनाथ अश्क के नाटक' (2000, प्रकाशक : जवाहर पुस्तकालय, मथुरा)—इसमें आधुनिक हिन्दी के प्रसिद्ध नाटककार श्री उपेंद्रनाथ अश्क के संपूर्ण नाट्य साहित्य का विश्लेषणात्मक अध्ययन किया गया है। हिन्दी नाटक को मनुष्य के यथार्थ जीवन से जोड़कर रंगमंचीय नाटकों की रचना करनेवालों में अश्क जी का महत्त्वपूर्ण योगदान रहा है। रंगमंच एवं अभिनेयता की दृष्टि से अश्क जी के सारे नाटक सफल रहे। नवीन प्रयोगों के द्वारा उन्होंने हिन्दी नाट्य-विधा को समृद्ध बनाया। प्रस्तुत ग्रंथ में उनके बहुआयामी व्यक्तित्व एवं नाट्य-रचनाओं का समग्र अध्ययन किया गया है।

डॉ. प्रसूना एस. नायर का शोध-प्रबंध है—'हिन्दी और मलयालम उपन्यासों में राष्ट्रीय भावना' (2000 प्रकाशक : भावना प्रकाशन, पटपड़गंज, दिल्ली-110091)—इस ग्रंथ में हिन्दी और मलयालम उपन्यासों पर भारतीय स्वतंत्रता-संग्राम के प्रभाव का तुलनात्मक अध्ययन किया गया है। भारत के राजनीतिक, सामाजिक और सांस्कृतिक जीवन पर राष्ट्रपिता महात्मा गांधी और भारतीय स्वतंत्रता-संग्राम का गहरा प्रभाव पड़ा है। हिन्दी और मलयालम उपन्यासों की तुलना करने के पहले लेखिका ने भारतीय स्वतंत्रता आंदोलन का संक्षिप्त इतिहास, राष्ट्रीयता के तत्त्व, हिन्दी तथा मलयालम भाषाओं में लिखित उपन्यासों का ऐतिहासिक विवेचन आदि प्रस्तुत

किए हैं। फिर हिन्दी मलयालम के उपन्यासों पर भारतीय स्वतंत्रता-आंदोलन के प्रभाव की सभी दिशाएँ प्रस्तुत की गई हैं। 'महारानी झांसी, साँझ का सूरज, सत्तावन बेक्सी का मजार, बुंदेलखंड की अमर क्रांति, 1857, मंगल पांडे, झाँसी की रानी, सोना और खून' आदि चुने हुए हिन्दी उपन्यासों का विवेचन किया गया है। तकषि शिवशंकर पिल्लै पी. केशवदेव, पी.सी. कुट्टिकृष्णन, नागवल्लि आर.एस. कुरुप, काक्कनाटन, एस.के. पोट्टेक्काट, चेरुकाट्, एन.पी. मुहम्मद, ओ.वी. विजयन, एम.टी. वासुदेवन नायर आदि मलयालम के मूर्धन्य उपन्यासकारों की रचनाओं का मूल्यांकन करके लेखिका ने दोनों भाषाओं के उपन्यासों में पानेवाले समान तथ्यों का विवेचन प्रस्तुत किया है। प्रस्तुत ग्रंथ पाँच अध्यायों में विभाजित है। प्रथम अध्याय में स्वतंत्रता-आंदोलन का संक्षिप्त इतिहास तथा राष्ट्रीयता के सिद्धांतों का स्पष्ट विवरण प्रस्तुत किया गया है। दूसरे अध्याय के प्रथम भाग में हिन्दी उपन्यास साहित्य के विकास तथा दूसरे भाग में मलयालम उपन्यास साहित्य के विकास पर प्रकाश डाला गया है। तीसरे अध्याय में मलयालम उपन्यास साहित्य पर तथा चौथे में हिन्दी उपन्यास साहित्य पर स्वतंत्रता-संग्राम के प्रभाव पर प्रकाश डाला गया है। पाँचवें अध्याय में तुलनात्मक अध्ययन किया गया है।

डॉ. पी.वी. कृष्णन नायर का ग्रंथ है—'आधुनिक भावबोध' (2002, प्रकाशक : लोक भारती प्रकाशन, इलाहाबाद)—यह पुस्तक दो खंडों में विभाजित है। यह कविता की आलोचना है।

खंड 1 के चार शीर्षक हैं—नई कविता में बिम्ब की व्यापक स्थिति, नई कविता में प्रतीक-विधान, आधुनिक कविता का मिथकीय पक्ष, नई कविता का सौंदर्य-शास्त्र आदि। खंड-2 के शीर्षक हैं—मुक्तिबोध की कविता क्या समकालीन है ? मिथकीय आलोचना, कबीर का कवि, कृष्ण काव्य-परंपरा और सूर की राधा। खंड-2 में मुक्तिबोध की कविता को इसलिए समकालीन कहा गया है कि उनकी बहुत सारी कवितागत स्थितियाँ भविष्य की कविता को स्पंदित करनेवाली हैं।

डॉ. पी.के. वत्सला 'किरण' की प्रकाशित आलोचनाएँ हैं—(1) **'पिंगला एक अध्ययन'** (2002, प्रकाशक : तमिलनाडु, बहुआयामी लेखिका संघ, चेन्नै)—यह मलयालम के प्रसिद्ध महाकवि उल्लूर एस. परमेश्वरय्यर की रचना 'पिंगला' का गद्यानुवाद एवं आलोचना है। कुल 120 पृष्ठ हैं। पृष्ठ 76 तक गद्यानुवाद है और पृष्ठ 77 से आलोचना है। 'पिंगला' 34 भागों और 1208 पदों का एक गीत प्रबंध है। इसकी कथा का आधार 'श्रीमद्भागवत' है। 'पिंगला' काव्य के आमुख में स्वयं कवि ने लिखा है, 'श्रीमद्भागवत' के दशम स्कन्ध के अष्टम अध्याय में तथा 'महाभारत' के शांतिपर्व के 174 वें अध्याय में 'पिंगला' नामक वेश्या की कथा वर्णित है। 'भागवत' में उद्धव को मोक्ष का उपदेश देते हुए श्रीकृष्ण, अवधूत और यदु के वार्तालाप के संदर्भ में अवधूत के 24 गुरुओं में एक गुरु के रूप में पिंगला का नाम आता है।

'महाभारत' में पुत्र-वियोग से दुखी राजा सेनजित् को सांत्वना देते हुए ब्राह्मण द्वारा पिंगला की कथा कही जाती है। इसमें सुंदरी और वेश्या पिंगला सत्त्वमार्ग की ओर मुड़ती है और तपस्विनी बन जाती है। कवि ने पहले पिंगला के रूप तथा भोग लिप्सा का वर्णन किया है और बाद में उसके वार्तालाप, वैराग्य और ज्ञानोदय का। कवि सोचता है, चाहे कितने ही दुष्ट हों, उन्हें सन्मार्गी बनाने की शक्ति इस भारत भूमि में है। कवि पूछता है—'आ पुण्य भूमि तन पुत्रियल्ली'? (उस पुण्यभूमि की बेटी हो न?) भारत भूमि की मिट्टी के कण-कण में आत्म-ज्ञान पैदा करने की शक्ति है। पिंगला भी पापवृत्ति से मुक्त होती है। उल्लूर (मूल कवि) की शब्द-संपत्ति अपार है, उनका वाक् विलास अनुपम है। उनकी भाषा संस्कृतनिष्ठ है। वे समस्त पदों तथा अलंकारों की प्रचुरता से प्रयोग करते हैं। (2) 'महादेवी के काव्य में प्रकृति-चित्रण' (प्रकाशक : स्वयं लेखिका)—डॉ. मधु धवन ने इसका आमुख लिखा है। इसमें विषय सात अध्यायों में प्रस्तुत किया गया है। प्रथम अध्याय है 'सिद्धांत संस्थापन'। यह अध्याय प्रकृति-चित्रण के सामान्य सिद्धांतों और विधाओं की स्थापना करने मात्र के उद्दश्य से लिखा गया है। दूसरा अध्याय है 'काव्य में प्रकृति-चित्रण के विविध रूप'। अन्य अध्याय हैं—हिन्दी काव्य में प्रकृति-चित्रण के विविध रूपों का ऐतिहासिक विकास-क्रम, वर्तमान काल में अन्य छायावादी कवियों द्वारा चित्रित प्रकृति, महादेवी के काव्य में विकास-क्रम से प्रकृति के बदलते हुए रूपों का पर्यवेक्षण, महादेवी के काव्य में चित्रित प्रकृति, मूल्यांकन आदि।

डॉ. बाबू जोसफ की आलोचना पुस्तक है 'स्वातंत्र्योत्तर हिन्दी उपन्यासों में अलगाव बोध' (2002, प्रकाशक : भावना प्रकाशन, नई दिल्ली)—अलगाव की भावना आधुनिक समाज की एक बहुचर्चित, जटिल और बहुमुखी अवधारणा है। समकालीन जीवन को विश्लेषित करने में ज्ञान के विभिन्न अनुशासनों में यह शब्द विभिन्न अर्थों में प्रयुक्त हुआ है। दर्शन-शास्त्र, समाज-शास्त्र, मनोविज्ञान, राजनीति, विधि तथा धर्म के क्षेत्रों में विविध संदर्भों में यह शब्द आजकल प्रयुक्त हो गया है। अलगाव एक जटिल अवधारणा के रूप में आधुनिक काल के साहित्य को अनुप्राणित करनेवाली एक समस्या बन चुकी है। यह अलगाव तनाव, ऊब, उदासीनता, निरर्थकता, अर्थहीनता, विरक्ति, अशक्ति, अपरिचय, परायापन, अकेलापन, आत्मनिर्वासन, अजनबीपन आदि शब्दों के माध्यम से अभिव्यक्ति पाता है। वस्तुतः यह अलगाव एक ऐसी ज्वलंत समस्या है, जो हमारे आधुनिक परिवेश में तीव्रतापूर्वक पनप रही है। हिन्दी के अनेक उपन्यासकारों ने आधुनिकताबोध के अंतर्गत अलगावबोध को अपनी रचनाओं की भाविक प्रेरणा के तौर पर ग्रहण किया है। इस दृष्टि से लेखक ने स्वातंत्र्योतर काल के प्रतिनिधि उपन्यासकारों के रूप में मोहन राकेश, निर्मल वर्मा और महेंद्र भल्ला को चुना है। प्रस्तुत ग्रंथ में इन लेखकों के उपन्यासों में संदर्भ में अलगाव, अजनबीपन, अकेलापन, परायापन, निरर्थकता, आत्मनिर्वासन, मृत्यु-बोध

आदि शब्दों का संवेदनात्मक, तात्त्विक और दार्शनिक विवेचन करने का प्रयास किया गया है। अलगावबोध के संदर्भ में यह अध्ययन वास्तव में आधुनिक हिन्दी उपन्यासों में आए मौलिक और गुणात्मक बदलाव को उसकी संपूर्णता में आत्मसात् करने-कराने और सही पड़ताल करने का विनम्र प्रयास है।

डॉ. पी.के. राधामणि का शोध-प्रबंध है—'भक्ति-आंदोलन और सामाजिक जागरण' (2002, प्रकाशक : सार्थक प्रकाशन, नई दिल्ली)। इसमें तत्कालीन सामाजिक जागरण में भक्ति-आंदोलन कितना सहायक सिद्ध हुआ, इसका अध्ययन किया गया है। स्व. डॉ. मलिक मोहम्मद **पी.के. राधामणि** के शोध-निदेशक थे। सन् 1977 में कालिकट विश्वविद्यालय से लेखिका को पी-एच.डी. की उपाधि प्राप्त हुई।

डॉ. वी. कुमारन की प्रकाशित आलोचनाएँ हैं—(1) 'साहित्य का सही वक्ता साही' (2003, प्रकाशक : जवाहर पुस्तकालय, मथुरा)—नए कवि विजयदेव नारायण साही की कविताओं की इस आलोचना को राष्ट्रीय हिन्दी साहित्य सम्मेलन पुरस्कार (तिरुवनंतपुरम), केरल हिन्दी साहित्य अकादमी पुरस्कार तथा अखिल भारतीय अंबिका प्रसाद स्मृति पुरस्कार (मध्य प्रदेश) प्राप्त हुए। (2) 'साही : नई कविता के समय साक्षी कवि' (2005, प्रकाशक : अमर प्रकाशन, मथुरा)। दोनों ग्रंथ हिन्दी के नए कवि साही पर हैं।

डॉ. जॉर्जकुट्टी वट्टोत्त के सन् 2007 तक प्रकाशित सभी आलोचनात्मक ग्रंथों का प्रकाशन किया है। 'सिंसियर पब्लिकेशंस, पाला' ने। ग्रंथ इस प्रकार हैं—(1) 'कहानी की कहानी' (2002)—इसमें हिन्दी कहानी साहित्य के विकास का परिचय दिया गया है। (2) 'भ्रष्टाचार की दावत' (2003)—यह मन्नू भंडारी कृत बहुचर्चित राजनीतिक उपन्यास 'महाभोज' उपन्यास की समीक्षा है। (3) 'वसंत की सुरभि' (2003)—यह आचार्य हजारीप्रसाद द्विवेदी कृत 'कुटज' निबंध-संग्रह की आलोचना है। (4) 'जगपति और उसके मित्र' (2005)—यह कमलेश्वर की 'मेरी प्रिय कहानियाँ' कहानी-संग्रह की आलोचना है। इस कहानी संग्रह की प्रथम कहानी 'राजा निरबंसिया' का नायक है जगपति। संग्रह की प्रत्येक कहानी की कथावस्तु संक्षेप में प्रस्तुत करने के बाद उसकी आलोचना की गई है। (5) 'एक और अनुशीलन' (2005)—यह शंकर शेष कृत मिथकीय नाटक 'एक और द्रोणाचार्य' नाटक की आलोचना है। (6) 'खुरपी' (2006)—यह आंचलिक कथाकार फणीश्वरनाथ रेणु की 'मेरी प्रिय कहानियाँ' कहानी संकलन की आलोचना है। (7) 'सुरचाप' (2007)—यह हिन्दी की 'कालजयी कहानियाँ' कहानी संग्रह, जिसमें सात कहानियाँ संकलित हैं, की आलोचना है। यह ग्रंथ छह खंडों में विभाजित है, जो इस प्रकार हैं—(i) आधुनिक कविता-प्रयोगवाद से नई कविता तक—प्रवृत्तिगत विकास क्रम का विवेचन, (ii) विजयदेव नारायण साही का रचना-व्यक्तित्व, (iii) तीसरा सप्तक में संकलित साही की कविताओं का विवेचनात्मक अध्ययन, (iv) मछली घर :

विवेचनात्मक अध्ययन, (v) साखी : साही का विशिष्ट काव्य संग्रह—एक विवेचनात्मक अध्ययन और (vi) विजयदेव नारायण साही की कविता के शिल्पक्रम का विवेचन। चौथे अध्याय में विजयदेव नारायण साही के बहुचर्चित काव्य-संकलन 'मछली घर' का विवेचन किया गया है।

डॉ. प्रमोद कोवप्रत की आलोचनाएँ इस प्रकार हैं—(1) 'भारतीय जीवन-मूल्य और ज्ञानपीठ से पुरस्कृत हिन्दी कवि' (2003, प्रकाशक : सार्थक प्रकाशन, नई दिल्ली)—इसके प्रथम अध्याय में भारतीय साहित्य और भारतीय ज्ञानपीठ का विवेचन है, जिसमें भारतीय साहित्य की संकल्पना, स्वरूप एवं विकास पर संकेत है। दूसरे अध्याय में ज्ञानपीठ से पुरस्कृत कवियों—पंत, दिनकर, अज्ञेय, महादेवी वर्मा और नरेश मेहता—की काव्य-प्रवृत्तियों के साथ प्रेरणा-स्रोतों की भी तलाश है। तीसरे अध्याय में भारतीय संस्कृति एवं जीवन-मूल्यों की रूपरेखा प्रस्तुत है। चौथे अध्याय में ज्ञानपीठ पुरस्कार-प्राप्त कवियों की संपूर्ण कविताओं में अभिव्यक्त भारतीय जीवन-मूल्यों का विश्लेषण है। पाँचवें अध्याय में उपर्युक्त पाँचों कवियों की रचनाओं के साम्य-वैषम्य की तुलना है। (2) 'समकालीन हिन्दी कविता का ताप-मान' (2011, प्रकाशक : जवाहर पुस्तकालय, मथुरा)। इसमें कुल 18 लेख हैं। इसमें धूमिल के बाद की काव्य-प्रवृत्तियाँ शामिल हैं। इसके दो खंड हैं। पहला खंड 'ताप' समकालीन कविता की प्रवृत्तियों से संबंधित है। वैश्वीकरण, पारिस्थितिकी, स्त्री-विमर्श, दलित-विमर्श, जनवाद, मूल्य-बोध, भारतीयता, बच्चों व वृद्धों की समस्याएँ आदि प्रमुख मुद्दे हैं। दूसरे खंड-'मान' में 8 कवियों—देवताले, राजेश जोशी, अरुण कमल, ज्ञानेंद्रपति, गोरख पांडेय, वीरेन डंगवाल, कात्यायनी, बोधिसत्व आदि—की कविताओं का अध्ययन है। अंत में कवि बलदेव वंशी से हुआ साक्षात्कार भी दिया गया है। इस ग्रंथ में आलोचक समकालीन कविताओं का अध्ययन करके इस निष्कर्ष पर पहुँच गए हैं कि उत्तर-आधुनिक युग के बहुआयामी मुद्दों को समकालीन कवि अपनी संवेदना के स्टेथेस्कोप से पहचान पाते हैं। (3) 'शताब्दी कवि : धरती और धड़कन' (2012, प्रकाशक : जवाहर पुस्तकालय, मथुरा)—इसमें 14 लेख संकलित हैं। इसमें सन् 2000 से लेकर 2011 तक जिन कवियों की शताब्दियाँ मनाई गईं, उन पर आलोचनात्मक लेख हैं। पंत, भगवतीचरण वर्मा, सुभद्राकुमारी चौहान, रामकुमार वर्मा, सोहनलाल द्विवेदी, महादेवी वर्मा, बच्चन, शामनारायण पांडेय, दिनकर, अज्ञेय, नागार्जुन, शमशेर, केदारनाथ अग्रवाल, गोपाल सिंह 'नेपाली' आदि इसमें आए हैं। राष्ट्रीयता, भारतीयता, पारिस्थितिकी, मिथकीयता, ऐतिहासिकता, क्रांतिकारिता आदि बहुआयामी मुद्दे आए हैं।

डॉ. के. अजिता की प्रकाशित आलोचनाएँ हैं—(1) 'नाटककार भीष्म साहनी' (2004, प्रकाशक : जवाहर पुस्तकालय, मथुरा)—यह दस लेखों का संकलन है,

जो भीष्म साहनी के नाटकों पर अध्ययन प्रस्तुत करता है। पहले सात लेख भीष्म साहनी और उनके नाटकों पर केंद्रित हैं। अन्य दो लेखों—आठवें और नवें—में अन्य नाटककारों के नाटकों के साथ भीष्म साहिनी के नाटकों को परखने का प्रयास है। इन दो लेखों के शीर्षक हैं—'स्वतंत्रता का सरोकार और हिन्दी नाटक', 'कबीर की सांस्कृतिक समझ और हिन्दी नाटक' आदि। अंतिम लेख है—'व्यक्तित्व और स्वतंत्रता की खोज—आषाढ़ का एक दिन के संदर्भ में'। इसमें स्वतंत्रता और स्वत्वबोध के आलोक में 'आषाढ़ का एक दिन' नाटक की परख है। सबसे अंत में भीष्म साहनी की मौलिक रचनाओं की सूची दी गई है। (2) 'आलोचना : आस्वादन के आयाम' (2013, प्रकाशक : जवाहर पुस्तकालय)।

डॉ. सी.एस. सुचित का आलोचना ग्रंथ है—'कबीरदास और श्री नारायण गुरु : कालजयी सामाजिक दार्शनिक' (2004, प्रकाशक : स्वयं लेखक; मुद्रण : विनोद प्रेस, तिरुवनंतपुरम)। इसमें कबीरदास और श्री नारायण गुरु के दर्शनों की तुलना की गई है। अध्ययन का निष्कर्ष लेखक ने इन शब्दों में प्रस्तुत ग्रंथ में स्पष्ट किया है—'उत्तर भारत में संत कबीरदास और दक्षिण में श्री नारायण गुरु ने विश्व-कल्याण को चरम लक्ष्य मानकर अपनी दिव्य ज्ञान-ज्योति से मानव की आत्म ज्योति को प्रज्वलित किया। दोनों कवि के साथ सुधारक बने, सुधारक के साथ उच्च कोटि के दार्शनिक बने और प्रगतिशील मार्ग के अगुआ बने तथा साथ ही साथ सामान्य से सामान्य जनता के बीच में ही रहे। कबीदास और श्री नारायण गुरु ने अपने जीवन, विचारों एवं कृतियों के माध्यम से समाज के मंगल के लिए जो आदर्श हमारे सामने प्रस्तुत किए हैं, उनका महत्त्व सदियों के बाद आज भी अक्षुण्ण है।' यह ग्रंथ चार अध्यायों में विभाजित है, जैसे—कबीरदास का सामाजिक दर्शन, श्री नारायण गुरु का सामाजिक दर्शन, कबीरदास और श्री नारायण गुरु के सामाजिक दर्शनों की तुलना, कबीरदास और श्री नारायण गुरु : कालजयी सामाजिक दार्शनिक आदि।

डॉ. के.पी. प्रमीला की प्रकाशित रचनाएँ हैं—(1) '**औरत की अभिव्यक्ति एवं आदमी का अधिकार**' (2004, प्रकाशक : जवाहर पुस्तकालय, मथुरा)—यह किताब मानव अधिकार और समकालीन कविताओं की उत्तरानुशासिकी पेश करती है। स्त्री-अभिव्यक्तियों की दृष्टि से समकालीन समय की कवयित्रियों की कविताओं की परख और मानव-अधिकार के साथ कविता के संबंध को अभिहित करते हुए किताब आगे बढ़ती है। किताब 14 अध्यायों में विभक्त है—स्त्रैणता की आँच : सहज या विनिर्मित, स्त्री की भारतीयता : मिथक व यथार्थ, आत्माहुति का मनोविज्ञान, प्रति संस्कृति का पहल, दखल करती हुई, कामकाज में स्त्री-संघर्ष और सीमाएँ, हिन्दी में स्त्री कविता' पैरवी और पैंतरा, परिवार एक सदस्य बिखरे, वैश्वीकरण में स्त्री तथा उनकी कविता, स्त्री-कविता में देह की राजनीति, स्त्री, दलित और पर्यावरण-शोषण में समान, स्त्रीभाषा-झनक बनाम झंकार, स्त्री-नीति का पुरुष पक्ष,

आखिर तुम क्या चाहती हो? आदि शीर्षक दिये हैं। परिशिष्ट के रूप में मानव-अधिकार घोषणा तथा लिंग-विवेचन रोकने के लिए 1979 में बनाए गए अधिसमय के प्रावधानों का हिन्दी रूपांतर भी संकलित है। **(2) 'भाषांतरण-भावांतरण'** (2007, प्रकाशक : जवाहर पुस्तकालय, मथुरा)—अनुवाद विषयक अद्यतन प्रणालियों का परिचय देनेवाली इस किताब में उत्तर औपनिवेशिक भारत के सांस्कृतिक परिवर्तनों की साहित्यिक एवं सांस्कृतिक जाँच है। भाषांतर की प्रक्रिया एवं व्यवहार में आनेवाली प्रवृत्तियों के साथ उसकी राजनीति, बहुभाषिकता संबंधी समस्याएँ, अंतरराष्ट्रीय भाषांतरों में अंग्रेज़ी का वर्चस्व आदि विषय प्रतिपाद्य बनते हैं। चार खंडों में विभाजित इस किताब की अहम् विशेषता यह है कि इसमें सिद्धांत के साथ अनूदित पाठ-विश्लेषण भी है। रामचरितमानस, कबीर के पद, तमस आदि के अनुवाद के उदाहरणों के आधार पर अनुवाद का सैद्धांतिक एवं वैचारिक विश्लेषण किया है। गोदान, शेष कादम्बरी, नाटक, कविता आदि में जो उत्तर-औपनिवेशिक भावांतरण देखा जाता है, इसका सैद्धांतिक एवं सांस्कृतिक आकलन किया है। यह किताब पठन व पाठन के नए आयामों पर दृष्टि डालने का प्रयास है। बहुभाषिक संस्कृति में अनुवाद और तुलनात्मक साहित्य के महत्त्व को आंका है और यह स्थापित किया है कि अनुवाद के बिना तुलनात्मक साहित्य के अध्ययन की संभावना नहीं है। अनुवाद के माध्यम से भारत में होनेवाले उत्तर-औपनिवेशिक सांस्कृतिक भावांतर को अभिहित करने के प्रयास के रूप में यह किताब चिंतन-मनन को उद्वेलित करती है। **(3) 'कविता का स्त्रीपक्ष'** (2008, प्रकाशक : जवाहर पुस्तकालय, मथुरा)—यह किताब 'देवीशंकर अवस्थी सम्मान 2010' से सम्मानित है। इसमें 14 आलेख हैं। समकालीन कविता के व्यापक संसार का परिचय एवं विविध इलाकों की काव्य-झांकियों के उदाहरण इनमें हैं। संकलन में समकालीन कविता में स्त्रीपक्षीय विमर्श की परंपरा, आधुनिक हिन्दी कविता के स्त्री सरोकार, स्त्रीपक्षीय कविता व कानून का स्त्रीविरोधी रवैया, समकालीन कविता की लिंग-संवेदना, समकालीन कविता में स्त्री-पुरुष, कविता में औरत : बदलते प्रतिमान, स्त्रीपक्षीय कविता का प्रतिबोध, जब इंसान सिर्फ उपयोग बन जाता है, समकालीन कविता में जनप्रिय संस्कृति, स्त्री पक्षीयता पुरुषविरोधी नहीं, मनुष्य स्नेही है, स्त्री केंद्रित विकास का मानवीय पैरोकार, कविता में शब्द और मौन, समकालीन कविता की भूल, स्त्रीपक्षीयता का भविष्य मानव अधिकार सुरक्षा में है आदि शीर्षकों में आलेख प्रस्तुत हैं। स्त्री के जीवनाधिकार को प्रतिष्ठित करने के खातिर किताब लिखी गई है। अध्ययन के लिए समकालीन कविता को माध्यम बनाया है। प्रमीला की दृष्टि प्रतिष्ठित नामों के अलावा कवयित्रियों की नई पीढ़ी पर भी गई है। इन पर बात करते हुए वे सामाजिक असमानता, पुरुष वर्चस्व, कानून, उपभोक्तावाद और लैंगिक भेद-भाव जैसे ज्वलंत संदर्भों को भी जांचती चलती हैं। इस पुस्तक में प्रमीला जी स्त्रीपक्षीय कविता को समकालीन काव्यबोध

के प्रतिबोध की कविता मानते हुए उसे पुरुषविरोधी नहीं, बल्कि मनुष्यस्नेही रचना के रूप में प्रतिष्ठित करती हैं। **(4) 'यौनिकता बनाम आध्यात्मिकता'** (2010, प्रकाशक : राजकमल प्रकाशन, नई दिल्ली)—'भारतेंदु हरिश्चंद्र पुरस्कार' (2010) से सम्मानित इस ग्रंथ में स्त्री-अध्ययन के साथ विविध विषयों का सामंजस्य है। इसमें लिंग समानता नहीं, ज़रूरी है लिंग- संवेदना, भारतीय-स्त्रीत्व और उत्तर-औपनिवेशिक सांस्कृतिक संक्रमण, स्त्री अस्मिता और पुरुष विनिर्माण, यौनिकता बनाम आध्यात्मिकता, अनुपस्थितियों की उपस्थिति, संस्कृति व तीसरी दुनिया, पुंस संस्कृति बनाम स्त्री प्रकृति, विवाह की संस्था और ठाठ-बाट की बुर्ज्वा संस्कृति, बड़ी मुट्ठी छोटी दुनिया, सिनेमा और संस्कृति आदि शीर्षकों में विभिन्न अध्याय सम्मिलित हैं। अधुनातन प्रवृत्तियों के आधार पर स्त्रीपक्षीयता के सैद्धांतिक विमर्श का प्रयास इन अध्यायों में हुआ है। **(5) 'स्त्री-अस्मिता और समकालीन कविता'** (2010, प्रकाशक : सामयिक प्रकाशन, दिल्ली)—कविता में प्रतिपादित स्त्री संबंधी विषयों को सँजोने का प्रयास इस ग्रंथ में मिलता है। इसमें स्त्री-अस्मिता और समकालीन कविता, उर्वशी : सवालों का संकट, समकालीन स्त्री कविता, कविता के सवाल, पारिस्थितिकी और आज की कविता, भूमंडलीय भंवर की कविता, अरुण कमल की कवि दृष्टि, अज्ञेय की कविता में पारिस्थितिकी, कविता की वापसी, कविता का वर्तमान, हिन्दी व मलयालम की स्त्री कविता, लिव इन लिव आउट आदि शीर्षकों में इस ग्रंथ के आलेख प्रस्तुत हैं। प्रमीला जी ने कविता का संकट और कविताई मृत्यु को लेकर की जानेवाली भविष्यवाणियों पर पड़ताल की है। युग संदर्भ के अनुकूल नववाचन इन आलेखों में उभर आता है। **(6) 'विमर्श और विस्तार'** (2011, प्रकाशक : बोधि प्रकाशन, जयपुर)—इस ग्रंथ में नव विमर्श का प्रयास है। केंद्रीयता को तोड़कर बहुस्वरता को अख्तियार करने योग्य साहित्यिक कार्यों पर विमर्श खड़ा करने का यह स्वतंत्र प्रयास है। औपनिवेशिक आधुनिकता और गोदान का प्रतिरोध, शमशेर : ध्वनिमूल्य का कार्य-विस्तार, साहित्य : स्वत्व और सत्ता, मुक्ति और आलोचना, अस्तित्ववादी राजनीति का अर्थ, आत्मकथा : आत्मीय क्यों नहीं बन पाती ?, घर का विकल्प साथी का साया आदि शीर्षकों में सात आलेख इस ग्रंथ में सम्मिलित हैं। इन्हें संवाद, विमर्श एवं विस्तार नामक तीन खंडों में समाहित कर दिया है।

डॉ. सोलजी के. थॉमस के प्रकाशित आलोचना ग्रंथ हैं—(1) 'समय के सरोकार' (प्रकाशक : शिल्पायन, दिल्ली; वर्ष-2004), (2) 'कबीर का सच' (प्रकाशक : शिल्पायन, दिल्ली; वर्ष-2006) आदि।

डॉ. ए. अच्युतन (पूर्व अध्यक्ष, हिन्दी विभाग, कालिकट विश्वविद्याय) को नाट्य साहित्य में विशेष रुचि है। वे स्वयं एक अच्छे अभिनेता और नाटक निर्देशक हैं। अच्छे आलोचक भी हैं। आलोचना पर मई, 2012 तक उनके आठ ग्रंथ प्रकाशित

हुए हैं, उनमें अधिकांश नाटक साहित्य पर हैं। उनके प्रकाशित आलोचना ग्रंथ इस प्रकार हैं—(1) 'लोकनाट्य एवं संस्कृति' (2004, प्रकाशक : शब्द संसार प्रकाशन, दिल्ली), (2) 'नाट्यानुवाद एवं भारतीय रंगमंच' (2006, प्रकाशक : शब्द सेतु, नई दिल्ली), (3) 'नाट्यानुवाद : सिद्धांत और विवेचन' (2007, प्रकाशक : वाणी प्रकाशन, नई दिल्ली), (4) 'इक्कीसवीं शती और प्रेमचंद साहित्य' (2007, प्रकाशक : प्रकाशन विभाग, कालिकट विश्वविद्यालय), (5) 'मलयालम में दलित साहित्य : दृष्टि और सृष्टि' (2007, प्रकाशक : प्रकाशन विभाग, कालिकट विश्वविद्यालय), (6) 'दयाप्रकाश सिन्हा की नाट्यरचना-धर्मिता (2008, प्रकाशक : किताब घर, नई दिल्ली), (7) 'भारतीय लोकनाट्य और हिन्दी नाटक' (2012, प्रकाशक : किताब घर, नई दिल्ली), (8) 'दक्षिण में प्रेमचंद' (2012, प्रकाशक : किताब घर, नई दिल्ली) आदि। 'दक्षिण में प्रेमचंद' नामक ग्रंथ में दक्षिण भारत में प्रेमचंद साहित्य के प्रचार एवं प्रभाव का अध्ययन किया गया है। 'लोकनाट्य एवं संस्कृति' नामक ग्रंथ दो खंडों में विभाजित है। इसके 'लोकनाट्य एवं संस्कृति : एक तथ्यात्मक विवेचन' शीर्षकवाले प्रथम खंड (पृ. 15-47) में लोकनाटकों की सांस्कृतिक परंपरा को साहित्य और कला के परिप्रेक्ष्य में परखा गया है। दूसरा खंड है—'केरल के लोकनाट्य : एक विश्लेषण' (पृ. 51-99)।

डॉ. ई.एम. योहन्नान के दो आलोचना ग्रंथ प्रकाशित हुए हैं—(1) 'यशपाल का कहानी-संसार : एक अंतरंग परिचय' (2005, प्रकाशक : लोक भारती प्रकाशन, इलाहाबाद) और (2) 'कहानी साहित्य का तुलनात्मक अध्ययन : हिन्दी और मलयालम' (2007, प्रकाशक : वाणी प्रकाशन, नई दिल्ली)। 'यशपाल का कहानी-संसार : एक अंतरंग परिचय' को केंद्रीय हिन्दी निदेशालय, दिल्ली से 'हिन्दीतर भाषी हिन्दी लेखक पुरस्कार' प्राप्त हुआ।

डॉ. पवूर शशींद्रन का प्रकाशित आलोचना ग्रंथ है—'जनजीवन के चतुर चितेरे : विष्णु प्रभाकर' (प्रकाशक : साक्षर प्रकाशन, नई दिल्ली; वर्ष-2005)।

डॉ. सविता प्रमोद के प्रकाशित आलोचना ग्रंथ हैं—(1) 'युगद्रष्टा और भ्रष्टा' (2005, प्रकाशक : की. पब्लिशर्स)—इसमें हिन्दी के विख्यात कवि जयशंकर प्रसाद और रामधारी सिंह दिनकर के व्यक्तित्व और कृतित्व का विश्लेषणात्मक अध्ययन किया गया है। (2) 'कामायनी और उर्वशी : एक दृष्टिकोण' (2010, प्रकाशक : की. पब्लिशर्स)—इसमें 'कामायनी' (प्रसाद) और 'उर्वशी' (दिनकर) काव्यों में वर्णित प्रेम-भावना का तुलनात्मक अध्ययन किया गया है।

डॉ. एम.सी. सुवर्णलता का ग्रंथ है—'हिन्दी उपन्यासों में भारत विभाजन की समस्याएँ' (2005; प्रकाशक—कैरली बुक्स, कण्णूर)।

डॉ. जे. अंबिका देवी का शोध-प्रबंध है—'आधुनिक हिन्दी काव्य नाटक' (2006, प्रकाशक : जवाहर पुस्तकालय, मथुरा)। यह पाँच अध्यायों में विभाजित

है, जैसे—(i) हिन्दी काव्य-नाटकों की ऐतिहासिक पृष्ठभूमि, (ii) प्रमुख काव्य नाट्य रचनाओं की वस्तु-योजना, (iii) आधुनिक हिन्दी काव्य नाटकों में चरित्र-चित्रण, (iv) संवाद-योजना और भाषिक संरचना तथा अन्य शिल्प-विधि, (v) काव्य नाटक दृश्य-श्रव्य का युगल माध्यम है।

डॉ. के.वी. नारायण कुरुप (प्राध्यापक, एन.एस.एस. कॉलेज, चेंगनाशेरी) का शोध-प्रबंध है—'साठोत्तर हिन्दी नाटक' (2006, प्रकाशक : लोक भारती प्रकाशन, इलाहाबाद)।

डॉ. शीना ईप्पन की तीन आलोचनाएँ पुस्तक रूप में प्रकाशित हुई हैं—(1) 'मन्नू भंडारी का रचना-संसार' (2007, प्रकाशक : जवाहर पुस्तकालय), (2) 'कृष्णा सोबती और सारा जोसफ के उपन्यासों में भारतीय नारी' (2010, प्रकाशक : जवाहर पुस्तकालय), (3) 'प्रयोजनमूलक हिन्दी के विकास में अनुवाद की भूमिका' (2011, प्रकाशक : वी.डी.एम. पब्लिशिंग हाउस, वेरलाब, मोरिशस) आदि।

डॉ. आशा एस. नायर का शोध-ग्रंथ है—'बच्चन का काव्य' (2007, प्रकाशक : जवाहर पुस्तकालय, मथुरा), जो चार अध्यायों में विभाजित है। अध्याय इस प्रकार हैं—(i) बच्चन का युग और प्रवृत्तियाँ, (ii) बच्चन का व्यक्तित्व और कृतित्व, (iii) बच्चन के काव्य का विश्लेषणात्मक अध्ययन (iv) बच्चन के काव्य में सामाजिक चेतना। श्री हरिवंशराय बच्चन हालावादी कवि हैं।

डॉ. सी.जे. प्रसन्नकुमारी की प्रकाशित पुस्तकें हैं—(1) 'भाषा, साहित्य और संस्कृति : चिंतन के कण' (2007, प्रकाशक : जवाहर पुस्तकालय, मथुरा)। यह पुस्तक लेखिका द्वारा भाषा, साहित्य एवं संस्कृति संबंधी समय-समय पर लिखे लेखों का संकलन है। 'भाषा' में राजभाषा हिन्दी का ऐतिहासिक विकास; राजभाषा हिन्दी के विकास में पत्रकारिता का योगदान; केरल में राजभाषा हिन्दी का विकास : उपलब्धियाँ एवं संभावनाएँ आदि पर प्रकाश डाला गया है। 'साहित्य' में तुलनात्मक साहित्य, समकालीन कवियों-कथाकारों आदि का अध्ययन किया गया है। हिन्दी कवि अरुण कमल, कुमार विमल, निराला; मलयालम कवि चङ्ङम्पुषा; हिन्दी कथाकार मैत्रेयी पुष्पा आदि की चर्चा विविध आलेखों में हुई है। साथ ही अस्सी के बाद की हिन्दी और मलयालम कविताओं का अवलोकन भी हुआ है। 'संस्कृति' में केरल की संस्कृति संबंधी दो आलेख हैं। (2) 'आधुनिक हिन्दी काव्य के केंद्रीय कवि निराला' (2008, प्रकाशक : अमन प्रकाशन, कानपुर)—इसमें आधुनिक हिन्दी कविता की प्रमुख प्रवृत्तियों (द्विवेदी-युग से लेकर समकालीन कविता तक) पर प्रकाश डाला गया है। साथ ही इन काव्य-प्रवृत्तियों के संदर्भ में निराला की कविताओं का मूल्यांकन हुआ है। यह साबित किया गया है कि द्विवेदी-युग से लेकर समकालीन कविता की सारी प्रवृत्तियों से जोड़कर निराला का मूल्यांकन हो सकता है। अत:

निराला आधुनिक हिन्दी कविता के केंद्रीय कवि हैं। (3) 'आलोचना विविधा' (2012, प्रकाशक : अमन प्रकाशन, कानपुर)—यह विविध हिन्दी पत्रिकाओं में प्रकाशित शोध लेखों का संकलन है।

डॉ. शमली एम.एम. द्वारा नाटककार शंकर शेष के नाटकों पर लिखा गया शोध-प्रबंध है—'डॉ. शंकर शेष : आधुनिक हिन्दी के प्रतिनिधि नाटककार' (2007; जवाहर पुस्तकालय, मथुरा)।

डॉ. जे. बाबू का शोध-प्रबंध है—'राजेंद्र यादव के उपन्यासों में सामाजिक चेतना' (2008, प्रकाशक : जवाहर पुस्तकालय, मथुरा), जो सात अध्यायों में विभाजित है। पहला अध्याय है—'राजेंद्र यादव : व्यक्तित्व और कृतित्व'। दूसरा अध्याय है—'हिन्दी उपन्यास की विकास यात्रा : राजेंद्र यादव तक'। इस अध्याय में राजेंद्र यादव तक पहुँचते-पहुँचते हिन्दी उपन्यास ने जितनी करवटें ली हैं, उन सबका विशद विवेचन सोदाहरण किया गया है। तीसरा अध्याय है—'राजेंद्र यादव पर पड़े प्रभाव और यादव की अपनी पहचान'। इसमें राजेंद्र यादव पर पड़े स्वदेशी-विदेशी प्रभावों की चर्चा की गई है। चौथा अध्याय है—'सामाजिक चेतना'। इसमें सामाजिक चेतना की परिभाषा, उसका स्वरूप और विकास, सामाजिक चेतना को रूपायित करनेवाले तत्त्व आदि का प्रतिपादन है। पाँचवाँ अध्याय है—'राजेंद्र यादव के उपन्यासों का विधिवत् अध्ययन'। इसमें यादव के 'सारा आकाश' से लेकर 'मंत्र-विद्ध' तक के उपन्यासों का अध्यायन किया गया है। छठा अध्याय है—'सामाजिक चेतना—राजेंद्र यादव के उपन्यासों में'। यह अध्याय इसलिए महत्त्वपूर्ण है कि राजेंद्र यादव सामाजिक चेतना से ओतप्रोत रचनाधर्मिता रखनेवाले उपन्यासकार हैं।

डॉ. आर. शशिधरन के चार आलोचना ग्रंथ निकले हैं। चारों पुस्तकों का प्रकाशन 'जवाहर पुस्तकालय' ने किया है। इनमें तीन पुस्तकें हिन्दी नाटकों पर हैं और एक मलयालम साहित्य पर, जो निम्नलिखित हैं—(1). समकालीन रंग नाटक (2008), (2) आधुनिक हिन्दी नाटकों में सामाजिक व्यंग्य (2009), (3) इतिहासबोध और आधुनिक हिन्दी नाटक (2010), (4) मलयालम साहित्य : विविध आयाम (2010) आदि।

डॉ. के.एस. विजयलक्ष्मी के पी-एच.डी. का शोध-प्रबंध है—'आनंदशंकर माधवन के साहित्य का अनुशीलन' (2008, प्रकाशक : जवाहर पुस्तकालय, मथुरा)। डॉ. एन. चंद्रशेखरन नायर के मार्गदर्शन में यह तैयार हुआ। यह आठ अध्यायों में विभाजित है, जैसे—केरलीय हिन्दी साहित्यकार आनंदशंकर माधवन का व्यक्तित्व-परिचय, आनंदशंकर माधवन के कृतित्व का सामान्य परिचय, आनंदशंकर माधवन : एक कथाकार, आनंदशंकर माधवन : एक साधनानिष्ठ कवि, आनंदशंकर माधवन एक सफल निबंधकार, आनंदशंकर माधवन का तत्त्वपरक एवं मीमांसा साहित्य, आनंदशंकर माधवन के अन्य गद्य साहित्य, (अ) आनंदशंकर माधवन की हिन्दी

साहित्य को विशिष्ट देन और (आ) भारतीय संस्कृति के उन्नायक आनंदशंकर माधवन आदि।

डॉ. बी. अनिता का शोध-प्रबंध है—'निराला और वयलार की कविता का तुलनात्मक अध्ययन' (2008, प्रकाशक : निराला प्रकाशन, आधट्टकल पी.ओ., केरल), जो स्वर्गीय डॉ. एम. प्रेमकुमारी के मार्ग-दर्शन में पूरा किया गया। हिन्दी (निराला) और मलयालम (वयलार) के प्रगतिवादी कवियों की तुलना करनेवाला यह ग्रंथ पाँच अध्यायों का है, जैसे—आधुनिक हिन्दी कविता की विकास यात्रा—निराला तक; आधुनिक मलयालम कविता की विकास यात्रा-वयलार तक; निराला और वयलार : व्यक्तित्व तथा दार्शनिक एवं महान प्रतिभाओं का प्रभाव; निराला की कविता—प्रवृत्तिपरक विशेषताएँ; वयलार की कविता—प्रवृत्तिपरक विशेषताएँ आदि।

डॉ. स्टेल्लम्मा सेवियर की रामकथा पर तीन आलोचनाएँ निकली हैं, जो इस प्रकार हैं—(1) 'हिन्दी के रामभक्त कवियों की सामाजिक चेतना' (2009)—यह लेखिका की पी-एच.डी. का शोध-प्रबंध है। जो डॉ. एन. रवींद्रनाथ के मार्गदर्शन में तैयार हुआ, (2) 'रामचरितमानस में सामाजिक जीवन' (2010), (3) 'तुलसी काव्य में शृंगार' (2010) आदि। उपर्युक्त तीनों ग्रंथ रामभक्ति से संबंधित हैं। जवाहर पुस्तकालय, मथुरा ने उक्त तीनों ग्रंथों का प्रकाशन किया है।

डॉ. प्रिया नायर पी. का शोध-प्रबंध है—'साठोत्तर हिन्दी उपन्यास और नगरबोध' (2009, प्रकाशक : जवाहर पुस्तकालय, मथुरा)। डॉ. वी.के. अब्दुल जलील के मार्ग-दर्शन में तैयार किया गया। इसमें सन् 1960 से लेकर 1980 तक के प्रमुख उपन्यासकारों—मोहन राकेश, निर्मल वर्मा, जगदम्बा प्रसाद दीक्षित, कमलेश्वर, गिरिधर गोपाल, गोविंद मित्र, महेंद्र भल्ला, श्रीकांत वर्मा, लक्ष्मीकांत वर्मा, राजकमल चौधरी, कृष्णा सोबती, ममता कालिया, उषा प्रियंवदा, महीप सिंह, रमेश बक्षी, सुरेंद्र वर्मा, पंकज विष्ट आदि—के उपन्यासों में नगरबोध की जाँच-परख करने का प्रयास किया गया है। यह पाँच अध्यायों में विभक्त है, जैसे—साठोत्तर हिन्दी उपन्यास : नगरबोध का संदर्भ; साठोत्तर उपन्यासों में प्रतिफलित स्त्री-पुरुष संबंधों के बदलते आयाम; साठोत्तर उपन्यासों में प्रतिफलित अकेलापन से जूझता आधुनिक मानव; साठोत्तर उपन्यासों में चित्रित मूल्य-विघटन की समस्या; साठोत्तर उपन्यासों में प्रतिफलित बदलते भाषिक स्वरूप आदि। 'नगरबोध' नगरीकरण की प्रवृत्ति से उद्‌भूत एक मानसिक प्रक्रिया है।

डॉ. राजेंद्र प्रसाद (प्राध्यापक, सेंट थॉमस कॉलेज, तृशूर) का शोध-प्रबंध है—'उपन्यासकार अमृतलाल नागर' (2009, प्रकाशक : जवाहर पुस्तकालय, मथुरा)।

डॉ. सुप्रिया पी. के दो आलोचना ग्रंथ प्रकाशित हुए हैं—(1) 'कृष्णा सोबती की कहानी-कला' (2009, प्रकाशक : जवाहर पुस्तकालय, मथुरा) और (2) 'हिन्दी उपन्यास के विदेशी पात्र' (2010, प्रकाशक : जवाहर पुस्तकालय, मथुरा)।

प्रो. एम.एस. जयमोहन (पूर्व प्राध्यापक, यूनिवर्सिटी कॉलेज, तिरुवनंतपुरम) तथा **डॉ. सुमा एस.** के संयुक्त प्रयास से लिखी गई साहित्य-सृजन संबंधी दो आलोचनाएँ पुस्तक-रूप में निकली हैं। दोनों का 'वाणी प्रकाशन, नई दिल्ली' ने प्रकाशन किया। दोनों पुस्तकें केरल विश्वविद्यालयों में (सन् 2010 से) स्नातक स्तर की पाठ्य-पुस्तकें हैं। दोनों पुस्तकें पाठकों की सृजनात्मक क्षमता बढ़ाने में सहायक हैं। पुस्तकें इस प्रकार हैं—(1) 'सृजनात्मक लेखन और संचार क्षमता' (2010)—इस पुस्तक में साहित्य-सृजन संबंधी तथ्यों तथा भाषा-विनिमय के विभिन्न माध्यमों पर प्रकाश डाला गया है। कुल पृष्ठ 102 हैं। विषय 12 अध्यायों में विभाजित है। (2) 'साहित्य-सृजन तथा रूपांतरण' (2011)—इस पुस्तक में साहित्य की, विशेषकर गद्य साहित्य की विविध विधाओं के स्वरूप और तत्त्व का विवेचन है, साथ ही इन विधाओं के सृजन (रचना-विधान) का विवरण भी है। रेखाचित्र, जीवनी, यात्रा-वृत्तांत, डायरी आदि के रचना-विधान दिये गए हैं, साथ ही पुस्तक-समीक्षा और फिल्म-समीक्षा भी दी गई हैं। नाट्य रूपांतरण, रेडियो रूपांतरण, टेली रूपांतरण की प्रक्रिया भी दी गई है। कुल पृष्ठ 135 हैं। कुल 9 अध्याय हैं।

डॉ. पी. बालकृष्णन की पी-एच.डी. का शोध-प्रबंध है—'आंचलिक उपन्यास के आइने में दक्षिण भारत' (2010, प्रकाशक : जवाहर पुस्तकालय, मथुरा)। डॉ. आरसु उनके शोध-निदेशक थे। इसमें दक्षिण भारत की चारों भाषाओं (मलयालम, तमिल, तेलगू, कन्नड़) के उपन्यासों में चित्रित ग्रामीण जीवन का अध्ययन किया गया है। इसके छह अध्याय हैं, जो इस प्रकार हैं—ग्रामीण जीवन : कन्नड़ उपन्यास में, मलयालम उपन्यास में ग्राम जीवन, तमिल उपन्यास में ग्राम-जीवन, तेलगू उपन्यास में ग्राम-जीवन, दक्षिण के उपन्यास : ग्राम-जीवन के संदर्भ में, ग्रामीण जीवन : दक्षिणी तथा हिन्दी उपन्यासों में। इसमें लेखक ने समर्थन किया है कि प्रेमचंद, रेणु, नागार्जुन, रामदरश मिश्र, भैरवप्रसाद गुप्त जैसे हिन्दी उपन्यासकारों के समकक्ष के उपन्यासकार दक्षिण में भी हैं, जैसे—कन्नड़ में के.वी. पट्टप्पा, शिवराम कारंत, यू.आर. अनंतमूर्ति, एस.एल. भैरप्पा; मलयालम में तकषि शिवशंकर पिल्लै, एम.टी. वासुदेवन नायर, एस.के. पोट्टेक्काट; तमिल में अखिलन, शांडिल्यन, कल्कि, कृष्णमूर्ति, राजम् कृष्णन; तेलगू में विश्वनाथ सत्यनारायण, बलिवाड कांतराव, दाशरथी रंगाचार्य आदि।

डॉ. एस. सुनील ने चार आलोचना ग्रंथ लिखे हैं। ग्रंथ हैं—(1) 'आधुनिक हिन्दी कथा साहित्य : भिन्न परिप्रेक्ष्य में' (2010), (2) 'अंतिम अरण्य; एक व्याख्या' (2012), (3) 'निर्मला वर्मा के उपन्यास : दार्शनिक अध्ययन' (2012), (4) 'अभारतीय परिवेश के परिप्रेक्ष्य में निर्मल वर्मा का कथा-साहित्य'। पहले तीन ग्रंथों का प्रकाशक है—आई.एफ.इ.आर., मुट्टटा, तिरुवनंतपुरम। चौथा ग्रंथ अभय प्रकाशन, कानपुर ने प्रकाशित किया।

डॉ. के. मणिकंठन नायर का शोध-प्रबंध (पी-एच.डी) है—'सर्वेश्वरदयाल सक्सेना के गद्य में राजनीतिक एवं सामाजिक व्यंग्य' (2011, प्रकाशक : जवाहर पुस्तकालय, मथुरा), जो छह अध्यायों में विभाजित है। सक्सेनाजी हिन्दी के कवि और गद्यकार हैं। उनके काव्य साहित्य पर कई शोध-ग्रंथ निकले हैं। विविध गद्य विधाओं (नाटक, कहानी, उपन्यास, निबंध) पर उनकी रचनाओं पर डॉ. नायर का यह शोध-ग्रंथ महत्त्वपूर्ण है। इसकी भूमिका डॉ. एन.चंद्रशेखरन नायर ने लिखी है। प्रस्तुत शोध-प्रबंध में सक्सेना जी द्वारा रचित नाटकों, उपन्यासों, कहानियों, निबंधों आदि गद्य-विधाओं को अलग-अलग अध्यायों में रखकर इनमें सक्सेनाजी द्वारा प्रयुक्त व्यंग्य का विश्लेषण किया गया है।

डॉ. एम.एस. विनयचंद्रन, डॉ. पी. लता तथा **डॉ. कुमारी गीता एस.** के संयुक्त प्रयास से 'हिन्दी-मलयालम तुलनात्मक अध्ययन' (2011, प्रकाशक : प्रकाशन विभाग, केरल विश्वविद्यालय) नामक पुस्तक तैयार हुई। यह केरल विश्वविद्यालय की सी.बी.सी.एस.एस. की पाठ्य-पुस्तक है। यह दस अध्यायों में विभाजित है। पहले अध्याय में तुलनात्मक अध्ययन का विस्तृत परिचय दिया गया है। फिर हिन्दी और मलयालम की तीन साहित्य विधाओं—उपन्यासों, कहनियों तथा कविताओं—की तुलना की गई है।

डॉ. आर. जयचंद्रन का विज्ञापन के मनोवैज्ञानिक और सामाजिक पक्षों पर प्रकाश डालनेवाला और विज्ञापन के स्वरूप, इतिहास और विकास पर प्रकाश डालनेवाला ग्रंथ है—'हिन्दी विज्ञापन : परख और पहचान' (2011; अभय प्रकाशन, कानपुर)। यह ग्रंथ राष्ट्रीय हिन्दी साहित्य सम्मेलन, तिरुवनंतपुरम से सन् 2012 में पुरस्कृत हुआ। 'सृजन के विविध आयाम' नामक ग्रंथ एम.एस यूनिवर्सिटी, तिरुन्नलवेली ने सन् 2011 में प्रकाशित किया। अरु प्रकाशन, नई दिल्ली ने भारत के कुछ आलोचकों की आलोचनाएँ प्रकाशन के लिए चुनीं, तो उनमें दक्षिण भारत से चुने गए आलोचक रहे डॉ. आर. जयचंद्रन। इस प्रकार अरु प्रकाशन द्वारा प्रकाशित जयचंद्रन जी की आलोचना है—'आलोचना के नए क्षितिज' (2012)। इसमें 12 लेख संकलित हैं।

डॉ. जयश्री ओ. का शोध-प्रबंध है—'महादेवी वर्मा का गद्य साहित्य : एक पुनर्मूल्यांकन' (2012, प्रकाशक : जवाहर पुस्तकालय, मथुरा)।

डॉ. मिनी कोशी की पुस्तक है—'कमलेश्वर का कथा-साहित्य—समकालीन समस्याओं का जीवंत आलेख' (2012, प्रकाशक : अमन प्रकाशन)।

प्रो. डी. तंकप्पन नायर ने कई नाटकों तथा उपन्यासों की आलोचनाएँ लिखी हैं। आलोचित उपन्यास इस प्रकार हैं—(1) मनुष्य के रूप, (2) अग्निबीज, (3) थके पाँव, (4) अकेली आवाज़, (5) निर्मला आदि। आलोचना किए गए नाटक हैं—(1) अंजो दीदी, (2) आधे-अधूरे, (3) आषाढ़ का एक दिन, (4) अग्निशिखा, (11) अशोक का शोक, (5) जय-पराजय, (6) अशोक, (7) रक्षाबंधन,

(8) नरसिंहकथा, (9) संन्यासी, (10) न्याय की रात, (11) मन्नू आदि। 'प्रवाद पर्व' खंडकाव्य की भी आलोचना लिखी है। सभी आलोचनाओं का जनता बुकस्टॉल, मलंकरा बिल्डिंग कॉम्प्लेक्स, पालयम, तिरुवनंतपुरम ने प्रकाशन किया है।

डॉ. उषाकुमारी के.पी. के शोध-ग्रंथ हैं—(1) 'छायावादी कविता में राष्ट्रीय-सांस्कृतिक चेतना' (2012, प्रकाशक : जवाहर पुस्तकालय, मथुरा)। 'छायावादी कविता' लेखिका की पी-एच.डी. के शोध-कार्य का विषय रहा है। शोध-निदेशक थे डॉ. एम.ए. करीम। उस अध्ययन के आधार पर बाद में प्रस्तुत शोध-ग्रंथ तैयार किया गया। डॉ. एन. चंद्रशेखरन नायर ने इसकी भूमिका लिखी है। प्रस्तुत ग्रंथ चार अध्यायों में विभक्त है, जैसे—हिन्दी में छायावाद का उद्भव और विकास, छायावादी युग की मुख्य प्रवृत्तियाँ : एक विश्लेषण, छायावादीयुगीन कविता में राष्ट्रीय चेतना, छायावादीयुगीन कविता में सांस्कृतिक चेतना आदि। (2) युग-युगांतर नारी-स्वरूप (2012, प्रकाशक : जवाहर पुस्तकालय, मथुरा)—इसमें विविध युगों में नारी की दशा का अध्ययन किया गया है।

डॉ. जयश्री बी. का शोध-प्रबंध है—'आधुनिक हिन्दी गीति नाट्यों में मिथक' (2012, प्रकाशक : जवाहर पुस्तकालय, मथुरा)।

डॉ. श्रीदेवी टी. का शोध-प्रबंध है—'समकालीन हिन्दी कहानी' (2012, प्रकाशक : जवाहर पुस्तकालय, मथुरा)।

डॉ. सुधा ए.एस. का शोध-प्रबंध है—'धर्मवीर भारती के कथासाहित्य में मनोवैज्ञानिकता' (2012, प्रकाशक : अभय प्रकाशन, कानपुर)।

डॉ. एन.आर. चित्रा का आलोचना-ग्रंथ है—'रामचंद्र शुक्ल और आई.ए. रिचड्‌र्स के समीक्षा-सिद्धांत' (2012, प्रकाशक : राष्ट्रीय हिन्दी साहित्य सम्मेलन, तिरुवनंतपुरम)। यह सैद्धांतिक आलोचनाओं की तुलना है। तुलना के लिए भारतीय तथा पाश्चात्य आलोचकों को चुना है। डॉ. चित्रा के हिन्दी आलोचना तथा तुलनात्मक आलोचना संबंधी लेख केरल की हिन्दी पत्रिकाओं में प्रकाशित होते हैं।

डॉ. लीना बी.एल. के प्रकाशित आलोचना-ग्रंथ हैं—(1) 'आधुनिक हिन्दी नाटक : सर्जना और स्वरूप' (2012, प्रकाशक : ओथेंटिक बुक्स, तिरुवनंतपुरम), (2) 'मिथक : नाटक और रंगमंच' (2012, प्रकाशक : जवाहार पुस्तकालय) और (3) 'हिन्दी साहित्य : फुटकर विचार और चिंतन' (2013, प्रकाशक : ओथेंटिक बुक्स, तिरुवनंतपुरम)।

डॉ. बाबू जोसफ की दो आलोचनाएँ सन् 2012 में अमन प्रकाशन, कानपुर द्वारा प्रकाशित हुई हैं—(1) 'भूमंडलीकरण और हिन्दी कविता', (2) 'समकालीन हिन्दी कविता और कुमार अंबुज' आदि।

डॉ. सुमिता पी.बी. का आलोचना-ग्रंथ है—'अनामिका के साहित्य : स्त्री-विमर्श' (2012, प्रकाशक : के.एल.पचौरी प्रकाशन)।

डॉ. पी.वी. विजयन का समीक्षा-ग्रंथ 'अध्ययन के आयाम' (2013, प्रकाशक : जवाहर पुस्तकालय) निराला, प्रसाद, नागार्जुन, मुक्तिबोध, त्रिलोचन आदि हिन्दी कवियों; वल्लत्तोल (मलयालम कवि); रामचंद्र शुक्ल, हज़ारी प्रसाद द्विवेदी जैसे हिन्दी आलोचकों का सही परिचय देनेवाला है। यह 12 लेखों का संकलन है।

डॉ. एस. लीलाकुमारी अम्मा का आलोचना ग्रंथ है—'यह पथ बंधु का : एक विश्लेषण' (2013, प्रकाशक : अमन प्रकाशन, कानपुर)। लीलाकुमारी अम्मा का अगला आलोचना ग्रंथ 'कमलेश्वर के यात्रा वृत्तांत' प्रकाशनाधीन है।

डॉ. लेखा एस. नायर का समीक्षा ग्रंथ है 'मलयालम से हिन्दी में अनूदित साहित्य' : समस्याएँ और संभावनाएँ' (2013, प्रकाशक : माया प्रकाशन, कानपुर)।

डॉ. षीबा शरत का शोध-प्रबंध है 'हिन्दी के ऐतिहासिक उपन्यासों में सामाजिक चेतना—डॉ. वृंदावनलाल वर्मा के विशेष संदर्भ में' (2013, प्रकाशक : जवाहर पुस्तकालय, मथुरा)।

डॉ. पी.एच. इब्राहिम कुट्टी का आलोचना ग्रंथ है 'केरल में हिन्दी अध्ययन की संज्ञा संबंधी समस्याएँ' (2013, प्रकाशक : जवाहर पुस्तकालय, मथुरा)। इसमें छह अध्यायों में केरल में हिन्दी अध्ययन संबंधी समस्याएँ प्रस्तुत की गई हैं।

डॉ. एम.एस. विनयचंद्रन की पुस्तक 'चेम्मीन: मलयालम उपन्यास का समीक्षात्मक अध्ययन' प्रकाशनाधीन है। यह इंदिरा गांधी ऑपन यूनिवर्सिटी, डिस्टेंस एडुकेशन की स्नातकोत्तर कक्षा की पाठ्य-सामग्री के लिए तैयार की गई है। इसमें तकषि के आंचलिक उपन्यास 'चेम्मीन' की समीक्षा की गई है।

'वाणी का मृत्युंजय' आचार्यवर डॉ. पी.वी. विजयन (हिन्दी कवि) का अशीति को समर्पित अभिनंदन ग्रंथ है (2014, प्रकाशक : केरल हिन्दी साहित्य मंडल)। प्रस्तुत ग्रंथ तीन खंडों में विभाजित है—प्रथम खंड में डॉ. पी.वी. विजयन के व्यक्तित्व पर पंद्रह लेख हैं। द्वितीय खंड में आठ लेख हैं, जो हिन्दी तथा मुख्यत: हिन्दी तथा दक्षिण भारत की भाषाओं की कविता के विभिन्न संदर्भों पर लेखकों के दृष्टिकोण प्रस्तुत करते हैं। तृतीय खंड कविता खंड है, जो मलयाळम्, तमिल्, कन्नड़, तेलगू, हिन्दी कविताओं के साथ-साथ पी.वी. विजयन जी की चुनी हुई कविताओं का संकलन है। यह ग्रंथ डॉ. पी.वी. विजयन के व्यक्तित्व के साथ साथ समकालीन हिन्दी व दक्षिण भारतीय कविताओं की कुछ पहलुओं पर प्रकाश डालता है।

समीक्षा पत्रिकाओं में

'भारतीय साहित्य की झलक' नामक डॉ. इंदरराज वैद की पुस्तक की समीक्षा लिखकर **डॉ. एन.ई. विश्वनाथ अय्यर** ने 'दक्षिण भारत' नामक त्रैमासिक पत्रिका (प्रकाशक : दक्षिण भारत हिन्दी प्रचार सभा) के अंक अप्रैल-मई-जून, 2004 में प्रकाशित किया। संग्रथन पत्रिका में 'मलयालम के लोकप्रिय उपन्यास' शीर्षक में अय्यर जी ने कुछ

मलयालम उपन्यासों का मूल्यांकन किया है, जैसे—चंदुमेनन का 'इंदुलेखा' उपन्यास (अंक अप्रैल, 2002), पी. वत्सला का 'नेल्लु' उपन्यास (अंक फरवरी और मई, 2002), पी. केशवदेव का 'ओटयिलनिन्नु' (अंक अगस्त, 2002) आदि। **प्रो. पी. कृष्णन** ने सन् 2004 से कई पुस्तक समीक्षाएँ लिखी हैं, जो विविध हिन्दी पत्रिकाओं में प्रकाशित हुई हैं। **प्रो. एम.एस. जयमोहन** की विविध साहित्य विधाओं—उपन्यास, कहानी, कविता, नाटक—की पुस्तकों की समीक्षाएँ 'संग्रथन' पत्रिका (प्रकाशक : हिन्दी विद्यापीठ, केरल) के विविध अंकों में प्रकाशित हुई हैं, जैसे—

उपन्यास-समीक्षा

पाँच आँगनोंवाला घर (अंक : अप्रैल, 2002, पृष्ठ सं . 54-62), दौड़ (अगस्त, 2002; पृ. 29-36), नीलू नीलिमा नीलोफर (अगस्त, 2003; पृ. 29-35), गिलगिडु (मार्च, 2006; पृ. 15-22), धर्म की यवनिका में नारी-यंत्रण की एक व्यथा-कथा : 'सेज पर संस्कृत' (जुलाई, 2009; पृ. 5-11), धीरेंद्र अस्थाना का 'देश निकाला'—रील लाइफ और रियल लाइफ के अंतर्द्वन्द्व का त्रासद कथा-कथन (नवंबर, 2009; पृ. 6-13), विश्व कथा-शिल्पी का असमाप्त 'मंगलसूत्र' (सितंबर-अक्टूबर, 2009; पृ. 5-13), हिन्दी का प्रथम जर्नलिस्टिक उपन्यास 'मुन्नी मोबाइल' (अप्रैल, 2010; पृ. 29-34), एक व्यक्ति-संग्राम के साथ एक मुक्ति-संग्राम का संगम एक औपन्यासिक इतिहास 'मैं बोरिशाइल्ला' (जुलाई, 2010; पृ. 8-13), 'तीसरी नाली' हिजड़ा-जीवन का बृहत् कोश (जुलाई, 2011; पृ. 6-12)।

कहानी-समीक्षा

'परीक्षा' : एक सांदर्भिक समीक्षा (मई, 2006, पृ. 32-36); गरीबों-दलितों के स्वत्व हनन की एक करुणार्द्र कहानी : दिल की एक गहरी चोट—'मोहनदास' (जनवरी, 2009, पृ. 8-15); देशहित अर्पणा, देश प्रदत्त वर्जना : 'छावनी में बेघर' (दिसंबर 2009, पृ. 36-38); राजस्थान के रेगिस्तान और उत्तराधुनिक हिंदुस्तान की कहानियाँ—'कठपुत्तलियाँ' (मई, 2010, पृ. 20-25); असंतुलित खतरनाक विकास का रूपक 'मैंगोसिल' (अगस्त, 2010, पृ. 32-36); कुछ इंटरनेट, डॉट कॉम कहानियाँ—उर्फ घुलिया मुट्ठी में संवेदना मिट्टी में (अगस्त, 2011, पृ. 8-12) आदि।

कविता-समीक्षा

(1) 'संसार को पुतली में समेटे अदर्श कवि अरुण कमल और कविता की चमक और नमक अनामिका' (मार्च, 2010; पृ. 22-29), (2) 'अस्पताल के बाहर टेलिफोन'—आज के अनुभूत जीवन-यथार्थ का अविरल डायल टोन (फ़रवरी, 2011; पृ. 8-13)।

नाटक समीक्षा

(1) रंग दे बसंती चोला (अप्रैल, 2008; पृ. 8-12), (2) घासीराम कोतवाल (जून, 2008; पृ. 5-11)।

प्रो. टी. रत्नकुमारी अम्मा ने कुछ पुस्तकों की समीक्षाएँ लिखी हैं, जो 'केरल ज्योति' पत्रिका (प्रकाशक : केरल हिन्दी प्रचार सभा) के विविध अंकों में प्रकाशित हुई हैं। समीक्षा की गई पुस्तकें निम्नलिखित हैं—(1) अज्ञेय के काव्य में बिंब, जो डॉ. शांतकुमारी का शोध-प्रबंध है, जिसे पुस्तक रूप में 'जवाहर पुस्तकालय' ने प्रकाशित किया। (2) विष्णु प्रभाकर के नाटकों में सामाजिक चेतना, जो डॉ. विवेकानंदन का शोध-प्रबंध है। (3) कहे कपिल कविराय : एक अवलोकन, जो श्री कपिल कुमार का कुंडली विद्या पर लिखित 180 कुंडलियों के संग्रह 'कहे कपिल कविराय' की समीक्षा है। प्रत्येक कुंडली में प्रथम दो चरण दोहा छंद में हैं और अंतिम चार चरण रोला छंद में हैं। (4) एक कौन-सी दुनिया में, श्री देवेंद्रकुमार के काव्य संग्रह 'एक कौन-सी दुनिया में' की समीक्षा है, जो 'केरल ज्योति' पत्रिका के सितंबर, 2009 अंक में प्रकाशित हुई।

डॉ. एम.एस. विनयचंद्रन द्वारा लिखी गई 'निषाद शंका' की समीक्षा 'संग्रथन' पत्रिका (अंक जून-जुलाई, 1999) में प्रकाशित हुई। मोहन द्विवेदी के काव्य संकलन 'गाँव की माटी' की समीक्षा जी. रवींद्रन पिल्लै ने 'केरल ज्योति' (अंक : दिसंबर, 2009) में प्रकाशित की।

डॉ. गीता पी. ने पवन करण के काव्य-संकलन 'स्त्री मेरे भीतर' की समीक्षा 'आत्म से संक्रमित स्त्री अस्मिता' नाम से लिखी, जो संग्रथन के मई, 2010 अंक में प्रकाशित हुई। अभिमन्यु अनत के 'हम प्रवासी' उपन्यास की समीक्षा 'मॉरीशस का हिन्दी हस्ताक्षर अभिमन्यु अनत : हम प्रवासी के संदर्भ में' शीर्षक में **श्रीमती सिन्धु एस.एल.** ने लिखी, जो संग्रथन के अप्रैल, 2010 अंक में प्रकाशित हुई। कमल कुमार के 'हैम बरगर' उपन्यास की समीक्षा 'हैम बरगर में भारतीय और पाश्चात्य जीवन-दृष्टि' शीर्षक से **डॉ. सुप्रिया पी.** ने लिखी, जो संग्रथन के फ़रवरी, 2010 अंक में प्रकाशित हुई। श्रीमती चंद्रकांता के 'कथा सतीसर' उपन्यास की समीक्षा 'कथा सतीसर : एक अंतर्दृष्टि' शीर्षक से श्रीमती शबाना हबीब ने लिखी, जो संग्रथन के फ़रवरी, 2010 अंक में प्रकाशित हुई। **डॉ. प्रसूना एस. नायर** ने डॉ. इंदु पांडेय के 'संन्यासी का अपहरण' कहानी संकलन की समीक्षा 'भारत पत्रिका' में लिखी (अंक : मई, 2010)। भारत पत्रिका में प्रकाशित डॉ. पी. लता की पुस्तक समीक्षाएँ हैं—(1) के.जी. उण्णिकृष्णन के काव्य संकलन 'अलविदा वृंदावन' की समीक्षा (अंक : फरवरी, 2010), (2) डॉ. बी. अनिता के शोध-ग्रंथ 'निराला और वयलार की कविता का तुलनात्मक अध्ययन' की समीक्षा (अंक : फरवरी, 2010) और (3) डॉ. वी. रवींद्रन के 'हल्लाबोल' अनूदित नाटक संकलन की समीक्षा (अंक : मई, 2010)।

आलोचना अनूदित (अनुवाद : मलयालम-हिन्दी)

केरल के कुछ हिन्दी लेखकों ने कुछ मलयालम आलोचनाओं का हिन्दी में अनुवाद किया है। प्रो. जोसफ मुण्टशेरी द्वारा मलयालम में रचित ग्रंथ 'काव्य पीठिका' का हिन्दी अनुवाद **डॉ. ए. रामचंद्र देव** ने किया, जो सन् 1982 में प्रकाशित हुआ। अनुवादक हैं डॉ. ए. रामचंद्र देव। इसे उत्तर प्रदेश सरकार से अच्छे अनुवाद के लिए दिया जानेवाला पुरस्कार–प्राप्त हुआ। काव्य–संबंधी मुण्टशेरीजी का दृष्टिकोण इसमें स्पष्ट होता है।

सुकुमार अषिक्कोटु की रचना 'तत्वमसि' का अनुवाद **सुधांशु चतुर्वेदी** ने किया (1991, प्रकाशक : साहित्य अकादमी, दिल्ली)।

श्री कुट्टिकृष्ण मारार के विख्यात मलयालम ग्रंथ 'भारत पर्यटनं' का हिन्दी अनुवाद 'भारत पर्यटन' (1990, प्रकाशक : केरल साहित्य अकादमी) नाम से **डॉ. ए. अरविंदाक्षन** ने किया है। इसमें मारारजी ने 'महाभारत' काव्य की आलोचना प्रस्तुत की है।

अध्याय-7

जीवनी

जीवनी (मौलिक)

'जीवनी' वह साहित्य विधा है, जिसमें लेखक अपने किसी परिचित व्यक्ति द्वारा जीवन में किए गए कार्यों का वृत्तांत प्रस्तुत करते हैं। केरल के हिन्दी लेखकों ने कई महापुरुषों की जीवनियाँ लिखी हैं। ऐसे लेखक तथा उनके द्वारा लिखित जीवनियाँ इस प्रकार हैं—

डॉ. एन.ई. विश्वनाथ अय्यर ने तीन जीवनियाँ लिखी हैं—(1) 'महाकवि रवींद्रनाथ' (1950, प्रकाशक : स्वयं लेखक-स्वाति प्रकाशन, तिरुवनंतपुरम)। इस ग्रंथ में कवींद्र रवींद्रनाथ टागोर की जीवनी प्रस्तुत की गई है। (2) 'विज्ञान योगिनी' (1960, प्रकाशक : रामचंद्र अय्यर, तिरुवनंतपुरम)। यह नोबल पुरस्कार विजेता तथा विज्ञान और मानव के लिए अपने तन-मन अर्पित मादम क्यूरी की सरस जीवनी है। यह ग्रंथ किसी भी निराश और दुखी व्यक्ति में उल्लास भरने लायक रचना है। 'आराम हराम है', 'सादा जीवन उच्च विचार', 'कड़ी मेहनत और पक्का इरादा' जैसे आदर्श इसमें मिलते हैं। **(3) 'अंतः शांति से विश्व शांति'** (2000, प्रकाशक : माता अमृतानंदमयी मठ, अनंतपुरी, केरल)। यह ग्रंथ श्री-श्री माता अमृतानंदमयी के पुनीत जीवन चरित पर आधारित है।

आचार्य पी.जी. वासुदेव ने कई जीवनियाँ लिखी हैं, जो बालोपयोगी हैं। जैसे—(1) 'आदर्श बालक' (प्रकाशक : विद्यार्थी मित्रम्, कोट्टयम, 1962), जिसमें महात्मा गांधी, जवाहरलाल, महादेव रानडे, बाल गंगाधर तिलक, गोपालकृष्ण गोखले, महाकवि रवींद्रनाथ टैगोर, सर आशुतोष मुखर्जी, ईश्वरचंद्र विद्यासागर जैसे महापुरुषों/राष्ट्रीय नेताओं की बाल्यावस्था का चित्रण करके इन्हें आदर्श बालक ठहराये गए हैं। (2) 'महान पुरुष' (प्रकाशक : विद्यार्थी मित्रम्, कोट्टयम, वर्ष 1962), जिसमें महात्मा गांधी, सरदार वल्लभ भाई पटेल, अब्दुलकलाम आज़ाद, रवींद्रनाथ टैगोर, सरोजिनी नायडू आदि के महत् जीवन-चरित संक्षिप्त रूप में प्रस्तुत किए गए हैं। (3) 'बच्चों के श्रीराम' (प्रकाशक : विद्यार्थी मित्रम् 1962), जिसमें 'रामायण' के

श्रीरामचंद्र के जन्म से लेकर राज्याभिषेक तक का चरित शीर्षकों में बाँटकर प्रस्तुत किया गया है। (4) 'बच्चों के श्रीकुंचन' (प्रकाशक : विद्यार्थी मित्रम्, 1962) में मलयालम 'तुल्लल काव्य' के प्रणेता तथा हास्य कवि कुंचन नंपियार का परिचय दिया गया है। (5) 'बच्चों के चट्टम्पी' (प्रकाशक : द एडुकेशनल सप्लायर्स डिपो, तिरुवनंतपुरम, 1962), स्वामी विद्याधिराज तीर्थपाद स्वामी' की बाल्यावस्था प्रस्तुत की गई है। (6) 'बच्चों के श्री शेकर' (1962), (7) 'बच्चों के बुद्ध' (1962), (8) 'बच्चों के नारायण' (1962) आदि में क्रमशः शंकराचार्य, श्रीबुद्ध, श्रीनारायण गुरु आदि की जीवनियाँ सरल शैली में प्रस्तुत की गई हैं। विद्यार्थी मित्रम् ने ही इन तीनों रचनाओं का प्रकाशन किया है। (9) 'जीवन झाँकियाँ' (प्रकाशक : भाषा संगम, इलाहाबाद, 1986) केरल के महापुरुषों की जीवनियों का संकलन है। श्री शंकर, महर्षि चट्टम्पी, श्रीनारायण गुरु जैसे धार्मिक पुरुषों; कप्तान कुञ्ञाली मरक्कार, देशभक्त पषशिराजा, वेलुतंपी दलवा जैसे वीर पुरुषों; केलप्पन, अक्कम्मा वर्की, मोहम्मद साहब अब्दु रहमान जैसे सामाजिक तथा राजनीतिक नेताओं की जीवनियाँ इसमें संकलित हैं। सरल भाषा में लिखी गई ये जीवनियाँ बच्चे भी आसानी से समझ सकते हैं।

प्रो. डी. दामोदर प्रसाद की रचना है स्वतंत्रता के सिपाही (1965, प्रकाशक : नेशनल पब्लिशिंग हाउस, दिल्ली)। इसमें कुछ राष्ट्रप्रेमी स्वतंत्रता सेनानियों की संक्षिप्त जीवन-गाथाएँ प्रस्तुत की गई हैं। प्रत्येक महापुरुष की जीवनी के आरंभ में उनका नारा भी उद्धृत किया गया है। इस संकलन में निम्नलिखित महापुरुषों की जीवनियाँ दी गई हैं—झांसी की रानी, लोकमान्य तिलक, सरदार भगतसिंह, नेताजी सुभाषचंद्र बोस, गोपालकृष्ण गोखले, महात्मा गांधी, सरदार पटेल, जवाहरलाल नेहरू आदि।

केरल के वरिष्ठ हिन्दी प्रचारक **प्रो. आर. जनार्दनन पिल्लै** द्वारा लिखित जीवनी है 'जवाहरलाल नेहरू' (1970, प्रकाशक : स्वयं लेखक)। पं.जवाहरलाल नेहरू की जीवनी प्रस्तुत करनेवाला यह ग्रंथ 'भारत छोड़ो आंदोलन', 'जेलवास', 'विश्वयुद्ध', 'शरणार्थी समस्या' आदि शीर्षकों में बाँटा गया है।

प्रो. पी. माधवन पिल्लै का ग्रंथ है मन्नत्तु पद्मनाभन (1971, प्रकाशक : सूचना तथा प्रसारण मंत्रालय, भारत सरकार)। यह ग्रंथ 'नायर सर्विस सोसाइटी' के संस्थापक तथा सामाजिक परिष्कर्ता पद्मभूषण मन्नत्तु पद्मनाभन की जीवनी प्रस्तुत करता है। यह 'भारत के गौरव' नामक पुस्तक माला के आठवें भाग के रूप में लिखित जीवनी है।

डॉ. पी. कृष्णन नायर का ग्रंथ है नारायण गुरु (1975, प्रकाशक : स्वयं लेखक)। यह ग्रंथ सामाजिक परिष्कर्ता तथा आध्यात्मिक गुरु श्री नारायण का जीवन चरित प्रस्तुत करता है।

श्री आनंदशंकर माधवन ने केरल के हिन्दी लेखकों में सबसे अधिक जीवनियाँ लिखी हैं। सब ग्रंथों का प्रकाशन किया है अमरावती प्रकाशन, बाँका, भागलपुर ने। प्रथम याम (1965) माधवन जी की गरीब, अशिक्षित ममतामयी माँ का परिचय

देनेवाला ग्रंथ है। उन्होंने पश्चिम के कई महापुरुषों की जीवनियाँ लिखी हैं, जैसे—प्लेटो (1976), अरस्तु (1981), वाल्टेयर (1982), सुकरात (1983), नित्जे (1987) आदि। 'नित्जे' में दार्शनिक नित्जे की जीवनी लिखी गई है। नित्जे का जन्म 1844 में प्राश्या में हुआ। उनके चिंतन का मूल तत्त्व है सत्ता अर्थात् सार्थक जीवन के लिए इच्छाशक्ति जरूरी है। 'अक्षय लेखनी' (1982) भी माधवनजी द्वारा लिखित दस दार्शनिकों की जीवनियों का संकलन है। 350 पृष्ठों का यह ग्रंथ फ्रांसिस बेकन, स्पिनोजा, कांत, हेगल, स्कोपन होवर, स्पेंसर, बेर्गसन, क्रोचे, संतयाना, रसैल आदि की जीवनियों का संकलन है।

डॉ. एन. रामननायर की रचना है दिग्विजयी शंकर (1978, प्रकाशक : वाणी प्रकाशन, दिल्ली)। इस ग्रंथ में अद्वैतवादी आचार्य तथा धार्मिक पुरुष द्विग्विजयी शंकराचार्य की जीवनी निम्नलिखित शीर्षकों में प्रस्तुत की गई है—बचपन, वैराग्य, गुरु की खोज, काशी और बदरी, व्यास दर्शन, प्रतियोगियों का खंडन, शास्त्रार्थ की जीत, परकाय प्रवेश, कापालिकों के मध्य में, करामात, शृंगेरी मठ, माता मृत्युशैया पर, दिग्विजय और निधन आदि।

डॉ. के.के. पद्मनाभन आर्य की रचना है पप्पु की अम्मा (1980, प्रकाशक : स्वयं लेखक)। इसमें लेखक की माँ श्रीदेवी अम्मा की संघर्षपूर्ण जीवनी लिखी गई है। माँ लेखक को प्यार से पप्पु पुकारती थीं।

डॉ. एन.पी. कुट्टन पिल्लै ने दो जीवनियाँ लिखी हैं—(1) 'स्वतंत्रता सेनानी अल्लूरि सीताराम राजु' (1981, प्रकाशक : हनुमान पब्लिकेशंस, हैदराबाद)—यह ग्रंथ हिन्दी साहित्य जगत् में काफी प्रसिद्ध है। इसकी भूमिका के इन शब्दों से इस ग्रंथ का महत्त्व व्यंजित होता है—'ऋषि-मुनियों का समतामय असर गिरा तथा अक्षय ज्ञानरत्नों से विलसित इस पुण्यभूमि भारत में समय-समय पर आर्त त्राणपरायण कर्मयोगियों का अवतार हुआ, जो अपने पुनीत कर्मानुष्ठानों के द्वारा भारतीय जन-मानस में अपना अनश्वर स्थान प्राप्त कर सके।...भारतीय स्वतंत्रता-यज्ञ में भारत के कोने-कोने के नि:स्वार्थ तपस्वी महापुरुषों ने अपने प्राणों की आहुति चढ़ाई और उनमें से कुछ शहीद आज भी हमारे इतिहास की शोभा बढ़ा पा रहे हैं। किंतु यह अत्यंत दुख की बात है कि स्वतंत्रता की मशाल हाथ में लेकर अंग्रेज़ सत्ता को कदम-कदम पर कंपित करके वीरगति को प्राप्त हुए कई अमर सेनानी हमारे इतिहासकारों की दृष्टि में नहीं पड़े, भले ही कृतज्ञ जनता अपने श्रद्धा सुमनों की अंजलि आज भी उन्हें अर्पित कर रही है। ऐसे महान योद्धा वीर शहीदों में आंध्र प्रदेश के स्वतंत्रता-सेनानी अल्लूरि सीताराम राजु का अन्यतम स्थान है, जिनका जीवन भावी भारतीयों में नवस्फूर्ति, प्रेरणा एवं उमंग भरता रहेगा। खेद की बात है कि हमारे इतिहासकारों ने सीताराम राजु को अपने इतिहास में स्थान नहीं दिया।' प्रस्तुत ग्रंथ में डॉ. कुट्टन पिल्लै ने आंध्र प्रदेश के वीर स्वतंत्रता सेनानी सीताराम राजु के जन्म से लेकर मृत्यु-

पर्यंत जीवन की सभी प्रमुख घटनाओं को समाविष्ट किया है, जो चौदह अध्यायों में विभक्त है। कुल पृष्ठ 108 हैं। (2) शबरिमला धर्मशास्ता स्वामी अय्यप्पन (2003, प्रकाशक : अय्यप्प भक्त समाजं, मेट्टुगुडा, सिकंदराबाद)—यह धार्मिक ग्रंथ है, जो सात अध्यायों में बाँटा गया है, जो इस प्रकार हैं—'केरल एक विहंगावलोकन', 'तीर्थ और तीर्थाटन', 'स्वामी अय्यप्पन का अवतार', 'दीक्षा एवं प्रतिष्ठान', 'मंदिर की राह पर', 'श्रीचरणों में' और 'केरल के प्रसिद्ध मंदिर' आदि। इसकी भूमिका स्वयं लेखक ने लिखी है। श्री धर्मशास्ता के जन्म से लेकर उनके लिए शबरिमला मंदिर' की स्थापना तक की बातें इसमें लिखी गई हैं। इस धार्मिक ग्रंथ को स्वयं लेखक 'जीवनी साहित्य' मानते हैं।

डॉ. एन. चंद्रशेखरन नायर ने तीन जीवनियाँ लिखी हैं—(1) 'महर्षि विद्याधिराज स्वामी तीर्थपाद' (1983, प्रकाशक : श्री विद्याधिराज विद्यासमाजं, तिरुवनंतपुरम)—200 पृष्ठों का यह ग्रंथ केरल के सामाजिक परिष्कर्ता, धार्मिक पुरुष तथा महान संत श्री चट्टम्पी स्वामी की जीवनी प्रस्तुत करता है। दो व्यक्तियों ने इस ग्रंथ की भूमिकाएँ लिखी हैं--डॉ. विजयेंद्र स्नातक (पूर्व प्रोफेसर, दिल्ली विश्वविद्यालय) और डॉ. प्रभाकर माचवे। इस ग्रंथ का मलयालम में अनुवाद सन् 1993 में डॉ. राधम्मा ने किया। इस ग्रंथ में चट्टम्पी स्वामी की जीवनी इस क्रम में प्रस्तुत की गई है—महर्षि विद्याधिराज तीर्थपाद की जीवनी, सिद्धपुरुष स्वामीजी महाराज, सर्वकला वल्लभ स्वामीजी, श्री विद्याधिराज महाराज और विवेकानंद, श्री विद्याधिराज महाराज की जनसेवा, महर्षि विद्याधिराज महाराज की रचनाएँ, केरल की ऋषि परंपरा और महर्षि विद्याधिराज, स्वामी श्री विद्याधिराज महाराज के शिष्य आदि। (2) 'गांधीजी भारत के प्रतीक' (1997, प्रकाशक : केरल हिन्दी साहित्य अकादमी, तिरुवनंतपुरम)—गांधीजी का जीवन--चरित प्रस्तुत करनेवाला यह ग्रंथ सत्य, अहिंसा जैसे गांधीजी के आदर्शों पर विशेष बल देता है। इस ग्रंथ का पहला शीर्षक है, 'भारतीय संस्कृति और अहिंसा का सिद्धांत'। अगला शीर्षक है, 'गांधीजी का सर्वोदय संकल्प एवं भारतीयता का प्रतीक', 'आदर्श ग्राम अथवा ग्राम स्वराज', 'पंचायत विकेंद्रीकरण', 'पंचायती राज की वर्ण-व्यवस्था और आर्थिक नियमन' जैसे शीर्षकों में गाँव संबंधी गांधीजी की संकल्पना प्रस्तुत की गई है। (3) 'एक कर्मयोगी की चित्र रथ-यात्रा' (2000, प्रकाशक : केरल हिन्दी साहित्य अकादमी, तिरुवनंतपुरम)—यह केरल हिन्दी साहित्य अकादमी, तिरुवनंतपुरम द्वारा निर्मित डॉ. एन. चंद्रशेखरन नायर का जीवनवृत्त प्रस्तुत करनेवाला अलबम है। डॉ. नायर एक व्यक्ति, केरल हिन्दी साहित्य अकादमी के प्रवर्तक, सन् 2000 तक प्रकाशित डॉ. नायर की पुस्तकों का लोकार्पण समारोह, राजभाषा समितियों में डॉ. नायर की सदस्यता, डॉ. नायर के विविध योगदानों के लिए अभिनंदन समारोह आदि के कालक्रमानुसार सचित्र विवरण पृष्ठ के एक ओर हिन्दी में और दूसरी ओर अंग्रेज़ी में कुल 70 पृष्ठों में संकलित हैं। 30 मार्च,

1948 से लेकर 2 अक्टूबर, 1999 तक डॉ. नायर के जीवन की मुख्य घटनाओं के चित्रों का संकलन विवरण सहित दिया गया है। (4) 'चित्रकला सम्राट राजा रविवर्मा' (2004, प्रकाशक : केरल हिन्दी साहित्य अकादमी, तिरुवनंतपुरम)। इस जीवनी में विश्व-विख्यात चित्रकार राजा रविवर्मा द्वारा खींचे गए बीस चित्रों सहित उनकी जीवनी प्रस्तुत की गई है। इस ग्रंथ पर लेखक को एक लाख रुपये का केंद्रीय हिन्दी निदेशालय का पुरस्कार (2004-2005) प्राप्त हुआ।

डॉ. वी.वी. विश्वम् का आलोचना ग्रंथ है—'एक साहित्यिक की जीवनी' (1989, प्रकाशक : विनीत प्रकाशन, तिरुवनंतपुरम-14)। हिन्दी के छायावाद तथा प्रगतिवाद के क्षेत्र में विख्यात कवि श्री सूर्यकांत त्रिपाठी निराला की जीवनी डॉ. वी.वी. विश्वम ने 'एक साहित्यिक की जीवनी' नामक पुस्तक में 51 पृष्ठों में प्रस्तुत की है। 'साहित्यिक निराला' शीर्षक के साथ यह ग्रंथ शुरू होता है। इस शीर्षक में निराला का परिचय इन शब्दों में दिया गया है—"निराला! जैसा नाम, वैसा काम। विचित्र व्यक्तित्व और कृतित्व के मालिक! निस्संदेह निराला आधुनिक हिन्दी के सर्वश्रेष्ठ कवि हैं।" निराला की जीवनी इस ग्रंथ में इन शीर्षकों के अंतर्गत प्रस्तुत की गई है—निराला का जन्म, निराला के पिताजी, बचपन का नाम, माँ, नटखट निराला, जनेऊ-संस्कार, शिक्षारंभ, कूटनीति, ब्याह, साहित्य से संपर्क, तुलसी का प्रभाव, स्वास्थ्य की चिंता, पिता का निधन, नौकरी, पत्नी का निधन, अध्यात्म पर आस्था, पहली कविता, पहला लेख, राजनीति से संबंध, समन्वय के संपादक, बंगला रंगमंच और मुक्तछंद, पंचवटी प्रसंग और जुही की कली, अनामिका (प्रथम) का प्रकाशन, मतवाला मंडल, विविधता के उपासक, पंत से छेड़छाड़, एक दुर्घटना, सरोज का ब्याह, किसानों का संगठन, अभिनंदन, विधि के प्रहार, पंत की लोकप्रियता, कवि का कमरा, सरोज की मृत्यु, शून्य और शक्ति, पुत्र की शादी, गर्म पकौड़ी, मृत्यु-प्रेम, मोह और मोहभंग, रॉयल्टी, कुकुरमुत्ता, निराला ससुराल में, अज्ञातवास, अभिनंदन समारोह, अपरा और परिजन, संन्यासी निराला, निराला का विलायती जीवन, योग और भोग, बीमार, मृत्यु, वैयक्तिक विशेषताएँ आदि।

श्री के.के. कृष्णन नंपूतिरि द्वारा लिखे गए दो जीवनी ग्रंथ प्रकाशित हुए हैं। दोनों एक ही व्यक्ति पर लिखे गए हैं—(1) 'गणित का जादूगर' (1990, प्रकाशक : प्रकाशन विभाग, भारत सरकार)। यह ग्रंथ गणित के विद्वान श्रीनिवासन रामानुजन के जीवन-चरित पर आधारित बालोपयोगी पुस्तक है। (2) 'गणित के अद्भुत मनीषी श्रीनिवासन रामानुजन' (1992, प्रकाशक : कुमार प्रिन्टर्स, तैक्काटु, तिरुवनंतपुरम-14)। यह श्रीनिवासन रामानुजन की जीवनी है, जो गणित के अद्भुत मनीषी हैं। उनका बचपन गरीबी में बीता। अपनी सहज प्रतिभा के कारण वे विश्व के महान गणितज्ञों की श्रेणी में आ गए। इंग्लैंड जाकर छात्रवृत्ति के साथ उन्होंने उच्च शिक्षा प्राप्त की; किंतु वहाँ का जाड़ा उनकी शारीरिक स्थिति के अनुकूल नहीं था। अत: बत्तीस वर्ष

की उम्र में भारत लौट आए और उसी साल राजयक्ष्मा रोग से उनका निधन हुआ। इस ग्रंथ पर प्रो. के.के. कृष्णन नंपूतिरि को हिन्दीतर क्षेत्र के हिन्दी लेखक को दिया जानेवाला केंद्रीय हिन्दी निदेशालय का पुरस्कार सन् 1993 में प्राप्त हुआ।

गोविंदन नंपीशन वी.एम. (पीरंकी नंपीशन) की रचना है—'केरल गांधी केलप्पन' (1997, प्रकाशक : केरल हिन्दी साहित्य अकादमी, तिरुवनंतपुरम)। इसमें सामाजिक परिष्कर्ता तथा स्वतंत्रता सेनानी केलप्पन जी की जीवनी प्रस्तुत है। भूमिका डॉ. एन. चंद्रशेखरन नायर ने लिखी है।

डॉ. जॉर्जकुट्टी वट्टोत्त की रचना है—'फूलों का हार' (2004, प्रकाशक : सिंसियर पब्लिकेशंस, पाला-696575)। यह हिन्दी के 100 साहित्यकारों की अतिसंक्षिप्त जीवनी वर्णमाला क्रम में प्रस्तुत करनेवाला एक संकलन है।

डॉ. पी. लता की रचना है—'केरल की हिन्दी पत्रकारिता का इतिहास' (2009, प्रकाशक : आरती प्रकाशन, तिरुवनंतपुरम)। केरल के अधिकांश हिन्दी पत्रकार स्वयं लेखक भी हैं। इस पुस्तक में केरल की हिन्दी पत्रकारिता का इतिहास प्रस्तुत किया गया है, साथ ही केरल के हिन्दी पत्रकारों की संक्षिप्त जीवनी तथा ज़िंदा रहनेवाले हिन्दी पत्रकारों के साथ लेखिका के संवाद (कई केरलीय हिन्दी पत्रकार स्वर्गस्त हुए) भी संकलित किए गए हैं। इसमें संकलित जीवनियाँ हैं—श्री जी. नीलकंठन नायर (केरल के प्रथम हिन्दी पत्रकार), श्री एन.वी. कृष्णवारियर (लेखक तथा 'युग प्रभात' पत्रिका के संपादक), के. रविवर्मा (अनुवादक तथा 'युग प्रभात' पत्रिका के संपादक), पी. बालकृष्णा ('ललकार' के प्रकाशक एवं संपादक), पी. नारायण (हिन्दी कवि तथा 'ललकार' के सहयोगी संपादक), अभयदेव (फिल्म गीतकार, 'विश्वभारती' पत्रिका के प्रकाशक एवं संपादक), पंडित नारायण देव ('विश्वभारती' के सहयोगी संपादक एवं कवि), डॉ. विश्वनाथ मल्लया ('प्रताप' के पत्रकार), डॉ. एन.ई. मुत्तुस्वामी अय्यर ('भाव और रूप' के प्रकाशक एवं संपादक), के. वासुदेवन पिल्लै ('राष्ट्रवाणी' के संपादक, केरल हिन्दी प्रचार सभा के संस्थापक तथा लेखक), एम.के. वेलायुधन नायर (पूर्व मंत्री, केरल हिन्दी प्रचार सभा), विद्वान के. नारायण, के.जी. बालकृष्ण पिल्लै, कुन्नुकुषि कृष्णनकुट्टी, डॉ. एम.एस. राधाकृष्ण पिल्लै, प्रो. डी. तंकप्पन नायर आदि ('केरल ज्योति' के संपादक); पी.जी. वासुदेव ('संग्रथन' पत्रिका के संपादक और 'हिन्दी विद्यापीठ' के संस्थापक), अप्पु मास्टर ('जगन्नाथ हिन्दी साहित्य सारथी' पत्रिका के संस्थापक संपादक तथा जगन्नाथ हिन्दी महाविद्यालय के संस्थापक), डॉ. एच. परमेश्वरन ('राष्ट्रभाषा संस्थान' के संस्थापक, 'संस्थान समाचार' के संपादक और हिन्दी कवि), डॉ. एन.ई. विश्वनाथ अय्यर (मौलिक साहित्यकार तथा अनुवादक, 'साहित्य मंडल पत्रिका' के संस्थापक संपादक), डॉ. टी.एन. विश्वंभरन (आलोचक और 'साहित्य मंडल पत्रिका' के प्रबंध संपादक), डॉ. एन. चंद्रशेखरन नायर (साहित्यकार, 'शोध पत्रिका' के संपादक और 'केरल हिन्दी

साहित्य अकादमी' के संस्थापक), डॉ. जे. रामननायर (कवि और 'ओमेगा' के संपादक), डॉ. एस. तंकमणि अम्मा (लेखिका और 'केरल हिन्दी प्रचार सभा' की पूर्व अध्यक्षा), डॉ. के.एम. माथ्यू ('शोध क्षितिज' पत्रिका के मुख्य संपादक) आदि।

डॉ. एस. सुनील का ग्रंथ है—'निर्मल वर्मा : शिमला से प्रयाग तक' (2011, प्रकाशक : आई.एफ.ई.आर., मुट्टटा, तिरुवनंतपुरम)। इसमें प्रख्यात कहानीकार निर्मल वर्मा के जन्म से लेकर चेकोस्लोवाकिया में पहुँचने तक की घटनाएँ चित्रित हैं।

श्रीनारायण गुरु की जीवनी **'नेटूर नीलकंठन नंपूतिरि'** (नेंटूर इल्लम, वैक्कम निवासी) ने 'श्री नारायण गुरु' नाम से लिखी (2012, प्रकाशक : इंद्रप्रस्थ प्रकाशन, दिल्ली)। लेखक के मत में, ''दक्षिण भारत के इस महान गुरु की जीवनी और रचना संसार पर शोधपूर्ण ग्रंथ, जो संत परंपरा के अंतर्गत हो रहा है।'

'केरल वर्मा पषशिराजा : आज़ादी के अग्रदूत' **डॉ. के. सजीव** का जीवनी ग्रंथ है (2008, श्रीहरी पब्लिकेशंस, मावेलिक्करा)।

जीवनी (पत्रिकाओं में)

डॉ. आरसु द्वारा लिखित अली सरदार जाफरी (उर्दू शायर) का संक्षिप्त जीवनवृत्त 'अली सरदार जाफरी' शीर्षक में 'केरल ज्योति' पत्रिका (अंक : सितंबर, 1998) में प्रकाशित हुआ। अपने पति का स्वर्गवास होने पर **श्रीमती जे. सरोजिनी अम्मा** ने 'स्वर्गीय के. वासुदेवन पिल्लै स्मृति ग्रंथ' (1964) में 'स्वर्गीय वासुदेवन पिल्लै की संक्षिप्त जीवनी' शीर्षक में पिल्लै जी की जीवनी लिखी।

पिछले कुछ सालों से 'केरल ज्योति' पत्रिका (प्रकाशक : केरल हिन्दी प्रचार सभा, तिरुवनंतपुरम-14) में यह रीति है कि पत्रिका का मुख चित्र किसी विशिष्ट व्यक्ति का दिया जाता है तथा पत्रिका के अंदर उनका संक्षिप्त जीवनवृत्त दिया जाता है।

जीवनी (अनूदित)

जीवनी (अनुवाद : हिन्दी-मलयालम)

महात्मा गांधी की जीवनी पर आधारित 'गांधीजी एक लघु वीक्षण' नाम से श्रीपाद जोशी द्वारा हिन्दी में लिखित जीवनी का मलयालम अनुवाद **डॉ. एन. चंद्रशेखरन नायर** ने 'गांधीजी ओरु लघु वीक्षणं' नाम से किया है (1972, प्रकाशक : एन.बी.एस, कोट्टयम)।

श्रीमती प्रतिभा अग्रवाल द्वारा रचित पुस्तक 'भारतीय साहित्य के निर्माता मोहन राकेश' (प्रकाशक : साहित्य अकादमी, वर्ष : 1987) का मलयालम में **डॉ. एस. तंकमणि अम्मा** ने 'भारतीय साहित्य-शिल्पी मोहन राकेश' नाम से अनुवाद किया (1990, प्रकाशक : साहित्य अकादमी, दिल्ली)। इसमें हिन्दी के नाटककार और

कथाकार मोहन राकेश की जीवनी प्रस्तुत है। यह दो खंडों में विभाजित है। पहला खंड है—'व्यक्ति और व्यक्तित्व'। इसमें लेखन के आधार हैं—मोहन राकेश की डायरी, उनकी पत्नी अनिता से प्राप्त सामग्री तथा उनके मित्र कमलेश्वर का लेख आदि। दूसरा खंड है—'कृति और कृतित्व'। इस खंड में मोहन राकेश की प्रतिभा का परिचय दिया गया है।

श्री पुष्कर पुष्प द्वारा लिखित जीवनी 'ज्ञानी जैल सिंह' (भारत के पूर्व राष्ट्रपति, 25 जुलाई, 1982 से 25 जुलाई, 1987 तक) का उसी नाम से **डॉ. जे. रामचंद्रन नायर** ने मलयालम में अनुवाद किया (1990, प्रकाशक : हिन्दी साहित्य सम्मेलन, प्रयाग)।

महात्मा गांधी के स्वर्गवास के 40 वर्ष बाद उनका जीवनवृत्त उनके तीसरे बेटे रामदास गांधी की पुत्री श्रीमती सुमित्रा गांधी कुलकर्णी ने 'अनमोल विरासत' नाम से लिखा, जिसका प्रकाशन 'प्रभात प्रकाशन, दिल्ली' ने सन् 1988 में किया। तीन खंडों वाले प्रस्तुत ग्रंथ का प्रथम खंड महात्मा गांधी के जन्म से लेकर दक्षिण अफ्रीका में प्रवास तक की बातें प्रस्तुत करता है। 'अनमोल विरासत' का मलयालम में अनुवाद चार व्यक्तियों ने मिलकर किया है। मलयालम अनुवाद का नाम है—'अमूल्य पैतृकं' (1996, प्रकाशक : केरल स्टेट लैंग्वेज इंस्टिट्यूट, तिरुवनंतपुरम)। प्रथम खंड का अनुवाद **डॉ. एम.एस. राधाकृष्ण पिल्लै** (पूर्व प्राध्यापक, सरकारी कॉलेज) ने किया। दूसरे खंड का अनुवाद **तुंपमण तंकप्पन** (तिरुवनंतपुरम) तथा **डॉ. आरसु** (कालिकट) ने किया। तीसरे खंड का अनुवाद **डॉ. एन.ई. विश्वनाथ अय्यर** ने किया। पूरे अनुवाद के मुख्य संपादक डॉ. एन.ई. विश्वनाथ अय्यर थे। पहले खंड का शीर्षक है—'गांधीजियुटे बाल्यवुं सत्यान्वेषण परीक्षणङ्ङळुं'। 30 अध्यायों वाले इस खंड में गांधीजी के बचपन से लेकर दक्षिण अफ्रीका प्रवास तक की बातें शामिल हैं। दूसरे खंड का शीर्षक हैं 'गांधीजियुटेयु स्वातंर्त्यत्तिन्टेयुं कथा'। गांधीजी के भारत लौट आने से लेकर स्वतंत्रता-प्राप्ति तथा हत्या तक की बातें इसमें शामिल हैं। इसके 52 अध्यायों में पहले 35 अध्यायों का अनुवाद डॉ. आरसु ने किया और शेष अध्यायों का अनुवाद श्री तुंपमण तंकप्पन ने। तीसरे खंड का शीर्षक है—'गांधी व्यक्तित्ववुं कुटुंबवुं'। इसके 14 अध्याय हैं।

श्री विष्णु प्रभाकर का साहित्यिक व्यक्तित्व बहुमुखी है। उन्होंने बंगळा लेखक शरत्चंद्र चटोपाध्याय की जीवनी 'आवारा मसीहा' (1974, राजपाल एंड संस) नाम से लिखी। इसका मलयालम अनुवाद 'अलयुन्न महात्मावु' नाम से **प्रो. आर. चेल्लप्पन नायर** ने किया (1994, नेशनल बुक ट्रस्ट ऑफ इंडिया)। विष्णु प्रभाकर साहित्य अकादमी पुरस्कार से सम्मानित हैं।

डॉ. नत्थन सिंह ने डॉ. एन. चंद्रशेखरन नायर की जीवनी 'केरळीय प्रेमचंद' नाम से लिखी। इसका मलयालम में अनुवाद 'केरळत्तिन्टे प्रेमचंद' (2007, केरल

हिन्दी साहित्य अकादमी) नाम से **डॉ. जी. कमलम्मा** और **श्रीमती प्रिया यू.एन.** ने मिलकर किया।

श्री जे.आर. बालकृष्णन नायर ने लाल बहादुर शास्त्री की जीवनी—'मेरे पति मेरे देवता'—जो श्रीमती ललिता शास्त्री द्वारा लिखी गई थी, का अनुवाद मलयालम में किया। किंतु यह अप्रकाशित है।

जीवनी (अनुवाद : अंग्रेज़ी-हिन्दी)

मराठी के प्राचीन साहित्यकारों ने प्रमुख रूप से धार्मिक तथा सामाजिक परिष्कार के लिए तूलिका चलाई थी। चक्रधर, महिमभट्ट, नामदेव, ज्ञानदेव, जनाबाई, मुक्ताबाई आदि इस कोटि में आती हैं। फिर करीब 250 वर्ष एक प्रकार की निश्चलता के बाद भक्ति-आंदोलन को एकनाथ ने पुनरुज्जीवित किया। उनके अनुचर के रूप में तुक्काराम (मराठी कवि) ने भक्ति-आंदोलन को महाराष्ट्र की जनता की प्रबल शक्ति बना दी। महाराष्ट्र के संत कवियों में जनता को सबसे प्रिय तुक्काराम हैं। श्री बालचंद्र नेमाड़े द्वारा अंग्रेज़ी में लिखित तुक्काराम की जीवनी का **डॉ. एन.ई. विश्वनाथ अय्यर** ने हिन्दी में अनुवाद किया है (1986, प्रकाशक : साहित्य अकादमी, रवींद्र भवन, नई दिल्ली)।

प्रो. बी. हृदय कुमारी द्वारा अंग्रेज़ी में लिखित मलायलम के महाकवि श्री वल्लत्तोल नारायण मेनन की जीवनी का हिन्दी अनुवाद है 'वल्लत्तोल' (1982, प्रकाशक : साहित्य अकादमी, नई दिल्ली)। अनुवादक हैं **प्रो. वी.डी. कृष्णन नंपियार**।

जीवनी (अनुवाद : मलयालम-हिन्दी)

मलयालम के बहुचर्चित समस्या नाटककार प्रो. एन. कृष्ण पिल्लै की मलयालम में लिखित जीवनी का हिन्दी में अनुवाद 'भारतीय साहित्य के निर्माता एन. कृष्ण पिल्लै' नाम से **डॉ. एस. तंकमणि अम्मा** ने किया। मूल लेखक हैं एषुवट्टूर राजराज वर्मा। अनुवाद का प्रकाशन सन् 2013 में सहित्य अकादमी, दिल्ली ने किया।

अध्याय-8

आत्मकथा

आत्मकथा (मौलिक)

'आत्मकथा' का शाब्दिक अर्थ है—अपनी कथा। इस साहित्य विधा में लेखक निजी जीवनानुभव लिखते हैं, जबकि 'जीवनी' में लेखक दूसरों का जीवनवृत्त लिखते हैं। केरल में हिन्दी में लिखित आत्मकथाएँ निम्नलिखित हैं—

श्री आनंदशंकर माधवन द्वारा लिखित आत्मकथा है—'प्रथम याम' (1965, अमरावती प्रकाशन)। इसमें उन्होंने अपने बचपन की घटनाएँ लिखी हैं।

श्रीमती ए. पद्मिनी मेनन की संस्मरणात्मक आत्मकथा है—'यादें' (1969, प्रकाशक : इंडिया बुक कंपनी, दिल्ली)। पद्मिनी मेनन केरल के प्रमुख हिन्दी-सेवी प्रो. ए. चंद्रहासन की बहन हैं। केरलीय होकर भी उन्हें कई साल उत्तर भारत में जीने का मौका मिला। केरल तथा उत्तर भारत के उनके अनुभव इस आत्मकथा में लिखे गए हैं। इसके बारह शीर्षक हैं—केरल की गोद में, कॉलेज का जीवन, कन्या गुरुकुल की सेवा, गंगटोक की यात्रा, तृशूर पुरम्, आज़ादी की लड़ाई के दिन, नौ साल, कन्याकुमारी, राजस्थान में भ्रमण, दक्षिणेश्वर और बेलूर मठ, काश्मीर स्वर्ग की एक झाँकी, जय बदरी विशाल आदि।

श्री. एन. नीलकंठन नंपूतिरि की आत्मकथा है : 'इतिशेष' (2010, प्रकाशक : साहित्य सहकार प्रकाशन, दिल्ली)। इसमें पृष्ठभूमि, शिक्षा-दीक्षा, कर्मक्षेत्र, इतिशेष जैसे चार शीर्षकों के अंतर्गत लेखक के बचपन से लेकर आज तक के सभी अनुभवों पर प्रकाश डाला गया है।

डॉ. एन.ई. विश्वनाथ अय्यर मौलिक रचनाकार हैं, सफल अनुवादक भी। 'अनुवाद' के सिद्धांतों पर उनकी कई पुस्तकें निकली हैं तथा कई ग्रंथों (काव्यों तथा उपन्यासों) का सफल अनुवाद भी किया है। अपनी अनुवाद-यात्रा के बारे में उन्होंने अपने आत्मकथांश के ज़रिए 'मेरी अनुवाद यात्राएँ : पड़ाव' (2011) शीर्षक में जो लिखा है, वह 'समकालीन भारतीय साहित्य' पत्रिका (प्रकाशक : केंद्र साहित्य अकादमी, नई दिल्ली) के फ़रवरी, 2011 अंक में प्रकाशित हुआ है।

आत्मकथा अनूदित (अनुवाद : मलयालम-हिन्दी)

'मातृभूमि' के संस्थापक, सिलोन में भारत के राजदूत, संपादक तथा मलयालम के लेखक श्री के.पी.केशवन मेनन द्वारा 'कषिञ्ञकालम' (1909) नाम से मलयालम में लिखित आत्मकथा का **डॉ. एन. चंद्रशेखरन नायर** ने हिन्दी में 'अतीत के दिन' नाम से अनुवाद किया (1987, प्रकाशक : नेशनल बुक ट्रस्ट, नई दिल्ली)। 20 अक्टूबर, 1987 को राजभवन (तिरुवनंतपुरम) में इसका लोकार्पण तत्कालीन केरल राज्यपाल श्री.पी. रामचंद्रन ने किया।

प्रो. टीवी ईच्चर वारियर की संस्मरणात्मक आत्मकथा है—'ओरु अच्छन्टे ओर्मक्कुरिप्पुकल'। 28 अक्टूबर, 1921 को श्री कृष्णवारियर और श्रीमती कोच्चुकुट्टि वार्यस्यार का बेटा ईच्चर वारियर तृशूर जिले के चेरप्पु नामक स्थान में पैदा हुए। वे पहले कोच्चि प्रजामंडल के कार्यकर्ता थे। बाद में साम्यवादी दल के सहयात्री बने। विविध सरकारी कॉलेजों में हिन्दी के प्राध्यापक थे। आपात् काल में पुलिस के अत्याचार से मारे गए अपने बेटे राजन की तलाश के दौरान कानूनी कार्रवाई के संघर्ष के द्वारा केरल में मानवाधिकार की प्राण-प्रतिष्ठा में नेतृत्व किया। उनकी पत्नी का नाम है राधा वारस्यार। बेटे राजन के अलावा उनके दो बेटियाँ भी हैं—रमा और चाँदनी। अपने बेटे की स्मृति में प्रो. ईच्चर वारियर द्वारा मलयालम में लिखित आत्मकथा है-- 'ओरु अच्छन्टे ओर्मक्कुरिप्पुकल' (2006, प्रकाशक : करंट बुक्स, त्रिशूर)। इस श्रेष्ठ आत्मकथा को 'केरल साहित्य अकादमी पुरस्कार' प्राप्त हुआ। इस आत्मकथा के हिन्दी अनुवादक हैं डॉ. एम.एस. विश्वंभरन, जो कालिकट विश्वविद्यालय के हिन्दी विभाग के पूर्व अध्यक्ष थे। वे प्रो. ईच्चर वारियर के प्रिय शिष्य भी थे। **डॉ. एम.एस. विश्वंभरन** ने इस मलयालम आत्मकथा का हिन्दी में 'एक पिता की स्मृति-रेखाएँ' नाम से अनुवाद किया (2000, प्रकाशक : उर्मिला शर्मा, आलोक पर्व प्रकाशन, 1/6588, पूर्वी रोहतास नगर, शाहदरा, दिल्ली-110032)। अनुवादक ने 'एक शिष्य की विनम्र रेखाएँ' शीर्षकवाली भूमिका में प्रस्तुत आत्मकथा का अनुवाद करने को अपने गुरु के प्रेरणादायक रेखांकित किए हैं—'विश्वंभरन, तुम मेरी उन स्मृति रेखाओं का हिन्दी में अनुवाद करो।' हिन्दी अनुवाद मूल आत्मकथा जैसे ही 16 शीर्षकों में बाँटा गया है—एक पिता की स्मृति-रेखाएँ, माँ का सौंपा दायित्व, सी. अच्युत मेनन यात्रा ज़ारी है, कक्कयम कैम्प, कानून की हत्या, ए.के.गोपालनजी का खत, प्रस्तुत विषय, बेटे के लिए जलते हुए, आपात्काल की कानूनी शांति-व्यवस्था, हेबियस कॉर्पस रिट्, मुकदमे के खिलाफ, कोयम्बतूर की सुनवाई, आर्थिक क्षतिपूर्ति, आपात्काल, परिशिष्ट आदि। प्रस्तुत आत्मकथा आदि से अंत तक हृदयस्पर्शी है। उसका प्रारंभ इस प्रकार है—'केरल की राजधानी तिरुवनंतपुरम में मनमोहन बंगला। कोई भीड़भाड़ नहीं थी, कोई शोर-शराबा नहीं था। वातावरण कुछ ऐसा लगा कि आपात्काल की सघन गंभीरता इतिहास की नींद में डूबे मकान को भी खा रही थी। गृहमंत्री

श्री के. करुणाकरन के उस आवास स्थान में खद्दरधारियों की चहल-पहल, आहट नहीं थी। करुणाकरन के कमरे में प्रवेश पाने के लिए मुझे अधिक देर तक इंतज़ार नहीं करना पड़ा। कई दरवाज़ों को इसी बीच में खटखटा चुका था। अब मैं इस आखिरी दरवाज़े को खटखटा रहा हूँ। कोषिक्कोटु इंजीनियरिंग कॉलेज के छात्रावास से पुलिस मेरे बेटे को पकड़कर ले गई। तलाशते-तलाशते अब मैं गृहमंत्री के घर पहुँचा हूँ।' हिन्दी अनुवाद कुल 131 पृष्ठों का है।

केरल के प्रथम हिन्दी पत्रकार श्री. जी. नीलकंठन नायर की मलयालम में लिखित (अप्रकाशित) आत्मकथा का हिन्दी अनुवाद है—'मैं जी.एन.' 2000 पृष्ठों के तीन नोट बुकों में लिखित नायरजी की आत्मकथा **डॉ. पी. लता** के पास है। उनमें से एक नोट बुक में लिखा भाग लता ने हिन्दी में अनुवाद किया, जो 'संग्रथन' पत्रिका (प्रकाशक : हिन्दी विद्यापीठ, केरल) के सन् 2007 के अंकों में धारावाहिक प्रकाशित हुआ।

देशरत्न डॉ. एन. चंद्रशेखरन नायर की आत्मकथा 'अनंतपुरियुं ञानुं' (मलयालम) का हिन्दी अनुवाद है—'एक कर्मयोगी की आत्मकथा: भारत स्वतंत्रता के रास्ते से' (2011, प्रकाशक : श्री निकेतन, लक्ष्मी नगर, तिरुवनंतपुरम)। **श्रीमती कौसल्या अम्पाल** ने इसका हिन्दी में अनुवाद किया है। डॉ. एन. चंद्रशेखरन नायर एन.एस.एस. के विविध कॉलेजों में प्राध्यापक रहकर एम.जी. कॉलेज, तिरुवनंतपुरम के हिन्दी विभाग के अध्यक्ष पद से सेवानिवृत्त व्यक्ति हैं। वे नामी लेखक और अनुवादक हैं। अनुगृहीत चित्रकार भी हैं। प्रस्तुत आत्मकथा 38 अध्यायों में विभाजित है। कुल पृष्ठ 532 हैं। सन् 1949 से आत्म-कथाकार तिरुवनंतपुरम में रहते हैं। तब से लेकर तिरुवनंतपुरम शहर तथा नायरजी के जीवन में कई प्रकार के परिवर्तन आए। इन अनुभवों के परिप्रेक्ष्य में लिखी गई आत्मकथा है—'अनंतपुरियुं ञानुं'।

गानगंधर्व पद्मभूषण डॉ. के.जे. येशुदास की 'व्याषक्काष्च्चा' शीर्षकवाली मलयालम में लिखित आत्मकथा का हिन्दी में अनुवाद दो व्यक्तियों—**प्रो. डी. तंकप्पन नायर** तथा **श्रीमती एस. चंद्रिका कुमारी**—द्वारा किया गया है। प्रस्तुत अनुवाद 'केरल ज्योति' पत्रिका (प्रकाशक : केरल हिन्दी प्रचार सभा) में 2007-2008 की अवधि में धारावाहिक प्रकाशित हुआ। अनुवाद का शीर्षक है—'मेरी अंतर्यात्रा'। मूल आत्मकथा 'मलयालम मनोरमा' दैनिक में जनवरी, 2004 से प्रति गुरुवार के अंक में धारावाहिक प्रकाशित हुई थी। अनुवादक प्रो. डी. तंकप्पन नायर हिन्दी विभाग, बिशप मूर कॉलेज के पूर्व अध्यक्ष हैं तथा श्रीमती एस. चंद्रिका कुमारी केंद्रीय विद्यालय, पट्टम, तिरुवनंतपुरम की पूर्व अध्यापिका हैं। गुरुवार सप्ताह का पाँचवाँ दिन है, जिसे मलयालम में 'व्याषं' कहते हैं। प्रति व्याषं के दिन 'मलयालम मनोरमा दैनिक' में प्रकाशित होने के कारण आत्मकथा (मलयालम) 'व्याषक्काष्च्चा' शीर्षक से प्रकाशित होती थी।

अध्याय-9

संस्मरण

संस्मरण (मौलिक)

'संस्मरण' एक विकासशील साहित्य विधा है। इस विधा में लेखक द्वारा स्मरणीय घटनाओं का उल्लेख किया जाता है। केरल में हिन्दी में कई संस्मरण लिखे गए हैं, जो इस प्रकार हैं—'केरल का स्वर्गिक स्थान' (1973, प्रकाशक : गीता प्रकाशन) नामक प्रो. लक्ष्मिक्कुट्टि अम्मा का ग्रंथ गुरुवायूर मंदिर पर लिखे संस्मरणात्मक निबंधों का संकलन है। श्री के. गोपीनाथन का संस्मरणात्मक ग्रंथ है—'लक्षद्वीप की संस्कृति' (1986, प्रकाशक : स्वयं लेखक)। केरल के हिन्दी लेखकों द्वारा लिखित कई संस्मरण पत्रिकाओं में प्रकाशित हुए हैं। जैसे—

फिल्म निदेशक 'जॉन एब्राहम' का अकाल आकस्मिक निधन हुआ तो डॉ. वी.वी. विश्वम् ने 'जुगनू' उपनाम से एक संस्मरण लिखा, जो 'संग्रथन' में प्रकाशित हुआ। प्रस्तुत संस्मरण इन वाक्यों से शुरू होता है—'फिल्मी दुनिया को गंभीर नुकसान पहुँचाते हुए मलयालम के लोकप्रिय कलाकार जॉन एब्राहम 49 वर्ष की आयु में 30 मई, 1987 को परलोक सिधारे। कालिकट के एक दुमंजिले मकान की छत पर अपने कुछ मित्रों के साथ 29 मई की रात को मौज-मस्ती कर रहे थे कि दौर्भाग्यवश जॉन के पैर फिसल गए और वे पास के एक घर की छत पर जा गिरे' (पृ. 41, अंक : जून, 1987)।

डॉ. भगीरथ मिश्र के संपादकत्व में निकली 'रामकथा : विविध आयाम' नामक पुस्तक (डॉ. रामनाथ त्रिपाठी अभिनंदन ग्रंथ) में डॉ. रामनाथ त्रिपाठी के बारे में डॉ. एस. तंकमणि अम्मा का एक संस्मरण 'सरल गुरु : स्नेहिल धर्म पिता' प्रकाशित है। डॉ. रामनाथ त्रिपाठी रामकथा-विशेषज्ञ थे और दिल्ली विश्वविद्यालय में प्रोफेसर थे। 'रामकथा : विविध आयाम' नामक पुस्तक सन् 1987 में प्रकाशित है और प्रकाशक है—'रामशोध संस्थान, दिल्ली'।

'सेतुबंधन' नामवाले 'डॉ. एन. रामन नायर अभिनंदन ग्रंथ' में प्रकाशित डॉ. एस. तंकमणि अम्मा द्वारा लिखित संस्मरण है—'आचार्य रामन नायरजी : मेरे गुरु मेरे

मार्गदर्शक'। डॉ. एन. रामन नायर (पूर्व अध्यक्ष, हिन्दी विभाग, कोच्चिन विश्व-विद्यालय) कोच्चिन विश्वविद्यालय में पी-एच.डी. के शोध कार्य में लेखिका के शोध-निदेशक थे। डॉ. विजयपाल सिंह उक्त अभिनंदन ग्रंथ के संपादक हैं, जो मार्च, 1996 में प्रकाशित हुआ।

केरल हिन्दी प्रचार सभा के संस्थापक श्री. के. वासुदेवन पिल्लै (1904-1961) का निधन हुआ तो 'के. वासुदेवन पिल्लै स्मृति ग्रंथ' (1964, प्रकाशक : केरल हिन्दी प्रचार सभा, तिरुवनंतपुरम) में कई केरलीय हिन्दी लेखकों ने पिल्लै जी पर संस्मरण लिखे, जैसे—'पूर्व स्मृतियाँ' (बी.आर. तंपी) 'बिखरी हुई स्मृतियाँ' (एम. जनार्दनन पिल्लै), 'आचार्य श्री वासुदेवन पिल्लै' (के.जी. बालकृष्ण पिल्लै), 'श्री वासुदेवन पिल्लै : एक झलक' (के.एस. कुमार), 'गुरुजन लिखा न जाए' (श्रीमती सरस्वती तंकच्ची) आदि।

'केरल ज्योति' पत्रिका में 2007-2008 की अवधि में 'स्मृति की दीर्घा' नामक डॉ. एन.ई. विश्वनाथ अय्यर का स्तंभ प्रकाशित होता था। इसमें प्रकाशित लेख 'आत्मकथात्मक संस्मरण' ही हैं। 'पिताजी के कथा-भंडार से' नामक चौथे लेख (अंक : मई, 2007) की कुछ पंक्तियाँ देखिए—'पिताजी सरस कहानियों के साथ शिक्षाप्रद कहानियाँ भी सुनाते थे। उनकी सुनाई कहानियों में 'अंट्रोक्लीस और शेर' तथा 'राजा रोबर्ट ब्रूस' की कहानियाँ अब भी स्मरण में आती हैं। वे हमें अपनी आँखों देखे 'माप्पिला उत्पात' की घटनाएँ भी बराबर सुनाते थे' (पृ. 11)।

13 जनवरी, 1934 को महात्मा गांधी केरल आए थे। उन्होंने वटकरा के कोट्टप्पुरम् मैदान में भाषण देने के बाद हरिजन निधि के लिए सहायता माँगी तो सत्रह साल की लड़की कौमुदी ने उनके भाषण से प्रभावित होकर अपने स्वर्णाभूषण उतारकर दे दिये। महात्मा गांधी कौमुदी के इस कार्य से इतने प्रभावित हुए कि उन्होंने कहा—'तुम्हारा त्याग तुम्हारा भूषण है'। बाद में उन्होंने 'हरिजन पत्रिका' में 'कौमुदी का त्याग' शीर्षक से लेख भी लिखा। महात्मा गांधी से प्रभावित होकर कौमुदी ने हिन्दी पढ़ी, सरकारी हाईस्कूल में हिन्दी अध्यापिका बनी और अविवाहित रहकर गरीबों की सहायता की। 4 अगस्त, 2009 को इस कौमुदी टीचर का निधन हुआ तो दो हिन्दी प्रेमी व्यक्तियों ने उनका संस्मरण 'केरल ज्योति' पत्रिका (अंक : सितंबर, 2009) में लिखा—(1) 'कौमुदी टीचर अब न रहीं' शीर्षक से केरल हिन्दी प्रचार सभा के तत्कालीन मंत्री प्रो.के.केशवन नायर ने और (2) 'कौमुदी टीचर : एक अनुस्मरण' शीर्षक से केरल हिन्दी प्रचार सभा से पूर्व मंत्री स्वर्गीय श्री एम.के. वेलायुधन नायर की धर्म पत्नी श्रीमती एस. चंद्रिका कुमारी ने।

हिन्दी के विख्यात साहित्यकार श्री विष्णु प्रभाकर का निधन हुआ तो श्रीमती एस. चंद्रिका कुमारी का 'केरल ज्योति' पत्रिका (अंक : अगस्त, 2009) में प्रकाशित संस्मरण है—'विष्णु प्रभाकर : एक संस्मरण'। श्रीमती एस. चंद्रिका कुमारी के पति

स्व. श्री एम.के. वेलायुधन नायर से स्वर्गीय विष्णु प्रभाकर का संबंध भाई जैसा था। इसलिए बड़ी आत्मीयता से लेखिका ने प्रस्तुत संस्मरण तैयार किया है।

'कैद माँगी थी, रिहाई तो नहीं माँगी थी' संग्रथन पत्रिका के 'रजत जयंती विशेषांक' (जनवरी, 2012) में प्रकाशित प्रो.वी.डी. कृष्णन नंपियार का संस्मरण है। नंपियार जी बनारस में जब एम.ए. कोर्स के अंतिम वर्ष के छात्र थे, उस समय की बातें इसमें लिखी हैं। तब वे अपने विश्वविद्यालय से काफी दूर के एक थिएटर में मैटिनी में रियायती दर पर दिखाई जानेवाली हिन्दी फिल्में देखने को अपने मित्र के साथ जाया करते थे। अनेक यादगार फिल्में उन्होंने देखी थीं। उन फिल्मों के प्रिय अभिनेताओं, गीतकारों तथा संगीतकारों की यादें इस संस्मरण में प्रस्तुत की गई हैं और मुहम्मद रफी के गाये अमर गान की एक पंक्ति संस्मरण के शीर्षक के रूप में दी गई है।

'एहसान तेरा होगा मुझ पर' नामक संस्मरण श्री.वी.डी.कृष्णन नंपियार अगस्त, 2006 से 'संग्रथन पत्रिका' के कुछ अंकों में लिखते थे। उनमें से एक है—'ठिठुरता गोदान' शीर्षकवाला संस्मरण (संग्रथन, अंक : मार्च, 2010, संस्मरण-11), जो इन वाक्यों से शुरू होता है—' 'ठिठुरता गणतंत्र', यह कैसा शीर्षक है—आप पाठकों में से कुछ लोगों के मन में यह सवाल उठा होगा। 'ठिठुरता गणतंत्र' के बारे में आपने सुना होगा, पढ़ा भी होगा कि वह स्व. हरिशंकर परसाई की व्यंग्य-कृति का शीर्षक है। चूँकि परसाई जी शुरू से मार्क्सवादी रहे थे अत: उनके लिए भारतीय गणतंत्र 'ठिठुरता गणतंत्र' ही हो सकता है।' (पृ. 5)

'केरल ज्योति' पत्रिका के मार्च, 2010 के अंक में अपने पिताजी की यादगार में डॉ. एस. तंकमणि अम्मा द्वारा लिखित दो संस्मरण प्रकाशित हुए—(1) 'मेरे पिता मेरे गुरु और मार्गदर्शक', (2) 'पिताजी के साथ समारोह में'। लेखिका के पिता स्वर्गीय प्रो. आर. जनार्दनन पिल्लै महात्मा गांधी कॉलेज, तिरुवनंतपुरम में हिन्दी विभाग के अध्यक्ष-पद से सेवानिवृत्त हैं। लेखिका ने बी.ए. (हिन्दी) उस विभाग में पढ़ा था। अपने पिताजी को केंद्रीय हिन्दी संस्थान, आगरा का पुरस्कार-प्राप्त हुआ तो उस पुरस्कार-वितरण समारोह में पिताजी के साथ लेखिका भी गई थी। उस समारोह के स्मरण में उक्त दूसरा संस्मरण लिखा। 13-15 जुलाई, 2007 में न्यूयॉर्क में संपन्न आठवें विश्व हिन्दी सम्मेलन में डॉ. एस. तंकमणि अम्मा ने भाग लिया था। उनके केरल लौट आने के बाद अपने दोस्तों के कहने पर तंकमणि अम्मा ने 'जब केरल की वैजयंती फहरा उठी न्यूयॉर्क में' नामक संस्मरण 'केरल ज्योति' के अप्रैल, 2008 अंक में प्रकाशित किया। यह संस्मरण 'रपट' की शैली में है। काका साहब कालेलकर (1 दिसंबर, 1885 से 21 अगस्त, 1981) की 125 वीं. जयंती के विशेष संदर्भ में डॉ. एस. तंकमणि अम्मा द्वारा लिखित संस्मरण 'काका साहब कालेलकर' 'केरल ज्योति' (अंक : जनवरी, 2011) में प्रकाशित हुआ।

'बापूजी एक संस्मरण' के लेखक हैं आचार्य पी.जी.वासुदेव। यह 'संग्रथन' (अंक : दिसंबर, 1992) में प्रकाशित संस्मरण है। काशी विद्यापीठ में पढ़ते वक्त सारनाथ में गांधीजी की सेवा करने का जो भाग्य लेखक को प्राप्त हुआ, उस पर यह संस्मरण लिखा गया है (पृ.सं. 13-16)।

समकालीन कवि त्रिलोचन शास्त्री का निधन हुआ तो 'संग्रथन (अंक : दिसंबर, 2007) में मुख्य संपादक डॉ. वी.वी. विश्वम ने शास्त्रीजी पर संपादकीय लिखा, जो संस्मरण ही था।

'डॉ. एम.एस. विनयचंद्रन' द्वारा लिखित तथा 'संग्रथन' पत्रिका (अंक : मई, 2000) में प्रकाशित संस्मरण है—'बड़े भाई साहब अब न रहे'। केरल के हिन्दी लेखक तथा हिन्दी विभाग, केरल विश्वविद्यालय के प्रोफेसर डॉ. जी. कमलाधरन का अकाल में स्वर्गवास हुआ तो विनयनजी ने उस दुख में प्रस्तुत संस्मरण लिखा। डॉ. एम.एस. विनयंद्रन द्वारा लिखित अगला संस्मरण है 'कर्मयोगी की पुण्य स्मृति में'। यह 'संग्रथन' पत्रिका के 'रजत जयंती विशेषांक' (अंक : जनवरी, 2012) में प्रकाशित हुआ। 'हिन्दी विद्यापीठ' के संस्थापक, 'हिन्दी विद्यापीठ' की मुख पत्रिका 'संग्रथन' के संस्थापक संपादक तथा केरल के वरिष्ठ हिन्दी प्रचारक स्वर्गीय आचार्य पी.जी. वासुदेव की स्मृति में उक्त संस्मरण लिखा गया, जो इस प्रकार शुरू होता है—'समाज और देश में किसी भी व्यक्ति की पहचान उनके ज्ञान और गुणों के कारण होती है। सचमुच स्वर्गीय पी.जी. वासुदेवजी एक ऐसे व्यक्तित्व के धनी रहे हैं जो विविध आयामी हैं। हिन्दी भाषा एवं साहित्य के प्रचार-प्रसार क्षेत्र में उनकी स्मृति सदैव बनी रहेगी।' (पृ. 25)

श्री. के.जी बालकृष्ण पिल्लै रसायन और उर्वरक मंत्रालय की हिन्दी सलाहकार समिति के सदस्य थे। प्रस्तुत समिति की बैठक में भाग लेने दिल्ली गए तो हिन्दी लेखक श्री विष्णु प्रभाकर का आमंत्रण स्वीकार कर उनसे मिलने 9-7-2001 को पीतमपुरा (दिल्ली) के उनके घर गए। उस दिन की बस-यात्रा तथा मुलाकात का संस्मरण 'श्री विष्णु प्रभाकर के साथ एक घंटा' शीर्षक में ('हिन्दी प्रचार वाणी' पत्रिका, अंक : सितंबर, 2001) में पिल्लैजी ने लिखा है। 'केरल ज्योति' पत्रिका के अप्रैल, 2008 अंक में प्रकाशित श्री के.जी. बालकृष्ण पिल्लै द्वारा लिखित संस्मरण है—'कुशल संगठक श्री. के.एम. सामुवलजी'। केरल हिन्दी प्रचार सभा के उपाध्यक्ष स्व. श्री के.एम. सामुवल को 'गंगाशरण सिंह पुरस्कार' प्राप्त हुआ तो उनकी संगठन-क्षमता से परिचित पिल्लैजी ने उक्त 'संस्मरण' लिखा। कुछ दशक पहले 'अखिल भारतीय हिन्दी साहित्य संघ' की बैठक में भाग लेने के लिए केरल हिन्दी प्रचार सभा के प्रतिनिधि के रूप में श्री के.जी. बालकृष्ण पिल्लै दिल्ली गए। प्रमुख गांधीवादी कार्यकर्ता और वयोवृद्ध मनीषी, मराठी-गुजराती-हिन्दी के लेखक श्री. काका कालेलकर से मिलने यमुना नदी के किनारे राजघाट में भी गए। उस मुलाकात के बारे में लिखे संस्मरण का शीर्षक है—'काका साहब के साथ अल्प समय' (केरल ज्योति, अंक : जनवरी, 2011)।

केरल की हिन्दी दुनिया के तीन प्रमुख हस्ताक्षर-अप्पु मास्टर / पी.पी. अप्पु, प्रो. आर. जनार्दनन पिल्लै और डॉ. सिंधु अजयकुमार क्रमश: जनवरी, फरवरी, मार्च (2010) महीनों में स्वर्गस्थ हुए तो उन्हें श्रद्धांजलि अर्पित करते हुए डॉ. पी. लता द्वारा तैयार किए गए संस्मरण 'भारत पत्रिका' (प्रकाशक : श्री. आर. हरिप्रसाद, पुल्लमडम् कम्पाउंड, फोर्ट पी.ओ, तिरुवनंतपुरम-695 023; संपादक : डॉ. आर.एस. रामचंद्रन नायर) के मार्च, 2010 अंक में प्रकाशित हुए।

'कुछ लमहे—बीते दिनों के' शीर्षक से प्रो. उषा बी नायर का संस्मरण 'संग्रथन' के 'रजत जयंती विशेषांक' (जनवरी, 2012) में प्रकाशित हुआ। सन् 1994 में सरकारी कॉलेज, कासरगोड में अपना तबादला हुआ तो पहले दिन के अनुभव से लेकर वहाँ के छात्रों के निष्कलंक व्यवहार, क्वार्टर्स के निवासियों का संगठन, प्रस्तुत संगठन का वार्षिक समारोह तथा प्रस्तुत संगठन के स्थापन में नेतृत्व देनेवाली प्राध्यापिका डॉ. कृष्णकुमारी के स्वर्गवास पर दुख आदि कई बातें प्रस्तुत संस्मरण में लेखिका ने लिखी हैं।

'केरल ज्योति' पत्रिका के स्व. एम.के. वेलायुधन नायर स्मृति अंक (सितंबर, 2002) में केरल हिन्दी प्रचार सभा के पूर्व मंत्री स्वर्गीय श्री. एम.के. वेलायुधन नायर पर कई संस्मरण छापे गए हैं, जैसे—भीगी आँखों से (डॉ. एन.ई. विश्वनाथ अय्यर), केरल हिन्दी प्रचार सभा के लिए जन्मा व्यक्तित्व (डॉ. टी.के. नारायण पिल्लै), केरल के युग प्रवर्तक हिन्दी सेवक (जे.आर. बालकृष्णन नायर), मेरे प्रिय पति श्री एम.के. वेलायुधन नायर (श्रीमती चंद्रिका कुमारी), हिन्दी के समर्थ राजदूत कर्मयोगी श्री. एम.के. वेलायुधन नायरजी (डॉ. एस. तंकमणि अम्मा), केरल हिन्दी प्रचार सभा : एक झांकी (डॉ. एम.एस. राधाकृष्ण पिल्लै) आदि।

अपनी धर्मपत्नी श्रीमती अलमेलु. एस का निधन हुआ तो उनकी स्मृति में डॉ. एन.ई. विश्वनाथ अय्यर ने 'दीप बुझ गया' संस्मरण लिखा, जो 'केरल ज्योति' पत्रिका (अंक : नवंबर, 2006) में प्रकाशित हुआ। श्रीमती अलमेलुजी अंतिम साँस तक हिन्दी के प्रति प्रेम रखती थीं और अय्यरजी के कार्यकलापों को प्रेरणा देती रहीं। आचार्य नंददुलारे वाजपेयी की स्मृति में डॉ. एन.ई. विश्वनाथ अय्यर द्वारा लिखित संस्मरण 'आचार्य नंददुलारे वाजपेयी की केरल-विजय' केरल ज्योति (अंक : अक्टूबर, 2004) में प्रकाशित हुआ। यह संस्मरण इन शब्दों में समाप्त हुआ है—'अपने विषय में मैं दावे के साथ कह सकता हूँ कि मैं जो कुछ भी हूँ, उनके आशीर्वाद का प्रसाद है। उनकी सादर-स्मृति मेरा संबल है' (पृ. 16)। अय्यरजी 'सागर विश्वविद्यालय' में पी-एच.डी. के शोधार्थ गए प्रथम दक्षिण भारतीय थे। वहाँ उनके मार्गदर्शक थे वाजपेयी जी।

डॉ. पी. बालकृष्णन (उषस, ताषेचोव्वा, कण्णूर जिला) द्वारा लिखित संस्मरण है, 'कुलपति डॉ. जी. गोपीनाथन'। यह 'केरल ज्योति' के जून और जुलाई, 2004

अंकों में धारावाहिक प्रकाशित है। जब डॉ. जी. गोपीनाथन महात्मा गांधी अंतरराष्ट्रीय हिन्दी विश्वविद्यालय वर्धा के कुलपति नियुक्त हुए, तब उन पर लिखा गया यह संस्मरण है।

प्रो. के. केशवन नायर का लिखा संस्मरण है—'प्रो. आर. जनार्दनन पिल्लै : एक निष्ठावान हिन्दीसेवी', जो 'केरल ज्योति' के फ़रवरी, 2007 अंक में प्रकाशित हुआ। यह 'केरल ज्योति का 'प्रो. आर. जनार्दनन पिल्लै विशेषांक' था। इस विशेषांक में स्वर्गीय पिल्लै जी पर संस्मरण लिखे अन्य केरलीय हिन्दी लेखक हैं—डॉ. एन. चंद्रशेखरन नायर, डॉ. एस. तंकमणि अम्मा, श्री. के.जी. बालकृष्ण पिल्लै, जी. रवींद्रन पिल्लै, जे.आर. बालकृष्ण नायर आदि।

श्री जी. कृष्णन नायर द्वारा 'केरल ज्योति' (अंक : सितंबर, 1981) में लिखित संस्मरण है—'डॉ. के.भास्करन नायर'। यूनिवर्सिटी कॉलेज में सन् 1951 में स्नातक कक्षा में पढ़ते वक्त अपने गुरुदेव तथा साहित्य के अनन्य सेवक डॉ. के. भास्करन नायर का जितना प्रभाव कृष्णन नायर जी पर पड़ा था, इसका प्रमाण है यह संस्मरण।

'केरल ज्योति' के 'डॉ. एन. चंद्रशेखरन नायर विशेषांक' (नवंबर, 2007) में छपे केरल हिन्दी लेखकों द्वारा लिखित संस्मरण हैं—'शताभिषिक्त डॉ. एन. चंद्रशेखरन नायर—एक सफल जीवन का प्रतीक' (प्रो. के. केशवन नायर), 'भारतीय संस्कृति के प्रबल हिमायती साहित्यकार—डॉ. एन. चंद्रशेखरन नायर' (डॉ. एस. तंकमणि अम्मा) आदि।

'केरल ज्योति के 'डॉ. एन.ई. विश्वनाथ अय्यर विशेषांक' (अगस्त, 2006) में छपे डॉ. एन.ई. विश्वनाथ अय्यर पर लिखे संस्मरण हैं—लोक धर्मिता का लालित्य (डॉ. ए. अरविंदाक्षन), डॉ. एन.ई. विश्वनाथ अय्यर : व्यक्ति तथा रचनाकार (डॉ. एस. तंकमणि अम्मा), जीवमेव शरद : शतक (श्री के.जी. बालकृष्ण पिल्लै), बहुभाषाविद् इतिहासवेत्ता आचार्य अय्यरजी (डॉ. सी.जे. प्रसन्नकुमारी) आदि।

प्रो. वी.डी. कृष्णन नंपियार का संस्मरणात्मक लेख है—'तिरुवनंतपुरम के वे सात साल'। यह विविध शीर्षकों के अंतर्गत 'संग्रथन' पत्रिका के 2013-2014 अंकों में धारावाहिक प्रकाशित हुआ है।

संस्मरण (अनुवाद : मलयालम-हिन्दी)

प्रो. विष्णुनारायण नंपूतिरि (मलयालम और अंग्रेज़ी के विख्यात लेखक) द्वारा 'कुंकुमं' (कोल्लम जिले से प्रकाशित मलयालम मासिक पत्रिका) में हिन्दी के प्रयोगवादी कवि तथा 'तारसप्तक' के संपादक अज्ञेय पर 'अज्ञेय' नाम से एक संस्मरण लिखा था। हिन्दी में उसका अनुवाद डॉ. एम.एस. विनयचंद्रन (प्राध्यापक, यूनिवर्सिटी कॉलेज) ने सन् 2002 में 'सच्चिदानंद हीरानंद वात्स्यायन अज्ञेय' नाम से करके 'संग्रथन' पत्रिका में प्रकाशित किया। उस अनुवाद का पुन:प्रकाशन 'संग्रथन' पत्रिका

के अप्रैल, 2011 अंक में किया गया। पुनः प्रकाशन का विशेष कारण यह था कि सन् 2011 अज्ञेय का जन्म-शताब्दी वर्ष था। 11 मार्च, 2011 को अज्ञेय का जन्म हुआ। यही नहीं, 'संग्रथन' पत्रिका का सर्वप्रथम अंक (जुलाई, 1987) स्वर्गीय अज्ञेय के मुखचित्र से निकला था। सन् 2011 अज्ञेय का जन्म-शताब्दी वर्ष और 'संग्रथन' पत्रिका का रजत जयंती (25 वर्ष) वर्ष है। संस्मरण में अज्ञेय के जन्म से लेकर उनकी साहित्य-रचनाओं, आदर्शों तथा दृष्टिकोण तथा निधन-संबंधी घटना का परिचय नपूतिरि ने दिया है। उनकी पत्नी इलादेवी के बारे में कहा गया है—'इला देवी (नाम कितना सार्थक!) जो कपिला वात्स्यायन के साथ के दुखद दाम्पत्य जीवन के बाद ही उनकी सहधर्मिणी बनी थी' (पृ. 45)। इसमें अज्ञेयजी के निधन की घटना-संबंधी सूचना इन शब्दों में दी गई है— 'निस्संतान वात्स्यायनजी ने बच्चों के लिए एक छोटा-सा मचान बनाया था। मगर जिस दिन वे उस घर का दरवाज़ा खोल देनेवाले थे, उसी दिन सीढ़ी पर गिर पड़े और चल बसे' (पृ. 44, संग्रथन)। भोपाल के 'भारत भवन' में भारतीय भाषा-भाषी कवियों का जो सम्मेलन 'कवि-भारती' नाम से संपन्न हुआ था, उसमें भाग लेने का सौभाग्य मूल संस्मरणकार प्रो. नंपूतिरि को प्राप्त हुआ था और वहीं अज्ञेय से मुलाकात हुई और उन्हें पहचान सके। संगोष्ठी में भाग लेकर अज्ञेय ने कहा था—'भारतीय भाषाओं का अनुवाद अंग्रेज़ी में नहीं, बल्कि हिन्दी में प्रचलित होना चाहिए। एक दूसरे को समझने तथा जानने के लिए यही उपाय है। सारी रचनाओं का लिप्यंतरण, देवनागरी लिपि में संपूर्ण भारत में सुलभ हो जाए' (पृ. 45)। 30 मार्च को संगोष्ठी समाप्त हुई और प्रो. नंपूतिरि से मिलने की अज्ञेय की इच्छा श्रीमती इलादेवी से जानकर प्रो. नंपूतिरि जहानुमा होटल में गए। लंबे समय की बातचीत के बाद 'ऐसा कोई घर आपने देखा है' नामक अपना नया काव्य संग्रह अपने हस्ताक्षर सहित प्रेमपूर्वक उन्होंने नंपूतिरि को दिया। बिदा देते वक्त अज्ञेय ने कहा—'भारत के अस्त न होने के लिए शांत और अचंचल रूप में हमें यात्रा करनी चाहिए। शब्दों को कर्म में बदलना चाहिए'। रेल से अपनी वापसी यात्रा के वक्त संचार माध्यमों से प्रो. नंपूतिरि को अज्ञेयजी के निधन का पता चला।

श्री जॉनसन नामक एक प्रवासी भारतीय ने अमेरिका के अपने अनुभवों तथा वहाँ के चमत्कारी दृश्यों पर 'अमेरिका : ओरद्भुत लोकं' नामक पुस्तक मलयालम में लिखी। इस पुस्तक का हिन्दी में 'अमेरिका : एक अद्भुत दुनिया' नाम से डॉ. ए. अरविंदाक्षन ने अनुवाद किया। इस अनुवाद का प्रकाशन 'जवाहर पुस्तकालय, मथुरा' ने किया।

अध्याय-10

यात्रावृत्त

यात्रावृत्त (मौलिक)

'यात्रावृत्त' यात्रा का वृत्तांत है। यात्रावृत्त में लेखक अपनी किसी यात्रा के अनुभवों के बारे में लिखता है। केरल में अन्य विधाओं की अपेक्षा हिन्दी में लिखित यात्रावृत्तों की संख्या कम है।

'संग्रथन' पत्रिका के प्रकाशक स्वर्गीय प्रो. एम.एस. जयमोहन ने संग्रथन परिवार के अन्य सदस्यों के साथ 'हिमालय' तथा प्रेमचंद के जन्म स्थान 'लमही' गाँव की जो यात्रा की, उसके वृत्तांत हिन्दी पत्रिकाओं में निम्निलिखित शीर्षकों के अंतर्गत प्रकाशित हुए हैं—लमही का एक दिन (संग्रथन, अंक : अप्रैल, 2004; पृष्ठ सं. 29-35); तिरुवनंतपुरम से लमही तक (वागर्थ, अंक : जुलाई, 2004, पृ. 40-41); लमही का एक दिन (हिन्दी प्रचार वाणी, अंक : अगस्त, 2004, पृ. 16-18); देवताओं के अपने देश से देवभूमि के हिमशैलों पर-1 (संग्रथन, अंक : नवंबर, 2007, पृ. 5-9); देवताओं के अपने देश से देवभूमि के हिमशैलों पर-2 (संग्रथन, अंक : दिसंबर, 2007, पृ. सं.13-17)

श्री के.जी. बालकृष्ण पिल्लै विविध मंत्रालयों की 'हिन्दी सलाहकार समिति' के सदस्य रहे थे और बैठकों में भाग लेने दिल्ली जाते थे। एक बार उन्होंने जो दिल्ली यात्रा की थी, उसका वृत्तांत 'युवराज' पत्रिका में प्रकाशित हुआ।

'इतिहास भूमि में एक तीर्थाटन' शीर्षक से डॉ. नंनियोड रामचंद्रन (अध्यक्ष, हिन्दी विद्यापीठ, केरल) का यात्रावृत्त भाग-1 'संग्रथन' पत्रिका के रजतजयंती विशेषांक (अंक : जनवरी, 2012) में तथा भाग-2 मई अंक में प्रकाशित हुए, जिसका शीर्षक है—'क्रांतिवीर के नाम से खिलवाड़'। वर्षों पहले की अपनी यात्रा के बारे में रामचंद्रनजी ने यों लिखा है—'वाराणसी से निकली इंटरसिटी एक्सप्रेस में नामी लेखक डॉ. युगेश्वर और डॉ. इंदीवर भी मेरे साथ थे। 1990, अप्रैल 3 को केरल से शुरू की गई तीर्थयात्रा का दूसरा चरण था। प्रयाग में साहित्य-सम्मेलन की संगोष्ठी में भाग लेना था।...बनारस से अपना तीर्थाटन प्रारंभ करने की मंशा सूचित करते हुए मैंने मन्मथनाथजी को लिखा

था। उनका उत्तर आया कि प्रयाग में साहित्य-सम्मेलन के तत्त्वावधान में एक संगोष्ठी का कार्यक्रम है, उसमें भाग लो, कई लोगों से मिलने का लाभ होगा। मन्मथनाथजी का उपदेश मेरे लिए शिरोधार्य था।'' (पृ. सं. 92)

डॉ. सी.जे. प्रसन्नकुमारी ने अपनी पुत्री तथा दामाद के अमेरिका में रहते वक्त अमेरिका की जो यात्रा की थी उसका विवरण 'भारतीय अभियंताओं की स्वप्नभूमि' शीर्षक से जुलाई, 2007 से 'संग्रथन' पत्रिका के कुछ अंकों में धारावाहिक, सचित्र प्रकाशित हुआ। यह सन् 2012 में पुस्तकाकार में प्रकाशित हुआ (प्रकाशक : अमन प्रकाशन, कानपुर)। अमेरिका में प्रसन्नकुमारीजी ने वाशिंग्टन की जो यात्रा की थी, उसका विवरण 'वाशिंग्टन डी.सी.की यात्रा' शीर्षक से 'केरल ज्योति' (अंक : 19 मई, 2010) में प्रकाशित हुआ।

यात्रावृत्त (अनुवाद : मलयालम-हिन्दी)

पूर्व संसदीय सहमंत्री श्री. एम.पी. वीरेंद्रकुमार को 'केंद्र साहित्य अकादमी पुरस्कार' प्राप्त यात्रावृत्त (मलयालम) है—'हैमवतभूविल'। इसको डॉ. पी.के. राधामणि ने 'वादियाँ बुलाती हैं हिमालय की' नाम से हिन्दी में अनूदित किया (2011, प्रकाशक : राजस्थान पत्रिका प्रकाशन, जयपुर)। प्रस्तुत ग्रंथ में पुण्यभूमि 'हरिद्वार' का मनोहर चित्रण किया गया है। हरिद्वार में कई छोटे-बड़े मंदिर हैं। ब्रह्मा-विष्णु-महेश की मूर्तियाँ इधर-उधर दीखती हैं। साँझ को आरती संपन्न होती है। भक्तों द्वारा पत्तों में कपूर जलाकर गंगा नदी में बहाया जाता है और ये असंख्य जलते दीप आनंददायक हैं। इसके बारे में वीरेंद्रकुमारजी के शब्द देखिए—'मैंने आरती में भाग लिया। मेरा कपूर दीप बहुत दूर बह गया।'

एस.के. पोट्टेक्काट् का मलयालम में लिखित यात्रावृत्त है—'बालि द्वीप'। प्रो. पी. कृष्णन ने इसका हिन्दी में अनुवाद किया है। प्रकाशक है—नेशनल पब्लिशिंग हाउस, नई दिल्ली।

हिमांशु जोशी के 'यात्राएँ' नामक यात्रावृत्त का डॉ. जी. कमलम्मा का मलयालम अनुवाद है 'यात्राकळ'।

अध्याय-11

साक्षात्कार/भेंटवार्ता

साक्षात्कार (मौलिक)

केरल के हिन्दी लेखकों का उत्तर भारत के हिन्दी लेखकों, मलयालम के साहित्यकारों तथा विविध क्षेत्रों के महापुरुषों से साक्षात्कार पत्रिकाओं में तथा पुस्तक रूप में प्रकाशित हुए हैं।

आरसु तूलिका नाम से लिखनेवाले **डॉ. आर. सुरेंद्रन** (पूर्व अध्यक्ष, हिन्दी विभाग, कालिकट विश्वविद्यालय) का विविध व्यक्तियों से पुस्तक रूप में प्रकाशित साक्षात्कार निम्नलिखित हैं—**(1) साहित्यानुवाद, 'संवाद' और 'संवेदना'** (1995, प्रकाशक : वाणी प्रकाशन, नई दिल्ली)—कुल 131 पृष्ठों की यह पुस्तक दो भागों—'संवाद' और 'संवेदना'—में विभाजित है। 'संवाद' भाग (पृ. 11-68) में आठ मशहूर अनुवादकों के अनुभव और चिंतन को 'भेंटवार्ता' के माध्यम से उजागर करने का प्रयास 'संवाद' भाग (पृ. 11-68) में किया गया है। 'संवेदना' भाग (पृ. 69-131) में अनुवाद पर लेखक के अनुभव और विचार की कुछ बातों पर प्रकाश डाला गया है। 'संवाद' भाग में—'अनुवाद और राष्ट्रों के रिश्ते' शीर्षक के अंतर्गत भारत प्रेमी डॉ. प्योत्र बारानिक्कोव से आरसु की बातचीत है। डॉ बारानिक्कोव के पिताजीअल्कसी बारानिक्कोव 'रामचरितमानस' के रूसी अनुवादक के रूप में विख्यात हैं। 'रामचरितमानस' का रूसी अनुवाद बारानिक्कोव के पिताजी ने कैसे किया, पिताजी के अन्य अनुवाद कौन-कौन से हैं—इनके बारे में संवाद में डॉ. प्योत्र बारानिक्कोव ने जिक्र किया है। पिताजी की प्रेरणा पाकर उन्होंने 'हिन्दी व्याकरण' (कामता प्रसाद गुरु), हिमालय की बेटी (विष्णु प्रभाकर का कहानी संग्रह), 'गिरती दीवारें' (उपेंद्रनाथ अश्क का उपन्यास) आदि के रूसी अनुवाद किए। 'अनुवाद की सही कसौटी' शीर्षक में डॉ. प्रभाकर माचवे से संवाद है। 'अनुवाद के सांस्कृतिक ऐतिहासिक पक्ष' शीर्षक के अंतर्गत डॉ. गार्गी गुप्त (पूर्व संपादक, अनुवाद पत्रिका) से संवाद है। 'संवाद' भाग में 'अनुवाद की जागती चेतना' शीर्षक में जवाहरलाल नेहरू विश्वविद्यालय के जापानी विभाग के पूर्व अध्यक्ष श्री

सत्यभूषण वर्मा से संवाद है। 'रूस में भारतीय अनुवादक के अनुभव' शीर्षक में डॉ. मदनलाल मधु से संवाद प्रस्तुत है। विदेशी भाषा से सीधे हिन्दी में अनुवाद करनेवाले अनुवादक को भारतीय अनुवाद परिषद द्वारा प्रदत्त प्रथम 'द्विवागीश पुरस्कार' (1947) श्री मदनलाल मधु को प्राप्त हुआ था। 'भारत की पहचान और अनुवाद' शीर्षक में डॉ. एम. क्षेबरोफ ब्रिास्की (पोलैंड के पूर्व राजदूत) से संवाद प्रस्तुत है। 'अनुवाद-अनुभव के इर्द-गिर्द' शीर्षक में केरल के विख्यात अनुवादक डॉ. एन.ई.विश्वनाथ अय्यर से संवाद प्रस्तुत है। **(2) 'मलयालम के महान कथाकार : सृजन-संवाद'** (2006, प्रकाशक : 'अमरसत्य प्रकाशन, प्रीत विहार, दिल्ली)—इस कृति के महत्त्व पर प्रकाश डालकर भूमिकास्वरूप 'उत्तर-दक्षिण संवाद का पहल' शीर्षक में आरसु के शब्द देखिए—'शब्दों में संजीवनी शक्ति भरनेवाले साहित्यकारों के सान्निध्य में भेंटवार्ताकार के रूप में बैठना एक सुखद अनुभव है। आस्वादन के आनंद मुहूर्त्त में पाठक के मन में उपजे संदेहों का साहित्यकार द्वारा निवारण एक वरदान है। परवर्ती पीढ़ी के पाठकों के साथ वह आह्लाद बाँटना हृदय-विस्तार की प्रक्रिया है। यह कृति उसका एक मूर्त्त रूप है।' भेंटवार्ता साहित्य तैयार करने के प्रेरणास्रोत के बारे में इसी भूमिका में उन्होंने कहा है—'मेरे किशोर मन को साहित्यिक कृतियों ने शुरू से ही उत्सुक तथा जाग्रत किया था। यह किसकी रचना है? इसके पीछे की प्रेरणा क्या है? किस मानसिकता के साथ उन्होंने यह कृति लिखी है? इसके पीछे आत्मानुभव है या परानुभव? औसत भाव कैसे अद्वितीय भाव बन जाता है? इसके पात्र आसपास के हैं या कल्पना प्रसूत? दार्शनिक दीप्ति कृति में कैसे आती है? विराट विश्व की धड़कन को साहित्यकार कैसे समझता है?—यही मेरी प्रमुख जिज्ञासाएँ थीं।' इस संकलन में आरसु ने बीस मलयालम कथाकारों से अपने संवाद हिन्दी में प्रस्तुत किए हैं। इनमें ज्ञानपीठ पुरस्कृत तीन कथाकार—एस.के.पोट्टेक्काट्ट, तकषि शिवशंकर पिल्लै और एम.टी. वासुदेवन नायर—भी शामिल हैं। देश की सामासिक संस्कृति की अर्थवत्ता से अभिज्ञ होने के लिए देश की विभिन्न भाषाओं के साहित्यकारों से हुए संवादों का प्रकाशन आवश्यक है। इस ग्रंथ में मलयालम के निम्नलिखित कथाकारों से आरसु के संवाद संकलित हैं—कारूर निलकंठ पिल्लै, केशवदेव, ललिताम्बिका अंतर्जनम्, वैक्कम मुहम्मद बशीर, पोनकुन्नम वर्की, तकषि शिवशंकर पिल्लै, एस.के. पोट्टेक्काट्ट, उरूब (पी.सी. कुट्टिकृष्णन), सरस्वती अम्मा, वैक्कम चंद्रशेखरन नायर, कोविलन (अय्यप्पन), एन.पी. मुहम्मद, ओ.वी. विजयन, टी. पद्मनाभन, वी.के. एन (वटक्केकूट्टाला नारायणन कुट्टि नायर), एम.टी. वासुदेवन नायर, माधविकुट्टी (कमला सुरय्या), काक्कनाटन (जॉर्ज वर्गीस), पी. वत्सला, पुनत्तिल कुञ्ञब्दुल्ला आदि। **(3) 'भारतीय साहित्य : आशा और आस्था'** (2011, प्रकाशक : राधाकृष्ण प्रकाशन, नई दिल्ली)—यह 10 साहित्यिक लेखों तथा 22 साहित्यकारों

से साक्षात्कारों का संकलन है। व्यक्तियों के नाम के आद्यक्षर के क्रम में—अंग्रेज़ी ए.बी.सी.डी. क्रम में-साक्षात्कार संकलित हैं। मलयालम भाषा से कवि सच्चिदानंदन और हिन्दी से कथाकार यशपाल के साक्षात्कार इसमें शामिल हैं।

'केरल की हिन्दी पत्रकारिता का इतिहास' नामक ग्रंथ (2009, प्रकाशक : आरती प्रकाशन, तिरुवनंतपुरम) में लेखिका **डॉ. पी. लता** का केरल के हिन्दी पत्रकारों से संवाद भी संकलित हैं। संवाद के शीर्षक इस प्रकार हैं—केरल के प्रथम हिन्दी पत्रकार श्री. जी. निलकंठन नायर (पृ. 56–58); प्रो. डी. विश्वनाथ मल्लया : 'प्रताप' के पत्रकार एवं संपादक (पृ. 89–90); डॉ. के.जी. बालकृष्ण पिल्लै—केरल ज्योति : दूसरा संपादक (पृ. 161–166); डॉ. एम.एस. राधाकृष्ण पिल्लै—केरल ज्योति : चौथा संपादक (पृ. 170–172); प्रो. डी. तंकप्पन नायर—केरल ज्योति : पाँचवाँ संपादक (पृ. 173–175); डॉ. वी.वी. विश्वम् : 'संग्रथन' के मुख्य संपादक (पृ. 200–206); अप्पु मास्टर : 'जगन्नाथ हिन्दी साहित्य सारथी' के संस्थापक संपादक (पृ. 215–18); डॉ. एच. परमेश्वरन : 'संस्थान समाचार' के संस्थापक संपादक (पृ. 229–231); डॉ. एन.ई. विश्वनाथ अय्यर : 'साहित्य मंडल पत्रिका' के संस्थापक संपादक (पृ. 250–253); डॉ. के.जी. प्रभाकरन—पुनः प्रकाशित 'साहित्य मंडल' पत्रिका के मुख्य संपादक (पृ. 255); डॉ. एन. चंद्रशेखरन नायर : केरल हिन्दी साहित्य अकादमी शोध पत्रिका' के संस्थापक संपादक और मुख्य संपादक (पृ. 176–278); डॉ. आर. एस. रामचंद्रन नायर : 'ओमेगा' पत्रिका के संस्थापक संपादक और प्रधान संपादक (पृ. 288–290); डॉ. जे. रामचंद्रन नायर : 'ओमेगा' के संपादक (पृ. 291–292); डॉ. एन.ई. विश्वानाथ अय्यर : 'अनुशीलन' पत्रिका के संस्थापक संपादक तथा मुख्य संपादक (पृ. 296–297); डॉ. एस. तंकमणि अम्मा : 'दर्पण' और 'शोध दर्पण' की मुख्य संपादिका (पृ. 302–304); डॉ. के.एम. माथ्यू : 'शोध क्षितिज' के मुख्य संपादक (पृ. 306–307); श्रीमती गिरिजा कुमारी डी.टी: 'मलयनिधि' की संपादिका (पृ. 325–328); एन. मुरलीधरन नायर : 'केरल श्री' के संपादक (पृ. 329) आदि।

साक्षात्कार (पत्रिकाओं में)

'गिरिराज किशोर के साथ भेंट' शीर्षक से 'श्री गिरिराज किशोर के साथ डॉ. पवूर शशींद्रन (पूर्व अध्यक्ष, हिन्दी विभाग, कालिकट, आर्ट्स एंड साइंस कॉलेज) का साक्षात्कार कालिकट से प्रकाशित 'आराम' पत्रिका (अंक : 1998) में प्रकाशित हुआ।

श्री के.जी. बालकृष्ण पिल्लै सेवाग्राम में गांधीजी के आश्रम में दो दिन ठहरे थे कि स्वीडन से गांधीजी से मिलने तथा गांधीवाद समझने को आए दो युवकों का परिचय पाने और उनसे स्वीडन के बारे में समझने का मौका पिल्लैजी को प्राप्त हुआ। स्वीडन

के उन युवकों से पिल्लैजी का संवाद 'शिक्षा और चेतना' पत्रिका (अंक : मार्च-जून, 2000) में 'स्वीडन के एक अध्यापक के साथ वार्तालाप' शीर्षक से प्रकाशित हुआ। स्वीडन में काफ़ी अच्छा वेतन मिलना, बेरोज़गारों को गुज़ारे के लिए मासिक भत्ता मिलना, मांसाहार खाना, भारत से वहाँ के मौसम में अंतर आदि बातें उनके संवाद के विषय बने।

कई हिन्दी लेखकों से डॉ. पी. लता के साक्षात्कार पत्रिकाओं में प्रकाशित हुए हैं। केरल के वरिष्ठ हिन्दी अध्यापक तथा नामी लेखक स्वर्गीय प्रो. आर. जनार्दनन पिल्लै के साथ डॉ. पी. लता का साक्षात्कार 'केरल ज्योति' पत्रिका (अंक : फरवरी, 2007) में प्रकाशित हुआ। लताजी का पत्रिकाओं में प्रकाशित अन्य साक्षात्कार इस प्रकार हैं—डॉ. ए. अरविंदाक्षन (पूर्व उपकुलपति, महात्मा गांधी अंतरराष्ट्रीय हिन्दी विश्वविद्यालय; बहुमुखी प्रतिभा संपन्न लेखक) से साक्षात्कार 'संग्रथन' पत्रिका के फरवरी, 2007 अंक में। यह साक्षात्कार 'दक्षिण भारत' पत्रिका में भी प्रकाशित हुआ। डॉ. एन. रामन नायर (पूर्व अध्यक्ष, हिन्दी विभाग, कोच्चिन विश्वविद्यालय; नामी हिन्दी लेखक) से साक्षात्कार 'संग्रथन' पत्रिका में। 'सागर की गलियाँ' (केरल का एकमात्र हिन्दी आंचलिक उपन्यास) है। इसके प्रणेता डॉ. एन. रामन नायर से डॉ. पी.लता की बातचीत' शीर्षक से साक्षात्कार 'राष्ट्रभाषा संदेश' (प्रकाशक : हिन्दी साहित्य सम्मेलन, प्रयाग) के 28 फ़रवरी, 2009 अंक में प्रकाशित हुआ। डॉ. एन. चंद्रशेखरन नायर (संस्थापक, केरल हिन्दी साहित्य अकादमी; वरिष्ठ हिन्दी अध्यापक, चित्रकार तथा नामी लेखक) से साक्षात्कार 'केरल हिन्दी साहित्य अकादमी शोध पत्रिका' के जनवरी, 2007 अंक में। यही साक्षात्कार 'संग्रथन' पत्रिका के जनवरी, 2008 अंक में प्रकाशित हुआ। डॉ. शिवकुमार मिश्र (हिन्दी आलोचक) से साक्षात्कार 'संग्रथन' पत्रिका के जनवरी, 2009 अंक में, डॉ. गोविंद मिश्र (हिन्दी कथाकार) से साक्षात्कार 'केरल ज्योति' के जनवरी, 2009 अंक में, डॉ. एन.पी. कुट्टन पिल्लै (केरलीय हिन्दी लेखक तथा हैदराबाद में रहनेवाले) से साक्षात्कार 'संग्रथन' पत्रिका के जनवरी, 2007 अंक में, कवियूर शिवरामय्यर (केरलीय हिन्दी कवि तथा अनुवादक) से साक्षात्कार 'संग्रथन' पत्रिका के अगस्त, 2007 अंक में, डॉ. गोविंद शेणाय (केरलीय हिन्दी उपन्यासकार तथा विख्यात हिन्दी लघु कथाकार) से साक्षात्कार 'केरल ज्योति' के जनवरी, 2009 अंक में।

मलयालम के विख्यात कथाकार श्री एम.टी. वासुदेवन नायर से डॉ. आरसु की बातचीत 'संग्रथन' पत्रिका के जून, 2006 अंक में प्रकाशित हुई। साक्षात्कार का शीर्षक है—'साहित्यकार : मानवीय त्रासदी का गवाह'। श्री एम.टी.को ज्ञानपीठ पुरस्कार, केंद्र साहित्य अकादमी पुरस्कार ('कालम' उपन्यास के लिए), तीन बार केरल साहित्य अकादमी पुरस्कार ('नालुकेट्टु' उपन्यास, 'स्वर्गम् तुरक्कुन्न वातिल' कहानी तथा 'गोपुर नटयिल' नाटक के लिए) और वयलार पुरस्कार रंटांमूषंम उपन्यास के लिए)

प्राप्त हुए थे। 'जिप्सी जीवन से साहित्य जीवंत बना' शीर्षक से मलयालम के विख्यात कथाकार काक्कनाटन के साथ डॉ. आरसु की भेंटवार्ता 'संग्रथन' पत्रिका के 'रजतजयंती विशेषांक' में प्रकाशित हुई।

सुप्रसिद्ध मलयालम कवयित्री श्रीमती वी.एम. गिरिजा के साथ मायालक्ष्मी. आर. का संवाद 'केरल ज्योति' पत्रिका के फ़रवरी, 2010 अंक में प्रकाशित हुआ। साक्षात्कार का शीर्षक है—'स्त्री सशक्तीकरण की आवश्यकता किस दशा में?'

हिन्दी के कुछ विख्यात लेखकों से प्रो. एम.एस. जयमोहन के संवाद 'संग्रथन' पत्रिका के कुछ अंकों में प्रकाशित हुए हैं। उनके शीर्षक, पत्रिका के अंक तथा पृष्ठ संख्या इस प्रकार हैं—भेंटवार्ता : लोकप्रिय कथाकार श्री गोविंद मिश्र से (अंक : फ़रवरी, 2002; पृ. 38-40); आत्मीयता की शीतल छाया में साहित्य संवाद के चंद लमहे (जनवरी, 2005; पृ. 24-30; यह कथा-लेखिका श्रीमती चित्रा मुद्गल से मिलनवार्ता है।); उदयजी के संग : एक साहित्यिक सत्संग (मई, 2007; पृ. 31-36; यह कथाकार उदयप्रकाश से संवाद है।); 'चौथा सप्तक' के सशक्त हस्ताक्षर डॉ. स्वदेश भारती से साक्षात्कार (दिसंबर, 2009; पृ. 26-29) यह राष्ट्रीय हिन्दी अकादमी, कोलकाता के तत्त्वावधान में हिन्दीतर प्रांत तमिलनाडु के पर्यटन केंद्र कोडाईकनाल में 2 अक्टूबर, 2009 को आयोजित 22वाँ अखिल भारतीय राजभाषा सम्मेलन के व्यस्त कार्यक्रम के बीच डॉ. स्वदेश भारती से हुआ साक्षात्कार है। इस संवाद में जयमोहनजी के साथ डॉ. वी.वी.विश्वम् ने भी भाग लिया था।); शिखरस्थ अभिनेता श्री मोहनलाल से एक सिने शैक्षिक संवाद (जून, 2010; पृ. 8-11; फिल्म अभिनेता मोहनलाल से संवाद।); सुनहरे सागर तट पर एक मनहरा साहित्य संवाद (सितंबर-अक्टूबर, 2010; पृ. 14-18; कवि श्री पवन करण से संवाद।); प्रदीप सौरभ से एक इंटरनेट इंटरव्यू (नवंबर, 2011; पृ. 17-22); कोमल सागर तट के शिलाखंड पर एक कोमल साहित्य संवेदन (रजत जयंती विशेषांक-जनवरी, 2012; पृ. 131-135; कथाकार श्रीमती अल्पना मिश्र से ऊर्मिल संवाद।)आदि।

हिन्दी कथाकार श्रीमती अल्पना मिश्र से डॉ. सोफिया राजन का संवाद संग्रथन पत्रिका के जनवरी, 2014 अंक में प्रकाशित हुआ।

हिन्दी की बहुचर्चित कथा-लेखिका श्रीमती चंद्रकांता से डॉ. पी. लता का संवाद 'संग्रथन' पत्रिका के अप्रैल, 2014 अंक में प्रकाशित हुआ।

साक्षात्कार (अनुवाद : हिन्दी-मलयालम)

डॉ. एन. चंद्रशेखरन नायर से विविध व्यक्तियों के संवादों का मलयालम अनुवाद 'अनंदपुरियुं ञानुं' नामक डॉ. एन. चंद्रशेखरन नायर की आत्मकथा के 45 वें अध्याय में संकलित है। जैसे—'पर्वतों की परतें' नामक पुस्तक में प्रकाशित रुक्माजी अमर के संवाद (नवंबर, 2002) का डॉ. पी. लता का मलयालम अनुवाद पृ. 428 से 435

तक; संग्रथन पत्रिका के जनवरी, 2008 अंक में प्रकाशित डॉ. पी. लता के संवाद (शीर्षक : शताभिषिक्त डॉ. एन. चंद्रशेखरन नायर) का डॉ. प्रीता रमणी टी.ई. का मलयालम अनुवाद पृ. 435 से 437 तक; 'युगस्पंदन' पत्रिका में प्रकाशित श्री.भगवती प्रसाद निदार्या के संवाद (2007) का डॉ. पी. लता का मलयालम अनुवाद पृ. 437 से 440 तक; 'केरल ज्योति' पत्रिका के नवंबर, 2007 अंक में प्रकाशित डॉ. पी. लता के संवाद का श्रीमती रामदुलारी एस. का मलयालम अनुवाद पृ. 441 से 444 तक आदि।

अध्याय-12

रपट

केरल की हिन्दी संस्थाओं के विशेष कार्यक्रमों की रपट इन्हीं संस्थाओं की मुख पत्रिकाओं में प्रकाशित होती है। ऐसी पत्रिकाएँ हैं—केरल हिन्दी प्रचार सभा की 'केरल ज्योति', हिन्दी विद्यापीठ की 'संग्रथन', केरल हिन्दी साहित्य अकादमी की 'शोध पत्रिका', केरल हिन्दी साहित्य मंडल की 'साहित्य मंडल पत्रिका', दक्षिण भारत हिन्दी प्रचार सभा की 'केरल भारती', राष्ट्रीय हिन्दी साहित्य सम्मेलन की 'भारत पत्रिका' आदि।

डॉ. एम.एस. राधाकृष्ण पिल्लै द्वारा लिखित रपट दिल्ली से प्रकाशित 'आउट लुक' पत्रिका में प्रकाशित होती है। केरल तथा तमिलनाडु के बीच मुल्लपेरियार बाँध संबंधी विवाद जब प्रबल हुआ तब उसकी रपट 'आउट लुक' पत्रिका (अंक : जनवरी, 2012) में डॉ. एम.एस. राधाकृष्ण पिल्लै ने दी। पिल्लै जी की केरल ही विविध घटनाओं पर कई रपट आउट लुक पत्रिका के विविध अंकों में प्रकाशित हुई हैं।

जोहान्स बर्ग, दक्षिण अफ्रीका में सन् 2012 में संपन्न नवें विश्व हिन्दी सम्मेलन में केरल से डॉ. एस. तंकमणि अम्मा ने भाग लिया और उनसे तैयार की गई रपट 'हिन्दी की वैजयंती नवाँ विश्व हिन्दी सम्मेलन' नाम से 'संग्रथन' पत्रिका के अक्टूबर और नवंबर, 2012 के अंकों में प्रकाशित हुई। न्यूयॉर्क में संपन्न आठवें विश्व हिन्दी सम्मेलन की रपट भी तंकमणि अम्मा जी ने तैयार करके 'केरल ज्योति' तथा 'संग्रथन' पत्रिकाओं में प्रकाशित की थी।

28-29 जुलाई, 2005 को केरल हिन्दी साहित्य अकादमी का वी.जे.टी. हॉल, तिरुवनंतपुरम में संपन्न रजत जयंती राष्ट्रीय महोत्सव का रपट डॉ. पी. लता ने तैयार किया, जो 'केरल हिन्दी साहित्य अकादमी शोध पत्रिका' के रजत जयंती विशेषांक (2005) में प्रकाशित हुआ।

अध्याय-13

फीचर

डॉ. एम.एस. राधाकृष्ण पिल्लै द्वारा लिखा गया फीचर है 'अमृत मंथन'। इसमें 'पंचायत राज' कितना सफल हुआ है, इसके बारे में उत्तर भारत के पाँच राज्यों—राजस्थान, मध्यप्रदेश, बिहार, हरियाणा और छत्तीसगढ़—को केंद्र में रखकर लिखा गया है। इन राज्यों के गाँवों का सर्वे इसमें मिलता है। 'आउट लुक' साप्ताहिक पत्रिका में 22-28, अप्रैल, 2008 अंक में पहला भाग प्रकाशित हुआ। बाकी अन्य नौ अंकों में धारावाहिक प्रकाशित हुआ। यही सामग्री मलयालम में 'अमृत मंथन' नाम से 'पंचायत राज' मासिक में मई 2008 से मार्च 2009 तक धारावाहिक प्रकाशित हुई।

के.जी. बालकृष्ण पिल्लै ने भारत के विविध भागों से निकलनेवाले विविध हिन्दी दैनिकों में तत्कालीन विषयों पर 600 से अधिक फीचर लिखे हैं।

खंड (ख)

केरल की फुटकल हिन्दी रचनाएँ

अध्याय 14

केरल की फुटकल हिन्दी रचनाएँ

लोक-साहित्य

केरल की लोककथाएँ (1979, प्रकाशक : राजपाल एंड संस, नई दिल्ली)—यह डॉ. एन.ई. विश्वनाथ अय्यर द्वारा लिखित केरल में प्रचलित लोककथाओं का संकलन है।

केरल के कण्णूर जिले में 'एकला देवता' का जो संकल्प है, उस पर लिखा गया हिन्दी ग्रंथ है—'केरल का एकल देवता' (2004, प्रकाशक : सार्थक प्रकाशन, नई दिल्ली)। मलयालम में 'ओट्टक्कोलम' नाम से इसी विषय पर ग्रंथ निकला है। मलयालम ग्रंथ का प्रकाशन किया है 'समयं, कण्णूर' ने। उपर्युक्त मलयालम और हिन्दी दोनों ग्रंथों के लेखक डॉ. विजयकुमारन सी.पी.वी हैं, जो स्वयं कण्णूर जिले के हैं। बंगाल के राजा राममोहन रॉय फाउंडेशन ने 'ओट्टक्कोलम' (मलयालम) का प्रायोजन किया है।

भारतीय लोक-साहित्य (2008, केंद्रीय हिन्दी निदेशालय, दिल्ली) में मलयालम लोक-साहित्य के बारे में डॉ. बी.अशोक ने लिखा है।

वैज्ञानिक साहित्य

कुछ केरलीय हिन्दी लेखकों ने वैज्ञानिक विषय पर लेखनी चलाई है, जैसे—

'विश्व दर्शन'(1995, प्रकाशक : वैज्ञानिक तथा तकनीकी शब्दावली आयोग, नई दिल्ली) श्री नीलकंठन नंपूतिरी द्वारा खगोल विज्ञान और खगोल भौतिकी (Astronomy and Astro Physics) पर लिखी गई 100 पृष्ठों की रचना है। यह लेखक द्वारा 33 वर्षों की सेवा के बाद सन् 1991 में वैज्ञानिक तथा तकनीकी शब्दावली आयोग, मानव संसाधन विकास मंत्रालय, नई दिल्ली से सेवानिवृत्त होने के बाद लिखी गई रचना है। आयोग के 'मैनुअल्स प्रोग्राम, पोपुलर साइंस' के अंतर्गत नंपूतिरीजी ने प्रस्तुत पुस्तक तैयार की, जो वैज्ञानिक साहित्य को एक केरलीय की महत्त्वपूर्ण

देन है। नंपूतिरीजी का जन्म केरल राज्य के कोट्टयम जिले में सुप्रसिद्ध वैक्कम नामक स्थान में सन् 1933 को हुआ।

आयुर्विज्ञान का वार्षिक प्रतिवेदन हिन्दी में

'श्री चित्रातिरुनाल आयुर्विज्ञान तथा प्रौद्योगिकी संस्थान, तिरुवनंतपुरम' के सन् 2000-2001 का वार्षिक प्रतिवेदन हिन्दीतर क्षेत्र केरल के डॉ. एन.ई. विश्वनाथ अय्यर ने हिन्दी में तैयार किया। पुस्तकाकार में प्रकाशित 120 पृष्ठों का प्रस्तुत प्रतिवेदन केरल के हिन्दी लेखन को गौरव की बात है।

वैज्ञानिक साहित्य (अनुवाद : मलयालम-हिन्दी)

श्री एम.पी. परमेश्वरन की मलयालम रचना 'परमाणु विज्ञानं' का श्री नीलकंठन नंपूतिरी ने परमाणु विज्ञान' (1967) नाम से हिन्दी में अनुवाद किया, जो मुम्बई से प्रकाशित हुई। भाभा आटोमिक रिसर्च सेंटर के अधीन वैज्ञानिकों का जो संगठन है, उसने इसका प्रकाशन किया।

बाल साहित्य

केरल में विविध साहित्य विधाओं में हिन्दी में बाल साहित्य लिखा गया है, जो इस प्रकार है—

बाल कहानी

डॉ. एन.ई. विश्वनाथ अय्यर द्वारा लिखित सुंदर बाल कहानियों का संकलन है—'होनहार बालक और अन्य कहानियाँ' (1949)। इस संकलन की एक कहानी है—'होनहार बालक', जिसमें ट्रावंकूर रियासत के दीवान राजा केशवदास के बचपन की एक घटना कथा-रूप में चित्रत हुई है।

'बाल कहानियाँ' (1959, प्रकाशक : विद्यार्थी मित्रं, कोट्टयम) आचार्य पी.जी.वासुदेव द्वारा लिखित बाल कहानियों का संकलन है। इस संकलन की कहानियाँ उपदेशात्मक, मनोरंजक और उद्‌बोधनात्मक हैं। इसके तीन भाग हैं—भाग-1 में संकलित कहानियाँ हैं—मिल्लते, सुस्त न रहो, झूठे न बनो, मेहनत करो, हवा में महल, दूसरों की मदद करो, लालच न करो, तंग न करो। भाग-2 में संकलित कहानियाँ हैं—सहयोग करो, सोचकर काम करो, बड़ों की बात मानो, बेवक़ूफ़ न बनो, बराबर से दोस्ती करो। भाग-3 में संकलित कहानियाँ हैं—कुएँ में चाँद, दर्जी और हाथी, पानी का पानी में, गधे को ढोया, पैसा गाड़ दिया, यों उड़ गया आदि।

'विश्वज्योति पत्रिका' (बाल कहानी पत्रिका) के अंक मार्च, 1966 में प्रकाशित डॉ. एन. चंद्रशेखरन नायर की बाल कहानी है—'मोहर लगी भेड़'।

डॉ. दामोदर प्रसाद द्वारा बालकों के लिए लिखी गई छोटी कथाओं का संकलन है—'प्रसाद कथाएँ' (प्रकाशक : प्रसाद प्रकाशन, कोल्लम)।

यह डॉ. एन. रामन नायर ने बाइबल के आधार पर 'बाइबल की कहानियाँ' (1959, प्रकाशक : राजपाल एंड संस, नई दिल्ली) संकलन की कहानियाँ लिखीं।

'संग्रथन' पत्रिका के 'आज के बच्चे' स्तंभ में प्रो. माथ्यु मावेली लिखते थे। 'सीधी चाल चलो' चार पंक्तियोंवाली उनकी लघु कहानी है, जो अंक 25 जुलाई, 1987 में प्रकाशित हुई थी। इस कहानी की आकर्षक शैली देखिए—

किसी खाड़ी में एक डरावना घडियाल रहता था।
खाड़ी के एक कोने में एक गहरा गड्ढा था।
इस सुरक्षित गड्ढे को घड़ियाल अपना घर बनाता था।
यहीं रहकर वह मनमाना शिकार किया करता था। (पृ. 37)

'संग्रथन' पत्रिका के 15 अगस्त, 1987 के अंक से प्रो. माथ्यु मावेली द्वारा बच्चों के लिए रचा हुआ 'ईसाचरितमानस' खंडश: प्रकाशित हुआ। बच्चों के लिए कथा लिखने की उनकी शैली बड़ी प्रभावी रही। 'ईसाचरितमानस' में कथा कहने की रीति देखिए—'फिलिस्तीन तीन हिस्सों में बंटा था—उत्तर में गलीलिया, मध्य में समरिया और दक्खिन में यहूदिया। नज़रेत इसी गलीलिया के अंतर्गत था, जो वाणिज्य का सिराकेंद्र माना जाता था। यह पहाड़ियों से घिरा हुआ था।' 'ईसाचरितमानस' के विविध अध्याय 'संग्रथन' पत्रिका के निम्नलिखित अंकों में प्रकाशित हुए—प्रथम अध्याय अगस्त, 1987 में, दूसरा अध्याय सितंबर, 1987 में, तीसरा अध्याय जनवरी, 1988 में, चौथा अध्याय मार्च, 1988 में, पाँचवाँ अध्याय मई, 1988 में, छठा अध्याय जून, 1988 में आदि। 'संग्रथन' पत्रिका के सितंबर, 1988 के अंक में प्रो. माथ्यु मावेली ने 'ईसाचरितमानस' शीर्षक के अंतर्गत 'जोण' की कथा कही है।

प्रो. के.के. कृष्णन नंपूतिरि ने कालिदास के 'रघुवंश' महाकाव्य के आधार पर जो बालोपयोगी कथा-रचना की है, उनका संकलन है 'रघुवंश की कथाएँ' (2003; विद्या मंदिर प्रकाशन, दिल्ली)। इसमें 'रघुवंश' महाकाव्य में वर्णित राज-परंपरा की कथाओं का बालकों के लिए रूपांतर किया गया है।

बाल गीत

'संग्रथन' पत्रिका के अंक जुलाई, 1988 में प्रो. माथ्यु मावेली ने एक कक्षा का माहौल चित्रित किया है। इसमें गुरुजी बच्चों को गीत (बालगीत) पढ़ाते हैं, जैसे—

'तितली रानी, तितली रानी...
प्यारी चिड़िया, प्यारी चिड़िया...
सबसे ऊँचा सबसे प्यारा
झंडा ऊँचा रहे हमारा।' (पृ. 39-40)

बाल उपन्यास

प्रो. पी. माधवन पिल्लै द्वारा लिखित बाल उपन्यास है—'मिट्टी का मोर' जो 'भाषा' पत्रिका के बाल विशेषांक (प्रकाशक : केंद्रीय हिन्दी निदेशालय) में प्रकाशित हुआ।

बाल नाटक / एकांकी

'संग्रथन' पत्रिका के 'आज के बच्चे' स्तंभ में प्रो. टी. रत्नकुमारी अम्मा का एक लघु बाल एकांकी है। इसमें धीर महाराज पोरस का चित्रण है। पोरस को बंदी बनाकर सिकंदर के सामने लाया जाता है तो पोरस धीरज धारण करके कहता है—'सिकंदर...हम भारतीय दुश्मनों के सामने सिर झुकाना नहीं जानते। हम सिर देंगे, मगर सिर नहीं झुकाएँगे' (पृ. 39)। तब सिकंदर का जवाब होता है—'महाराज पोरस...हम आपसे मित्रता चाहते हैं। हम आपका देश अभी लौटा देते हैं।...आप जैसे वीर, स्वाभिमानी राजा को पाना ही भारत वर्ष का भाग्य है' (पृ. 40)। बच्चों में देश-प्रेम और वीरता जगाने में प्रस्तुत एकांकी सहायक है।

'भारत देश हमारा' (1978; प्रकाशक : केरल हिन्दी प्रचार सभा) कुन्नुकुषि कृष्णनकुट्टी के चार एकांकियों—कर्तव्य-पालन, विद्याधनं, बिदाई और भारत देश हमारा—का संकलन है।

'लघु रूपक' (1974, प्रकाशक : केरल हिन्दी प्रचार सभा) श्री कुन्नुकुषि कृष्णनकुट्टी द्वारा लिखित चार बाल एकांकियों का संकलन है। इन एकांकियों के यथाक्रम वर्ण्य विषय इस प्रकार हैं—पहला सम्राट औरंगज़ेब पर है, दूसरा पंचतंत्र की एक कथा के आधार पर है, तीसरा सीता स्वयंवर पर है और चौथा जातक कथा के आधार पर दो मित्रों की कथा है।

जीवनी

केरलीय हिन्दी लेखकों ने कई बालोपयोगी जीवनी ग्रंथ लिखे हैं, जैसे—आचार्य पी.जी. वासुदेव द्वारा लिखे गए ग्रंथ हैं—आदर्श बालक, बच्चों के श्रीराम, बच्चों के श्रीशंकर आदि। (इनका उल्लेख 'जीवनी' विधा के अंतर्गत दिया गया है)। स्वतंत्रता के नेताओं पर डॉ. दामोदर प्रसाद द्वारा लिखत ग्रंथ है—'स्वतंत्रता के सिपाही (1965; नेशनल पब्लिशिंग हाउस, दिल्ली)। डॉ. एन.ई. विश्वनाथ अय्यर ने मादम क्यूरी की जीवनी 'विज्ञान योगिनी' (1960) शीर्षक से लिखी है। डॉ. एन. रामन नायर ने श्रीशंकराचार्य की आदर्शात्मक जीवनी 'द्विग्विजयी शंकर' (1978, वाणी प्रकाशन, दिल्ली) शीर्षक से लिखी है।

बाल साहित्य (अनुवाद : हिन्दी-मलयालम)

प्रो. वी.डी. कृष्णन नंपियार ने हिमांशु जोशी (मूल कथाकार) की 'विश्व की श्रेष्ठ लोककथाएँ' पुस्तक का अनुवाद 'लोकोत्तर नाटोटिक्कथकल' नाम से किया।

(प्रकाशक : प्रकाशन विभाग, दिल्ली; वर्ष 1985)। उन्होंने उमाशंकर जोशी की कहानी 'सबका साथी सबका दोस्त' का अनुवाद 'एल्लावरुटेयुं चङ्ङाति एल्लाक्कुं तोषन' नाम से किया (प्रकाशक : नेशनल बुक ट्रस्ट, दिल्ली; वर्ष 1979)।

बाल साहित्य (अनुवाद : मलयालम-हिन्दी)

प्रो. वी.डी. कृष्णन नंपियार द्वारा मलयालम से हिन्दी में अनूदित बाल साहित्य रचनाएँ इस प्रकार हैं—'स्वाराज्यत्तिन्टे कथा' (मूल कथाकार : सुमंगल प्रकाश) का अनुवाद 'स्वराज्य की कहानियाँ' नाम से (प्रकाशक : नेशनल बुक ट्रस्ट, दिल्ली; वर्ष 1979)। 'महाभारतं' (मूल लेखक—के. कुटुबरावु) का अनुवाद 'महाभारत' नाम से (प्रकाशक : नेशनल बुक ट्रस्ट, दिल्ली; वर्ष 1987)।

दार्शनिक साहित्य

'दार्शनिक साहित्य' दर्शनशास्त्र या तत्त्वज्ञान संबंधी साहित्य है। इसमें रचनाकारों के दार्शनिक विचार अभिव्यक्त होते हैं। केरल के कुछ हिन्दी लेखकों ने दार्शनिक साहित्य की रचना की है, जैसे—स्वर्गीय **आनंदशंकर माधवन** मीमांसा साहित्यकार के रूप में विख्यात हैं। माधवनजी द्वारा रचित उपनिषद सार (1971), गीता तत्त्व (1975), माधवन निदान (1970), मानवीयम् (1976), गांधी साधना का मार्ग सन्धान (1986), मृत्युंजय साधना (1989), परम दर्शन (1992) आदि मीमांसा साहित्य के अंतर्गत आनेवाली रचनाएँ हैं। इन सब रचनाओं का अमरावती प्रकाशन, बाँका, भागलपुर ने प्रकाशन किया है। अपने 'मीमांसा साहित्य' में माधवनजी ने भारतीय दर्शन के सैद्धांतिक पक्षों का निरूपण किया है। जैसे—'उपनिषद' वैदिक युग का अंतिम साहित्य है। वह वैदिक भावना का विकसित रूप है। उपनिषदों की संख्या कितनी है, इसका ठीक पता नहीं है। समय-समय पर विभिन्न ऋषियों द्वारा प्रणीत उपनिषदों में बारह प्रमुख हैं—ईश, केन, कठ, प्रश्न, मुण्डक, माण्डूक्य, तैत्तरीय, ऐतरेय, छांदोग्य, बृहदारण्यक, कौषितकी और श्वेताश्वर। माधवनजी के मत में, "आत्मा और परमात्मा संबंधी गुत्थियाँ सुलझाने और जन्म-मरण के रहस्य को भेदने में उपनिषद सदियों से साधकों को सहायता और प्रेरणा देना रहा है' (भूमिका, उपनिषद् सार)। 'उपनिषद् सार' में माधवनजी ने चार उपनिषदों—ईशावस्योपनिषद, कठोपनिषद, केनोपनिषद, प्रश्नोपनिषद—का सार प्रस्तुत किया है। व्यास रचित 'गीता' की व्याख्या माधवनजी ने 'गीता तत्त्व' के सात अध्यायों में दी है। इसमें भक्ति का महत्त्व और निष्काम कर्म की आवश्यकता कही गई है। 'माधवन निदान' में माधवनजी का मत है कि 'भगीरथ बनकर गंगा को प्रकट कर देना ही साहित्य-साधना है' (पृ. 20)। उनके मत में प्रत्येक महत्त्वकांक्षा आध्यात्मिक आचरण है और आत्मा के जग जाने पर ही महत्त्वाकांक्षाएँ भीतर उठ सकती हैं। 'मानवीयम्' में नैतिक मूल्यों पर प्रकाश

डाला गया है। माधवनजी के मत में, 'जीवन का एकमात्र लक्ष्य सत्य को समझना चाहिए' (पृ. 6)। शुभ कार्यों,शुभ विचारों तथा भावों में रहने में मनव का कल्याण है। 'मृत्युंजय साधना' में मृत्यु-संबंधी माधवनजी का दृष्टिकोण स्पष्ट हुआ है। उनके मत में शरीर मंदिर है और प्राण देवता है। प्राण शरीर से निकल जाने पर शरीर अपवित्र माना जाता है। प्राणोपासना को देवोपासना समझना है, क्योंकि प्राणोपासना ही मृत्युंजय साधना है। जीवन में इंद्रियोपासना मृत्यु है। 'परम दर्शन' में यह उपदेश मिलता है कि जो दूसरों का सम्मान नहीं करता, उसे स्वयं सम्मान पाने की उम्मीद नहीं करनी चाहिए। विद्या का महत्त्व यह है कि वह राग, द्वेष, काम-क्रोध और अहंकार से हमें मुक्ति दिलाती है। 'गांधी-साधना का मार्ग-सन्धान' एक दार्शनिक ग्रंथ है, जिसमें गांधीवाद से प्रभावित होकर भागलपुर विश्वविद्यालय में माधवनजी द्वारा समय-समय पर दिये गए भाषणों का संकलन है।

प्रो. (डॉ.) एन. राधाकृष्णान (चेयरमैन, इंडियन काउंसिल फोर गांधियन स्टडीज, नई दिल्ली-110002) की निम्नलिखित पुस्तकें महात्मा गांधी के दर्शन पर प्रकाशित हुई हैं, जिनका प्रकाशन 'गांधी स्मृति और दर्शन समिति, नई दिल्ली' ने किया है—(1) गांधी की अहिंसा (1997); (2) महात्मा गांधी और सामाजिक न्याय (1999)। दूसरी पुस्तक को 'संस्कृति विभाग, नई दिल्ली' से हिन्दीतर क्षेत्र के लेखकों को स्तरीय हिन्दी लेखन के लिए पुरस्कार-प्राप्त हुआ।

प्रो. वी.डी. कृष्णन नंपियार ने 'काशी के दर्शनीय स्थान' नामक लेख में काशी विश्वनाथ मंदिर तथा अन्य कुछ पवित्र स्थानों का प्रतिपादन किया है (केरल ज्योति पत्रिका, अंक-दिसंबर, 2013)।

दार्शनिक साहित्य (अनुवाद : मलयालम-हिन्दी)

चेलनाट अच्चुत मेनन के आध्यात्मिक निबंधों का संकलन है—'केरलत्तिले काळीसेवा' इसका हिन्दी में **डॉ. विजयकुमार सी.पी.वी.** ने 'केरल की काळीसेवा' नाम से अनुवाद किया (प्रकाशक : मद्रास विश्वविद्यालय, वर्ष 1978)।

'संतुष्ट जीवन' स्वामी निर्मलानंद योगी (सिद्धाश्रम आलत्तूर, पालक्काटु जिला, केरल) के दार्शनिक ग्रंथ 'संतुष्ठ जीवितं' (मलयालम) का हिन्दी अनुवाद है। **स्व. श्री. के.सी. सुकुमारन नायर** (वट्टप्पारा, केरल) ने सन् 1985 में हिन्दी में अनुवाद किया। स्वामीजी के मत में मन की विराट शक्ति और महत्त्व को समझना चाहिए। मन को स्वस्थ और शुद्ध बनाने से मनुष्य स्वयं सबल बनता है। ऐसा विश्वास रखना है कि मनुष्य स्वयं अपने सुख-दुख का ज़िम्मेदार है। स्वामीजी का यह ग्रंथ कई उदाहरणों द्वारा जीवन के यथार्थ आनंद का परिचय पाठकों को देता है।

श्री श्री माता अमृतानंदमयी देवी के मंदिर संबंधी मतों तथा दर्शनों का अनुवाद **डॉ. टी.के. सरला देवी** ने किया। अनुवादित पुस्तक का शीर्षक है—'मंदिर उपासना

केंद्र' और संपादक हैं—डॉ. एन.ई. विश्वनाथ अय्यर। प्रकाशक है—माता अमृतानंदमयी मिशन ट्रस्ट, अमृतपुरी पी.ओ., कोल्लम। माता अमृतानंदमयी देवी ने 'ब्राह्मस्थान मंदिर' की स्थापना की। माता के 'मंदिर' संबंधी मतों का अनुवाद देखिए—'मंदिर भारतीय संस्कृति का आधार स्तंभ है। यद्यपि वैदिक युग में मंदिर नहीं थे तो भी मंदिर की संकल्पना का मूल स्रोत वेद ही है' (पृ. 5)। 'मंदिर हमारे लिए अपने-आपको ही देखने के दर्पण होते हैं' (पृ. 7)।

'आत्मविद्या' (2009) नामक पुस्तक के मूल लेखक स्वामी वाग्भटानंद का जन्म कण्णूर जिले के पाट्यम् नामक गाँव में सन् 1885 में हुआ। बड़े होने पर उनका कार्यक्षेत्र रहा कोषिक्कोटु। तेनकण्टियिल बालवलप्पिल कोरन गुरुक्कल उनके पिता थे और वयलेरी चीरु अम्मा उनकी माता थीं। बचपन में वाग्भटानंद का नाम था कुञ्ञिकृष्णन। उनके पिता संस्कृत के प्रकांड विद्वान थे और बच्चों को संस्कृत पढ़ाते थे, जिससे कुञ्ञिकृष्णन को भी संस्कृत पढ़ने का मौका प्राप्त हुआ। संस्कृत की विख्यात कृतियों को पढ़ने के फलस्वरूप उनमें स्वतंत्र चिंतन-मनन की क्षमता आई। उन्होंने अद्वैतवाद के सिद्धांतों का प्रचार करने के उद्देश्य से भारत भर भ्रमण किया। वे संस्कृत के महापंडित तथा समाज सुधारक श्रीनारयण गुरु के समकालीन तथा गांधी-भक्त थे। वे स्वामी ब्राह्मनंद के 'ब्राह्मसमाज' के प्रवर्तक थे। उन्होंने सन् 1917 में 'आत्मविद्या संघ' की स्थापना की, जिसके ज़रिए अपने जीवन, धर्म, संस्कृति और साहित्य संबंधी विचारों का प्रचार किया। उन्होंने 'आत्मविद्या' नामक पुस्तक का प्रकाशन सन् 1925 में किया। अपनी नि:स्वार्थ प्रवृत्तियों के फलस्वरूप वे सामाजिक, धार्मिक, सांस्कृतिक तथा दार्शनिक क्षेत्रों में युगप्रवर्तक माने गए। सन् 1921 में 'अभिनव केरल' नामक पत्रिका का संपादन शुरू किया। गुरुवायूर मंदिर (तृशूर जिला) में निम्न जाति के लोगों को प्रवेश न मिलने के खिलाफ़ जो सत्याग्रह चलाया गया, तब गांधीजी वहाँ गए थे। गांधीजी ने वहाँ के कट्टर हिंदुओं से दस प्रश्न किए, जिनके जवाब दामोदरन नंपूतिरिप्पाडु ने दिये। नंपूतिरिप्पाडु के उन जवाबों में प्रस्तुत किए गए तर्कों को वाग्भटानंद ने एकदम निरर्थक साबित किया। वाग्भटानंद की दलीलों के सामने वहाँ उपस्थित पंडित निरुत्तर हुए। अद्वैतवाद के सिद्धांतों का प्रचार करने तथा अंधविश्वासों-अनाचारों को समाज से दूर करने के उद्देश्य से 'अभिनव केरल' पत्रिका के अलावा, शिवयोग विलासम्', 'आत्मविद्या काहलम्', 'यजमानन' आदि तीन मलयालम मासिक पत्रिकाओं का भी उन्होंने संपादन किया। एक बार एक बहस में एक प्रश्न उठा कि 'ब्राह्मानंद शिवयोगी (आलत्तूर आश्रम) ने अपने 'मोक्ष प्रदीप' के आरंभ में 'उमा' का स्मरण किया है। इस प्रकार शिव-स्मरण सगुणोपसना का संकेत है न? निर्गुणोपासक योगी सगुणोपासना कैसे कर सकते हैं?'—इस प्रश्न का उत्तर कुञ्ञिकृष्णन ने यों दिया कि 'उमा' शब्द का गुरु अर्थ लेना है। इस उत्तर के सामने कट्टर ब्राह्मण निरुत्तर हो गए। कुञ्ञिकृष्णन के संदर्भोचित उत्तर से प्रसन्न होकर शिवयोगी ने 'शब्दों का

योद्धा' अर्थ में 'वाग्भट' कहकर उनकी प्रशंसा की। तब से 'कुञ्ञिकृष्णन गुरुक्कल' को केरलवासी 'वाग्भटानंद' नाम से मानने लगे। 'आत्मविद्या', 'प्रार्थनांजलि', 'आत्मविद्या लेखमाला', 'अध्यात्म युद्ध' आदि वाग्भटानंद की मुख्य कृतियाँ हैं। 55 वर्ष की आयु में 1939 अक्टूबर, 29 को कोषिक्कोट के कारप्परम्बु में वह समाधिस्थ हो गए। **श्री तत्तोत्त बालकृष्णन** ने वाग्भटानंद की मलयालम रचना 'आत्मविद्या' (1925) का हिन्दी में उसी नाम से अनुवाद करके उसके सार और संदेश को हिन्दी दुनिया तक पहुँचाने में महत्त्वपूर्ण कार्य किया है। अनुवादक के शब्दों में, "अत्मविद्या एक साधारण दार्शनिक ग्रंथ से भिन्न है। इसमें क्रांतिकारी विचारों का समावेश है। उनका (वाग्भटानंद का) आशय कबीर के आशयों से मिलता-जुलता है। ग्रंथकार ने मानव की आत्मा की महानता सप्रमाण साबित करने में विजय पाई है। कबीर के समान वे अंधविश्वासों और अनाचारों की हँसी उड़ाते हैं।' इस ग्रंथ के 'आनंद' शीर्षकवाले पहले अध्याय के प्रारंभिक वाक्य ही इस ग्रंथ की दार्शनिकता प्रकट करते हैं—'जीवन का सबसे प्रधान उद्देश्य आनंद तथा सुख प्राप्त करना है। सब जीव-जंतुओं में यह उद्देश्य निश्चित रहता है कि उनका नाश कभी न हो और सबकी सचाई जान सकें' (पृ. 21)। प्रस्तुत अनुवाद के अनुक्रम इस प्रकार हैं—आनंद, ज्ञान, सत्, राजयोग, स्वर्ग, भक्ति, त्रिमूर्ति और उनके अवतार तथा बेटे, मन की शुद्धि की आवश्यकता, सदाचार, शिवरात्रि, एकादशी, काशी आदि। 'आत्मविद्या' के हिन्दी अनुवाद की भूमिका अंग्रेज़ी में श्री सी.पी. शिवदासन ने लिखी है। हिन्दी में भूमिका 'नवजागरण का केरलीय संदर्भ' शीर्षक देकर डॉ. आरसु (डॉ. आर. सुरेंद्रन) ने लिखी है। 168 पृष्ठोंवाले हिन्दी अनुवाद का प्रकाशन 2009 में जवाहर पुस्तकालय, मथुरा ने किया।

जे. नंदकुमार द्वारा लिखित 'भारतमे उणरू' नामक लेख स्वामी विवेकांद पर है। इसे 'जागो भारत' नाम से **प्रो. डी. तंकप्पन नायर** ने अनुवाद किया, जो 'केरल ज्योति' पत्रिका के नवंबर-दिसंबर, 2013 अंक तथा जनवरी, 2014 अंक में प्रकाशित हुआ।

दार्शनिक साहित्य (अनुवाद : हिन्दी-मलयालम)

गांधीजी के जीवन से संबंधित श्रीपाद जोशी का आँखों देखा अनुभव उनके दर्शनिक ग्रंथ 'गांधीजी : एक लघु वीक्षण' में प्रस्तुत किया गया है। गांधीजी के जीवन-दर्शन इसमें प्रकट होते हैं। इस ग्रंथ का मलयालम अनुवाद है—'गाँधिजी ओरु लघु वीक्षणं' (1972, प्रकाशक : एन.बी.एस.)। अनुवादक हैं—**डॉ. एन. चंद्रशेखरन नायर**।

दार्शनिक साहित्य (अनुवाद : अंग्रेज़ी-हिन्दी)

अमेरिका के डीमोस सकरियन (Demos Sachrian) की पुस्तक 'हैपिएस्ट पीपुल ऑन अर्थ' (Happiest People on Earth) का हिन्दी अनुवाद है—'धरती के

संतुष्टतम लोग' (1980, प्रकाशक : मन्ना पब्लिकेशंस, अमलापुरम, आंध्र प्रदेश)। इसका हिन्दी में अनुवाद किया है **'डॉ. एन.पी. कुट्टन पिल्लै'** ने।

दार्शनिक साहित्य (अनुवाद : संस्कृत-हिन्दी)

इशावास्योपनिषद (2012, प्रकाशक : परिमल पब्लिकेशंस, दिल्ली) की संस्कृत व्याख्या का हिन्दी अनुवाद 'इशावास्योपनिषद' नाम से **प्रो. के.के. कृष्णन नंपूतिरि** ने किया है।

पटकथा

'पटकथा' (Screen Play) फिल्म-कथा है। आनंदशंकर माधवन ने तीन पटकथाएँ लिखी हैं। तीनों का प्रकाशन 'अमरावती प्रकाशन, बाँका, भागलपुर' ने किया है, जैसे—

(1) 'एणाक्षी' (1982)। इसकी कथा इस प्रकार है—रसूलन के पिता उस्ताद अली मुसलमान थे, संगीतज्ञ थे और माता ताराबाई हिंदू थीं, नर्तकी थीं। माता-पिता दोनों के गुज़र जाने पर रसूलन अकेली होती है, जिससे वह कालू के संरक्षण में होती है। एक दिन पंजाबी कुर्ता, सलवार और दुपट्टा पहने हुए बीस साल की रसूलन चालीस साल के कालू के साथ वाराणसी रेलवे स्टेशन पर गाड़ी से उतरती है। वहाँ कालू अपने पुराने मालिक गोकुलदास (करीब पचास साल के, ब्राह्मण, विधुर, कला में तत्पर) से मिलता है। गोकुलदास के एक पुत्र है रमेश। रसूलन के भविष्य से चिन्तित होकर कालू उसे गोकुलदास से संबंध जोड़ने और एक सन्तान उपलब्ध करने का उपदेश देता है। रसूलन गोकुलदास के यहाँ आती है। गोकुलदास से संबंध में एक लड़की (एणाक्षी) जन्म लेती है। गोकुलदास का बेटा रमेश अमेरिका में एम.ए. तथा पी-एच.डी. करके वहाँ के विश्वविद्यालय में प्राध्यापक है और अपनी शिष्या रजनी से शादी करता है। रजनी स्वभाव से आधुनिक है, जो सिगरेट और शराब पीती है। एणाक्षी युवती बनती है, वह शिवभक्त है। उसे नींद कम होने के कारण वह डॉ. सव्यसाची के यहाँ इलाज के लिए जाती है। डॉक्टर उसे सितार-वादन सिखाता है। एक दिन कुछ लोगों को देखकर बेहोश होनेवाली एणाक्षी डॉक्टर के घर में सितार का नाद सुनकर होश में आती है। फिर वह डॉक्टर के घर में ही रहती है और डॉक्टर से उसकी शादी भी संपन्न होती है। गोकुलदास के बीमार होने पर रसूलन उनकी सेवा करती है। पिताजी के अस्वस्थ होने की बात जानकर रमेश अपनी पत्नी रजनी के साथ अमेरिका से घर पर आता है। वहाँ रजनी की आदत किसी को भी पसंद नहीं आती। रजनी को केवल एणाक्षी अच्छी लगती है। रजनी वहाँ से दार्जिलिंग जाती है। गोकुलदास का स्वर्गवास होता है। पिताजी की वसीयत से रमेश को पता चलता है कि एणाक्षी उसकी बहन है, जिससे रमेश खुश भी होता है। एणाक्षी पिता की संपत्ति स्वीकार करने को पहले तैयार नहीं होती, फिर विश्वमंदिर के संचालन के लिए स्वीकार

करती है। 'विश्वमंदिर' ऐसी एक संस्था है, जहाँ किसी प्रकार के भेद-भाव के बिना व्यक्ति एकत्र होते हैं। रजनी रमेश के पास लौट आती है; किंतु रमेश पहले उसे स्वीकार करने तैयार नहीं होता। लेकिन रसूलन और एणाक्षी की प्रेरणा से स्वीकार करता है। रमेश और रजनी भी विश्वमंदिर के संचालन कार्यों में मदद करते हैं। **(2) 'पुरुषार्थी'** (1985), इसकी कथा इस प्रकार है—दिलीप राय के माता-पिता के मर जाने पर एक उस्ताद के यहाँ उसका पालन-पोषण हुआ। वह पढ़ाई में समर्थ नहीं था, किंतु फुटबॉल अच्छा खेलता था। वह अंतर्विश्वविद्यालय फुटबॉल प्रतियोगिता में अपनी टीम का कैप्टन था। दिलीप की टीम की जीत हुई तो प्रतियोगी टीम के शरत ने उसका अभिनंदन किया और उसे घर पर बुलाया। वहाँ उसे शरत की बहन का सितार बजाने का मौका मिला, जिससे घरवाले प्रभावित हुए। शरत के पिता ने उसे आगे पढ़ने में मदद की। एम.ए. में दाखिल हुआ तो रैगिंग के सिलसिले में वरिष्ठ छात्रों के कहने पर उषा नामक एक लड़की को उसे चूमना पड़ा। दिलीप को उस लड़की ने चप्पल से मारा और दूसरों की दृष्टि में दिलीप दोषी साबित हुआ। एम.ए. पास होने के बाद वह शांतिनिकेतन का अध्यापक बना और अपनी एक छात्रा शांता से उसकी शादी संपन्न हुई। फिर सिविल सर्विस पास करने पर गृह मंत्रालय में नौकरी मिली। डाकुओं ने दिलीप के पुत्र को अपने कब्जे में कर लिया लेकिन एक डाकू की सहायता से उसे अपना पुत्र वापस मिला। किंतु उसे बदले में डाकुओं की माँग पूरी करनी पड़ी। **(3) 'शिवबालिका'** (1987)। इसकी कथा इस प्रकार है—राजा साहब अपनी बेटी शिवबालिका की शादी करने के लिए मकान बेचता है और वह मकान होमी नामक एक युवक खरीदता है। एक दिन शिवबालिका गंगा-स्नान करने जाती है तो उसे अपने पूर्व-जन्म की स्मृति आती है और वह गंगा में कूद जाती है। भोला उसे बचाता है। फिर होमी के गृह-प्रवेश कर्म में भाग लेने राजा साहब, शिवबालिका और भोला आते हैं। वहाँ अपना अलंकृत चित्र देखकर शिवबालिका को पूर्वकाल की स्मृति होती है। तब होमी का रूप और आवाज़ उसे पूर्व परिचित-सा लगता है। होमी ने तो कई बार सपने में शिवबालिका को देखकर उसके कई चित्र खींचे हैं। शिवलिंग से लिये गए बेल के पत्तों को भुकुटि के बीच रखकर शिवमंत्र जपने पर होमी, शिवबालिका और राजा साहब को पूर्वजन्म की स्मृति होती है, जो इस प्रकार है—पूर्व जन्म में होमी का नाम था राजेश और शिवबालिका का नाम था कमला। राजेश एक कवि था। एक दिन रेलगाड़ी में यात्रा करते वक्त कमला और राजेश की मुलाकात हुई। उस समय राजेश का कुत्ता भी साथ था। फिर गंगा के किनारे दोनों मिले। तब राजेश के कुत्ते ने कमला को पहचाना। उस समय कमला संन्यासिनी बनी थी। राजेश का अपने प्रति अनुराग जानकर भी तथा मन से राजेश को चाहने पर भी कमला संन्यास छोड़ने को तैयार नहीं होती। तब राजेश गंगा में कूद पड़ा। यह देखकर कमला भी गंगा में कूदी तो, एक बाबा ने कमला को बचाया। बाबा के उपदेश से अगले जन्म में राजेश से

मिलने के लिए कमला ने तप किया। अगले जन्म में बाबा का भोला के रूप में, कमला का शिवबालिका के रूप में तथा राजेश का होमी के रूप में पुनर्जन्म होता है। भोला के प्रयत्न से शिवबालिका और होमी की शादी संपन्न होती है। शादी के बाद वे वाराणसी जाते हैं। वहाँ राजेश का मकान था। होमी का कुत्ता उसे पहचानता है। वहाँ एक बूढ़ा एक बक्सा होमी को देता है जिसमें राजेश की माँ द्वारा अपनी बहू के लिए रखी गई साड़ी, गहने, चूड़ियाँ आदि थीं। फिर वे हरिद्वार में भोला से मिलने जाते हैं। भोला कहता है कि उस स्थान में उसकी समाधि अब भी होगी जहाँ पूर्वजन्म में उसी स्थान पर कमला गंगा में कूदी थी और राजेश से पुनर्मिलन के लिए बाबा के उपदेश से तपस्या की थी। होमी वह स्थान खरीद लेता है और वहाँ शिव-मंदिर, अस्पताल, आश्रम, पुस्तकालय आदि का निर्माण करता है। उस संस्था का नाम 'भोलाधाम' रखता है तथा उसके संचालन के लिए धन की व्यवस्था भी करता है।

इतिहास-लेखन

इतिहास (मौलिक)

श्री पी.के. केशवन नायर ने 'दक्षिण के हिन्दी प्रचार आंदोलन का संक्षिप्त इतिहास' (1962, प्रकाशक : हिन्दी साहित्य भंडार, लखनऊ) नामक ग्रंथ लिखा।

श्री के. भास्करन नायर ने 'मलयालम साहित्य का इतिहास' (1963, प्रकाशक : हिन्दी समिति, लखनऊ) लिखा।

श्री पी.के. परमेश्वरन नायर के 'मलयालम साहित्य चरित्रं' का हिन्दी अनुवाद है 'मलयालम साहित्य का इतिहास' : अनुवादक हैं श्री पी.आर. नाणप्पा (1968, प्रकाशक : साहित्य अकादेमी, नई दिल्ली)।

डॉ. एन.पी. कुट्टुन पिल्लै द्वारा लिखित ग्रंथ हैं—(1) 'हिन्दी साहित्य का सुगम इतिहास' (1970, प्रकाशक : जय प्रकाशन, हैदराबाद), (2) 'हिन्दी साहित्य का इतिहास : प्रश्नोत्तरी' (1970, प्रकाशक : विद्यार्थी पब्लिकेशंस, इलाहाबाद), (3) 'केरल क्षेत्रीय हिन्दी साहित्य का इतिहास' (1970, प्रकाशक : दक्षिणांचलीय साहित्य समिति, हैदराबाद)। यह तीसरा ग्रंथ यद्यपि डॉ. एन.पी. कुट्टन पिल्लै ने लिखा तो भी चार व्यक्तियों—डॉ. भीमसेन निर्मल, डॉ. गोपालजी भटनागर, डॉ. यज्ञप्रसाद तिवारी और श्री क्षेमचंद्रन सुमन—द्वारा संपादित हुआ। इसमें सन् 1975 तक का केरलीय हिन्दी लेखन-कार्य संकलित है।

डॉ. रामचंद्र देव ने 'मलयालम साहित्य : एक सर्वेक्षण' सन् 1970 में लिखा (अशोक प्रकाशन, नई दिल्ली)।

एन. वेंकटेश्वरन द्वारा संपादित इतिहास ग्रंथ है—'दक्षिण में हिन्दी प्रचार आंदोलन का इतिहास' (1984, प्रकाशक : दक्षिण भारत हिन्दी प्रचारसभा, मद्रास)। इसके

छह अध्याय हैं—हिन्दी प्रचार आंदोलन की पृष्ठभूमि, दक्षिण भारत हिन्दी प्रचार सभा—मद्रास, तमिलनाडु में हिन्दी प्रचार, आंध्र में हिन्दी प्रचार, कर्नाटक में प्रचार, केरल में हिन्दी प्रचार आदि।

पी. नारायण 'नरन' का ग्रंथ है—'राष्ट्रभाषा हिन्दी प्रचार का इतिहास,' (1987, प्रकाशक : हिन्दी साहित्य भंडार, लखनऊ)। स्वर्गीय पी. नारायण अग्रणी हिन्दी प्रचारक थे।

डॉ. एन. चंद्रशेखरन नायर द्वारा लिखित ग्रंथ हैं—(1) 'केरल के हिन्दी साहित्य का बृहद इतिहास' (1989, प्रकाशक : केरल हिन्दी साहित्य अकादमी, तिरुवनंतपुरम), (2) 'केरल के हिन्दी साहित्य का बृहद इतिहास-संक्षिप्त' (2005, प्रकाशक : केरल हिन्दी साहित्य अकादमी, तिरुवनंतपुरम)। यह स्वर्गीय छाया श्रीवास्तव द्वारा संक्षिप्तीकृत रूप है।

डॉ. एन.ई. विश्वनाथ अय्यर द्वारा लिखित ग्रंथ हैं—(1) 'राष्ट्रभारती को केरल का योगदान' (1970, प्रकाशक : विश्वविद्यालय प्रकाशन, वाराणसी), (2) 'केरल में हिन्दी भाषा और साहित्य का विकास' (1996, प्रकाशक : विश्वविद्यालय प्रकाशन, वाराणसी)।

श्री के.जी. बालकृष्ण पिल्लै द्वारा केरल राज्य पर लिखा गया ग्रंथ है—'केरल' (1970, प्रकाशक : राजपाल एंड संस, नई दिल्ली)।

डॉ. जी. गोपीनाथन के ग्रंथ हैं—(1) 'केरलीयों की हिन्दी को देन' (1973, प्रकाशक : राजकमल प्रकाशन, नई दिल्ली), (2) 'केरल की सांस्कृतिक विरासत' (1998, प्रकाशक : वाणी प्रकाशन, नई दिल्ली)।

श्री जी.आर. मधु ने 'केरल हिन्दी साहित्य अकादमी' नामक ग्रंथ में तिरुवनंतपुरम स्थित प्रस्तुत अकादमी के अगस्त, 1999 तक का इतिहास प्रस्तुत किया है। 1999 में प्रकाशित प्रस्तुत ग्रंथ का प्रकाशन केरल हिन्दी साहित्य अकादमी ने ही किया है।

डॉ. जॉर्जकुट्टी वट्टोत्त ने कहानी की कहानी (2002; प्रकाशक : सिंसियर प्रकाशन, पाला) नामक ग्रंथ में हिन्दी कहानी का संक्षिप्त इतिहास प्रस्तुत किया है।

डॉ. पी. लता ने 'केरल की हिन्दी पत्रकारिता का इतिहास' (2008, प्रकाशक : आरती प्रकाशन, तिरुवनंतपुरम) लिखा है। इसमें केरल के हिन्दी प्रचार के सिलसिले में केरल की प्रथम हिन्दी पत्रिका 'हिन्दी मित्र' के प्रकाशन से लेकर सन् 2014 में प्रकाशित होनेवाली पत्रिकाओं तक का इतिहास प्रस्तुत किया गया है। डॉ. पी. लता के 'हिन्दी भाषा के विविध रूप' (2010, प्रकाशक : केरल हिन्दी प्रचार सभा) नामक ग्रंथ में हिन्दी भाषा के विकास-क्रम पर प्रकाश डाला गया है। प्रो. के. केशवन नायर ने इस ग्रंथ की भूमिका लिखी है।

इतिहास (मलयालम-हिन्दी अनुवाद)

'वेलुतंपी दलवा एवं भारत का स्वाधीनता-संग्राम (2011, प्रकाशक : केरल हिन्दी साहित्य अकादमी, तिरुवनंतपुरम)—यह प्रो. टी.पी. शंकरनकुट्टि नायर के मलयालम

में रचित इतिहास ग्रंथ का हिन्दी अनुवाद है। अनुवाद किया है श्रीमती आर. राजपुष्पम पीटर ने। प्रस्तुत ग्रंथ भारत के स्वाधीनता-आंदोलन पर आधारित है। पषशिराजा और वेलुतंपी के संग्राम और जीवन-त्याग (क्रमशः नवंबर, 1805 तक और मार्च, 1809 तक) भारत के स्वतंत्रता-संग्राम के इतिहास में महत्त्वपूर्ण हैं। इस ग्रंथ में वीर वेलुतंपी का देश-प्रेम स्पष्ट होता है।

हिन्दी साहित्य का इतिहास मलयालम में

डॉ. वी.पी. मुहम्मद कुञ्ञु मेत्तर ने 'हिन्दी साहित्य का इतिहास' मलयालम में लिखा है। ग्रंथ का नाम है—'हिन्दी साहित्य चरित्रं' (2014; समन्वय प्रकाशन, मण्णंचेरी, आलप्पुषा)।

शोध लेख

विविध हिन्दी पत्रिकाओं में केरल के हिन्दी लेखकों के कई शोध-लेख प्रकाशित हुए हैं। उनमें से कुछ नीचे दिये गए हैं—

विद्वान के. नारायण द्वारा लिखे गए तथा 'राष्ट्रवाणी' पत्रिका में प्रकाशित शोध-लेख हैं—क्या आप कवि बनना चाहते हैं? (अंक 20, वर्ष 1953), मेले में रेला (अंक 46, वर्ष 1954)।

डॉ. एम.एस. विश्वंभरन के शोध-लेख हैं—केरल में भारतीय नाट्य-समारोह (पत्रिका नटरंग, अंक अक्टूबर, 1977), विजय तेंदुलकर (पत्रिका वीक्षणं, अंक अप्रैल, 1978), केरल की श्रेष्ठ नाट्य-प्रस्तुति (नटरंग, जुलाई, 1978), कावालं की रंग दृष्टि और भारतीय रंगमंच को उनकी देन (छायानट, जुलाई, 1982), मोहन राकेश (वरमोषी, अगस्त, 1982), द्रविड़ परिवार और मलयालम भाषा की उत्पत्ति (भाषा, दिसंबर ,1985), यशोधरा (साहित्यमंडल, दिसंबर, 1987), केरल का प्राचीन नाट्यरूप चविट्टुनाटकं (नटरंग, 1987), भास की रंगदृष्टि (नाट्यं, फ़रवरी, 1988), सुरेंद्र वर्मा के नाटकों में आधुनिक जीवन-परिवेश का मनोवैज्ञानिक चित्रण (दक्षिण भारत, जुलाई, 1989), आधुनिक हिन्दी नाट्य-साहित्य मोहन राकेश और सुरेंद्र वर्मा के संदर्भ में (साहित्य मंडल, अगस्त, 1989), नाटयानुवाद के नए प्रतिमान (परिशोध, मार्च, 1990), मलयालम नाटकों के हिन्दी अनुवाद (भाषा, मार्च, 1990), केरल में हिन्दी प्रचार की वर्तमान स्थिति (भोजपुरी लोक, फ़रवरी, 1992), वैक्कम मोहम्मद बशीर (भाषा, 1995), मलयालम नाटक और रंगमंच : एक अंतरंग यात्रा (मधुमती, जून, 2004), हिन्दी नाट्य-शिक्षण की समस्याएँ (दक्षिण भारत, जुलाई, 2004), श्री गुरु नानक और श्री नारायण गुरु : व्यक्तित्व की रचनाधर्मिता (लोक-साधना पर्व, 2005), श्री नारायण गुरु केरल के दलितवर्ग के उन्नायक (आश्वास, 2005), द्विभाषिक कोश साहित्य की ऐतिहासिक परंपरा (भाषा, 2005), हिन्दी साहित्य के

विकास में केरल का योगदान (रचना-कर्म, 2005), लोकगीत की केरलीय परंपरा (मदाई, 2005), केरल का लोकनाट्य-रूप (मदाई, 2005), केरल का एकल देवता : ओट्टक्कोलं (भाषा, 2005), लोक-साहित्य की सैद्धांतिक रूपरेखा (गवेषणा, 2008), मलयालम कथासाहित्य में माधवीक्कुट्टी (मधुमती, 2010)।

डॉ. जे. उमाकुमारी का लेख 'मलयालम कविता में जीवन दृष्टि' 'मलयालम साहित्य और संस्कृति', 2006; श्री अमरसिंह वधान द्वारा संपादित पुस्तक में प्रकाशित हुआ। 'आधुनिकता और मोहन राकेश' नामक लेख साहित्य मंडल पत्रिका (अंक सितंबर, 1977) में प्रकाशित हुआ। 'केरल ज्योति' में विविध कवियों पर उनके लेख प्रकाशित हुए, जैसे—मुक्तिबोध, अज्ञेय, गिरिजाकुमार माथुर, भवानीप्रसाद मिश्र, धर्मवीर भारती, केदारनाथ सिंह, केदारनाथ अग्रवाल, जगदीश गुप्त, रघुवीर सहाय आदि। अन्य लेख हैं—'नागार्जुन' (अनुशीलन), 'नई कविता का शिल्प' (केरल ज्योति), 'बच्चन का काव्य', 'लीलाधर जगूडी', 'वामपंथी काव्यांदोलन' आदि (संग्रथन)।

डॉ. उषाकुमारी के.पी. (प्राध्यापिका, एम.जी. कॉलेज, तिरुवनंतपुरम) का लेख है—'कुमारनाशान और जयशंकर प्रसाद' (केरल ज्योति, दिसंबर, 2009)।

डॉ. जे. जयकृष्णन (प्राध्यापक, हिन्दी विभाग, विक्टोरिया कॉलेज, पालक्काटु) के शोध-लेख हैं—रश्मिरथी और सूर्यपुत्र : तुलनात्मक अध्ययन (संग्रथन पत्रिका, तिरुवनंतपुरम; अगस्त, 1998), हिन्दीतर प्रदेशों में हिन्दी शिक्षण : समस्याएँ और समाधान (संग्रथन, दिसंबर, 1998), सूर्यपुत्र : एक अध्ययन (साहित्य मंडल पत्रिका, जनवरी-मार्च, 1998), कोमल गांधार में गांधारी का भीतरी विद्रोह (संग्रथन, मई, 1999), विद्यापति की भक्ति और शृंगार भावना (संग्रथन, फरवरी, 1999), आकाश की छत्त : एक समस्याप्रधान उपन्यास (संग्रथन, जनवरी-फ़रवरी, 2000), सूखता हुआ तालाब : ग्राम्य जीवन की त्रासदी (संग्रथन, नवंबर, 2006), प्रगति चेतना : सैद्धांतिक अध्ययन (संग्रथन, नवंबर, 2006), भारत में जननाट्य आंदोलन (केरल भारती, जून, 2008), आंचलिक उपन्यास : अनुभव के नए धरातल (दक्षिण भारत, जुलाई-सितंबर, 2008), स्त्री : सहन के संघर्ष की ओर—रामदरश मिश्र के स्त्री-केंद्रित उपन्यासों के परिप्रेक्ष्य में (संग्रथन, नवंबर, 2008), भूख आग है : एक विडंबनाप्रधान उपन्यास (केरल भारती, अगस्त, 2009)।

डॉ. जे. अंबिका देवी (पूर्व अध्यक्षा, हिन्दी विभाग, सरकारी आर्ट्स एंड साइंस कॉलेज, कालिकट) के शोध-लेख हैं—संपर्क भाषा के रूप में हिन्दी का भविष्य (नागरी संगम पत्रिका, 1999), अंधायुग, प्रवाद पर्व और एक कंठ विषपायी में व्यंग्याभिव्यक्ति—समकालीन संदर्भ में (केरल ज्योति, 2000), सांप्रदायिक दंगों के परिप्रेक्ष्य में मलयालम उपन्यास मूटुपटं (विपाशा अंक, 2000), हिन्दी के महिला कहानीकार और दांपत्य विघटन की समस्याएँ (केरल हिन्दी साहित्य अकादमी शोध पत्रिका, अंक 2006), प्रेमचंद अपने समय के प्रतिनिधि लेखक (केरल हिन्दी साहित्य

अकादमी शोध पत्रिका, 2007), आधुनिक हिन्दी-काव्य नाटकों में चरित्र-चित्रण की प्रासंगिकता—अंधायुग के विशेष संदर्भ में (संवेदना, अंक 2006)।

डॉ. एम.के. अजिताकुमारी (प्राध्यापिका, हिन्दी विभाग, कोच्चिन विश्वविद्यालय) के शोध-लेख हैं—आधुनिक नारी अस्मिता की खोज में (संग्रथन, 1998), व्यक्ति का आत्मसंघर्ष : आधुनिक नाटक के संदर्भ में (संग्रथन, 1999), वर्तमान युवापीढ़ी की मानसिकता समसामयिक नाटकों में (संग्रथन, 2002), हिन्दी नाटक : नई उद्भावनाएँ (दक्षिण भारत, 2005), नारी-मुक्ति की पुकार : सात भाइयों के बीच चम्पा (संग्रथन, 2005), हिन्दी नाटक और नारी-विमर्श (संवेदना, 2007) आदि। अजिताकुमारी का लेख 'सबल-निर्बल का संग्राम' डॉ. ए. अरविंदाक्षन द्वारा संपादित 'प्रेमचंद साहित्य और संवेदना' नामक पुस्तक में प्रकाशित है (वर्ष 2007)। 'केरल स्टेट कल्चरल डिपार्टमेंट' द्वारा प्रकाशित 'ज्ञानपीठ पुरस्कार जेतावक्कल, 2004' में 'गोपीनाथ महंती' और 'डॉ. सी. नारायण रेड्डी' के बारे में लिखा गया है।

डॉ. एन.ई. विश्वनाथ अय्यर ने अपने लेख 'नगर विकास का ज्वलंत अध्याय' (केरल ज्योति, दिसंबर, 2009) में कण्णमूला, उल्लूर आदि तिरुवनंतपुरम जिले के गाँवों के बारे में लिखा है। इस लेख में कण्णमूला नामक स्थान से वीर दलवा वेलुतंपी के संबंध पर प्रकाश डाला गया है और उल्लूर नामक स्थान के विकास में मलयालम के महाकवि एस. परमेश्वर अय्यर की देन पर भी। उनका लेख 'सामूहिक काव्यानुवाद : प्रयोग एवं संदेश' (स्मारिका, अंक-दिसंबर, 1999, प्रकाशक : उच्च शिक्षा और शोध संस्थान, दक्षिण भारत हिन्दी प्रचार सभा, हैदराबाद) में प्रकाशित है।

डॉ. एम.एस. राधाकृष्ण पिल्लै (संपादक, केरल ज्योति पत्रिका) ने 'अलविदा न कहना हे कोच्ची! हे मेरा इंडिया!' नामक लेख (केरल ज्योति, जनवरी, 2009) में वोल्वो ओशियन रेस 2008-2009 के बारे में लिखा है।

डॉ. एस. लीलाकुमारी अम्मा (प्राध्यापिका, हिन्दी विभाग, एस.एन. कॉलेज, कोल्लम) के शोध-लेख हैं—प्रतिशोध एक अध्ययन (रैन बसेरा, जनवरी, 1998), ललित निबंध (दक्षिण भारत, दिसंबर, 1990), डॉ. विद्यानिवास मिश्र के निबंध : एक आलोचनात्मक अध्ययन (साहित्य मंडल पत्रिका, जनवरी, 1983), आदर्श भारतीय नारी (केरल भारती, जनवरी, 1999), 'आधे अधूरे' में महेंद्रनाथ (हिन्दी प्रचार समाचार, सितंबर, 1993), 'मुझे याद है'—एक दृष्टि (केरल भारती, दिसंबर, 1995), हिन्दी में ललित निबंधों का प्रबंधन (केरल भारती, जुलाई, 1994), 'उर्वशी' के सौंदर्यतत्व (संग्रथन, दिसंबर, 1989), ललित निबंधों में अलंकार (केरल भारती, जनवरी, 1995), 'कर्मभूमि' का सफल नायक (संग्रथन, मार्च, 1999), तौलिए : एक अध्ययन (केरल भारती, अगस्त, 1997), मैथिलीशरण गुप्त का साकेत : एक अध्ययन (संग्रथन, मई, 1990), श्रेष्ठ प्रबंधकार विद्यानिवास मिश्र (संग्ल्य, अक्टूबर-दिसंबर, 1991), कोणार्क : एक अध्ययन (केरल भारती, अगस्त, 1996), सूखे पीले

पत्ते (केरल भारती, फरवरी, 1998), देवयानी : एक उत्तम सृष्टि (केरल भारती, जनवरी, 1998), आचार्य केशवदास : एक झलक (केरल भारती, अक्टूबर, 1997), मुक्तिबोध की नई दिशाएँ : एक दृष्टि (केरल भारती, मई, 1994), मनोविज्ञान के तत्त्व : रमानाथ में (संग्रथन, अगस्त, 1999), हिन्दी महत्त्व एवं सरलता (केरल भारती, जून, 1993), केरल में हिन्दी प्रचार की समस्याएँ (केरल भारती, सितंबर, 1995), ललित निबंध : विशषताएँ (केरल भारती, अगस्त, 1991), सूरदास का प्रबल विरोधी (केरल भारती, अगस्त, 1998), राम-राज्य (केरल भारती, अप्रैल, 1999), पतिव्रता नारी (संग्रथन, जनवरी, 1998), तत्त्वों की योजना (केरल भारती, नवंबर, 1994), हिन्दी महत्त्व एवं सरलता (केरल भारती, जून, 1993), 'तुम चंदन हम पानी' में भारतीय संस्कृति की अभिव्यक्ति (संग्रथन, अक्टूबर, 1959), महापुरुष श्रीकृष्ण : एक अध्ययन (केरल भारती, जनवरी, 2000), रंगमंच की दृष्टि से स्कंदगुप्त' नाटक की समालोचना (केरल भारती, जून, 1997), व्यक्तित्व की व्यंजना (केरल ज्योति, जून, 1993), चारुमित्रा (केरल भारती, जून, 1999), सूखी डाली (केरल भारती, मई, 1999), स्वतंत्रता के दुरुपयोग का चित्र (केरल भारती, सितंबर, 1999), विद्यानिवास मिश्र के निबंधों के शीर्षक (केरल भारती, अप्रैल, 1991), तौलिए : एक अध्ययन (केरल भारती, अगस्त, 1997), कुबेरनाथ : श्रेष्ठ ललित निबंधकार (केरल भारती, अक्टूबर, 2006), 'अपने अपने अजनबी' में देश-काल (हिन्दी प्रचार समाचार, नवंबर, 2006), स्वातंत्र्योत्तर हिन्दी उपन्यास (दक्षिण भारत, जुलाई-अगस्त-सितंबर, 2007), यथार्थवाद (केरल भारती, मई, 2007), परिवेशगत सच्चाइयों की लेखिका : उषा प्रियंवदा (हिन्दी प्रचार समाचार, मई, 2007), भारतीय संस्कृति के आराधक : डॉ. एन. चंद्रशेखरन नायर (रैन बसेरा, अप्रैल, 2007), शुक्लोत्तर युग के प्रमुख निबंधकार : हज़ारी प्रसाद द्विवेदी (रैन बसेरा, जुलाई-अगस्त, 2007), डॉ. रामदरश मिश्र : अद्भुत व्यक्तित्व के धनी (संग्रथन, जून, 2007), आट्टुकाल भगवती : भक्ति का उदात्त प्रवाह (संग्रथन, जून, 2008), नवगीत और मानववादी भावना (सूर सौरभ, जुलाई-अगस्त-सितंबर, 2008), गुरुवायूर : एक पवित्र स्थान (सूर सौरभ, अप्रैल-मई-जून, 2008), यह पथ बंधु था : साधारण मानव की अद्भुत गाथा (केरल भारती, नवंबर, 2008), मोटूरी सत्यनारायण: सच्चे भविष्यद्रष्टा (केरल भारती, फरवरी, 2007), कथ्य और शिल्प : ललित निबंध के संदर्भ में (शोध दर्पण, 2008), विविधमुखी प्रतिभा का स्वर : डॉ. मधु धवन (संग्रथन, मार्च, 2009), हिन्दी साहित्य के सच्चे साधक और सजग प्रहरी : विष्णु प्रभाकर (संग्रथन, अप्रैल, 2009), चित्रा मुद्गल : अद्भुत व्यक्तित्व के धनी (हिन्दी प्रचार समाचार, फ़रवरी, 2009), मन्नू भंडारी : एक सशक्त उपन्यासकार (केरल भारती, जुलाई, 2009), नमिता पांडे : नारी-त्रासदी का प्रतीक (केरल भारती, फ़रवरी, 2009), मीराबाई का माधुर्य भाव (सूर सौरभ, जनवरी-मार्च, 2009), गुनाहों का देवता (केरल भारती, सितंबर, 2007)।

डॉ. विजयम्मा (प्राध्यापिका, हिन्दी विभाग, सरकारी कॉलेज, चवरा) के लेख हैं—श्री नरेश मेहता कृत 'शबरी' में नारी की अस्मिता की तलाश (संग्रथन, अप्रैल, 2008), श्री नरेश मेहता की मिथकीय काव्य-दृष्टि तथा 'संशय की रात' (जर्मन जर्नल ऑफ मल्टी डिसिप्लिनरी स्टडीज, 2008)।

डॉ. वी. कुमारन (अध्यक्ष, हिन्दी विभाग, सरकारी ब्राण्णन कॉलेज, तलश्शेरी) के 'ज्योत्स्ना' पत्रिका में प्रकाशित लेख हैं—ज्ञानपीठ विजेता तकषी (अंक-नवंबर, 1985), महादेवी वर्मा का अनश्वर व्यक्तित्व (जून-जुलाई, 1988), हिन्दी का अमर शोक गीत (फ़रवरी, 1990), प्रयोगवादी कविता की प्रगतिशीलता (जून, 1995), 'आषाढ़ का एक दिन' का आधुनिक भावबोध (जून, 1998) आदि। संग्रथन में प्रकाशित उनके लेख हैं—साहित्य का सही वक्ता (मई, 2004), समकालीन साहित्य और आधुनिक भावबोध (जनवरी, 2007), और एक धरती की तलाश चाहिए (दिसंबर, 2008), नाटककार मोहन राकेश (अप्रैल, 2009) आदि। अन्य लेख हैं—हिन्दी कविता : एक परिचर्चा (मधुमती, प्रकाशक : राजस्थान साहित्य अकादमी, उदयपुर; फ़रवरी, 1993) प्रयोगवादी बनाम नई कविता का अतियथार्थवादी धरातल (दक्षिण भारत)।

डॉ. आर. गिरिजा कुमारी (प्राध्यापिका, हिन्दी विभाग, सरकारी वनिता कॉलेज, तिरुवनंतपुरम) के लेख हैं—सर्वेश्वरदयाल सक्सेना और उनकी प्रथम रचना 'काठ की घंटियाँ' (संग्रथन, 1997), हिन्दी उपन्यास को केरल की देन (केरल ज्योति, 2007), कुरुक्षेत्र में सामंजस्य (वातायन, 2008), सर्वेश्वरदयाल सक्सेना की कविताओं का मलयालम अनुवाद (केरल ज्योति, 2009) आदि। साहित्येतर लेख हैं—न्यूक्लियर परिवार का व्यक्ति (संग्रथन, 2004), व्यक्ति और समाज (संग्रथन, 1998), ज्वालामुखी विवेकानंद (संग्रथन, 2007) आदि।

डॉ. के.वी. मुरलीधरन पिल्लै (पूर्व अध्यक्ष, हिन्दी विभाग, सरकारी ब्राण्णन कॉलेज, तलश्शेरी) के 'संग्रथन' में प्रकाशित लेख हैं—गोविंद मिश्र की औपन्यासिक कला (मार्च, 2000), 'धीर समीरे' उपन्यास में भारतीय आस्था भाव की प्रदक्षिणा (जून-जुलाई, 2000), मानव जीवन के विराट सत्य की खोज (अप्रैल, 1999), व्यष्टि सत्य का समाष्टि सत्य में संगम (अक्टूबर, 1999), अंतसी आज़ादी की सामाजिक प्रतिबद्धता में परिणति (केरल भारती, जून, 2001)।

श्री. के.जी. बालकृष्ण पिल्लै (पूर्व संपादक, केरल ज्योति पत्रिका) का लेख है 'मार्क्सवादी और गांधीवादी' (हिंदुस्तानी जबान, जनवरी-मार्च, 2009)। पिल्लैजी के सामयिक सामाजिक विषयों पर लिखे कई लेख उत्तर भारत के हिन्दी पत्र-पत्रिकाओं में प्रकाशित हुए हैं।

डॉ. एम.एस. विनयचंद्रन (संप्रति अध्यक्ष, हिन्दी विभाग, यूनिवर्सिटी कॉलेज, तिरुवनंतपुरम) के लेख हैं—डॉ. अंबेडकर (संग्रथन, 1999), कुमार नाशान की

काव्य-कृतियाँ (केरल ज्योति, 1999), डॉ. एन.ई. विश्वनाथ अय्यर : एक परिचय (अग्रतारा, हैदराबाद; 2001), हिन्दी-मलयालम पत्रकारिता राष्ट्रीय जागरण के परिप्रेक्ष्य में (केरल हिन्दी साहित्य अकादमी शोध पत्रिका, 2002), नलिनी: एक अध्ययन (अनुवाद भारती, अहमदाबाद, 2002)। 'संग्रथन' में प्रकाशित लेख हैं—सरस्वती सम्मान से सम्मानित मलयालम के प्रिय कवि (अप्रैल, 2006), मलयालम के 'वीण पूवु' के सौ वर्ष हो गए (मई, 2007), मलयालम के सुल्तान की जन्मशती (मार्च, 2008), मधुशाला के गायक कवि बच्चन (मई, 2008), मौन साधना में रत शब्द- शेष कवि अज्ञेय (1993), काव्यास्वादन के विविध आयाम (धारावाहिक; अक्टूबर- नवंबर-दिसंबर, 1994, जनवरी-फरवरी, 1995), हिन्दी और मलयालम पत्रकारिता, केरल के विशेष संदर्भ में (2009), 'गुंजन' में प्रकृति-चित्रण (दिसंबर, 1996), मंदार के सौम्य संत साहित्यकार आनंदशंकर माधवन (मार्च, 2007), जनप्रिय नायक ज्योतिबसु स्मृतिशेष (जनवरी, 2010), प्रो. पी. माधवन पिल्लै को सन् 2010 का पी.जी. वासुदेव पुरस्कार (फ़रवरी, 2010), सृजन-स्मरण-वाङ्मय महर्षि अज्ञेय (अप्रैल, 2010), आलोचना की सरलता के आचार्यवर डॉ. द्वारिका प्रसाद सक्सेना (मई, 2010), साहित्यिक चेतना की सजीवता का समारोह (जुलाई, 2010), डॉ. एन.ई. विश्वनाथ अय्यर : व्यक्ति और सृजन (अप्रैल, 2010), यायावार की यादें राह को रौशन करें(अप्रैल, 2011) आदि।

डॉ. पवूर शशींद्रन (पूर्व अध्यक्ष, हिन्दी विभाग, आर्ट्स एंड साइंस कॉलेज, कालिकट; संप्रति एमिरेटस प्रोफेसर) ने कई साहित्येतर लेख लिखे हैं, जैसे—'राज-भाषा हिन्दी के प्रचार में आकाशवाणी का योगदान' शीर्षक लेख डॉ. इकबाल अहमदा द्वारा संपादित 'राजभाषा हिन्दी : प्रगति और प्रयाण' नामक पुस्तक में (प्रकाशक : राधाकृष्ण प्रकाशन, नई दिल्ली; वर्ष 2000)। 'विज्ञान और प्रौद्योगिकी साहित्य का अनुवाद' शीर्षक लेख डॉ. के.सी. कुमारन द्वारा संपादित 'इक्कीसवीं सदी में अनुवाद : दशाएँ और दिशाएँ' नामक पुस्तक में (प्रकाशक : जवाहर पुस्तकालय, मथुरा; वर्ष 2007)। 'अनुवाद—नंपूतिरि की दृष्टि में' शीर्षक लेख 'अनुवाद' पत्रिका के विशेषांक में (प्रकाशक : भारतीय अनुवाद परिषद; अंक जुलाई-दिसंबर, 1993)। दक्खिनी के लेखक डॉ. मलिक मोहम्मद पर लिखा 'डॉ. मलिक मोहम्मद-परिचय' शीर्षक लेख 'वाङ्मय' पत्रिका के जनवरी-मार्च, 2008 अंक में। 'संपर्क लिपि के रूप में देवनागरी' शीर्षक लेख नई दिल्ली से प्रकाशित 'नागरी संगम' पत्रिका में (वर्ष 1957)। अन्य लेख हैं—हिन्दी के प्रचार-प्रसार की समस्या और निदान (राष्ट्रभाषा संदेश, मई, 1979), संपर्क भाषा हिन्दी का अखिल भारतीय स्वरूप (सारणी पत्रिका, प्रकाशक : कालिकट विश्वविद्यालय), 'मलयालम की पत्रकारिता एक झलक' ('सद्भावना दर्पण' पत्रिका, सितंबर, 1997), 'संपर्क भाषा हिन्दी के प्रचार-प्रसार की समस्या' (इस्पात भाषा भारती', दिसंबर, 1999), 'आकाशवाणी' की महत्त्वपूर्ण

उपलब्धियाँ ('आकाशवाणी', मई, 1980), 'आकाशवाणी और सरकारी नीति' ('सारणी', 1982) आदि।

डॉ. राखी बालगोपाल (संप्रति प्राध्यापिका, सरकारी आर्ट्स कॉलेज, तिरुवनंतपुरम) के लेख हैं—'शुतरमुर्ग' नाटक की प्रतीकात्मकता (केरल ज्योति, जून, 2006), आंचलिक उपन्यास के रूप में 'वरुण के बेटे' (शोध दर्पण, 2006), नागार्जन के आंचलिक पात्र (संग्रथन, जनवरी, 2007), कुत्सित राजनीतिक का व्यंग्यात्मक नाटक 'बकरी' (संग्रथन, अप्रैल, 2008), नागार्जुन और थॉमस हार्डी के उपन्यास : आंचलिकता के परिप्रेक्ष्य में (शोध दर्पण, 2008), रामविलास शर्मा की आलोचना दृष्टि : निराला साहित्य के विशेष संदर्भ में (केरल ज्योति, जून, 2009), कुसुमाग्रज (मराठी कवि) के काव्य में देश प्रेम की भावना-'इसी मिट्टी से' के विशेष संदर्भ में (केरल ज्योति, फ़रवरी, 2010)।

डॉ. एल. सुनिता बाई (पूर्व प्रोफेसर, हिन्दी विभाग, कोच्चिन विश्वविद्यालय) के लेख हैं—'महाभारत' भारतीय ज्ञान परंपरा का विश्वकोश (केरल भारती, 1968), कैकेयी का कलंक निवारण (अनुशीलन, 1972), 'आचार्यचूडामणि' पर एक नई दृष्टि (केरल ज्योति, 1972), सीता का अंतर्मंथन : एक तुलनात्मक चित्र (युग प्रभात, 1973), मंदिरों और शिलाओं में रामचरित (साहित्य मंडल पत्रिका, 1973), केरल की हिन्दी कविता (नए-पुराने, 1978), कोंकणी का उकर (साहित्य मंडल पत्रिका, 1983), मैथिलीशरण गुप्त और वल्लत्तोल की कविता में गांधीजी और उनका आदर्श (दक्षिण भारत, 1983), गुप्तजी की रचनाओं का सांस्कृतिक आधार (साहित्य मंडल पत्रिका, 1986), बीसवीं शती की हिन्दी आलोचना-परंपरा और नवीनता (अनुशीलन, 1987), गुप्तजी का रामकाव्य (अनुशीलन, 1988), हज़ारीप्रसाद द्विवेदी के ललित निबंधों में संस्कृत काव्य-संदर्भ (अनुशीलन, 1959), बदलते मूल्य और हिन्दी तथा कोंकणी काव्य (अनुशीलन, 1996), हिन्दी और मलयालम के लोक बालगीत (केरल भारती, 2002), कोंकणी लोकगीत (भाषा, 2005), हिन्दी और कोंकणी लोक-साहित्य की शब्दावली (गवेषणा, 2008) आदि। साहित्येतर लेख हैं—हिन्दी और मलयालम के शब्दों का तुलनात्मक विश्लेषण (अनुशीलन, 1992), हिन्दी और कोंकणी के संख्या-अनुशीलन वाचक शब्द और उनका अनुवाद (अनुशीलन, 1996), प्रयोजनमूलक हिन्दी और अनुवाद की समस्याएँ (अनुशीलन, 1999), हिन्दी की पारिभाषिक शब्दावली (राजभाषा हिन्दी, 2000), कोंकणी भाषा के लिए नागरी प्रयोग की सार्थकता (नागरी संगम, 2001), कोंकणी-हिन्दी द्विभाषिक कोश-निर्माण की समस्याएँ (भाषा, 2005) आदि।

प्रो. एम.एस. जयमोहन (पूर्व प्राध्यापक, हिन्दी विभाग, यूनिवर्सिटी, कॉलेज) के 'संग्रथन' पत्रिका में प्रकाशित लेख हैं—अनाम मनुष्य के अमर गायक श्री नरेश मेहता (फ़रवरी, 2001), अभिनेताओं के अभिनेता शिवाजी गणेशन (अगस्त, 2001),

प्रेमचंद : काल के आगे उड़ते पंछी (मई, 2009), हिन्दी कथा-गगन के उदय सूर्य 'उदयप्रकाश' (दिसंबर, 2010) आदि।

डॉ. सुचित एन. तंपी के 'संग्रथन' पत्रिका में प्रकाशित लेख हैं—आधुनिक हिन्दी तथा मलयालम कहानी की विकास-यात्रा का तुलनात्मक अध्ययन (जून, 2006), पूरब से एक सितारा (जून, 2007), सृजनात्मकता की अजस्र धारा (जनवरी, 2008), सफ़र का साजन (मार्च, 2009) आदि।

डॉ. ए.के. सुधर्मा (प्राध्यापिका, श्री शंकराचार्य संस्कृत विश्वविद्यालय) के लेख हैं—ऐतिहासिक उपन्यास क्षेत्र की दो विभूतियाँ (संग्रथन, 1997), केरल का व्रज सौंदर्य महाराजा स्वाति तिरुनाल (संग्रथन, अगस्त, 2007), प्रो. एम.एन. विजयन : प्रगतिवादी विचारक और आलोचक (संग्रथन, अक्टूबर, 2007), जस तस भई सबेर—शोषण और सत्ता का दस्तावेज़ (संग्रथन, नवंबर, 2009) आदि। 'केरल ज्योति' में प्रकाशित लेख हैं—बस, बहुत हो चुका रणनीति बनती रचनाकर्मिता (दिसंबर, 2009), 'कठगुलाब' में अंकित नारी-मुक्ति की समाजवादी दृष्टि (अगस्त, 2009)। 'पंचशील शोध समीक्षा' में 'पूँजी बाज़ार मुनाफा और अनबीता व्यतीत (जनवरी-मार्च, 2010), पारिस्थितिक सौंदर्य-शास्त्र और ज्ञानेंद्रपति की कविता (जुलाई-सितंबर, 2009) आदि। 'रबड़ समाचार' में 'महिला उपन्यास जगत् का सितारा कृष्णा सोबती'।

डॉ. के.एम. मालती (पूर्व अध्यक्षा, हिन्दी विभाग, आर्ट्स एंड साइंस कॉलेज, कालिकट) के लेख हैं—समकालीन मलयालम महिला उपन्यासकार (पत्रिका : वर्तमान साहित्य, अलीगढ़; अंक-मार्च, 2010), मलयालम-हिन्दी पारस्परिकता (बहुवचन, प्रकाशक : महात्मा गांधी अंतरराष्ट्रीय हिन्दी विश्वविद्यालय, वर्धा; अप्रैल-जून, 2007), कहानी साहित्य का अनुवाद : सामाजिक सांस्कृतिक तत्त्व (अनुवाद, प्रकाशक : भारतीय अनुवाद परिषद; अप्रैल-दिसंबर, 2007), जागो ओ नारी जागो (गगनांचल, नई दिल्ली; जुलाई-दिसंबर, 2007), मलयालमय उपन्यास साहित्य और तकषी (वर्तमान साहित्य अलीगढ़; जून, 2007), स्त्री का यथार्थ-समकालीन उपन्यासकारों के संदर्भ में (हिंदुस्तानी ज़बान, मुंबई; अप्रैल-जून, 2007), सामाजिक सरोकार और समकालीन हिन्दी महिला उपन्यासकार (चक्रवाक, सुलभ साहित्य अकादमी, नई दिल्ली; अप्रैल-जून, 2006), मैथिलीशरण गुप्त—भारतीय नारीवादी दृष्टि (हिंदुस्तानी ज़बान; जनवरी-मार्च, 2006), मलयालम साहित्य और गांधी (बहुवचन; जनवरी-मार्च, 2006), समकालीन हिन्दी-मलयालम कहानी : स्त्री-विमर्श (समकालीन भारतीय साहित्य, प्रकाशक : साहित्य अकादमी, नई दिल्ली; सितंबर-अक्टूबर, 2005), साहित्य की परंपराएँ और नई चुनौतियाँ (दक्षिण भारत; प्रकाशक : दक्षिण भारत हिन्दी प्रचार सभा मद्रास, अप्रैल-जून, 2004), मैत्रेयी पुष्पा के उपन्यासों में आंचलिकता का संस्कृत (परिषद पत्रिका, प्रकाशक : बिहार राष्ट्रभाषा परिषद; जनवरी-मार्च, 2003), समकालीन हिन्दी कहानी और महिला कहानीकारों

की विशिष्ट भूमिका (दक्षिण भारत, जनवरी–मार्च, 2002), इक्कीसवीं सदी की भारतीय नारी (केरल भारती, प्रकाशक : दक्षिण भारत हिन्दी प्रचार सभा, एरणाकुलम), स्वातंत्र्योत्तर मलयालम उपन्यास : एवं शिल्प संदर्भ (मधुमती, प्रकाशक : राजस्थान साहित्य अकादमी; मई, 1998), मलयालम उपन्यास और सामाजिक परिवेश (भाषा, प्रकाशक : केंद्रीय हिन्दी निदेशालय; जनवरी–फ़रवरी, 1998), मलयालम साहित्य में नारीवाद (समकालीन भारतीय साहित्य; जनवरी–फ़रवरी, 1998), हिन्दी के नए काव्य प्रयोग और निराला (भाषा, नवंबर–दिसंबर, 1996), डॉ. वी. गोविंद शेणाय का कथा साहित्य : समकालीन कहानी के संदर्भ में (भारत वाणी, प्रकाशक : दक्षिण भारत हिन्दी प्रचार सभा, धरवाड़; जुलाई, 1996), संपर्क लिपि नागरी और राष्ट्रीय एकता (नागरी संगम, प्रकाशक : नागरी लिपि परिषद, नई दिल्ली; जनवरी–मार्च, 1993), अकहानी आंदोलन एवं उपलब्धियाँ (साहित्य मंडल पत्रिका, प्रकाशक : केरल हिन्दी साहित्य मंडल; जनवरी, 1993), मृदुला गर्ग : समकालीन कहानी की सशक्त आवाज़ (दक्षिण भारत; जनवरी–फ़रवरी–मार्च, 1993), मलयालम कहानीकार एम.टी. वासुदेवन नायर की कहानियाँ : एक अंतरंग भूमिका (केरल ज्योति, प्रकाशक : केरल हिन्दी प्रचार सभा, तिरुवनंतपुरम; अंक–सितंबर, 1992), निरुपमा सेवती : प्रतिबद्ध महिला कहानीकार (साहित्य मंडल पत्रिका, प्रकाशक : केरल हिन्दी साहित्य मंडल, कोच्ची; अकं–अगस्त, 1992), समकालीन कहानी में संवेदना का बदलता स्वरूप : महिला कहानीकारों के विशेष संदर्भ में (विश्व भारती पत्रिका, प्रकाशक : हिन्दी भवन, शांतिनिकेतन; पश्चिम बंगाल, अंक–मार्च, 1992), अवध नारायण मुद्गल : समकालीन हिन्दी कहानी का विशिष्ट स्वर (केरल ज्योति; सितंबर, 1991), समांतर कहानी आंदोलन : उपलब्धियाँ एवं परिणति (दक्षिण भारत, जुलाई–अगस्त–सितंबर, 1991), मलयालम की सशक्त कहानीकार माधविक्कुट्टी (भाषा : प्रकाशक; केंद्रीय हिन्दी निदेशालय; सितंबर, 1990), प्रतीकवादी कवि : जी. शंकर कुरुप (आजकल, नई दिल्ली; अंक–सितंबर, 1988), साठोत्तर युग में नई कहानी की परंपरा (दक्षिण भारत; जुलाई–अगस्त–सितंबर, 1988) आदि।

डॉ. जी. गोपीनाथन (पूर्व कुलपति, महात्मा गांधी अंतरराष्ट्रीय हिन्दी विश्वविद्यालय) के लेख हैं—भूमंडलीकरण, नवउपनिवेशवाद एवं हिन्दी का विकल्प (पत्रिका : 'राष्ट्रभाषा', वर्धा; 10 अक्टूबर, 2010), केरल में स्नातकोत्तर हिन्दी अध्ययन और अनुसन्धान: उपलब्धियाँ और दिशाएँ (सुवर्णा, गोल्डन जुबली वोल्यूम, महाराजास कॉलेज, एरणाकुलम : वर्ष 2010), हिन्दी राष्ट्रभाषा से विश्वभाषा : कुछ स्मृति रेखाएँ (गगनांचल, नई दिल्ली; जुलाई–दिसंबर, 2007), अंतर एशियाई अनुवाद एवं संस्कृति : संप्रेषण में हिन्दी की भूमिका ('राष्ट्रभाषा', वर्धा; जुलाई–अगस्त, 2007), प्रेमचंद इक्कीसवीं शतब्दी में ('माध्यम, इलाहाबाद, अंक : अक्टूबर–दिसंबर, 2006), भूमंडलीकरण, विश्व–साहित्य और हिन्दी ('बहुवचन', वर्धा; जनवरी–मार्च, 2006),

तुलनात्मक साहित्यः नए संदर्भ ('बहुवचन', अक्टूबर-दिसंबर, 2005), रामायण के अनुसृजन और भक्ति की व्याख्या (परिषद पत्रिका, पटना; जनवरी-मार्च, 2002), संपर्क साहित्य एवं नागरी लिपि (नागरी लिपि सम्मेलन स्मारिका; मार्च, 2001), फिनलैंड के हिन्दी-सेवी ('गंगनांचल', विश्व हिन्दी सम्मेलन अंक, नई दिल्ली, 1999), हिन्दी और मलयालम भक्ति साहित्य का अंत : संबंध (ट्रिनिडाड विश्व हिन्दी सम्मेलन का विशेषांक; प्रकाशक : विदेशकार्य मंत्रालय, नई दिल्ली, 1996), युगपुरुष गांधी : आधुनिक साहित्य के उत्प्रेरक ('हिन्दी प्रचार समाचार', मद्रास; अगस्त, 1995), अनुवाद मूल्यांकन : हिन्दी तथा मलयालम का संदर्भ (अनुवाद, जुलाई-दिसंबर, 1993), तुलनात्मक साहित्य : दिशाएँ एवं संभावनाएँ ('हिन्दी अनुशीलन', इलाहाबाद; 1992), भाषा एवं भाषाविज्ञान ('भाषा', केंद्रीय हिन्दी निदेशालय, मार्च-अप्रैल, 1992), हिन्दी में अनुवाद अध्ययन के प्रतिरूप (सिल्वर जुबली विशेषांक, केंद्रीय हिन्दी संस्थान, अगस्त, 1991), अनुवाद एक संयोजन ('अनुवाद', नई दिल्ली, अप्रैल-जून, 1990), विदेशी भाषाओं के हिन्दी में अनुवाद ('अनुवाद'; 1989), भारत की सामासिक संस्कृति के विकास में अनुवाद का योगदान (साहित्य मंडल पत्रिका, कोच्ची; अगस्त-दिसंबर, 1989), केरल में भी होते हैं हिन्दी के नाटक (धर्मयुग; 31 मई, 1987), अनुवाद अध्ययन ('अनुवाद'; 1986), तुलनात्मक आलोचना ('परिषद पत्रिका', पटना; 1986), तुलनात्मक भारतीय साहित्य : एक अभिकल्पना ('मधुमती', राजस्थान साहित्य पत्रिका, उदयपुर; 1985), अनुवाद में काल-रचना की समस्याएँ ('परिषद पत्रिका', पटना, 1981), विश्वनाथ अय्यर : व्यक्तित्व और कृतित्व ('अनुशीलन', हिन्दी विभाग, कोच्चिन विश्वविद्यालय; 1981), केरलीयों की हिन्दी कविताएँ ('युग प्रभात', मातृभूमि प्रकाशन : कालिकट, 16 अप्रैल, 1973), मलयालम में अनूदित हिन्दी काव्य ('भाषा', नई दिल्ली, 1972), मलयालम कविताएँ हिन्दी में : एक अवलोकन ('कल्पना', हैदराबाद; 1971), हिन्दी में अनूदित मलयालम नाटक (अनुवाद; 1971), मलयालम से हिन्दी में अनूदित उपन्यास (भाषा; 1971), हिन्दी को केरलीयों का योगदान ('धर्मयुग', मुंबई; 7 नवंबर, 1971), मलयालम में अनूदित हिन्दी उपन्यास और कहानियाँ ('आजकल', नई दिल्ली, 1971), केरल में हिन्दी दो सौ वर्ष पूर्व (कादंबिनी, नई दिल्ली; दिसंबर, 1971), तुलनात्मक गवेषण की दिशाएँ ('युगप्रभात', कालिकट; सितंबर, 1971), आज की मलयालम कविता : संवेदना के नए क्षितिज ('आजकल', नई दिल्ली, 1970), पंतजी की कविताओं में बिंब-विधान (अनुशीलन; कोच्चिन विश्वविद्यालय, 1970), हिन्दी में अनूदित मलयालम नाटक (अनुवाद; 23-24 फ़रवरी, 1970), केरल और हिन्दी ('माध्यम', हिन्दी साहित्य सम्मेलन, इलाहाबाद; 1966), मलयालम के महाकवि जी. शंकर कुरुप ('लया', अलीगढ़; 1966), महाराजा स्वातितिरुनाल : व्यक्तित्व और कृतित्व ('विश्वज्योति', होशियारपुर, 1966), भारत के सामूहिक आचरण और विचारों में एकता का द्वार ('विश्व

ज्योति', मार्च, 1966), भारतीय साहित्य के दो रत्न–एषुत्तच्छन और तुलसी ('तुलसीदास', लखनऊ; दिसंबर, 1963) आदि।

डॉ. मिनी कोशी (अध्यक्षा, हिन्दी विभाग, कात्तलिक कॉलेज, पत्तनंतिट्टा) के लेख 'संग्रथन' पत्रिका के विविध अंकों में प्रकाशित हुए हैं, जैसे—श्री विष्णु प्रभाकर के नाटकों में विवाह की समस्या (अंक : अक्टूबर, 2005), श्री विष्णु प्रभाकर के 'डॉक्टर' और 'टमर' में परित्यक्ता नारी के दो रूप (मार्च, 2006), 'जादू का कालीन' बाल श्रमिकों की दर्द–भरी दास्तान (अगस्त, 2009), महिला पत्रकार श्रीमती मृणाल पाण्डे के नाटक 'चोर निकलके भागा' में कला–संस्कृति का बाज़ारीकरण (जनवरी, 2010), 'ओं क्रांति–क्रांति' (नाटक)—समसामयिक समाज की माँग, नब्बे के बाद की हिन्दी कविता और बाज़ारवाद (फ़रवरी, 2012)।

डॉ. विजयन सी.पी.वी. (पूर्व अध्यक्ष हिन्दी विभाग, पय्यन्नूर कॉलेज) के साहित्येतर लेख निम्नलिखित हैं—'आकाशवाणी वार्ताएँ–भाग 3' संकलन में 'शहरीकरण की समस्याएँ : मानवीय संदर्भ में' शीर्षकवाला लेख (प्रकाशक : लोकवाणी प्रकाशन, नई दिल्ली, वर्ष 1996), डॉ. जी. गोपीनाथन द्वारा संपादित 'केरल की सांस्कृतिक विरास्त' नामक पुस्तक में 'केरल की नागपूजा एवं तांत्रिक कला' शीर्षकवाला लेख (वाणी प्रकाशन : नई दिल्ली, वर्ष 1998)।

डॉ. पी. लता के प्रकाशित शोध–लेख हैं—केरल के भाषा–भेद (भाषा पत्रिका, मार्च–अप्रैल, 1992), हिन्दी की प्रयुक्तियाँ (संग्रथन, फरवरी, 2001 और अप्रैल, 2001), उरूब की भाषा (केरल ज्योति, तृतीय विश्व हिन्दी सम्मेलन विशेषांक–1983), सुरेंद्रन और उनका उपन्यास गुरु (केरल ज्योति, मार्च, 1997), हिन्दी तथा मलयालम के उपन्यासों में आंचलिकता (शोध दर्पण, 2006), साहित्यिक तुलनात्मक अध्ययन का महत्त्व (केरल ज्योति, फरवरी, 1982), ओ.एन.वी. की कविताएँ और उनके हिन्दी अनुवाद (भाषा, जुलाई–अगस्त, 2004), हिन्दी राजभाषा कैसे बनी (केरल ज्योति, अप्रैल, 2003), शिवनाथजी : अनूठा व्यक्तित्व (संग्रथन, नवंबर, 2006), भारत सरकार की राजभाषा नीति (राजभाषेंदु, 2003), हिन्दी उपन्यास साहित्य में स्त्री–शक्ति (केरल ज्योति, दिसंबर, 2002), केरल में हिन्दी पत्रकारिता (विचार–दृष्टि, अक्टूबर–दिसंबर, 2008), ओ.एन.वी. कुरुप की कविताएँ हिन्दी में (भारत पत्रिका, नवंबर, 2011), तुञ्चन और तुलसीदास (शब्द ब्राह्म, जुलाई–अगस्त, 2011), अतुल्य प्रतिभावान डॉ. एन.पी. कुट्टन पिल्लै (भारत पत्रिका, फरवरी–अप्रैल, 2013), ज्ञानपीठ पर ओ.एन.वी. कुरुप (साहित्य मंडल पत्रिका, जनवरी–मार्च, 2011), हिन्दी मात्र मेरे लिए एक भाषा नहीं, भावना रही है (पर्वत राग, अंक : 8), श्रद्धांजलियाँ (भारत पत्रिका, मार्च, 2010) आदि।

डॉ. प्रतिभा के.पी. का शोध–लेख है—चंद्रकांत देवताले समकलीन कविता के सशक्त हस्ताक्षर (भारत पत्रिका, फरवरी, 2010)। प्रतिभा जी के कई शोध–लेख 'भारत' पत्रिका में प्रकाशित हुए हैं।

विविध हिन्दी पत्रिकाओं में डॉ. एन. सुरेश के शोध-लेख भाषाविज्ञान पर प्रकाशित होते हैं। डॉ. प्रदीपाकुमारी आर., डॉ. आशा जी., डॉ. लता डी., डॉ. अशोक बी., डॉ. श्रीजा, प्रो. वामदेवन, सती के. आदि के शोध-लेख विविध पत्रिकाओं में प्रकाशित हैं। पिछले कुछ सालों से केरल और बाहर से निकलनेवाली हिन्दी पत्रिकाओं में केरल के प्राय: सभी कॉलेजों के हिन्दी प्राध्यापकों, हायर सेकेंडरी स्कूलों के हिन्दी अध्यापकों तथा कॉलेजों-विश्वविद्यालयों के शोधार्थियों के शोध-लेख प्रकाशित हो रहे हैं।

शोध-लेख (अनुवाद : मलयालम-हिन्दी)

कुछ शोध लेखों का अनुवाद पत्रिकाओं में प्रकाशित हुआ है, जैसे—वल्लत्तोलिन्टे जीवित दर्शनं (मूल लेखक : डॉ. पी.वी. पिल्लै) नामक मलयालम लेख का 'वल्लत्तोल का जीवन-दर्शन' नाम से आचार्य पी.जी. वासुदेव का अनुवाद 'संग्रथन' (अंक : नवंबर और दिसंबर, 1987) में प्रकाशित हुआ। श्रीमती सुगतकुमारी के लेख का आचार्य पी.जी. वासुदेव द्वारा दिया गया अनुवाद 'और एक वन मर रहा है' संग्रथन (अंक : मार्च, 1988) में प्रकाशित हुआ।

डॉ. पी.वी. वेलायुधन पिल्लै के लेख का 'चङ्ङम्पुषा : स्वकीय क्रांति के कवि' शीर्षक से प्रो. के. वामदेवन ने अनुवाद किया जो 'संग्रथन' (अंक : अप्रैल, 1988) में प्रकाशित हुआ।

शोध-लेख (अनुवाद : हिन्दी-मलयालम)

ताराशंकर बंद्योपाध्याय के हिन्दी लेख का मलयालम अनुवाद 'प्रशांत मर्मरङ्ङल' नाम से डॉ. के.एम. मालती ने अनुवाद किया।

भूमिका-लेखन

'भूमिका' किसी ग्रंथ के आरंभ का वक्तृत्व है, जिससे उस ग्रंथ की ज्ञातव्य बातों का पता चलता है।

केरल हिन्दी साहित्य अकादमी के संस्थापक डॉ. एन. चंद्रशेखरन नायर नामी केरलीय हिन्दी लेखक हैं। उन्होंने अपने कई छात्रों, मित्रों तथा आराधकों की पुस्तकों के लिए भूमिकाएँ लिखी हैं। उनके द्वारा समय-समय पर सन् 2011 तक विविध ग्रंथों के लिए लिखी पैंतालीस भूमिकाओं का संकलन है 'डॉ. एन. चंद्रशेखरन नायर द्वारा लिखित अवतरणिकाएँ'। इसका भूमिका-लेखन डॉ. एस. तंकमणिअम्मा ने किया है। कुल पृष्ठ संख्या 192 है। नायरजी की पहली भूमिका श्रीराजगोपाल परदेशी के संपादकत्व में सन् 1967 में प्रकाशित निवन्ध संकलन 'निबंधमणि' के लिए लिखी गई। साहित्य प्रकाशन, आगरा ने 'निबंधमणि' का प्रकाशन किया।

केरल के वरिष्ठ हिन्दी-सेवी व्यक्तियों से कनिष्ठ केरलीय हिन्दी लेखक अपनी पुस्तकों की भूमिकाएँ लिखाते हैं और कुछ लेखक उत्तर भारत के व्यक्तियों से भी

लिखाते हैं। केरल में भूमिका-लेखन के क्षेत्र में डॉ. एन. चंद्रशेखरन नायर के सिवा स्व.डॉ. एन.ई. विश्वनाथ अय्यर, डॉ. एस. तंकमणि अम्मा आदि प्रमुख हैं।

डॉ. एन.ई. विश्वनाथ अय्यर द्वारा लिखित भूमिकाएँ यह प्रमणित करती हैं कि अय्यरजी अच्छे समीक्षक भी हैं। उन्होंने कई भूमिकाएँ लिखी हैं। नमूने के लिए दो भूमिकओं का परिचय नीचे दिया गया है—कुमार आशान के 'नलिनी' खंडकाव्य का जो अनुवाद स्व. अभयदेव ने किया (वर्ष : 1988; प्रकाशक : गायत्री बुक्स, कोट्टयम) उसकी भूमिका डॉ. एन.ई.विश्वनाथ अय्यर ने लिखी। इस भूमिका के बारे में अनुवादक अभयदेव ने 'सविनय' शीर्षक के अंतर्गत लिखा है, "उत्तर भारत के सहृदय पाठकों को मन में रखकर डॉ. अय्यरजी ने यह भूमिका लिखी है। महाकवि कुमारन आशान की जीवनी और कविता के संबंध में जानने के लिए बड़ी खोज लगाकर एक सुंदर पठनीय निबंध उन्होंने भूमिका के रूप में तैयार किया। मेरा विश्वास है कि श्री अय्यरजी का यह निबंध पाठकों को अत्यंत लाभकारी सिद्ध होगा' (पृ. 3)।

श्री तेजराज जैन (हैदराबाद) के 79 मुक्तकों का संग्रह है 'परिंदे को उड़ने दो' (2006; प्रकाशक : निमंत्रण, 4-3-15, राष्ट्रपति रोड, सिकंदराबाद-500 003)। इसमें 'माँ शारदे वरदान देना' शीर्षक से लेकर 'अलविदा विविध प्रतिक्रियाएँ' शीर्षक तक चार पंक्तियोंवाले 79 मुक्तक संकलित हैं। इस संग्रह की भूमिका में उन्होंने लिखा है—'प्रत्येक मुक्तक में कवि का चिंतक और संवेदनशील दोनों प्रकार का व्यक्तित्व प्रकट होता है।'

डॉ. एस. तंकमणि अम्मा के भूमिका-लेखन के लिए एक उदाहरण नीचे दिया गया है—

'केरल की हिन्दी पत्रकारिता का इतिहास' (लेखिका डॉ. पी. लता) ग्रंथ की भूमिका तंकमणिअम्माजी ने लिखी है और भूमिका को शीर्षक दिया है—'केरल में हिन्दी पत्रकारिता-लेखन : एक नया कदम'। इसमें उनकी पैनी समीक्षात्मक दृष्टि देखिए—'हिन्दी पत्रकारिता के इतिहास में इस सुदूर दक्षिणी प्रांत केरल से प्रकाशित पत्र-पत्रिकाओं का अहम् महत्त्व है। तुलनात्मक अध्ययन, साहित्यानुवाद आदि को प्रश्रय देकर 'भारतीय साहित्य' की अवधारणा को संपुष्ट करने की दिशा में केरल की हिन्दी पत्रकारिता का विशेष योगदान रहा है।'

डॉ. वी.वी. विश्वम, डॉ. आरसु, डॉ. टी.एन. विश्वंभरन, डॉ. तिरुमला चंद्रन जैसे कुछ लेखकों ने भी भूमिकाएँ लिखी हैं।

संपादकीय

'संपादकीय' पत्र-पत्रिकाओं में मुद्रित वह अंश है, जो स्वयं संपादक का लिखा हुआ होता है। केरल में संप्रति हिन्दी प्रचारक संस्थाओं, हिन्दी साहित्यिक संस्थाओं तथा शैक्षिक संस्थाओं के हिन्दी विभागों से हिन्दी में पत्रिकाएँ प्रकाशित होती हैं। उन

पत्रिकाओं का संपादकीय उनके मुख्य संपादक या संपादक या किसी विशेष संदर्भ में अतिथि संपादक द्वारा लिखा जाता है।

15 अगस्त, 1953 से साप्ताहिक रूप में नियमित रूप से एक साल प्रकाशित तिरुवितांकूर हिन्दी प्रचार सभा की मुख पत्रिका 'राष्ट्रवाणी' त्रिभाषा (मलयालम-हिन्दी-तमिल) पत्रिका के पहले अंक में उसके संस्थापक संपादक श्री के. वासुदेवन पिल्लै ने तीनों भाषाओं में संपादकीय लिखा और अनंतर अंकों में केवल मलयालम में। पहले अंक के 'संपादकीय' में पिल्लैजी ने 'लेखक बंधुओं से', 'मान्य पाठकों से'—इन दो शीर्षकों के अंतर्गत इस पत्रिका का उद्देश्य व्यक्त किया है।

डॉ. एन. चंद्रशेखरन नायर द्वारा स्थापित 'केरल हिन्दी साहित्य अकादमी' की मुख पत्रिका 'केरल हिन्दी साहित्य अकादमी शोध पत्रिका' का संपादकीय नायरजी स्वयं लिखते हैं। विविध सामयिक विषयों पर प्रकाश डालकर डॉ. नायर ने इस पत्रिका के अकों में 2005 तक जो 'संपादकीय लेख' लिखे हैं उनका पुस्तक रूप में प्रकाशित संकलन है 'डॉ नायरजी का संपादकीय' (2006, प्रकाशक : केरल हिन्दी साहित्य अकादमी, तिरुवनंतपुरम-4)। प्रस्तुत पुस्तक कुल 104 पृष्ठों की है, जिसमें 'शोध पत्रिका' के 2 अक्टूबर, 1996 से 2 जनवरी, 2006 तक के अंकों के संपादकीय संकलित हैं।

संग्रथन' पत्रिका में मुख्य संपादक (डॉ. वी.वी. विश्वम्), संपादक (डॉ. एम.एस. विनयचंद्रन) या प्रकाशक (प्रो. एम.एस. जयमोहन) 'संपादकीय' लिखते हैं। डॉ. नंनियोड़ रामचंद्रनजी के कुछ संपादकीय भी प्रकाशित हुए हैं। 'संग्रथन' पत्रिका में सामाजिक बातों पर सशक्त भाषा में संपादकीय लिखे जाते हैं। डॉ. वी.वी.विश्वम् अपना नाम रखे बिना जुगनू नाम से संपादकीय लिखते हैं। प्रो. एम.एस. जयमोहन जब 'संग्रथन' पत्रिका के प्रकाशक थे तब बीच-बीच में संपादकीय लिखते थे। उनके संपादकीय लेखों के शीर्षक बड़े प्रभावशाली हैं। नमूने देखिए—'नई पीढ़ी, नए हस्ताक्षर : संपूर्णता का नया कदम : अद्यतन सर्जना का सादर समावेश' (अंक : जनवरी, 2010) 'छहरा छिनाल और लहरा विवाद' (नवंबर, 2010) 'अद्यतन हिन्दी कहानी : सृजन के राग, विमर्श के विराग' (मार्च, 2011), 'चुनाव जनता के अचूक हथियार—उम्मन चांडीजी : तेज़ रफ्तारवाले जनप्रिय नेता' (मई, 2011) 'हिन्दी कथा-गगन के ध्रुवतारे 'गोदान' और 'कफन' का 75 वाँ वर्ष' (जुलाई, 2011) आदि। 'संग्रथन' के संपादक डॉ. एम.एस. विनयचंद्रन द्वारा लिखित संपादकीयों के शीर्षक देखिए—अनंत जिजीविषा की असाध्य ऊर्ध्व यात्रा, अर्पित हिन्दी कर्मियों की समर्पित समृद्धि यात्रा (अंक-जनवरी, 2012); सृजनात्मकता की तीसरी आँख (अंक : दिसंबर, 2000); जनमानस से जुड़े कथाकार (अंक : 2003); भारतीय साहित्य के समन्वय शिल्पी (अंक : नवंबर, 2002); सर्ग-चेतना की गंगा माता (अंक : 2004); सुवर्ण केरल सुखद स्वप्न (अंक : नवंबर, 2006); विवादों के शिंकजे में (अंक : अगस्त,

2011) कर्मठ हिन्दी प्रचारक अप्पु मास्टर (दिसंबर, 2006)। 'रजत जयंती विशेषांक (2012, जनवरी) में डॉ. वी.वी. विश्वम द्वारा लिखित 'संपादकीय' का शीर्षक है— 'शब्द ब्राह्मणि निष्णातः परं ब्राह्माधिगच्छति'।

'केरल ज्योति' पत्रिका में तत्कालीन संपादक ही संपादकीय लिखते हैं।

'केरल हिन्दी साहित्य अकादमी शोध पत्रिका' के 'डॉ. चंद्रशेखरन नायर शताभिषेक विशेषांक' (2 अक्टूबर, 2007) का संपादकीय डॉ. पी.लता ने लिखा। शीर्षक है— 'डॉ. एन. चंद्रशेखरन नायर का अनूठा व्यक्तित्व : एक झाँकी'।

स्तंभ लेखन

'स्तंभ' पत्र-पत्रिकाओं का कॉलम (Column) है। किसी पत्र या पत्रिका के अंकों में किसी विषय विशेष (जैसे—वाणिज्यिक, शैक्षिक, सामाजिक, राजनीतिक आदि) पर किसी निश्चित शीर्षक के अंतर्गत कोई लेखक धारावाहिक कुछ लिखता ६ तो वह स्तंभलेखन है। केरल के कुछ हिन्दी लेखकों ने भी स्तंभ लेखन किया है। जैसे—

डॉ. के. सजीव ने मुंबई से प्रकाशित 'नूतन सबेरा' पत्रिका में तीन वर्ष (1996-1999) राजनीतिक विषयों पर स्तंभ लेखन किया। उन्होंने दिल्ली से प्रकाशित 'लोकायत' पत्रिका में 2004-2008 काल में 'केरल' नामक स्थायी स्तंभ में केरल के विविध सांस्कृतिक विषयों—'आरन्मुला आईना', 'कथकली', 'तृशूरपुरम', 'कालटि श्री शंकराचार्य संस्कृत विश्वविद्यालय', 'आम चुनव' आदि—पर लेख लिखे।

प्रो. एम.एस. जयमोहन का **'नई पीढ़ी : नए हस्ताक्षर'** शीर्षकवाला एक स्तंभ 'संग्रथन' पत्रिका में छपता था। यह नए लेखकों तथा उनकी रचनाओं का परिचय देनेवाला स्तंभ था। सितंबर, 2009 से लेकर 'संग्रथन' के प्रायः सभी अंकों में प्रस्तुत स्तंभ दिखाई पड़ता है, जैसे—नई पीढ़ी नए हस्ताक्षर : पवन करण (अंक : सितंबर-अक्टूबर, 2009); नई पीढ़ी नए हस्ताक्षर : उमशंकर चौधरी (नवंबर, 2009); सकरुण अनुभूतियों की सफल वर्तिका : अल्पना मिश्र (फरवरी, 2010); बंगलादेश के मुक्ति-संग्राम की भाषिता 'बोरिशाइल्ला' (अप्रैल, 2010); अपने 'ट्रैक' पर अग्रसर शर्मिला बोहरा जालान (जून, 2010); नई पीढ़ी नए हस्ताक्षर : रणेंद्र (सितंबर-अक्टूबर, 2010); लीक से हटे नए चरागाहों के अन्वेषक : प्रदीप सौरभ (मई, 2011); संवेदनशील कथाकार एवं प्रयोगधर्मी नाटककार हृषिकेश सुलभ (मई, 2011); हिन्दी के जवानसाल कहानीकार, समय के सही गवाह : विमलचंद्र पाण्डेय (जुलाई, 2011); पहाड़ी ग्रामांचल की आर्द्र अनुभूतियों पर उत्तराधुनिक अमानवीयता की दस्तक के कथाकार—एस.आर. हरनोट (सितंबर-अक्टूबर, 2011); प्रभात रंजन (नवंबर, 2011) आदि।

हिन्दी के वरिष्ठ लेखक डॉ. एन. ई. विश्वनाथ अय्यर **'सारस्वत प्रदक्षिणा'** नामक एक स्तंभ 'केरल ज्योति' में धारावाहिक लिखते थे। 'सारस्वत प्रदक्षिणा' लिखने

का कारण, उसका ऐसा शीर्षक आदि के बारे में अय्यरजी का मत उन्हींके शब्दों में देखिए—'मेरी प्रिय पूर्व छात्रा डॉ. पी. लता ने मेरी 'सारस्वत प्रदक्षिणा' की लेखमाला की भूमिका जब माँगी तभी उसके बारे में सोचना शुरू किया। कोच्चिन विश्वविद्यालय के सेवाकाल में विभिन्न प्रकार के स्फुट लेख लिखता था। कभी ललित निबंध लिखता, कभी संस्मरण। 'केरल ज्योति' और 'साहित्य मंडल पत्रिका' मेरी अपनी पत्रिका के समान थीं। मेरा लेख प्राय: उनमें प्रकाशित होता। ललित निबंध और संस्मरण की कई कड़ियाँ समाप्त करने के बाद कुछ नई चीज़ लिखने की इच्छा हुई। इसी दौरान 'भारतीय भाषा परिषद, कलकत्ता' ने अपने प्रकाशन 'भारतीय उपन्यास-सार' के लिए मलयालम के चुने दस उपन्यासों का सार माँगा था, लेखक के संक्षिप्त परिचय सहित। वह सेवा बड़ी रोचक और यत्नसाध्य रही। इसका अनुभव मन में जमा रहा। विभाग में मुझे कई स्रोतों से अच्छी-अच्छी नई पुस्तकें मिलती थीं। उन्हें पढ़ने के बाद सोचता था कि अन्य पाठकों के लिए इनका आस्वादन क्यों न संक्षेप में लिखूँ। पाठक इन ग्रंथों से परिचित हो सकते थे। आगे वे स्वयं ये पुस्तकें पढ़ सकते थे। यह खयाल अच्छा लगा। संयोग से मैं उन दिनों दिल्ली गया। वहाँ 'साहित्य अकादमी' में श्री गिरिधर राठी ने कुछ अच्छे अनूदित उपन्यास दिये। कुछ पुरस्कृत भी थे। लिखने की योजना बनी तो 'केरल ज्योति' के तत्कालीन संपादक श्री के.जी. बालकृष्ण पिल्लै ने योजना को सराहा और 'केरल ज्योति' में छापने के लिए तैयार हुए। इस माला का स्वरूप-निर्धारण करना था। मेरे सामने मलयालम की 'साहित्यवारफलम्' नामक साप्ताहिक समीक्षामाला थी। इसके लेखक थे स्व. प्रो. एम. कृष्णन नायर। वे बहुश्रुत थे। अपनी लेखनी से तूफ़ान मचाते थे। साहित्यकार उनसे आतंकित रहते थे। मैं तो केवल ग्रंथ का परिचय व आस्वादन कराना चाहता था। इसलिए मैंने अपनी लेखमाला का शीर्षक 'सारस्वत प्रदक्षिणा' दिया। यह शीर्षक बड़ा लचीला था। साहित्य एवं ज्ञान की कोई भी चर्चा 'सारस्वत प्रदक्षिणा' हो सकती थी। मेरी साहित्यिक यात्राएँ भी इसके अंतर्गत आ सकती थीं। अपने ग्रंथ वाचन से जो नवनीत मिलता, उसे पाठकों के साथ बाँट लेता। जब लिखता गया तब स्रोत से जल मिलता गया। वर्षों तक यह लेखमाला चली। यह मेरी विशिष्ट धारा प्रमाणित हो गई। अनेक कड़ियाँ निकलीं। कभी खयाल आया कि इनका संग्रह प्रकाशित करूँ। मगर बाद में जोश ठंडा पड़ गया तो 'सारस्वत प्रदक्षिणा' पत्रिकाओं में ही रह गई।' 'सारस्वत प्रदक्षिणा' में दिये गए कुछ शीर्षक हैं—'अव्यावसायिक लेखन' (जुलाई, 1997); 'इनसानियत की नसीहत (लेखिका डॉ. शमीम अलियार की पुस्तक की समीक्षा है, अंक : सितंबर, 1998); चार मूर्तिभवन (डॉ. एम.षण्मुखन के काव्य संकलन की समीक्षा हैं, सितंबर, 1998); लोकप्रिय उपन्यास ओट्टयटिपातकल (सी.राधाकृष्ण का वैज्ञानिक उपन्यास अंक : नवंबर, 2004); केरल में हिन्दी साहित्य का तुलनात्मक अध्ययन (अंक : सितंबर, 2005); वाणी परिवार फूले फले (मुसफर नगर की वाणी संस्था के 2004

में प्रकाशित वार्षिक संकलन के बारे में इसमें लिखा है; अंक : जनवरी, 2005); ऐतिहासिक दस्तावेज़ (श्रीमती आशारानी व्होरा की कृतियों का परिचय इसमें मिलता है; अंक: नवंबर, 2005); 'एक बार फिर' (कहानी संकलन, कहानीकार हैं श्री मनुस्वामी; अंक: जनवरी, 2006); 'तमिल साहित्य की श्रीवृद्धि में जैन-बौद्ध का योगदान' (जून, 2005); 'केरल और आषाढ़' (मार्च, 2006); 'केरल का अनुकरणीय प्रयोग' (फ़रवरी, 2006) आदि।

प्रश्नोत्तरी

अक्टूबर, 2006 से 'केरल ज्योति' पत्रिका (प्रकाशक : केरल हिन्दी प्रचार सभा) के अकों में 'प्रश्नोत्तरी' स्तंभ प्रकाशित होता है। प्रस्तुत स्तंभ छात्रोपयोगी है, जो कॉलेज के छात्रों को साहित्यिक तथा साहित्येतर ज्ञान बढ़ाने में सहायक है। यह स्तंभ डॉ. एस.तंकमणि अम्मा द्वारा 'अपना ज्ञान परखें' शीर्षक देकर 2006-2012 काल में लिखती थीं। इसमें एक शब्द में उत्तर देने लायक दस सवाल दिये गए हैं तो प्रत्येक सवाल के नीचे चार उत्तर—एक सही उत्तर और दूसरे गलत-दिये गए हैं। दो पृष्ठों के बाद सही उत्तर भी दिये गए हैं। सन् 2013 से डॉ. पी.जे. शिवकुमार यह स्तंभ 'प्रश्नोत्तरी' नाम से तैयार कर रहे हैं।

'संग्रथन' पत्रिका (प्रकाशक : हिन्दी विद्यापीठ, केरल) में सन् 2008, अप्रैल से निरंतर तीन साल डॉ. पी.जे. शिवकुमार द्वारा तैयार की जानेवाली 'प्रश्नोत्तरी' प्रकाशित होती थी। यह रीति अपनाई है कि पहले प्रश्न दिये जाते हैं, फिर प्रश्नों के उत्तर। सन् 2013 से डॉ. वी.वी. विश्वम प्रश्नोत्तरी तैयार कर रहे हैं, जुगनू नाम से।

स्वास्थ्य

'संग्रथन' पत्रिका के कुछ अकों में डॉ. एन. बाबू विजयनाथन (एम.डी.) द्वारा तैयार किया गया 'आयुर्विज्ञान का स्वास्थ्य' शीर्षक स्तंभ प्रकाशित हुआ। जैसे—मर्म चिकित्सा (अंक : जनवरी, 1988), मर्म चिकित्सा-1 (अप्रैल, 1988), मर्म चिकित्सा-2 (मई, 1988), मर्म चिकित्सा-3 (जून, 1988) आदि।

नई पुस्तकों पर विचार विमर्श

यह स्तंभ 'संग्रथन' पत्रिका में प्रो. वी.डी. कृष्णन नंपियार द्वारा सन् 2013 में शुरू किया गया है।

राष्ट्रवाणी पत्रिका में स्तंभ लेखन

'तिरुवितांकूर हिन्दी प्रचारसभा' की मुख पत्रिका 'राष्ट्रवाणी' साप्ताहिक पत्रिका (संपादक: स्व.के. वासुदेवन पिल्लै) ही ऐसी पत्रिका है, जिसमें हिन्दी पाठों को ज़्यादा

स्तंभ रखे गए थे, जैसे—एस.एस.एल.सी. छात्रोपयोगी, इंदर पदावली, बी.ए. सहायिका इतिहास, एम.ए. साहित्य लेख, हिन्दी अध्यापक व्याकरण पाठ आदि। इनमें 'इंदर पदावली' तथा 'हिन्दी अध्यापक व्याकरण पाठ' इस पत्रिका के प्रय: सभी अंकों में प्रकाशित हुए। 'हिन्दी अध्यापक व्याकरण स्तंभ' में हिन्दी अध्यापकों के लिए सहायक व्याकरण प्रकाशित होता था। यह स्तंभ मलयालम और तमिल माध्यम से हिन्दी भाषा का अध्ययन करने में सहायक था। इस साप्ताहिक पत्रिका के 15 अगस्त, 1953 में प्रकाशित अंक:1 से लेकर 6 नवंबर, 1953 में प्रकाशित 13 वें अंक तक हिन्दी अध्यापकों के लिए 24 व्याकरण पाठ प्रकाशित हुए। इस त्रिभाषिक पत्रिका में 'जीवन की एक घटना-प्रतियोग्यता' चलाई जाती थी। मलयालम में 'ओरु अनुभव कथा'। कोई भी व्यक्ति अपनी रुचि के अनुसार मलयालम, हिन्दी या तमिल भाषा में अपने जीवन की रसीली या प्रभावी घटना लिख सकते थे। जो व्यक्ति अच्छा लिखत था, उसे पाँच रुपये पुरस्कार मिलते थे।

पुस्तक-निर्माण

राष्ट्रीय शैक्षिक योजना एवं प्रशासन विश्वविद्यालय (न्यूपा), नई दिल्ली के आर्थिक सहयोग से हाइस्कूल के छात्रों के लिए, केरल हिन्दी प्रचार सभा द्वारा सन् 2009 में प्रकाशित 'ग्रंथालय पुष्पमाला' की प्रस्तकें इस प्रकार हैं—आठवीं कक्षा के लिए काव्य संकलन 'मंजरी' तथा गद्य संकलन 'पल्लव', 'इंद्रधनुष', 'साहित्य सहचर'। नौवीं कक्षा के लिए काव्य संकलन 'माधुरी' तथा गद्य संकलन 'पराग', 'बहुरंग', 'साहित्य सारथी'। दसवीं कक्षा के लिए काव्य संकलन 'मालिका' तथा गद्य संकलन 'परिमल', 'बिखरे तारे', 'साहित्य सुमन'। कविताओं की संगीतात्मक प्रस्तुति के लिए उपर्युक्त काव्य-संकलनों की अलग-अलग सीडियाँ भी तैयार की गई हैं। प्रो. के. केशवन नायर, प्रो. डी. तंकप्पन नायर, डॉ. एस. तंकमणि अम्मा, प्रो. एम. जनार्दनन पिल्लै, श्री. के.जी. बालकृष्ण पिल्लै आदि की देख-रेख में तैयार किए गए उपर्युक्त सभी संकलनों के सहयोगी लेखक हैं—डॉ. जी. कमलम्मा, डॉ. टी. शांतकुमारी, डॉ. एम.एस. राधाकृष्ण पिल्लै, डॉ. कटविल चंद्रन, प्रो. के.सती, डॉ. एन. सुरेश, डॉ. जे. बाबू, डॉ. सी.जे.प्रसन्न कुमारी, डॉ. पी.लता, डॉ. के. श्रीलता, डॉ. जी. रवींद्रन पिल्लै, डॉ. राखी बालगोपाल आदि।

संपादित ग्रंथ

केरलीय हिन्दी लेखकों ने कई पुस्तकों का संपादन किया है। इनमें अधिकांश पुस्तकें शोध लेखों का संकलन है।

प्रो. पी. कृष्णन ने प्राचीन तथा आधुनिक हिन्दी कविताओं का 'काव्य प्रवेश' (1968) नाम से संपादन किया। प्रकाशक : प्रकाशन विभाग, केरल विश्वविद्यालय।

डॉ. एन.पी. कुट्टन पिल्लै द्वारा 21 ग्रंथों का संपादन किया गया है। इनमें प्रसिद्ध हैं—दक्षिण में रामकथा (दक्षिणांचलीय साहित्य समिति, हैदराबाद, 1974); गद्य चंद्रिका (विद्यार्थी पब्लिकेशंस हैदराबाद, 1976); नूतन कहानियाँ (श्री बुक डिपो, हैदराबाद, 1978); हिन्दी गद्य रत्नाकर (ढांचेपलि बुक डिपो, सिकंदराबाद, 1978); हिन्दी काव्य परिमल (ढांचेपलि बुक डिपो, सिकंदराबाद, 1978); हिन्दी काव्य रश्मि (किरण प्रकाशन, हैदराबाद, 1982); तेलगू साहित्य परिमल (दक्षिणांचलीय साहित्य समिति, हैदराबाद, 1991); हिन्दी रत्नाकर (मारुति प्रकाशन, गुंटुर, आंध्रप्रदेश, 1998); महाकवि जी. शंकर कुरुप (दक्षिण भारत हिन्दी प्रतिष्ठान, हैदराबाद, 2002); दक्षिण का साहित्यिक सांस्कृतिक वैभव (दक्षिण भारत हिन्दी प्रतिष्ठान, हैदराबाद, 2005) आदि।

डॉ. टी.एन. विश्वंभरन द्वारा संपादित दो पुस्तकें केरल हिन्दी साहित्य मंडल, कोच्ची द्वारा प्रकाशित हुई हैं—(1) 'ज्ञानपीठ पुरस्कार विजेता एस.के. पोट्टेक्काट्' (1981)। (2) 'ज्ञानपीठ पुरस्कार विजेता तकषी' (1985)। इसमें 35 लेखकों के लेख संकलित हैं।

प्रो.के.के.कृष्णन नंपूतिरि द्वारा संपादित ग्रंथ हैं—'जयशंकर प्रसाद साधना के विविध आयाम' (1989, दोस्ती प्रकाशन, तिरुवनंतपुरम)। यह प्रसाद जन्म-शताब्दी समारोह में आयोजित राष्ट्रीय संगोष्ठी में अट्ठाईस विद्वानों द्वारा प्रस्तुत किए गए आलेखों का संकलन है।

डॉ. के.एम. मालती से संपादित पुस्तकें निम्नलिखित हैं—(1) अनुवाद भारती (प्रकाशक : ट्रांसलेटेर्स फोरम, कालिकट; वर्ष : अगस्त, 1991), (2) Applied Hindi Grammar and Translation (प्रकाशक : ट्रांसलेटेर्स फोरम, कालिकट के लिए विद्यार्थी मित्रं, केट्टयम; वर्ष 1991)

डॉ. टी.के. नारायण पिल्लै ने निम्नलिखित ग्रंथों का संपादन किया है—(1) हिन्दी क्रिया :काल, पक्ष एवं वृत्ति (1992, प्रकाशक : केंद्रीय हिन्दी संस्थान, आगरा)—शब्दों के आठ भेदों में एक है 'क्रिया'। यह ग्रंथ हिन्दी क्रिया के काल, पक्ष और वृत्ति का सोदाहरण परिचय देता है। (2) सतरंगी (प्रकाशक : एस.ई.आर.टी आंध्रप्रदेश)—डॉ. टी.के. नारायण पिल्लै ने एस.ई.आर.टी, आंध्र प्रदेश के लिए कक्षा एक से पाँच तक के छात्रों के लिए हिन्दी पाठ्य-पुस्तकों का मुख्य संपादन किया है। इन पाठ्य-पुस्तकों का नाम है 'सतरंगी'। डॉ. टी.के. नारायण पिल्लै निम्नलिखित पत्रिकाओं के संपादक रहे—(अ) केंद्रीय हिन्दी संस्थान बुलेटिन (त्रैमासिक, 1983-84), (आ) 'गवेषणा' शोध पत्रिका (केंद्रीय हिन्दी संस्थान; वर्ष 1986-87, 1990-97)। पिल्लैजी 'शोध क्षितिज' पत्रिका (प्रकाशक : सेंट थॉमस कॉलेज, पाला; वर्ष 1995-2000) के संपादन की सलाहकार समिति के सदस्य थे।

कुन्नुकुषि कृष्णनकुट्टिट और के.जी.बालकृष्ण पिल्लै द्वारा संपादित ग्रंथ है—महाकवि उल्लूर : व्यक्तित्व एवं कृतित्व (1997, प्रकाशक : केरल हिन्दी प्रचार सभा)।

डॉ. ए. अरविंदाक्षन द्वारा संपादित ग्रंथ निम्नलिखित हैं—(1) उपन्यास शिल्पी गिरिराज किशोर (2000, वाणी प्रकाशन, नई दिल्ली), (2) निराला : एक पुनर्मूल्यांकन (2006; आधार प्रकाशन प्राइवेट लिमिटेड, हरियाणा), (3) आलोचना और संस्कृति (2008; अकादमिक प्रतिभा, दिल्ली), (4) 'महादेवी वर्मा' (2009; आनंद प्रकाशन, कोलकाता; यह 9 लेखों का संकलन है); (5) कविता का आज (2010, आनंद प्रकाशन, कोलकाता); (6) आधुनिक मलयालम कविता; (7) बहुरंगी कविताएँ; (8) प्रेमचंद के आयाम; (9) भारतीय कथाकार प्रेमचंद; (10) समकालीन हिन्दी उपन्यास (2003, प्रकाशक : जवाहर पुस्तकालय, मथुरा) आदि। 'समकालीन हिन्दी उपन्यास'15 लेखों का संकलन है। इसमें निम्नलिखित उपन्यासों का अध्ययन किया गया है—गिलगिड्डु, आवाँ (चित्रा मुद्गल), अवांतर कथा (अनामिका), एक ज़मीन अपनी (चित्रा मुद्गल), मित्रो मरजानी (कृष्णा सोबती), परिशिष्ट (गिरिराज किशोर), काला पादरी (तेजिंदर), झीनी-झीनी बीनी चदरिया (अब्दुल बिस्मिल्लाह), दो एकांत (श्रीनरेश मेहता), नौकर की कमीज़ (विनोदकुमार शुक्ल), दिव्या (यशपाल) आदि। केरलीय हिन्दी लेखकों में अपेक्षाकृत अधिक ग्रंथों का संपादन डॉ. ए. अरविंदाक्षन ने किया है।

डॉ. एन. मोहनन द्वारा संपादित ग्रंथ हैं—(1) 'उत्तरशती का हिन्दी उपन्यास' (2004; जवाहार पुस्तकालय, मथुरा); (2) 'समकालीन हिन्दी कहानी' (2007; शिल्पायन, दिल्ली)।

प्रो.एम.एस. जयमोहन द्वारा संपादित पुस्तकें हैं—(1) कहानी : कल और आज (2005); (2) हिन्दी कविता : प्रयोग से समकालीन तक (2006); (3) हिन्दी कविता प्रयोगवाद और उसके बाद (2009); (4) अनबीती कहानियाँ (2010); (5) निबंध निदर्शन (2010) आदि। वाणी प्रकाशन, नई दिल्ली ने उक्त सभी पुस्तकों का प्रकाशन किया है। पहली दोनों पुस्तकें केरल विश्वविद्यालय में सन् 2005 से स्नातकोत्तर कक्षा की पाठ्य-पुस्तकें हैं। जयमोहनजी द्वारा संपादित 'अभिनव संकलन' (2010, प्रकाशक : केरल विश्वविद्यालय) केरल विश्वविद्यालय की पाठ्य-पुस्तक है। इसके लेखक हैं—डॉ. पी. लता, डॉ. मीरा, डॉ. कुमारी गीता एस., डॉ. फ्रांसिस, डॉ. सुषमा, डॉ. पी.एम. गीता आदि।

डॉ. पवूर शशींद्रन द्वारा संपादित कविता संकलन है—'कविता : नई-पुरानी' (2005)। स्वयं संपादक ने कालिकट जिले से इसका प्रकाशन किया। डॉ. पवूर शशींद्रन द्वारा संपादित साहित्यिक लेखों के संकलन हैं—(1) महिला लेखन और समकालीन हिन्दी कहानी (2007; साक्षर प्रकाशन, नई दिल्ली); (2) समकालीन हिन्दी साहित्य : कतिपय मोड़ (2009; संस्कृति प्रकाशन, वाराणसी)।

डॉ. आर. शशिधरन द्वारा संपादित ग्रंथ है 'स्वतंत्रता और साहित्य' (2006, प्रकाशक : शिल्पायन नई दिल्ली)।

डॉ. पी.वी.विजयन द्वारा संपादित लेखों का संकलन है—'प्रेमचंद : साहित्य और संवेदना' (2006, प्रकाशक : जवाहर पुस्तकालय, मथुरा)।

डॉ. प्रमीला के.पी. द्वारा संपादित ग्रंथ है—'स्त्री-मुक्ति और कविता' (2006, प्रकाशक : मिलिंद प्रकाशन, हैदराबाद)। स्त्री-मुक्ति को केंद्र में रहकर तैयार किए गए सर्वश्री अरुण कमल, अनामिका, कृष्ण किशोर, प्रतिभा मुदलियार, रश्मि वी. आर, मिनीप्रिया.आर, प्रमीला के.पी, काशीनाथ अम्बलगे तथा शशिमुदिराज के ग्यारह आलेख इसमें संकलित हैं, जो कविता में प्रतिपादित स्त्री-मुक्ति प्रसंगों से गुज़रते हैं। आलेखों के शीर्षक ही कथ्य-प्रतिपादन करते हैं, जैसे—स्त्री-मुक्ति और कविता, स्त्री-मुक्ति और भाषा, स्त्री-संघर्ष : यात्रा और प्रस्तावना, समकालीन कविता और स्त्री-संवेदना, अरुण कमल की कविताओं में मानव अधिकार, निर्मला पुतुल की कविताओं में आदिवासी जीवन-संघर्ष, औरत क्यों नहीं लिखती, समकालीन कविता की लिंग संवेदना, हाशिए की चेतना: समकालीन कविता में, शरण व संत काव्य में स्त्री, स्त्री-मुक्ति और आज की कविता।

डॉ. वी.के. अब्दुल जलील द्वारा संपादित ग्रंथ है—'समकालीन हिन्दी उपन्यास : समय और संवेदना' (2006; वाणी प्रकाशन, नई दिल्ली)।

डॉ. प्रमोद कोवप्रत द्वारा संपादित ग्रंथ 'इक्कीसवीं शती में अनुवाद : दशाएँ और दिशाएँ' (2007, प्रकाशक : जवाहर पुस्तकालय, मथुरा) में भारत के विभिन्न प्रांतों के विद्वानों के 18 लेख शामिल हैं। सूचना प्रौद्योगिकी, मशीनी अनुवाद, फिल्मी अनुवाद, सांस्कृतिक अनुवाद, नाट्यानुवाद, भूमंडलीकरण और अनुवाद, अनुवाद और सौंदर्यबोध, भारतीय साहित्य और अनुवाद आदि महत्त्वपूर्ण मुद्दे हैं। 'भारतीय साहित्य और अनुवाद' नामक लेख संपादक से ही लिखा गया है। यह पुस्तक भारत में अनुवाद के क्षेत्र में काफी चर्चित है।

डॉ. एन.एम.सण्णि और डॉ. ई.एम. अन्ना साली द्वारा संपादित ग्रंथ है—'हिन्दी कहानी के सौ वर्ष' (2008, प्रकाशक : जवाहर पुस्तकालय, मथुरा)। हिन्दी कहानी संबंधी आलोचनात्मक लेखों का संकलन है। इसमें चंद्रधर शर्मा गुलेरी की 'उसने कहा था' कहानी से लेकर समकालीन कहानी लेखिका श्रीमती अल्पना मिश्र (कहानी—बेतरतीब) तक के कहानीकारों की एक-एक प्रतिनिधि कहानी का विश्लेषणात्मक अध्ययन उपलब्ध है।

डॉ. एन. चंद्रशेखरन नायर द्वारा संपादित कविताओं का संकलन है—'केरल की हिन्दी कविताएँ' (2008, प्रकाशक : केरल हिन्दी साहित्य अकादमी)।

डॉ. आरसु द्वारा संपादित ग्रंथ है—'साहित्य-ऊर्जा और उन्मेष' (2009, प्रकाशक : जवाहर पुस्तकालय, मथुरा)। यह 16 साहित्यिक लेखों का संकलन है। यह डॉ. आरसु

द्वारा संपादित है। यह पुस्तक भारत देश की विभिन्न भाषाओं—मलयालम, तमिल, तेलगू, असमिया, गुजराती—की साहित्य संपदा की जानकारी हिन्दी भाषा में देने के उद्‌देश्य से प्रकाशित की गई है।

डॉ. पी. रवि द्वारा संपादित ग्रंथ है—'कविता का वर्तमान (2011, वाणी प्रकाशन, नई दिल्ली)। इसमें 36 कवियों की कविताओं पर लिखे गए लेख संकलित हैं।

डॉ. वी.कुमारन द्वारा संपादित कहानी संकलन है—'कालजयी कहानियाँ' (2012)।

डॉ. प्रभाकरन हेब्बार इल्लत्त द्वारा संपादित ग्रंथ है—'हिन्दी भाषा और साहित्य को केरल की देन' (2012)।

डॉ. एन.ई.विश्वनाथ अय्यर द्वारा संपादित ग्रंथ हैं—(1) 'गद्य विकास' (स्वाति प्रकाशन) जो 12 लेखों का संकलन है। यह केरल विश्वविद्यालय की पाठ्य-पुस्तक थी। (2) गद्यांजलि (स्वाति प्रकाशन)। यह भी लेखों का संकलन है।

डॉ. पवूर शशींद्रन का 'राजभाषा हिन्दी के प्रचार में अकाशवाणी का योगदान' शीर्षक लेख डॉ. इकबाल अहमद द्वारा संपादित 'राजभाषा हिन्दी : प्रगति और प्रयाण' नामक पुस्तक में प्रकाशित हुआ (राधाकृष्ण प्रकाशन, नई दिल्ली, वर्ष 2000)। 'विज्ञान और प्रौद्योगिकी साहित्य का अनुवाद' शीर्षक लेख डॉ. के.सी. कुमारन द्वारा संपादित पुस्तक 'इक्कीसवीं शती में अनुवाद' (जवाहर पुस्तकालय, मथुरा, वर्ष 2007) में प्रकाशित है।

वृत्तचित्र

डॉ. एम.एस.राधाकृष्णन पिल्लै से हिन्दी में तैयार किए गए वृत्तचित्रों—बिजली की धड़क, सीपी की खेती, अय्यप्पन आदि—की सी.डी निकली है।

शास्त्रीय ग्रंथ

पाश्चात्य काव्यशास्त्र पर लिखा ग्रंथ है डॉ. एन. रामन नायर का 'होरेस की काव्यकला' (1972, जयपुर)। यह पश्चिम के काव्यशास्त्रज्ञ होरेस के काव्य-संबंधी विचार प्रस्तुत करनेवाला ग्रंथ है। होरेस के 'आर्ट्स पोएटिका' ग्रंथ में काव्य के दो उद्‌देश्यों—नैतिक शिक्षा और आनंद—का वर्णन है।

खंड (ग)

केरल की साहित्येतर हिन्दी रचनाएँ

अध्याय-15

केरल की साहित्येतर हिन्दी रचनाएँ

व्याकरण

दक्षिण भारत में हिन्दी पढ़ाने के लिए देवदास गांधी मद्रास पहुँचे तो सभी इच्छुक हिन्दी अध्येताओं को हिन्दी सिखाने के लिए हिन्दी शिक्षक मिलना कठिन था। यही नहीं, हिन्दी साहित्य सम्मेलन के इंदौर अधिवेशन (1918) में महात्मा गांधी ने 'स्वयं शिक्षक' तैयार करने की आवश्यकता भी बताई थी। पहले 'दक्षिण भारत हिन्दी प्रचार सभा' ने पंडित हरिहर शर्मा द्वारा तैयार की गई 'हिन्दी-तमिल स्वबोधिनी' प्रकाशित की। फिर इस स्वबोधिनी के हिन्दी-तेलगू संस्करण (पंडित ऋषिकेश शर्मा), हिन्दी-मलयालम संस्करण (एम.के. दामोदरन उण्णि), हिन्दी-अंग्रेज़ी संस्करण (देवदास गांधी और हरिहर शर्मा) तैयार किए गए। फिर हिन्दी-अंग्रेज़ी संस्करण मोट्टूरी सत्यनारायण और पंडित अवध नंदन ने मिलकर तैयार किया, जिसका मलयालम रूपांतर 'हिन्दी-मलयालम स्वबोधिनी' प्रोफेसर ए. चंद्रहासन और श्री पी.के. केशवन नायर ने मिलकर तैयार किया। इस 'हिन्दी-मलयालम स्वबोधिनी' से प्रभावित होकर श्री रामविलासम बुक डिपो (कोल्लम) के मालिक ने श्री के. वासुदेवन पिल्लै से 'हिन्दी स्वयं शिक्षक' पुस्तक तैयार कराई। बाद में डॉ. एन.ई. विश्वनाथ अय्यर ने 'स्वतंत्र हिन्दी बोधिनी' तैयार की। रेडियार प्रेस (तिरुवनंतपुरम) से प्रकाशित 'हिन्दी महोपाध्यायन' आकार में बड़ी स्वबोधिनी थी।

के.सी. सुबह्मण्यम् की पुस्तक है 'हिन्दी रचना मित्र, भाग 1 और भाग 2' (1948, प्रकाशक : के.सी. सुब्रह्मण्यम्, मीनाक्षी निवास, कच्चेरित्ताषं, मूवाट्टुपुषा)। इसमें मलयालम माध्यम से हिन्दी पढ़ाने का प्रयास किया गया है।

श्री के. वासुदेवन पिल्लै का ग्रंथ है—'सरल हिन्दी स्वबोधिनी' (1948, प्रकाशक : केरल हिन्दी प्रचार सभा, तिरुवनंतपुरम-14)। इस ग्रंथ के आमुख में लेखक ने लिखा है, "हिन्दी भाषा को दक्षिण भारत के अन्य प्रांतों की अपेक्षा केरल में अधिक प्रचार प्राप्त हुआ है। किंतु कई व्यक्तियों को अभी विविध असुविधाओं के कारण हिन्दी भाषा का अभ्यास प्राप्त नहीं हुआ है। उन्हें मैं अपना करीब पच्चीस साल का

हिन्दी भाषाध्ययन-परिचय प्रदान करता हूँ।' इसमें कुल 83 अध्याय हैं। प्रत्येक अध्याय के साथ अभ्यास सहित कुल 83 अध्यायों में हिन्दी भाषा का व्याकरण प्रस्तुत किया गया है। पहला अध्याय वर्णमाला का है। दूसरे अध्याय में हिन्दी पढ़ने के सामान्य नियम दिये गए हैं। अन्य अध्यायों में शब्द-भेद, कृदंत, वाच्य, प्रयोग, व्याकरणिक कोटियाँ, महीनों के नाम, उपसर्ग, प्रत्यय, छोटे निबंध, पत्रों के नमूने, गिनतियाँ आदि देने के बाद 'परिशिष्ट' में मलयालम से हिन्दी में तथा हिन्दी से मलयालम में अनुवाद-अभ्यास के लिए कुछ अनुच्छेद दिये गए हैं। फिर कई संज्ञा शब्दों के मलयालम अर्थ तथा क्रिया धातुओं के मलयालम अर्थ दिये गए हैं।

श्री जी. नीलकंठन नायर ने बच्चों के लिए 'शिशु बोधिनी', 'हिन्दी रचना प्रदीप' आदि ग्रंथ लिखे।

डॉ. एन.पी. कुट्टन पिल्लै के प्रकाशित व्याकरण ग्रंथ हैं—(1) तुलनात्मक व्याकरण : हिन्दी एवं मलयालम (प्रकाशक : किताब महल, इलाहाबाद; वर्ष 1959), (2) सरल हिन्दी व्याकरण और रचना (प्रकाशक : हिन्दी प्रचारक पुस्तकालय, वाराणसी, वर्ष 1961), (3) भाषा-प्रयोग (प्रकाशक : हिन्दी प्रचार सभा, हैदराबाद; वर्ष 1998), (4) मिलिंद हिन्दी व्याकरण (प्रकाशक : मिलिंद प्रकाशन, हैदराबाद; वर्ष 2005) आदि। भाषा 'प्रयोग' हिन्दी भाषा की समस्याओं तथा उनके समाधानों पर तैयार की गई पुस्तक है। इसमें दो प्रकरण हैं—(1) अशुद्ध प्रयोग—134 पृष्ठों में (2) सामान्य व्याकरण और प्रयोग—50 पृष्ठों में।

'भाषिकी' (1974, प्रकाशक : केरल हिन्दी साहित्य मंडल) डॉ. एच.परमेश्वरन की भाषाविज्ञान पर तैयार की गई पुस्तक है। भूमिका में लेखक ने लिखा है, 'स्नातकोत्तर कक्षाओं में भाषाविज्ञान पढ़ाते हुए यह अनुभव हुआ कि वर्णनात्मक भाषाविज्ञान पर इस प्रकार की एक लघु पुस्तिका का सर्वथा अभाव है। इस कमी की पूर्ति करने का यह मेरा प्रयत्न है।'

'हिन्दी रचना प्रबोध—भाग-1' (1995, प्रकाशक : केरल हिन्दी प्रचार सभा, तिरुवनंतपुरम)—यह केरल हिन्दी प्रचार सभा की प्रारंभिक परीक्षाओं के ज़रिए हिन्दी पठन शुरू करनेवाले छात्रों को अधिक प्रभावी ढंग से भाषा का अभ्यास देने के लिए 'केरल हिन्दी प्रचार सभा' की एक योजना के अंतर्गत तैयार की गई पुस्तक है। हिन्दी भाषाध्यापक तथा भाषाविद् श्री.आर. सुकुमारन नायर ने प्रस्तुत पुस्तक तैयार की। इसके 25 छोटे अध्याय हैं। अध्याय इस प्रकार हैं—है हैं हो हूँ, वाक्य, विधि क्रिया, विभक्तियाँ, सर्वनाम, सामान्य वर्तमानकाल, तात्कालिक वर्तमानकाल, विशेषण, सामान्य भविष्यत काल, लिंग, वचन, क्रिया, 'चाहिए' का प्रयोग, 'सक' का प्रयोग, 'चुक' का प्रयोग, 'कर' का प्रयोग, योजक, अपूर्ण भूतकाल, तात्कालिक अपूर्ण भूतकाल, सामान्य भूतकाल, आसन्न भूतकाल, पूर्ण भूतकाल, अभ्यास के लिए सवाल, अनुबंध आदि। प्रत्येक अध्याय के अंत में अभ्यास के लिए प्रश्न दिये गए हैं।

प्रो. सी.डी. वर्की द्वारा लिखा गया व्याकरण ग्रंथ है—'हिन्दी व्याकरण, निबंध तथा रचना' (1997, प्रकाशक : प्रतिभा पब्लिकेशंस, चङ्ङनाशेरी)। इसके पहले भाग में वर्ण, शब्द-भेद, काल, शब्द-रचना, वाक्य आदि पर चर्चा की गई है। दूसरे भाग में अनुवाद-अभ्यास के लिए दस गद्यांश, पत्र-लेखन तथा कालिक विषयों पर निबंध आदि दिये गए हैं।

प्रो. के.के. कृष्णन नंपूतिरि के प्रकाशित हिन्दी व्याकरण ग्रंथ निम्नलिखित हैं—(1) 'बेसिक हिन्दी' (1981, प्रकाशक : आर.पी. नायर, रंभा डिस्प्ले सिस्टम, तिरुवनंतपुरम-15)—यह अंग्रेज़ी माध्यम से रचित हिन्दी व्याकरण है। (2) 'ए न्यू अप्रोच टु द हिन्दी ग्रामर' (1992, प्रकाशक : लोक भारती प्रकाशन, इलाहाबाद)—इस ग्रंथ में भी हिन्दी व्याकरण अंग्रेज़ी में दिया गया है। (3) 'व्यावहारिक हिन्दी व्याकरण : एक नया अनुशीलन' (2002, प्रकाशक : लोक भारती प्रकाशन, इलाहाबाद)—यह ग्रंथ केरल विश्वविद्यालय की पाठ्य-पुस्तक रही थी।

भाषाविज्ञान तथा शैलीविज्ञान में पांडित्यवाले हैं डॉ. टी.के. नारायण पिल्लै। उनके द्वारा लिखित पुस्तकें इस प्रकार हैं—(1) 'हिन्दी और मलयालम में आगत संस्कृत शब्द'—केंद्रीय हिन्दी संस्थान, आगरा, ने सन् 1984 में इसका प्रकाशन किया। इस ग्रंथ में आर्य भाषा हिन्दी और द्रविड़ भाषा मलयालम में स्वीकृत संस्कृत शब्दों (तत्सम शब्दों) का व्यतिरेकी अध्ययन किया गया है। (2) 'राम की शक्तिपूजा का शैलीवैज्ञानिक अध्ययनः'—सन् 1984 में बी.डी.एस. एंटरप्राइज़ेज़, नोएडा, दिल्ली ने इसका प्रकाशन किया। लेखक 'शैलीविज्ञान' तथा 'भाषा की संरचना के अध्ययन में विशेष रुचि रखते हैं। निराला की लंबी कविता 'राम की शक्ति-पूजा' का शैली-वैज्ञानिक अध्ययन प्रस्तुत करनेवाला यह ग्रंथ सन् 1986-87 में भारत सरकार के 'मानव संसाधन विकास मंत्रालय' द्वारा पुरस्कृत हुआ। (3) 'भाषा अभ्यास मालाएँ'—इसका पहला संस्करण सन् 1978 में निकला। इसके कुल चार संस्कारण निकले हैं। मिज़ोरम सरकार के शिक्षा विभाग के लिए 'केंद्रीय हिन्दी संस्थान, आगरा' ने इसका प्रकाशन किया। इसमें हिन्दी भाषा के अभ्यास के लिए सहायक सामग्री दी गई है।

प्रो. टी. रत्नकुमारि अम्मा का ग्रंथ है—'संपूर्ण हिन्दी व्याकरण' (1998, प्रकाशक : सिसो पब्लिकेशन, तिरुवनंतपुरम)। इसमें हिन्दी माध्यम से हिन्दी व्याकरण प्रस्तुत किया गया है।

हिन्दी विभाग, कोच्चिन विश्वविद्यालय के तीन पूर्व प्राध्यापकों—डॉ. एन.ई. विश्वनाथ अय्यर, डॉ. एल. सुनीताबाई, श्रीमती जे. सुगंधवल्ली आदि—ने मिलकर 'हिन्दी तथा मलयालम की आधुनिक शब्दावली' ग्रंथ का निर्माण किया (प्रकाशक : हिन्दी विभाग, कोच्चिन विश्वविद्यालय)। इस ग्रंथ में हिन्दी और मलयालम भाषाओं की आधुनिक साहित्य शब्दावलियों का तुलनात्मक विवेचन किया गया है। तुलना के अलावा साहित्यिक शब्दों की व्युत्पत्ति भी दी गई है। पाठकों की सुविधा के लिए

शुरू में ही इस ग्रंथ की रचना के लिए सहायक हुए हिन्दी, संस्कृत और मलयालम के 'आधार ग्रंथों' के नामों के स्थान पर इस ग्रंथ में प्रयुक्त संकेताक्षर और आधार ग्रंथों के असली नाम दिये गए हैं,जैसे—

संकेताक्षर	ग्रंथ का पूरा नाम(हिन्दी)
अ.ना.शा.	अभिनव नाट्यशास्त्र
अ.औ.आ	अनुसन्धान और आलोचना

शब्दों की व्युत्पत्ति जानने के लिए इस ग्रंथ के संपादकों ने मुख्यत: 'वाचस्पत्यम्' और 'शब्दकल्पद्रुम' का सहारा लिया है। इस ग्रंथ के एक संपादक डॉ. एन.ई. विश्वनाथ अय्यर के शब्दों में, "हिन्दी शब्दों को ही इस ग्रंथ में पहला स्थान है। प्रथम खंड में हिन्दी शब्द है। द्वितीय में व्युत्पति है। तृतीय में हिन्दी का उदाहरण वाक्य है। चौथे में अभिन्न या समान मलयालम शब्द हैं। शब्दों का उद्धरण प्रामाणिक समीक्षा ग्रंथों से ही प्राय: दिया गया है। 'शब्दतारावली' नामक प्रामाणिक शब्दकोश को भी यत्र-तत्र संदर्भ ग्रंथ के रूप में दिया गया है।"

डॉ. एम.सी. सुवर्णलता के व्याकरण ग्रंथ हैं—(1) 'आदर्श व्याकरण' (2002, गौतम, कालिकट), (2) 'मानक हिन्दी : संरचना, स्वरूप और विश्लेषण' (2010, जवाहर पुस्तकालय, मथुरा) आदि। दूसरे ग्रंथ में मानक हिन्दी का विश्लेषणात्मक अध्ययन किया गया है।

डॉ. विजयकुमारन सी.पी.वी. ने जब एशियाई अध्ययन केंद्र, वल्लदोलिद विश्वविद्यालय, स्पेन में अतिथि आचार्य के रूप में काम किया था तब स्पेनिश हिन्दी पाठकों के लिए उन्होंने एक हिन्दी व्याकरण पुस्तक सन् 2010 में लिखी, जिसका नाम है—'हिन्दी फासिल' (Hindi Facil यानी सरल हिन्दी)। इसमें श्री जीसस आरिबास लज़ारो (Jesus Arribas Lazaro) विजय कुमारन जी के सहलेखक रहे।

डॉ. के. सजीव द्वारा लिखित व्याकरण ग्रंथ है—'हिन्दी व्याकरण और कार्य पुस्तिका'। यह 620 पृष्ठोंवाला ग्रंथ है (2004, श्रीहरि पब्लिकेशंस, मावेलिक्करा)।

प्रो. एम. जयचंद्रन के प्रकाशित व्याकरण ग्रंथ हैं—(1) 'हिन्दी व्याकरण' (2006, प्रकाशक : विद्यार्थी मित्रं प्रेस एंड बुक डिपो, एच.ओ. बेकर रोड, कोट्टयम)—यह छात्रों को हिन्दी भाषा के प्राथमिक अध्ययन के लिए सहायक ग्रंथ है। इसमें व्याकरण के सिद्धांत अंग्रेज़ी में तथा उदाहरण हिन्दी में दिये गए हैं। पुस्तक का नाम अंग्रेज़ी में Hindi Grammar और हिन्दी में 'हिन्दी व्याकरण' दिया गया है। भूमिका अंग्रेज़ी भाषा में स्वयं लेखक ने लिखी है और हिन्दी भाषा में प्रो. वी.के. प्रकाशन ने। यह अंग्रेज़ी माध्यम से हिन्दी भाषा का ज्ञान देनेवाली पुस्तक है। अत: अन्य भाषा-भाषियों को भी हिन्दी पढ़ने में यह ग्रंथ सहायक है। वर्णमाला, शब्द-भेद, व्याकरणिक कोटियाँ (लिंग, वचन, काल, कारक), शब्द-संरचना (संधि,

समास, उपसर्ग, प्रत्यय), वाक्य-भेद (प्रयोग की दृष्टि तथा संरचना की दृष्टि से), शब्द-शक्तियाँ, विभिन्न चिह्न (पूर्ण विराम, अल्प विराम, अर्ध विराम, प्रश्न चिह्न, भावबोधक, निर्देशक, उद्धरण, कोष्ठक आदि) जैसे हिन्दी भाषा के अध्ययन के लिए सहायक सभी पहलुओं को इस छोटी पुस्तक में स्थान दिया गया है। (2) 'सम्यक् हिन्दी व्याकरण' (2007, प्रकाशक : विद्यार्थी मित्रं)—इस ग्रंथ का 'आमुख' ग्रंथकर्ता प्रो.एम. जयचंद्रन ने लिखा है। 'भूमिका' डॉ. मावेलिक्करा अच्युतन ने लिखी है। यह हिन्दी माध्यम से ही हिन्दी व्याकरण का परिचय देनेवाला ग्रंथ है। (3) 'केरलीय हिन्दी व्याकरण' (2006, प्रकाशक : विद्यार्थी मित्रं) ग्रंथ की भूमिका प्रो.के. वर्गीस वारियर ने लिखी है। इसमें मलयालम भाषा के माध्यम से हिन्दी व्याकरण के सिद्धांतों की व्याख्या दी गई है और उदाहरण हिन्दी में।

प्रो. डी. तंकप्पन नायर के प्रकाशित व्याकरण ग्रंथ हैं—(1) हिन्दी व्याकरण और रचना—भाग 1 और 2, (2) सरल हिन्दी व्याकरण, (3) A hand book of Hindi Grammar, (4) Hindi Grammar (प्रकाशक : जनता बुक स्टाल, पालयम, तिरुवनंतपुरम)।

प्रो. पी.वी. वर्गीस द्वारा तैयार किए गए ग्रंथ हैं—(1) 'कॉलेज हिन्दी व्याकरण और रचना' (2008, प्रकाशक : थॉमस पी. वर्गीस, जयहिंद पब्लिकेशंस, मूवाट्टुपुषा)— इसमें व्याकरण के अलावा पत्र-व्यवहार, अनुवाद के लिए गद्यांश, निबंध, लोकोक्तियाँ, पारिभाषिक शब्द आदि दिये गए हैं। (2) 'हाईस्कूल और कॉलेज हिन्दी व्याकरण' (प्रकाशक : प्रो. पी.वी. वर्गीस, परुवमूट्टिल हाउस, मूवाट्टुपुषा, वर्ष 2006)। यह भी पहला ग्रंथ जैसा छात्रोपयोगी है।

डॉ. के.सी. अजयकुमार का ग्रंथ है—'मलयालम व्याकरण : एक परिचय' (प्रकाशक : राष्ट्रभाषा संस्थान, पुत्तन तेरुवु, तिरुवनंतपुरम; वर्ष 1999)। यह केंद्रीय हिन्दी निदेशालय से पुरस्कृत है।

डॉ. एन.जी. देवकी का ग्रंथ है—'प्रयोजनमूलक हिन्दी व्याकरण : व्यावहारिक परिप्रेक्ष्य में' (प्रकाशक : The Directorate of public relations and publication वर्ष 2007)। अपने इस ग्रंथ के बारे में लेखिका ने 'पुरोवाक्' में लिखा है—'हिन्दीतर छात्रों के हिन्दी प्रयोग को ध्यान में रखते हुए इस कृति को रूपायित किया गया है।' इसके अध्याय हैं—हिन्दी ध्वनियाँ और उच्चारण शास्त्र : व्यावहारिक अनुशीलन, हिन्दी क्रियाओं का परिवर्तनात्मक स्वरूप, हिन्दी सर्वनामों का विशेष प्रयोग, विभक्ति सहित विशेषणों का प्रयोग, विशेषण और क्रिया विशेषण, अप्राणिवाचक शब्दों का लिंग : व्याकरणिक पक्ष, कंप्यूटर साधित हिन्दी भाषा अध्याय, व्यावहारिक शब्द सूची : हिन्दी-अंग्रेज़ी तथा अंग्रेज़ी-हिन्दी।

प्रो. सी.टी. वर्गीस का ग्रंथ है—'हिन्दी व्याकरण, निबंध तथा रचना' (प्रकाशक : प्रतिभा पब्लिकेशंस, चङ्ङनाशेरी, वर्ष 1997)।

डॉ. एच. परमेश्वरन का ग्रंथ है—'व्यावहारिक हिन्दी व्याकरण, अनुवाद तथा रचना' (प्रकाशक : राधाकृष्ण प्रकाशन, नई दिल्ली, वर्ष 2000)।

बोलचाल की हिन्दी

प्रो. गीता माथ्यू की छोटी पुस्तक है—'स्पोकेन हिन्दी' (प्रकाशक : 2009, बुक्स इंडिया पब्लिशर्स, साउथ देवी टेंपल, चेरत्तला)। यह बोलचाल की हिन्दी की पुस्तक है। मलयालम माध्यम से हिन्दी पढ़ने में सहायक है।

श्री.आर.गुप्त का ग्रंथ है—'हिन्दी-मलयालम लर्निंग कोर्स' (वर्ष 2013, प्रकाशक : रापिड़ पब्लिकेशंस, नई दिल्ली)। इसमें सहयोगी लेखक केरलीय श्री. जी. सत्येद्रन हैं। इसमें वाक्य देवनागरी और मलयालम लिपि में दिये गए हैं।

राजभाषा/प्रयोजनमूलक भाषा

डॉ. एस. राजप्पन नायर का ग्रंथ है—'राजभाषा शिक्षण' (1965, प्रकाशक : हिन्दी साहित्य भंडार, लखनऊ)।

डॉ. सोफिया राजन की पुस्तक है—'एस.बी.पी. सूपर रांक फाइल' (2002, प्रकाशक : एस.बी. पब्लिकेशंस प्राइवेट लिमिटेड, कोषंचेरी)। यह केरल में हिन्दी में सेट, नेट, पी.एस.सी, हिन्दी एम.ए. मौखिक परीक्षा तथा अन्य उच्चस्तरीय प्रतियोगिता परीक्षाओं की तौयारी करने वाले परीक्षार्थियों की उपयोगिता के लिए तैयार की गई पुस्तक है।

डॉ. मलिक मोहम्मद की पुस्तक है—'राजभाषा हिन्दी : विकास के विविध आयाम' (2002, प्रकाशक : प्रवीण प्रकाशन, महरौली, नई दिल्ली-30)। इसके अध्याय हैं—हिन्दी भाषा का ऐतिहासिक विकास, हिन्दी के सार्वदेशिक स्वरूप का विकास, स्वतंत्रता-संग्राम और गांधीजी का नेतृत्व, हिन्दी आंदोलन और गांधीजी का नेतृत्व, संस्थाओं के द्वारा हिन्दी सेवा, संविधान में हिन्दी, राजभाषा हिन्दी : प्रगति के पथ पर, हिन्दी की अग्निपरीक्षा', हिन्दी का अंतरराष्ट्रीय क्षेत्र आदि।

डॉ. पवूर शर्शींद्रन की पुस्तक है—'संपर्क भाषा हिन्दी और अकाशवाणी' (2003, सार्थक प्रकाशन, नई दिल्ली)।

डॉ. पी. लता की 'प्रयोजनमूलक हिन्दी' पुस्तक के दो संस्करण (2006 और 2012) निकले हैं (प्रकाशक : आरती प्रकाशन : तिरुवनंतपुरम)। तीसरे संस्करण का प्रकाशन लोक भारती, इलाहाबाद द्वारा किया गया है। यह हिन्दी भाषा का विकास-क्रम, हिन्दी भाषा के विविध रूप, प्रयोजनमूलक हिन्दी के विविध रूप, पारिभाषिक शब्द-निर्माण, पारिभाषिक शब्द-निर्माण करनेवाली संस्थाएँ, हिन्दी के पारिभाषिक शब्द तथा अभिव्यक्तियाँ आदि का परिचय देनेवाली पुस्तक है। यह केरल विश्वविद्यालय तथा अन्य कई शैक्षिक संस्थाओं की पाठ्य-पुस्तक है। आठ अध्यायों में विषय विभाजित हैं।

डॉ. टी. शांतकुमारी और श्रीमती अनकुलेट फर्णांडिस के संयुक्त प्रयास से तैयार की गई पुस्तक है—'द फंडामेंटल्स ऑफ फंक्शनल हिन्दी' (2006, प्रकाशक : केरल हिन्दी प्रचार सभा)। इसमें राजभाषा हिन्दी के विविध पहलुओं पर प्रकाश डाला गया है।

डॉ. जी. गोपीनाथन की पुस्तक है—'विश्वभाषा हिन्दी की अस्मिता : स्वप्न और यथार्थ' (2008; प्रकाशक : महात्मा गांधी अंतरराष्ट्रीय हिन्दी विश्वविद्यालय)।

डॉ. सी.जे. प्रसन्न कुमारी और श्रीमती आर.आई शांति के संयुक्त प्रयास से तैयार की गई पुस्तक है—'राजभाषा हिन्दी के बहुमुखी आयाम' (2009, प्रकाशक : अमन प्रकाशन, कानपुर)।

डॉ. एम.एस. विनयचंद्रन और डॉ. कृष्ण कुमार पिल्लै से सहलेखन से लिखी गई पुस्तक है—'सूचना और संगणक' (2011, प्रकाशक : प्रकाशन विभाग, केरल विश्वविद्यालय)। यह केरल विश्वविद्यालय की सी.बी.सी.एस.एस. की पाठ्य-पुस्तक है। कुल चार अध्याय हैं—सूचना प्रौद्योगिकी और संचार, सूचना माध्यम, संगणक (कंप्यूटर), कंप्यूटर का अनुप्रयोग आदि।

डॉ. सुधा बी. और डॉ. प्रमोद कोवप्रत्त ने मिलकर 'भाषा प्रौद्योगिकी और प्रयोजन मूलक हिन्दी' (2012; प्रकाशक : शिल्पायन, दिल्ली) नामक पुस्तक तैयार की।

लिपि पुस्तकें

प्रो. के. केशवन नायर ने देवनागरी लिपि में हस्तलेखन के अभ्यास के लिए एक पुस्तक तैयार की है। श्री जी. नीलकंठन नायर ने भी ऐसी पुस्तक-लिपि पुस्तक भाग 1, भाग 2 तैयार की।

अनुवाद

केरल के हिन्दी लेखकों ने अनुवाद के सिद्धांतों और प्रयोगों पर कई रचनाएँ की हैं, जैसे—डॉ. जी. गोपीनाथन की रचनाएँ हैं—(1) अनुवाद : सिद्धांत और प्रयोग (प्रकाशक : लोक भारती प्रकाशन, इलाहाबाद, वर्ष 1985)। इस ग्रंथ के आठ अध्याय हैं, जैसे—अनुवाद : एक सांस्कृतिक सेतु, अनुवाद का स्वरूप एवं प्रक्रिया, अनुवाद : एक वैज्ञानिक कला, अनुवाद के प्रकार, अनुवाद-प्रक्रिया के तकनीकी पहलू, यूरोप में अनुवाद-सिद्धातों का विकास, अनुवाद की भाषावैज्ञानिक समस्याएँ : सैद्धांतिक रूपरेखा, अनुवाद की भाषावैज्ञानिक समस्याएँ : एक अनुप्रयोग। (2) अनुवाद की समस्याएँ (लोक भारती प्रकाशन, इलाहाबाद, वर्ष 1993)। इस ग्रंथ में अनुवाद की समस्याएँ सोदाहरण दी गई हैं।

डॉ. एन.ई. विश्वनाथ अय्यर की कई पुस्तकें अनुवाद पर निकली हैं। इनमें प्रभात प्रकाशन, नई दिल्ली द्वारा प्रकाशित पुस्तकें हैं—(1) अनुवाद चंद्रिका (1949),

(2) अनुवाद मंजरी (1950)। 'अनुवाद कला'—यह अनुवाद के सैद्धांतिक पक्ष पर लिखित लोकप्रिय पाठ्य ग्रंथ है। यह अनेक विश्वविद्यालयों की पाठ्य पुस्तक है, सन् 1986 में प्रकाशित हुआ (प्रकाशक : रौशन लाल जयन, जयपुर)। 'अनुवाद भाषाएँ, समस्याएँ'—यह भारतीय भाषाओं के परस्पर अनुवाद पर प्रकाशित प्रथम तुलनात्मक शोध-ग्रंथ है; 1986, स्वाति प्रकाशन। 'व्यावहारिक अनुवाद'—यह अनुवाद के व्यावहारिक पक्ष पर प्रकाश डालनेवाला ग्रंथ है। 'अनुवाद और पत्र-व्यवहार' स्वयं लेखक द्वारा प्रकाशित ग्रंथ है (स्वाति प्रकाशन, तिरुवनंतपुरम)।

'व्यावहारिक अनुवाद' (2006, प्रकाशक : आरती प्रकाशन, वषुतक्काटु, तिरुवनंतपुरम; वितरण : केरल हिन्दी प्रचार सभा)—यह सरकारी महिला महाविद्यालय, तिरुवनंतपुरम की चार प्राध्यापिकाओं—श्रीमती एन. सत्यवती, श्रीमती आर.आई. शांति, डॉ. आर. गिरिजा कुमारी और डॉ. पी. लता का सहलेखन है। इसकी भूमिका 'मंतव्य' शीर्षक देकर डॉ. एन.ई. विश्वनाथ अय्यर ने लिखी है। 'अनुवाद का व्यावहारिक पक्ष' शीर्षक में अनुवाद करते वक्त ध्यान देने की बातों पर प्रकाश डाला गया है। यह कॉलेज के छात्रों के लिए उपयोगी है। छात्रों को अनुवाद में सक्षम बनाने के उद्दश्य से कुछ गद्य भाग तथा उनके अनुवाद दिये गए हैं। अंग्रेज़ी-हिन्दी अनुवाद के 15 पाठ संदर्भ और हिन्दी-मलयालम-अंग्रेज़ी के 15 पाठ संदर्भ दिये गए हैं। साथ ही छात्रों को अनुवाद-अभ्यास के लिए अंग्रज़ी के 20 पाठ संदर्भ और हिन्दी के 20 पाठ संदर्भ दिये गए हैं। यह केरल विश्वविद्यालय में एम.ए. की पाठ्य-पुस्तक है।

डॉ. एस. तंकमणि अम्मा, प्रो. डी. तंकप्पन नायर और प्रो. माधवनकुट्टि नायर के संयुक्त प्रयास से प्रकाशित पुस्तक है—'अनुवाद-माला, भाग 1, 2, 3 और 4'। (प्रकाशक : केरल हिन्दी प्रचार सभा)।

श्री. जी. नीलकंठन नायर (केरल के प्रथम हिन्दी पत्रकार) की रचना है—'अनुवाद मंजुषा' (1941)।

कोश

केरल में एकभाषा कोश, द्विभाषा कोश, बहुभाषा कोश, पौराणिक कोश, पर्याय कोश आदि विविध प्रकार के कोश केरलीय हिन्दी लेखकों द्वारा तैयार किए गए हैं।

'हिन्तुस्तानी-मलयालम कोश' (आभार—डॉ. जी. गोपीनाथन तथा डॉ. एन.ई. विश्वनाथ अय्यर को) का रचनाकाल सन् 1758-1798 के मध्य है। शायद किसी राजमहल के व्यक्तियों को हिन्दी सिखाने के लिए तैयार किया गया हो! इसके पूर्वार्द्ध में शब्दों के व्याकरणिक प्रयोग और उत्तरार्द्ध में पर्याय तथा अर्थ मिलते हैं। यह ताड़-पत्र पर पुरानी मलयालम लिपि में तैयार किया गया है। यह ओरिएंटल मैनुस्क्रिप्ट्स एंड रिसर्च इंस्टिट्यूट के संग्रहालय में सुरक्षित है।

'हिन्दी-मलयालम कोश' कोटुङ्ङल्लूर राजमहल के ग्रंथ-संचय में सुरक्षित है। सन् 1959 में डॉ. एन.ई. विश्वनाथ अय्यर द्वारा संपादित 'मलयालम हिन्दी व्यावहारिक कोश' (प्रकाशक : एन.बी.एस.) प्रकाशित हुआ। बाद में उन्हीं के संपादकत्व में 'हिन्दी-मलयालम कोश' भी प्रकाशित हुआ। सन् 1969 में अभयदेव का 'हिन्दी-मलयालम कोश' प्रकाशित हुआ।

केरल के हिन्दी कोशकारों में सर्वाधिक कोश स्वर्गीय डॉ. एन.पी.कुट्टन पिल्लै ने तैयार किए हैं। उनके संपादकत्व में आठ कोश तैयार हुए हैं, जैसे—हिन्दी पर्याय कोश (प्रकाशक : दक्षिणांचलीय साहित्य समिति, हैदराबाद; वर्ष 1977), पौराणिक संदर्भ कोश (यह भारतीय एवं भारतेतर पौराणिक संदर्भों का बृहत् ग्रंथ है, प्रकाशक : किरण प्रकाशन, हैदराबाद, वर्ष 1984), पौराणिक संदर्भ कोश-परिशिष्ट (रोहित प्रकाशन, हैदराबाद; वर्ष 1990), बृहत् हिन्दी हिन्दी-तेलगू कोश (नीलकमल प्रकाशन, हैदराबाद; वर्ष 2005), संक्षिप्त हिन्दी-हिन्दी-तेलगू कोश (नीलकमल प्रकाशन, हैदराबाद; वर्ष 2005), विद्यार्थी हिन्दी-हिन्दी-तेलगू कोश (नीलकमल प्रकाशन, हैदराबाद; वर्ष 2005), नीलकमल अद्यतन हिन्दी शब्दकोश (नीलकमल प्रकाशन, हैदराबाद; वर्ष 2012), नीलकमल संक्षिप्त हिन्दी शब्दकोश (नीलकमल प्रकाशन, हैदराबाद; वर्ष 2012) आदि। 'नीलकमल अद्यतन हिन्दी शब्दकोश' में हिन्दी में प्रचलित तत्सम, तद्भव, देशी एवं विदेशी पचास हज़ार से अधिक शब्दों को समेटा गया है। विदेशी शब्दों में अरबी, फारसी, अंग्रेज़ी जैसी भाषाओं के हिन्दी में प्रयुक्त शब्दों को स्थान दिया गया है। छात्रों को प्राचीन साहित्य पढ़ने की सुविधा के लिए कबीर, सूर, तुलसी, बिहारी, मीरा, केशवदास जैसे कवियों द्वारा प्रयुक्त शब्दों का बड़ी सावधानी से चयन किया गया है। शब्दार्थ देते समय अर्थ परिवर्तन की सभी दिशाओं—अर्थ विस्तार, अर्थ संकोच आदि—का ध्यान रखा गया है। शब्दार्थ देते समय समास-शैली को महत्त्व दिया गया है। मुख्यार्थों को प्राथमिकता देकर शब्दों का क्रम निर्धारित किया गया है। प्रत्येक शब्द के साथ उसकी व्याकरणिक कोटि का निर्देश हुआ है।

प्रो. ए. चंद्रहासन तथा पी.के. केशवन नायर के संपादकत्व में 'हिन्दी-मलयालम शब्द कोश' सन् 1980 में तैयार हुआ (प्रकाशक : दक्षिण भारत हिन्दी प्रचार सभा)।

प्रो. पी. माधवन पिल्लै के प्रकाशित कोश हैं—हिन्दी-मलयालम बृहत कोश (1980), हिन्दी-अंग्रेज़ी-मलयालम डिक्शनरी (मई, 1990), मलयालम-हिन्दी-इंग्लिश निघंटु (जून, 1995), इंग्लिश-हिन्दी-मलयालम डिक्शनरी (मई, 1999), हिन्दी-हिन्दी-मलयालम शब्दकोश (जून, 2001) आदि। सभी कोशों का 'असिसी प्रिंटिंग एंड पब्लिशिंग हाउस, चेंगनाश्शेरी' ने प्रकाशन किया है।

डॉ. एल. सुनिता बाई के संपादकत्व में दो कोश प्रकाशित हुए हैं—(1) आधुनिक हिन्दी और मलयालम की साहित्यिक शब्दावली (प्रकाशक : हिन्दी विभाग, कोच्चिन

विश्वविद्यालय; वर्ष 1980), (2) कोंकिणी-हिन्दी मलयालम कोश (प्रकाशक : हिन्दी विभाग, कोच्चिन विश्वविद्यालय; वर्ष 1987)।

केंद्रीय हिन्दी निदेशालय, दिल्ली ने जो 'भारतीय भाषा कोश' सन् 1984 में प्रकाशित किया, उसका हिन्दी-मलयालम खंड डॉ. एन.ई. विश्वनाथ अय्यर ने तैयार किया।

प्रो. के. कृष्णन नंपूतिरि के संपादकत्व में निकला कोश है—'हिन्दी-अंग्रेज़ी-मलयालम शब्दकोश' (1990, कोंटिनेंटल पब्लिकेशंस)।

प्रो. वी. रवींद्रन ने 'हिन्दी-मलयालम-अंग्रेज़ी कोश' का संपादन किया (प्रकाशक : डी.सी. बुक्स)।

डॉ. जे. रामचंद्रन नायर ने तीन कोशों का संपादन किया है, जैसे—(1) हिन्दी-मलयालम पॉकेट डिक्शनरी (प्रकाशक : वी. पब्लिशर्स, वर्ष : 1985, कुल शब्दों की संख्या—1000), (2) हिन्दी-हिन्दी-इंग्लिश-मलयालम डिक्शनरी (प्रकाशक : कंप्यूटेक पब्लिशर्स, तिरुवनंतपुरम; कुल शब्दों की संख्या—44000; इसमें पारिभाषिक शब्द भी दिये गए हैं।), (3) मलयालम-हिन्दी डिक्शनरी (प्रकाशक : कंप्यूटेक पब्लिशर्स, तिरुवनंतपुरम; वर्ष 2005; इसमें कुल शब्दों की संख्या 3000) है।

डॉ. सुमा. एस. ने 'रिवर्स डिक्शनरी मलयालम-हिन्दी-इंग्लिश कोश' का संपादन किया (प्रकाशक : विद्या पब्लिशिंग हाउस, तिरुवनंतपुरम; वर्ष 1998)।

प्रो. पी. कृष्णन के संपादकत्व में प्रकाशित कोश निम्नलिखित हैं—(1) हिन्दी-मलयालम-अंग्रेज़ी शब्दकोश (प्रकाशक : नेशनल पब्लिशिंग हाउस, कालिकट; वर्ष 2002), (2) मलयालम-हिन्दी शब्दकोश (प्रकाशक : नेशनल पब्लिशिंग हाउस, एम.ए. बाज़ार, कालिकट; वर्ष 2005), (3) मलयालम-हिन्दी-अंग्रेज़ी शब्दकोश (प्रकाशक : नेशनल पब्लिशिंग हाउस, कालिकट; वर्ष 2010) आदि।

श्रीमती पद्मिनी मेनन ने 'पुराण संदर्भ कोश' का संपादन किया।

डॉ. मावेलिक्करा अच्युतन द्वारा संपादित कोश है—'हिन्दी-हिन्दी-इंग्लिश-मलयालम डिक्शनरी' (2011)।

पत्रकारिता

पत्रकारिता पर प्रकाशित डॉ. पी. लता की पुस्तकें हैं—(1) केरल की हिन्दी पत्रिकारिता का इतिहास (2009, प्रकाशक : आरती प्रकाशन, तिरुवनंतपुरम), (2) 'पत्रकारिता' (2012; प्रकाशक : हिन्दी विद्यापीठ, केरल)। पत्रकारिता पर डॉ. आर. जयचंद्रन की पुस्तक है—'साहित्यिक पत्रकारिता का सरोकार' (2012; प्रकाशक : अरु पब्लिकेशन, दिल्ली)।

खंड (घ)

केरल में हिन्दी प्रचार और हिन्दी पत्रकारिता

अध्याय-16

केरल में हिन्दी : प्रचार-प्रसार

भारत देश के दक्षिणी छोर में स्थित भूभाग है—'केरल'। पूर्वी सीमा में सह्यपर्वत, पश्चिमी सीमा में अरब महासागर, उत्तरी भाग में कर्णाटक राज्य तथा दक्षिणी भाग में तमिलनाडु—यही 'केरल' की भौगोलिक स्थिति है। पहले 'केरल' तीन भागों में विभाजित था—तिरुवितांकूर रियासत, कोच्ची रियासत और मलबार। इनमें 'मलबार' मद्रास प्रेसिडेंसी के अधीन था और पालक्काटु से लेकर कण्णूर तक का भूभाग इसके अंतर्गत था। मलयालम भाषा-भाषी रहने के कारण तिरुवितांकूर, कोच्ची तथा मलबार भागों में सांस्कृतिक ऐक्य मौजूद था। भारत में प्रचलित भाषाओं के आधार पर राज्यों का गठन हुआ तो इन तीनों भागों के संयोग से 1 नवंबर, 1956 में 'केरल राज्य' रूपायित हुआ। 'केरल' यद्यपि हिन्दीतर भाषी क्षेत्र है और हिन्दीभाषी क्षेत्र से दूर स्थित है तो भी यहाँ दीर्घकाल से हिन्दी का उपयोग हो रहा है। मध्य युग में यहाँ अनेक नामों से 'हिन्दी' भाषा प्रचलित थी, जैसे—'गोसांई भाषा, दक्खिनी, हिंदुस्तानी आदि।

केरल की परिस्थितियाँ

भारत के हिन्दीभाषी क्षेत्रों से सुदूर स्थित 'केरल' में हिन्दी भाषा का अधिक प्रचार-प्रसार होने को यहाँ की धार्मिक, सांस्कृतिक, राजनीतिक तथा व्यापारिक परिस्थितियाँ अनुकूल रही थीं।

धार्मिक तथा सांस्कृतिक परिस्थितियाँ

उत्तर भारत से जो संत या तीर्थाटक केरल में आते थे, उन्हें रहने के लिए तिरुवितांकूर और कोच्ची में कई मठ, जिन्हें 'गोसांई मठ' कहते थे, निर्मित हुए थे। संतों-तीर्थाटकों को ज़रूरी चीज़ें दिलाने के लिए तत्कालीन राजा की ओर से दुभाषिये भी नियुक्त होते थे, जिन्हें हिंदुस्तानी भाषा भी आती थी। इन दुभाषियों तथा गोसांइयों के ज़रिए यहाँ की सामान्य जनता में धीरे-धीरे हिन्दी का प्रचार हुआ। तिरुवितांकूर के कलाप्रेमी

तथा धर्मनिष्ठ राजा उत्तर भारत से आनेवाले साधु-संतों से सत्संग पाने के लिए हिंदुस्तानी सीखना आवश्यक समझते थे। अतः वे अपने दरबार में हिन्दी विद्वानों का सत्कार करते थे और उनसे हिंदुस्तानी पढ़ने का प्रयत्न करते थे। इस कारण से तिरुवितांकूर के पुराने राजा हिन्दी जानते थे। तिरुवितांकूर के राजा 'गर्भश्रीमान स्वातितिरुनाल श्री रामवर्मा' (सन् 1813-1849) अनेक भाषाएँ जानते थे और हिंदुस्तानी में उन्होंने गीत भी रचे।

अठारहवीं शताब्दी के प्रसिद्ध हास्य कवि तथा 'तुल्लल' साहित्य के प्रवर्तक श्री कुंचन नंपियार के तुल्लल काव्य—स्यमंतकम्—में एक रोचक प्रसंग मिलता है, जिसमें जाम्बवती के विवाह के पर्व पर हुए भोज का वर्णन करते समय उत्तर भारत से केरल में आनेवाले तथा हिन्दी बोलनेवाले गोसांइयों की बोली का अनुकरण करके उनके वार्तालाप का नमूना प्रस्तुत किया गया है।

विभिन्न धार्मिक संप्रदाय के अनुयायियों ने भी केरल में हिन्दी को व्यापक बनाया। केरल 'शंकराचार्य' की जन्मभूमि होने के कारण अद्वैतवादी साधुओं के लिए आकर्षण का केंद्र था। वल्लभ संप्रदाय, राधा वल्लभ संप्रदाय, रामानुज संप्रदाय आदि विविध भक्ति संप्रदायों के अनुयायियों ने भी केरल में 'हिन्दी' को लोकप्रिय बनाया। जैनों तथा सिद्धों के द्वारा भी केरल में 'हिन्दी' पहुँची।

केरल में संस्कृत तथा मलयालम के अतिरिक्त हिन्दी भजन भी बड़े चाव से गाए जाते थे। हिन्दी हरिकथा गायन की रीति महाराष्ट्र से केरल में आई थी।

राजनीतिक परिस्थिति

सैनिकों के ज़रिए भी केरल में हिन्दी भाषा का प्रचार हुआ। प्राचीन काल में यहाँ के देशी राज्यों की सेनाओं में मराठा, राजपूत आदि उत्तर भारतीय लोगों को भी लिया जाता था। उत्तर भारत की सेनाओं के साथ यहाँ के सौनिकों को भी पलटन में काम करना पड़ता था। यहाँ के सैनिकों को उत्तर भारत के सैनिकों से संपर्क करने के लिए हिंदुस्तानी में बोलने की क्षमता हासिल करनी चाहिए थी। अतः उन दिनों एक प्रकार की 'बोलचाल की हिन्दी' सैनिकों के बीच प्रचलित थी। सैनिकों के संपर्क में आने के लिए सामान्य जनता भी उनकी भाषा सीखने का प्रयत्न करती थी।

मैसूर के बादशाह सुलतान हैदर अली और उनके बेटे टीपू ने मलबार, कोच्ची आदि भूभागों पर आक्रमण किया तो उनकी 'उर्दू' भाषा का प्रभाव इन भूभागों पर पड़ा। टीपू ने कोच्ची पर हमला किया तो वहाँ के राजा को उनके साथ समझौता करना पड़ा। इस समझौते के कारण जनता को उर्दू सिखाने के लिए 'उर्दू मुंशी' को नियुक्त किया। कोच्ची के राज-परिवार के लोग भी उस मुंशी की सेवा से फ़ायदा उठाते थे। सन् 1931 के बाद ऐसे 'उर्दू मुंशी' को नियुक्त करने की प्रथा बंद हो

गई, क्योंकि उस समय के उर्दू मुंशी बूढ़े थे और उनका देहांत भी हो गया। यही नहीं, देश भर में 'हिन्दी आंदोलन' ने ज़ोर पकड़ लिया, जिससे 'उर्दू मुंशी' की जगह 'हिन्दी अध्यापक' की नियुक्ति करना उचित समझा गया।

व्यापारिक परिस्थिति

कोषिक्कोटु, कण्णूर, कोच्ची, कोल्लम आदि केरल के सभी बंदरगाहों में उत्तर भारत के गुजराती, मारवाड़ी तथा मुसलमान व्यापारी आकर बस गए थे, जो यहाँ के लोगों से व्यापारिक संबंध करने के लिए हिंदुस्तानी बोलते थे। इन व्यापारियों से संपर्क में आनेवाले तथा इनके व्यापारिक केंद्रों के इर्द-गिर्द रहनेवाले यहाँ के लोगों में धीरे-धीरे टूटी-फूटी हिन्दी में बोलने की क्षमता आ गई।

संगठित रूप से 'हिन्दी प्रचार आंदोलन' शुरू होने के पहले ही उपर्युक्त विविध कारणों से 'केरल' में—तिरुवितांकूर, कोच्ची तथा मलबार प्रांतों में—हिंदुस्तानी तथा उर्दू का स्वाभाविक प्रचार हो गया था। अतः संगठित एवं व्यवस्थित रूप से 1922 में जब हिन्दी भाषा का प्रचार आरंभ हुआ तब केरलीयों के लिए हिन्दी एकदम नई भाषा नहीं थी।

स्वतंत्रता-संग्राम एवं दक्षिण भारत में हिन्दी-प्रचार की शुरुआत

भारत में जब स्वतंत्रता-संग्राम ज़ोरों पर था तब राष्ट्रीय प्रयोजनों की भाषा के रूप में एक 'राष्ट्रभाषा' की आवश्यकता महसूस हुई। 28 मार्च, 1918 को इंदौर में संपन्न 'आठवें अखिल भारतीय हिन्दी साहित्य सम्मेलन' में, यानी 'हिन्दी साहित्य समेलन के आठवें अधिवेशन' में सभापति पद से भाषण देते हुए महात्मा गांधी ने घोषणा की कि कई कारणों से भारत की राष्ट्रभाषा 'हिन्दी' या 'हिंदुस्तानी' हो सकती है। दक्षिण भारत में 'हिन्दी' का प्रचार यथाशीघ्र करने का निर्णय भी सम्मेलन में लिया गया। उत्तर भारत के कई प्रमुख व्यक्तियों ने दक्षिण भारत में हिन्दी के प्रचार के लिए सहयोग दिया। इस प्रकार गांधीजी के नेतृत्व में 12 मई, 1918 में ही दक्षिण भारत में 'हिन्दी' का प्रचार-कार्य शुरू हुआ। इस सिलसिले में 'हिन्दी साहित्य सम्मेलन' की तरफ़ से ही मद्रास में एक 'हिन्दी प्रचार कार्यालय' की स्थापना की गई, जिसका नाम रखा गया 'हिन्दी प्रचार कार्यालय, मद्रास'। यहाँ काम करने के लिए महात्मा गांधी के सबसे छोटे पुत्र 'देवदास गांधी' स्वामी सत्यदेव परिव्राजक के साथ मद्रास भेजे गए। ये दोनों दक्षिण भारत के सर्वप्रथम हिन्दी प्रचारक माने जाते हैं। इन दोनों ने मिलकर मद्रास में 'हिन्दी वर्ग' चलाये तथा स्थानीय सज्जनों की एक समिति बनाकर दक्षिण भारत का हिन्दी-प्रचार आगे बढ़ाया। श्रीमती एनी बेसेंट, डॉ. पंडाले, सर सी.पी. रामस्वामी अय्यर आदि महापुरुषों ने इन दोनों की मदद की।

सन् 1920 में पंडित हरिहर शर्मा ने महात्मा गांधी के आदेशानुसार 'हिन्दी प्रचार कार्यालय' का काम सँभालना शुरू किया। प्रो. ऋषिकेश शर्मा, पं. देवदूत विद्यार्थी, श्री सिद्धगोपाल, श्री एम.के दामोदरन उण्णि, श्री पी.वी. सुब्बाराव आदि महाशय बड़े उत्साह के साथ दक्षिण में हिन्दी का प्रचार करने लगे।

दक्षिण भारत हिन्दी प्रचार सभा, मद्रास : महात्मा गांधी के उत्साह से 'हिन्दी साहित्य सम्मेलन' की तरफ़ से मद्रास में स्थापित 'हिन्दी प्रचार कार्यालय' का हिन्दी प्रचार-कार्य सन् 1918 से 1927 तक 'हिन्दी साहित्य सम्मेलन, प्रयाग' के तत्त्वावधान में आश्चर्यजनक रूप से जल्दी-जल्दी बढ़ ही रहा था कि महात्मा गांधी तथा 'हिन्दी साहित्य सम्मेलन, प्रयाग' के निर्णय के अनुसार 1927, जुलाई में दक्षिण के हिन्दी प्रचार-कार्य को 'हिन्दी साहित्य सम्मेलन, प्रयाग' के नियंत्रण से अलग करके 'दक्षिण भारत हिन्दी प्रचार सभा' नामक एक संगठित संस्था को सौंपा गया। सन् 1928 में मद्रास में 'दक्षिण भारत हिन्दी प्रचार सभा' का प्रधान कार्यालय खोला गया तथा 'हिन्दी साहित्य सम्मेलन, प्रयाग' के नियंत्रण के बिना ही इस स्वतंत्र संस्था के तत्त्वावधान में दक्षिण में हिन्दी के प्रचार का कार्य करने की व्यवस्था की गई। यही संस्था आज भी दक्षिण भारत के चारों प्रांतों—आंध्र प्रदेश, तमिलनाडु, कर्नाटक तथा केरल—में हिन्दी का प्रचार-प्रसार कर रही है। कालांतर में इस संस्था की जो प्रांतीय शाखाएँ दक्षिण भारत के प्रांतों में खोली गईं, इन प्रांतीय शाखाओं की तरफ़ से प्रत्येक प्रांत में हिन्दी प्रचार का कार्य बड़ी सफलता से किया जा रहा है।

'दक्षिण भारत हिन्दी प्रचार सभा, मद्रास' के प्रधानमंत्री की हैसियत से पं. हरिहर शर्मा ने शुरू से लेकर कई सालों तक अपनी बहुमूल्य सेवा प्रदान की। सन् 1939 में मोट्टूरी सत्यनारायण सभा के प्रधानमंत्री के पद पर नियुक्त हुए। वे पहले से ही इस सभा के परीक्षा मंत्री, प्रचार मंत्री, संयुक्त मंत्री आदि दायित्व निभा चुके थे। जब वे सभा के प्रधानमंत्री नियुक्त हुए तब भारत सरकार की 'राज्य सभा' के सदस्य, 'राजभाषा आयोग' के सदस्य आदि सम्मान्य पद पर भी विराजमान थे।

फिलहाल 'दक्षिण भारत हिन्दी प्रचार सभा, मद्रास' अपनी प्रांतीय शाखाओं द्वारा हिन्दी का प्रचार करने के साथ ही साथ प्रकाशन विभाग, परीक्षा विभाग, शिक्षा विभाग, साहित्य विभाग आदि अलग-अलग विभागों के ज़रिए हिन्दी-प्रचार संबंधी कार्य कर रही है। यह 'सभा' अच्छी हिन्दी पुस्तकों का प्रकाशन करती है। दो मासिक पत्रिकाओं—'हिन्दी प्रचार समाचार' और 'दक्षिण भारत'—का प्रकाशन 'सभा' नियमित रूप से कर रही है। इस सभा ने दक्षिण की प्रांतीय भाषाओं के ज़रिए हिन्दी सीखने के लिए उपयोगी हिन्दी 'स्वबोधिनियों' का प्रकाशन भी किया है। सभा की पहली 'कार्यकारिणी समिति' में निम्नलिखित व्यक्ति शामिल थे—महात्मा गांधी (अध्यक्ष), एम. श्रीनिवास अय्यंगार और के. नागेश्वर राव पंतुलु (उपाध्यक्ष), के. भाष्यम अय्यंगार (कोषाध्यक्ष), हरिहर शर्मा (प्रधान मंत्री), सेठ जमनालाल बजाज,

पुरुषोत्तमदास टंडन. डॉ. पट्टाभि सीता रमय्या, डॉ. पी. सुब्बारायन, एस. सत्यमूर्ति, सी.राजगोपालाचारी, रामनाथ गोयनका, करण सिंह मेहता, पं. ऋषिकेश शर्मा और मोट्टूरी सत्ता नारायण (सदस्य) आदि। सभा ने 'भारतीय शब्दकोश' नामक एक बृहत हिन्दी कोश का प्रकाशन भी किया है।

केरल के प्रथम हिन्दी प्रचारक : एम.के. दामोदरन उण्णि

केरल के हिन्दी प्रचारकों में सर्वप्रमुख हैं श्री एम. के. दामोदरन उण्णि। यद्यपि सन् 1918 से मद्रास को केंद्र बनाकर दक्षिण में हिन्दी प्रचार का कार्य शुरू हो गया तो भी केरल-केंद्रित हिन्दी-प्रचार सन् 1922 में ही शुरू हुआ। संस्कृत भाषा का विशेष अध्ययन करने के लिए ज्वालापुर (उत्तर भारत) गए श्री एम. के. दामोदरन उण्णि को 'दक्षिण भारत हिन्दी प्रचार सभा, मद्रास' ने सन् 1922 में वापस बुलाकर केरल में हिन्दी प्रचार-कार्य शुरू करने का आदेश दिया। श्री दामोदरन उण्णि केरल के कुटमालूर गाँव (एट्टुमानूर, कोट्टयम जिला) के निवासी थे। वे ज्वालापुर में आर्य समाजियों के महाविद्यालय में पहले छात्र रहे थे, फिर अध्यापक बने। वे कई साल उत्तर भारत में रहकर संस्कृत और हिन्दी का गहरा अध्ययन कर चुके थे। अत: उन्होंने 'दक्षिण भारत हिन्दी प्रचार सभा, मद्रास' का आदेश सहर्ष स्वीकार किया और केरल में आकर राष्ट्रभाषा हिन्दी का प्रचार करना शुरू किया। उन्होंने केरल के कई स्थानों में भ्रमण करके लोगों को हिन्दी पढ़ने की ज़रूरत समझाई और 'हिन्दी वर्ग' खोले। वे जहाँ नये, 'हिन्दी वर्ग' खोलते थे। वहाँ स्वयं पाँच-छह महीने रहकर वहाँ के उत्साही व्यक्तियों को हिन्दी पढ़ाते थे। उस वर्ग के किसी समर्थ व्यक्ति को वे प्रस्तुत 'हिन्दी वर्ग' चलाने का काम भी सौंप देते थे। उनकी प्रेरणा से कई नए प्रचारक केरल में 'हिन्दी वर्ग' चलाने लगे। केरल के अनेक हिन्दी प्रचारक ऐसे हैं कि वे या तो उण्णिजी के शिष्य हैं या उनके शिष्यों की परंपरा के विद्यार्थी हैं। स्वर्गीय श्री दामोदरन उण्णि केरल के 'प्रथम हिन्दी प्रचारक' माने जाते हैं।

सन् 1925 में 'दक्षिण भारत हिन्दी प्रचार सभा, मद्रास' की ओर से केरल में हिन्दी प्रचारार्थ श्री के. केशवन नायर, श्री के. आर. शंकरानंदन जैसे नए हिन्दी प्रचारक भी नियुक्त हुए। श्री दामोदरन उण्णि तथा इन नए हिन्दी प्रचारकों के अथक परिश्रम से केरल में सुगठित रूप से हिन्दी प्रचार-कार्य किया गया। अनेक नए हिन्दी वर्ग खोले गए तथा 'दक्षिण भारत हिन्दी प्रचार सभा' की परीक्षाओं के लिए नए-नए केंद्र भी खोले गए।

केरल के उत्साही युवक 'दक्षिण भारत हिन्दी प्रचार सभा, मद्रास' की ओर से संचालित 'हिन्दी प्रचारक विद्यालयों' में शामिल होकर पढ़ने के लिए छात्रवृत्ति भी देकर बुलाये गए। ये अपनी पढ़ाई पूरा करके लौट आने पर केरल के किसी केंद्र में 'हिन्दी प्रचार' का कार्य करने में मशगूल हो गए।

केरल में सन् 1922 में शुरू हुआ हिन्दी प्रचार-कार्य बढ़ता रहा और सन् 1929 में महाराजास कॉलेज, एरणाकुलम में 'अखिल केरल हिन्दी प्रचारक सम्मेलन' संपन्न हुआ।

स्कूलों में हिन्दी

केरल के हिन्दी-प्रचार का पूरा दायित्व 'दक्षिण भारत हिन्दी प्रचार सभा, मद्रास' को ही था। 1928 ई. में कोच्ची के निवासी डब्ल्यू.पी. इग्नेशियस 'दक्षिण भारत हिन्दी प्रचार सभा' के प्रधानमंत्री के पद पर नियुक्त हुए। उन्होंने केरल के हिन्दी प्रचार-कार्य को पूर्वाधिक संगठित और व्यवस्थित रूप देने में ध्यान दिया। सर्वश्री पी.के. केशवन नायर, पी.के. नारायणन नायर, के.वी. नायर जैसे केरल के प्रमुख हिन्दी प्रचारकों का प्रचार-कार्य इस समय शुरू हुआ। श्री. पी.के. केशवन नायर शुरू से ही पालक्काटु और चिट्टूर में ज़ोरदार प्रचार-कार्य करने लगे। श्री डब्ल्यू. पी. इग्नेशियस के परिश्रम से सन् 1928 में कोच्ची राज्य की विधान सभा में हिन्दी प्रचार के संबंध में यह महत्त्वपूर्ण प्रस्ताव स्वीकृत हुआ कि कोच्ची प्रांत के तमाम हाईस्कूलों में अनिवार्य रूप से हिन्दी पढ़ाई जाए। जनाब सीती साहब ने प्रस्ताव पेश किया था। प्रस्ताव का समर्थन करते हुए श्रीमती गौरी पवित्रन (प्रधान अध्यापिका, गर्ल्स हाईस्कूल, चिट्टूर) के भाषण से सब प्रभावित हुए। तत्कालीन शिक्षाध्यक्ष श्री.सी मत्ताई ने उक्त प्रस्ताव से प्रेरित होकर कोच्ची के कई हाईस्कूलों में ऐच्छिक रूप से हिन्दी पढ़ाने की व्यवस्था की और सन् 1929 में इसका कार्यान्वयन हुआ। एरणाकुलम, कोटुङ्ङल्लूर, तृशूर, इरिङ्ङालक्कुटा, कुन्नम्कुलम् और चिट्टूर के हाइस्कूलों में ऐच्छिक रूप से 'हिन्दी अध्ययन' शुरू हुआ। श्री इग्नेशियस के प्रयत्न से थोड़े समय के अंदर और कुछ स्कूलों में भी 'हिन्दी अध्यापन' शुरू हुआ। सन् 1929 में 'रुद्रविलासम लोअर सेकेंडरी स्कूल' (एरणाकुलम) में अनिवार्य हिन्दी अध्यापन शुरू हुआ। यह स्कूल बाद में एस.आर.वी. स्कूल नाम से प्रसिद्ध हुआ। 'विवेकोदयम स्कूल' (तृशूर) के हेडमास्टर राष्ट्रप्रेमी थे और उन्होंने अपने अधिकार के बल पर फस्ट फार्म से सिक्स्थ फार्म तक हिन्दी को अनिवार्य बना दिया। केरल के स्कूलों में हिन्दी पढ़ाने के लिए आवश्यक अध्यापकों की व्यवस्था 'दक्षिण भारत हिन्दी प्रचार सभा, मद्रास' ने ही की। ये अध्यापक कम वेतन में काम करते थे। इस प्रकार 'दक्षिण भारत' में सर्वप्रथम हाईस्कूलों में हिन्दी पढ़ाने की व्यवस्था करने का श्रेय 'कोच्ची सरकार' को है। 'कोच्ची राज्य' तिरुवितांकूर राज्य का पड़ोसी है। अतः 'कोच्चिन रियासत' के स्कूलों में 'हिन्दी अध्यापन' आरंभ हुआ तो 'तिरुवितांकूर रियासत' में भी इसके लिए प्रयत्न शुरू हुआ। तिरुवितांकूर राज्य की विधान सभा में हिन्दी प्रचार के अनुकूल यह प्रस्ताव स्वीकार किया गया कि तिरुवितांकूर राज्य के सरकारी स्कूलों में हिन्दी को भी पाठ्य विषयों में शामिल करना आवश्यक है। इसका श्रेय सर्वश्री

के. वासुदेवन पिल्लै, ए.एस दामोदरन आशान आदि को है। तिरुवितांकूर के कर्मठ हिन्दी-सेवी श्री के. वासुदेवन पिल्लै यहाँ के स्कूलों में हिन्दी अध्यापन शुरू करने के लिए कांग्रेस के नेताओं पर ज़ोर डालते रहे। तिरुवितांकूर रियासत के दीवान श्री सी.पी रामस्वामी अय्यर कांग्रेस के कार्यकलाप पसंद नहीं करते थे, किंतु वे हिन्दी के खिलाफ़ नहीं थे। 'तिरुवितांकूर विधान सभा' में 10-08-1931 को तिरुवितांकूर के सभी स्कूलों में हिन्दी अनिवार्य बनाने का प्रस्ताव आया। 'दक्षिण भारत हिन्दी प्रचार सभा' के हितैषी, प्रमुख वकील, 'नायर सर्विस सोसाइटी' के प्रमुख नेता तथा 'विधान सभा' के सदस्य श्री ए.एस दामोदरन आशान ने प्रस्ताव पेश किया और यह भी कहा कि स्कूलों में हिन्दी शुरू करने पर मामूली खर्च ही होगा। उन्होंने यह सुझाव भी दिया कि प्रारंभ में हिन्दी हाईस्कूलों में फोर्थ, फिफ्थ और सिक्स्थ फार्मों (कक्षाएँ VIII, IX और X) में शुरू करें। वर्नाकुलार स्कूलों में सातवें दर्जे से ही हिन्दी लागू करने का सुझाव भी दिया। सभा के कुल 42 सदस्यों में 2 नामित सदस्य तटस्थ रहे, 24 सदस्य प्रस्ताव के अनुकूल रहे और 16 सदस्य प्रतिकूल रहे। इस प्रकार तिरुवितांकूर के स्कूलों में हिन्दी शुरू करने के लिए विधान सभा में रखा गया प्रस्ताव सन् 1931 में ही पारित हुआ, किंतु प्रारंभ में बड़े पैमाने पर तिरुवितांकूर के स्कूलों में हिन्दी शुरू नहीं हो सकी। क्योंकि अंग्रेज़ी भाषा के पक्षधर काफ़ी अड़चनें डालते रहे। तिरुवितांकूर सरकार ने 1934 में 'श्रीमूलविलासम स्कूल, तिरुवनंतपुरम्' (एम.एम.वी. स्कूल) में हिन्दी अध्यापन शुरू किया और श्री. सी.जी. एब्राहम सर्वप्रथम हिन्दी अध्यापक के पद पर नियुक्त हुए। 1935 में 'मॉडेल हाईस्कूल, तिरुवनंतपुरम' में हिन्दी अध्ययन शुरू हुआ और श्री के. वासुदेवन पिल्लै हिन्दी अध्यापक के पद पर नियुक्त हुए। 'मोडल गेर्ल्स हाईस्कूल, तिरुवनंतपुरम' में जेनेट जोशवा और 'सरकारी हाईस्कूल, चेंगन्नूर' में श्री. पी.जी. वासुदेव अध्यापक बने। स्कूलों में हिन्दी अध्ययन शुरू करने का प्रस्ताव पारित होने के पहले ही 1930 में 'एन. एस. एस. स्कूल, प्राक्कुलम' में श्री. पी.जी वासुदेव को अध्यापक के पद पर नियुक्त करके 'नायर सर्विस सोसाइटी' ने स्कूलों में हिन्दी अध्यापन शुरू किया था।

'मलबार' प्रांत मद्रास के अधीन था और मलबार के स्कूलों में 1936 में हिन्दी पढ़ाने की व्यवस्था शुरू हुई। क्योंकि मद्रास के राजाजी हिन्दी प्रचार के अग्रणी थे। उन्होंने सोचा कि स्कूलों में हिन्दी अध्यापन प्रारंभ हो जाए तो उससे हिन्दी का दीर्घकालीन प्रचार संभव होगा। तिरुवितांकूर सरकार ने हाईस्कूल में हिन्दी अध्यापन शुरू किया तो राजाजी सरकार ने मलबार में फ़स्ट, सेकंड और थर्ड फार्मों (कक्षाएँ V, VI और VII) में हिन्दी अध्यापन चालू किया। जब मद्रास में अणादुरै मुख्यमंत्री बने तब उन्होंने एकाएक स्कूलों में हिन्दी अध्यापन बंद कर दिया। इस निर्णय के परिणामस्वरूप मलबार के स्कूलों में हिन्दी अध्यापन भी रुक गया। फिर 1956 में 'केरल' राज्य रूपायित होने के बाद 1957 में मलबार के स्कूलों में हिन्दी पढ़ाई जाने लगी।

मलयालम भाषा-भाषी क्षेत्रों—तिरुवितांकूर, कोच्ची, मलबार—को मिलाकर 1 नवंबर, 1956 को केरल राज्य गठित हुआ। आजकल केरल के स्टेट स्कूलों में पाँचवें दर्जे से हिन्दी अनिवार्य विषय है और सेंट्रल स्कूलों (केंद्रीय विद्यालयों) में प्रथम दर्जे से ही हिन्दी पढ़ाई जाती है।

कॉलेजों-विश्वविद्यालयों में हिन्दी

सन् 1937 में तिरुवितांकूर रियासत्त में 'तिरुवितांकूर विश्वविद्यालय' की स्थापना हुई। तिरुवितांकूर विश्वविद्यालय में 'प्राच्य भाषा निकाय' के अध्यक्ष उल्लूर एस. परमेश्वर अय्यर थे, जो स्वयं हिन्दी प्रचार के समर्थक थे। तिरुवितांकूर में 'स्टेट हिन्दी प्रचार समिति' के सदस्य—सर्वश्री नारायण पंडालै, वैद्यलिंगम पिल्लै, जी. रामचंद्रन, चेंगनाशेरी परमेश्वरन पिल्लै, येशुदासन (स्कूल इंस्पेक्टर) आदि—बड़े प्रभावशाली थे। इस अनुकूल परिस्थिति में कॉलेजों में हिन्दी अध्यापन को स्थान मिलना आसान था। 'महाराजास विमेन्स कॉलेज, तिरुवनंतपुरम' तथा 'महाराजास साइंस कॉलेज, तिरुवनंतपुरम' (बाद में इसका नाम हुआ 'यूनिवर्सिटी कॉलेज') के लिए एक संयुक्त अध्यापक श्री.के.एन. परमेश्वर पणिक्कर की नियुक्ति हुई। दो-तीन वर्षों के बाद दोनों कॉलेजों के लिए अलग-अलग अध्यापक नियुक्त हुए। 'यूनिवर्सिटी कॉलेज' में एक पूर्णकालिक अध्यापक (श्री. परमेश्वर पणिक्कर) और एक अंशकालिक अध्यापक (श्री. के भास्करन नायर) नियुक्त हुए। 'विमेन्स कॉलेज, तिरुवनंतपुरम' में श्रीमती जेनेट जोशवा अध्यापिका बनीं।

'कोच्ची रियासत' व 'मलबार' के कॉलेज 'मद्रास विश्वविद्यालय' से संबद्ध थे। 1934 में 'मद्रास विश्वविद्यालय' ने बी.ए. के पाठ्यक्रम में 'तीसरे पार्ट' में हिन्दी को स्थान दिया। उसके पहले ही इंटरमीडियट तथा बी.ए. में 'दूसरे पार्ट' में हिन्दी पढ़ने की सुविधा दी गई थी। 1934 में 'महाराजास कॉलेज, एरणाकुलम' (कोच्ची) में हिन्दी को द्वितीय भाषा के रूप में स्थान मिला। यहाँ श्री. ए. चंद्रहासन आंशिक प्राध्यापक नियुक्त हुए।

'तिरुवितांकूर विश्वविद्यालय' में शुरू में मेट्रिकुलेशन के बाद 2 वर्ष के इंटरमीडियट तथा 2 वर्ष के 'डिग्री कोर्स' निश्चित थे। फिर 2 वर्ष 'इंटरमीडियट' के स्थान पर एक वर्ष 'प्री-यूनिवर्सिटी' और 3 वर्ष की 'डिग्री' ऐसा परिवर्तन कर दिया गया। फिर 'प्री-यूनिवर्सिटी' 2 वर्ष का बनाया गया। अर्थात् ऐसी रीति हो गई कि 'मैट्रिकुलेशन' + 2 वर्ष 'प्री-यूनिवर्सिटी' + 3 वर्ष 'स्नातक डिग्री'। फिर 'प्री-यूनिवर्सिटी' का नाम बदलकर 'प्री-डिग्री' कर दिया गया। फिल्हाल 'प्री.डिग्री' भी रुक गई। अब रीति ऐसी है कि SSLC + 2 वर्ष 'हायर सेकंडरी' कोर्स + 3 वर्ष 'स्नातक' डिग्री कोर्स।

पहले 'तिरुवितांकूर विश्वविद्यालय' में मलयालम में 'साहित्य विशारद' डिप्लोमा तथा हिन्दी में 'विद्वान' पढ़ाए जाते थे। 'मैट्रिक' और 'विद्वान' परीक्षाएँ पास किए

लोग केवल अंग्रेज़ी के पर्चे देकर (अर्थात् इंटर मीडियट तथा बी.ए. के 'पार्ट 1' 'अंग्रेज़ी' के पर्चे पास होकर) बी.ए. हिन्दी उपाधि प्राप्त कर सकते थे। जब श्री जोसफ मुंडशेरी केरल के शिक्षा मंत्री नियुक्त हुए तब उन्होंने भाषाओं की डिप्लोमा परीक्षाएँ समाप्त करना चाहा, जिससे 'भारतीय भाषाओं' को बी.ए. स्तर पर मुख्य विषय के रूप में पढ़ाने का प्रावधान शुरू हुआ। इस प्रकार बी.ए. में मुख्य विषयों के रूप में हिन्दी अध्ययन आरंभ हुआ। 'प्री-डिग्री' में मुख्य विषय के रूप में हिन्दी पढ़ाना, 'बी.कॉम' में दूसरी भाषा के रूप में हिन्दी पढ़ाना, 'एम.ए.' में मुख्य विषय के रूप में हिन्दी पढ़ाना आदि कार्य भी शुरू हुए।

1948 में 'तिरुवितांकूर' और 'कोच्ची' रियासतें मिलकर 'तिरुक्कोच्ची' राज्य बना तो 'केरल विश्वविद्यालय' पूरे नए राज्य की कॉलेज-शिक्षा की व्यवस्था करने लगा।

1957 में 'यूनिवर्सिटी कॉलेज, तिरुवनंतपुरम', 'सेंट थॉमस कॉलेज, पाला', तथा 'महाराजास कॉलेज, एरणाकुलम' में एम.ए. (हिन्दी) पाठ्यक्रम शुरू हुआ।1964 में 'एस.एन.कॉलेज, कोल्लम'; 1983 में 'सरकारी वनिता कॉलेज, तिरुवनंतपुरम';1984 में 'सरकारी ब्राण्णन कॉलेज, तलशेरी'; 1993 में 'आर्ट्स एंड साइंस कॉलेज, कालिकट'; 1996 में 'एम.जी. कॉलेज, तिरुवनंतपुरम' में एम.ए. (हिन्दी) पाठ्यक्रम शुरू हुआ।

'केरल विश्वविद्यालय' का अपना 'हिन्दी विभाग'1963 में एरणाकुलम में शुरू हुआ। 1971 में 'कोच्चिन विश्वविद्यालय' शुरू हुआ तो यह 'हिन्दी विभाग' कोच्चिन विश्वविद्यालय के अंतर्गत हो गया। फिर 1990 में ही केरल विश्वविद्यालय का अपना 'हिन्दी विभाग' कार्यवट्टम (तिरुवनंतपुरम) में शुरू हुआ। कालिकट विश्वविद्यालय का हिन्दी विभाग 1968 में शुरू हुआ। 1983 में 'महात्मा गांधी विश्वविद्यालय' (कोट्टयम) शुरू हुआ तो केरल विश्वविद्यालय के एरणाकुलम, आलपुरा, चेन्नन्यूर और कोल्लम जिलों के कॉलेज इसके अंतर्गत हो गए। 1992 में 'श्रीशंकराचार्य संस्कृत विश्वविद्यालय' (कालटी) में स्नातकोत्तर हिन्दी विभाग खोला। केरल राज्य के विश्वविद्यालयों के हिन्दी विभागों में एम.ए. के पाठ्यक्रम के सिवा एम.फिल तथा पी-एच.डी. के शोध-कार्य भी चलते हैं।

केरल विश्वविद्यालय के सरकारी महिला महाविद्यालय (तिरुवनंतपुरम), यूनिवर्सिटी कॉलेज (तिरुवनंतपुरम), एस.एन कॉलेज (कोल्लम), एम. जी. कॉलेज (तिरुवनंतपुरम्) आदि कॉलेजों में एम.ए. हिन्दी कोर्स चलाया जाता है। 'महात्मा गांधी विश्वविद्यालय' के स्तानकोत्तर विभागवाले कॉलेज हैं—महाराजास कॉलेज (एरणाकुलम), एन.एस.एस हिंदू कॉलेज (चेंगनाशेरी), सेंट थॉमस कॉलेज (पाला) काथलिक कॉलेज (पत्तनमतिट्टा) आदि। ये कॉलेज हिन्दी के शोध केंद्र भी हैं। 'कालिकट विश्वविद्यालय' तथा 'कण्णूर विश्वविद्यालय' के एम.ए. (हिन्दी)

कोर्सवाले कॉलेज हैं—यथाक्रम 'सरकारी आर्ट्स एंड साइंस कॉलेज' (कोषिक्कोट) और 'सरकारी ब्राण्णन कॉलेज' (तलश्शेरी)।

केरल में हिन्दी-शोध

केरल के हिन्दी-शोध-केंद्रों में शोधार्थी साहित्यिक और साहित्येतर विषयों पर शोध करते हैं। साहित्यिक विषयों के कुछ शोधार्थी तुलनात्मक अध्ययन पर रुचि रखते हैं, अनूदित रचनाओं के अध्ययन पर भी। केरल के विश्वविद्यालयों के हिन्दी विभाग शोध-केंद्र हैं। इसके अतिरिक्त इन विश्वविद्यालयों के अधीनस्थ कॉलेजों में भी हिन्दी अध्यापन चलता है। केरल विश्वविद्यालय के शोध-केंद्र हैं—केरल हिन्दी प्रचार सभा, केरल यूनिवर्सिटी लाइब्रेरी, सरकारी महिला महाविद्यालय (तिरुवनंतपुरम), यूनिवर्सिटी कॉलेज (तिरुवनंतपुरम), एस.एन.कॉलेज (कोल्लम), एम.जी.कॉलेज (तिरुवनंतपुरम) आदि। महात्मा गांधी विश्वविद्यालय के शोध-केंद्र हैं—माहाराजास कॉलेज (एरणाकुलम), काथलिक कॉलेज (पत्तनमतिट्टा) आदि। कालिकट विश्वविद्यालय का सरकारी आर्ट्स एंड साइंस कॉलेज शोध-केंद्र है। कण्णूर विश्वविद्यालय के शोध-केंद्र हैं ब्राण्णन कॉलेज (तलश्शेरी), पय्यन्नूर कॉलेज (पय्यन्नूर) आदि।

केरल के हिन्दी शोधार्थियों ने शुरू में बाहर के विश्वविद्यालयों में शोध करके पी-एच.डी. की उपाधि प्राप्त की। जैसे—आधुनिक भाषा वैज्ञानिक दृष्टि से मलयालम और हिन्दी भाषाओं का तुलनात्मक अध्ययन करने का सर्वप्रथम प्रयास डॉ. के. गोदवर्मा ने किया। वे संस्कृत और मलयालम भाषाओं के पंडित थे। उन्होंने लंदन विश्वाविद्यालय में डॉ. टर्नर के मार्गदर्शन में 'इंडो आर्यन वर्ड्स इन मलयालम' विषय पर अंग्रेज़ी भाषा माध्यम से शोध करके पी-एच.डी. की उपाधि प्राप्त की। डॉ. के. भास्करन नायर ने 'हिन्दी और मलयालम में कृष्णभक्ति काव्य' विषय पर हिन्दी माध्यम से शोध करके लखनऊ विश्वविद्यालय से 1956 में पी-एच.डी. की उपाधि प्राप्त की। नायर जी केरल के सर्वप्रथम पी-एच.डी. उपाधिधारी (हिन्दी में) हैं। यह शोध-प्रबंध सन् 1959 में प्रकाशित भी हुआ। श्री गोविंद शेणाय ने सन् 1958 में लखनऊ विश्वविद्यालय से पी-एच.डी. प्राप्त की। उनका विषय था—वर्तमान हिन्दी और मलयालम कथा साहित्य का तुलनात्मक अध्ययन : 1915 से 1950 तक। डॉ. एन.ई. विश्वनाथ अय्यर ने सागर विश्वविद्यालय से सन् 1959 में आचार्य नंददुलारे वाजपेयी के मार्गदर्शन में पी-एच.डी. प्राप्त की। उनका विषय था 'आधुनिक हिन्दी तथा मलयालम काव्य की प्रमुख प्रवृत्तियाँ'। अय्यरजी सागर विश्वविद्यालय के प्रथम दक्षिणात्य शोध-छात्र हैं। आजकल केरल के सभी हिन्दी शोध केंद्रों में कई शोधार्थी पी-एच.डी. का शोध-कार्य करते हैं। पी-एच.डी. के बाद सीनियर रिसर्च फेलोशिप या पोस्ट डॉक्टरल फेलोशिप पाकर शोध करनेवाले कुछ शोधार्थी भी हैं। केरल के सभी विश्वविद्यालयों के हिन्दी विभाग एम.फिल

और पी-एच.डी. के शोध केंद्र हैं। यूनिवर्सिटी कॉलेज (तिरुवनंतपुरम) में एम. फिल का पाठ्यक्रम भी चलाया जाता है। केरल के हिन्दी-शोधार्थियों के शोध-प्रबंध विविध संस्थाओं से पुरस्कार भी पाते हैं। केरल के हिन्दी शोध केंद्रों में सीनियर रिसर्च फेलोशिप तथा पोस्ट डॉक्टरल फेलोशिप पानेवाले कुछ शोधार्थी भी शोध कर रहे हैं।

हिन्दी संस्थाएँ

केरल में केरल हिन्दी प्रचार-सभा (तिरुवनंतपुरम), हिन्दी विद्यापीठ (तिरुवनंतपुरम), हिन्दी विद्यापीठ (पय्यन्नूर), दक्षिण भारत हिन्दी प्रचार सभा (एरणाकुलम), राष्ट्रभाषा हिन्दी संस्थान (तिरुवनंतपुरम), जगन्नाथ हिन्दी महाविद्यालय (तलशेरी) आदि कई हिन्दी प्रचारक केंद्र तथा केरल हिन्दी साहित्य अकादमी (तिरुवनंतपुरम), केरल हिन्दी साहित्य मंडल (कोच्ची), हिन्दी साहित्य संगम (पालक्काटु) राष्ट्रीय हिन्दी साहित्य सम्मेलन (तिरुवनंतपुरम) आदि हिन्दी साहित्यिक संस्थाएँ हिन्दी के विकास के लिए बड़े सक्रिय रूप से कार्य करती हैं।

हिन्दी पत्रिकाएँ और हिन्दी प्रचार

केरल में व्यक्तियों तथा संस्थाओं के द्वारा प्रकाशित हिन्दी पत्रिकाओं (जिनका प्रकाशन आर्थिक कठिनाई से रुक गया) ने भी हिन्दी के प्रचार-प्रसार में महत्त्वपूर्ण भूमिका निभाई है। केरल में आज ऐसी कुछ पत्रिकाएँ प्रकाशित होती भी हैं, जो यहाँ हिन्दी के विकास में बड़ा योगदान दे रही हैं।

दक्षिण भारत हिन्दी प्रचार-सभा, मद्रास की पत्रिकाएँ

केरल की सर्वप्रथम हिन्दी पत्रिका 'हिन्दी मित्र' सन् 1941 में प्रकाशित होने के पहले केरल के उत्साही हिन्दी लेखक 'दक्षिण भारत हिन्दी प्रचार सभा, मद्रास' की पत्रिकाओं में लिखते थे। अहिन्दीभाषी क्षेत्र 'केरल' की हिन्दी रचनाएँ उत्तर भारत की हिन्दी पत्रिकाओं में आसानी से प्रकाशित नहीं होती थीं। केरल में 'हिन्दी-लेखन' पनपने में सहायक पत्रिकाएँ हैं—'हिन्दी प्रचारक', 'हिन्दी प्रचार समाचार', 'दक्षिण भारत' आदि 'दक्षिण भारत हिन्दी प्रचार सभा, मद्रास' से प्रकाशित पत्रिकाएँ।

हिन्दी प्रचारक : दक्षिण भारत की भाषाओं तथा साहित्यिक रचनाओं की विशेषताओं को हिन्दी के माध्यम से प्रस्तुत करके भारतीय संस्कृति की मूलभूत एकता को प्रकाश में लाना, हिन्दी भाषा की संरचना पर विचार करना, हिन्दी प्रचार-अभियान के विभिन्न पहलुओं को लिपिबद्ध करना, हिन्दी के नवशिक्षितों के लिए ज्ञानवर्द्धक सामग्री प्रस्तुत करना आदि बातों के लिए 'हिन्दी साहित्य सम्मेलन, प्रयाग' की शाखा के रूप में सन् 1918 में मद्रास में स्थापित 'हिन्दी प्रचार कार्यालय' के कार्यकर्ताओं के हिन्दी के प्रचार-प्रसार संबंधी कार्य प्रकाश में लाने के लिए एक पत्रिका आवश्यक

थी। यही नहीं, दक्षिण भारत में हिन्दी पढ़े लोगों की हिन्दी लेखन-क्षमता को प्रोत्साहन देने के लिए एक माध्यम ज़रूरी था। इन विविध कारणों से 'हिन्दी साहित्य सम्मेलन, प्रयाग' ने जनवरी, 1923 में 'हिन्दी प्रचारक' नामक एक मासिक पत्रिका का प्रकाशन शुरू किया। 'हिन्दी प्रचारक कार्यालय' के पदाधिकारी पत्रिका के संपादक भी रहे। समय-सयम पर आवश्यकतानुसार बाहर से भी सदस्य 'संपादक-मंडल' में शामिल होते थे। सर्वश्री इग्नेशियस, राजगोपालाचारी, ऋषिकेश शर्मा, जमनालाल बजाज जैसे नेता विभिन्न जगहों में हिन्दी के प्रचार-प्रसार की आवश्यकता पर जो भाषण देते थे, वे सब 'हिन्दी प्रचारक' पत्रिका में छपते थे।

'हिन्दी प्रचारक' पत्रिका के जनवरी, 1923 में प्रकाशित प्रथम अंक के आवरण पृष्ठ पर 'भारत माता' का भव्य चित्र 'मुख चित्र' के रूप में दिया गया था और चित्र की 'भारत माता' के हाथ की पताका में 'भारत की राष्ट्रभाषा हिन्दी हिंदुस्तानी है' शब्द भी अंकित थे। इस पत्रिका के प्रकाशन के उद्देश्य दूसरे पृष्ठ पर यों स्पष्ट किए गए हैं—1. दक्षिण भारत में राष्ट्रभाषा हिन्दी-हिंदुस्तानी का प्रचार करना। 2. दक्षिण के चारों प्रांतों में हिन्दी प्रचार का आंदोलन चलाकर संगठित करना, 3. दक्षिण भारत के सभी स्थानों में हिन्दी को उचित स्थान दिलाना।' इस पत्रिका में छात्रों को लेख लिखने का अवसर दिया जाता था। वार्षिक सम्मेलनों में छात्रों के लिए जो प्रतियोगिताएँ चलाई जाती थीं, उनमें पुरस्कृत निबंध इस पत्रिका में छपते थे। हिन्दी पढ़े व्यक्तियों को 'हिन्दी-लेखन' में प्रोत्साहन देने हेतु मौलिक तथा अनूदित साहित्य-रचनाएँ इसमें छापी जाती थीं। हिन्दी भाषा की संरचना तथा हिन्दी व्याकरण संबंधी लेख इसमें छपते थे। लेखकों की सचित्र कृतियाँ प्रकाशित होती थीं। 'दक्षिण भारत हिन्दी प्रचार सभा' की मुख पत्रिका की हैसियत से सभा के कार्यकलाप, सभा के परीक्षा-फल आदि भी इसमें छपते थे। उन दिनों अंग्रेज़ी शासन के प्रभाव के परिणामस्वरूप भारत में, खासकर मद्रास प्रांत में अंग्रेज़ी भाषा का प्रभाव अधिक रहा। अत: 'हिन्दी प्रचारक' पत्रिका हिन्दी और अंग्रेज़ी में छपती थी। 'अंग्रेज़ी खंड' में अंग्रेज़ी के माध्यम से हिन्दी का समर्थन किया जाता था। अंग्रेज़ी शिक्षित वर्ग को हिन्दी की ओर आकर्षित करने में यह सहायक हुआ। सभा के कार्यकलापों के बारे में अंग्रेज़ी भाषा के माध्यम से जानकर अंग्रेज़ी शिक्षित वर्ग हिन्दी के प्रति आकर्षित होता था। इस प्रकार लोगों को हिन्दी की ओर आकर्षित करने में 'हिन्दी प्रचारक' पत्रिका का योगदान महत्त्वपूर्ण है। थोड़े समय में ही यह पत्रिका दक्षिण भारत के हिन्दी जगत में लोकप्रिय बन गई। सन् 1933 में इस पत्रिका का दशाब्दी समारोह श्री बनारसीदास चतुर्वेदी की अध्यक्षता में संपन्न हुआ। सन् 1934 में 'पदवी दान समारोह' में प्रेमचंद ने दीक्षांत भाषण दिया। इन दोनों महत् व्यक्तियों ने 'दक्षिण भारत' में हिन्दी प्रचार के क्षेत्रों में 'हिन्दी प्रचारक' पत्रिका की महत्त्वपूर्ण सेवा की प्रशंसा की।

सन् 1938 में 'हिन्दी प्रचारक' पत्रिका का प्रकाशन समाप्त कर दिया गया, क्योंकि इसके कार्यकलापों को दो अलग-अलग पत्रिकाओं के द्वारा बढ़ाने का निर्णय लिया गया। शुरू की गई ऐसी पत्रिकाएँ हैं—'हिन्दी प्रचार समाचार' और 'दक्षिण भारत'। 'दक्षिण भारत हिन्दी प्रचारसभा, मद्रास' के इन प्रकाशनों में 'हिन्दी प्रचार समाचार' भाषा-प्रचार की दृष्टि से महत्त्वपूर्ण है तो 'दक्षिण भारत' साहित्यिक दृष्टि से महत्त्वपूर्ण है।

हिन्दी प्रचार समाचार : 'हिन्दी प्रचारक' पत्रिका का प्रकाशन बंद होने के बाद मद्रास स्थित 'दक्षिण भारत हिन्दी प्रचारसभा' के केंद्रीय कार्यालय से नियमित रूप से 'हिन्दी प्रचार समाचार' पत्रिका प्रकाशित होती है। हिन्दी प्रचारकों तथा हिन्दी छात्रों के स्तर के अनुकूल ही 'हिन्दी प्रचार समाचार' नामक मासिक पत्रिका का प्रकाशन शुरू हुआ। जब श्री एस. आर. शारंगपाणि इस पत्रिका का संपादन कर रहे थे तब उन्होंने साहित्य संसद, विचार मंच, प्रश्नोत्तर आदि कई स्तंभ जोड़कर इसे लोकप्रिय बनाया। इसमें परीक्षोपयोगी लेख, सभा-समाचार आदि भी छपते हैं। 'हिन्दी प्रचार समाचार' भाषा-प्रचार की दृष्टि से महत्त्वपूर्ण पत्रिका है। 'यशोधरा में वैष्णव-भावना', 'स्कंदगुप्त में देवसेना', 'निराला की काव्य-साधना', 'रीति काव्य की पृष्ठभूमि', 'कुमार नाशान की काव्य-साधना' आदि लेख (लेखक : पी. कृष्णन, हिन्दी प्रचार समाचार विशेषांक 1969); 'सूर के आधार पर शुक्लजी की निबंध कला' (अगस्त, 1973), चंद्रगुप्त नाटक के स्त्री पात्र' (जनवरी, 1974), 'हिन्दी को मलयालम की देन' (मार्च, 1975), 'मलयालम उपन्यास साहित्य की नई पीढ़ी' (अप्रैल, 1975) आदि पी. कृष्णन के लेख; 'महाकवि पंत के काव्य का विकास अभियान' (फरवरी, 1978), 'अमृत पुत्र जयप्रकाश नारायण का अमृत महोत्सव' (अप्रैल, 1978), 'भ्रम दूर करे, न कि पैदा करे' (जुलाई, 1978), 'हिन्दी साहित्य-सम्मेलन का हैदराबाद अधिवेशन' (अगस्त, 1978), 'भारतीय भाषा साहित्यकारों की सद्भावना यात्रा' (अक्टूबर, 1978) 'सबको सन्मति दे भगवान' (अक्टूबर, 1978), 'भारत सरकार की प्रौढ़ शिक्षा योजना' (फ़रवरी, 1979), 'हीरक जयंती आ गई' (मार्च, 1979), 'केरल में राष्ट्रभाषा अभियान' (जून, 1979) आदि पी. नारायण के लेख; 'हिन्दी के समाजवादी उपन्यास और काम, प्रेम एवं विवाह' (डॉ. एन. रवींद्रनाथ, जनवरी, 1977) जैसे केरलीय हिन्दी लेखकों के अनेक स्तरीय लेख 'हिन्दी प्रचार समाचार' में प्रकाशित हुए हैं। अब स्तरीय रचनाएँ ही इसमें प्रकाशित हो रही हैं।

दक्षिण भारत : इस पत्रिका में दक्षिण भारत के भाषा, साहित्य तथा संस्कृति-संबंधी स्तरीय लेख छपते हैं। शुरू में यह मासिक पत्रिका थी। किंतु द्वितीय विश्वयुद्ध के समय काग़ज़ की कमी तथा आर्थिक कठिनाइयों से इसका प्रकाशन रुक गया। फिर सन् 1939 से प्रकाशित होने लगी, किंतु त्रैमासिक बनाई गई। शुरू से ही दक्षिण भारत की चारों भाषाओं की श्रेष्ठ कृतियों का अनुवाद इसमें छपता था। इस प्रकार

इस पत्रिका के ज़रिए दक्षिण के साहित्य के आदान-प्रदान का कार्य संपन्न हुआ। इसमें मौलिक तथा अनूदित रचनाओं के अलावा तुलनात्मक ढंग के लेख भी प्रकाशित होते हैं। इस प्रकार आदान-प्रदान की दिशा में 'दक्षिण भारत' पत्रिका अपूर्व सेवा कर रही है। 'दक्षिण भारत' पत्रिका में केरल के हिन्दी लेखक भी लिखते हैं। 'दक्षिण भारत' में प्रकाशित केरलीय हिन्दी लेखकों के कुछ लेख हैं—'कैरली का विश्व सम्मेलन' (मार्च, 1978), 'खुद खुदी को पहचानो' (जून, 1978), 'भारतीय भाषाओं की अस्मिता की हीरक जयंती' (जनवरी, 1979), 'स्वर्गीय पोट्टेक्काट का अनोखा व्यक्तित्व और कृतित्व' (अक्टूबर, 1983), 'प्रगतिवाद पुन:परीक्षण हिन्दी-मलयालम काव्य-विधा के परिप्रेक्ष्य में' (जनवरी-मार्च, 1985) आदि पी. नारायण के लेख; 'भारतीय संस्कृति के उद्गाता उल्लूर' (नवंबर, 1979); 'केरल की चित्रकला' (अगस्त, 1979) आदि डॉ. एन. चंद्रशेखरन नायर के लेख; 'मलयालम के काव्यात्मक मोड़' (डॉ. आरसु, अक्टूबर, 1980); 'कुञ्ञब्दुल्ला और उनकी स्मारक शिलाएँ' (पी. कृष्णन, दिसंबर, 1981) आदि।

अध्याय-17

केरल की हिन्दी पत्रकारिता

केरल में औपचारिक रूप से हिन्दी भाषा और साहित्य के प्रचार-प्रसार की प्रवृत्तियाँ सन् 1922 से चलती आ रही हैं। 'हिन्दी' भारत की संपर्क भाषा, राष्ट्रभाषा, राजभाषा और प्रयोजनमूलक भाषा होने के नाते हिन्दी में कार्य करने की सच्ची लगनवाले अनेक राष्ट्रप्रेमी व्यक्ति हिन्दीतर क्षेत्र केरल में ही रहते हैं। केरल में जब हिन्दी भाषा का प्रचार शुरू हुआ तब कुछ हिन्दी प्रचारकों द्वारा चलाए जानेवाले 'हिन्दी वर्ग' हिन्दी अध्यापन के केंद्र रहे। बाद में स्कूलों और कॉलेजों में हिन्दी-अध्यापन शुरू हुआ। आज केरल-स्थित केंद्र सरकार के कार्यालयों में 'हिन्दी अधिकारी', 'हिन्दी अनुवादक' जैसे पदों पर अनेक कर्मचारी हिन्दी में काम करते हैं।

केरल में हिन्दी भाषा के प्रचार-प्रसार के सिलसिले में कई 'हिन्दी पत्रिकाएँ' प्रकाशित हुईं। अहिन्दीभाषी क्षेत्र केरल में जब हिन्दी का प्रचार केवल शैशवावस्था में था तब 'हिन्दी पत्रिकाएँ' प्रकाशित करने का मनोबल जिन व्यक्तियों ने प्रकट किया, उनकी कोई व्यावसायिक मनोवृत्ति नहीं थी और न ही उनका लक्ष्य आर्थिक लाभ था। उनका लक्ष्य हिन्दी पत्रिकाओं को केरल में हिन्दी भाषा के विकास का साधन बनाना मात्र था। जिन लोगों ने हिन्दी भाषा पढ़ी थी, उन्हें हिन्दी में लिखने का मौका देकर हिन्दी के प्रति अधिक आकर्षित करना और इस प्रकार हिन्दी भाषा का विकास करना ही उनका लक्ष्य था। उन पत्रकारों द्वारा निकाली गई कुछ हिन्दी पत्रिकाओं ने अनूदित रचनाओं को प्रकाशित करके हिन्दी लेखकों को हिन्दी में अनुवाद करने में प्रोत्साहन दिया, क्योंकि 'साहित्यिक अनुवाद' भावों के आदान-प्रदान का, देश की भावात्मक एकता को सुदृढ़ करने का सशक्त माध्यम है। सन् 1941 में केरल की प्रथम हिन्दी पत्रिका 'हिन्दी मित्र' प्रकाशित हुई, फिर अनेक पत्रिकाएँ प्रकाशित हुईं, जिनमें अधिकांश अल्पायु की रहीं। उन दिनों यदि केरल के हिन्दी पत्रकार आर्थिक लाभ को लक्ष्य करके पत्रिका प्रकाशित करते तो फल निराशाजनक होता, क्योंकि यहाँ हिन्दी पत्रिकाओं के ग्राहक बनकर पत्रिकाएँ खरीदने तथा पढ़कर मन बहलाने के स्तर की हिन्दी बहुत कम लोगों को आती थी। यही नहीं, भारत के हिन्दी क्षेत्रों में भी हिन्दी पत्रिकाएँ खरीदनेवालों की संख्या कम है। यहाँ मुँह से हिन्दी का समर्थन करनेवाले पढ़े-लिखे व्यक्ति मन

से अंग्रेज़ी चाहनेवाले हैं। केरल में हिन्दी मुद्रणालयों की कमी भी यहाँ हिन्दी पत्रकारिता के विकास में बाधक तत्त्व है।

केरल में हिन्दी पत्रकारिता के विकास के पीछे संघर्ष का एक लंबा इतिहास है। सन् 1918 में राष्ट्र नेता महात्मा गांधी के नेतृत्व में दक्षिण भारत में हिन्दी के प्रचार का सूत्रपात हुआ और सन् 1922 में केरल में सार्वजनिक रूप से हिन्दी का प्रचार-प्रसार आरंभ हुआ। हिन्दी प्रचार व्यापक होने पर 'हिन्दी लेखन' की दिशा में भी ध्यान दिया जाने लगा। जनवरी, 1923 से 'दक्षिण भारत हिन्दी प्रचार सभा, मद्रास' के तत्त्वावधान में 'हिन्दी प्रचारक' नामक पत्रिका प्रकाशित होने लगी। दक्षिण भारत के—केरल के भी—हिन्दी प्रेमी व्यक्ति उसमें लिखने लगे। केरल में हिन्दी का प्रचार-प्रसार बढ़ा तो यहाँ अनेक हिन्दी पत्रिकाओं का जन्म हुआ। इनमें अधिकांश पत्रिकाएँ अल्पायु की रहीं। लेकिन कुछ पत्रकाएँ ऐसी भी हैं, जो कि नियमित रूप से निकलती हैं। अब केरल में प्रकाशित हिन्दी पत्रिकाएँ बेशक संख्या में कम हैं, किंतु स्तरीय हैं। केंद्र सरकार से प्राप्त आर्थिक सहायता इन पत्रिकाओं के संचालन के लिए पर्याप्त नहीं है। फिर भी केरल के राष्ट्रप्रेमी हिन्दी पत्रिका-संचालक घाटा उठाकर पत्रिका के संचालन के कार्य को आगे बढ़ा रहे हैं। केरल की वर्तमान हिन्दी पत्रिकाएँ उनके पत्रकारों द्वारा केरल में ही नहीं, पूरे भारत में भेजी जाती हैं। अत: केरल की वर्तमान हिन्दी पत्रिकाएँ हिन्दी दुनिया को परिचित हैं, किंतु अल्पायु की जो पत्रिकाएँ केरल में प्रकाशित हुई थीं, उनका भी परिचय हिन्दी दुनिया को पाना चाहिए, क्योंकि इन पत्रिकाओं के लिए पत्रकारों के तन-मन-धन अर्पित हुए थे।

केरल की सर्वप्रथम हिन्दी पत्रिका है अगस्त, 1941 में स्व. जी. नीलकंठन नायर द्वारा तृशूर से निकाली गई 'हिन्दी मित्र' मासिक पत्रिका, जिसका प्रकाशन केवल एक वर्ष तक हुआ।

केरल में प्रकाशित अन्य हिन्दी पत्रिकाएँ इस प्रकार हैं—

कोषिक्कोटु से प्रकाशित होनेवाली प्रसिद्ध मलयालम साप्ताहिक पत्रिका 'मातृभूमि' के सन् 1941-42 में निकले कुछ अंक 'हिन्दी खंड' के भी कुछ पृष्ठों के साथ प्रकाशित हुए। फिर 'मलयाल राज्यम्' पत्रिका के कुछ अंक दो-तीन हिन्दी पृष्ठों के साथ निकले।

सन् 1948 में प्रो. विश्वनाथ मल्ल्या के संपादकत्व में मट्टांचेरी (एरणाकुलम जिला) से 'प्रताप' नामक मासिक पत्रिका निकली। इसके केवल तीन अंक प्रकाशित हुए।

स्वतंत्रता-सेनानी तथा वरिष्ठ हिन्दी प्रचारक स्व.श्री पी. नारायण के संपादकत्व में स्व. श्री पी. बालकृष्णा द्वारा पालक्काटु से जनवरी, 1950 में प्रकाशित मासिक पत्रिका है 'ललकार'। इसका प्रकाशन केवल एक वर्ष तक हुआ।

सर्वश्री चित्तरंजन, एन. के उण्णित्तान और कृष्णकिशोर के संयुक्त प्रयास में 15 फ़रवरी, 1951 में कोल्लम से निकली मासिक पत्रिका है 'अरविंद', जिसके केवल चार अंक निकले।

सन् 1951 में श्री अभयदेव तथा पं. नारायण देव के संयुक्त प्रयास में कोट्टयम से 'विश्वभारती' पत्रिका निकली, जो करीब एक वर्ष प्रकाशित हुई।

14 अगस्त, 1953 में 'तिरुवितांकूर हिन्दी प्रचार सभा' की 'मुख पत्रिका' तथा त्रिभाषिक (हिन्दी–मलयालम–तमिल) साप्ताहिक पत्रिका 'राष्ट्रवाणी' का प्रकाशन श्री के. वासुदेवन पिल्ले ने किया, नियमित रूप से जिसके 54 अंक निकले।

सन् 1956 में 'मातृभूमि पब्लिशिंग कंपनी' की ओर से बहुभाषाविद् तथा ज्ञानी डॉ. एन.वी.कृष्णवारियर के मुख्य संपादकत्व में हिन्दी–सेवी तथा प्रमुख अनुवादक श्री.के. रविवर्मा के सहयोग से निकाली गई पाक्षिक पत्रिका है 'युग प्रभात'। इसकी कुछ प्रतियाँ 'प्रभात' नाम से निकलीं। डॉ. एन.वी कृष्ण वारियर के बाद श्री.के. रविवर्मा 'युग प्रभात' के मुख्य संपादक बने। 'प्रभात' पत्रिका का पहला अंक 1 नवंबर, 1956 को केरल के पैदाइशी दिनों में ही प्रकाशित हुआ था। यह पत्रिका 17 साल प्रकाशित हुई। 16 अक्टूबर, 1973 में अंतिम अंक निकला।

जुलाई, 1957 में श्री. एन. वेंकटेश्वरन के मुख्य संपादकत्व में प्रो. ए. चंद्रहासन, प्रो. पी.के नारायणन नायर, प्रो. आर.के. रावु आदि के सहयोग से कोच्ची से 'आर्य कैरली' पत्रिका प्रकाशित हुई। यह द्विभाषिक पत्रिका (हिन्दी–मलयालम पत्रिका) 'समस्त केरल साहित्य परिषद' से प्रकाशित पत्रिका है। यह केवल एक वर्ष प्रकाशित हुई। इसके प्रकाशन में श्री.आर. के राव का प्रयास चिरस्मरणीय है।

सन् 1957 से 'दक्षिण भारत हिन्दी प्रचार सभा, केरल' की मुख पत्रिका 'केरल भारती' द्विभाषिक (हिन्दी–मलयालम) मासिक पत्रिका कोच्ची से प्रकाशित हो रही है। इसका प्रबंध संपादक तत्कालीन सचिव रहे हैं।

जून, 1961 में 'भाव और रूप' नामक मासिक पत्रिका आचार्य पी.जी. वासुदेव के संपादकत्व में तिरुवनंतपुरम से निकली, जिसके प्रकाशक स्व. डॉ. एन.ई. मुत्तुस्वामी अय्यर थे। इस पत्रिका के चंद अंक ही निकले।

केरल के प्रसिद्ध पुस्तकालय संघ 'केरल ग्रंथशाला संघ' की मलयालम में प्रकाशित मुख पत्रिका 'ग्रंथालोकम' नवंबर, 1961 से 'हिन्दी खंड' को भी मिलाकर प्रकाशित होने लगी। 'हिन्दी खंड' का संपादन शुरू से जून, 1962 तक श्रीमती के . एम . शांतकुमारी करती थीं और बाद में श्री एन. चंद्रशेखरन नायर। अगस्त, 1963 के अंक के साथ 'हिन्दी खंड' का प्रकाशन बंद हो गया। संप्रति मलयालम पत्रिका 'ग्रंथालोकं' निकलती है।

सन् 1962 में स्व.आचार्य पी.जी. वासुदेव के संपादकत्व में 'केरल पत्रिका' नामक 'पाक्षिक पत्रिका' तिरुवनंतपुरम में प्रकाशित हुई। इस पत्रिका का पूरा कार्य अकेले आचार्य पी.जी. वासुदेव करते थे; अर्थात् वासुदेवजी के व्यक्तिगत प्रयास से यह पत्रिका निकली थी। पहला अंक 25 जून, 1962 को निकला था। कुल चार अंक ही निकले।

2 अक्टूबर, 1963 को गांधी जयंती के दिन 'केरल हिन्दी सांस्कृतिक सहकारी संघ' की मुख पत्रिका 'सहकारी हिन्दी प्रचारक' का पहला अंक तिरुवनंतपुरम में

प्रकाशित हुआ। इस द्विभाषिक (हिन्दी-मलयालम) पत्रिका के संपादक एन. चंद्रशेखरन नायर थे। सहसंपादक श्री. एन.पी. सुकुमारन थे। पहले पाँच अंक एन. चंद्रशेखरन नायर के संपादकत्व में निकले तो शेष चार अंक के. आर. इलङ्त्त के संपादकत्व में।

मार्च, 1966 से 'केरल हिन्दी प्रचार सभा की 'केरल ज्योति' नामक मासिक पत्रिका तिरुवनंतपुरम से निकल रही है। इसके संपादक क्रमशः ये रहे हैं—विद्वान के. नारायण (1966-1969), श्री के.जी. बालकृष्ण पिल्लै (1969--2002), श्री कुन्नुकुषि कृष्णनकुट्टी (2003-2004), डॉ. एम.एस. राधाकृष्ण पिल्लै (2004-2006), प्रो. डी. तंकप्पन नायर (मई 2006-2010), डॉ. एम.एस. राधाकृष्ण पिल्लै (2010-11), प्रो. डी. तंकप्पन नायर (2012 से)।

सितंबर, 1971 में 'केरल हिन्दी साहित्य मंडल' की मुख पत्रिका 'साहित्य मंडल पत्रिका' का प्रकाशन कोच्ची में शुरू हुआ। इसके संस्थापक संपादक डॉ. एन.ई. विश्वनाथ अय्यर थे। 1998 तक यह पत्रिका नियमित रूप से निकलती थी, फिर प्रकाशन रुक गया। संपादक समिति रूपायित होने के पहले इसके मुख्य संपादक प्रथम तीन वर्षों में डॉ. एन.ई. विश्वनाथ अय्यर और बाद में श्री.के रविवर्मा थे। श्री के. रविवर्मा के बाद 'संपादक समिति' बनी। इस पत्रिका के संचालन में दो व्यक्तियों के नाम अविस्मरणीय हैं—(1) डॉ. ऋषिकेशन तंपी और [illegible] डॉ. टी.एन. विश्वंभरन। डॉ. ऋषिकेशन तंपी शुरू से प्रकाशक हैं। डॉ. टी.एन. विश्वंभरन पहले 'संपादक समिति' के सदस्य थे, फिर 1998 में पत्रिका का प्रकाशन रुक जाने तक तथा 2007 में प्रकाशन शुरू होने पर भी प्रबंध संपादक रहे। 2007, जनवरी से 'केरल हिन्दी साहित्य मंडल' का कार्यकलाप फिर से शुरू हुआ और डॉ. के.जी. प्रभाकरन के मुख्य संपादकत्व में 'साहित्य मंडल पत्रिका' का नव वर्ष अंक-1, जनवरी-मार्च, 2008 प्रकाशित हुआ। सन् 2013 में प्रकाशन फिर रुक गया।

कोच्चिन विश्वविद्यालय के हिन्दी विभाग से प्रकाशित होनेवाली पत्रिका है 'अनुशीलन', जिसका पहला अंक सन् 1971 में निकला। इसके संस्थापक संपादक स्व. डॉ. एन.ई. विश्वनाथ अय्यर हैं। यद्यपि यह 'वार्षिक पत्रिका' नियमित रूप से नहीं निकलती है तो भी इसके अनेक 'विशेषांक' प्रकाशित हुए हैं।

केरल में हिन्दी माध्यम शिक्षा-प्रणाली को प्रोत्साहन देने के उद्देश्य से सन् 1972 में आचार्य पी.जी. वासुदेव द्वारा स्थापित 'हिन्दी विद्यापीठ, केरल' की मुख पत्रिका 'संग्रथन' का पहला अंक 25 जुलाई, 1987 में निकला। तब से लेकर यह मासिक पत्रिका नियमित रूप से प्रतिमास 25वीं तारीख को निकलती थी। इसके संस्थापक संपादक आचार्य पी.जी. वासुदेव के निधन के बाद उनके सुपुत्र डॉ. वी.वी. विश्वम् (वर्तमान मुख्य संपादक) की देखरेख में पत्रिका का प्रकाशन होता रहा। जब बीच में दो वर्ष के लिए विश्वम् जी फिनलैंड गए तब भी पत्रिका का प्रकाशन नहीं रुका। उन दिनों संपादक डॉ. एम.एस. विनयचंद्रन संपादक मंडल की सहायता से पत्रिका का कार्य सँभालते थे। मार्च 2014 के अंक के साथ इसका प्रकाशन रुक गया।

'हिन्दी साहित्य संगम, पालक्काटु' की मुख पत्रिका 'संगम' का सर्वप्रथम अंक डॉ. टी.के. प्रभाकरन के संपादकत्व में 1989 में प्रकाशित हुआ। वार्षिक पत्रिका के रूप में प्रकाशन करने के विचार से 'संगम' का प्रकाशन शुरू किया गया था। लेकिन 11 मार्च, 1989 में प्रथम अंक, सन् 1992 में दूसरा अंक तथा 1994 में तीसरा अंक—इस प्रकार लंबे अंतराळ में इसके अंक प्रकाशित हुए।

'राष्ट्रीय हिन्दी साहित्य सम्मेलन, तिरुवनंतपुरम' की मुख पत्रिका 'ओमेगा' का पहला अंक 1990 में निकला। यह मासिक पत्रिका केवल एक साल प्रकाशित हुई। इसके संस्थापक संपादक डॉ. तिरुमला रामचंद्रन थे और संपादक डॉ. जे. रामचंद्रन नायर।

'सेंट थॉमस कॉलेज, पाला' के 'हिन्दी विभाग' की शोध पत्रिका है 'शोध क्षितिज'। पहले यह 'अर्द्ध वार्षिक' पत्रिका थी। अब 'वार्षिक पत्रिका' है। सन् 1992 में 'शोध क्षितिज' का पहला अंक प्रकाशित हुआ। हिन्दी विभाग अध्यक्ष के संपादकत्व में यह पत्रिका निकलती है।

'जगन्नाथ हिन्दी महाविद्यालय, तलश्शेरी' की मुख पत्रिका 'जगन्नाथ हिन्दी साहित्य सारथी' द्विभाषिक (हिन्दी-मलयालम) मासिक पत्रिका थी। इसके संस्थापक संपादक अप्पु मास्टर (श्री.पी.पी.अप्पु) थे और श्री मनु सहसंपादक थे। इसका प्रथम अंक जनवरी, 1994 में निकला। 'जगन्नाथ हिन्दी महाविद्यालय' के छात्रों की साहित्य-रचनाएँ 'सारथी' नामक हस्तलिखित पत्रिका में पहले प्रकाशित होती थीं। फिर 'जगन्नाथ हिन्दी साहित्य सारथी' नाम से जनवरी, 1994 से मुद्रित होने लगी। 1 मार्च, 1996 में प्रकाशित अंक के साथ इस पत्रिका का प्रकाशन रुक गया।

'केरल विश्वविद्यालय, कार्यवट्टम' के 'हिन्दी विभाग' के छात्रों तथा अध्यापकों के सम्मिलित प्रयास से अक्टूबर, 1995 से 'दर्पण' नामक पत्रिका निकल रही है। जब डॉ. एन. रवींद्रनाथ विभागाध्यक्ष थे तब इस पत्रिका का प्रकाशन शुरू हुआ था और मुख्य संपादक डॉ. एन. रवींद्रनाथ ही थे। उस समय डॉ. एस. तंकमणि अम्मा पत्रिका की संपादिका थीं। डॉ. एन. रवींद्रनाथ सेवा-निवृत्त हुए तो डॉ. एस. तंकमणि अम्मा विभागाध्यक्षा और 'दर्पण' पत्रिका की मुख्य संपादिका हो गईं और डॉ. राखी बालगोपाल 'दर्पण' पत्रिका की संपादिका हो गईं। फिर डॉ. जे. उमाकुमारी संपादक बनीं। इस प्रकार तत्कालीन विभागाध्यक्ष इस पत्रिका के संपादक बनते हैं।

2 अक्टूबर, 1996 से 'केरल हिन्दी साहित्य अकादमी, तिरुवनंतपुरम' की मुख पत्रिका 'केरल हिन्दी साहित्य अकादमी शोध पत्रिका' इसके संस्थापक संपादक डॉ. एन. चंद्रशेखरन नायर के संपादकत्व में नियमित रूप से प्रकाशित हो रही है। इस त्रैमासिक पत्रिका को प्रति तीसरे महीने की 2 तारीख को निकालने का पूरा श्रेय मुख्य संपादक डॉ. एन. चंद्रशेखरन नायर को ही है।

राष्ट्रभाषा संस्थान, तिरुवनंतपुरम की मुख पत्रिका 'संस्थान समाचार' का प्रकाशन जून, 1997 में शुरू हुआ। इस त्रैमासिक पत्रिका के संस्थापक संपादक

डॉ. एच. परमेश्वरन हैं। 'संस्थान' से संबंधित सूचनाएँ प्रकाशित करना इस पत्रिका का प्रधान उद्देश्य था। सन् 2009 में इसका प्रकाशन रुक गया।

'हिन्दी विभाग, कालिकट आर्ट्स एंड साइंस कॉलेज' से 'संवेदना' नामक वार्षिक शोध पत्रिका निकल रही है। दो अंक (वर्ष 2006 और 2007) तत्कालीन विभागाध्यक्ष डॉ. पावूर शशींद्रन के संपादकत्व में तथा हिन्दी विभाग से अध्यापकों के सहयोग से निकले। तत्कालीन विभागाध्यक्ष इस पत्रिका के संपादक बनते हैं।

'हिन्दी विभाग, केरल विश्वविद्यालय' की ओर से 'शोध दर्पण' नामक वार्षिक शोध पत्रिका प्रकाशित हो रही है। तत्कालीन विभागाध्यक्षा डॉ. एस. तंकमणि अम्मा के मुख्य संपादकत्व में इसके दो अंक सन् 2006 और सन् 2007 में निकले। हिन्दी विभाग के तत्कालीन विभागाध्यक्ष इसके संपादक बनते हैं।

'हिन्दी विभाग, सरकारी वनिता कॉलेज, तिरुवनंतपुरम' की तत्कालीन विभागाध्यक्षा डॉ. सी.जे. प्रसन्नकुमारी के संपादकत्व में वर्षिक शोध पत्रिका 'वातायन' सन् 2008 में प्रकाशित हुई। आई.एस.एस.एन. के साथ सन् 2013 में तत्कालीन अध्यक्षा डॉ. पी. लता के संपादकत्व में 'रवींद्रनाथ टैगोर और स्वामी विवेकानंदन' विशेषांक निकला।

'मशाल' नामक त्रैमासिक पत्रिका एक साल (वर्ष 2010) केरल की करुनागप्पल्ली उपजिला के छात्रों और अध्यापकों के सहयोग से निकली। इसके मुख्य संपादक थे श्री एम.एस. खान (हिन्दी कवि और स्कूल में हिन्दी अध्यापक)।

केरल से नियमित रूप से निकलनेवाली एक पत्रिका है 'भारत पत्रिका'। इसका प्रथम अंक जनवरी, 2010 में निकला। यह त्रिभाषा (मलयालम-अंग्रेज़ी-हिन्दी) पत्रिका है। इसके संस्थापक संपादक तथा (संप्रति) मुख्य संपादक हैं प्रो.डॉ. तिरुमला चंद्रन। यह तिरुवनंतपुरम जिले से निकल रही है। पता है—पुल्लमटम् कम्पाउंड, फोर्ट पी.ओ., तिरुवनंतपुरम-23। पहले यह त्रैमासिक पत्रिका थी, अब मासिक है।

'विकल्प' नामक संस्था (तृशूर) की मुख पत्रिका है 'जन विकल्प'। इसके संपादक डॉ. पी. रवि हैं। प्रबंध संपादक हैं डॉ. वी.वी. गोपाल कृष्णन। परामर्शदाता हैं डॉ. के.जी. प्रभाकरन।

केरलीय हिन्दी लेखक स्व. आनंदशंकर माधवन केरल के बाहर भागलपुर (बिहार) में रहकर लेखन-कार्य करते थे तथा वहाँ दीर्घकाल तक 'प्राच्य भारती' पत्रिका का संपादन करते रहे। उनका निधन 14 फ़रवरी, 2007 को हुआ। केरलीय हिन्दी लेखक स्व. डॉ. एन.पी. कुट्टन पिल्लै अब हैदराबाद में रहते हैं और वहाँ 'अग्रतारा' पत्रिका के संपादक मंडल के सदस्य हैं। डॉ. एन. कुट्टन पिल्लै केरल की हिन्दी पत्रिकाओं में लिखते भी हैं।

'केरल की आवाज़' केरल राज्य से निकला हिन्दी दैनिक है। केरल में कई हिन्दी मासिक पत्रिकाएँ घाटे के कारण पत्रकारों द्वारा उनका प्रकाशन बंद कर दिये जाने पर कुछ युवकों ने साहसपूर्वक यहाँ एक हिन्दी दैनिक निकाला, वह है 'केरल की आवाज़'।

इसका पहला अंक 28 अक्टूबर, 2003 को प्रकाशित हुआ। 'ब्लैक एंड वाइट' था। नौ महीने तक घाटे में चला और प्रकाशन रुक गया। जनवरी, 2007 में फिर से प्रकाशन शुरू हुआ—वह भी मल्टी कलर में और अच्छे काग़ज़ में। किंतु कुछ अंकों के बाद उसका प्रकाशन भी रुक गया।

संप्रति केरल से प्रकाशित होनेवाली हिन्दी पत्रिकाएँ और प्रकाशक-संस्थाएँ निम्नलिखित हैं—'केरल भारती' (प्रकाशक : दक्षिण भारत हिन्दी प्रचार सभा, केरल), 'केरल ज्योति' (प्रकाशक : केरल हिन्दी प्रचार सभा, तिरुवनंतपुरम), 'केरल हिन्दी साहित्य अकादमी शोध-पत्रिका' (प्रकाशक : केरल हिन्दी साहित्य अकादमी, तिरुवनंतपुरम), 'शोध क्षितिज' (प्रकाशक : हिन्दी विभाग, सेंट तामेस कॉलेज, पाला), 'दर्पण' और 'शोध दर्पण' (प्रकाशक : हिन्दी विभाग, केरल विश्वविद्यालय, तिरुवनंतपुरम), 'संवेदना' (प्रकाशक : हिन्दी विभाग, आर्ट्स एंड साइंस कॉलेज, कालिकट), 'अनुशीलन' (हिन्दी विभाग, कोच्चिन विश्वविद्यालय, 'भारत पत्रिका' (फोर्ट पी.ओ, तिरुवनंतपुरम), 'वातायन' और 'एक्कोस ऑफ रिसर्च' का हिन्दी खंड (सरकारी वनिता कॉलेज, तिरुवनंतपुरम) आदि।

केंद्र सरकार के क्षेत्रीय कार्यालयों की हिन्दी पत्रिकाएँ : 'केरल में स्थित केंद्र सरकार के कार्यालयों में 'हिन्दी पत्रकारिता' का कार्य सशक्त रूप से चल रहा है। केंद्र सरकार के केरल के कई क्षेत्रीय कार्यालय हिन्दी में अतिसुंदर वार्षिक पत्रिकाएँ प्रकाशित कर रहे हैं। इन पत्रिकाओं में कार्यालयों के कर्मचारियों की रचनाओं के साथ ही साथ कार्यालयों में संपन्न होनेवाले हिन्दी संबंधी कार्यक्रमों के समाचार भी छपे जाते हैं। 14 सितंबर, 1949 को 'हिन्दी' भारत की 'राजभाषा' स्वीकृत हुई। भारतीय संविधान के भाग 17 के अनुच्छेद 343 से 351 तक भारत की राजभाषा के बारे में कहा गया है। 'राजभाषा' के रूप में हिन्दी को कार्यान्वित करने के लिए सन् 1963 में संसद द्वारा 'राजभाषा अधिनियम' पारित किया गया। इस अधिनियम की धारा 8 के द्वारा प्रदत्त शक्तियों का उपयोग करते हुए 1976 में 'राजभाषा नियम' बनाए गए। 'राजभाषा नियम' (1976) संशोधित रूप में सन् 1987 में दुबारा जारी किए गए। सन् 1975 में 'राजभाषा विभाग' का गठन किया गया। सन् 1968 में जो 'राजभाषा संकल्प' पारित हुआ, वह आम जनता की जानकारी के लिए 'भारतीय राजपत्र' में प्रकाशित किया गया। 'राजभाषा नियम, 1976' (यथा संशोधित 1987) के अंतर्गत पूरे भारत को 'क क्षेत्र', 'ख क्षेत्र' और 'ग क्षेत्र' में विभाजित किया गया। 'क क्षेत्र' से बिहार, हरियाणा, हिमाचल प्रदेश, मध्यप्रदेश, राजस्थान, उत्तर प्रदेश, उत्तरांचल, झारखंड, छत्तीसगढ़, दिल्ली आदि राज्य तथा अंडमान निकोबार द्वीप संघ राज्य-क्षेत्र अभिप्रेत है। 'क क्षेत्र' हिन्दी क्षेत्र ही है। 'ख क्षेत्र' से गुजरात, महाराष्ट्र, पंजाब आदि राज्य तथा चंडीगढ संघ राज्य-क्षेत्र अभिप्रेत है। 'ख क्षेत्र' ने राज्यभाषा के साथ सहराजभाषा के रूप में हिन्दी को स्वीकार किया है। 'ग क्षेत्र' हिन्दीतर क्षेत्र है। 'क क्षेत्र' और 'ख क्षेत्र' के अंतर्गत न आनेवाले राज्य और संघ राज्य-क्षेत्र 'ग क्षेत्र' में आते हैं। जैसे—असम, अरुणाचल प्रदेश, गोवा, जम्मु-

कश्मीर, मणिपुर, मेघालय, मिज़ोरम, नागालैंड, उड़ीसा, सिक्किम, त्रिपुरा, पश्चिम बंगाल, कर्नाटक, आंध्र प्रदेश, तमिलनाडु, केरल और लक्षद्वीप। 'ग क्षेत्र' हिन्दी में पत्राचार करने को बाध्य नहीं है। 'ग क्षेत्र' को अंग्रेजी में सरकारी कामकाज करने की छूट है। केरल 'ग क्षेत्र' का राज्य है। केरल में स्थित केंद्र सरकार के कार्यालयों में राजभाषा हिन्दी के प्रगामी प्रयोग पर ध्यान देनेवाली 'नगर राजभाषा कार्यान्वयन समितियाँ' भी कार्यरत हैं। केंद्र सरकार के कार्यालयों में 'हिन्दी पत्रिकाओं' का प्रकाशन राजभाषा-कार्यान्वयन के लिए आयोजित एक कार्यक्रम है। केंद्र सरकार के कार्यालयों से प्रकाशित होनेवाली 'हिन्दी पत्रिकाएँ' इन कार्यालयों में होनेवाले राजभाषा संबंधी कार्यों की जानकारी देती हैं। केरल स्थित केंद्र सरकार के कार्यालयों के कर्मचारी 'ग क्षेत्र' (हिन्दीतर क्षेत्र) के कर्मचारी होकर भी अपने-अपने कार्यालयों की हिन्दी गृह पत्रिकाओं में हिन्दी में साहित्य तथा साहित्येतर रचनाएँ करते हैं। यह राजभाषा हिन्दी के विकास का शुभ लक्षण है। ऐसी पत्रिकाएँ और प्रकाशक हैं—(1) मलय निधि : कर्मचारी भविष्य निधि संगठन, क्षेत्रीय कार्यालय (केरल), भविष्य निधि भवन, पट्टम पी.ओ.तिरुवनंतपुरम-4, (2) अनंत दर्शन : राजभाषा अनुभाग, दूरदर्शन केंद्र, कुटप्पनक्कुन्नु पी.ओ., तिरुवनंतपुरम-43, (3) केरल श्री : जनगणना कार्य निदेशालय (केरल), सी.जी.ओ.कॉम्पलेक्स, तिरुवनंतपुरम-695522, (4) केरल भारती : नारियल विकास बोर्ड (कृषि मंत्रालय, कृषि एवं सहकारिता विभाग) केरा भवन, कोच्ची-682011, (5) सोपान : केनरा बैंक, बैंक नगर राजभाषा कार्यान्वयन समिति स्पेंसर जंक्शन, एम.जी.रोड, तिरुवनंतपुरम-695001, (6) गगन : अंतरिक्ष विभाग, विक्रम साराभाई अंतरिक्ष केंद्र, तिरुवनंतपुरम-695 002, (7) ज्वाला ध्वनि : कोच्चिन रिफाइनरीज़ लिमिटेड, पोस्ट बैग 2, अंबलमुगल-682302, (8) गुलदस्त : दि न्यू इंडिया इंश्योरेंस कंपनी लिमिटेड, 36/707 क्षेत्रीय कार्यालय, कंडम्कुलत्ति टावर्स, पी.बी.सी.सं 1049, एम.जी. रोड, एरणाकुलम, (9) राजभाषा पीयूष : मुख्य पोस्टमास्टर जनरल कार्यालय, केरल परिमंडल, तिरुवनंतपुरम-695001, (10) प्रतीक्षा : दूरसंचार, भारत संचार निगम लिमिटेड, केरल परिमंडल तिरुवनंतपुरम, (11) निशा (हिन्दी बुलेटिन) : दूरसंचार, भारत संचार निगम लिमिटेड, केरल परिमंडल तिरुवनंतपुरम, (12) केरल संदेश (त्रिभाषिक पत्रिका) दूरसंचार, भारत संचार निगम लिमिटेड, केरल परिमंडल, तिरुवनंतपुरम, (13) अमृतवाणी : जीवन बीमा निगम, मंडल कार्यालय, तिरुवनंतपुरम-4, (14) अनंत संदेश : इंडियन ओवरसीज बैंक, क्षेत्रीय कार्यालय, आई.ओ.बी. भवन, महात्मा गांधी रोड, तिरुवनंतपुरम-1, (15) उमंग : भारतीय रिज़र्व बैंक, बेकरी जंक्शन, तिरुवनंतपुरम-1, (16) राजभाषा सहायिका : राजभाषा कक्ष, केनरा बैंक, अंचल कार्यालय, स्पेंसर जंक्शन, एम.जी. रोड, तिरुवनंतपुरम-1, (17) रबड़ समाचार : रबड़ बोर्ड (वाणिज्य एवं उद्योग मंत्रालय, भारत सरकार) कोट्टयम-686002, (18) समन्वया : हिंदुस्तान लैटेक्स लिमिटेड अम्बलमुक्कु, तिरुवनंतपुरम, (19) सुरभि : आयकर विभाग, तिरुवनंतपुरम।

खंड (ङ)

केरल के हिन्दी लेखक

अध्याय-18

केरल के हिन्दी लेखक : सामान्य परिचय

अच्चुत वारियर. पी. सेंट थॉमस कॉलेज, तृशूर में प्राध्यापक थे। यशपाल के 'देशद्रोही' उपन्यास का अनुवाद किया।

डॉ. जे. अंबिका देवी ने केरल विश्वविद्यालय से हिन्दी में एम.ए. तथा कालिकट विश्वविद्याय से पी-एच.डी. की उपाधियाँ प्राप्त कीं। पत्रिकाओं में मौलिक लेख और अनुवाद प्रकाशित हैं। पंडित केलुनायर की रचनाओं पर यू.जी.सी. का रिसर्च प्रोजेक्ट किया। हिन्दी विभाग, आर्ट्स एंड साइंस कॉलेज, कालिकट के अध्यक्ष पद से सन् 2011 में सेवानिवृत्त हैं। पता : प्रशांत, नटक्कावु पी.ओ., कालिकट-11।

डॉ. के.सी. अजयकुमार का जन्म सन् 1964 में केरल राज्य के पत्तनंतिट्टा जिले में हुआ। उन्होंने हिन्दी में एम.ए. तथा पी-एच.डी. की उपाधियाँ प्राप्त कीं। उन्हें कई पुरस्कार मिले हैं, जैसे—समग्र साहित्य सेवा के लिए राष्ट्रीय हिन्दी साहित्य सम्मेलन पुरस्कार (2009), केरल हिन्दी साहित्य अकादमी पुरस्कार (2010) आदि। वे इंडियन ओवरसीज़ बैंक के कर्मचारी थे। मलयालम में उनके दो उपन्यास प्रकाशित हुए हैं— (1) मृत्युञ्जयम् (2004) और (2) कालिदासन (2010)। इन दोनों उपन्यासों का 'करण्ट बुक्स, कोट्टयम' ने प्रकाशन किया। हिन्दी में उनके दो उपन्यास प्रकाशित हैं तथा व्याकरण पर भी एक पुस्तक 'मलयालम व्याकरण : एक परिचय' प्रकाशित है, जो केंद्रीय हिन्दी निदेशालय से पुरस्कृत है।

डॉ. के. अजिता हिन्दी विभाग, कोच्चिन विश्वविद्यालय की प्राध्यापिका हैं। उनकी कविताएँ तथा आलेख पत्रिकाओं में प्रकाशित हुए हैं।

डॉ. ई.एम. अन्नासाली मलबार क्रिश्चियन कॉलेज, कालिकट में असोसिएट प्रोफेसर हैं। कालिकट विश्वविद्यालय के बोर्ड ऑफ स्टडीज़ मेंबर, कालिकट विश्वविद्यालय के डिस्टन्स एडुकेशन की पाठ्य-सामग्री निर्माण समिति की सदस्या आदि क्षेत्रों में कार्यरत हैं। 'हिन्दी कहानी के सौ वर्ष' नामक आलोचनात्मक ग्रन्थ का संपादन किया।

स्व. पी.पी. अप्पु का जन्म नवंबर, 1922 को कण्णूर जिले के तलश्शेरी तालुका में हुआ। जगन्नाथ हिन्दी विद्यालय, तलशेरी के संस्थापक हैं। 'जगन्नाथ हिन्दी साहित्य

सारथी' पत्रिका के संस्थापक संपादक हैं। वरिष्ठ हिन्दी प्रचारक थे। हिन्दी साहित्य सम्मेलन के 'हिन्दी मार्तण्ड पुरस्कार' तथा अन्य कई पुरस्कार-प्राप्त हुए।

स्व. अभयदेव का जन्म कोट्टयम जिले में पल्लम गाँव में 13 जून, 1913 को हुआ। असली नाम अय्यप्पन पिल्लै था। सच्चे गांधी-भक्त थे। 'विश्वभारती' पत्रिका के संपादक थे। फिल्म-गीतकार, हिन्दी पत्रकार, संगीतज्ञ, नाटककार तथा कोशकार थे। आशान 'केनलिनी' काव्य का हिन्दी में अनुवाद किया। प्रेमसंगीतं (उल्लूर), एन्टे गुरुनाथन (वल्लत्तोल), जीविक्कान मरन्नुपोय स्त्री (वेट्टूर एस. रामन नायर) आदि रचनाओं का अनुवाद हिन्दी में क्रमशः 'प्रेमसंगीत', 'मेरे गुरुदेव', 'जो जीना भूल गई' नामों से किया। रामवृक्ष बेनीपुरी का उपन्यास 'माटी की मूरतें' 'मणकोलङ्ङळ' नाम से मलयालम में अनूदित किया। 'मलयालम सिनेमा को देन' के लिए 1955 में जे.सी. डानियल पुरस्कार-प्राप्त हुआ। भारतीय सिनेमा की स्वर्ण जयंती के अवसर पर 'केरल फिल्म चेंबर्स ऑफ कॉमर्स' ने 1981 में उनका सम्मान किया। हिन्दी-मलयालयम कोश का संपादन किया। पी.नारायण देव और पी.जी.वासुदेव के सहयोग से 'हिन्दी प्रकाशन सहकारी संघ' की स्थापना कोट्टयम में की। 26 जुलाई, 2000 को देहांत हुआ।

डॉ. ए. अरविंदाक्षन का जन्म सन् 1949 में पालक्काटु जिले में हुआ। कोच्चिन विश्वविद्यालय के हिन्दी विभाग के अध्यक्ष तथा डीन थे। महात्मा गांधी अंतरराष्ट्रीय हिन्दी विश्वविद्यालय के उपकुलपति थे। हिन्दी के विख्यात आलोचक, मौलिक कवि, अनुवादक तथा संपादक हैं। कई पुरस्कार-प्राप्त हुए हैं, जैसे—'महोदवी के रेखाचित्र' पर उत्तरप्रदेश शासन का पुरस्कार, 'बाँस का टुकड़ा' पर केंद्रीय हिन्दी निदेशालय का पुरस्कार, 1989 में उत्तरप्रदेश हिन्दी संस्थान का सौहार्द सम्मान तथा 1994 में बिहार सरकार का 'विशिष्ट हिन्दी-सेवी पुरस्कार' आदि। 'एम.के. सानुविंटे तेरञ्ञेटुत्त कृतिकळ' (चार भाग) का संपादन किया (प्रकाशक : हरितम बुक्स, कालिकट्ट)।

डॉ. एम. अरविंदाक्षन पय्यन्नूर कॉलेज में हिन्दी विभाग के अध्यक्ष हैं। आलोचक और शोध-निदेशक हैं।

डॉ. बी. अशोक सरकारी कॉलज में प्राध्यापक हैं। अनुवादक हैं।

श्रीमती आनंदवल्ली.वी. सेवानिवृत्त स्कूल अध्यापिका हैं। कवयित्री हैं।

स्व. आनंदशंकर माधवन का जन्म सन् 1923 में मावेलिक्करा में हुआ। सन् 1940 में बिहार राज्य के भागलपुर जिले में गए। वहाँ 'मंदार विद्यापीठ' की स्थापना की। दार्शनिक, कवि, उपन्यासकार, कहानीकार, निबंधकार तथा पटकथाकार हैं। 'प्राच्य भारती' मासिक पत्रिका के संपादक थे।

डॉ. आशा एस. नायर का जन्मस्थान तिरुवनंतपुरम है। कवयित्री और शोध-निदेशिका हैं। एन.एस.एस कॉलेज में प्राध्यापिका हैं।

डॉ. पी.एच. इब्राहिम कुट्टी सरकारी कॉलेज में अध्यापक रहे। संप्रति केरल के श्री शंकराचार्य संस्कृत विश्वविद्यालय के असिस्टेंट प्रोफेसर हैं।

के.जी. उण्णिकृष्णन का जन्म आलप्पुषा जिले के चेर्त्तला तालका के चम्मनाड गाँव में सन् 1945 में हुआ। बी.एस-सी. (रसायन शास्त्र), एम.ए. (पब्लिक एडमिनिस्ट्रेशन; मनोविज्ञान) आदि उपाधियाँ प्राप्त हैं। एफ.ए.सी.टी., उद्योगमंडल में कर्मचारी रहे। मौलिक हिन्दी कवि हैं। तीन काव्य संकलन निकले हैं। पता—अंजलि, 14-विद्यानगर, कोच्चिन यूनिवर्सिटी पी.ओ., कोच्चिन-22।

डॉ. जे. उमाकुमारी का जन्मस्थान हरिप्पाटु है। केरल विश्वविद्यालय के हिन्दी विभाग की अध्यक्षा थीं। कवयित्री हैं।

डॉ. उषा कुमारी के.पी. का जन्म 3 जून, 1967 को मथुरा (उत्तर प्रदेश) में हुआ। पता—चीमरा, पाल्कुलङ्ङरा, वल्लाकटवु पी.ओ., तिरुवनंतपुरम। आलोचक हैं। एम.जी कॉलेज, तिरुवनंतपुरम में प्राध्यापिका हैं।

डॉ. ऋषिकेशन तंपी यूनिवर्सिटी कॉलेज के प्राचार्य-पद से सेवानिवृत्त हैं। पत्रिकाओं में लेख प्रकाशित हुए हैं। 'साहित्य मंडल पत्रिका' के प्रकाशक हैं।

डॉ. जी. कमलम्मा का जन्म 25 मई, 1935 को वर्कला में हुआ। एम.ए., बी.एड., पी-एच.डी, हिन्दी विद्वान, साहित्य रत्न आदि उपाधियाँ प्राप्त की हैं। सरकारी हाईस्कूल में अध्यापिका थीं। बाद में केरल हिन्दी प्रचार सभा के ट्रेनिंग कॉलेज में अध्यापिका नियुक्त हुईं। मौलिक कवयित्री हैं, अनुवादिका भी। पता है—नवरंग, 12-के, अक्षरवीथि, पेट्टा, तिरुवनंतपुरम।

कम्मत्त पी.जी. ने 'मैला आँचल' (प्रथम हिन्दी आंचलिक उपन्यास) का मलयालम अनुवाद किया। जन्म तृशूर जिले में हुआ।

स्व. डॉ. एन.पी. कुट्टन पिल्लै (नटुवत्तूर किषक्केतिल पत्मनाभ कुट्टन पिल्लै) का जन्म 29 अगस्त, 1935 को तट्टइल (केरल) में हुआ। शैक्षिक योग्यताएँ हैं—एम.ओ.एल. (उस्मानिया विश्वविद्यालय, हैदराबाद), हिन्दी विद्वान (केरल विश्वविद्यालय), भारतीय हिन्दी पारंगत (अखिल भारतीय हिन्दी परिषद, आगरा), शिक्षण कला प्रवीण (अखिल भारतीय हिन्दी परिषद, आगरा) आदि। केरलीय होकर भी हैदराबाद में रहकर उन्होंने साहित्य-सेवा की। पता—190, स्टेट बैंक ऑफ इंडिया कॉलोनी, गांधीनगर, हैदराबाद। 17 जुलाई 2012 को निधन हुआ। साहित्यिक व्यक्तित्व बहुआयामी है, जैसे—समीक्षक, पत्रकार, संपादक, अनुवादक, कोशकार, वैयाकरण, इतिहास लेखक, निबंधकार, जीवनीकार आदि। कई पुरस्कार-प्राप्त हुए हैं, जैसे—'पंत-काव्य में बिंब-योजना' पुस्तक पर उत्तर प्रदेश शासन का पुरस्कार, 1976; 'अध्यात्म रामायण' पर भारत सरकार का पुरस्कार, 1978; 'अध्यात्म रामायण' पर उत्तर प्रदेश हिन्दी संस्थान, लखनऊ का उत्तम अनुवाद पुरस्कार, 1979; 'छायावादी बिम्ब विधान और प्रसाद' पर भारत सरकार का पुरस्कार, 1984; 'रामायण' पर दक्षिण भारत हिन्दी प्रतिष्ठान, हैदराबाद का पुरस्कार, 1985; समग्र लेखन एवं साहित्यिक सेवाओं के लिए आंध्र प्रदेश हिन्दी अकादमी, हैदराबाद का

पुरस्कार, 1988; 'दर्शन' पर उत्तर प्रदेश हिन्दी संस्थान, लखनऊ का टंडन पुरस्कार, 1991; समग्र लेखन एवं दीर्घकालीन हिन्दी सेवा के लिए केरल हिन्दी साहित्य अकादमी, तिरुवनंतपुरम का पुरस्कार, 1991; 'दर्शन' पर भारत सरकार का पुरस्कार, 1991; हैदराबाद हिन्दी प्रचार सभा का हीरक जयंती स्वर्णपदक, 1998; स्वतंत्र वार्ता (दैनिक) हैदराबाद के शुभारंभ पर वरिष्ठ साहित्यकार सम्मान, मार्च, 1998; उत्तर प्रदेश हिन्दी संस्थान, लखनऊ का सौहार्द पुरस्कार, 1998; सहस्राब्दी विश्व हिन्दी सम्मेलन, 2000 के अवसर पर विशिष्ट हिन्दी सेवा के लिए राष्ट्रीय हिन्दी-सेवी सहस्राब्दी सम्मान, सितंबर, 2000; सेंट्रल बोर्ड ऑफ हायर एडुकेशन, दिल्ली द्वारा 'विद्या भास्कर की मानद उपाधि, 1966; साहित्य कला संस्कृति विद्यापीठ, मथुरा की 'साहित्य मार्तण्ड' की मानद उपाधि, 1977; हिन्दी अकादमी, हैदराबाद द्वारा 'शब्द सम्राट' की मानद उपाधि, 1991; अमेरिका बायोग्राफिकल इंस्टिट्यूट द्वारा रिसर्च बोर्ड ऑफ एडवाइसर्स के सदस्य के रूप में मनोनीत, 2000; रोटरी इंटरनेशनल, बरेली मंडल का 'राष्ट्रभाषा हिन्दी सेवा पुरस्कार', सितंबर, 2001; रोटरी इंटरनेशनल, बरेली मंडल का 'भारती सेवा भूषण', सितंबर, 2001; नागरी प्रचारिणी सभा, वाराणसी द्वारा हिन्दी सेवा के लिए सम्मेनित, 2003; नागरी लिपि परिषद का विनोबा राष्ट्रीय सम्मान, 2004; उस्मानिया विश्वविद्यालय द्वारा वरिष्ठ साहित्यकार सम्मान, 2004; हिमालय और हिंदुस्तान, ऋषिकेश का साहित्य सेवा सम्मान, 2005; तमिलनाडु हिन्दी अकादमी का सम्मान, 2007; नरेंद्र प्राच्य महाविद्यालय का स्वर्णजयंती सम्मान, 2007; हिन्दी प्रचार सभा, हैदराबाद द्वारा साहित्यचार्य मानद उपाधि से सम्मानित, 2006; हिन्दी भाषा भुषण मानद उपाधि (साहित्य मंडल, नाथ द्वारा, 2007); राष्ट्र धर्म हिन्दी सेवा पुरस्कार, 2008; आंध्र प्रदेश हिन्दी अकादमी का साहित्य पुरस्कार, 2008 आदि।

डॉ. वी. कुमारन का जन्म सन् 1958 में कण्णूर जिले में हुआ। कोच्चिन विश्वविद्यालय से एम.फिल तथा पी-एच.डी. की उपाधियाँ प्राप्त कीं। विजयदेव नारायण साही पर शोध-कार्य किया। आलोचक हैं। ब्रण्णन कॉलेज, तलश्शेरी में हिन्दी विभाग के अध्यक्ष थे। पता है—प्रतिभा, पुलिम्परम्पु, तलिपरम्पु, कण्णूर-670 141।

स्व. कुन्नुकुषि कृष्णनकुट्टी का जन्मस्थान तिरुवनंतपुरम जिले का कुन्नुकुषि नामक स्थान है। हिन्दी में एम.ए. तथा साहित्य रत्न पास किया। हिन्दी और मलयालम के कवि हैं। हिन्दी एकांकीकार हैं। केरल सरकार के जनसंपर्क विभाग में सहायक निदेशक थे। केरल हिन्दी प्रचार-सभा की कार्यकारिणी समिति के सदस्य और 'केरल ज्योति' पत्रिका के संपादक थे। 'किशन' उपनाम से लिखते थे। मई, 2003 में निधन हुआ।

डॉ. कुमारी गीता एस.एन.एस.एस कॉलेज में हिन्दी की प्राध्यापिका हैं। केरल विश्वविद्यालय की पाठ्य-पुस्तक समिति की सदस्या थीं।

पी. कृष्णन का जन्म सन् 1940 में कण्णूर जिले के कुट्टिक्ककम गाँव में हुआ। 'वार्षिकी' तथा अन्य कई हिन्दी पत्रिकाओं में लिखते हैं। एस.एन.कॉलेज के प्रोफेसर थे। अनुवादक हैं। पता : उषस, कुट्टिक्ककम, कण्णूर–670 663।

प्रो. वी.डी. कृष्णन नंपियार का जन्म 27 अक्टूबर, 1940 को चेंगनाशेरी जिला के तिरुवल्ला नामक स्थान में हुआ। वे सन् 1963 से 1996 तक कॉलेज में प्राध्यापक थे। सन् 1996 में सरकारी कॉलेज, चिट्टूर (पालक्काटु जिला) के प्राचार्य के पद से अवकाश प्राप्त हुए। सन् 1996 से 2000 तक 'श्री शंकराचार्य संस्कृत विश्वविद्यालय' में हिन्दी अध्यापक का काम किया। वे श्रेष्ठ अनुवादक हैं। उन्हें 'केरल साहित्य अकादमी पुरस्कार' (1995), केंद्र साहित्य अकादमी पुरस्कार (1995), 'आचार्य पी.जी. वासुदेव पुरस्कार' (2011) आदि प्राप्त हुए। अनुवादक और मौलिक लेखक हैं।

प्रो. के.के. कृष्णन नंपूतिरि हिन्दी विभाग, यूनिवर्सिटी कॉलेज, तिरुवनंतपुरम के भूतपूर्व अध्यक्ष हैं। वे बहुभाषा पंडित तथा आलोचक हैं। हिन्दी में व्याकरण, जीवनी, आलोचना आदि क्षेत्रों में तूलिका चलाई है। मलयालम में सन् 2012 में रचित बृहत् ग्रंथ है 'हिंदु धर्मस्वरूपं' (प्रकाशक : मुंजिरमठं पब्लिकेशंस, तिरुवनंतपुरम)।

स्व. एन.वी. कृष्णवारियर का जन्म केरल राज्य के तृशूर जिले में 13 मई, 1916 में हुआ। 'युग प्रभात' पत्रिका के संपादक थे। स्तरीय संपादकीय लिखते थे। कुंकुमं (मलयालम पत्रिका) और युग प्रभात (हिन्दी पाक्षिक पत्रिका) के संपादक थे। 12 अक्टूबर, 1989 को निधन हुआ।

प्रो.के. केशवन नायर का जन्मस्थान आर्टिंगल (तिरुवनंतपुरम) है। आर.आई. एल.टी में इंस्ट्रक्टर थे। केरल हिन्दी प्रचार सभा के मंत्री थे। छात्रों को हिन्दी में सुंदर हस्तलेखन के लिए पुस्तक तैयार की है।

स्व. प्रो. पी.के. केशवन नायर केरल के वरिष्ठ हिन्दी प्रचारक थे। यूनिवर्सिटी कॉलेज, तिरुवनंतपुरम में हिन्दी विभाग के अध्यक्ष थे। 'हिन्दी प्रचार आंदोलन का इतिहास' के लेखक हैं। कोशकार हैं।

श्रीमती कौसल्या अम्माल का जन्म केरल राज्य के तिरुवनंतपुरम जिले में 12.7.1947 को हुआ। उन्होंने हिन्दी में एम.ए. तथा बी.एड. की उपाधियाँ प्राप्त कीं। केंद्रीय विद्यालय में हिन्दी अध्यापिका थीं और सेवानिवृत्त हुईं। उनके तीन काव्य-संकलन प्रकाशित हैं। 'राष्ट्रभाषा अभियान न्यास' की ओर से श्रीमती कौसल्या अम्माल को अक्टूबर, 2011 में आगरा में आयोजित 'अखिल भारतीय हिन्दी साहित्य सम्मेलन में 'महादेवी वर्मा पुरस्कार' देकर सम्मानित किया गया।

स्व. डॉ. क्लमेंट मेरी (सिस्टर) का जन्म सन् 1917 में इळंकुन्नप्पुषा गाँव में हुआ। शोध-ग्रंथ प्रकाशित है। बैंगलूर में प्राध्यापिका थीं। फिर इंदौर (मध्यप्रदेश) चली गईं।

डॉ. गणेश अय्यर श्री शंकराचार्य कॉलेज, कालटी के पूर्व अध्यापक हैं। श्री शंकराचार्य के जीवन से विशेष प्रभावित हैं। गोवर्धन मठाधिपति श्रीमद् शंकराचार्य से विद्यालंकार उपाधि प्राप्त कर चुके हैं। बिखरी लहरी (कविता संकलन), श्री शंकराष्टकं, कालटी आदि रचनाएँ हैं।

डॉ. आर. गिरिजा कुमारी हिन्दी में एम.ए., बी.एड. तथा पी-एच.डी. की उपाधियाँ प्राप्त की हैं। दो बाल उपन्यासों का हिन्दी में अनुवाद किया है। शोध-लेख प्रकाशित हुए हैं। सरकारी वनिता कॉलेज, तिरुवनंतपुरम में प्राध्यापिका हैं। पता है—प्रभाञ्जलि, टी.सी.9/2799 (3), शास्तमंगलम, तिरुवनंतपुरम।

डॉ. जी. गोपीनाथन का जन्म तिरुवनंतपुरम जिले में हुआ। आलोचक और अनुवादक हैं। कालिकट विश्वविद्यालय के हिन्दी विभाग के पूर्व अध्यक्ष हैं। महात्मा गांधी अंतरराष्ट्रीय हिन्दी विश्वविद्यालय के पूर्व कुलपति हैं।

स्व. वी.एम. गोविंदन नंपीशन (पीरंकी नंपीशन) का जन्म कण्णूर जिले के पय्यन्नूर में हुआ। नाटककार और जीवनीकार थे। नाटकों की रंगमंचीय प्रस्तुति भी करते थे। हिन्दी विद्यापीठ, पय्यन्नूर, के संस्थापक हैं।

डॉ. वी. गोविंद शेणाय केरल के विख्यात हिन्दी लघु कथाकार हैं। जन्म चेर्त्तला के कुत्तियतोटु में 11 नवंबर, 1927 को हुआ। बी.ए. (हिन्दी: 1949, तेवरा कॉलेज, मद्रास यूनिवर्सिटी), एम.ए. (हिन्दी: लखनऊ विश्वविद्यालय) पी-एच.डी. (श्री केसरी नारायण के मार्गदर्शन में सन् 1958 में लखनऊ विश्वविद्यालय), एल.एल.बी (1951) आदि उपाधियाँ प्राप्त कीं। केरल हिन्दी साहित्य मंडल के पूर्व अध्यक्ष हैं। कॉलेजीय शिक्षा निर्देशालय में डिप्टी डायरेक्टर पद से सेवानिवृत्त हैं। लघु कथाएँ, शोध लेख, मलयालम साहित्य पर हिन्दी में लेख, उपन्यास आदि लिखे हैं। 'वर्तमान हिन्दी और मलयालम कथा-साहित्य की प्रवृत्तियों का तुलनात्मक अध्ययन' (1915 से 1950 तक), 'हिन्दी और मलयालम साहित्य : तुलनात्मक अध्ययन' आदि शोध-प्रबंध हैं। 'किंचित शेषम्' उपन्यास दक्षिण भारत हिन्दी प्रतिष्ठान, हैदराबाद से 1986 में तथा केरल हिन्दी साहित्य अकादमी से 1987 में पुरस्कृत हुआ। समग्र साहित्य सेवा के लिए 'राहुल सांकृत्यान पुरस्कार' प्राप्त हुआ। केशवदेव के लेख (मलयालम) 'कथयेषुतान पठिच्चु' का हिन्दी अनुवाद, पोट्टेक्काट के लेखों (मलयालम) का हिन्दी अनुवाद 'राष्ट्र भारती' पत्रिका में प्रकाशित हुए। चेङ्ङंपुषा पर लिखा लेख 'साहित्य संदेश' (1955, कोलकाता) में प्रकाशित हुआ।

डॉ. एन. चंद्रशेखरन नायर का जन्म 27 जून, 1928 को शास्तांकोट्टा (कोल्लम जिला) में हुआ। पत्रकार, अनुवादक, नाटककार, आलोचक, निबंधकार, चित्रकार एवं कवि हैं। मलयालम एवं हिन्दी में प्रायः सभी विधाओं में रचनाएँ की हैं। केरल हिन्दी साहित्य अकादमी के संस्थापक हैं। 'शोध पत्रिका' के संस्थापक संपादक एवं संपादक हैं। कई राष्ट्रीय पुरस्कार-प्राप्त किए हैं—गणेशशंकर विद्यार्थी पुरस्कार

(2003), केंद्रीय हिन्दी निदेशालय का पुरस्कार (2007), विश्व हिन्दी सम्मान (2015) आदि। हिन्दी भवन, दिल्ली का हिन्दी रत्न पुरस्कार (2014) प्राप्त हुआ। पता है—श्री निकेतन, लक्ष्मी नगर, पट्टम पालस पोस्ट, तिरुवनंतपुरम।

स्व. प्रो. ए. चंद्रहासन का जन्म सन् 1905 में एरणाकुलम जिले में हुआ। केंद्रीय हिन्दी निदेशालय के दूसरे निदेशक थे। महाराजास कॉलेज, एरणाकुलम के प्रोफेसर थे। केरल के सर्वप्रथम एम.ए. हिन्दी उपाधिधारी हैं। कोशकार हैं। तिरुकोच्ची केंद्र में शिक्षा विभाग में हिन्दी विशेषाधिकारी थे। बी.एस–सी. रसायन शास्त्र को पढ़ते वक्त ही राष्ट्रीय आंदोलन में रुचि होने के कारण हिन्दी पढ़ते थे, खादी पहनते थे।

श्रीमती एस. चंद्रिका कुमारी केंद्रीय विद्यालय में अध्यापिका थीं। अब अनुवादक और संस्मरणकार हैं।

के. चात्तुक्कुट्टी मास्टर अनुवादक (कविता) हैं। हाईस्कूल में अध्यापक थे।

जी. चित्तरंजन अरविंद पत्रिका (कोल्लम जिला) के संपादक थे।

प्रो. एम. जनार्दनन पिल्लै ने हिन्दी में एम.ए., बी.एड., साहित्य रत्न पास किए हैं। हिन्दी और मलयालम के लेखक हैं। मार इवानियस कॉलेज, तिरुवनंतपुरम में हिन्दी विभाग के अध्यक्ष थे। दीर्घकाल तक केरल हिन्दी प्रचार सभा के कोषाध्यक्ष थे।

स्व. प्रो. आर. जनार्दनन पिल्लै हिन्दी विभाग, एम.जी कॉलेज, तिरुवनंतपुरम के सर्वप्रथम अध्यक्ष थे। मौलिक लेखक थे, अनुवादक भी। स्वतंत्रता सेनानी थे। वरिष्ठ हिन्दी प्रचारक हैं। डॉ. एस.तंकमणि अम्मा और डॉ. जे. रामचंद्रन नायर के पिता हैं।

डॉ. जे. जयकृष्णन सरकारी कॉलेज में प्राध्यापक हैं। 'विद्यारंगं पत्रिका' (प्रकाशक : शिक्षा विभाग, केरल सरकार) में कई हिन्दी कहानियों का मलयालम अनुवाद प्रकाशित हुआ है।

प्रो. एम. जयचंद्रन का जन्मस्थान है एरूर, अंचल, कोल्लम जिला। वे केरल सरकार के पाँच हाईस्कूलों तथा श्रीनारायण ट्रस्ट के दो कॉलेजों में तीस वर्ष तक हिन्दी अध्यापक रहे।

डॉ. आर. जयचंद्रन हिन्दी आलोचक हैं। एम.एस यूनिवर्सिटी, तिरुनलवेली में प्राध्यापक थे। अप्रैल, 2014 से हिन्दी विभाग, कार्यवट्टं में विभागाध्यक्ष हैं।

स्व. प्रो. एम.एस. जयमोहन का जन्मस्थान तिरुवनंतपुरम है। सरकारी कॉलेज में हिन्दी प्राध्यापक थे। हिन्दी आलोचक और भेंटवार्ताकार थे। 'संग्रथन' पत्रिका के प्रकाशक थे। 'अभिधा' नामक हिन्दी शिक्षण केंद्र के संस्थापक थे। 31 मई, 2014 में निधन हुआ।

डॉ. जे.सी. अरविंदाक्षन का जन्म एरणाकुलम जिले के पेङ्ङमुक्कु गाँव में हुआ। सेंट्रल इंस्टिट्यूट ऑफ फिशरीस टेकनोलॉजी में 1986 से कर्मचारी हैं। अज्ञेय के 'अपने अपने अजनबी' उपन्यास का मलयालम में अनुवाद किया।

स्व. डॉ. जॉर्ज एम. का 1928 में पंतलम में जन्म हुआ। काथलिकेट कॉलेज, पत्तनंतिट्टा में हिन्दी विभाग के अध्यक्ष थे। हिन्दी आलोचक थे।

प्रो.डी. तंकप्पन नायर का जन्मस्थान तिरुवनंतपुरम है। हिन्दी विभाग, बिशपमूर कॉलेज, मावेलिक्करा के पूर्व अध्यक्ष हैं। 'केरल ज्योति' पत्रिका के संपादक हैं। अनुवादक और आलोचक हैं। कई पुरस्कार-प्राप्त हुए। पता : कार्तिका, टी.सी. 4/48, रंगून लेन, कवटियार, तिरुवनंतपुरम-3।

तंकप्पन (तुंपमण) एनसाइक्लोपीडिया में कर्मचारी थे। हिन्दी अनुवादक हैं। 'भाषा संगम' पत्रिका के संपादक हैं।

डॉ. एस. तंकमणि अम्मा का जन्म 18 मार्च, 1950 को तिरुवनंतपुरम जिले के करिक्ककम गाँव में हुआ। वरिष्ठ हिन्दी प्रचारक स्व. आर. जनार्दनन पिल्लै की सुपुत्री हैं। केरल विश्वविद्यालय के हिन्दी विभाग की पूर्व प्रोफ़ेसर एवं अध्यक्षा हैं। केरल विश्वविद्यालय की पूर्व डीन (प्राच्य अध्ययन संकाय) हैं। महात्मा गांधी अंतरराष्ट्रीय हिन्दी विश्वविद्यालय, वर्धा में अकादमिक काउंसिल की सदस्या हैं। कई उपन्यासों नाटकों तथा कविताओं का अनुवाद किया है। सांस्कृतिक निबंधों का संकलन 'संस्कृति के स्वर' पुरस्कृत रचना है। कई राष्ट्रीय पुरस्कार-प्राप्त हुए हैं, जैसे—प्रोफेसर चंद्रहासन पुरस्कार (1971), उत्तरप्रदेश शासन का पुरस्कार (1976), केंद्रीय हिन्दी निदेशालय का पुरस्कार (1990), साहित्य सुबंधु मानद उपाधि (1992), साहित्य वागीश (1991), द्विवागीश पुरस्कार (1999), सौहार्द पुरस्कार (2000), विश्व हिन्दी सम्मान (2003), राहुल सांकृत्यायन पुरस्कार (2002) आदि। सातवें, आठवें, नवीं और दसमी विश्व हिन्दी सम्मेलन में भाग लिया। पता : मणिमंदिर, आनयरा पी.ओ., तिरुवनंतपुरम-29।

स्व. इ.के. दिवाकरन पोट्टी का जन्म 28 अप्रैल, 1918 को तृशूर जिले के पुत्तनचिरा नामक गाँव में हुआ। वे एक राजनीतिज्ञ थे। पहले कांग्रेस पार्टी के सदस्य थे और बाद में समाजवादी पार्टी के हो गए। हिन्दी और मलयालम भाषाओं में उनका समान अधिकार था। सन् 1950 से 1970 तक हाईस्कूल के अध्यापक रहे। वे अच्छे लेखक भी थे। सन् 1948 में उनका 'अरियिट्टु वाषच्चा' नामक कविता संग्रह प्रकाशित हुआ, जिसे कोच्ची सरकार ने जब्त किया। उन्होंने अनुवाद-कार्य में अधिक ध्यान दिया। प्रेमचंद के प्रायः सभी उपन्यासों, राहुल सांकृत्यायन, जूलियस फ्यूचिक, विलियम लेंसस आदि विख्यात लेखकों की कृतियों का अनुवाद किया। अनुवाद के लिए उन्हें 'केंद्र साहित्य अकादमी पुरस्कार' प्राप्त हुआ। प्रेमचंद जन्म-शताब्दी मनाते वक्त उन्हें 'केरल साहित्य अकादमी' का विशिष्ट पुरस्कार भी प्राप्त हुआ।

डॉ. एन.जी. देवकी का जन्मस्थान तिरुवनंतपुरम है। अलीगढ़ विश्वविद्यालय से पी-एच.डी. प्राप्त की। संप्रति कोच्चिन विश्वविद्यालय में हिन्दी विभाग की प्रोफेसर हैं। कंप्यूटर एडिट लैंग्वेज लर्निंग के लिए सन् 1990 में भारत सरकार के इलेक्ट्रॉनिकी

विभाग, नई दिल्ली का रिसर्च प्रोजेक्ट प्राप्त हुआ, जिसके अंतर्गत कोच्चिन विश्वविद्यालय के हिन्दी विभाग में सर्वप्रथम एक लैंग्वेज टेक्नोलॉजी प्रयोगशाला की स्थापना की गई। इसके बाद निरंतर तीन यू.जी.सी. शोध परियोजनाओं में शोधकार्य संपन्न किया। सन् 2002 में यू.जी.सी का रिसर्च अवार्ड प्राप्त हुआ, जिसके अंतर्गत ध्वनि एवं संगीत तत्त्व के आधार पर हिन्दी-मलयालम काव्य का अध्ययन संपन्न किया। 'भारतीय सांस्कृतिक परंपरा में स्त्री सशक्तीकरण : हिन्दी मलयालम काव्य के विशेष संदर्भ में' विषय पर यू.जी.सी. मेजर रिसर्च प्रोजेक्ट प्राप्त हुआ। 'हिन्दी कृष्णकाव्य का आलोचनात्मक इतिहास' (शोध-प्रबंध) तथा अन्य कई रचनाएँ प्रकाशित हैं। सत्तर से अधिक शोध-लेख स्तरीय हिन्दी-शोध पत्रिकाओं में प्रकाशित हैं। शोध निदेशिका हैं। भारत सरकार की कई सलाहकार समितयों में सदस्या हैं। 'केरल हिन्दी प्रचार सभा' की कार्यकरिणी समिति की पूर्व सदस्या हैं।

डॉ. धन्या एल. की साहित्य तथा साहित्येतर विषयों पर आलोचनाएँ पत्रिकाओं में प्रकाशित हुई हैं।

स्व. विद्वान के. नारायण का जन्म वर्क्कला में हुआ। 'केरल ज्योति' पत्रिका के सर्वप्रथम संपादक थे। कहानीकार, निबंधकार, नाटककार, अनुवादक और संगीतज्ञ थे। 'माध्यम' (हिन्दी साहित्य सम्मेलन की पत्रिका) का केरल विशेषांक तैयार किया।

स्व. पी. नारायण का जन्म 29 मई, 1918 को पालक्काटु जिले में हुआ। केरल के क्रांतिकारी हिन्दी कवि, हिन्दी अनुवादक तथा अनेक वर्षों तक हिन्दी प्रचारक रहे। प्रसिद्ध काव्य संकलन है 'जीने की ललकार', जो केंद्रीय हिन्दी निदेशालय का पुरस्कार (1989) तथा कुसुमकुमारी पुरस्कार से सम्मानित है। स्वतंत्रता सेनानी थे। 'नरन' उपनाम से लिखते थे। विक्रमशिला हिन्दी विद्यापीठ (बिहार) से विद्या वाचस्पति मानद उपाधि प्राप्त हुई। दक्षिण भारत हिन्दी प्रचार सभा द्वारा प्रकाशित ग्रंथ हैं—दक्षिण संस्कृति साहित्यमाला (चार भाग), दक्षिण अनुवाद साहित्यमाला, दक्षिण संत जीवनी संग्रह आदि।

स्व.पंडित नारायण देव का जन्मस्थान कोट्टयम है। असली नाम नारायण नायर था। आर्यसमाज से प्रभावित होकर उन्होंने नारायण देव नाम स्वीकार किया। 'देव केरलीय' नाम से लिखते थे। मौलिक हिन्दी कवि हैं। 'केरल भारती' के संपादक थे। 'उमाकेरलम' (उल्लूर), 'वीणपूव और चिंताविष्टयाय सीता' (कुमारनाशान) आदि काव्यों का हिन्दी में अनुवाद किया। सन् 1970 में केंद्रीय हिन्दी निदेशालय से 'गांधी सप्तक पुरस्कार' प्राप्त हुआ। विशिष्ट हिन्दी-सेवा के लिए सन् 1989 में दक्षिण भारत हिन्दी प्रचार सभा से प्रशस्तिपत्र और स्वर्ण पदक प्राप्त हुए। केरल के भाषाध्यापकों की प्रकाशन संस्था 'भासम' ने 1988 में आचार्य रत्न की उपाधि दी। केरल हिन्दी साहित्य अकादमी का प्रथम पुरस्कार 1983 में प्राप्त हुआ। 12 दिसंबर, 1998 को निधन हुआ।

स्व. डॉ. पी.के. नारायणन् नायर सन् 1924 में हिन्दी प्रचार विद्यालय, मद्रास के छात्र थे। फिर कोच्ची में हिन्दी प्रचारक बने। एस.एच. कॉलेज, तेवरा में प्राध्यापक थे। दक्षिण भारत हिन्दी प्रचार सभा के कार्यकर्ता थे। प्रो. ए. चंद्रहासन की पत्नी मीनाक्षी चंद्रहासन के भाई थे।

डॉ. टी.के. नायणपिल्लै का जन्म कोट्टयम जिले के चोषियक्काड़ गाँव में हुआ। शैक्षिक योग्यताएँ हैं—एम.ए. (हिन्दी; भाषाविज्ञान), एम.एड्, पी-एच.डी. (भाषाविज्ञान)। भारत सरकार के शिक्षा विभाग में दो साल हिन्दी लेक्चरर थे। फिर केंद्रीय हिन्दी संस्थान, आगरा में दीर्घकाल प्रोफेसर रहे। फिर हैदराबाद क्षेत्रीय कार्यलाय में क्षेत्रीय निदेशक रहे। भाषाविज्ञान और शैलीविज्ञान पर पुस्तकें निकली हैं। मलयालम, हिन्दी, अंग्रेज़ी, संस्कृत और मणिपुरी भाषाएँ जानते हैं। राष्ट्रीय पुरस्कार पाया है। पुस्तकों का संपादन किया है।

नेटूर नीलकंठन नंपूतिरि का जन्म फरवरी, 1933 में कोट्टयम जिले के वैक्कम में हुआ। महाराजास कॉलेज, एरणाकुलम से एम.एस.सी उपाधि 1958 में प्राप्त की। हिमाचल विश्वविद्यालय से हिन्दी में एम.ए. उपाधि सन् 1976 में प्राप्त की। केंद्रीय हिन्दी निदेशालय/वैज्ञानिक तथा तकनीकी शब्दावली आयोग (नई दिल्ली) में 1958 से 1991 तक विविध पदों पर कार्यरत रहे। इस अवधि में गणित के प्रभारी अधिकारी के रूप में 'बृहत पारिभाषिक शब्द संग्रह' (विज्ञान) के निर्माण में सहयोग के अलावा कंप्यूटर विज्ञान शब्दावली, पाँच परिभाषा कोशों और तीन अखिल भारतीय शब्दावलियों के निर्माण में मुख्य भूमिका निभाई थी। केंद्रीय हिन्दी निदेशालय के चेन्नै स्थित क्षेत्रीय कार्यालय में वर्ष 1983 से 1986 तक क्षेत्रीय अधिकारी भी रहे। आयोग में शब्दावली-बैंक की स्थापना में भी प्रभारी अधिकारी रहे। विविध पत्रिकाओं, संकलनों और विश्वविज्ञान कोशों में हिन्दी, मलयालम और अंग्रेज़ी में शोधपूर्ण लेख प्रकाशित हुए हैं। मौलिक पुस्तकें हैं—विश्वदर्शन (वैज्ञानिक), इतिशेष (आत्मकथा), श्रीनारायण गुरु (जीवनी) आदि। केरल साहित्य परिषद के संस्थापक डॉ. एम.पी. परमेश्वरन की मलयालम पुस्तक 'परमाणु शास्त्रं' का हिन्दी में 'परमाणु विज्ञान' नाम से अनुवाद किया। पता है—नींडूर इल्लम, वैक्कम्, कोट्टयम-686 141।

स्व. जी. नीलकंठन नायर का जन्म 11 अप्रैल, 1909 को आलप्पुषा जिले के चेर्त्तला तालूका के पल्लिप्पुरम गाँव में चिट्टत्तप्परम्पिल घर में हुआ। केरल के प्रथम हिन्दी पत्रकार थे। स्कूल में अध्यापक थे, स्वतंत्रता सेनानी थे। हिन्दी अध्यापक संघ, कोच्ची के संस्थापक थे। लेखक, अभिनेता और नाटक निर्देशक थे। कई पुरस्कार पाए।

डॉ. वेल्लिमण नेल्सन का जन्म कोल्लम जिले के विल्लिमण गाव में हुआ। जीवाजी विश्वविद्यालय (मध्यप्रदेश) से एम.ए., हिन्दी; इलाहाबाद विश्वविद्यालय, उत्तर प्रदेश से एम.ए., संस्कृत तथा हिन्दी साहित्य सम्मेलन (प्रयाग) से साहित्य रत्न उपाधियाँ प्राप्त कीं। फातिमा माता कॉलेज (कोल्लम) में हिन्दी विभाग के अध्यक्ष

थे। हरिशंकर परसाई की चुनी हुई कहानियों का मलयालम में अनुवाद 'रामराज्यं' नाम से किया। 'मोहन राकेश के नाटकों का दार्शनिक परिवेश' पी-एच.डी. का विषय है। प्रसाद, पंत, निराला, महादेवी, कबीर, सूर आदि हिन्दी कवियों की जीवनियाँ प्रकाशित हैं (प्रकाशक : स्टेट लैंग्वेज इंस्टिट्यूट)। भारतीय कवित्रयं ग्रंथ में कबीर, सूर, तुलसी आदि की जीवनियाँ विस्तार से लिखी हैं (प्रकाशक : स्टेट लैंवेज इंस्टिट्यूट)। 'अष्टमुटिक्कायलुं शास्ताँकोट्ट तटाकवुं' परिस्थिति पर लिखा ग्रंथ है जिसका प्रकाशन 5.6.2013 में मुख्यमंत्री ने किया (प्रकाशक : स्टेट लैंग्वेज इंस्टिट्यूट)। मानव का ईश्वर संकल्प डी.लिट् उपाधि के लिए केरल विश्वविद्यालय में समर्पित शोध-प्रबंध है।

डॉ. एच. परमेश्वरन का जन्म 6 अप्रैल, 1936 को कन्याकुमारी जिले के कुषित्तरा गाँव में हुआ। हिन्दी कवि हैं। अनुवादक हैं। सरकारी कॉलेज में प्राचार्य थे। 'राष्ट्रभाषा संस्थान' के संस्थापक हैं।

स्व. टी.एस. पोन्नम्मा का जन्म 5 जून, 1928 में कोषंचेरी में हुआ। सरकारी स्कूल में अध्यापिका थीं। बाद में हिन्दी शिक्षा अधिकारी बनीं। कवयित्री हैं। तूलिका नाम है हेमा।

डॉ. प्रतिभा के.पी. सरकारी कॉलेज, पट्टाम्पी में हिन्दी विभाग की अध्यक्षा हैं। पी-एच.डी. का विषय है—'अनंत कुमार पाषण की रचनाओं का विश्लेषणात्मक अध्ययन'। कई शोध-लेख पत्रिकाओं में प्रकाशित हुए हैं। अनुवादक हैं।

डॉ. प्रभाकरन हेब्बार इल्लत्त की शैक्षिक योग्यताएँ हैं—एम.ए., बी.एड., एम.फिल., पी-एच.डी., पी.जी.डी.सी.ए. आदि। आलोचक और अनुवादक हैं। हिन्दी विभाग, सरकारी कॉलेज, तलसेरी में प्राध्यापक हैं।

डॉ. के.जी. प्रभाकरन का जन्म 29-07-1944 में कोट्टयम जिले में हुआ। आगरा विश्वविद्यालय से सन् 1975 में पी-एच.डी. की उपाधि प्राप्त की। सरकारी कॉलेज में प्राध्यापक थे। प्राचार्य-पद से सेवानिवृत्त हुए। हिन्दी आलोचक हैं। साहित्य मंडल पत्रिका के मुख्य संपादक हैं। पता है : सुरभि, वटक्केनटा, कोटुङ्डल्लूर।

डॉ. टी.के. प्रभाकरन का जन्मस्थान पालक्काटु जिला है। संगम पत्रिका के संस्थापक संपादक हैं। सरकारी कॉलेज में प्राध्यापक थे। हिन्दी आलोचक हैं। शोध-निदेशक हैं। पता : शबनम, गांधीनगर, पुतुपरियारम पी.ओ. पालक्काटु-678733।

डॉ. प्रमीला के.पी. श्री शंकराचार्य संस्कृत विश्वविद्यालय, कालटी में प्राध्यापिका हैं। आलोचक हैं। 'कविता का स्त्रीपक्ष' रचना को 'देवी शंकर अवस्थी सम्मान' (सन् 2010) प्राप्त हुआ। हिन्दी आलोचक हैं।

डॉ. प्रमोद कोवप्रत्त का जन्म सन् 1973 में कण्णूर जिले में हुआ। हिन्दी विभाग, कालिकट में प्राध्यापक हैं। हिन्दी आलोचक और अनुवादक हैं।

डॉ. सी.जे. प्रसन्नकुमारी का जन्म वर्कला में हुआ। सरकारी वनिता कॉलेज में हिन्दी विभाग की पूर्व-अध्यक्षा हैं। आलोचना तथा यात्रा साहित्य लिखे हैं।

डॉ. प्रसूना एस. नायर ने हिन्दी में एम.ए., बी.एड., पी-एच.डी. की उपाधियाँ प्राप्त की हैं। हिन्दी विभाग, एन.एस.एस. कॉलेज, तिरुवनंतपुरम की पूर्व अध्यक्षा हैं। आलोचक और अनुवादक हैं।

डॉ. प्रिय नायर का जन्म 21 मई, 1972 को अत्तोली, कालिकट में हुआ। सन् 2010 से सरकारी कॉलेज, कालिकट में प्राध्यापिका हैं। उसके पूर्व हायर सेकंडरी स्कूल में अध्यापिका थीं। कई शोध-लेख प्रकाशित हुए हैं। आलोचक हैं। पी-एच.डी. (हिन्दी) के अलावा मद्रास विश्वविद्यालय से एम.एस.सी. (मनोविज्ञान) उपाधि भी प्राप्त की।

स्व. डॉ. एम. प्रेमकुमारी दूर शिक्षण विभाग, केरल विश्वविद्यालय में प्राध्यापिका थीं। कवयित्री थीं।

डॉ. बाबू जे. का जन्म 15 नवंबर, 1952 को केरल राज्य के तिरुवनंतपुरम जिले में हुआ। केरल विश्वविद्यालय से हिन्दी में एम.ए. और पी-एच.डी. की उपाधियाँ प्राप्त कीं। कवि, कहानीकार और आलोचक हैं। राष्ट्रीय हिन्दी साहित्य सम्मेलन (तिरुवनंतपुरम) का पुरस्कार-प्राप्त हुआ। हिमाचल प्रदेश सरकार द्वारा आयोजित 'श्री विपाशा अखिल भारतीय कहानी प्रतियोगिता' में पुरस्कृत हुए। केंद्रीय हिन्दी निदेशालय का पुरस्कार-प्राप्त हुआ। पता है : हरी श्री, ए.के.जी. नगर, पेरूरकड़ा, तिरुवनंतपुरम-5।

डॉ. बाबू जोसफ कॉलेज में प्राध्यापक हैं, आलोचक और अनुवादक हैं।

डॉ. जे. बालकृष्णन चेट्टियार मार्तोमा कॉलेज, तिरुवल्ला के पूर्व प्राध्यापक हैं। संप्रति तिरुवनंतपुरम जिले के श्रीकार्यम में रहते हैं। हिन्दी के मौलिक कवि और लेखक हैं। सामाजिक कार्यों में लीन हैं।

बालकृष्णन तत्तोत्त अनुवादक हैं। हिन्दी में एम.ए, बी.एड़ आदि उपाधियाँ प्राप्त की हैं। पता है—मैयानूर, वटकरा, कालिकट-673107। कहानियों का संकलन है 'सरस्वती जब सामने आई'। मलयालम में भारतीय काव्यशास्त्र पर एक ग्रंथ लिखा है—काव्यशास्त्र सिद्धांतङ्ङलुं आचार्यन्मारुं' (प्रकाशक : लिपि, कोषिक्कोट; वर्ष 2011)। मलयालम में एक बालसाहित्य रचा है, जिसका नाम है 'अकबर-वीरबल विनोदङ्ङल'। पता है—मैयानूर पी.ओ., वटकरा, कालिकट-673107।

डॉ. पी. बालकृष्णन का जन्म कण्णूर जिले के ताषेचोव्वा में हुआ। सरकारी कॉलेज में प्राध्यापक थे। प्राचार्य पद से सेवानिवृत्त हैं। आलोचक, प्रवक्ता तथा शोध-निदेशक हैं।

डॉ. पी. बालकृष्णन का जन्म 3 अक्टूबर, 1958 को कोट्टक्काट गाँव, कासरगोड में हुआ। अनुवादक एवं आलोचक हैं। हिन्दी विभाग, पय्यन्नूर कॉलेज में अध्यक्ष थे। 2013 में प्राचार्य नियुक्त हुए। 2015 में प्राचार्य पद से सेवानिवृत्त हुए।

जे.आर. बालकृष्णन नायर का जन्म 4 अक्टूबर, 1925 को तिरुवनंतपुरम जिले के वर्कला नामक स्थान में हुआ। 1955 से 1981 तक विविध सरकारी हाईस्कूलों में

अध्यापक रहे। श्रेष्ठ हिन्दी अनुवादक हैं। कई अनुवाद पुस्तक–रूप में तथा पत्रिकाओं में प्रकाशित हुए हैं।

स्व. के.जी. बालकृष्णन पिल्लै का जन्म आलप्पषा जिले के चिंगोली गाँव में हुआ। मलयालम और हिन्दी के लेखक हैं। केरल हिन्दी प्रचार सभा के पूर्व अध्यक्ष, केरल ज्योति पत्रिका के पूर्व संपादक तथा कृषि विश्वविद्यालय में वरिष्ठ प्रशासनिक अधिकारी थे। हिन्दी क्षेत्र की कई हिन्दी पत्रिकाओं में लघु कथाएँ और फीचर लिखे हैं। सामयिक विषयों पर उत्तर भारत की कई हिन्दी पत्रिकाओं में पिल्लैजी ने जितना लिखा है उतना शायद ही अन्य लेखक ने लिखा हो। उपन्यासों और कविताओं के श्रेष्ठ अनुवादक हैं।

डॉ. बिंदु वेल्सर सरकारी कॉलेज में प्राध्यापिका हैं, अनुवादक हैं।

स्व. श्रीमती भारती विद्यार्थी का असली नाम है के. भारती अम्मा। एरणाकुलम में जन्म हुआ। पं. देवदूत विद्यार्थी (बिहार) केरल में हिन्दी प्रचार कर रहे थे कि भारती अम्मा ने उन्हें पहले अपना गुरु माना, फिर उनके साथ विवाह संपन्न हुआ। उन्होंने कई अनुवाद किए। चेम्मीन (तकषी) का हिन्दी अनुवाद किया। बाद में 'तकषी' को ज्ञानपीठ पुरस्कार प्राप्त हुआ।

स्व. डॉ. भास्करन नायर के. का जन्म 1913 में वैक्कम में हुआ। सरकारी कॉलेज में प्राध्यापक थे। केरल हिन्दी प्रचार सभा के अध्यक्ष थे। केरल के प्रथम पी–एच.डी. उपाधिधारी थे।

स्व. प्रो. पी.आर. भास्करन नायर का जन्म 1925 को आलप्पुष जिले में हुआ। शिक्षा मंत्रालय, मद्रास के हिन्दी अधिकारी थे। वे सफल लेखक और अध्यापक थे। मलयालम के प्रसिद्ध कवि कुंचन नंपियार की तुळ्ळल गाथाओं का संपूर्ण अनुवाद (दो संकलन) हिन्दी में किया। एस.डी कॉलेज, आलप्पुषा में प्राध्यापक थे।

स्व. डॉ. टी.के. भास्कर वर्मा सरकारी कॉलेजों में हिन्दी प्राध्यापक थे। सरकारी वनिता कॉलेज, तिरुवनंतपुरम के अध्यापक पद से सेवनिवृत्त हुए। 'अंगबंधु' खंडकाव्य लिखा। आलोचक थे। अगस्त, 2012 में निधन हुआ।

डॉ मञ्जु रामचंद्रन का जन्म स्थान कोल्लम है। यूनिवर्सिटी कॉलेज, तिरुवनंतपुरम में प्राध्यापिका हैं। आलोचक हैं।

स्व. डॉ. के.एस. मणि का जन्म वैक्कम (कोट्टयम जिला) में हुआ। पहले एम.जी. कॉलेज, तिरुवनंतपुरम में प्राध्यापक थे, फिर सरकारी कॉलेज में प्राध्यापक बने। यूनिवर्सिटी कॉलेज, तिरुवनंतपुरम से सेवानिवृत्त हुए। 'मधुशाला' (बच्चन; 1997, प्रभात बुक हाउस), 'कामायनी' (प्रसाद) आदि विख्यात हिन्दी काव्यों का मलयालम में अनुवाद किया। एकांकीकार हैं, आलोचक हैं। अगस्त, 2012 में निधन हुआ।

डॉ. मनु का जन्म केरल राज्य के कण्णूर जिले के तलशेरी के एरञ्ओली गाँव में हुआ। एम.ए. हिन्दी, एम.फिल., पी–एच.डी. आदि उपाधियाँ प्राप्त की हैं। सन्

1988 से 1999 तक महात्मा गांधी गवर्नमेंट आर्ट्स कॉलेज, माही (संघ राज्य पांडिचेरी) में प्राध्यापक थे। सन् 1999 में प्रस्तुत कॉलेज से इस्तीफ़ा देकर श्रीशंकराचार्य संस्कृत विश्वविद्यालय में प्राध्यापक बने। वे हिन्दी के गीतकार हैं। उनके हिन्दी गीतों तथा रूपकों का प्रसारण रेडियो में हुआ है। युवजन कल्याण मंत्रालय द्वारा प्रतिवर्ष चलाई जानेवाली भारतोत्सव हिन्दी नाटक प्रतियोगिता में 12 बार भाग लिया और तीन बार पुरस्कार पाया (गुजरात, मद्रास और बिहार में संपन्न प्रतियोगिताओं में)। इस प्रतियोगिता के लिए मनु स्वयं नाटकों का अनुवाद मलयालम से हिन्दी में करते हैं और अभिनेता भी बनते हैं। 'वंदे मातरम्, वंदे भारतम्' कारगिल शहीदों के लिए मनु द्वारा सन् 2012 में लिखित राष्ट्र गीत है। अरुणराज द्वारा गाया गया यह गीत उपग्रहों द्वारा प्रसारित हुआ है। तीन 'यू ट्यूब' कविताओं का प्रसारण भी हुआ है।

स्व. डॉ. मलिक मोहम्मद का जन्म नागर कोयिल में हुआ। कालिकट विश्वविद्यालय के हिन्दी विभाग के अध्यक्ष थे। बाद में केंद्रीय हिन्दी निदेशालय के तकनीकी आयोग के अध्यक्ष बने। भारत सरकार द्वारा पद्मश्री से अलंकृत हिन्दी-सेवी हैं। दक्खिनी के विद्वान थे। भाषा पंडित थे। राजभाषा पर पुस्तक लिखी है। शोध- निदेशक थे। पद्मश्री उपाधि से विभूषित हैं।

महेश कर्मा स्कूल में अध्यापक थे। मूल कवि और हिन्दी अनुवादक हैं। पय्यन्नूर में रहते हैं।

प्रो. पी. माधवन पिल्लै का जन्म सन् 1941 में शास्तांकोट्टा में हुआ। एन.एस.एस. कॉलेजों में प्राध्यापक रहे। आलोचक, कोशकार और अनुवादक हैं।

डॉ. के.एस. मालती का जन्म 4 मार्च, 1948 में हुआ। कालिकट आर्ट्स एंड साइंस कॉलेज में हिन्दी विभाग की अध्यक्षा थीं। 30 वर्ष की अध्ययनवृत्ति के बाद सन् 2003 में सेवानिवृत्त हुईं। महात्मा गांधी अंतरराष्ट्रीय हिन्दी विश्वविद्यालय, वर्धा में 2005-2008 अवधि में यू.जी.सी. का मेजर प्रोजेक्ट किया। सन् 1991 में कालिकट विश्वविद्यालय से पी-एच.डी. की उपाधि प्राप्त की। 'आधुनिक हिन्दी कथा-साहित्य और नारीवाद', 'अनुवाद'—इन दो विषयों में विशेष रुचि रखती हैं। शोध निदेशिका हैं। कई संगोष्ठियों और कार्यशालाओं में मुख्य वक्ता रही हैं। विदेशों में भी संगोष्ठियों में भाग लिया है, जैसे—सातवाँ विश्व हिन्दी सम्मेलन (न्यूयॉर्क, जुलाई, 2007); अठारहवाँ अंतरराष्ट्रीय तुलनात्मक साहित्य सम्मेलन (ब्राजील, जुलाई, 29 से 4 अगस्त, 2007 तक); उन्नीसवाँ इ.सी.एल.ए (इंटरनेशनल कंपैरेटिव लिटरेचर एसोसिएशन) का सम्मेलन (साउथ कोरिया, अगस्त, 15-21, 2010) आदि। विविध हिन्दी समितियों में सदस्या रही हैं। कई शोध-लेख और आलोचना लिखी हैं। अनुवादक हैं। कुछ ग्रंथों का संपादन भी किया है।

डॉ. मिनी कोशी हिन्दी विभाग, कात्तलिक कॉलेज, पत्तनमतिट्टा की अध्यक्षा हैं।

स्व. डॉ. एन.ई. मुत्तुस्वामी अय्यर का जन्म 26 दिसंबर, 1925 को पालक्काटु जिले में हुआ। हिन्दी में एम.ए. तथा एम.एड. उपाधियाँ प्राप्त कीं। सरकारी कॉलेज में प्राध्यापक थे। ज्योतिषशास्त्र पर कई पुस्तकें लिखीं। 'भाव और रूप' पत्रिका का प्रकाशन किया। 28 जनवरी, 2005 को निधन हुआ।

श्री मुहम्मद सलीम खान सरकारी एस.के.वी.यू.पी. स्कूल, करुनागप्पल्ली में हिन्दी अध्यापक हैं। वे 'मशाल' नामक त्रैमासिक हिन्दी पत्रिका के मुख्य संपादक थे, जिसका प्रकाशन जून, 2009 में हुआ। यह करुनागपल्ली उपजिला के छात्रों और अध्यापकों की हिन्दी त्रैमासिक पत्रिका है। पाँचवीं कक्षा के छात्रों के लिए सर्वशिक्षा अभियान के 'मिकवु' नामक प्रोजेक्ट के अंतर्गत 'ठंडी-ठंडी बूँदें' नाम से एक टेलिफिल्म का निर्माण किया 'हिन्दी पठनं कंप्यूटरिलूटे' (हिन्दी अध्ययन कंप्यूटर के द्वारा) खान जी का एक प्रोजेक्ट है।

डॉ. मुहम्मद कुञ्ञु मेत्तर का जन्म 1946 में आलप्पुषा जिले में हुआ। दक्खिनी में रुचि है। हिन्दी आलोचक और अनुवादक हैं। 'हिन्दी साहित्य का इतिहास' मलयालम में प्रकाशित किया।

स्व. वी.के. मूत्ततु का जन्म सन् 1910 में कोट्टयम जिले के वैक्कमम में पूविल्लम घर में हुआ। सी. माधवन पिल्लै के राष्ट्रीय खंड काव्य 'पद्मरागम' का 'पद्मराग' नाम से हिन्दी में अनुवाद किया। 'माम्पषं' (वैलेप्पिल्ली श्रीधर मेनेन) कविता का 'आम्रफल' नाम से हिन्दी में अनुवाद किया। 'एन्टे गुरुनाथन' (वल्लत्तोळ) का अनुवाद 'मेरे गुरु' नाम से किया। 30 अप्रैल, 1986 को स्वर्गवास हुआ।

डॉ. एन. मोहनन का जन्म 2 फ़रवरी, 1953 में कोल्लम जिले में हुआ। हिन्दी में एम.ए., एम.फिल और पी-एच.डी. की उपाधियाँ कोच्चिन विश्वविद्यालय से प्राप्त कीं। हिन्दी आलोचक हैं। पुस्तकों का संपादन किया है। भारत की विभिन्न पत्रिकाओं में अनेक लेख प्रकाशित हुए हैं। हिन्दी विभाग, कोच्चिन विश्वविद्यालय में प्रोफेसर थे। संप्रति यू.जी.सी. एमिरेटस प्रोफेसर हैं। पता है : मकयिरम्, यू.सी.कॉलेज पी.ओ., आलुवा-683102।

डॉ. वी.टी.वी. मोहनन सरसेय्त कॉलेज, तलिप्परम्पु के हिन्दी के प्राध्यापक हैं। अनुवादक हैं। कई पुरस्कार प्राप्त हुए हैं।

डॉ. ई.एम. योहन्नान हिन्दी विभाग, मारइवानियस कॉलेज के पूर्व अध्यक्ष हैं। आलोचक और संपादक हैं। केंद्रीय हिन्दी निदेशालय का पुरस्कार प्राप्त हुआ।

डॉ. रंजित रविशैलम का जन्म 16 मई, 1981 को कट्टच्चलकुषि (तिरुवनंतपुरम) में हुआ। हिन्दी कवि हैं। भारतीय वायुसेना में कर्मचारी हैं। पता : रविशैलम, कट्टच्चलकुषि, बालरामपुरम, तिरुवनंतपुरम-695 501।

डॉ. रति सक्सेना का जन्म 8 जनवरी, 1954 को राजस्थान के उदयपुर में हुआ। बी.एड. (संस्कृत), एम.ए. संस्कृत, पी-एच.डी. (वैदिक संस्कृत) आदि उपाधियाँ

प्राप्त हैं। उनके पति ए.एस.आर.ओ. में वैज्ञानिक थे। मलयालम की कई रचनाओं का हिन्दी में अनुवाद किया है। कई शोध-लेख प्रकाशित हैं।

प्रो. टी. रत्नकुमारी अम्मा का जन्म एरुवा, कायमकुलम में हुआ। शैक्षिक योग्यताएँ हैं— नागपुर विश्वविद्यालय से एम.ए. (हिन्दी); महिला ग्राम हिन्दी विद्यापीठ, प्रयाग से आचार्या; हैदराबाद हिन्दी प्रचार सभा से हिन्दी विद्वान; हिन्दी साहित्य सम्मेलन, प्रयाग से संपादन कला विशारद आदि। हिन्दी में एकांकी, कहानियाँ, समीक्षाएँ, लेख आदि लिखे हैं। हिन्दी शिक्षण संस्थान, तिरुवनंतपुरम की अध्यक्षा हैं। उत्तर प्रदेश हिन्दी संस्थान से सन् 1995 में 'सौहार्द पुरस्कार' प्राप्त हुआ। केरल हिन्दी साहित्य अकादमी से सम्मानित हैं।

स्व. श्रीमती रत्नमयी दीक्षित केरलीय हैं। मलयालम उपन्यासों का हिन्दी में अनुवाद किया। दिल्ली में प्राध्यापिका थीं। तब दीक्षित से शादी संपन्न हुई।

श्रीमती रमा उण्णित्तान हिन्दी कवयित्री हैं।

रमेश बाबू 'जनथुगम' दैनिक के संपादक हैं। कहानीकार हैं।

डॉ. पी. रवि केरल के हिन्दी समीक्षक हैं। संप्रति हिन्दी विभाग, श्री शंकराचार्य विश्वविद्यालय, कालटी में हिन्दी विभाग के अध्यक्ष हैं।

स्व. डॉ. के. रविवर्मा का जन्म 1916 में इटप्पल्ली (कोच्ची) में हुआ। अनुवादक थे। 'युगप्रभात' पाक्षिक पत्रिका के सहसंपादक और संपादक थे। 'महाप्रस्थानत्तिन्टे मार्गत्तिल' यात्रावृत्तांत को केरल साहित्य अकादमी पुरस्कार (1993) प्राप्त हुआ।

प्रो. वी. रवींद्रन का जन्म केरल राज्य के कण्णूर जिले के चेंबिलोट गाँव में 25 मई, 1946 को हुआ। ब्राण्णन कॉलेज, तलश्शेरी में हिन्दी विभाग के पूर्व अध्यक्ष हैं। नाटकों का अनुवाद किया है। कोशकार हैं (हिन्दी-मलयालम-अंग्रेजी कोश)। पता है : अनामिका, धर्मटम्, कण्णूर-670 106।

डॉ. एन. रवींद्रनाथ का जन्म 1945 में मावेलिक्करा में हुआ। केरल विश्वविद्यालय के हिन्दी विभाग के अध्यक्षपद से सेवानिवृत्त होने के बाद महात्मा गांधी अन्तरराष्ट्रीय हिन्दी विश्वविद्यालय के उपकुलपति नियुक्त हुए और फिर इस पद से भी अवकाश प्राप्त हुए। उनका काव्य संकलन 'रंग और गंध' केरल हिन्दी साहित्य अकादमी से पुरस्कृत काव्य संकलन है। आलोचक हैं।

जी. रवींद्रन पिल्लै स्कूल में अध्यापक थे। संप्रति केरल हिन्दी प्रचार सभा के अध्यापक हैं। कवि और अनुवादक हैं।

प्रो. वी.के. रवींद्रनाथ का जन्मस्थान है कोट्टयम। वे हिन्दी के अनुवादक हैं। हिन्दी विभाग, क्रिश्चियन कॉलेज, मलबार के अध्यक्ष पद से 1996 में सेवानिवृत्त हुए।

पी. राघवन (पियार) वरिष्ठ हिन्दी प्रचारक, हिन्दी कवि और कहानियों के अनुवाद थे। 1980 में कालिकट्ट में जन्म हुआ। सरकारी कॉलेज की हिन्दी प्राध्यापिका (पूर्व) श्रीमती एन. सत्यवती उनकी बेटी हैं।

मुत्तूर राघवन नायर मौलिक हिन्दी कवि हैं।

प्रो. सी.जी. राजगोपाल सरकारी कॉलेज तृशूर में प्राचार्य थे। अनुवादक हैं।

श्रीमती राजपुष्पम् पीटर का जन्म केरल राज्य के आलप्पुषा जिले में 16.11.1947 को हुआ। राष्ट्रभाषा विशारद तथा प्रवीण परीक्षाएँ पास कीं। 'रीजनल लैंग्वेज ट्रेनिंग' पास किया। सरकारी हाईस्कूल से सेवानिवृत्त अध्यापिका हैं। केरल हिन्दी साहित्य अकादमी की पूर्व मंत्री हैं। गांधी-दर्शन से विशेष रूप से प्रभावित हैं। 'केरल हिन्दी साहित्य अकादमी पुरस्कार' तथा अन्य कई पुरस्कार प्रप्त हुए हैं। हिन्दी के विख्यात कवि सुमित्रा नंदन पंत से मुलाकात का सौभाग्य प्राप्त हुआ है। देश-भक्ति की कविताएँ लिखी हैं। अपनी कविता को सुरीली आवाज़ में रसीले ढंग से आलापने का अपूर्व वरदान भी उन्हें प्राप्त हुआ है।

श्रीमती एम.आर. राजेश्वरी का जन्म 1954 में एरणाकुलम जिले के इरुंपना नामक गाँव में हुआ। सन् 1977 में संस्कृत साहित्य में एम.ए., 1980 में बी.एड तथा 1986 में अंग्रेज़ी में एम.ए. की उपाधियाँ प्राप्त कीं। सन् 1985 में रायपुर के सरकारी कॉलेज में संस्कृत की प्राचार्या बनीं। भोपाल में रहती हैं। मलयालम तथा हिन्दी की लेखिका हैं। पहले 'शक्ति' नामक पत्रिका का संपादन किया, अब 'प्रमदम' पत्रिका का संपादन कर रही हैं। 'चिंताविष्टयाय सीता' (कुमारनाशान) का अनुवाद हिन्दी में किया है।

डॉ. एम.एस. राधाकृष्ण पिल्लै सरकारी कॉलेज में हिन्दी विभाग के प्राध्यापक थे। 'केरल ज्योति' पत्रिका के पूर्व संपादक हैं। अनुवादक हैं। 'आउट लुक' पत्रिका (दिल्ली) के केरल रिपोर्टर हैं। केरालांचल वेब पत्रिका निकाल रहे हैं।

डॉ. पी.के. राधामणि मालबार क्रिश्चियन कॉलेज, कालिकट में हिन्दी विभाग की अध्यक्षा थीं। हिन्दी अनुवादक हैं।

डॉ. राजप्पन नायर सरकारी प्रशिक्षण कॉलेज में प्राध्यापक थे। संप्रति केरल हिन्दी प्रचार सभा के अध्यक्ष हैं। अनुवादक हैं।

स्व. डॉ. ए. रामचंद्र देव का जन्म केरल राज्य के आलप्पुषा जिले के वेणमणि गाँव में सन् 1931 में हुआ। संस्कृत में बी.ए. (तिरुवितांकूर विश्वविद्यालय, 1957), हिन्दी में एम.ए. (बनारस विश्वविद्यालय, 1959) तथा हिन्दी में पी-एच.डी. (केरल विश्वविद्यालय, 1961) उपाधियाँ प्राप्त की हैं। पी-एच.डी. के शोध-कार्य में डॉ. एन.ई. विश्वनाथ अय्यर शोध-निदेशक रहे। शोध का विषय था—'वैष्णव भक्ति की बौद्धिक दार्शनिक पृष्ठभूमि'। कोच्चिन विश्वविद्यालय में हिन्दी विभाग के प्रोफेसर थे। कोच्चिन विश्वविद्यालय के डीन के पद से सेवनिवृत्त हुए। संस्कृत, मलयालम और हिन्दी में लिखते हैं। विविध हिन्दी पत्रिकाओं में कविताएँ प्रकाशित हुई हैं। आलोचक हैं। हिन्दी से मलयालम में तथा मलयालम से हिन्दी में कविताओं तथा उपन्यास का अनुवाद किया है। प्रो. जोसेफ मुंटशेरी की रचना 'काव्य पीठिका' का अनुवाद हिन्दी में किया (1982), जो उत्तर प्रदेश सरकार द्वारा पुरस्कृत है। 'कबीरिंटे कवितकल' अनुवाद प्रकाशित नहीं हुआ। 'तुलसी और तुंचन' सन् 1982 में भारत सरकार द्वारा पुरस्कृत हुआ। 'रामायण'

का मलयालम अनुवाद पहले एन.बी. एस.ने प्रकाशित किया, फिर कल्लूर के कोमार्क नामक प्रकाशन संस्थान ने पुन: प्रकाशित किया।

डॉ. जे. रामचंद्रन नायर हिन्दी विभाग, एम.जी. कॉलेज, तिरुवनंतपुरम के पूर्व अध्यक्ष हैं। कवि और आलोचक हैं।

डॉ. आर.एस. रामचंद्रन नायर (तिरुमला चंद्रन) का जन्म तिरुवनंतपुरम में हुआ। हिन्दी, मलयालम और अंग्रेज़ी में एम.ए, हिन्दी में पी-एच.डी., पी.जी. डिप्लोमा (अनुवाद, विज्ञापन और लोकसंपर्क) प्राप्त हैं। राष्ट्रीय हिन्दी साहित्य सम्मेलन के संस्थापक हैं। 'ओमेगा' पत्रिका के संस्थापक संपादक थे। 'भारत' पत्रिका के मुख्य संपादक हैं। हिन्दी आलोचक और अनुवादक हैं।

स्व. डॉ. एन. रामन नायर का जन्म वर्कला में हुआ। कवि, कहानीकार, उपन्यासकार, नाटककार और आलोचक हैं। कोच्चिन विश्वविद्यालय के हिन्दी विभाग के अध्यक्ष थे। 'सागर की गलियाँ' नामक आंचलिक उपन्यास के प्रणेता हैं।

स्व. प्रो. आर.के. रावु सेंट आलबर्ट्स कॉलेज में हिन्दी प्राध्यापक थे। 'आर्य केरली' पत्रिका की संपादक समिति (हिन्दी खंड की) के सदस्य थे। समाजसेवी थे। विधवा- विवाह के समर्थक थे और स्वयं एक विधवा से विवाह किया।

स्व. डॉ. लक्ष्मण शास्त्री का जन्म कोट्टयम जिले के वैक्कम में हुआ। मलयालम के विख्यात नाटकों का अनुवाद हिन्दी में किया। अशोक प्रकाशन नामक संस्था की स्थापना की।

स्व. श्रीमती लक्ष्मिकुट्टी अम्मा.पी. का जन्म 1916 में तृशूर जिले में हुआ। महाराजास कॉलेज, एरणाकुलम में हिन्दी विभाग की अध्यक्षा थीं। हिन्दी एकांकीकार थीं।

डॉ. लक्ष्मी एस.एस. एन.एस.एस. कॉलेज में प्राध्यापिका हैं। आलोचक हैं।

डॉ. लीलाकुमारी अम्मा एस. एस.एन. कॉलेज में अध्यक्षा हैं। हिन्दी आलोचक हैं।

डॉ. लेखा एस.नायर का जन्म चेंगनाश्शेरी में हुआ। एन.एस.एस. कॉलेज में प्राध्यापिका हैं।

डॉ. पी.के. वत्सला 'किरण' का जन्म 21 अगस्त, 1944 को तृशूर जिले में हुआ। मद्रास विश्वविद्यालय से एम.ए. तथा दक्षिण भारत हिन्दी प्रचार सभा से पी-एच.डी. की उपाधियाँ प्राप्त की हैं। हिन्दी विभाग, एत्तिराज कॉलेज फोर वुमन, चेन्नै में अध्यापिका थीं। अनुवादक हैं। आलोचक हैं।

डॉ. के. वनजा का जन्म 25 नवंबर, 1959 को रामपुरम, कोट्टयम जिले में हुआ। दक्षिण भारत हिन्दी प्रचार-सभा से डी.लिट्. की उपाधि प्राप्त की है। आलोचना के क्षेत्र में विख्यात हैं। कोच्चिन विश्वविद्यालय के हिन्दी विभाग में प्रोफेसर हैं।

श्री पी.वी. वर्गीस कवि और वैयाकरण हैं। वे हिन्दी विभाग, भारत माता कॉलेज, मूवाट्टुपुषा के पूर्व अध्यक्ष हैं। रचनाएँ हैं—नेहरूजी (कविता संग्रह), कॉलेज हिन्दी व्याकरण तथा रचना।

स्व. पी.जी. वासुदेव का जन्म 1913 में चेंगनाश्शेरी जिले के तृक्कोटित्तानं गाँव में हुआ। केरल के वरिष्ठ हिन्दी प्रचारक, पत्रकार तथा लेखक हैं। हिन्दी विद्यापीठ, केरल के संस्थापक तथा 'संग्रथन' पत्रिका के संस्थापक संपादक हैं। प्रमुख हिन्दी अनुवादक हैं, बाल साहित्यकार और जीवनीकार हैं। कई राष्ट्रीय पुरस्कारों से सम्मानित हैं। 19 नवंबर, 1998 को स्वर्गवास हुआ।

स्व.के. वासुदेवन पिल्लै का जन्म 8 अप्रैल, 1909 को तिरुवितांकूर के पल्लिच्चल गाँव में हुआ। तिरुवितांकूर हिन्दी प्रचार सभा के संस्थापक और 'राष्ट्रवाणी' पत्रिका के संपादक थे। हिन्दी प्रचारक थे। दक्षिणी उपनाम से लिखते थे। नाटक-निर्देशक थे—मेवाड़ पतन, नूरजहाँ आदि नाटक क्रमश: 1949 और 1942 में खेले। वीर राघवन नायर के 'तूवलुं तूंपयुं' का अनुवाद 'कलम और फावड़ा' नाम से किया, 1959 में दिल्ली में खेला गया और पुरस्कृत भी हुआ।

डॉ. पी.वी. विजयन (परवूर, एरणाकुलम) में रहते हैं। कवि और आलोचक हैं। हिन्दी विभाग कोच्चिन विश्वविद्यालय के पूर्व अध्यक्ष हैं। केरल हिन्दी साहित्य मंडल के अध्यक्ष हैं। दो बार केंद्रीय हिन्दी निदेशालय से पुरस्कृत हुए।

डॉ. के. विजयलक्ष्मी ने एम.ए. (हिन्दी), पी-एच.डी, बी.एड. आदि उपाधियाँ प्राप्त की हैं। दूर शिक्षण केंद्र, केरल विश्वविद्यालय, तिरुवनंतपुरम में प्राध्यापिका थीं। आनंदशंकर माधवन की रचनाओं पर शोध किया है। पता है : कृष्णभवन, मुट्टत्तरा, तिरुवनंतपुरम-8।

डॉ. एम.एस. विनयचंद्रन (अध्यक्ष, हिन्दी विभाग, यूनिवर्सिटी कॉलेज, तिरुवनंतपुरम) 'संग्रथन' पत्रिका (प्रकाशक : हिन्दी विद्यापीठ, केरल) के संपादक थे। अनुवादक और आलोचक हैं। पता-पी.आर.ए 102, कुळंकराविट्ठु, कमलेश्वरम्, मणक्काटु पी.ओ., तिरुवनंतपुरम-9।

विमल केरलीय स्वतंत्रता पूर्वकाल के हिन्दी कवि हैं।

डॉ. वी.वी. विश्वम् का जन्म 20-4-1945 को कुट्टनाट, आलप्पुषा जिला में हुआ। सरकारी कॉलेज में हिन्दी के प्राध्यापक थे। हिन्दी प्रचारक एवं हिन्दी लेखक आचार्य पी.जी. वासुदेव के सुपुत्र हैं। संप्रति हिन्दी विद्यापीठ, केरल के सचिव हैं तथा 'संग्रथन' पत्रिका के पूर्व मुख्य संपादक थे। नाटककार एवं आलोचक हैं। तीन साल (2000-2003) हेलसिंकी विश्वविद्यालय में हिन्दी व मलयालम के विज़िटिंग प्रोफेसर के पद पर कार्य किया। भदंत आनंद कौसल्यायन पत्रकारिता रत्न पुरस्कार (1994), संपादक शिरोमणि पुरस्कार (2004, साहित्य मंडल श्रीनाथद्वारा से प्रदत्त) केरल हिन्दी साहित्य अकादमी पुरस्कार, सौहार्द पुरस्कार (2012) आदि प्राप्त हुए। पता है : बसेरा, टी.सी. 9/338, प्लाविला रोड, पोड्डुमूट्ठु, तिरुवनंतपुरम-11।

डॉ. टी.एन. विश्वंभरन (टी.एन. विश्वन) केरल हिन्दी साहित्य मंडल के सचिव हैं। हिन्दी विभाग, कालिकट विश्वविद्यालय के पूर्व अध्यक्ष हैं। अनुवादक और आलोचक हैं।

डॉ. एम.एस. विश्वंभरन हिन्दी विभाग, कालिकट विश्वविद्यालय के पूर्व प्रोफेसर हैं। आलोचक एवं अनुवादक हैं। नाटकों के शिल्प-विधान का विशेष अध्ययन किया है।

स्व. डॉ. एन.ई. विश्वनाथ अय्यर का जन्म सन् 1920 में पालक्काटु जिले के नूरणि गाँव में हुआ। कोच्चिन विश्वविद्यालय के हिन्दी विभाग के पूर्व अध्यक्ष हैं। केरल हिन्दी साहित्य मंडल के संस्थापकों में एक हैं। हिन्दी पत्रकार हैं। अनुवाद पर पुस्तकें लिखी हैं। बहुभाषा (मलयालम, अंग्रेज़ी, हिन्दी, संस्कृत, तमिल) पंडित हैं। कई उपन्यासों, कविताओं का अनुवाद किया है। कई राष्ट्रीय पुरस्कार-प्राप्त हुए हैं, जैसे—आनंद ऋषि साहित्य पुरस्कार (1992), माता कुसुमकुमारी साहित्य पुरस्कार (1993), सौहार्द पुरस्कार (1987), राहुल सांकृत्यायन पुरस्कार (1994), साहित्य वाचस्पति मानद उपाधि आदि। ललित निबंधकार हैं। प्रथम विश्व हिन्दी सम्मेलन में श्रेष्ठ हिन्दी सेवा के लिए विशेष पुरस्कार-प्राप्त हुआ। द्वितीय और छठे विश्व हिन्दी सम्मेलनों में भाग लिया।

डॉ. विश्वनाथ मल्लया का जन्म 25 अप्रैल, 1922 को एरणाकुलम जिले के मट्टाँचेरी नामक स्थान में हुआ। एस.एच. कॉलेज, तेवरा में प्राध्यापक थे। एक साल (1948-49) 'प्रताप पत्रिका' निकाली। प्रसाद हिन्दी विद्यालय, मट्टाँचेरी के संस्थापक हैं।

स्व. एन. वेंकटेश्वरन का जन्म सन् 1912 में कोट्टयम जिले के वैक्कम में हुआ। दक्षिण भारत हिन्दी प्रचार-सभा के कार्यकर्ता थे। केरल में हिन्दी के प्रचार-प्रसार में देन चिरस्मरणीय रहेगी। हिन्दी लेखक थे।

स्व. एम.के. वेलायुधन नायर का जन्म 19-5-1934 को तिरुवनंतपुरम जिले के पाप्पनमकोटु में हुआ। केरल हिन्दी प्रचार सभा के मंत्री, हिन्दी प्रचारक तथा लेखक थे। कई लेख प्रकाशित हैं। अखिल भारतीय हिन्दी संस्था संघ (मानव संसाधन विकास मंत्रालय) के खजांची और सचिव बनने का सौभाग्य प्राप्त पहला केरलीय है। गंगाशरण सिंह पुरस्कार-प्राप्त है।

डॉ. वेल्लायणि अर्जुनन कई साल अलीगढ़ विश्वविद्यालय में प्राध्यापक थे। केरल सरकार के एनसाइक्लोपीडिया के निदेशक थे। 'पद्मश्री' उपाधि-प्राप्त हैं। हिन्दी लेखक हैं, शोध-निदेशक हैं।

डॉ. शमली एम.एम. सरकारी कॉलेज में प्राध्यापिका हैं। आलोचक हैं।

डॉ. पी.ए. शमीम अलियार का जन्म 12 जून, 1950 को अलप्पुषा जिले में हुआ। हिन्दी आलोचना के क्षेत्र में विख्यात हैं। कई कहानियाँ, एकांकी, नाटक एवं कविताओं के हिन्दी-मलयालम अनुवाद विभिन्न संकलनों एवं पत्रिकाओं में प्रकाशित हैं। हिन्दी विभाग, कोच्चिन विश्वविद्यालय की पूर्व अध्यक्षा हैं।

डॉ. एम.के. शशिकुमार का जन्म 20 सितंबर, 1950 को कोल्लम जिले के मैनागपल्ली में हुआ। वे हिन्दी विभाग, देवस्वम बोर्ड कॉलेज, शास्तांकोट्टा के पूर्व अध्यक्ष हैं।

डॉ. पवूर शशिधरन सरकारी कॉलेज, कालिकट में हिन्दी विभाग के अध्यक्ष थे। आलोचक हैं।

डॉ. आर. शशिधरन सन् 2011 से कोच्चिन विश्वविद्यालय के हिन्दी विभाग के अध्यक्ष हैं। आलोचक हैं।

प्रो.के.एम. शांतकुमारी एन.एस.एस कॉलेज में प्राध्यापिका थीं। 'ग्रंथालोकम' के हिन्दी खंड का संपादन किया। पंतलम में रहती हैं।

डॉ. टी. शांतकुमारी हिन्दी विभाग, एम.जी.कॉलेज, तिरुवनंतपुरम की पूर्व अध्यक्षा हैं। केरल हिन्दी प्रचार सभा में अध्यापिका हैं। प्रयोजनमूलक हिन्दी पर पुस्तक लिखी है। कई अनुवाद किए हैं।

आर.आई. शांति सरकारी कॉलेज में प्राध्यापिका हैं।

स्व. शिवरामय्यर (कवियूर) का जन्म सन् 1922 में पत्तनंतिट्टा जिले के तिरुवल्ला तालुका के कवियूर गाँव में हुआ। बी.ए., बी.टी. की उपाधियाँ प्राप्त की हैं। एन.एस.एस स्कूल में अंग्रेज़ी अध्यापक थे। बहुभाषा पण्डित हैं (मलयालम, अंग्रेज़ी, संस्कृत, हिन्दी)। हिन्दी स्वयं सीखी है। त्रिवेणी, करुणा, भक्तिदीपिका आदि मलयालम काव्य ग्रंथों का हिन्दी में अनुवाद किया है। 'सीतम्मा' उपन्यास का हिन्दी में अनुवाद किया है। 'त्रिवेणी' अनुवाद को केरल हिन्दी साहित्य अकादमी पुरस्कार (1991), माता कुसुमकुमारी पुरस्कार-प्राप्त हुए। त्रिवेणी प्रेम संगीतं, शिष्यनुं मकनुं, कर्णभूषणं आदि मलयालम कविताओं के हिन्दी अनुवादों का संकलन है। 'वनमाला' मौलिक काव्य संकलन है।

डॉ. श्रीदेवी टी. एन.एस.एस. कॉलेज में प्राध्यापिका हैं। आलोचक हैं।

डॉ. के. श्रीलता का जन्म आलप्पुषा जिले के तलवटी में सन् 1965 में हुआ। श्री शंकराचार्य संस्कृत विश्वविद्यालय के पनमना केंद्र प्रादेशिक केंद्र के हिन्दी विभाग की अध्यक्षा हैं। आलोचना के क्षेत्र में विख्यात हैं। प्रोफेसर के.के. कृष्णन नंपूतिरि की बेटी हैं। केंद्रीय हिन्दी निदेशालय का पुरस्कार-प्राप्त हैं।

डॉ. षणमुखन. एम. का जन्म 1952 में पालक्काटु जिले के पुलाप्पट्टा गाँव में हुआ। केंद्रीय हिन्दी निदेशालय का पुरस्कार-प्राप्त हुआ। हिन्दी विभाग कोच्चिन विश्वविद्यालय के भूतपूर्व प्रोफेसर हैं। कवि और आलोचक हैं।

डॉ. षीना ईप्पन का जन्म मून्नार में हुआ। सेंट थॉमस कॉलेज, कोषंचेरी में हिन्दी विभाग की अध्यक्षा हैं। आलोचक हैं।

डॉ. षीबा शरत एस. का जन्म स्थान तिरुवनंतपुरम है। यूनिवर्सिटी कॉलेज में प्राध्यापिका हैं। हिन्दी आलोचक हैं।

डॉ. के. सजीव संप्रति एन.एस.एस. कॉलेज, ओट्टप्पालम् में प्राध्यापक हैं। कण्णूर विश्वविद्यालय में सिंडिकेट मेम्बर हैं। शोध-निदेशक हैं। सामाजिक, राजनीतिक विषयों पर लेख प्रकाशित हैं। साक्षात्कार भी प्रकाशित है।

डॉ. एन.एम. सण्णी हिन्दी विभाग क्रिश्चियन कॉलेज, मालबार में प्राध्यापक हैं। सण्णी ने उदयप्रकाश के उपन्यासों का मलयालम में अनुवाद किया है। 'हिन्दी कहानी के सौ वर्ष' नामक आलोचनात्मक ग्रन्थ का संपादन किया।

ए. सदानंद पै का जन्म 24 मार्च, 1933 में केरल के आलप्पुषा जिले में हुआ। वहाँ के एस. डी. वी. शाला विद्यालय में हाईस्कूल तक की पढ़ाई की और चंगनाश्शेरी के सेंट बक्मान्स कॉलेज से इंटर की। जब आप तिरुवनंतपुरम के यूनिवर्सिटी कॉलेज में अध्ययनरत थे तब बैंगलूर में डाक-तार विभाग में सन् 1953 में नौकरी मिल जाने के कारण अपनी पढ़ाई बीच में छोड़ दी और वहीं तरक्की करते हुए मार्च, सन् 1991 के महीने में, सह-लेखाधिकारी के पद से सेवानिवृत्त हुए।

स्व. डॉ. टी.के. सरलादेवी लंबे समय हिन्दी विभाग, महाराजास कॉलेज, एरणाकुलम में प्राध्यापिका तथा अध्यक्षा रहीं। कवयित्री हैं। कविताएँ हिन्दी पत्रिकाओं में प्रकाशित हुईं। 'हिन्दी साहित्य में नारी की भूमिका' शोध-ग्रंथ 1971 में प्रकाशित हुआ। सरकारी कॉलेज के प्रिंसिपल-पद से सेवानिवृत्त हुईं।

स्व. डॉ. के.सी. सिन्धु सेंट स्टीफेंस कॉलेज, उषवूर में प्राध्यापिक थीं। अनुवादक थीं, आलोचक भी। हिन्दी लेखक श्री के.सी. अजयकुमार की पत्नी हैं।

स्व. सुकुमारन नायर के.सी. सरकारी कॉलेज मटप्पल्ली के भूतपूर्व प्राचार्य हैं। प्रकृति-चिकित्सा में रुचि है। 'संतुष्ट जीवितम्' के हिन्दी अनुवादक हैं।

सुकुमारन मंडूर कण्णूर में रहते हैं। कविता के अनुवादक हैं।

डॉ. जे. सुगंधवल्ली का जन्म 27 मई, 1944 को तिरुवनंतपुरम जिले के करकुळम नामक स्थान में हुआ। हिन्दी विभाग, कोच्चिन विश्वविद्यालय में प्राध्यापिका थीं। कहानीकार और आलोचक हैं।

डॉ. सुचित एन. तंपी का जन्म केरल राज्य के तिरुवनंतपुरम जिले में नालांचिरा नामक स्थान में हुआ। हिन्दी में बी.ए., एम.ए., तथा पी-एच.डी. की उपाधियाँ प्राप्त कीं। अनुवाद एवं पत्रकारिता में पी.जी. डिप्लोमा पास किया। सरकारी कॉलेज में प्राध्यापक हैं। 'लहरें और चट्टान' कविता संकलन के अतिरिक्त हिन्दी और मलयालम पत्रिकाओं में लेख, कविता, लघुकथा आदि प्रकाशित हुए हैं। पता : तणल, इरिंगाडिरी पी.ओ., करुवारकुण्ड, मलप्पुरम्-676523।

डॉ. सी.एस. सुचित हिन्दी आलोचक हैं। शोध-निदेशक हैं। पहले सरकारी कॉलेज में प्राध्यापक थे। फिर हिन्दी विभाग, कार्यवट्टम् में प्राध्यापक बने। आनयरा, तिरुवनंतपुरम में रहते हैं।

डॉ. सुधा ए.एस. यूनिवर्सिटी कॉलेज की प्राध्यापिका हैं। आलोचक हैं।

डॉ. सुधा. बी. ने कोच्चिन विश्वविद्यालय से हिन्दी में एम.ए. तथा पी-एच.डी. की उपाधियाँ प्राप्त कीं। सूरीनाम में संपन्न आठवें विश्व हिन्दी सम्मेलन में भाग लिया। संप्रति हिन्दी विभाग, कालिकट विश्वविद्यालय में प्रोफेसर हैं। कई आलोचना ग्रंथ प्रकाशित हुए हैं। अनुवादक हैं।

स्व. डॉ. सुधांशु चतुर्वेदी हिन्दीभाषी थे। जन्म 1943 में उत्तर प्रदेश के फरूखाबाद में हुआ। हिन्दी एवं मलयालम में एम.ए. की उपाधि प्राप्त की। 'हिमगिरि विहारं'

यात्रावृत्त के अनुवाद 'हिमालय दर्शन' को सन् 1990 का 'रांगेय राघव पर्यटन पुरस्कार' प्राप्त हुआ। वाचस्पति, विद्यावारिधि आदि पुरस्कार भी प्राप्त हुए। केरल वर्मा कॉलेज, तृशूर में प्राध्यापक थे। नाटकों, उपन्यासों का हिन्दी में अनुवाद किया।

डॉ. एल. सुनिता बाई का जन्म 24 मई, 1944 को हुआ। शैक्षिक योग्यताएँ इस प्रकार हैं—बी.ए. (संस्कृत), एम.ए. (हिन्दी), पी-एच.डी. आदि। सन् 1966 से हिन्दी भाषा एवं साहित्य के शोध में लगी हुई हैं। शोध निर्देशन देती हैं। कई पुस्तकें और कई शोध-पत्र प्रकाशित हैं। ऐतिहासिक भाषाविज्ञान एवं भाषाओं के तुलनात्मक अध्ययन में विशेष रुचि है। कई वर्षों से 'हिन्दी और कोंकिणी तुलनात्मक अध्ययन' में रत हैं। विश्वविद्यालय अनुदान आयोग की ओर से शोध के लिए जूनियर रिसर्च फेलोशिप, सीनियर रिसर्च फेलोशिप एवं कैरियर एवार्ड प्राप्त हैं। सन् 1983 में यू.जी.सी. कैरियर अवार्ड से कोंकिणी-हिन्दी-मलयालम शब्दकोश तैयार किया। प्रस्तुत कोश की भूमिका में कोंकिणी शब्दावली के विकास के इतिहास का शोधपरक अध्ययन प्रस्तुत है। कोचिन विश्वविद्यालय के हिन्दी विभाग की पूर्व प्रोफेसर हैं। सन् 2007 में यू.जी.सी मेजर रिसर्च फेलोशिप प्राप्त हुआ। इसके अंतर्गत 'सांस्कृतिक पृष्ठभूमि के संदर्भ में हिन्दी और कोंकिणी लोक-साहित्य का तुलनात्मक अध्ययन' तैयार करके प्रकाशित किया।

डॉ. एस. सुनील का जन्मस्थान तिरुवनंतपुरम है। मलयालम में एक उपन्यास 'इंडिया जान' लिखा (प्रकाशक : सैन्धव बुक्स, कोल्लम)। मलयालम में प्रकाशित कविता संकलन है—'पोयपोय कालं तेटी' (प्रकाशक : स्वयं कवि)। सन् 2010 से एम.एस. यूनिवर्सिटी, तिरुनेलवेली में प्राध्यापक थे, अब पलपु कॉलेज में प्राध्यापक हैं। फोकलोर शिक्षाकेंद्र, तिरुवनंतपुरम जिला के सचिव हैं। सुनीलजी के तत्त्वावधान में भारत के विभिन्न स्थानों में लोक- गीतों, अन्य लोककला-रूपों तथा काक्कारिशी नाटक की प्रस्तुति हुई है। समग्र साहित्य सेवा को 'राष्ट्रीय हिन्दी साहित्य सम्मेलन पुरस्कार' (2012) प्राप्त हुआ।

सुब्राह्मण्य अय्यर के.ए. लखनऊ विश्वविद्यालय तथा संस्कृत विश्वविद्यालय (वाराणसी) में उपकुलपति थे। 'महाभारतं' के अनुवादक हैं।

डॉ. सुमा आई. यूनिवर्सिटी कॉलेज में प्राध्यापिका हैं। आलोचक हैं।

डॉ. सुमा एस. सरकारी कॉलेज में प्राध्यापिका हैं। जन्मस्थान तिरुवनंतपुरम है। संगणक, सृजनात्मक लेखन आदि रचनाएँ (सहलेखन) प्रकाशित हैं। कोशकार हैं।

डॉ. आर. सुरेंद्रन (आरसु) का जन्म सन् 1950 में कालिकट में हुआ। हिन्दी में एम.ए. तथा पी-एच.डी. की उपाधियाँ प्राप्त की हैं। पत्रकारिता और अनुवाद में डिप्लोमा परीक्षा पास की है। हिन्दी विभाग, कालिकट विश्वविद्यालय के पूर्व अध्यक्ष हैं। कई पुरस्कार-प्राप्त किए हैं। साक्षात्कार, आलोचना, अनुवाद आदि पर कई पुस्तकें प्रकाशित हुई हैं। पता है : साकेत, स्पिनिंग मिल के समीप, पोस्ट चेलेम्ब्रा, मलप्पुरम्-673634।

डॉ. एस. सुरेंद्रन नायर हिन्दी आलोचक और अनुवादक हैं। सेंट सेवियेर्स कॉलेज में हिन्दी विभाग के अध्यक्ष हैं।

प्रो. एन. सुरेष का जन्म स्थान कोल्लम है। केरल विश्वविद्यालय के हिन्दी विभाग में प्रोफेसर थे। बहुभाषाविद् हैं। संप्रति सेंटर फॉर ट्रांसलेशन स्ट्डीज के निदेशक हैं।

डॉ. एम.सी. स्वर्णलता श्री शंकराचार्य संस्कृत विश्वविद्यालय के क्षेत्रीय कार्यालय कोयलाण्डी में काम्पस डायरेक्टर हैं। हिन्दी कवयित्री, आलोचक और वैयाकरण हैं।

प्रो. के.एस. सोमनाथन नायर का जन्म 4-10-1942 को चङ्ङनाश्शेरि में हुआ। एन.एस.एस कॉलेज, चंङ्ङनाश्शेरि में हिन्दी विभाग के अध्यक्ष थे। केरल के प्रमुख हिन्दी नाटककार हैं। 'अभिशप्त माताएँ' केंद्रीय हिन्दी निदेशालय द्वारा 1984 में तथा 'ईहामृग' 1994 में पुरस्कृत रचनाएँ हैं। आनंद ऋषि साहित्य पुरस्कार (2014) प्राप्त हुआ। 'कण्णनकुलत्तिन्टे प्रकाश गोपुरम्' बड़े भय्या स्वर्गीय के.एस. अच्चुतन नायर पर लिखी स्मरणिका है।

डॉ. सोलजी के. थॉमस सरकारी कॉलेज में हिन्दी प्राध्यापक हैं। हिन्दी आलोचक हैं।

डॉ. सौम्या वी.एम. स्कूल की अध्यापिका हैं। कई आलोचनाएँ पत्रिकाओं में प्रकाशित हुई हैं।

डॉ. स्टेल्लम्मा सेव्यर का जन्म पुनलूर, कोल्लम जिला में हुआ। हिन्दी में एम.ए., बी.एड., एम.फिल., पी-एच.डी. की उपाधियाँ प्राप्त हैं। हिन्दी विभाग, फात्तिमा माता कॉलेज, कोल्लम की पूर्व अध्यक्षा हैं। राम-काव्यों की आलोचना की है।

स्वाति तिरुनाल राम वर्मा का जन्म 1819 में हुआ। वे केरल के प्रथम हिन्दी गीतकार तथा तिरुवितांकूर रियासत के श्रेष्ठ शासक महाराजा थे। उनको 'गर्भ श्रीमान' भी कहा जाता था, वे जन्म से ही राज्याधिकारी थे। उन्होंने 37 हिंदुस्तानी गीतों की रचना की। 1847 ई. में वे स्वर्ग सिधारे।

श्रीमती सी.पी. हफ्सत का जन्म पय्यन्नूर में हुआ। एम.टी. वासुदेवन नायर के 'मञ्‍जु' उपन्यास का हिन्दी में अनुवाद किया है। सरसेय्त कॉलेज, तलिप्परम्पु में हिन्दी प्राध्यापिका थीं। संप्रति श्री शंकराचार्य संस्कृत विश्वविद्यालय, पय्यन्नूर में प्राध्यापिका हैं।

डॉ. बी.के. हरिहरन उण्णित्तान का जन्म 14 जून, 1939 को पत्तनंतिट्टा में हुआ। एस.एन. कॉलेज में प्राध्यापक थे। कई कविताओं का अनुवाद किया है।

परिशिष्ट

कोश

डॉ. एस. तंकमणि अम्मा दो भक्ति साहित्य कोशों की सहयोगी संपादिका रही थीं—(1) 'राधाकृष्ण भक्त कोश, तृतीय खंड' (वर्ष : 1988, प्रकाशक : सत् शास्त्र प्रकाशन, मथुरा, आगरा)। इसमें 'मलयालम के कृष्ण भक्त कवि' शीर्षक के अंतर्गत (कोश की पृष्ठ संख्या, 317–364) सामग्री संचयन तथा संपादन डॉ. एस. तंकमणि अम्मा ने किया। (2) 'श्रीराम विश्व कोश, प्रथम खंड' (वर्ष : 1992, प्रकाशक : सिद्धार्थ प्रकाशन, वाराणसी–5) इसमें 'केरल में राम संस्कृति' शीर्षक के अंतर्गत रखी हुई सामग्री डॉ. एस. तंकमणि अम्मा द्वारा संचित एवं संपादित है।

डॉ. पी. लता द्वारा तैयार किया गया त्रिभाषा कहावत कोश है 'मलयालम–इंग्लिश–हिन्दी पषंचोल निघण्टु' (वर्ष : 2015, प्रकाशक : स्टेट लैंग्वेज इंस्टिट्यूट, केरल)। इसमें वर्णमाला क्रम में कहावतें दी गई हैं। प्रत्येक कहावत का अर्थ, उत्पत्ति, समानार्थी अन्य कहावतें आदि दी गई हैं।

अनुवाद

कहानी : मलयालम-हिन्दी

'आकाश कूट्टिनु' नामक कहानी संकलन की कहानियों का अनुवाद डॉ. एस. तंकमणि अम्मा और श्री के.जी. बालकृष्ण पिल्लै ने मिलकर किया (वर्ष : 2015, प्रकाशक : वैभव प्रकाशन, रायपुर, छत्तीसगढ़)। इसके मूल कहानीकार श्री के.सी. चंद्रशेखरन पिल्लै हैं। अनुवाद का नाम है 'आसमान मेरा हमसफर'। इसमें 22 कहानियां संकलित हैं।

कहानी : हिन्दी-मलयालम

डॉ. जे. जयकृष्णन ने हिन्दी की प्रतिनिधि कहानियों का मलयालम में अनुवाद किया (2015, जवाहर पुस्तकालय)। इसमें प्रेमचंद की 'पूस की रात' कहानी का अनुवाद है 'मञ्जु पेय्युन्न रात्रि'। यह नाम ही अनूदित संकलन को भी दिया गया है।

उपन्यास : मलयालम-हिन्दी

डॉ. प्रभाकरन हेब्बार इल्लत ने पेरुंपटवम श्रीधरन के 'नारायणं' उपन्यास का 'नारायण गुरु की यात्रा' नाम से अनुवाद किया (2006, अभिषेक प्रकाशन, नई दिल्ली)।

उपन्यास : अंग्रेज़ी-हिन्दी

डॉ. प्रभाकरन हेब्बार इल्लत ने हेरमन हेस के अंग्रेज़ी उपन्यास का 'सिद्धार्थ' नाम से हिन्दी में अनुवाद किया (2012, सेंटर फोर साउथ इंडियन स्टडीज, तिरुवनंतपुरम)।

उपन्यास : हिन्दी-मलयालम

डॉ. वत्सला 'किरण' ने श्रीमती मधु धवान के हिन्दी उपन्यास 'करवट लेते वक्त' का अनुवाद मलयालम में 'आ वषि‌त्तिरिविल' नाम से किया (2014, तमिलनाटु विमन रइटेर्स चारिटबिल असोसियेशन, चेन्नै)।

भगवतीचरण वर्मा के 'भूले बिसरे चित्र' उपन्यास का कई व्यक्तियों ने मलयालम में अनुवाद किया है, जैसे—श्री जी. सत्यन का अनुवाद है 'मङ्ङिङमरञ्ञ चित्रङ्ङल' (प्रकाशक : नाशनल बुक ट्रस्ट)। श्री सुधांशु चतुर्वेदी का अनुवाद है 'अकन्नु पोय चित्रङ्ङल' (2003, गीता प्राईवेट लिमिटेड, तृशूर)। 'चित्रलेखा' नाम से ही श्री जी. श्रीधरन का अनुवाद (1961, ओरियंटल लोङ्मान्स, मद्रास)। 'चित्रलेखा' नाम से श्री लंकानारायण राउ का अनुवाद (1960)। 'आश्रमत्तिले नर्तकी' नाम से श्री वी.सी. नारायण द्वारा किया गया अनुवाद (1953, एन.बी.एस., कोट्टयम)।

नाटक : हिन्दी-मलयालम

प्रो. के.एस. सोमनाथन नायर ने दो हिन्दी नाटकों का मलयालम में अनुवाद किया—(1) हरिजीत (पूर्व प्रोफेस्सर, बंगलुरु) कृत 'संभवामि युगे युगे' नाटक का उसी नाम से अनुवाद (वर्ष : 1995, प्रकाशक : करन्ट बुक्स, तृशूर)। (2) 'अलग-अलग रास्ते' (मूल नाटककार—उपेंद्रनाथ अश्क) का अनुवाद 'वेरे वेरे वषि‌कल' (1996, करन्ट बुक्स, तृशूर)।

कविता : मलयालम-हिन्दी

संगीत के प्रेमियों के हृदयों में विराजमान गान-गंधर्व पद्मभूषण डॉ. के.जे. येशुदास द्वारा मलयालम में रचित प्रथम कविता 'अन्वेषणम' का हिन्दी अनुवाद प्रो. डी. तंकप्पन नायर ने 'तलाश' नाम से किया। यह अनुवाद 'केरल ज्योति' पत्रिका के 2006 के विशेषांक में प्रकाशित हुआ। मूल कविता मलयाल मनोरमा की 'स्त्री' पत्रिका में प्रकाशित है। हिन्दी अनुवाद इस प्रकार है—

के.जे. येशुदास

अस्ति और नास्ति की सोच में
क्यों माथापच्ची करता तू मानव?
खोजा-फिरा सारे जगत तू
तुझे मिली क्या मन की शांति?
शांति निधि है, मन में ही रहती।

क्यों करता तू उसकी तलाश बाहर ?
अनदेखा और अनजान स्वर्ग
रहता सदा मन में ही छिपा।
धर्म-क्षमा-त्याग की राह पर
मिलेगा स्वर्ग, मिलेगी शांति।
अस्ति और नास्ति की तलाश में
क्यों माथापच्ची करता तू मानव ?

वी.वी. कारक्काटु की कविताओं का हिन्दी अनुवाद हैं 'कारक्काटु की कविताएँ'। प्रो. डी. तंकप्पन नायर, श्री जी. रवींद्रन पिल्लै और डॉ. पी.जे. शिवकुमार इसके अनुवादक हैं (2015, जवाहर पुस्तकालय)।

श्री मधु की कविताओं का अनुवाद डॉ. एस. सुरेंद्रन नायर ने किया, जैसे— (1) 'ओरु किलियुं अञ्चु वेटन्मारुं' का अनुवाद 'तोता पंच निषाद' (केरल ज्योति पत्रिका, जनवरी 2003), (2) 'गंगा' कविता का अनुवाद उसी नाम से (संग्रथन, अप्रैल 2004), (3) 'भारतीयं' कविता का अनुवाद उसी नाम से (केरल ज्योति, मार्च 1995) आदि।

कविता : हिन्दी-मलयालम

मैथिलीशरण गुप्त के 'पंचवटी' खंडकाव्य का मलयालम में श्रीमती एम. भार्गवी अम्मा ने किया। यह अनुवाद 'राष्ट्रवाणी' पत्रिका (प्रकाशक : तिरुवितांकूर हिन्दी प्रचार सभा) के 15 अगस्त, 1953 से 13 नवंबर, 1953 तक के अंकों में धारावाहिक प्रकाशित हुआ।

आलोचना : हिन्दी-मलयालम

हिन्दी के विख्यात आलोचक श्री रामचंद्र शुक्ल का विख्यात ग्रंथ है 'चिंतामणि'। इसके विविध भागों का अनुवाद के. नटराजन ने हिन्दी में किया, जो राष्ट्रवाणी पत्रिका में सन् 1953-54 के विविध अंकों में प्रकाशित हुआ।

दार्शनिक ग्रंथ : हिन्दी-मलयालम

विनोबा जी के 'महागुफा में प्रवेश' नामक ग्रंथ का श्री के.जी. बालकृष्ण पिल्लै ने मलयालम में अनुवाद किया। अनुवाद का नाम है 'ध्यानं' (2014, ज्ञानेश्वरी प्रकाशन, कालिकट)।

मौलिक रचनाएँ

कहानी

श्री रमेश बाबू ('जनयुगम' दैनिक का संपादक) द्वारा लिखी गई 25 बाल कहानियों का संकलन है 'जननिक नियति' (2015, जवाहर पुस्तकालय)।

डॉ. एन.ई. विश्वनाथ अय्यर तथा डॉ. सुगंधवल्ली ने मिलकर केरल में प्रचलित ऐतिह्यों के आधार पर कथाएँ लिखीं। इन कथाओं का संकलन है 'केरल की जनकथाएँ' (1977)।

कविता

श्री संतोष अलेक्स का कविता संकलन है 'पाँच तले की मिट्टी' (2015, प्रतिश्रुति प्रकाशन, कोलकता)।

डॉ. एम.सी. सुवर्णलता का कविता संकलन है 'भोर से गुफ्तगू' (2016, जवाहर पुस्तकालय)। यह 90 कविताओं का संकलन है।

डॉ. रंजित रविशैलम की फुटकल कविताएँ विविध हिन्दी पत्रिकाओं में प्रकाशित हुई हैं, जैसे—कश्मीर का कर्फ्यू (पत्रिका 'राष्ट्रधर्म', उत्तर प्रदेश से प्रकाशित, अंक—अप्रैल 2014), हम कतारते हैं ('शुभतारीका', अंक—अप्रैल 2015), अरुणा तेरी आज विदाई ('केरल ज्योति पत्रिका' प्रकाशक : केरल हिन्दी प्रचार सभा, अंक—जून 2015), मजबूरियाँ ('प्राची', जबलपुर से प्रकाशित, अंक—जून 2015), सलाम काल ('केरल ज्योति', अंक—अप्रैल 2015), पाँच कविताएँ ('संवाद विमर्श', दिल्ली से प्रकाशित, अंक—जून 2015), सपना ('साहित्य क्रांति', बुना, मध्यप्रदेश से प्रकाशित, अंक—नवंबर 2013) आदि। डॉ. रंजित रविशैलम से लिखित 'हाइकू' एक कविता संकलन तथा कई पत्रिकाओं में प्रकाशित हैं, जैसे—जबलपुर से प्रकाशित कुलतानहर काव्य संकलन में; लखनऊ, उत्तर प्रदेश से प्रकाशित 'अविराम साहित्यिकी' में (अंक—जनवरी-मार्च 2015); उत्तर प्रदेश सरकार द्वारा प्रकाशित 'उत्तर प्रदेश पत्रिका' में (अंक—नवंबर 2013); पटना से प्रकाशित 'भाषा भारती' में (अंक—जून 2015); 'केरल ज्योति' में (अंक—सितंबर 2015) आदि।

एकांकी

ऊधो मन नहीं दस बीस—यह प्रो. के.एस. सोमनाथन नायर के 'ऊधो मन नहीं दस बीस' एकांकी संकलन में संकलित चार एकांकियों में एक है। इसके कथापात्र हैं—यमुना, विजय, धन्या, माथ्यु और अरुण। विजय और यमुना पति-पत्नी हैं। इनकी गोदी बेटी है धन्या। पड़ोस का युवक अरुण धन्या का हिन्दी ट्यूशन मास्टर है। अरुण का धन्या के प्रति आकर्षण समझकर विजय धन्या के लिए एक नए ट्यूशन मास्टर को नियुक्त करता है। वह है माथ्यु। अपने प्रति माथ्यु की नीयत बुरी है, यह समझकर धन्या धमकी देती है कि इसके बारे में वह पिता से कहेगी। तब माथ्यु से वह जान लेती है कि धन्या और विजय उसके असली माँ-बाप नहीं हैं। हताश होकर इसके यथार्थ के बारे में धन्या विजय से पूछती है तो विजय वात्सल्य से उसे गले

लगाता है। किंतु यमुना का मन इस आलिंगन का गलत अर्थ निकालता है। तब से धन्या से यमुना निर्मम व्यवहार करने लगती है। आखिर धन्या विजय के नाम एक पत्र लिखकर माथ्यु के साथ भाग जाती है। यमुना अपनी बेटी से अपने कटु व्यवहार करने पर दुखी होती है। कुछ युवक, जो माथ्यु का असली स्वभाव जानते थे, धन्या को विजय के घर वापस ले आते हैं। एक युवक कहता है—''माथ्यु तो लड़कियों को मोहजाल में फँसाने में बेहद पटु है। इससे भी पहले वह कई लड़कियों को बहला-फुसलाकर घर से बाहर निकालने में सफल हुआ है। हमारा ग्रुप उसकी हरकतों पर बराबर नज़र रखे हुआ था। इसलिए हम इस केस में कामयाब हो गए।'' धन्या का अरुण के प्रति सच्चा प्यार जानकर अपने द्वारा अरुण का अपमान किए जाने पर विजय पछताता है। पड़ोसिन शांतादेवी से अरुण को अपने घर में भेजने को भी विजय कहता है। धन्या अपने पिता के इस निर्णय पर खुश होती है।

ऊँचे लोग—'ऊधो मन नहीं दस बीस' एकांकी संकलन (प्रो. के.एस. सोमनाथन नायर) का एक एकांकी है 'ऊँचे लोग'। इसकी नायिका है राधिका। कुंडली के अनुसार अठारह साल की आयु में अगर राधिका की शादी न संपन्न हो जाए तो फिर दस साल के बाद ही उसकी शादी संपन्न होगी। अतः उसकी शादी बैंक मैनेजर शशांक के साथ अठारह साल की आयु में कर देती है। माँ तथा बहनों के स्टार होटल तथा शोपिंग में फजूल खर्ची की आदत के कारण शशांक को बैंक से बेनामी लोन लेना पड़ता है। किंतु ओडिटिंग में पकड़े जाने पर उसकी नौकरी नष्ट होती है। एक दिन राधिका को अपनी सास मंदाकिनी से थोड़ा पैसा माँगने पर उत्तर मिलता है—'अपने सौंदर्य के बल पर पैसा कमाओ।' आवेग में राधिका सास को थप्पड़ मारती है और रसोईघर में जाकर मिट्टी के तेल से आत्महत्या करने का प्रयत्न करती है। जली हुई राधिका को पड़ोसी अस्पताल में पहुँचाते हैं। अस्पताल में एक बार भी उसे देखने को ससुराल से कोई नहीं आता। कई दिनों के बाद अस्पताल से राधिका अपने मायके में चली जाती है। राधिका को सरकारी नौकरी मिलती है। ज़िन्दगी में हारा शशांक राधिका के साथ रहने की इच्छा प्रकट करता है। राधिका के घर में राधिका से पैसा माँगकर शराब पीते-पीते लिवर सिरोसिस से शशांक की मृत्यु होती है। इस पर भी मंदाकिनी वहाँ नहीं आती। आखिर राधिका का बेटा एम.बी.बी.एस पास करके नौकरी के लिए मुंबई जाने को तैयार होता है कि दादी मंदाकिनी उससे मिलने आती है। दादी से दिये रुपए लिये बिना पोता कहता है, ''नहीं दादी माँ। मुझे अब पैसे की ज़रूरत नहीं है। पैसे की ज़रूरत थी। लेकिन तब किसी ने न दिया। अब माताजी ने सारा कार्य सँभाल लिया है। आपने ही अभी कहा न कि धन-दौलत से मूल्यवान वस्तु प्यार है। मुझे आपका पैसा नहीं, प्यार चाहिए।'' पोते के ये शब्द सुनकर दादी उसे आलिंगन करती है तथा चूमती है। यह दृश्य देखकर नानी देविका और राधिका की आँखें डबडबाती हैं।

जीवनी

डॉ. आरसु द्वारा तैयार की गई जीवनी है 'महात्मा गाँधी : साहित्यकारों की दृष्टि में' (वर्ष 2015, प्रकाशन : प्रभात प्रकाशन)।

आलोचना

केरल के हिन्दी लेखकों द्वारा तैयार की गई आलोचनाएँ हैं—

'मोहन राकेश के नाटक आधे-अधूरे में नारी मनोविज्ञान और यौनिक समस्याएँ' (लेखिका : डॉ. षीबा शरत, वर्ष 2011, प्रकाशक : जवाहर पुस्तकालय)।

'संजीव के उपन्यासों में पारिस्थितिक अवबोध' (लेखिका : डॉ. आर. गिरिजा कुमारी, वर्ष 2015, प्रकाशक : जवाहर पुस्तकालय)।

डॉ. एस. सुरेंद्रन नायर द्वारा लिखित आलोचनाएँ हैं—(1) 'गुलेरी और केसरी' (वर्ष-2008), (2) 'हिन्दी और मलयालम के आधुनिक मिथक काव्य' वर्ष 2015 में। जवाहर पुस्तकालय में इन दोनों ग्रंथों का प्रकाशन किया है।

डॉ. आरसु द्वारा लिखित आलोचनाएँ हैं—(1) 'मलयालम साहित्य : मार्ग और मार्ग दर्शक' (वर्ष 2015, प्रकाशक : जगत् भारती प्रकाशन, इलाहाबाद), (2) 'हिन्दी का मैदान विशाल है' (वर्ष 2013, प्रकाशक : जवाहर पुस्तकालय)।

डॉ. जे. जयकृष्णन द्वारा लिखित आलोचना है—'डॉ. रामदरश मिश्र का कथा साहित्य : स्त्री सशक्तीकरण के विशेष संदर्भ में' (वर्ष 2012, जवाहर पुस्तकालय)।

डॉ. के.जी. प्रभाकरन द्वारा लिखित आलोचना ग्रंथ है--'कवियों के बहाने वर्तमान पर बहस' (वर्ष 2015, वाणी प्रकाशन, नई दिल्ली)। यह ग्रंथ हिन्दी साहित्य को लेखक की अनुपम देन है। इसमें वर्तमान कवियों की आलोचना की गई है।

डॉ. प्रभाकरन हेब्बार इल्लत ने चार आलोचना ग्रंथ लिखे—(1) निराला के काव्य निर्माण में वैदिक संस्कृति की भूमिका (वर्ष 2006, प्रकाशक : अभिषेक प्रकाशन नई दिल्ली), (2) संस्कृति भाषा साहित्य (वर्ष 2009, प्रकाशक : जवाहर पुस्तकालय), (3) नवत्योत्तर हिन्दी कविता की नूतन प्रवृत्तियाँ (वर्ष 2014, प्रकाशक : सेंटर फोर साउथ इंडियन स्टडीज, तिरुवनंतपुरम), (4) रामविलास शर्मा का अवदान (वर्ष 2015, प्रकाशक : सेंटर फोर साउथ इंडियन स्टडीज, तिरुवनंतपुरम), (5) स्वातंत्र्योत्तर हिन्दी कविता में मानवाधिकार (वर्ष 2015, प्रकाशक : सेंटर फोर साउथ इंडियन स्टडीज, तिरुवनंतपुरम) आदि। लेखक का 'राजा रविवर्मा, द कोलोसस ऑफ इंडियन पेंटिंग' नामक एक समीक्षा अंग्रेज़ी में प्रकाशित है।

'दक्षिण में रामकथा' (1974, प्रकाशक : दक्षिणांचलीय साहित्य समिति, हैदराबाद) पी.आर. भास्करन नायर और डॉ. एन.पी. कुट्टन पिल्लै के सम्मिलित प्रयास से तैयार हुआ आलोचना ग्रंथ है। इसमें दक्षिण भारत के रामकाव्य, खासकर एषुत्तच्छन के 'अध्यात्म रामायण' का अध्ययन किया गया है।

श्री कश्यप का समीक्षा लेख है—'साहित्य समीक्षा एवं आलोचना' (राष्ट्रवाणी पत्रिका, अंक 18, पृ.सं. 17-20)।

डॉ. सविता प्रमोद के आलोचना ग्रंथ हैं—(1) युग द्रष्टा और भ्रष्टा (2005, की पब्लिशर्स), (2) कामायनी और उर्वशी : एक दृष्टिकोण (2010, की पब्लिशर्स)।

कला पर पुस्तक (मलयालम-हिन्दी)

डॉ. शशिभूषण के 'केरलीय कलकळ' ग्रंथ का हिन्दी अनुवाद है 'केरल की कलाएँ' (2015, जवाहर पुस्तकालय)। इसके अनुवादक हैं—प्रो. डी. तंकप्पन नायर और डॉ. पी.जे. शिवकुमार।

हिन्दी भाषा पर पुस्तकें

हिन्दी भाषा पर लिखित पुस्तकें हैं—(1) संप्रेषण की हिन्दी (लेखिकाएँ—डॉ. एस. तंकमणि अम्मा और डॉ. पी. लता, वर्ष 2015, प्रकाशक : लोकभारती प्रकाशन, इलाहाबाद)। (2) राजभाषा हिन्दी : सामान्य व्यवहार में (लेखिका—डॉ. मंचु रामचंद्रन, वर्ष 2013, प्रकाशक : वाणी प्रकाशन, नई दिल्ली)। (3) राजभाषा हिन्दी : विविध आयाम (लेखक : डॉ. प्रभाकरन हेब्बार इल्लत्त, वर्ष 2009, प्रकाशक : अभिषेक प्रकाशन, नई दिल्ली)।

व्याकरण

'हिन्दी-मलयालम की व्याकरणिक कोटियाँ' (लेखिका : डॉ. एम.सी. सुवर्ण लता, वर्ष 2016, अमन प्रकाशन, कानपुर)।

'राष्ट्रवाणी' पत्रिका में 15 अगस्त, 1953 से 6 नवंबर, 1953 तक निरंतर 13 अंकों में 'हिन्दी अध्यापक व्याकरण स्तंभ' प्रकाशित हुआ। मलयालम और तमिल माध्यमों से हिन्दी व्याकरण पढ़ाना इस स्तंभ का उद्देश्य था।

संस्कृति पर पुस्तक

'भारतीय संस्कृति : एक झलक' (लेखिकाएँ : डॉ. एस. तंकमणि अम्मा और डॉ. पी. लता, वर्ष 2015, प्रकाशक : लोकभारती प्रकाशन, इलाहाबाद)।

संपादित ग्रंथ

डॉ. जे. जयकृष्णन (हिन्दी अनुवादक और आलोचक) द्वारा संपादित ग्रंथ है 'समकालीन साहित्य में प्रतिरोध' (वर्ष 2014, जवाहर पुस्तकालय)। यह शोध लेखों का संकलन है।

डॉ. पी. रवि द्वारा संपादित ग्रंथ है 'समकालीन कविता के आयाम' (वर्ष 2013, लोकभारती प्रकाशन, इलाहाबाद)।

प्रो. मीरा साहब द्वारा संपादित दस कहानियों का संकलन है 'काव्यांजली' (2009, हिन्दी विद्यापीठ, तिरुवनन्तपुरम)।

इतिहास लेखन

श्री के. वासुदेवन पिल्लै द्वारा प्रकाशित 'राष्ट्रवाणी' साप्ताहिक पत्रिका में बी.ए. के हिन्दी विद्यार्थियों के लिए 'हिन्दी साहित्य का इतिहास' प्रकाशित हुआ। अंक इस प्रकार हैं—वीरगाथाकाल (अंक 1, 15 अगस्त, 1953), भक्तिकाल (अंक 21 अगस्त, 1953), रीतिकाल (अंक 4 सितंबर, 1953) और आधुनिक काल (अंक 11 सितंबर, 1953)।

प्रो. आर. जनार्दनन पिल्लै

केरल के प्रमाणित हिन्दी प्रचारक (1938 से 1948 तक) प्रो. आर. जनार्दनन पिल्लै की हिन्दी साहित्य सेवा का संकेत किए बिना केरल के हिन्दी साहित्य का इतिहास अधूरा रह जाएगा। उनकी रचनाएँ संख्या में कम हैं, किंतु उन्होंने जो कुछ लिखा है वह केरलीय हिन्दी साहित्य के संदर्भ में अमूल्य है। केरल में हिन्दी लेखन के आरंभ काल में उन्होंने स्तरीय रचनाएँ करके केरल में हिन्दी भाषा और साहित्य के विकास में अहम भूमिका निभाई। उन्होंने मलयालम के कुछ श्रेष्ठ नाटकों का हिन्दी में भाषांतरण किया, जिनका रेडियो प्रसारण भी हुआ, जैसे—श्री टी.एन. गोपिनाथन नायर के 'पालक्कारी' का अनुवाद 'दूधवाली' (1958 में), टी.एन. गोपिनाथन नायर के 'चंद्रने तुप्पुका' का अनुवाद 'चाँद को थूकना' (1958 में), के.जी. सेतुनाथ के 'एण्णक्कुटम्' का अनुवाद 'तेल घड़ा' आदि। केरल ग्रंथशाला संघम की पत्रिका 'ग्रंथालोकम' के मार्च, अप्रैल और जून 1963 के अंकों के हिन्दी खंड में कोन्नियूर नरेंद्रनाथ के नाटक 'मरुन्नु' का हिन्दी अनुवाद 'धारणाएँ बदलती हैं' प्रकशित हुआ। उनके ये अनुवाद पुस्तकाकर में प्रकाशित नहीं हुए।

पिल्लैजी ने एक जीवनी भी लिखी—'पंडित जवाहरलाल नेहरू डिग्री (संक्षिप्त जीवनी)'। स्वयं लेखक ने ही इसका प्रकाशन किया। पिल्लैजी द्वारा लिखित बाल कहानियों का संग्रह है 'सरस कहानियाँ'। उन्होंने केरल तथा कालिकट विश्वविद्यालयों की पाठ्य पुस्तकों की समीक्षाएँ तथा टीकाएँ लिखीं, जैसे—ममता, अशोक, महाराणा प्रताप आदि की समीक्षाएँ; 'मधुवन' की सरल व्याख्या; 'हिन्दी पद्यावली' की सरल व्याख्या, 'हिन्दी प्राचीन पद्यावली की टीका'; 'ए हाण्ड बुक ऑफ प्री डिग्री हिन्दी' आदि।

एम.के. वेलायुधन नायर

केरल हिन्दी प्रचार सभा में दीर्घ काल मंत्री रहे। उन्हीं की दौड़धूप तथा समर्पित हिन्दी सेवा के परिणामस्वरूप ही केरल भर केरल हिन्दी प्रचार सभा की प्रांतीय शाखाएँ खोली गईं। इन शाखाओं में हिन्दी पढ़े कई व्यक्ति बाद में हिन्दी लेखक बने। उनके कई लेख हिन्दी पत्रिकाओं में प्रकाशित हैं।

नामानुक्रमणिका

□□□

केरल के हिन्दी लेखक (चित्र)

महाराजा स्वाति तिरुनाल राम वर्मा

आनंदशंकर माधवन

श्रीमती भारती विद्यार्थी

डॉ. एन.ई. विश्वनाथ अय्यर

नारायणदेव

अभयदेव

पी. नारायण

के. रविवर्मा

प्रो. के.के. कृष्णन नंपूतिरि

नींडूर नीलकंठन नंपूतिरि

डॉ. एन.पी. कुट्टन पिल्लै

के. वासुदेवन पिल्लै

आचार्य पी.जी. वासुदेव

एम.के. वेलायुधन नायर

डॉ. एन. चंद्रशेखरन नायर

डॉ. गोविन्द शेणाय

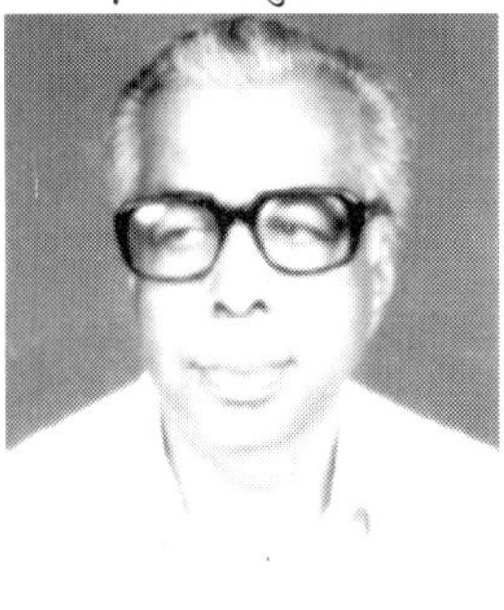

प्रो. के. केशवन नायर

जी. नीलकंठन नायर

डॉ. एस. तंकमणि अम्मा

डॉ. बी. राधाकृष्णन

कुन्नुकुषि कृष्णनकुट्टी

डॉ. के.एस. मणि

के.जी. बालकृष्णा पिल्लै

डॉ. टी.एन. विश्वन

प्रो. डी. तंकप्पन नायर

डॉ. एन. रवींद्रनाथ

डॉ. के.जी. प्रभाकरन

डॉ. जे. बाबू

डॉ. एम. षणमुखन

डॉ. वी.वी. विश्वम

डॉ. जे. रामचंद्रन नायर

डॉ. तिरुमला चंद्रन

डॉ. एस. परमेश्वरन

के.जी. उण्णिकृष्णान

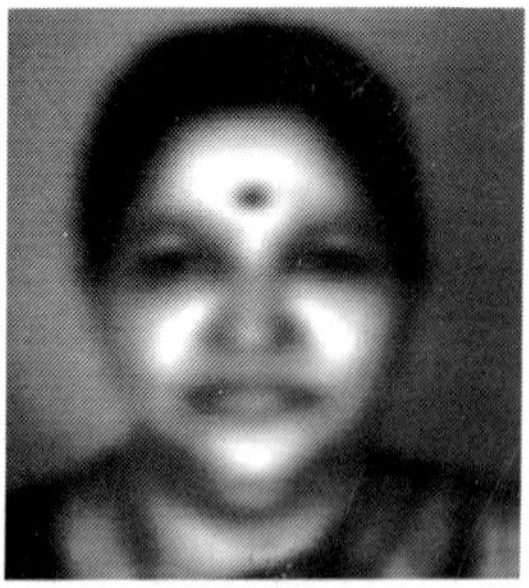
कौसल्या अम्माल

डॉ. सी.जे. प्रसन्न कुमारी

डॉ. के. श्रीलता

डॉ. एम.एस. विनयचंद्रन

डॉ. पी. एच. इब्राहिम कुट्टी

जी. रवींद्रन पिल्लै

डॉ. आर. सुरेंद्रन

डॉ. पी. बालकृष्णन

डॉ. ए. अरविंदाक्षन

तत्तोतु बालकृष्णन

डॉ. एम.एस. विश्वंभरन

डॉ. एन. मोहन

डॉ. रंजीत रविशैलम

डॉ. के.एस. विजयलक्ष्मी

डॉ. जी. कमलम्मा

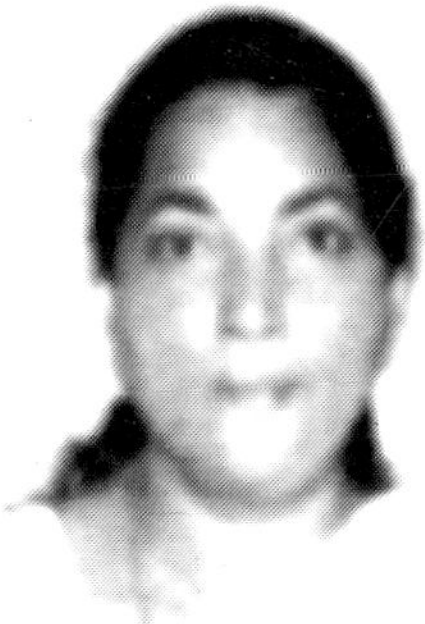

आर. राजपुष्पम पीट्टर

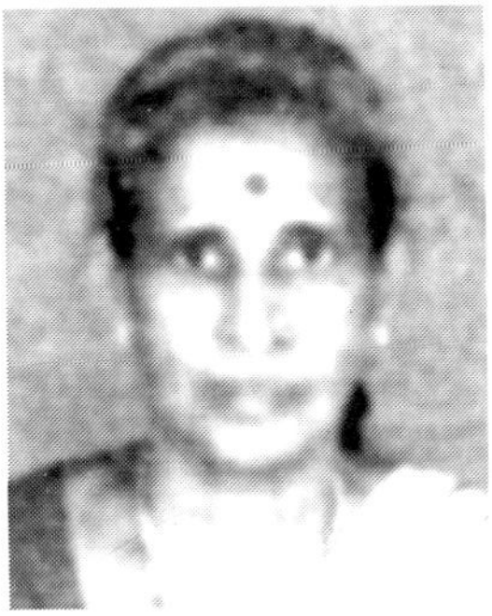

डॉ. वत्सला किरण

डॉ. एन.एम. सण्णी

डॉ. बिंदु वेलसर

डॉ. के. वनजा

डॉ. जी. गोपीनाथन

कवियूर शिवराम अय्यर

प्रो. आर. जनार्दनन पिल्लै

श्रीमती चंद्रिका कुमारी. एस.

प्रो. एम.एस. जयमोहन

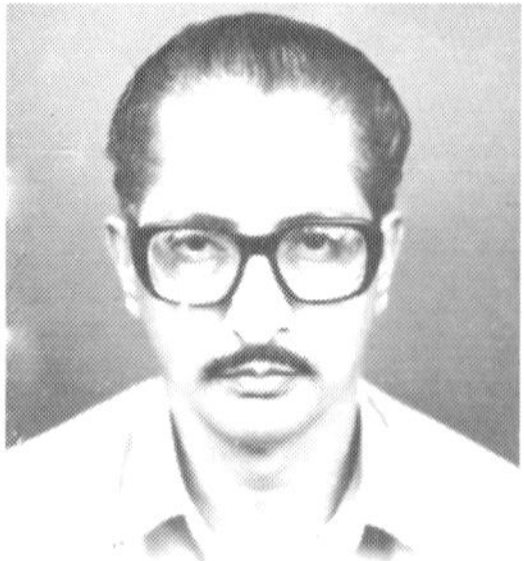
डॉ. टी.के. प्रभारकन

वी.के. हरिहरन उण्णित्तान

डॉ. जे. उमाकुमारी

डॉ. सुधा बालाकृष्णन

डॉ. प्रिया नायर

डॉ. स्टेल्लम्मा सेवियर

मुहम्मद सलीम खान

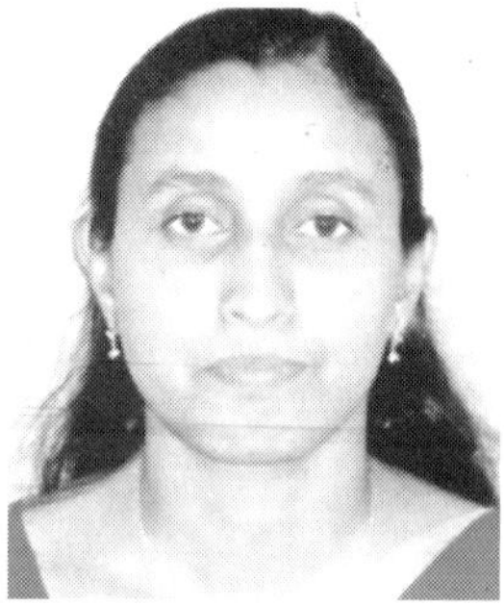
डॉ. ई.एम. अन्नासाली

जे. आर. बालकृष्णन नायर

डॉ. एन.जी. देवकी

प्रो. एम. जनार्दनन पिल्लै

डॉ. के.सी. अजयकुमार

आर.आई शांति

डॉ. आर. गिरिजा कुमारी

डॉ. सुमा एस.

डॉ. आशा एस. नायर

डॉ. जयश्री ओ.

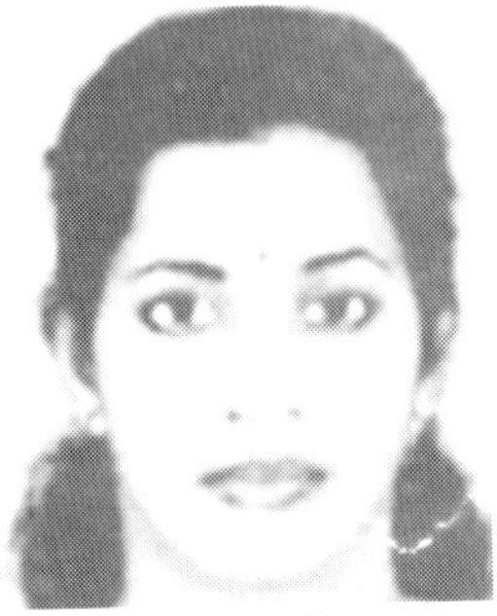
डॉ. मंचु रामचंद्रन

डॉ. एस. षीबा शरत

डॉ. सुधा ए.एस.

डॉ. एम.एम. शमली

डॉ. एन. सुरेष

डॉ. के. सिन्धु

डॉ. एस. तंकमणि अम्मा, प्रो. के. केशवन नायर और डॉ. एन.ई. विश्वनाथ अय्यर

केरल के प्रथम हिन्दी पत्रकार श्री जी. नीलकंठन नायर के साथ केरल के कुछ लेखक

डॉ. एन. चंद्रशेखरन नायर, डॉ. पी. लता, डॉ. के. श्री लता, डॉ. एस. तंकमणि अम्मा, डॉ. एम.एस. राधाकृष्ण पिल्लै, प्रो. के. केशवन नायर, प्रो. के.के. कृष्णन नंपूतिरि